서양
윤리
사상

한국윤리학회 학술 총서 01

# 서양 윤리 사상

한국윤리학회 엮음
김상돈
김도형
노영란
추정완
엄성우
윤영돈
홍석영
변순용
변영진
정대성
류지한
김남준 지음

울력

ⓒ 한국윤리학회, 2024

# 서양 윤리 사상
한국윤리학회 학술 총서 01

지은이 | 류지한 외
엮은이 | 한국윤리학회
펴낸이 | 강동호
펴낸곳 | 도서출판 울력
1판 1쇄 | 2024년 9월 30일
1판 2쇄 | 2025년 2월 28일
등록번호 | 제25100-2002-000004호(2002. 12. 03)
주소 | 08275 서울시 구로구 개봉로23가길 111, 8-402
전화 | 02-2614-4054
FAX | 0502-500-4055
E-mail | ulyuck@naver.com
정가 | 26,000원

ISBN 979-11-85136-76-9  93190


· 잘못된 책은 바꾸어 드립니다.
· 저작권법에 의해 보호를 받는 저작물이므로 무단 전재나 복제를 금합니다.

# 발간사

    금번 한국윤리학회의 학술 총서 발간을 회원 여러분 모두와 함께 매우 기쁘게 생각합니다. 이번에 발간하는 『서양 윤리 사상』은 지난 2020년 본 학회 회장으로 취임하면서 학회 차원에서 의욕적으로 기획한 학술 총서 개발 프로젝트의 첫 결실입니다. 학교 안팎에서 연구와 교육 활동으로 바쁜 일정에도 불구하고, 본 학회와 도덕·윤리 교육 학문 공동체의 발전을 위한 애정과 헌신으로 정성스럽게 옥고를 준비해 주신 집필 교수님들 덕분에 소중한 한 권의 책이 빛을 보게 되었습니다.

    학술 총서 발간 프로젝트는 전 지구적으로 휘몰아친 〈코로나19〉의 불편하고 익숙하지 않은 환경 속에서도 우리 학회의 오랜 전통을 일신하고 그동안 축적된 학회 회원들의 학문적 역량을 결집하고 이를 확산 공유하기 위한 아이디어에서 출발하였습니다. 그리고 이를 구체화하는 과정에서 사범대와 교육대학 윤리교육 학과/전공 교육과정의 표준화를 위한 토대를 제공하고, 도덕·윤리과 관련 임용 시험의 출제 범위와 난이도에 대한 공감대를 마련하며, 초·중등 교사 임용 시험 수험생들과 윤리 교육 전공 학생들의 주도적 학습을 위한 기본 텍스트로서의 의미를 더하게 되었습니다.

위와 같은 배경과 취지에서 학술 총서 개발은 교과 교육, 서양 윤리, 동양 윤리, 정치사회 사상 및 통일 교육 등 4개 영역으로 총서 발간의 범주를 설정하였습니다. 이에 따라 우리 학회 회원을 대상으로 영역별 10인 내외의 집필진을 선정하였고, 단행본 개발 방향과 지침을 공유하면서 분야별 집필 책임자를 중심으로 원고를 준비해 왔습니다. 그 과정에서 각 영역별 집필 내용의 범위와 깊이에 대한 충분한 소통과 논의를 통해 학회 구성원들의 공감대를 형성하였고, 이를 토대로 각 영역의 전문가들이 필진으로 참여하여 기본 교재로서의 신뢰성과 완성도를 높이고자 하였습니다.

금번에 발간하는 학술 총서는 도덕 윤리 교육의 정체성을 다시금 확인하는 계기가 되는 것은 물론 도덕·윤리 교육을 구성하는 주요 학문 분야에 대한 전반적 논의를 심화하고 이를 집대성하여 보급한다는 점에서 그 의미가 크다고 생각합니다. 또한 초·중등 교사 임용 시험을 준비하는 예비 수험생들에게 보다 체계적이고 친절한 안내서의 역할을 할 수 있을 것으로 기대합니다.

학술 총서의 첫 번째 단행본으로 발간하는 『서양 윤리 사상』은 서양 고대, 중세, 근·현대에 이르는 윤리 사상의 핵심을 망라하는 체계적인 구성과 심도 있는 내용으로 서양 윤리 전반에 대한 포괄적 접근과 균형 잡힌 이해를 위한 최적의 지침서가 될 것입니다. 나아가 우리 학회와 학문 공동체가 궁구하는 바, 인간의 본질과 행복한 삶의 의미를 성찰하고 어떻게 살아야 하는가 하는 질문에 관한 답을 찾아가는 독자들에게 깊은 지혜의 원천을 제공하는 데 부족함이 없으리라고 생각합니다.

끝으로 우리 학회의 학술 총서 개발을 위한 아이디어를 다듬고 구체화하고 단행본이 발간되기까지의 지난한 과정 동안 귀중한 시간과 애정을 쏟아 준 류지한, 조일수, 김국현, 김남준, 신원동 교수님과 김진선 박사님, 그리고 보이지 않는 곳에서 학회와 학문 공동체의 발전을 위해 연구와 교육에 매진하고 있는 학회 회원분들께 깊은 감사의 말씀을 드립니다. 아울러 어려운 출판 여건에도 불구하고 여러 필진의 소중한 생각과 정성을 함께 엮어 한 권의 아름다운 책으로 펴내 준 울력에 감사의 마음을 전합니다. 감사합니다.

2024년 7월
한국윤리학회 제31대(2020-2021) 회장
제주대학교 교육대학 교수 변종헌

## 일러두기

1. 이 책은 띄어쓰기를 원칙으로 하였다. 하지만 국립국어원 표준국어대사전에 수록된 어휘는 붙여 썼다. 그리고 직접 인용인 경우 인용한 원문대로 표기하였다.
2. 본문에서 책, 학술지 등은 『 』로 표시하였고, 논문, 기사 등은 「 」로 표시하였다. 원어로 표시할 경우, 책, 학술지 등은 이탤릭체로, 논문, 기사 등은 " "로 표시하였다.
3. 본문 중에서 출처를 표시할 경우 ( ) 안에 저자명과 출판연도, 쪽수를 표기하였다. 플라톤과 아리스토텔레스 등 몇몇 예외의 경우는 표기 방법을 주석에 밝혀 놓았다.

# 차례

발간사 _ 5

**1** 김상돈
### 소크라테스의 윤리 사상 _ 9
   I. 생애 및 저작 _ 14
   II. 주요 주장 및 원전 탐색 _ 22
   III. 비판적 논의 _ 65
   IV. 현대적 의의 _ 74

**2** 김도형
### 플라톤의 윤리 사상 _ 79
   I. 생애 및 저작 _ 80
   II. '대화' 형식의 함의 _ 87
   III. 영원불변의 이데아 _ 92
   IV. 영혼 삼분설과 이상 국가론 _ 106
   V. 비판적 논의와 현대적 의의 _ 117

**3** 노영란
### 아리스토텔레스의 윤리 사상 _ 123
   I. 생애 및 저작 _ 124
   II. 최고선으로서의 행복 _ 128
   III. 성격적 탁월성 _ 134
   IV. 자발성과 합리적 선택 _ 143
   V. 지적 탁월성과 실천적 지혜 _ 150
   VI. 자제력 없음 _ 157
   VII. 즐거움과 행복 _ 161
   VIII. 비판적 논의와 현대적 의의 _ 169

## 4 추정완
### 에피쿠로스학파의 윤리 사상 _ 179
I. 생애와 저작 _ 180
II. 자연학과 신 _ 184
III. 쾌락과 고통 _ 188
IV. 필요와 욕망 _ 193
V. 우정 _ 196
VI. 죽음 _ 198
VII. 비판적 논의와 현대적 의의 _ 203

## 5 엄성우
### 스토아학파의 윤리 사상 _ 211
I. 생애 및 저작 _ 213
II. 세계관: 이성, 신, 그리고 자연에 따르는 삶 _ 215
III. 가치론: 좋은 것, 나쁜 것, 무관한 것 _ 218
IV. 정념과 적합한 행위 _ 220
V. 덕과 행복 _ 225
VI. 운명과 자유 _ 230
VII. 세계시민주의 _ 232
VIII. 비판적 논의와 현대적 의의 _ 234
X. 결론 _ 241

## 6 윤영돈
### 아우구스티누스의 윤리 사상 _ 245
I. 생애 및 저작 _ 246
II. 신의 창조와 악의 문제 _ 251
III. 인간의 타락과 신의 은총 _ 254
IV. 신국 시민을 위한 실천윤리 _ 264
V. 비판적 논의와 현대적 의의 _ 272

## 7 홍석영
### 토마스 아퀴나스의 윤리 사상 _ 277
I. 서론 _ 278
II. 생애와 저작 및 연구 방법 _ 279
III. 최고선과 덕에 관하여 _ 286
IV. 자연법 윤리 _ 293
V. 결론 _ 301

## 8 변순용 스피노자의 윤리 사상 _ 307
- I. 들어가는 말 _ 308
- II. 스피노자의 윤리학 _ 317
- III. 스피노자 윤리 사상의 현대적 의의 _ 356

## 9 변영진 흄의 윤리 사상 _ 363
- I. 생애 및 저작 _ 364
- II. 인간학과 윤리학 _ 367
- III. 정념의 윤리학 _ 373
- IV. 현대적 논의 _ 388

## 10 정대성 칸트의 윤리 사상 _ 393
- I. 생애 및 저작 _ 394
- II. 윤리 형이상학 _ 397
- III. 선의지와 의무 _ 399
- IV. 도덕법칙과 정언명령 _ 402
- V. 완전한 의무와 불완전한 의무 _ 409
- VI. 자율의 정식과 목적의 왕국 _ 412
- VII. 현상계(감성계)와 예지계(지성계) 그리고 행복론 _ 414
- VIII. 비판과 논박 _ 417
- X. 결론 _ 421

## 11 류지한 벤담과 밀의 공리주의 윤리 사상 _ 427
- I. 머리말: 공리주의의 기원과 특징 _ 428
- II. 벤담의 윤리 사상 _ 434
- III. 밀의 윤리 사상 _ 459
- IV. 공리주의 윤리 사상의 현대적 의의 _ 501

## 12 김남준 실존주의 윤리 사상 _ 511
- I. 서론 _ 512
- II. 키르케고르 _ 519
- III. 하이데거 _ 537
- IV. 사르트르 _ 555
- V. 결론 _ 579

# 1

# 소크라테스의 윤리 사상*

김상돈

서울대학교 사범대학 윤리교육과를 졸업하고 동 대학원에서 「아리스토텔레스의 '좋은 인간'과 '좋은 시민'의 관계」로 박사 학위를 취득하였다. 현재 경성대학교 윤리교육과 교수로 재직하고 있으며, 주요 관심 분야는 서양 고대 윤리 사상, 덕 윤리다. 논문으로는 「소크라테스의 변론의 분석: 그는 유죄인가 무죄인가?」, 「정의에 대한 트라시마코스의 '주장(logos)'과 '생각(doxa)'」, 「아크라테스를 위한 아리스토텔레스의 변론」 등이 있고, 역서로는 『윤리학: 옳고 그름의 발견』(공역)이 있다.

---

* 이 장은 『倫理研究』, 제140호(2023)에 게재된 「소크라테스 윤리 사상의 규범 윤리적 재구성」을 수정·보완한 것이다.

# I. 생애 및 저작

## 1. 생애

서양의 윤리 사상사에서 최초의[1] 윤리 사상가인 소크라테스(Socrates. Sωκρατης. Sōkratēs[2])는 기원전 469년 아테네에서 태어났다. 소크라테스가 태어난 당시의 아테네는 강력한 국가로 부상하고 있었고 전통적 강자였던 스파르타와 그리스 도시국가의 패권을 두고 경쟁하고 있었다. 아테네와 스파르타의 경쟁은 펠로폰네소스 전쟁(기원전 431-404)으로 이어졌고, 소크라테스는 아테네가 패망하고 5년이 지난 기원전 399년에 그의 조국 아테네 시민들의 사형선고로 죽었다. 70년의 소크라테스의 삶은 기원전 5세기 아테네의 영광과 몰락을 함께했던 것이다.

---

1. 엄밀히 말해 소크라테스가 최초의 윤리 사상가라고 말하기 어렵다. 소크라테스보다 나이가 많은 고르기아스(Gorgias), 프로타고라스(Protagoras) 등의 소피스트들도 윤리에 대한 철학적 탐구를 하였기 때문이다. 그러나 소크라테스가 덕과 행복, 좋음과 나쁨 등의 윤리학적 주제에 대해 최초로 개념적 정의를 시도하고 각각의 존재론적, 인식론적 근거를 탐구했다는 점은 분명해 보인다. 키케로는 "소크라테스는 '처음으로(primus)' 철학을 하늘로부터 끌어내려 도시로 가져다 놓았으며 집안으로까지 들여놓았으며 삶과 도덕과 좋은 일과 나쁜 일을 탐구하게 했다."고 전한다(키케로, 2021: 307-308). 디오게네스 라에르티오스도 "윤리학(to ēthikon)은 소크라테스에서 시작했다"고 전한다(라에르티오스, 2021: 서론 18절, 아르켈라오스 16절, 소크라테스 20절). 아리스토텔레스도 소크라테스가 최초의 윤리학자였다고 말한다(아리스토텔레스, 2012: 987b). 그에 의하면 소크라테스는 윤리학의 주제를 탐구하면서 '보편적 정의(to horizesthai katholou)'를 탐구하였고, 그 탐구 방법으로 '귀납적 추론'을 사용하였다. 아리스토텔레스는 보편적 정의와 귀납적 추론이 어떤 것에 대한 지식(hē epistēmē)을 탐구하는 출발점(archē)이라고 말한다(아리스토텔레스, 2012: 1078b). 아리스토텔레스는 소크라테스 당시에는 아직 학문의 도구로서 '변증론(dialektikē)'이 발달하지 않아서 탐구에 한계가 있었다고 덧붙이고 있다. 여기서 변증론은 오늘날의 의미로 논리학이다.
2. 이하에서 그리스어는 영어 알파벳으로 표기한다. 단, 모음은 장단을 표기한다.

소크라테스는 아테네의 몰락의 원인이 아테네인들의 도덕적 타락에 있었다고 보았다. 그는 아테네인들이 더 이상 절제와 정의와 같은 덕을 추구하지 않고 권력과 부, 쾌락만을 추구하는, 겉으로는 화려하고 풍요롭지만 실상 속으로는 곪아 있다고 말한다(『고르기아스』, 518e-519b).[3] 아마도 소크라테스는 그의 조국 아테네가 커진 국력에 상응하는 도덕성을 갖추지 못한다면 오만해질 수밖에 없고 결국에는 패망할 수 있다고 경고하고 싶었던 것 같다(『메넥세노스』, 30-32. 역자의 작품 해설). 그는 전쟁의 와중에도 아테네인들이 지혜, 용기, 절제, 정의의 덕을 갖춘 인간이 되도록 자극하고 설득하였다.

소크라테스의 생애에서 그의 젊은 시절에 관한 기록은 찾아보기 어렵다. 소크라테스가 어떤 교육을 받았는지는 알려져 있지 않지만 당시 그리스 지식인들과 마찬가지로 호메로스의 작품이나 자연철학자들의 주장은 알고 있었던 것으로 보인다(라에르티오스, 2021: 소크라테스 19절)[4].[5] 하지만 소크라테스가 자연철학적 탐구를 멀리하고 인간의 삶에 대한 철학적 탐구에 전력했다는 점은 강조될 필요가 있다(라에르티오스, 2021: 소크라테스 21, 45절; 『소크라테스의 변명』, 26d-e; 『파이돈』, 96a-100b). 소크라테스에게 윤리학적

---

3. 이하에서 플라톤의 대화편의 출처는 관례대로 스테파누스판 표기법만을 사용한다. 본문에서 저자는 생략하고 대화편 명만 표기한다. 대화편의 국역은 다음 역자의 것을 기본으로 하였다. 『에우튀프론』(강성훈), 『소크라테스의 변명』(강철웅), 『뤼시스』(강철웅), 『라케스』(한경자), 『카르미데스』(유혁), 『크리톤』(이기백), 『파이돈』(전헌상), 『고르기아스』(김인곤), 『프로타고라스』(강성훈), 『에우튀데모스』(김주일), 『알키비아데스 I, II』(김주일·정준영), 『파이드로스』(김주일), 『테아이테토스』(정준영), 『향연』(강철웅), 『메넥세노스』(이정호), 『국가』(박종현). 이외에 박종현의 국역과 천병희의 국역을 참조하였다. 기본 번역본의 수정이 있을 경우에는 그 내용을 밝혔다.
4. 디오게네스 라에르티오스의 『유명한 철학자들의 생애와 사상』은 서론과 전체 10권으로 되어 있고, 제1권 1장 탈레스부터 제10권 1장 에피쿠로스(제10권은 에피쿠로스만 소개하고 있다. 제3권도 플라톤만 소개하고 있다)까지 고대 그리스의 유명한 철학자들이 생애와 사상을 소개한다. 서론과 각 권과 장의 내용은 '절'로 나누어져 있다. 소크라테스의 생애와 사상이 소개된 부분은 제2권 5장 18절부터 47절까지다. 국역에서 절은 [ ]로 표기되어 있다. 이하에서 이 책의 번역본 출처는 페이지는 생략하고 철학자와 절만 표기한다. 예를 들어 소크라테스가 조각을 했다는 내용의 출처는 "디오게네스 라에르티오스, 2021: 소크라테스 19절"로 표기된다.
5. 디오게네스 라에르티오스는 소크라테스의 스승으로 아르켈라오스, 다몬, 아낙사고라스를 지목하는데, 이들 중 아르켈라오스와 아낙사고라스는 자연철학자였다.

탐구는 자연철학자들처럼 사물의 원인이나 원리를 알고자 하는 지적인 호기심의 차원이 아니었다.

소크라테스의 윤리학적 탐구는 소피스트들의 활동과도 다른 것이었다. 그는 소피스트들처럼 대중에게 인기 있는 세속적인 처세술을 탐구하지 않았다. 대중들은 쾌락과 부, 권력 등이 행복한 삶을 살게 해 준다고 생각했고 소피스트들은 그것들을 얻을 수 있는 방법을 찾아 대중들에게 자신의 지식 상품으로 팔았던 것이다. 소크라테스에게 소피스트들의 탐구 활동은 오히려 윤리적 삶을 위태롭게 하는 것이었다.

소크라테스는 시장이든 관공서든 체육관이든 어디에서나 그리고 젊은 사람이든 나이 든 사람이든 내지인이든 외지인이든 간에 누구든지 아테네 시민들을 만나면 어떤 삶이 도덕적 삶인지에 대해 대화하고 토론하였다. 그의 윤리학적 탐구 활동은 덕에 대한 탐구로 압축된다. 왜냐하면 덕은 쾌락, 부, 권력 등과는 본질적으로 다른 가치를 가진 것이었기 때문이다. 세속적인 행복을 위해 세속적인 가치를 추구하는 세속적인 삶에 대해 근본적인 의문을 제기한다는 것은 세속적인 행복과 다른 행복, 세속적인 가치와 다른 가치, 세속적인 삶과는 다른 삶이 존재한다는 것을 의미한다. 소크라테스는 덕이 그것이라고 생각했고 덕이 무엇인지 끊임없이 철저하게 탐구하였다. 그의 제자 중에 한 사람인 크세노폰은 스승을 회상하는 기록에서 다음과 같이 전한다.

> 소크라테스는 (…) 언제나 인간사에 관해 담론하며, 경건이란 무엇이며 불경이란 무엇인가, 아름다움이란 무엇이며 추함이란 무엇인가, 정의란 무엇이며 불의란 무엇인가, 절제란 무엇이고 광기란 무엇인가, 용기란 무엇이며 비겁이란 무엇인가, 국가란 무엇이고 정치가란 무엇인가, 정부는 무엇이며 통치자란 무엇인가, 그 밖에 그가 보기에 그것을 아는 자는 진실로 훌륭한 사람이고 모르는 자는 노예라고 불리어 마땅한 다른 주제를 탐구했다. (크세노폰, 2018: 19)

소크라테스가 추구한 것은 단지 이론적 탐구가 아니라 실천적 삶이었다는 점을 강조할 필요가 있다. 소크라테스는 윤리학의 주제에 대한 토론 과정에서 다른 사람들로부터 주먹질당하거나 머리털이 뽑히기도 했지만 그의 토론의 목적은 단지 다른 사람의 의견을 논박하는 데 있지 않고 참된 지식을 얻는 데 있었다(라에르티오스, 2021: 소크라테스 21-22절). 소크라테스는 대화를 통해서 다른 사람을 설득하여 윤리적 주제에 대해 다시 생각하게 하여 윤리적 사람으로 만들고자 하였고 실제로 많은 사람들이 소크라테스의 설득으로 윤리적 삶을 살게 되었다고 전해진다(라에르티오스, 2021: 소크라테스 29절). 소크라테스는 매우 절도 있는 삶을 살았고 자립적이고 위엄 있는 사람이었다(라에르티오스, 2021: 소크라테스 25절). 그는 검소하게 살았으며 먹고 마시는 데 있어 필요한 것 이상을 추구하지 않았다(라에르티오스, 2021: 소크라테스 27절).

하지만 당시의 모든 아테네인들이 소크라테스의 삶의 방식과 윤리적 탐구 활동에 우호적인 시선을 보낸 것 같지는 않다. 그도 그럴 것이 소크라테스는 당시 아테네인들에게 지혜로운 사람으로 여겨졌던 정치가, 시인, 장인들이 사실은 모두 무지한 사람들이라고 폭로하였기 때문이다(『소크라테스의 변명』, 21c-22d; 라에르티오스, 2021: 소크라테스 38절). 게다가 그는 당시 아테네인들의 삶의 방식을 거침없이 비판했다. 소크라테스는 대담하게도 자신의 삶에 대해 윤리적 관점에서 반성하지 않고 그저 쾌락이나 부, 권력 등의 세속적 가치를 추구하는 삶, 다시 말해 '검토하지 않는 삶(ho anexetastos bios)'은 '살 가치가 없다'고 주장했다(『소크라테스의 변명』, 38a).

소크라테스는 항상 아테네인들에게 윤리적 삶이 무엇인지 '묻고(erēsomai)', '검토하고(exetasō)', '논박하면서(elenchō)' 살아왔다. 그의 탐구하는 삶은 단순한 훈계나 교육, 권고가 아니었다. 왜냐하면 소크라테스는 누군가가 덕을 갖고 있지 않은데도 불구하고 자신은 잘 살고 있다거나 훌륭한 사람이라고 주장한다면 그런 사람은 가장 중요한 가치를 추구하지 않고 하찮은 것을 추구한다고 '비난할 것이라고(oneidiō)' 주장했기 때문이다(『소크라테스의 변명』, 30a, 30e). 소크라테스는 자신의 활동이 아테네인들을 '괴롭히는(lypeo)' 일이었다는 것도 잘 알고 있었다(『소크라테스의 변명』, 41e). 많은 아테네인들에게 이러한 소크라테스의 탐구 활동은 자신의 삶에 대한 비난과 질책으로 여겨졌을 것이다. 그들이 소크라테스를 눈엣가시처럼 여기고 미워했을 것이라는 점은 짐작이 가는 바다. 소크라테스도 자신을 미워하는 사람이 있다는 것을 잘 알고 있었다(『소크라테스의 변명』, 21d-e).

그 미움이 얼마나 지독했던지 아테네 시민들 중에 어떤 사람들은 소크라테스를 불경죄로 법정에 고발하기까지 했다. 고발장 내용은 다음과 같다. "소크라테스는 젊은이들을 망치고 국가가 믿는 신들을 믿지 않고 다른 새로운 신령스러운 것들을 믿음으로써 불의를 행하고 있다"(『소크라테스의 변명』, 24c; 라에르티오스, 2021: 소크라테스 40절). 재판에 회부된 소크라테스는 자신에 대한 고발 내용이 사실이 아니며, 자신에 대한 미움의 원인은 '소크라테스는 천상의 것과 지하의 것을 탐색하고 약한 논변을 강한 논변으로 만드는 사람'이라는 오래된 거짓 소문으로 인한 것이라고 항변하지만(『소크라테스의 변명』, 18b-c, 24c-28b) 유죄 판결이 내려지고(『소크라테스의 변명』, 35e-36b, 각주 88, 89, 90) 사형을 선고 받는다(『소크라테스의 변명』, 38c-d).

소크라테스는 펠로폰네소스 전쟁에서 포테이다이아 원정(40세), 델리온 전투(45세), 암피폴리스 전투(47세) 등 세 번이나 죽음을 무릅쓰고 참전할 정도로(『카르미데스』, 153a-d; 『향연』, 219e-221c; 『라케스』, 181a-b) 자신의 조국 아테네를 사랑했으며 아테네 민주정에 대한 강한 신념을 가지고 있었다(라에르티오스, 2021: 소크라테스 22-24절; 『소크라테스의 변명』, 28e-29b). 하지만 아테네 시민들은 그런 소크라테스에게 증거도 증인도 없이 고발 내용에 대해 유죄 판결을 내렸다. 그래도 아테네 시민들은 소크라테스에게 사형선고까지 내릴 생각은 없었던 것 같다. 그래서 벌금형이나 추방형 정도를 선고해서 소크라테스의 활동에 대해 일종의 경고를 보내려고 했던 것 같다. 하지만 소크라테스는 그 어떤 타협도 거부하였다(『소크라테스의 변명』,

37e-38a, 38b[6]).

소크라테스는 자신의 철학적 활동이 아테네에 해를 주는 것이 아니라 오히려 이롭게 하는 것이라고 생각했다. 그래서 그는 자신을 벌주려는 아테네 시민들에게 자신은 신(神)이 아테네에게 준 선물이며(『소크라테스의 변명』, 30d-31b) 사형이라는 벌이 아니라 영빈관에서의 만찬이라는 상을 받아야 한다고 주장하였다(『소크라테스의 변명』, 36b-37a). 그 정도로 소크라테스는 자신의 활동을 떳떳하게 생각했으며 자랑스러워했다. 그는 친구 크리톤의 탈옥 권유도 거절하고 의연하게 죽음을 받아들인다(『크리톤』, 44b-46a, 54e). 소크라테스의 제자였던 파이돈은 소크라테스가 독배를 들고 숨을 거두자 그에 대해 다음과 같이 말했다.

> 이것이 우리 벗의 최후였습니다. 에케크라테스, 우리는 말할 겁니다. 그는 당시 우리가 겪었던 사람들 중 가장 훌륭하고, 무엇보다도, 가장 현명하며 가장 정의로웠노라고. (『파이돈』, 118a)

## 2. 저작

잘 알려져 있듯이 소크라테스의 저작은 전해지지 않는다. 디오게네스 라에르티오스도 그의 책에서 철학자의 생애와 더불어 저작을 반드시 소개하지만 소크라테스에 대해서는 그가 대화하고 토론을 했다고만 전할 뿐 저작은 소개하지 않고 있다(라에르티오스, 2021: 소크라테스 45절). 따라서 소크라테스의 윤리 사상을 알 수 있는 문헌은 그와 동시대의 사람들이나 그의 제자 혹은 그 후대 사람들의 저작이다.

---

6. 플라톤의 『소크라테스의 변명』에서는 소크라테스가 사형에 대한 대안 형벌로 벌금형의 제안을 수용하는 것으로 나온다. 하지만 크세노폰이 쓴 『소크라테스의 변론』에서는 소크라테스가 벌금형의 수용도 그 자체가 자신이 유죄임을 인정하는 것이기 때문에 거부했다고 전한다. 후자가 소크라테스의 삶의 방식에 더 어울리는 것으로 보인다(크세노폰 2018: 332; 『소크라테스의 변명』, 각주 97).

그 문헌에서 가장 중요한 것이 플라톤의 대화편이다. 소크라테스의 제자 중에 소크라테스의 철학을 가장 충실하게 계승했으며 가장 탁월한 제자였던 플라톤의 대화편은 모두 29편이 전해진다.[7] 문제는 플라톤의 대화편이 거의 모두 소크라테스가 주요 화자라는 점이다. 그래서 플라톤의 대화편 중에서 어느 것이 소크라테스의 철학과 구별되는 플라톤의 철학을 담고 있으며, 소크라테스의 철학을 확인할 수 있는 대화편은 어느 것이냐의 문제가 발생한다(코플스톤, 1998: 145-151). 우리는 이 문제를 깊이 생각하지 않고 학자들의 일반적인 견해를 따를 것이다. 일반적으로 학자들은 플라톤의 초기 대화편은 소크라테스의 철학이 담긴 것으로 간주하고 중기, 후기로 가면서 플라톤의 고유한 철학이 점점 강하게 나타난다고 생각한다. 따라서 이 글에서는 초기 대화편에 속하는 『에우튀프론』, 『변론』, 『크리톤』, 『라케스』, 『카르미데스』, 『프로타고라스』, 『뤼시스』, 『고르기아스』, 『에우튀데모스』와 중기 대화편에 속하는 『파이돈』, 『메논』 등에 나타난 대화자 소크라테스의 주장을 실제 소크라테스의 윤리 사상으로 간주할 것이다. 플라톤의 사상적 특징이 다소 강하게 나타나는 중기 대화편 『테아이테토스』의 내용 일부도 소크라테스의 윤리 사상을 확인할 수 있는 근거로 사용할 것이다.

다음으로 중요한 문헌은 크세노폰의 저서다. 소크라테스의 또 다른 가장 충실한 제자이면서 장군이었던 크세노폰은 소크라테스에 관하여 위에서 언급한 『소크라테스의 회상』을 포함하여 『향연』, 『소크라테스의 변론』을 남겼다. 크세노폰이 전하는 소크라테스와 플라톤이 전하는 소크라테스 중에 어느 것이 더 정확한 전언인지에 대한 논쟁이 있으나 이 글에서는 크세노폰의 소크라테스 관련 저서를 소크라테스의 삶과 철학적 활동 그리고 그의 윤리 사상을 확인할 수 있는 문헌으로 간주할 것이다.

플라톤의 제자 아리스토텔레스도 『니코마코스 윤리학』과 『형이상학』에서 소크라테스를 자주 언급한다. 『니코마코스 윤리학』에서는 모두 8번 소

---

7. 이 중에는 플라톤의 위작으로 의심받는 대화편도 있다. 플라톤의 저서에 대한 상세한 설명은 이 책의 2장. "플라톤의 윤리 사상"을 참조.

크라테스를 언급한다. 소크라테스를 '자기 비하하는 사람(hoi eirōnes)'의 예로 제시한 것이 한 번 있고(아리스토텔레스, 2011: 1127b[8]), 소위 주지주의와 관련하여 7번 언급하는데, 그중에서 아크라시아 불가능성 논제와 관련하여 4번 언급한다. 소크라테스의 주지주의에 대한 아리스토텔레스의 언급은 II절 2에서 간략히 다룰 것이다.[9]

그 외에 소크라테스를 조롱하고 풍자한 것으로 유명한 희극 작가 아리스토파네스의 『구름』이 있다. 아리스토파네스는 논쟁을 일삼는 소피스트적 교육이 전통적 가치와 규범을 파괴하는 경향이 있다고 맹렬히 비판했는데, 『구름』에서 소크라테스를 소피스트의 전형으로 묘사하고 있다. 『구름』에서, 소크라테스에게서 논박술을 배운 스트레프시아데스는 자신의 아버지와 어머니도 옳지 못한 일을 하면 때리겠다는 말을 한다. 스트레프시아데스의 아버지 페이디피데스는 아들을 망친 원흉이 소크라테스라고 지목하고 '악당'이라고 말한다(아리스토파네스, 2000: 94-99). 하지만 소크라테스는 『구름』에서 묘사된 소크라테스는 자신을 오해한 것이며 그 오해 때문에 아테네인들이 자신을 미워하고 잘못된 선입견을 가지게 되었다고 주장했다(『소크라테스의 변명』, 19c-d). 매우 보수적인 희극 작가[시인]인 아리스토파네스와 '전통적 가치를 존중하면서도 다른 한편으로는 개혁적인' 철학자인 소크라테스의 관계에 대한 학자들의 흥미로운 연구들이 다수 있지만 이 글에서는 본격적으로 다루지 않는다.[10]

---

8. 아리스토텔레스의 저서는 관례대로 벡커판 표기법을 사용한다.
9. 아크라시아 불가능성 논제에 대한 소크라테스와 아리스토텔레스의 견해 차이에 대한 본격적인 논의는 이 책 3장을 참조하기 바란다.
10. 플라톤은 그의 후기 대화편 『향연』에서 아리스토파네스를 소크라테스와 함께 술을 마시면서 에로스에 대해 대화하는 사람으로 등장시키고 있다. 『향연』에서 아리스토파네스는 아가톤과 더불어 맨 마지막까지 남아서 소크라테스와 대화한 사람으로 나온다(『향연』, 223c-d). 두 사람의 대화 내용이 간략히 소개되어 있어서 그들이 나눈 대화의 내용이 무엇인지는 정확히 알기는 어렵다. 하지만 플라톤이 소크라테스의 윤리 사상에는 보수적 측면과 개혁적 측면이 동시에 있고 양자가 어떻게든 조화를 이루어야 한다고 생각하지 않았나 하는 추측은 가능하다.

## II. 주요 주장 및 원전 탐색

### 1. "영혼을 돌보라"

소크라테스의 윤리 사상의 핵심을 이해하기 위해서는 그가 일생의 과업으로 생각한 일이 무엇인지 다시 한 번 생각해 보아야 한다. 위에서 우리는 소크라테스가 항상 아테네인들에게 육체적 쾌락, 부, 명예, 명성을 추구하지 말고 자신의 삶을 윤리적 관점에서 반성하고 검토하면서 살라고 주장했다는 것을 확인하였다. 소크라테스가 주장하는 검토하는 삶이 어떤 삶인지는 다음의 주장을 통해 명확히 드러난다.

> 가장 훌륭한 양반, 당신은 지혜와 힘에 있어서 가장 위대하고 가장 명성이 높은 국가인 아테네 사람이면서, 돈이 당신에게 최대한 많아지게 하는 일은, 그리고 명성과 명예는 돌보면서도 현명함과 진실은, 그리고 영혼(hē psychē)이 '최대한 훌륭해지게(beltistē)' 하는 일은 '돌보지도 신경 쓰지도 않는다(ouk epimelē oude phrontizeis)'는 게 수치스럽지 않습니까? (『소크라테스의 변명』, 29d-e)

> 내가 돌아다니면서 하는 일은 다름이 아니라 바로 여러분 가운데 젊은이에게나 나이 든 이에게나 '영혼을 돌보는 것(epimeleisthai … tēs psychēs)', 즉 영혼이 '최대한 좋은(aristē)' 상태가 되도록 돌보는 것보다 우선해서, 혹은 그것과 비슷한 정도의 열심을 가지고, 육체나 돈을 돌보지 말라고 설득하는 일이거든요. (『변론』, 30a-b)[11]

---

[11] 강철웅은 beltistos와 aristos를 모두 '최대한 훌륭한'으로 옮기고 있다. 모두 agathos(좋은, 훌륭한)의 최상급이기 때문이다. 여기서는 구별하여 옮겼다.

위 주장에서 알 수 있듯이 소크라테스가 말하는 '검토하는 삶'은 곧 '영혼을 돌보는 삶'이다. 그는 아테네인들에게 영혼이 최대한 훌륭해지도록 돌보아야 한다고 끊임없이 권고하고 설득하였고, 때로는 꾸짖고 비난하는 일도 서슴지 않았다. 그에 의하면 영혼을 돌보지 않는 삶, 즉 영혼을 최대한 훌륭하게 하는 데 관심을 가지지 않고 그저 세속적인 가치를 추구하는 삶은 살 가치가 없는 것이었다. 그러므로 소크라테스에게 윤리적 삶이란 영혼이 '최대한 훌륭한' 상태에 있도록 혹은 영혼이 '최대한 좋은' 상태에 있도록 영혼을 돌보는 삶이라고 말할 수 있다. 소크라테스는 젊은이들을 타락시켰다는 자신에 대한 고발 내용에 대해 자신이 젊은이들을 '더 좋게(ameinōn)' 만들려는 의도를 가지고 있었지 더 망치려는 의도를 갖고 있지 않았다고 주장했다(『소크라테스의 변명』, 24c-e).[12] 그는 누구에게나 자신의 영혼을 더 좋게, 최대한 좋게 만들라고 충고하면서 살았다. 이처럼 소크라테스의 윤리 사상에서 영혼은 가장 핵심적인 개념이다.

하지만 불행히도 영혼이 무엇인지에 대한 소크라테스의 적극적인 설명은 발견하기 어렵다. 소크라테스에게 영혼이 무엇이며 윤리적 삶에 있어 어떤 의미를 가지는지를 알아보기 위해서는 소크라테스 이전 철학자들이 영혼을 무엇이라고 생각했는지 간단히 살펴볼 필요가 있다. 소크라테스 이전 철학자들은 영혼을 생명 활동과 연관된 것으로 생각했던 것으로 보인다(플라톤, 2005: 117, 각주 72).[13] 즉, 생명을 가진 것은 모두 영혼을 가진 것으로 생각했던 것으로 보인다. 그러다가 영혼의 다양한 기능에 주목하면서 지각, 욕구, 욕망, 정념, 이성, 지성 등의 개념과 연관 지어 생각했던 것 같다. 아낙시메네스, 헤라클레이토스, 아낙사고라스 등의 소크라테스 이전 자연철학자들의 사상에서 영혼에 대한 언급들이 발견되는데 주로 자연학적인 설명이다(딜스·크란츠, 2005: 151, 229, 511). 소크라테스 이전 철학자 중에

---

12. beltistos와 aristos는 모두 agathos(good. 좋음)의 최상급이다. ameinōn(better. 더 좋은)은 비교급이다.
13. psychē(breath. 숨, 목숨)의 동사형은 psychō인데 뜻은 'breathe. 숨을 쉬다'이다.

서 피타고라스에게서 영혼에 대한 가장 많은 설명이 발견된다(라에르티오스, 2021: 피타고라스 4-5, 7, 13-14절). 디오게네스 라에르티오스는 피타고라스가 동물도 인간과 같은 영혼을 가지고 있기 때문에 죽이지도 말고 먹지도 말라고 가르쳤다고 전한다. 피타고라스는 플라톤의 철학에 많은 영향을 준 철학자로 알려져 있고, 특히 그의 영혼 불멸론은(라에르티오스, 2021: 피타고라스 28절) 『파이돈』과 『국가』의 영혼 불멸론에 영향을 주었다고 전해진다 (『파이돈』, 16, 역자의 작품 해설; 플라톤, 2005: 622, 각주 22, 654, 각주 70). 피타고라스의 영혼론에는 자연학적인 설명, 기능론적인 설명, 윤리학적인 설명이 일부 발견된다. 그는 "인간에게 가장 중요한 것은 영혼을 좋은 쪽으로 설득하느냐, 나쁜 것 쪽으로 설득하느냐는 것이다."라고 말했다고 한다. 또한 그는 "인간은 '좋은 영혼(agathē psychē)'이 붙어있을 때는 행복할 수 있지만 〈나쁜 영혼이 붙어 있을 때〉 인간의 영혼은 정지하지도 않고 똑같은 흐름을 견지하지도 않는다."고 말했다고 한다(라에르티오스, 2021: 피타고라스 30-32절).

소크라테스가 피타고라스의 영향을 받았는지, 받았다면 어느 정도 받았는지는 정확히 알기 어렵다.[14] 확실한 것은 고대 그리스 지성사에서 영혼에 대한 자연학적인 탐구, 기능론적인 탐구가 먼저 있었고 그러한 탐구가 발전하면서 어느 시기에 윤리적인 의미가 부여되었다는 것이다. 여기에 영혼 불멸과 같은 종교적인 의미도 추가되었던 것 같다.[15] 무엇보다 중요한 것은

---

14. 『고르기아스』에서도 내세에 관한 이야기가 나오지만 『파이돈』과 『국가』에 나오는 플라톤의 영혼 불멸과 내세에서의 영혼의 삶을 소크라테스도 주장했는지는 명확하지 않다. 소크라테스는 『소크라테스의 변명』에서 "나는 죽으러, 여러분은 살러 갈 시간이, 우리 중 어느 쪽이 더 좋은 일을 향해 가고 있는지는 신 말고는 그 누구에게도 분명하지 않습니다."라고 말했다(『소크라테스의 변명』, 42a).
15. 소크라테스 이전부터 헬레니즘 시대까지 고대 그리스에서 영혼에 관한 이해의 변화 및 발전 과정에 대해서는 Hendrik Lorenz, "Ancient Theories of Soul", *Stanford Encyclopedia of Philosophy*, First published Thu Oct 23, 2003; substantive revision Wed Apr 22, 2009를 참조. 이 자료는 온라인으로 제공된다. https://plato.stanford.edu/entries/ancient-soul/. 검색 일자, 2022년 8월 1일.

영혼에 윤리적인 의미를 가장 심오하게 부여한 사람이 바로 소크라테스였다는 것이다. 위에서 확인하였듯이 소크라테스는 인간의 삶에서 가장 중요한 것은 육체의 좋음이나 재산의 좋음, 지위나 권력의 좋음이 아니라 바로 영혼의 좋음이라고 생각했다.

  소크라테스에게 영혼을 좋게 한다는 것과 영혼이 어떤 덕을 갖게 한다는 것은 같은 것을 의미한다. 그에 의하면 좋은 영혼을 가진 사람이 되는 것, 즉 어떤 사람이 아름답고 훌륭한 사람이 된다는 것은 인간적이고 시민적인 덕을 갖추는 것을 의미한다(『소크라테스의 변명』, 20a-b; 『라케스』, 190b). 소크라테스가 영혼을 돌보라고 말했을 때 그 의미도 돈이나 명예가 아니라 덕을 갖추라는 것을 뜻했다(『소크라테스의 변명』, 29e-30b, 38a-b, 41e). 따라서 소크라테스에게 '영혼을 돌본다'는 것은 '덕을 돌본다(epimeleisthai aretēs)는 것과 같은 것이었다(『소크라테스의 변명』, 31a-b; 『라케스』, 185e-186c). 결국 영혼을 좋게 하는 것은 지혜나 용기, 절제 등의 덕을 갖추는 것이었다(『소크라테스의 변명』, 29d-e, 35a-b; 『카르미데스』, 157a-b, 175d; 『라케스』, 192d). 덕을 가진 영혼은 좋고 훌륭하지만 악덕을 가진 영혼은 나쁘다(『파이돈』, 93b-c). 소크라테스는 『고르기아스』에서 폴로스에게 영혼의 나쁜 상태와 그것이 왜, 어떻게 해서 생기는지에 대해 다음과 같이 말한다.

소크라테스: 몸의 상태에서는 어떤가? 거기서 나쁜(kakian) 상태는 허약함, 질병, 추함 등등이라고 자네는 말하지?

폴로스: 그렇죠.

소크라테스: 그렇다면 영혼[16]에도 어떤 몹쓸(ponerian)[17] 상태가 있다고 생각하지?

---

16. 김인곤은 '혼'으로 옮기지만 여기서는 '영혼'으로 수정하였다.
17. poneros는 좋은 것이라고는 하나도 없는 상태를 뜻한다. 어원은 ponos(고통, 괴로움, 비참함)이다.

폴로스: 왜 아니겠습니까?

소크라테스: 자네는 그것을 불의, 무지, 비겁 등등으로 부르지 않나?

폴로스: 물론이죠.

소크라테스: 그렇다면 재산, 몸, 영혼 세 가지가 있으므로 자네는 이것들의 몹쓸 상태 세 가지를 가난, 질병, 불의라고 말한 거지?

폴로스: 그렇죠.

소크라테스: 그러면 이 몹쓸 상태들 중에서 무엇이 가장 부끄러운 것인가? 불의와 영혼의 몹쓸 상태가 아닌가?

폴로스: 당연하죠.

(…)

소크라테스: 따라서 영혼의 몹쓸 상태가 무엇보다도 가장 부끄러운 이유는 그것이 엄청나게 큰 어떤 해로움과 놀랄 만한 나쁨의 측면에서 다른 모든 것보다 월등하기 때문이네. 자네 주장대로 그것이 고통의 측면에서는 월등하지는 않으니까.

폴로스: 그런 것 같네요.

소크라테스: 나아가서 가장 큰 해로움의 측면에서 월등한 것이야말로 있는 것들 가운데서 가장 큰 악일 것이네.

폴로스: 그렇죠.

소크라테스: 따라서 불의와 무절제, 그리고 영혼의 다른 몹쓸 상태는 존재하는 악들[18] 중에서 가장 큰 악(megiston tōn ontōn kakon)이지?

폴로스: 그런 것 같습니다. (『고르기아스』, 477b-e)

소크라테스에 의하면 몸의 나쁜 상태가 있듯이 영혼에도 나쁜 상태가 있다. 영혼의 나쁜 상태는 불의와 무지, 비겁, 무절제 등으로 인해 생긴다. 영혼은 정의로운 것에 의해서는 더 좋게 되지만 불의한 것에 의해서는 파멸된

---

[18] 김인곤은 megiston tōn ontōn kakon을 '있는 것들 중에서 가장 큰 악'으로 옮긴다. 여기서는 여러 나쁜 것들 중에 가장 나쁜 것이라는 의미를 살려 옮겼다.

다(『크리톤』, 47d). 영혼의 나쁜 상태가 육체의 나쁜 상태의 고통, 즉 육체적 고통을 주는 것은 아니라고 하더라도 그것은 가장 큰 해로움과 괴로움을 준다. 그래서 영혼의 나쁜 상태는 모든 나쁜 것들 중에서 가장 나쁜 것이며, 가장 부끄러운 것이면서 가장 큰 악이기도 하다. 이런 점에서 소크라테스는 불의를 저지르는 것이 불의를 당하는 것보다 더 나쁘다고 말한다. 왜냐하면 불의를 당하는 것은 몸을 나쁘게 하지만 불의를 저지르는 것은 영혼을 나쁘게 하기 때문이다. 불의를 당하면 불의를 당하는 사람의 몸에 고통이 생기지만 그의 영혼에는 어떤 영향도 주지 않는다. 반대로 불의를 저지르면 불의를 저지르는 사람의 몸을 좋게 할지는 모르나 그의 영혼은 나빠진다(『고르기아스』, 475c-d). 영혼이 손상되고 파괴되면 살 가치가 없다(『크리톤』, 47e-48a).

흥미롭게도 소크라테스는 불의를 저지른 사람이나 무절제한 행동을 한 사람의 나쁜 영혼의 상태가 좋은 상태로 바뀔 수도 있다고 주장했다. 몸의 나쁜 상태, 즉 질병에 걸린 사람이 의사에게 치료를 받아서 몸의 좋은 상태, 즉 건강을 회복할 수 있듯이 불의와 무절제로 인해 영혼이 나쁜 상태에 있는 사람도 재판을 받아서 정당한 벌을 받는다면 적어도 가장 나쁜 상태에서는 벗어나서 행복할 수 있다. 하지만 반대로 불의를 저지른 사람이 정당한 벌을 받지 않는다면 최악의 삶을 살게 된다. 그의 영혼은 계속 나쁜 상태에 머물러 있기 때문이다(『고르기아스』, 478c-e). 이처럼 소크라테스는 처음부터 불의를 저지르지 않는 사람이 가장 행복한 사람이고, 불의를 저질렀지만 정당한 벌을 받는 사람이 그 다음으로 행복한 사람이고, 불의를 저지르고도 정당한 벌을 받지 않는 사람은 가장 불행한 사람이라고 주장한다.

그러므로 인간은 행복하기 위해서 자신의 영혼을 좋게 해야 하고 영혼을 좋게 하기 위해서는 정의와 절제와 같은 덕을 갖추어야 한다. 또한 영혼을 나쁘게 하지 않기 위해 무절제한 행위나 부정의한 행위를 해서는 안 된다. 부정의와 무절제와 같은 악덕은 영혼을 나쁘게 하고 인간을 불행하게 한다. 소크라테스는 델피 신탁의 "너 자신을 알라!"라는 경구도 이런 의미라고 해석한다. 소크라테스에 의하면 인간은 영혼, 신체 그리고 그 둘이 합쳐진 전체다. 이 중에서 영혼이 인간의 본질을 규정한다(『알키비아데스 I』, 130a-c[19]; 『카르미데스』, 164d-165a; 『파이드로스』, 229e-230a). 따라서 자신을 안다는 것은 자신의 영혼을 아는 것을 의미한다(『알키비아데스 I』, 130e-131a). 그것은 자신의 영혼이 좋은 상태, 즉 덕 있는 상태에 있는지 아니면 나쁜 상태에 있는지를 아는 것을 의미한다. 그러므로 영혼의 덕을 아는 것이 자신을 가장 잘 아는 것이다(『알키비아데스 I』, 133b-c).

소크라테스에 의하면 행복과 불행의 정도는 영혼의 좋고 나쁜 상태에 의해 결정되고, 영혼의 좋고 나쁨은 정의와 불의, 절제와 무절제와 같은 덕과 악덕, 즉 도덕적 행위와 비도덕적 행위에 의해 결정된다. 따라서 인간은 덕을 갖추어야만, 다시 말해 도덕적인 행위를 통해서만 혹은 도덕적인 사람이 되어야만 영혼이 좋아지고 행복할 수 있다. 그러기 위해서는 덕이 무엇인지, 다시 말해 도덕이 무엇인지 알아야만 한다. 도덕에 대한 탐구는 자신을 아는 것, 자신의 영혼을 아는 것, 자신의 영혼을 돌보는 것, 자신의 영혼을 좋게 하는 것의 출발점이다.

## 2. 덕에 대한 보편적 정의 추구와 윤리적 상대주의 비판

소크라테스가 살았던 당시에 그리스인들은 어떤 것의 '가장 훌륭한 상태' 혹은 '가장 좋은 상태'를 '덕(aretē)'[20]으로 표현하였다(『소크라테스의 변명』, 49, 각주 9; 『소크라테스의 변론』(플라톤, 2005: 110, 각주 39)). 위에서 살펴보았듯이 소크라테스도 영혼의 가장 좋은 상태를 덕이라고 생각했다. 덕 있는 행위를 하기 위해서 그리고 덕 있는 사람이 되기 위해서는 덕이 무엇인지

---

19. 『알키비아데스 I』에 대해서는 진위(眞僞) 논쟁이 있다. 『알키비아데스 I』, 역자의 작품 해설, 30-34. 참조. 그러나 그것이 소크라테스가 "너 자신을 알라!"를 영혼을 아는 것으로 해석했다는 것마저 의심하게 하지는 않는 것 같다.
20. aretē는 '탁월함'으로 번역되기도 한다. 이 글에서는 모두 '덕'으로 옮긴다.

알아야 한다.[21] 덕의 정의(definition)에 대한 소크라테스의 탐구는 플라톤의 초기 대화편에서 나타난다. 소크라테스가 특히 관심을 가졌던 덕은 지혜, 절제, 용기, 정의, 경건이었던 것으로 보인다(『프로타고라스』, 349b). 소크라테스는 『에우튀프론』에서 젊은 사제(司祭) 에우튀프론과 '경건'이 무엇인지에 대해 토론한다. 『라케스』에서는 장군(將軍)이었던 라케스, 니키아스와 함께 '용기'가 무엇인지에 대해 대화하고, 『카르미데스』에서는 미소년(美少年) 카르미데스와 더불어 '절제'가 무엇인지를 탐구한다.

플라톤의 초기 대화편에서 소크라테스는 경건, 용기, 절제 등이 무엇인지 물음을 제기하지만 결국엔 답을 제시하지 않고 난관(aporia. 난제)에 봉착했음을 확인하기만 한다(『에우튀프론』, 15c; 『라케스』, 199e, 200e; 『카르미데스』, 175a-c, 176a-b).[22] 뿐만 아니라 소크라테스가 과연 덕의 보편적 정의를 찾을 수 있다고 생각했는지도 의심스럽기까지 하다. 왜냐하면 그는 덕이 지식이라고 주장하면서도 결국엔 덕이 무엇인지 아직 확실히 모르겠다고 말하고 있기 때문이다(『프로타고라스』, 360e-361c; 『메논』, 71a, 100b). 그렇다면 덕을 정의하려는 소크라테스의 시도는 실패했다고 보아야 하는가? 소크라테스는 덕의 보편적 정의를 제시하지 않았는데도 그의 윤리 사상을 윤리적 보편주의로 규정하는 것이 합당한 것인가? 소크라테스가 덕을 정의하지 않았기 때문에 이 글에서는 소크라테스의 윤리적 보편주의를 정식화하려는 적극적인 시도를 할 수는 없다. 대신 그가 윤리적 상대주의를 비판한 논변을 확인하여 적어도 그가 윤리적 보편주의를 옹호했다는 것을 확인하는 것으로 만족할 수밖에 없다. 실제로 소크라테스가 살았던 당시에 가장 유명한 소피스트였던 프로타고라스는 윤리적 상대주의를 옹호하였고,[23] 소크라

---

21. '정의로운 행위'와 '정의로운 사람'은 우리말로 자연스러운 표현이지만 '덕 있는 행위'와 '덕 있는 사람'은 우리말로 어색하다. 하지만 달리 대안이 없어 이렇게 표현하였다. 각각 '도덕적인 행위'와 '도덕적인 사람'을 의미하는 것으로 이해하면 된다.
22. 학자들은 이런 대화편을 소위 '난관 종결식 대화편(aporetic dialogues)'이라고 부른다(『테아이테토스』, 역자의 작품 해설, 12).
23. 이하에서 논의되겠지만 프로타고라스가 정말로 윤리적 상대주의자였는지는 논쟁이 있을 수

테스는 그 주장을 논박하기 위해 많은 노력을 기울였다.[24]

프로타고라스는 『프로타고라스』, 『메논』, 『테아이테토스』 등 플라톤의 여러 대화편에서 자주 언급되는데 대부분 소크라테스가 프로타고라스의 '인간 척도론'에 담긴 인식론적 주관주의 혹은 인식론적 상대주의를 논박하는 내용이다. 인식론적 주관주의는 윤리적 주관주의로, 인식론적 상대주의는 윤리적 상대주의로 귀결될 가능성이 높다. 프로타고라스의 인간 척도론의 정식은 다음과 같다. "인간은 만물의 척도이다. '~인 것(ta onta[25])들'에 대해서는 '~이다'고, '~이 아닌 것들'에 대해서는 '~이 아니다'고 하는 척도이다"(『테아이테토스』, 152a). 이 정식에서 '인간'을 개별 인간으로 해석하면 인식론적 주관주의가 되고 인간 일반으로 해석하면 인식론적 상대주의가 될 수 있다.[26] 먼저 소크라테스는 프로타고라스의 인간 척도론을 인식론적 주관주의로 해석하고 비판한다.

소크라테스는 인간 척도론의 정식을 "사물들이(ta pragmata) 나에게는 나에게 보이는(phainētai) 그런 식으로 있고, 너에게는 너에게 보이는 그런 것으로 있다"는 것으로 해석한다(『크라튈로스』, 385e-386a; 『테아이테토스』, 152a). 이러한 해석에 따르면 바람의 차가움과 따뜻함(『테아이테토스』, 152b), 크기의 크고 작음, 무게의 무거움과 가벼움(『테아이테토스』, 152d), 색

---

있다.
24. 이 글에서는 프로타고라스의 윤리적 상대주의에 대한 소크라테스의 비판만 다룬다. 소피스트의 회의주의, 무도덕주의에 대한 소크라테스의 비판은 『고르기아스』 참조. 『고르기아스』에서 소크라테스는 고르기아스의 회의주의와 칼리클레스의 무도덕주의를 논박한다. 칼리클레스의 무도덕주의는 고르기아스의 회의주의의 윤리적 결론이라고 할 수 있다. 윤리적 보편주의를 옹호하기 위해서는 무도덕주의와 윤리적 상대주의를 반드시 논박해야 한다. 이를 통해 기원전 5세기 그리스의 윤리적 사유가 무도덕주의 → 윤리적 상대주의 → 윤리적 보편주의로 발전해 갔음을 알 수 있다.
25. 분사(participle) onta의 부정형(infinitive)은 einai(to be. ~이다, 있다)다. 따라서 to ta onta는 '있는 것들'로도 옮길 수 있다. 정준영은 '있는 것들'로 옮기고 있다. 즉, 인간 척도론은 인식론적 의미로도 해석될 수 있고 존재론적 의미로도 해석될 수 있다. 여기서는 인식론적 논의가 중심이므로 '~인 것들'로 옮겼다. 이후 논의에서 존재론적 논의로 확장된다.
26. 프로타고라스의 인간 척도론과 그의 인식론에 대한 다양한 해석과 철학사적 의의는 조지 커퍼드, 2003: 143-154, 172-182 참조.

의 검음과 흼(『테아이테토스』, 153e-154a) 등에 대해서 어떤 객관적인 인식도 불가능하다. 모든 인식은 지각이며(aisthēsis), 모든 지각은 각자마다 다르다(『테아이테토스』, 152b-c, 160d). 이를 볼 때 소크라테스는 분명히 인간 척도론의 '인간'을 개별 인간으로 해석하고 있다. 따라서 프로타고라스의 인식론은 주관주의다. 모든 인식은 주관적인 것이기 때문에 각자의 인식에 대해 참, 거짓을 가릴 수 없다. 즉, 객관적인 지식은 존재할 수 없다.

인간 척도론에 대한 위와 같은 소크라테스의 해석을 도덕에 적용하면 프로타고라스의 윤리적 입장은 윤리적 주관주의가 되어야 할 것이다. 도덕에 대한 판단은 각자의 지각에 의존하기 때문에 도덕에 대한 객관적 지식은 불가능하다. 각자가 생각하는 도덕이 있을 뿐이며 그 생각 모두가 참이기 때문에 도덕적 불일치를 해결할 방법은 없다. 뿐만 아니라 도덕적 인식의 대상도 보편적으로 존재하지 않는다. 단지 도덕에 대한 지각만이 존재할 뿐이다. 소크라테스는 만물 유전론과 인간 척도론이 좋은 것이나 아름다운 것도 생성 소멸하는 것으로 규정한다고 주장한다(『테아이테토스』, 157d). 즉, 좋은 것이라는 생각 혹은 아름다운 것이라는 생각은 존재하지만 그 생각, 즉 지각을 떠나서 존재하는 좋은 것이나 아름다운 것은 존재하지 않는다.

소크라테스에 의하면 프로타고라스의 주장이 참이라면 좋은 사람과 나쁜 사람, 훌륭한 사람과 그렇지 않은 사람, 절제 있는 사람과 그렇지 않은 사람에 대한 판단도 사람마다 다르게 되고 그렇게 되면 그런 사람도 존재하지 않게 된다. 단지 도덕에 대한 각자의 판단만이 존재한다. 이것은 윤리적 주관주의다. 그런데 소크라테스에 의하면 좋은 사람과 나쁜 사람은 분명히 존재한다. 그러므로 이러한 "프로타고라스의 주장은 결코 진리일 수 없다"(『크라튈로스』, 386b-c). 아리스토텔레스도 프로타고라스의 인간 척도론을 인식론적 주관주의와 윤리적 주관주의로 해석하고 비판한다(아리스토텔레스, 2012: 1009a, 1062b).

그런데 이와 같은 소크라테스의 해석 및 비판과는 다르게 플라톤의 대화편에서 전해지는 프로타고라스의 윤리적 입장은 윤리적 상대주의다. 사실

프로타고라스가 윤리적 주관주의를 주장했을 가능성은 없다. 왜냐하면 그는 젊은이들을 가르쳐서 '더 좋은(beltion)' 사람으로 만들 수 있으며, '시민적 기술(politikē technē)'을 가르쳐서 시민을 '좋은 시민'으로 만들 수 있다고 주장했기 때문이다(『프로타고라스』, 318a-319a). 프로타고라스는 덕의 교사를 자처했으며 그의 가르침은 아테네인들에게 많은 인기가 있었다(『프로타고라스』, 309a-310e). 심지어 그는 누군가를 '훌륭하고 좋은 사람(to kalon kai agathon)'이 되게 하는 데 다른 사람보다 월등히 낫기 때문에 자신의 가르침의 대가로 보수를 받는 것을 당연하게 그리고 자랑스럽게 생각했다(『프로타고라스』, 328b-c). 프로타고라스는 분명히 국가의 모든 구성원, 즉 모든 시민에게 좋은 삶이 존재한다고 생각했다. 그는 윤리적 상대주의자이다.

프로타고라스는 "덕은 가르쳐질 수 없다."는 소크라테스의 주장에 반대하면서 "덕은 가르쳐질 수 있다."고 주장한다. 그는 분명히 덕이 객관적으로 인식 가능하고 보편적으로 존재한다고 생각했다. 하지만 그가 생각한 덕의 객관성과 보편성은 윤리적 보편주의 그것과는 다르다. 프로타고라스는 자신의 주장의 논거를 덕의 기원(起源)을 통해서 제시한다. 여기서 그의 윤리적 상대주의가 명확히 드러난다. 덕의 기원에 대한 프로타고라스의 주장을 요약하면 다음과 같이 정리될 수 있다. 편의상 a), b), c) 등으로 정리한다.

a) 인간은 처음에는 이리저리 흩어져 살았고 나라(polis. 국가) 없이 살았다.
b) 그들[인간]은 함께 모여 나라를 세워 구원을 도모했다.
c) 제우스는 우리 종족 전체[인간]가 멸종하지 않을까 두려워 헤르메스를 보내서 인간에게 염치(aidōs. 수치)와 정의를 주었다. 나라의 질서와 우정의 결속이 그들을 함께 모을 수 있도록 하였다.
d) 제우스는 염치와 정의를 [인간] 모두에게 분배하였고, 염치와 정의를 나누어 가질 수 없는 자들은 나라의 질병으로 간주하여 사형에 처하는 것을 법으로 세우게 했다.

e) 시민적 덕은 전부 정의와 절제(sōphroynē)[27]를 거쳐서 나온다. 이 덕에는 모든 시민이 참여해야 한다. 안 그러면 나라가 있을 수 없다.
f) 정의와 절제와 경건함은 인간으로서의 덕이라고 부르는 하나의 것이다. 모든 사람이 이것에 참여해야 하고 누구든 다른 어떤 것을 배우거나 행하기를 원하면 이것을 가지고 해야 하고, 이게 없으면 하지 말아야 한다(『프로타고라스』, 320c-328d).

위의 논증에 따르면 덕, 즉 도덕은 나라, 즉 국가의 성립과 함께 존재하게 된 것이다. 도덕은 국가의 존속을 위해 생겨난 국가 구성원, 즉 시민의 행위 규범이다. 국가는 법을 제정하여 시민이 그 규범을 지키도록, 즉 정의와 절제와 같은 덕을 갖추도록 강제한다. 그렇지 않으면 국가는 존속할 수 없기 때문이다. 도덕은 국가의 질서 유지를 위해 시민들이 지켜야 하는 행위의 규범이다. 따라서 국가에 의존적이지 않은 독립된 도덕은 존재하지 않는다. 그런데 국가는 많고 각 국가의 법은 서로 다르다(커퍼드, 2003: 185-186). 따라서 시민이 갖추어야 하는 도덕으로서 시민적 덕도 국가마다 다르다. 『테아이테토스』에서 소크라테스는 이를 다음과 같이 해석한다.

> 그리고 정치적인 것들과 관련해서도 그분[프로타고라스]은 다음과 같이 말하려 들지 않겠습니까? 아름다운 것들이나 추한 것들, 정의로운 것들이나 불의한 것들, 경건한 것들이나 불경한 것들과 관련해 각각의 나라가 어떠한 것들을 자신에게 합법적인 것들로 여겨 정하든 간에 그런 것들이 참으로 각각의 나라에게 정하는 그대로 있으며, 이런 경우에는 개인 차원에서든 나라 차원에서든 아무도 다른 누구보다 더 지혜로운 경우가 없다고 말입니다. (『테아이테토스』, 172a)

---

[27] 강성훈은 '분별'로 옮긴다. 여기서는 일반적인 번역을 따라 '절제'로 옮겼다.

그렇지만 제가 언급했던 저 경우, 즉 정의로운 것들이나 불의한 것들과 경건한 것들이나 불의한 것들의 경우에, 사람들은[28] 다음과 같이 단언하려 듭니다. 그것들 가운데 본디 그 자신의 본질을(ousia) 가지고 있는 것은 아무 것도 없으며, 공적으로 가결된 것(koine doxan) 그것이, 그렇게 여겨질 때 그리고 그렇게 여겨지는 시간 동안에 참이 된다고 말입니다. (『테아이테토스』, 172b)

국가의 법은 국가 구성원, 즉 시민이 만든다. 따라서 국가의 법이 규정하는 덕도 시민의 합의의 산물 — 공적으로 가결된 것 — 이다.[29] 정의와 불의 등의 덕은 그 자체로 본질적인 내용을 가지고 있지 않다. 시민들이 합의하여 어떤 것을 정의나 불의라고 정하면 그것이 정의나 불의가 된다. 이처럼 도덕은 시민이 자신이 속한 시민사회, 즉 자신의 국가의 존속을 위해 합의하여 만든 것이기 때문에 공간적인 측면에서 국가의 경계를 넘어설 수 없다. 시간적인 측면도 마찬가지다. 도덕은 그 국가가 존속하는 한, 그 국가의 시민이 그 도덕을 도덕으로 인정하는 동안에만 존재한다. 국가가 없다면 국가의 존속과 국가의 질서를 위한 규범으로서 도덕은 존재하지 않는다. 결국 합의의 산물로서 도덕은 공간적으로, 시간적으로 상대적일 수밖에 없다.[30]

---

28. 이 문장의 주어 '사람들'은 원문에는 없지만 동사가 3인칭 복수라는 것을 통해 알 수 있다. 이 '사람들'이 누군가에 대한 해석에 대해서는 『테아이테토스』, 미주 435 참조.
29. 이러한 주장은 계약론의 원조로 해석할 수 있다.
30. 소크라테스는 정의가 합의의 산물임을 인정하고 '합의한 정의로운 것들(hōmologēsamen dikaiois)'을 준수해야 한다고 주장한다(『크리톤』, 49e-50a). 국가는 법을 통해서 존속한다(『크리톤』, 50b). 따라서 시민이 국가의 법적 판결을 거부하는 것은 국가와 그 국가의 법을 파괴하는 것이다(『크리톤』, 50b, 51a). 법적 판결을 거부하는 것은 계약과 합의를 위반하는 것이다(『크리톤』, 52d-e). 하지만 이 경우의 법적 정의는 실정법적 정의로 해석되어야 한다. 왜냐하면 소크라테스는 국가의 명령을 준수해야 한다고 주장하면서도 국가의 명령이나 법이 부정의하다고 생각할 경우 "정의로운 것이 본래 어떠한지(dikaios pephyke)에 대해 나라를 설득해야 한다."고 주장하기 때문이다(『크리톤』, 51b-c). 소크라테스는 설득에 실패했고 법의 판결을 받아들였다. 인용된 문장에서 pephyke는 phyō의 과거형이고 phyō는 '자연'을 뜻하는 physis의 어원이다. 소크라테스가 실정법적 정의와 구별되는 자연법적 정의가 있다고 생각했음을 추론할 수 있다. 실정법은 상대적인 것이지만 자연법은 보편적인 것이다. 따라서 소크라테스가 실정법의

여기까지 보면 프로타고라스는 명백히 윤리적 상대주의로 해석된다. 하지만 특이하게도 프로타고라스의 주장에는 그가 윤리적 상대주의가 아님을 보여 주는 내용이 발견된다. 위 인용문에서 고딕체로 표기된 부분에 의하면 윤리적 상대주의자는 프로타고라스 자신이 아니라 그 국가의 사람들, 즉 법과 덕을 만든 사람들이다. 그들은 그들이 만든 정의를 정의라고 생각한다. 그건 그들의 윤리적 관점이다. 하지만 프로타고라스는 그렇게 생각하지 않는다. 그의 윤리적 관점은 그들의 관점으로부터 떨어져 있다. 프로타고라스는 자신의 관점에 따라 그들의 법과 덕, 좋음과 나쁨, 이로움과 해로움을 교정해 줄 수 있다고 주장한다.

　프로타고라스에 의하면 국가의 존속을 위해 법과 덕 그리고 정의를 만든 사람들은 자신들이 만든 법과 덕, 정의가 시민들에게 '이득이 되기(lysitelei)' 때문에 그것이 무엇인지 시민들에게 말해 주고 가르친다. 즉, 국가와 시민의 이익을 위해 덕은 시민들에게 가르쳐야만 하는 것이고 가르쳐 왔고 가르칠 수 있는 것이다. 그런데 프로타고라스에 의하면 지혜로운 사람(ho sophos)은 어떤 사람에게 나쁜 것으로 보이는 것 혹은 실제로 나쁜 것을 '바꾸어서(metaballōn)' 좋은 것으로 보이는 것 혹은 실제로 좋은 것으로 '만들어(poiēsē)' 줄 수 있는 사람(『테아이테토스』, 166d), 각 개인이나 나라나 그들에게 해롭게 여겨지는 것들 대신에 정말로 이로운 것들을 있게 '만들고(epoiēsen)' 또 그렇게 여겨지도록 만들어 줄 수 있는 사람이다(『테아이테토스』, 167c). 프로타고라스는 자신이 바로 그런 사람이라고 주장했다(『프로타고라스』, 318a, 328b). 프로타고라스가 각 개인이나 각 나라를 좋게 혹은 더 좋게 만들 수 있다면 그는 그들에게 좋은 것이 무엇인지 아는 사람이지만 그들은 자신에게 정말로 좋은 것이 무엇인지 모른다는 것이 전제되어야 한다. 따라서 프로타고라스가 자신을 지혜로운 사람이라고 주장하는 것은 당연한 논리적 귀결이다. 즉, 그는 윤리적 상대주의자로 남아 있을 수

---

상대성을 인정했다고 해서 그를 윤리적 상대주의자로 볼 수는 없다. 그는 여전히 윤리적 보편주의자이다.

없다. 결국 프로타고라스의 인간 척도론과 덕의 교육 가능성 주장은 모순된다. 그의 말과 행동은 모순된다. 그 모순을 해결하려면 그는 윤리적 보편주의자여야만 한다.[31]

## 3. 주지주의

일반적으로 소크라테스의 윤리 사상은 주지주의(主知主義. intellectualism)로 해석된다(애링턴, 2003: 34-46). 소크라테스의 주지주의는 간단히 "덕은 지식이다"라는 명제로 압축될 수 있다. 이 명제는 다음과 같은 하위 명제들로 나누어질 수 있다. 1) "모든 덕은 지식이라는 점에서 하나이며 동일한 것이다"['덕의 단일성(the unity of virtues)' 논제]. 2) "덕 있는 사람이 되기 위해서는 지식이 필요하다는 점에서 덕은 지식이다"['덕의 필요조건으로서 지식' 논제]. 3) "덕 있는 사람이 되기 위해서는 지식만으로 충분하다는 점에서 덕은 지식이다"['덕의 충분조건으로서 지식' 논제]. 4) "지식이 있는 사람은 자발적으로 악덕의 행위를 할 수 없다. 모든 악덕의 행위는 무지에서 나오는 비자발적인 것이다"[아크라시아(akrasia) 불가능성 논제]. 소크라테스는 4)의 논거로 5) "좋은 것이 무엇인지 아는 사람은 누구도 자발적으로 나쁜 것을 선택하지 않는다"는 것을 제시한다.

위의 다섯 가지 논제는 모두 역설적인 것으로 보인다. 역설이라는 말은 상식적 직관에 어긋난다는 것이다. 상식적 직관은 다음과 같이 말한다. 첫째, 덕은 여럿이다. 둘째, 지식이 없어도 덕 있는 사람이 되는 경우가 있다. 셋째, 덕 있는 사람이 되기 위해서는 지식 외에도 다른 것들이 필요하다. 넷째, 덕이 무엇인지 알아도 자발적으로 악덕의 행위를 하는 사람들이 있다.

---

31. 이 문단에서 분석한 『테아이테토스』의 내용에 근거하여 커퍼드는 프로타고라스가 국가나 공동체의 관습적 도덕을 "궁극적 도덕적 기준으로 수용하지 않았다."고 주장한다. 그에 의하면 프로타고라스는 소크라테스와 플라톤처럼 윤리적 보편주의자로 해석되어야 한다(커퍼드, 2003:. 212-213).

다섯째, 좋은 것이 무엇인지 알아도 자발적으로 나쁜 것을 선택하는 사람들이 있다. 물론 다섯 가지 논제의 역설의 정도, 즉 직관적으로 수용하기 어려운 정도는 각각 다르다.[32] 하지만 소크라테스가 왜, 무슨 근거에서 상식적으로 납득하기 어려운 주장을 했는지에 대해서는 많은 궁금증을 유발한다. 그 궁금증을 해소하는 과정에서 소크라테스의 역설적 논제는 현대 윤리학의 관점에서도 많은 생각거리를 제공한다는 것을 알게 될 것이다.

학자들은 소크라테스의 다섯 가지 역설적 주장 중에서 4)를 도덕적 역설로 5)를 타산적 역설로 부른다(Santas, 1964: 147-164; 애링턴, 2003: 43-45) 소크라테스는 5)에 근거해서 4)를 주장한다. 3)과 4)는 거의 같은 논제이므로 묶어서 다룰 것이다. 소크라테스는 5)의 논거로 6) "누구도 자신에게 자발적으로 해를 가하지 않는다."는 것을 제시한다. 이 글에서는 이를 '자신에 대한 위해 불가의 원리'로 부를 것이다. 이제 다섯 가지 역설적 논제를 차례대로 살펴보자. 위해 불가의 원리는 엄밀히 말해 주지주의와는 다른 논제이므로 뒤(4. 위해 불가의 원리)에서 따로 다룰 것이다.

### 1) 덕의 단일성

직관적으로 덕은 여럿이다. 지혜, 용기, 절제, 정의, 경건 등 소크라테스가 중요하게 생각했던 덕들도 각각 다른 이름을 가지고 있다. 다른 이름을 갖고 있는 것은 각각의 덕이 다르기 때문이다. 실제로 용기와 경건이 같은 것이라고 말할 사람은 없다. 그런데 소크라테스는 모든 덕이 하나이며 동일한 것이라고 주장한다. 덕의 단일성 논제는 『프로타고라스』에서 두 번 등

---

32. 논제 2)의 경우, 일반적으로 덕이 무엇인지 모른 채 덕 있는 행위를 한 것과 덕이 무엇인지 알고 덕 있는 행위를 한 것에 대해서 후자의 행위만이 도덕적 가치가 있다고 생각할 수 있다. 이 생각이 타당하다면 논제 2)는 역설이 아닐 수 있다. 즉, 행위의 진정한 도덕적 가치는 도덕적 지식을 필요로 할 수 있다. 하지만 이 경우에도 행위자가 아니라 행위 자체만을 도덕적 평가의 대상으로 삼아야 한다고 생각하는 사람들에게는 의미 있는 역설이 될 것이다. 행위 자체만을 도덕적 평가의 대상으로 삼아야 한다면 그 행위를 알고 했는지 모르고 했는지는 중요하지 않기 때문이다.

장한다(『프로타고라스』, 329c-334c, 349b-352a. 중간에 시모니데스의 시의 해석에 관한 긴 논쟁이 있다).

먼저 소크라테스는 덕이 가르칠 수 있는 것이라는 프로타고라스의 주장을 검토하기 위해 프로타고라스에게 정의, 절제, 경건 등의 덕이 하나(hēn)인지 아니면 덕의 부분들(moria)인지 묻는다(『프로타고라스』, 329c). 프로타고라스는 마치 하나의 얼굴에 입, 코, 눈, 귀가 부분들로 있는 것처럼, 덕도 하나이고 덕의 부분들이 있다고 대답한다(『프로타고라스』, 329d). 그에 의하면 용기 있으면서 부정의한 사람이 있고 정의롭지만 지혜롭지 못한 사람이 많이 있다. 프로타고라스는 지혜, 정의, 용기, 절제, 경건의 덕은 각각의 고유한 기능을 가지고 있는 서로 다른 것(to de allo)이라고 주장한다(『프로타고라스』, 330a-b).

그런데 위의 프로타고라스의 주장에 의하면 정의로운 것이 경건하지 않은 것, 즉 불경한 것이고, 경건한 것이 정의롭지 않은 것, 즉 부정의한 것이 될 수 있다. 소크라테스는 이 문제를 짚고 넘어가지 않을 수 없다(『프로타고라스』, 331a). 하지만 프로타고라스는 그렇다고 대답할 수 없다. 왜냐하면 정의와 경건은 모두 덕인데 소크라테스의 해석대로라면 정의와 경건은 덕이면서 동시에 악덕이라는 모순이 발생하기 때문이다. 프로타고라스가 정의와 경건이 덕으로서 같은 것이지만 서로 다른 기능을 하는 다른 종류라고 말한 것을(『프로타고라스』, 330a, 349c, 359a) 소크라테스는 서로 모순되는 것으로 해석하고 있다. 정의와 경건은 가치론적 관점에서 서로 모순될 수 없다. 모두 덕이기 때문이다. 프로타고라스는 정의와 경건은 닮은 점, 비슷한 점이 있다고 대답하지 않을 수 없다(『프로타고라스』, 331d-e). 소크라테스에 의하면 그 비슷한 점은 결코 '작은 것'이 아니다(『프로타고라스』, 331e). 같은 논리로 지혜와 절제가 같은 하나의 것이 되고(『프로타고라스』, 333a-b), 절제와 정의도 같은 것이 된다(『프로타고라스』, 333c). 결국 정의, 경건, 지혜, 절제가 모두 하나이면서 '거의 동일한 것(schedon ti tauton)'이 된다(『프로타고라스』, 333b).

프로타고라스의 주장에 대한 소크라테스의 해석에는 문제가 있다. 프로타고라스의 주장은 모든 덕은 각각의 기능에 따라 서로 다르며 그렇기 때문에 각각의 덕을 가진 사람도 다르다는 것이다. 상식적으로 한 사람이 모든 덕을 동일한 정도로 가질 수는 없다. 프로타고라스의 주장대로 어떤 사람은 용기에 있어서 탁월하지만 정의에서는 탁월하지 않을 수 있다. 정의에서 탁월하지 않은 사람이 반드시 부정의한 사람이라고는 볼 수 없다. 그런데 이 주장도 소크라테스는 과장하여 그 사람은 용기 있는 사람이면서 부정의한 사람이라고 해석한다.

프로타고라스는 소크라테스의 주장이 거북살스러울 수밖에 없다(『프로타고라스』, 333d). 그러자 소크라테스는 모든 덕이 가치론적 관점에서 같은 것이라는 자신의 주장을 더욱 발전시키려고 한다(『프로타고라스』, 333d-334c). 프로타고라스의 주장이 각각의 덕이 가치론적 관점에서도 서로 다른 것이라는 것을 의미한다면 부정의하면서 절제 있는 사람이 있게 된다. 그런데 '절제 있는(sōphronein)' 사람은 '생각을 잘하는(eu phronein)' 사람인데, 절제 있는 사람이 부정의한 사람이므로 부정의한 사람도 '숙고를 잘하는(eu bouleuesthai)' 사람이 된다. 그러면 부정의한 사람은 부정의한 행동을 '잘(eu)' 하는 사람이 된다. 부정의한 사람은 부정의한 행동을 '잘 못하는(kakōs)' 사람이 아니다. 결국 부정의한 사람이면서 절제 있는 사람에게는 '잘'과 '잘 못하는'이라는 모순되는 것이 함께 존재하게 된다. 여기서 '잘(eu)'은 '좋은(agathos)'과 같은 의미고 그 반대말인 '잘 못하는(kakōs)'은 agathos의 반대말, 즉 '나쁘다'라는 의미다. 부정의한 사람이면서 절제 있는 사람 혹은 무절제하면서 용기 있는 사람은 나쁜 사람이면서 동시에 좋은 사람이다. 소크라테스에게 이것은 불가능하다.

이 문제를 지적하기 위해 소크라테스는 '잘 못하는'이라는 단어를 꼭 집어서 프로타고라스에게 당신은 '좋은 것(agathos)'이 있다고 생각하느냐고 묻는다. 당연히 프로타고라스는 좋은 것이 있다고 대답한다. 당연히 나쁜 것도 있다. 그의 대답은 가치 다원주의다. 좋은 것은 많고 다양하다(『프로타고라스』, 334b). 나쁜 것도 마찬가지다. 좋은 것과 나쁜 것은 사람에 따라 상황마다 다르다. 음식은 배고픈 사람에게는 가치 있는 것이지만 배부른 자에게는 가치 없는 것이다. 그러면 덕도 그런 것인가? 가치 다원주의는 누구나 가치 있다고 인정하는 객관적 가치와 누구에게나 가치 있는 것인 보편적 가치의 존재를 위협한다. 소크라테스에게 덕의 가치는 주관적인 것이거나 상대적인 것일 수는 없다. 도덕은 누구에게나 보편적인 가치를 가지는 것이어야 한다.

이제 소크라테스가 덕의 단일성 논제를 통해 증명하고자 한 것이 무엇인지 짐작할 수 있다. 그는 모든 덕이 객관적으로 그리고 보편적으로 가치 있는 것임을 증명하고자 한 것으로 보인다. 덕은 가치중립적인 것이 아니며 좋은 것이다. 그리스어 aretē는 어떤 기능을 탁월하게 발휘하는 것인데, 그 개념 자체는 가치중립적인 것으로 좋은 것일 수도 있고 나쁜 것일 수도 있다. 좋은 칼[刀]이나 좋은 말[馬]을 생각해 보면 알 수 있다. 그러면 좋은 사람은 어떻게 되는가? 칼이나 말의 좋음과 사람의 좋음은 같은 것인가? 사람의 좋음은 칼이나 말의 좋음과는 구별해야 하지 않을까? 소크라테스는 일반적인 좋음과 도덕적 좋음을 구별하고자 했던 것 같다.

소크라테스가 덕은 항상 좋은 것이라는 점에서 모든 덕은 같은 것이며 하나라는 점을 증명했다면, 이어지는 물음은 왜 덕은 항상 좋은 것인가라는 물음이다. 정의, 절제, 경건, 용기 등의 덕을 누구에게나 그리고 언제나 좋은 것이 되게 만드는 공통된 특성이나 속성은 무엇인가? 그것이 무엇인지를 밝힌다면 덕의 단일성 논제는 더욱 확실한 근거를 가질 수 있을 것이다. 놀랍게도 소크라테스는 그것이 지식이라고 주장한다.

시모니데스의 시(詩)에 대한 해석을 놓고 긴 논쟁을 한 후에 프로타고라스도 지혜, 절제, 경건, 정의의 덕은 각각 고유한 본성(ousia)과 기능(dynamis)이 있지만 '상당히 유사하다(epieikōs paraplēsia)'는 점을 인정한다(『프로타고라스』, 349c-d). 하지만 프로타고라스는 용기만큼은 다른 덕과 하나라는 것에 동의하지 못한다. 그는 정의, 경건, 절제, 지혜는 서로 상당히 유사하지만 용기만큼은 '아주 많이 다르다'고 말한다. 그는 지극히 부정의하고 불경하며 무절제하고 무지하지만 지극히 용기 있는 사람을 많이 볼 수 있다고 주장한다(『프로타고라스』, 349d). 용기의 예는 소크라테스의 덕의 단일성 논제를 논박할 수 있는 결정적 증거가 될 수 있다. 상식적으로 무지한 사람이 용감한 행동을 하는 예는 쉽게 관찰된다. 프로타고라스는 경험과 관찰을 증거로 제시한다. 소크라테스는 경험적 증거를 뒤엎을 수 있는 근거를 제시해야 한다. 그 근거를 통해 용기가 다른 덕과 같은 것이라는 점을 증명해야 한다.

소크라테스가 제시하는 근거는 지식의 힘이다. 그는 지식의 힘이 덕의 공통된 속성임을 밝힌 후 덕의 객관적 가치, 보편적 가치를 입증하고자 한다. 소크라테스에게 덕이 좋은 것인 이유가 모든 덕에 공통된 지식이므로 그는 지식이 항상 좋은 것임을 증명해야 한다. 하지만 이것은 쉽지 않다. 왜냐하면 직관적으로 지식 자체는 항상 좋은 것이 아니라 가치중립적인 것이기 때문이다. 지식은 좋게 사용되면 좋은 것이지만 나쁘게 사용되면 나쁜 것이다. 지식이 많은 사기꾼은 얼마든지 있다. 하지만 소크라테스에게 덕은 항상 좋은 것이므로 모든 덕에 공통된 특성인 지식도 항상 좋은 것이어야만 한다. 그는 어떤 근거에서 지식은 항상 좋은 것이라고 생각했는가? 덕의 단일성 논제 자체에서는 그 물음에 대한 답을 발견할 수 없다. 이후에 나머지 역설과 위해 불가의 원리를 모두 검토해야만 지식이 항상 좋은 것인 이유를 알 수 있을 것이다.[33]

---

33. 덕의 단일성 논제에 대한 가장 그럴듯한 해석은 어느 하나의 덕을 가지게 되면 다른 덕들도 '필연적으로' 가지게 된다고 해석하는 것이다(애링틴, 2003: 39-41). 그런 점에서 소크라테스는 덕은 하나고 동일한 것이라고 주장했다는 것이다. 실제로 소크라테스도 덕의 단일성을 주장하면서 프로타고라스에게 "누군가가 하나[덕]를 얻기만 하면 모든 것을 갖는 것이 필연적입니까?"라고 묻기도 한다(『프로타고라스』, 329e). 사실 정의로운 사람이 불경하거나 무절제하거나 비겁하거나 무지한 사람이라고 생각하기는 쉽지 않다. 나머지 덕들도 마찬가지다. 덕은 좋은 것이고 악덕은 나쁜 것이다. 따라서 동일한 사람이 하나의 덕을 가지고 있으면서 동시에 하나의 악덕을 가지고 있을 수는 없다. 모든 덕은 좋음에 대한 지식이라는 본질적 특성을 공유한다는 점에서 덕은 하나이고, 각각의 덕은 고유한 기능을 가진다는 점에서 덕은 여럿이다. 이

## 2) 지식은 덕의 필요조건이다.

사실 덕에 지식이 필요하다는 주장도 상식에 가깝다. 어떤 종류의 행위든지 간에 그 행위를 잘 수행하는 데 앎이 필요하다는 것은 너무나 당연하다. 도덕적 행위도 마찬가지다. 무엇이 도덕인지 알고 행동해야 그 행동을 잘 할 수 있을 뿐만 아니라 그 행동이 도덕적 가치를 가진다. 앎이 배제된 도덕적 행동은 우연의 산물이다. 소크라테스가 탐구했던 덕도 마찬가지다. 덕이 무엇인지 알아야 덕 있는 행동을 할 수 있고, 그런 경우에만 말 그대로 덕 있는 사람이 될 수 있다.

덕 있는 행동을 하는 데 그리고 덕 있는 사람이 되는 데 지식이 반드시 필요하다는 소크라테스의 주장은 위에서 살펴본 『프로타고라스』에서 일부 논의되었다. 여기서는 동일한 주장이 등장하는 『메논』의 내용을 살펴볼 것이다. 두 대화편 모두에서 소크라테스는 덕이 지식(epistēmē)이라면 가르칠 수 있지만 지식이 아니라면 가르칠 수 없다고 주장한다(『프로타고라스』, 361b-c; 『메논』, 87c). 그러면서 덕이 지식인지 아닌지를 검토한다. 『메논』에서는 덕의 필요조건으로서 지식 논제와 덕의 충분조건으로서 지식 논제가 모두 등장한다. 후자는 사실상 아크라시아 불가능성 논제와 같으므로 다음 절에서 다루고, 여기서는 전자만 살펴볼 것이다.

다소 길지만 덕에는 지식이 필요하다는 소크라테스의 주장을 담고 있는 대화 내용을 인용하겠다.

> **소크라테스**: 그런데 어떤가? 우린 그것이 좋은 것[34]이라고 주장하지 않는가? 덕 말이야. 그리고 그것이 좋은 것이라는 이 가설 자체는 우리에게 확고하지?
>
> **메논**: 물론이죠.
>
> **소크라테스**: 그럼 좋은 것이면서 지식(epistēmē)과는 분리된 다른 어떤 것

---

두 견해는 양립 가능하다(Brickhouse and Smith, 1997: 320-324).
34. 이상인은 agathos를 '뛰어난'으로 옮긴다.

이 있다면, 덕은 아마도 지식의 일종이(tis) 아닐 수 있겠지만, 좋은 것도 지식에 포함되지 않는 것이 없다면, 덕은 지식의 일종일 거라고 추측할 때 우리는 올바르게 추측하는 것일 테지.

**메논**: 맞습니다.

**소크라테스**: 그리고 분명히 덕은 우리를 좋은 사람이 되게 하네.[35]

**메논**: 그렇습니다.

**소크라테스**: 그런데 우리가 좋은 사람들이라면, 우리는 유익한(ōphelimos) 사람들이네. 좋은 것은 모두 유익하니까. 그렇지 않나?

**메논**: 그렇습니다.

**소크라테스**: 그리고 덕은 확실히 유익한 것이지?

**메논**: 동의된 것들에 의해 필연적입니다.

**소크라테스**: 그러면 우리에게 유익한 것들이 어떤 것들인지를 하나씩 들어 살펴보도록 하세. 건강과 힘과 아름다움, 그리고 물론 부도 말이야. 이것들과 이런 유의 것들을 우리는 유익한 것들로 말하네. 그렇지 않은가?

**메논**: 그렇습니다.

**소크라테스**: 그런데 우리는 바로 이것들이 때로는 유해하기도 하다고 말하네. 아니면 자네는 이와는 다르게 말하는가?

**메논**: 아닙니다. 그렇게 말합니다.

**소크라테스**: 그러면 살펴보게. 무엇이 이것들 각각을 인도할 때 우리에게 유익하고, 무엇이 인도할 때 유해한가? 올바른 사용이(orthē chrēsis) 인도할 때는 유익하지만, 그렇지 않을 때는 유해한 것이 아닌가?

**메논**: 물론이죠.

**소크라테스**: 그럼 이제 그것들 말고 영혼과 관련된 것들도 살펴보기로 하세. 자네는 절제를 그런 것으로 부르지? 정의와 용기와 뛰어난 학습 능력과 기억력과 대범함과 그와 같은 모든 것들도 말이야.

---

[35] 박종현의 국역과 천병희의 국역을 참조하여 이상인의 번역을 수정하였다.

메논: 적어도 저는요.

소크라테스: 그럼 살펴보게. 이것들 중에서 자네에게 지식이 아니라 지식과 다른 것으로 보이는 것들은 때로는 유해하고 때로는 유익한 것이 아닌지 말일세. 이를테면, 용기의 경우를 보세. 그것이 앎(phronēsis)이 아니라 일종의 대담함과 같은 것이라면, 사람이 지성(nous)[36] 없이 대담할 때는 자신에게 유해하지만 지성을 가지고 대담할 때는 자신에게 유익한 게 아니겠나?

메논: 그렇습니다.

소크라테스: 그러면 절제나 뛰어난 학습 능력도 마찬가지가 아닌가?[37] 지성과 더불어 배우거나 연마할 때는 이것들이 유익하지만, 지성 없이 배우고 연마할 때는 유해하지?

메논: 당연히 그렇죠.

소크라테스: 그러면, 요컨대, 앎이 인도할 때는 영혼의 모든 시도들과 인내들이 결국 행복에 이르지만, 무지가 인도할 때는 결국 그 반대에 이르는 게 아니겠나?

메논: 그렇게 보입니다.

소크라테스: 그러므로 덕이 영혼 속에 있는 것들 가운데 하나이고 필연적으로 유익하다면, 그것은 앎이어야만 하네. 왜냐하면 영혼에 관련된 모든 것들은 그 자체가 그 자체에 있어서 유익하지도 유해하지도 않지만, 앎이 더해지느냐 무지가 더해지느냐에 따라 유익하게도 유해하

---

36. 여기서 '지성'을 '이성'으로 해석할 수도 있을 것이다. 우리는 플라톤의 영혼 삼분설을 통해 영혼의 기능을 '이성적인 부분(to logistikon)', '기개적인 부분(to thymoeides)', '욕구적인 부분(to epithymētikon)'으로 나누는 데 익숙하다(『국가』, 439c-441a). 그래서 소크라테스가 '이성'을 중요하게 생각했다는 해석이 많다. 그러나 이는 주의할 필요가 있다. 플라톤의 초기 대화편, 그러니까 소크라테스의 윤리 사상을 확인할 수 있는 대화편에서 logos는 '이성'의 의미로 사용되지 않는다. 거의 모두 논의, 논변, 주장, 이유, 말, 이야기 등의 의미로 사용된다. 소크라테스는 아직 영혼을 기능적으로 탐구하지 않고 있다.
37. 칸트의 "지성, 기지, 판단력, 그 밖의 정신의 재능들도 … 의지가 선하지 않다면 극도로 악하고 해가 될 수도 있다."라는 주장과 비교해 보라(칸트, 2005: 77 참조).

게도 되기 때문이지. 그러니까 이 논의에 따르면, 어쨌든 덕은 유익한 것이기 때문에 '어떤 종류의(tin)' 앎이어야만 하네. (『메논』, 87d-88c)

위의 대화에 의하면 소크라테스는 영혼 안에 있는 것들뿐만 아니라 영혼 밖에 있는 것들도 모두 그 자체로는 유익하지도 유해하지도 않다고 주장한다. 즉, 그것들은 그 자체로는 가치중립적인 것이다. 그것들을 앎이 인도하면 혹은 그것들에 앎과 지성이 더해지면 유익한 것이 된다. 지식이 그것들을 가치 있게 한다. 소크라테스는 용기의 예를 든다. 어떤 행위, 예를 들어 대담한 행위가 용기가 되기 위해서는 그 대담한 행위가 유익한 것이어야 한다. 대담한 행위가 유익한 것이 되기 위해 지식이 필요하다. 그러므로 덕에는 지식이 필요하다. 이처럼 지식에 의해서 대담한 행위가 유익한 것, 즉 좋은 것[용기]이 되기 때문에 그 지식 자체가 유익한 것, 즉 좋은 것이어야 한다. 소크라테스가 주장한 덕의 필요조건으로서 지식은 가치중립적인 것일 수 없다. 지식은 그 자체로 좋은 것이어야만 한다. 그러나 이 주장에는 설명이 요구된다.

용기에 필요한 지식은 왜 그 자체로 좋은 것인가? 기본적으로 용기는 두려워해야 할 것과 두려워해서는 안 되는 것을 구별할 수 있는 지식을 필요로 한다. 하지만 그 지식은 생각보다 간단치 않다. 전쟁에서 적에 맞서서 싸울 때 두려워해야 할 것과 두려워해서는 안 되는 것을 구별하기 위해서는 무엇보다 적과 아군의 전력이 얼마나 차이가 나는지를 알아야 한다. 전투의 구체적인 상황에서는 더 많은 것을 알아야 한다. 그런 것을 모른 채 무턱대고 대담하게 싸우는 것을 용기라고 말할 수는 없다. 용기의 덕에 필요한 지식은 수없이 많다. 우리는 아리스토텔레스가 중용의 덕을 말할 때 마땅한 때에, 마땅한 일에 대해, 마땅한 사람에게, 마땅한 목적으로, 마땅한 방식으로, 마땅한 정도로 등 수많은 중용의 지점을 말했다는 것을 알고 있다(아리스토텔레스, 2011: 1106b, 1109a). 이러한 수많은 중용의 지점은 덕에 필요한 지식이 어떤 감정이나 행위가 발생하는 상황 전체를 조망하는 종합적인 지식이라는 점을 보여 준다. 아리스토텔레스는 이런 관점에서 '경험(empeiria)'도 용기로 여겨진다고 말하면서, 소크라테스가 이런 이유로 용기를 지식이라고 생각했다고 말한다(아리스토텔레스, 2011: 1116b). 소크라테스가 이것을 몰랐을 리 없다. 그는 다음과 같이 말한다.

> 용기란 단지 두려워할 것과 대담하게 할 수 있는 것들에 대한 앎이 아닙니다. 용기는 그저 장차 있게 될 좋은 것들과 나쁜 것들에 대해서만 전문지식이 있는 게 아니라, 일어나는 일에 대해서도 일어난 일들에 대해서도 그리고 그 어떤 시점에 있는 일들에 대해서도 전문지식이 있기 때문입니다.
> (『라케스』, 199b-c)

소크라테스에 의하면 "용기는 거칠게 말해 모든 시점에 있는 모든 좋은 것들과 나쁜 것들에 관한 앎"이다. 그런 점에서 용기에 필요한 지식은 용기와 관련된 모든 좋은 것들과 나쁜 것들에 대해 "그것들이 어떻게 일어나고 일어날 것이며 일어났는지를 완전히(pantapasin) 아는" 것이다. 절제, 정의, 경건 등에 필요한 지식도 마찬가지다(『라케스』, 199d). 지식은 '잘 행함의 완성(telos tou eu prattein)'을 의미한다(『카르미데스』, 173d). 소크라테스가 덕에 필요하다고 생각한 지식은 말 그대로 완전한 지식이다. 여기서 소크라테스가 지식이 항상 좋은 것이라고 생각한 이유가 드러난다. 덕에 필요한 지식은 해당 덕과 관련된 좋은 것과 나쁜 것에 대한 완벽한 앎을 의미한다. 그래서 그 지식은 항상 좋은 것이다. 다시 말해서 소크라테스가 주장한 지식은 좋은 것에 대한 앎이기 때문에 항상 좋은 것이다. 그렇다면 다음 물음은 '좋은 것'이 무엇인가다. 우리는 플라톤이 주장한 '좋음의 이데아'가 모든 좋은 것을 좋은 것이게끔 하는 가장 궁극적인 좋음이라는 것을 알고 있다. 이로써 플라톤이 '좋음의 이데아'를 주장한 이유를 짐작할 수 있다.[38]

---

38. 소크라테스는 도덕적 지식을 수학적 지식으로는 생각하지 않았다. 소크라테스는 『메논』에서 수학적 지식의 예를 통해 지식은 상기되는 것임을 증명한다. 어떤 정사각형의 넓이의 두 배가

### 3) 지식은 덕의 충분조건이다: 아크라시아 불가능성 논제

소크라테스에 의하면 도덕적 지식은 도덕적 행위를 강제하는 강력한 힘(krasia)이 있어서 도덕적 행동만 하게 하며 어떤 비도덕적 행위도 하지 않게 한다. 그런 점에서 덕 있는 사람이 되는 데는 지식 외에 다른 것은 필요 없고 지식만으로 충분하다고 말할 수 있다. 지식은 덕의 충분조건이다. 이것을 반대로 말하면 아크라시아 불가능성 논제가 된다. 누구도 덕이 무엇인지 알면 자발적으로 악덕의 행위를 할 수 없다. 악덕의 행위는 무지에서 나오는 비자발적인 것이다. 지식은 덕의 필요충분조건이 된다.

이 절의 서두에서 말했듯이 이것이 역직관적이라는 점은 두말할 필요가 없다. 자주 지적되는 역직관성은[39] 덕이 무엇인지 아는 사람도 자발적으로 악덕을 선택하는 경우가 있다는 것이다. 다른 사람의 물건을 훔친 사람에게 도둑질이 나쁜 짓인 줄 몰랐느냐고 물으면 몰랐다고 대답하는 사람은 거의 없다. 살인이나 거짓말 등의 비도덕적 행위도 마찬가지다. 소크라테스가 자주 드는 예인 용기의 경우에도 어떤 행위가 용기 있는 행위인지 아는 사람이 죽음이나 다른 어떤 것이 두려워 비겁한 행위를 하는 경우는 쉽게 발견된다. 사람들은 거짓말이 나쁜 것임을 알지만 진실이 드러나는 것

---

되는 정사각형의 한 변의 길이는 처음 정사각형의 대각선이라는 수학적 지식은 '이성'을 가진 사람이라면 누구나 알고 있는 지식이다(『메논』, 82b-85b). 도덕적 지식이 그런 지식이라면 가르칠 수 있다. 하지만 소크라테스는 지식은 상기되는 것이며 그것이라면 가르칠 수 있는 것이라고 말하면서도 덕이 지식이라는 것을 확신하지 못한다. 그는 덕이 지식인지 여전히 모르겠다고 말한다(『메논』, 87b-c). 그러므로 소크라테스에게 덕 있는 인간이 되는 것도 단순히 덕이 무엇인지 이성적으로 아는 것이나 추론적 지식만으로 가능한 것이라고 할 수 없을 것이다(Jones, 2018: 994-998).

39. 여기서는 이 문제만 다룰 것이다. 하지만 지식이 덕의 충분조건이라는 주장의 역직관성은 다른 관점에서도 제기될 수 있다. 왜냐하면 덕 있는 행위를 하는 데는 지식 외에도 행위에 필요한 상황적 조건과 물리적 조건이 충족되어야 하기 때문이다. 그것이 없다면 그 행동 자체가 없거나 불가능할 것이고 그러면 덕도 생각할 수 없다. 전쟁에서 용기 있는 행동을 하려면 두려움이 생기는 상황이 있어야 하고 싸울 무기가 있어야 한다. 이것이 전혀 무의미한 문제 제기는 아니다. 예를 들어 아리스토텔레스가 말한 '자유인다움'이나 '호탕함'의 덕은 돈을 쓰는 것의 중용의 덕인데, 돈이 없거나 돈이 있다고 하더라도 돈을 쓸 상황이 없다면 그런 덕은 시도조차 할 수 없다. 이 문제 제기가 유의미하다면 적어도 지식만으로 덕이 생긴다고 말할 수는 없다.

이 두려워 거짓말을 하기도 한다. 그래서 일반적으로 지식만으로 충분하다는 소크라테스의 주장에 대해서 감정이나 정서, 정념, 의지 등이 있어야만 행동으로 이어질 수 있다고 지적한다.

소크라테스는 용기에 있어서 지식의 힘이 압도적임을 증명하기 위해 두려움 혹은 무서움의 심리적 과정을 분석한다. 그에 의하면 두려움은 '나쁜 것의 예견'(『프로타고라스』, 358d) 혹은 '장차 있게 될 나쁜 것에 대한 예상'(『라케스』, 198b)이다. 즉, 두려움의 대상은 나쁜 것이다. 용기 있는 사람과 비겁한 사람은 그 나쁜 것들에 대해 서로 다른 태도를 지닌다. 전자는 그 나쁜 것들을 향해 나아가고 후자는 다른 것을 향해 나아간다. 예를 들어 전쟁의 경우 나쁜 것은 전투에서의 죽음이나 부상인데, 전자는 그 나쁜 것을 향해 나아가고 후자는 다른 것을 향해 나아간다(『프로타고라스』, 359e).

그렇다면 용기 있는 사람은 두려움의 대상이 나쁘다는 것을 알고서 그것을 향해 나아가는 것이고, 비겁한 사람은 그것이 나쁜 것임을 알고서 그것을 회피한다. 그러므로 용기 있는 사람의 행위에서 지식의 힘이 증명되려면 그가 나쁜 것에 대한 앎과는 다른 앎을 가지고 있다는 것이 밝혀지고, 그 앎의 힘이 나쁜 것에 대한 앎의 힘을 압도한다는 것이 증명되어야 한다. 용기 있는 사람이 알고 있는 것 — 죽음이나 부상이 나쁜 것이라는 것을 아는 것 외에 — 은 도대체 무엇인가? 그 앎은 어떤 힘이 있기에 나쁜 것에 대한 앎의 힘을 압도하는가? 다음 대화를 보자.

> 그분[프로타고라스]이 말했지. "하지만, 소크라테스, 비겁한 사람들과 용기 있는 사람들은 서로 완전히 반대되는 것을 향해 나아갑니다. 예컨대, 한쪽은 전쟁에 가기를 원하고 다른 쪽은 가지 않기를 원하지요."
> 내가 말했지. "고귀한(kalon) 것인데 가기를 원하는 건가요, 수치스러운(aischron) 것인데 그런 건가요?"[40]

---

40. 강성훈은 kalon를 '훌륭한'으로, aischron을 '추한'으로 옮긴다.

그분이 말했지. "고귀한 것인데 그러는 거지요."

"고귀한 것이라면, 좋은 것이기도 하다고 앞에서 동의했지요. 고귀한 행위는 모두 좋은 거라고 동의했으니까요."

"맞는 이야기입니다. 내게는 항상 그렇게 생각되어 왔지요."

내가 말했지. "옳습니다. 그런데 전쟁에 가는 것이 고귀하고 좋은 것인데 그리로 가지 않기를 원하는 쪽이 어느 쪽이라고 주장하시죠?"

그분이 말했지. "비겁한 사람들입니다."

(…)

"일반적으로 이야기해서, 용기 있는 사람들이 두려워할 때는 수치스러운 두려움을 두려워하지 않고, 수치스러운 대담함에 대담하게 굴지도 않지요."

그분이 말했지. "맞습니다."

"수치스럽지 않으면 고귀한 것 아닙니까?" 그분이 동의했지.

"고귀하면, 좋기도 하지요?"

"그렇지요."

"비겁한 사람들이나 무모한 사람들이나 정신 나간 사람들은 반대로 수치스러운 두려움을 두려워하고 수치스러운 대담함에 대담하게 구는 것이 아닙니까?" 그분이 동의했지.

"그들이 수치스럽고 나쁜 것에 대담한 것은 무식과 무지로 인해서가 아니라 다른 어떤 것에 의해서인가요?"

그분이 말했지. "그로 인해서입니다." (『프로타고라스』, 359e-360c)

용기 있는 사람은 전쟁에 나간다. 비겁한 사람은 전쟁에 나가지 않는다. 소크라테스에 의하면 비겁한 사람은 뭔가를 잘못 생각해서 잘못된 선택을 한 것이다. 전쟁에 나가는 것이 고귀하고, 좋고, 즐거운 것인데도 어리석게도 전쟁에 나가지 않는다. 두려움에는 수치스러운 두려움이 있는데, 비겁한 사람은 그것도 모르고 모든 두려움을 두려워한다. 용기 있는 사람은 그 반대다. 결국 용기 있는 사람과 비겁한 사람의 차이는 그들의 앎에 있다. 전자는 고귀하고, 좋은 것이 무엇인지 알고 그것을 선택한다. 후자는 그것이 무엇인지 몰라서 수치스럽고, 나쁜 것을 선택한다. 그래서 전자는 용기 있는 사람, 즉 도덕적인 사람이 되고, 후자는 비겁한 사람, 즉 비도덕적인 사람이 된다. 무지가 비겁함의 원인이고 지식이 용기의 원인이다(『프로타고라스』, 360d). 사람들이 나쁜 행동을 하는 이유는 단 하나다. 즉, 좋음에 대한 앎이 없기 때문이다(『프로타고라스』, 345b).

그러나 위의 논증이 도덕적 행위에서 지식의 힘이 압도적이어서 아크라시아는 불가능하다는 것을 충분히 증명하고 있는가? 아직 증명해야 할 것이 남아 있다. 소크라테스는 지식이 있음에도 도덕적 행위를 하지 못하게 방해하는 것들, 예를 들어 쾌락이나 두려움, 부에 대한 욕망 등의 힘을 지식의 힘이 압도한다는 것을 증명해야만 한다. 소크라테스는 지식이 나쁜 것을 선택하지 않게 하는 힘이 있음을 증명하고자 한다.

소크라테스가 증명하기를 원하는 지식의 능력은 덕을 갖추는 데 도움을 주는 정도의 능력이 아니다. 그는 단지 지식만으로 인간을 구하기에 충분할 정도로 지식이 인간에 속하는 것들 중에서 '가장 강력한(kratiston)' 힘을 가진다는 것을 증명하고자 한다. 소크라테스는 "앎이 훌륭한 것이고 사람을 지배하는 것이어서, 누군가가 좋은 것들과 나쁜 것들을 알기만 하면 그는 그 어떤 것에도 '굴복당하지 않고(mē kratēthēnai)' 앎이 지시하는 것 외에의 다른 어떤 것을 행하지 않는다."고 주장한다. 하지만 대부분의 사람들은 좋은 것을 알고 있고 또 그것을 할 수 있었는데도 불구하고 쾌락이나 고통에 '져서(hēttaomai)' 혹은 '굴복당해서(kratoumenos)' 그 좋은 것을 하지 않고 다른 것을 한다고 생각한다(『프로타고라스』, 352c-e).

소크라테스와 프로타고라스가 동의하듯이, 앎의 힘에 대해 회의적인 다수의 견해는 상식적 견해를 반영한다. 상식적 견해는 행위를 하게 하는 힘은 지식에 있는 것이 아니라 정념에 있다고 생각한다. 지식이 행위를 하게 하는 힘이 있다고 하더라도 그 힘은 정념의 힘을 이길 수 없다. 이것이 지식의 필요성을 부정하는 것은 아니다. 하지만 지식은 행위자를 주도하거나 지배하지 않는다. 다시 말해 앎이 있다고 하더라도 분노, 쾌락, 고통, 괴로움, 두려움 등이 그 행위자를 지배하는 경우가 있다고 생각한다. 그럴 때 앎은 정념의 노예가 되는 것이다(『프로타고라스』, 352b-c).

소크라테스는 자신의 주장을 증명하기 위해 (i) "좋은 것들이 무엇인지 알면서도 쾌락에 '져서' 그것을 행하지 않는 것" 혹은 (ii) "나쁜 것들이 무엇인지 알면서 쾌락에 '져서' 나쁜 것을 행하는 것"(『프로타고라스』, 353a-b)의 심리학적 메커니즘을 분석한다. 쾌락에 지는 심리학적 메커니즘의 분석은 다른 정념에도 그대로 적용될 수 있다. 소크라테스의 분석 과정은 매우 복잡하다(『프로타고라스』, 351b-358d). 매우 긴 대화이기 때문에 내용을 요약해서 정리하면 다음과 같다.

a) 사람들은 쾌락 자체는 좋은 것이고 고통 자체는 나쁜 것이라고 생각한다.
b) 사람들이 쾌락을 나쁜 것이라고 생각할 때는 그 쾌락이 당장의 쾌락을 산출한다는 것 때문이 아니라 나중에 나쁜 것을 산출한다는 점 때문이다.
c) 사람들이 고통을 좋은 것이라고 생각할 때는 그 고통이 당장의 고통을 산출한다는 것 때문이 아니라 나중에 좋은 것을 산출한다는 점 때문이다.
d) 사람들은 어떤 쾌락의 좋음은 그 쾌락이 제공하는 '당장의' 좋음과 그 쾌락이 '나중에' 산출할 나쁨을 비교해서 판단한다. 나중에 산출할 나쁨보다 당장의 쾌락의 좋음이 더 크다면 그 쾌락은 좋은 것이고, 더 작다면 그 쾌락은 나쁜 것이다. 고통의 경우도 마찬가지다.
e) 사람들은 쾌락을 추구하고 고통을 회피한다. 그때 사람들은 d)의 판단을 적용한다. 즉, 쾌락과 고통의 당장과 나중의 크기를 마치 '저울'에 달듯이 비교하고 계산해서 쾌락은 더 크고 더 많은 쪽을 선택하고, 고통이나 괴

로움은 더 작고 적은 쪽을 선택한다.
f) 그러므로 (i), (ii) 모두 당장의 쾌락의 좋음이 나중에 초래될 나쁨보다 크다고 잘못 계산한 것이다. 두 경우 모두 더 작은 좋은 것들[당장의 쾌락의 좋음] 대신에 더 큰 나쁜 것들[당장의 쾌락이 나중에 초래할 나쁨]을 취한 셈이다.
g) 사람들은 (i), (ii) 모두가 잘못된 행위임을 누구나 알고 있다. 그들이 잘못된 행위를 선택한 이유는 쾌락의 좋음과 나쁨의 크기를 잘못 계산했기 때문이다. 사람들은 만약 그 크기를 정확하게 계산했다면 잘못된 행위를 선택하지 않았을 것이다.
h) 왜냐하면 사람들은 누구도 자발적으로 나쁜 것을 선택하지 않기 때문이다. 그것은 인간의 본성에 어긋난다.

위의 정리된 내용에서는 분명하게 나타나지 않지만 해당 원문에서 소크라테스는 '당장의' 쾌락과 '나중에' 산출될 고통을 적어도 다섯 번 이상 비교한다. 쾌락에 지는 사람은 당장의 쾌락의 크기와 나중에 산출될 고통의 크기를 잘못 계산해서 당장의 쾌락을 선택한다는 것이다. 소크라테스는 이와 같은 당장의 쾌락과 나중의 고통의 크기를 비교 계산하는 기술을 '측정의 기술(hē metrētikē technē)'이라고 부른다. 그 둘을 정확히 계산한 사람은 당장의 쾌락을 선택하지 않았을 것이라는 것이다. 그래서 소크라테스는 측정의 기술이야말로 삶을 구원하는 기술이라고 말한다(『프로타고라스』, 356d-357b). 측정의 기술은 일종의 앎이다. 결국 앎은 쾌락이나 다른 모든 것을 굴복시키는 힘을 가지고 있다고 보아야 한다(『프로타고라스』, 357c). 반대로 잘못된 선택을 한 것은 앎의 결여, 즉 무지의 결과물이다. 사람은 무지로 인해 행위를 선택할 때 다른 것에 굴복하게 된다. 결국 어떤 것에 '진다'는 것은 그것에 지는 것이 아니라 무지에 지는 것이다. 어떤 것을 '이기는' 힘은 지혜다(『프로타고라스』, 358c). 사람은 앎, 지식, 지혜를 가지고 있다면 쾌락이나 다른 어떤 정념에도 질 수 없다. 그는 항상 올바른 선택을 한다.

　소크라테스의 논증은 그럴듯해 보인다. 과도한 음주가 간암을 유발할 수도 있다는 것을 알고 있는 사람이 술을 많이 마시는 사례를 보자. 소크라테스에 의하면 그 사람은 당장의 쾌락과 나중의 고통을 잘못 계산한 것이다. 만약 그가 과도한 음주가 간암을 유발할 수 있는 가능성을 '정확하게' 알고 있었다면 당장에 술을 많이 마시지는 않았을 것이다. 그는 그 가능성을 과소평가한 것이다. 즉, 그는 나중에 초래될 고통의 크기를 잘못 계산한 것이다. 이 논증은 당장의 고통과 나중의 쾌락에도 그대로 적용된다. 당장의 쓴 약을 먹는 고통이 병을 치료한 후에 초래될 건강의 쾌락보다 크다고 잘못 생각하여 약을 먹지 않는 사람의 경우를 생각해 보면 된다. 그가 약을 먹는 것이 당장에는 고통스럽지만 나중에는 병을 치료한다는 것을 '정말로' 알았다면, 그는 약을 먹지 않는 선택을 하지 않았을 것이다. 소크라테스에 의하면 쾌락에 져서 앎과는 다른 행동을 했다고 말하는 사람은 자신의 앎과 행동의 일관성을 지키지 못한 것을 쾌락의 힘을 빌려서 변명하고 있는 것이다(Woolf, 2002: 235-245) 그것이 변명인 이유는 그가 가지고 있었던 앎은 '참된' 앎이 아니었기 때문이다.

　이 논증을 덕에 적용하면 다음과 같다. 덕이 무엇인지 아는 사람은 악덕을 선택하지 않는다. 악덕을 선택하는 것은 무지에 의한 것이다. 어떤 사람이 덕과 악덕이 무엇인지 정확히 알고 있었다면 어떤 이유에서도 악덕을 선택하지 않고 덕을 선택한다. 왜냐하면 덕은 좋은 것이고 악덕은 나쁜 것이기 때문이다. 용기의 좋음과 비겁의 나쁨을 정확히 알고 있는 사람은 항상 용기를 선택하고 비겁을 선택하지 않는다. 다른 덕도 마찬가지다. 소크라테스의 아크라시아 불가능성 논제, 즉 도덕적 역설은 역설이 아니다.

　그런데 위에 정리된 부분에서 알 수 있듯이 소크라테스의 아크라시아 불가능성 논제의 최종 근거는 h)다. 따라서 h)가 증명되어야 나머지 논증도 증명될 수 있다. h)의 원문은 다음과 같다.

그러면 나쁜 것들을 향해서는 누구도 자발적으로(hekonta) 나아가지 않고, 나쁘다고 생각하는 것들을 향해서도 그렇고, 좋은 것들 대신에 나쁘다고 생각하는 것들을 향해서 가기를 원하는 것은 모름지기 인간의 본성에 속한 것이 아닐테지요? (『프로타고라스』, 358c-d)

이것에 근거해서

지혜로운 사람들 중 누구도 어떤 사람이 자발적으로 잘못을 하거나 자발적으로 수치스럽고 나쁜 일을 한다고 생각하지 않습니다. 그들은 수치스럽고 나쁜 짓을 하는 사람들은 모두 다 마지못해(akontes) 하는 것이라는 걸 잘 알고 있지요. (『프로타고라스』, 345d-e)

"불의를 저지르고 싶어 하는 사람은 아무도 없고 불의를 저지르는 자들은 모두 본의 아니게 불의를 저지른다." (『고르기아스』, 509e)

"그들이 수치스럽고 나쁜 것에 대담한 것은 무식과 무지로 인해서가 아니라 다른 어떤 것에 의해서인가요?"
　그분이 말했지. "그로 인해서입니다." (『프로타고라스』, 360c)

등의 결론이 나온다. 그러므로 먼저 h)가 증명되어야 한다. 즉, 모든 사람은 항상 좋은 것만을 원하며 좋은 것만을 선택하고 좋은 것만을 추구한다. 누구도 어떤 나쁜 것도 자발적으로 원하지도 않고 선택하지도 않고 추구하지도 않는다. 나쁜 것을 원하고 선택하고 추구하는 것은 모두 무지의 소산이다. 이것을 덕과 악덕에 적용한 결과가 아크라시아 불가능성 논제다. 덕은 좋은 것이고 악덕은 나쁜 것이기 때문에 아크라시아는 불가능하다는 결론이 나오는 것이다. 그런데 경험적 관찰에 의하면 사람들은 나쁜 것을 원하기도 하고 선택하기도 하고 추구하기도 한다. 그래서 h)는 역설이다. 학자들은 이것을 타산적 역설이라고 부른다. 타산적 역설이 역설이 아니어야만 도덕적 역설도 역설이 아닌 게 된다. 소크라테스는 타산적 역설이 역설이 아님을, 즉 사람은 누구나 좋은 것만을 선택하고 자발적으로 나쁜 것을 선택하지 않는다는 것을 위해 불가의 원리에 근거해서 주장한다.

### 4. 위해 불가의 원리

이 글에서 이름 붙인 소크라테스의 위해 불가의 원리는 자신에 대한 위해 불가의 원리와 타인에 대한 위해 불가의 원리로 나눌 수 있다. 먼저 자신에 대한 위해 불가의 원리를 정식화하면 다음과 같다.

○ 자신에 대한 위해 불가의 원리: 누구도 자신에게 자발적으로 해를 가하지 않는다. 자신에게 해를 가하는 것은 무지의 소산이다.

이것이 3의 3)에서 논의한 아크라시아 불가능성 논제의 논거이다. 누구도 자발적으로 나쁜 것을 선택하지 않는 이유는 그것이 자신에게 자발적으로 해를 가하는 것이기 때문이다. 위에서 언급되었듯이 타산적 역설, 즉 누구도 자발적으로 나쁜 것을 선택하지 않는다는 주장은 위해 불가의 원리에 근거한다. 누구도 자신에게 자발적으로 해를 가하지 않는다. 그러기 위해서는 나쁜 것을 선택해서는 안 되는 것이다. 나쁜 것의 자발적 선택은 자발적으로 자신에게 해를 가하는 것이기 때문이다.

소크라테스는 자신에 대한 위해 불가의 원리의 증명이 매우 중요하다고 생각했다. 그는 그것이 아크라시아 불가능성 논제와 논리적 관계에 있다고 생각했다. 즉, 위해 불가의 원리가 용기가 다른 덕과 어떤 관계를 맺고 있는지를 밝히는 것과 상관이 있다고 생각했다(『프로타고라스』, 353b). 소크라테스는 누구도 자발적으로 나쁜 것을 선택하지 않고 그런 선택은 오로지 무지에 의한 것이라는 것이 증명되면 용기는 지식임이 증명되고 따라서 용기와 다른 덕들도 모두 지식이라는 점에서 하나라는 것이 증명된다고 생각했다. 그러므로 위해 불가의 원리가 증명되면 아크라시아 불가능성 논제도 증명되고 덕의 필요조건 논제, 덕의 단일성 논제까지 증명되는 것이다. 소크라테스는 "모든 증명이 여기에 달려있다."고 말한다(『프로타고라스』, 354e).

소크라테스는 누구도 자발적으로 자신에게 해를 가하지 않는다고 주장한다. 이것은 역설이다. 상식적으로 자신에게 해로운 것인 줄 알면서도 그것을 욕구하는 사람, 즉 나쁜 것들을 욕구하는 사람이 많이 있다. 하지만 소크라테스에 의하면 그들은 그것이 나쁜 것, 해로운 것인지를 '몰라서(agnoountes)' 그러는 것이다. 나쁜 것을 욕구하는 사람은 그것이 자신에게 이로운 것이라고 '믿으면서(hēgoumenos)', 그것이 자신에게 좋은 것이라고 '생각하면서(oiomenoi)' 그렇게 하는 것이지 그것이 나쁜 것임을 정말 '알고서(gignōskōn)' 그렇게 하는 것은 아니다(『메논』, 77d-e). 그들이 나쁜 것인지 안다면 그것을 욕구할 수 없다. 왜냐하면 누구도 자신이 불행하기를 원하지 않기 때문이다.

> 소크라테스: 그러면 어떤가? 자네가 주장하는 것처럼, 한편으로 나쁜 것들을 욕구하지만 다른 한편으로는 나쁜 것들이 그것들을 갖게 되는 그 자에게 해롭다고 믿는 사람들은 그것이 그것들에 의해 해를 입게 된다는 사실을 정말로 아는 것인가?
> 메논: 당연하죠.
> 소크라테스: 그러나 그 사람들은 해를 입는 사람들이, 해를 입는 한, 불쌍하다고 생각하지 않겠는가?
> 메논: 이것 역시 당연합니다.
> 소크라테스: 그런데 불쌍한 사람들은 불행한 사람들이 아닌가?
> 메논: 적어도 전 그렇게 생각합니다.
> 소크라테스: 그렇다면 불쌍하고 불행하길 원하는(bouletai) 사람이 한 사람

이라도 있는가?

메논: 없다고 생각합니다. 소크라테스.

소크라테스: 따라서 어느 누구도, 메논, 그와 같은 사람이길 원치 않는다면, 나쁜 것들을 원치 않네. 왜냐하면 나쁜 것들을 욕구하고 또 획득하는 것 말고 다른 무엇이 불쌍한 것이 있겠는가?

메논: 옳은 말씀을 하신 것처럼 보입니다. 소크라테스, 아무도 나쁜 것들을 원하지 않는 것으로 보입니다. (『메논』, 77e-78b)

소크라테스에 의하면 누구도 불행하기를 원하지 않는다. 따라서 누구도 자발적으로 나쁜 것을 원하지 않을 뿐만 아니라 비도덕적 행위를 자발적으로 선택하지 않는다. 이것을 아크라시아 불가능성 논제와 연결하면, 누구도 어떤 것이 나쁜 것인 줄 '알면서' 나쁜 것을 선택하지 않으며, 어떤 것이 비도덕적인 것인 줄 '알면서' 비도덕적인 것을 선택하지 않는다. 그것은 오로지 무지의 산물이다. 지식이 인간의 모든 것을 구원할 수 있는 가장 강력한 힘을 가진다는 소크라테스의 말은 바로 이것을 두고 한 것이다. 이제 소크라테스가 "쾌락, 부, 명예, 권력 등을 추구하기보다는 자신의 영혼을 돌보라!"라고 말한 이유가 더욱 명확해진다. 또한 그가 덕의 보편적 정의를 탐구한 이유도 더욱 명확해진다. 덕이 무엇인지 안다면 그 앎의 힘에 의해 덕을 행하고 영혼은 좋게 되고 행복해질 수 있는 것이다.

소크라테스는 자신에 대한 위해 불가의 원리에서 멈추지 않는다. 그는 타인에 대한 위해 불가의 원리도 주장한다. 그러나 타인에 대한 위해 불가의 원리는 당위로 제시된다. 위에서 살펴본 덕의 단일성, 덕의 필요조건으로서 지식, 덕의 충분조건으로서 지식, 즉 아크라시아 불가능성 논제는 당위가 아니라 사실의 문제였다. 덕이 하나라는 것과 덕의 필요조건으로서 지식은 모두 도덕적 사실이고, 아크라시아 불가능성 논제는 심리학적 사실이다. 하지만 타인에 대한 위해 불가의 원리는 당위의 형태로 제시된다. 그리고 그것은 사실에 근거한다. 사실은 인간의 본성에 대한 사실이다. 타인에 대한 위해 불가의 원리를 정식화하면 다음과 같다.

○ 타인에 대한 위해 불가의 원리: 누구도 타인에 대해 자발적으로 해를 가해서는 안 된다. 왜냐하면 그것은 불의한 것이고, 불의한 것은 나쁜 것이기 때문이다.

타인에 대한 위해 불가의 원리의 근거가 자신에 대한 위해 불가의 원리라는 것은 쉽게 추론된다. Ⅱ의 1에서 논의되었듯이, 불의를 저지르는 것은 자신의 영혼을 나쁘게 하는 것이기 때문이다. 따라서 자신의 영혼을 나쁘게 하지 않기 위해서는 타인에게 해를 가해서는 안 된다. 그러므로 타인에게 해를 가하는 것도 무지의 소산이다. 그것이 자신의 영혼에 해를 가하는 일임을 모르기 때문에 타인에게 불의를 저지르는 것이다. 소크라테스는 다음과 같이 말한다.

> 누군가를 살해하거나 나라 밖으로 내쫓거나 재물을 빼앗는 것도 무조건 그렇게 하기를 원하는 것이 아니라, 그것이 이로우면 그렇게 하기를 원하지만, 해로우면 하지 않기를 원하네. 자네 말대로 우리는 좋은 것들을 원하지, 좋지도 나쁘지도 않은 것들을 원하지 않으며, 나쁜 것들을 원하지 않으니까. (『고르기아스』, 468c)

지식이 있는 사람이라면 타인에게 불의를 저지르는 것이 자신에게 이롭지 않다는 것을 안다. 하지만 무지한 사람은 그것이 자신에게 이롭다고 생각한다. 즉, 그것이 자신에게 좋다고 생각하여 타인에게 불의를 저지르는 것이다. 우리는 절도나 폭행, 살인 등의 비도덕적 행위를 하는 사람들의 범행 동기가 대개는 자신의 이익에 있다는 것을 안다. 소크라테스에 의하면 그들은 자신의 이익을 잘못 생각한 것이다. 브릭하우스와 스미스에 의하면 무지 상태에 있는 영혼은 이미 해를 입고 있다. 왜냐하면 그때 영혼은 욕구와 정념에 의해 지배를 받기 때문이다. 욕구와 정념은 좋고 나쁨에 대한 앎이 없다. 따라서 무지에서 비롯되는 불의를 저지르는 행위는 영혼의 해로운 상태를 확정하고 강화하고 증폭하게 된다(Brickhous and Smith, 2007: 350-352).

그런데 소크라테스는 놀랍게도 불의를 당하더라도 보복으로 다른 사람에게 불의를 저질러서는 안 된다고 주장한다. 그것 또한 다른 사람을 해롭게 하는 것이기 때문이다. 다시 말해, 소크라테스는 그 어떤 경우에도 불의를 저지르지 말라고, 즉 다른 사람을 해롭게 하지 말라고 주장하였다. 『크리톤』에서 소크라테스는 탈옥을 권유하는 크리톤[41]에게 탈옥은 불의한 것이며 국가를 해롭게 하는 것이라고 주장한다. 소크라테스에 의하면 탈옥은 국가의 법을 준수하겠다는 계약과 합의를 위반하는 것이고 그것은 국가와 법을 파괴하는 것이다.[42] 그런데 소크라테스는 국가를 해롭게 해서는 안 된다는 주장의 논거로 사람은 어떤 경우에도, 즉 보복으로도 다른 사람을 해롭게 해서는 안 된다는 것을 제시한다.

> **소크라테스**: 그러니 정의롭지 못한 짓을 당하더라도, 다수의 사람들(hoi polloi)이 생각하듯이, 보복으로 정의롭지 못한 짓을 해서도 안 되네. 정의롭지 못한 짓은 결코 해서는 안 되기 때문이네.
> **크리톤**: 그래서는 안 될 것으로 보이는군.
> **소크라테스**: 그러면 다음은 어떤가? 남에게 해를 입혀도(kakourgein) 되는가, 크리톤, 아니면 그래서는 안 되는가?

---

[41]. 크리톤이 제시하는 소크라테스가 탈옥해야만 하는 이유들은 매우 설득력이 있는 것들이다. 그중에서 부정의한 판결에 복종하는 것은 불의에 복종하는 것이 된다는 이유는 정의로운 삶을 추구하는 소크라테스도 반박하기 어려운 것이다. 하지만 소크라테스는 타인에 대한 위해 불가의 원리에 근거해서 그 이유도 배척한다. 이때 타인은 그의 조국 아테네다.

[42]. 국가는 법을 통해 존속하기 때문에 모든 국가의 법은 법의 준수를 강제하는 법을 가지고 있다(『크리톤』, 50b-c). 따라서 법의 준수는 항상 정의로운 것이다. 하지만 법은 부정의할 수 있다. 이와 관련해서는 위의 각주 30 참조.

**크리톤**: 분명 그래서는 안 될 것 같네. 소크라테스.

**소크라테스**: 다음은 어떤가? 해를 입을 경우, 다수의 사람들이 말하듯이, 보복으로 해를 입히는 것은 정의로운 것인가? 정의롭지 못한 것인가?

**크리톤**: 결코 정의롭지 못하네.

**소크라테스**: 아마도 사람을 해롭게 하는 것은 정의롭지 못한 짓을 하는 것과 전혀 다르지 않기 때문이네.

**크리톤**: 맞는 말이네.

**소크라테스**: 그러니까 어떤 사람에게도 보복으로 정의롭지 못한 짓을 해서도, 해롭게 해서도 안 되네. 그들에 의해 무슨 해를 입든 말이네. (『크리톤』, 49b-d)

위 대화에서 우선 주목할 것은 소크라테스가 다수의 견해, 즉 당시 아테네인들의 정의관을 거부하고 있다는 것이다. 다수의 견해는 누군가 불의를 당하면 보복하는 것이 정의롭다고 생각한다. 사실 이것은 당시 아테네인들뿐만 아니라 오늘날 대부분의 사람들도 동의하는 상식적 정의관이다.[43] 정의는 실현되어야 하고 정의의 실현은 부정의의 교정으로 이루어진다.[44] 하지만 소크라테스는 보복으로도 불의를 저질러서는 안 된다고 주장한다. 왜냐하면 그것은 다른 사람을 해롭게 하는 것이고, 어떤 경우에도 다른 사람을 해롭게 하는 것은 불의를 저지르는 것과 같기 때문이다. 불의를 저지르는 것은 어떤 경우에도 자신의 영혼을 나쁘게 하는 것이다(『국가』, 350d, 353e-354a). 따라서 어떤 경우에도 다른 사람을 해롭게 해서는 안 된다. 소크라테스는 이런 삶이야말로 단지 그저 사는 삶이 아니라 '잘 사는 삶(to

---

43. 이 정의관은 플라톤의 『국가』, 제1권에서 폴레마르코스가 주장하는 것이다. 폴레마르코스는 "친구에게 잘 해주고 적에게 해롭게 하는 것이 정의다."라고 주장한다(『국가』, 332a-d. 참조).
44. 하지만 소크라테스가 형사 정의 전체를 반대한 것은 아니다. 불의를 저지른 사람이 정당한 재판을 받아야 한다는 주장은 1절에서 제시되었다. 또한 소크라테스가 자신에 대한 기소와 판결이 부정의하다고 생각했지만 그 재판 결과를 받아들였다는 점도 주목해야 한다. 소크라테스가 생각한 형사 정의의 대전제는 영혼을 좋게 하는 것이다.

eu zēn)'을 위해 추구해야만 하는 삶이라고 주장한다(『크리톤』, 48b). 소크라테스는 상식적 정의관을 뒤엎는다.[45]

"어떤 경우에도 타인에게 해를 가하지 말라."는 소크라테스의 윤리 사상에서 유일하게 소크라테스의 입을 통해 명시적으로 확인할 수 있는 규범 윤리적 명령이다. 타인에게 해를 가하지 말라는 명령은 타인을 나쁘게 하지 말라, 타인에게 고통을 주지 말라, 타인을 죽이지 말라, 타인의 물건을 훔치지 말라 등의 명령으로 구체화된다. 소크라테스는 오늘날 일반적으로 비도덕적인 행위로 간주되는 일체의 행위를 하지 말라고 주장한다. 이것이 그의 규범 윤리적 주장이다. 그는 그 근거로 그러한 행위가 불의를 저지르는 것이고, 불의를 저지르는 것은 자신의 영혼에 해를 가하는 것이고, 자신의 영혼에 해를 가하는 것은 자신의 영혼을 나쁘게 하는 것이고, 자신의 영혼을 나쁘게 하는 것은 자신을 불행하게 하는 것임을 제시한다. 따라서 행복을 원하는 인간이라면 어떤 경우에도 타인에게 해를 가할 수 없다. 우리는 위해 불가의 원리에서 다시 영혼을 돌보라는 최초의 주장으로 되돌아간다.

## 5. 덕과 행복

소크라테스에 의하면 사람은 누구나 행복을 원한다. 누구도 비참한 삶을 원하지 않는다. 소크라테스가 아니더라도 누가 이것을 부정하겠는가? 문제는 어떻게 살아야 행복할 수 있는가다. 지금까지의 논의대로라면 소크라테스는 불의를 비롯한 악덕의 행위를 하는 것은 인간을 불행하게 하는 것이고, 그 반대로 정의를 비롯한 덕의 행위를 하면 행복에 이른다고 생각한 것으로 보인다. 전자는 그 사람의 영혼에 좋게 되고, 후자는 나쁘게 되기 때문이다. 그리고 덕에는 지식이 필요하기 때문에 행복을 위해서는 지식이 필수적으로 요구된다. 이런 점에서 지식, 덕, 행복은 하나라고 말할 수 있다.

---

45. 보복으로도 다른 사람을 해롭게 해서는 안 된다는 소크라테스의 주장에 대한 짧은 논의는 애링턴(2003: 25-27) 참조.

행복에 덕이 필수적으로 요구된다고 생각한 소크라테스가 보통 사람들처럼 많은 소유물이 행복한 삶을 보장한다고 생각했을 리는 없다(『뤼시스』, 212a). 하지만 행복에는 일정한 정도의 소유물은 있어야 하며 많은 좋은 것들이 필요하다는 것은 소크라테스도 동의한다. 많은 좋을 것들, 예를 들어 부, 건강, 아름다운 외모, 좋은 가문, 권력, 명예 등이 행복한 삶을 사는 데 도움을 준다는 것은 부인하기 어렵다. 하지만 좋은 것들에는 몸과 관련된 것뿐만 아니라 영혼과 관련된 것들, 즉 절제, 정의, 용기, 지혜 등도 있다. 그러한 좋은 것들도 행복에는 필요하다(『에우튀데모스』, 179a-b).

소크라테스는 덕이 행복에 필수적이라고 생각했다. 왜냐하면 나머지 좋은 것들은 그 자체로는 가치가 있는 것이 아니기 때문이다(『에우튀데모스』, 281d-e). 금이나 은과 같은 재물이나 명예나 관직 등도 그 자체로는 좋은 것이 아니다. 그것들은 정의롭게, 절제 있게, 경건하게 획득되고 사용할 때만이 가치 있는 것들이 된다(『메논』, 78c-e). 그 좋은 것들을 어떤 목적을 위해서 잘 사용할 때, 그것과 관련된 '행위를 잘할(eu prattein)' 때 그것들은 행복에 기여한다(『에우튀데모스』, 278e). 그래서 잘 행위한다는 것은 행복과 같은 것이다(『에우튀데모스』, 280b). 그러므로 모든 좋은 것들은 덕에 의해서만 좋은 것들이 된다. 따라서 덕은 행복에 필수적으로 요구된다.

문제는 소크라테스가 덕이 행복에 필수적인 것인 이유를 결과주의적 논변을 통해서도 제시한다는 점이다. 소크라테스의 결과주의적 논변은 모든 덕의 공통점이 지식이라는 점을 증명할 때 확실히 드러난다. 덕의 필요조건으로서 지식 논제에서 소크라테스는 덕에 지식이 필요한 이유를 지식이 없으면 몸에 관련된 것이든 영혼에 관련된 것이든 간에 모두 유해한 결과를 가져오기 때문이라고 제시한다. 제화공, 의사, 악기 연주자 등 어떤 기술을 가지고 있는 사람이 그 기술을 탁월하게 발휘하기 위해서는 지식이 필요한 것처럼 인간도 몸이나 영혼의 모든 것들을 '잘' 사용하기 위해서 지식이 필요한 것이다(『메논』, 90c-91b). 지식의 필요성은 결과의 유익함, 즉 목적에 의해서 정당화된다.

III절 3의 3)에서 소크라테스가 앎의 행위 강제력을 통해 아크라시아 불가능성 논제를 증명할 때도 결과주의적 논변이 사용된다. 그는 좋은 것이 무엇인지 아는데도 불구하고 나쁜 것을 선택하는 사람의 심리 상태가 당장의 좋은 것과 나중의 나쁜 것을 비교 계산하는 데 실패한 것으로 설명한다. 여기서 그는 소위 측정술을 제시하는데, 그것은 당장의 좋은 것과 나중의 나쁜 것을 비교 계산하는 앎의 기술이다. 다시 말해, 측정술은 지금과 나중의 결과를 비교 계산하는 앎의 기술이다. 앎은 최종적인 결과의 좋음을 생산하는 기술인 것이다. 이러한 결과주의적 논변에 의하면 지식은 수단적 가치를 가진다.

결과주의적 논변은 덕의 가치에 대해 그것이 수단적 가치를 가지는지 아니면 본질적 가치를 가지는지에 대한 논쟁을 불러일으킨다(애링턴, 2003: 30-32, 49-50). 이 논쟁은 덕이 그 자체로 가치 있는 것이기 때문에 결과적으로도 가치를 만들어 내는 것인지, 아니면 덕은 그 자체로는 가치 있는 것은 아니지만 결과적으로 가치를 만들어 내기 때문에 가치 있는 것인지를 묻는 것이다. 소크라테스는 덕의 본질적 가치와 수단적 가치를 모두 주장했다고 보아야 한다. 왜냐하면 덕은 그 자체로 좋은 것이고 결과적으로도 유익한 것이기 때문이다.[46] 따라서 덕은 필연적으로 행복을 보장한다.

덕이 필연적으로 행복을 만들어 낸다는 것, 즉 덕 있는 사람은 반드시 행복하다는 것은 소크라테스의 다음과 같은 말을 통해서 추론할 수 있다.

'좋은 사람에게는(andri agathō)' 살아있을 때나 삶을 마치고 나서든 어떤 나쁜 것도 없으며, 이 사람의 일들은 신들이 안 돌보지 않는다는 것 말입니다. (『소크라테스의 변명』, 41d)

---

46. III. 3. 2)의 첫 번째 인용문을 참조. 주지하다시피 플라톤의 『국가』, 제2권에서 글라우콘은 소크라테스에게 정의로운 삶이 그 자체로 좋은 것인지 아니면 결과적으로 좋은 것인지를 묻는다. 『국가』에서 소크라테스의 대답은 정의로운 삶은 그 자체로도 좋은 것이고 결과적으로도 좋은 것이다.

위 인용문에서 '좋은 사람'이 덕 있는 사람이라는 것은 분명하다. 덕 있는 사람은 어떤 경우에도 나쁜 것이 생기지 않는다. 이것을 덕 있는 사람은 어떠한 경우에도 해를 입지 않고 행복하다로 해석할 수 있다. 소크라테스는 자신을 고발한 멜레토스나 아뉘토스가 자신에게 어떤 해를 입힐 수도 없다고 주장한다. 그들이 자신을 죽일 수도 있고 추방할 수도 있고 명예를 빼앗을 수도 있다. 하지만 그에 의하면,

> 더 좋은 사람이 더 형편없는 사람에게 해를 입는다는 것은 '법도에 맞지 않는다(ou themiton).' (『변론』, 30c-d)[47]

오히려 나쁜 것은 소크라테스를 부정의하게 죽이려는 멜레토스나 아뉘토스 같은 사람에게 생긴다. 좋은 사람은 어떤 경우에도 나쁜 사람들에게 해를 입지 않는다. 결국 소크라테스는 좋은 사람, 즉 덕 있는 사람은 행복할 수밖에 없다고 주장하는 듯하다. 덕 있는 사람이 필연적으로 행복하다면 소크라테스처럼 덕 있는 사람이 부정의한 죽임을 당하는 경우에도 행복하다는 말이 된다. 우리는 현실에서 도덕적인 사람들이 불행한 삶을 사는 경우 그리고 그 반대로 비도덕적인 사람이 적어도 현실에서는 행복한 삶을 사는 것을 많이 볼 수 있다. 소크라테스에 의하면 이것은 '말이 안 되는 것'이다. 위 인용문에서 '법도에 맞지 않는다'는 것이 바로 이 말이다. 도덕적인 사람은 반드시 행복해져야 하고 비도덕적인 사람은 반드시 불행해져야만 한다. 정말 그러한가? 하지만 소크라테스는 더 이상의 논증을 제시하지 않는다. 소크라테스의 제자인 플라톤은 『국가』에서 도덕적인 사람이 반드시 행복하다는 것을 증명하고자 한다.

덕과 행복의 관계에 대한 논의는 결국 영혼 불멸과도 연결되지 않을 수 없

---

47. 두 인용문 모두에서 강철웅은 agathos를 '훌륭한'으로 옮긴다. 여기서는 '나쁜'과 대조하기 위해 '좋은'으로 옮긴다.

다. 왜냐하면 현세의 삶에서는 덕과 행복이 일치되는 것보다 불일치되는 사례를 많이 발견할 수 있기 때문이다. 결국 도덕적인 삶은 내세에서라도 반드시 보상받아야만 한다. 그러기 위해서는 영혼은 불사불멸해야만 한다. 『파이돈』에서 소크라테스는 영혼은 어떤 것을 살아 있게 만드는 것이고, 그것이 자신과 반대되는 것을 받아들이지 않는다는 이유로 불사불멸한다고 주장한다(『파이돈』, 105c-106d). 영혼의 불사불멸론이 철학적 증명인지 아니면 종교적 신앙인지는 여기서 논의하기 어렵다. 다만 소크라테스가 도덕적 삶과 행복의 필연적 연관성을 증명하는 데는 철학적 증명 이상의 것이 필요하다고 생각했다는 정도만 말하고자 한다. 우리는 현세에서 도덕적으로 산 사람이 불행하게 사는 경우를 많이 보기 때문이다. 소크라테스의 말대로 그 사람이 정말로 불행한 것인지는 신만이 알 것이다(『소크라테스의 변명』, 42a).

## III. 비판적 논의

이하에서 비판적 논의는 지금까지 살펴본 각각의 주제에 대한 의문을 간략히 제기하는 형태로 하고자 한다.

먼저 "영혼을 돌보라"는 소크라테스의 주장에 대해서는 도대체 영혼이 무엇인가에 대한 의문이 제기될 수 있다. 영혼의 발견은 소크라테스의 가장 위대한 발견이라고 할 만하다. 소크라테스 당시의 도덕적 삶은 호메로스의 서사시에 등장하는 영웅적인 삶, 초자연적인 현상으로 등장하는 신들의 삶, 소피스트들이 주장한 세속적이고 관습적인 삶이 전부였다. 소크라테스는 그런 삶에서 방향을 전환하여 도덕적 삶의 핵심이 영혼의 삶이라고 주장하였다. 영혼을 돌보지 않는 어떤 삶도 도덕적 삶이 될 수 없다. 영혼을 좋게 만들어야 한다. 그래야 인간이면 누구나 원하는 행복한 삶을 살 수 있다.

하지만 도대체 영혼이라는 것이 존재하는지에 대해 의문을 제기할 수 있다. 소크라테스는 영혼이 도덕적 행위나 비도덕적 행위에 의해 좋고 나쁜 상태가 된다고 주장했다. 하지만 영혼의 존재가 증명되어야 한다. 우리는 아리스토텔레스가 영혼을 기능론적으로 설명했다는 것을 알고 있다. 소크라테스도 분명히 영혼이 어떤 기능, 즉 하는 일이 있다고 생각했다. 하지만 그는 그 기능에 대해서 구체적인 설명을 하지 않는다. 아마도 영혼을 기능론적으로 설명하는 것에서 더 나아가 과학적으로 설명할 수도 있을 것이다. 오늘날 심리학, 정신의학, 뇌 과학에서는 영혼의 기능으로 볼 수도 있는 심리 작용, 정신 기능 혹은 뇌의 기능을 설명한다. 하지만 소크라테스의 영혼은 그런 과학적인 방법으로 설명되는 것이 아닌 것 같다.

영혼을 기능론적으로 혹은 과학적으로 설명할 수 있다고 하자. 그러면 도덕적 행위로 인하여 영혼이 좋게 되는 과정도 설명할 수 있을까? 사람이 살인을 하면 그의 영혼에 기능적으로, 물리적으로, 화학적으로 어떤 변화가 생길까? 우리가 살인자의 뇌를 자기공명 영상으로 촬영을 해서 어떤 변화를 포착한다고 하더라도 그것이 좋은 것인지 나쁜 것인지를 판단할 수는 없을 것이다. 아마도 소크라테스는 이런 유물론적인 영혼론에는 동의하지 않았을 것이다.

소크라테스의 윤리 사상에서 영혼의 존재와 도덕적 혹은 비도덕적 행위에 의한 영혼의 변화에 대한 설명은 가장 해결하기 어려운 주제일 것이다. 그래도 소크라테스의 영혼의 윤리학적 의미를 전혀 이해할 수 없는 것은 아니다. 예를 들어, 어떤 사람이 자신도 어려운 상황인데도 자신보다 더 어려운 사람을 도와주었다고 하자. 그 사람의 행위는 도덕적인 행위이다. 우리는 누구나 그 사람의 행위를 칭찬한다. 그 사람은 도덕적으로도 훌륭한 사람이다. 우리는 누구나 그 사람을 칭찬한다. 이때 만약 그 사람에게서 그 사람의 행위를 똑 떼어 내어서 행위에 대해서만 도덕적 판단이 가능하다고 말한다면 우리는 사람에 대해서는 그 어떤 도덕적 판단도 할 수 없을 것이다. 세상에 정의로운 행위만 있지 정의로운 사람은 없게 된다. 이것은 우리의 직관에 어긋난다. 도덕적으로 훌륭한 사람을 칭찬할 때 우리는 그 사람의 '무엇'을 칭찬하는 것일까? 분명히 칭찬의 대상인 그 사람의 '무엇'이 있을 것이다. 우리는 오늘날 그 무엇을 그 사람의 인격이나 인간성, 도덕성 등이라고 표현한다. 소크라테스의 영혼은 그런 것이다.

  이런 해석은 비도덕적인 행위와 그 행위를 한 사람에 대한 도덕적 판단에도 그대로 적용될 수 있다. 세상에는 부정의한 행위가 있고 부정의한 사람이 있다. 세상에 나쁜 사람은 많다. 세상에는 그른 행위만 있고 나쁜 사람은 없다는 생각은 더욱 우리의 도덕적 직관에 어긋난다. 행위에 대해서만 도덕적 판단이 가능하고 행위자에 대해서는 불가능하다면 그 어떤 도덕적 책임도 비난도 벌도 불가능할 것이다. 만약 우리가 비도덕적 행위자를 비난한다면 그 사람의 무엇을 비난하는 것일까? 분명히 비난의 대상인 그 사람의 '무엇'이 있을 것이다.

  오늘날에는 도덕 판단을 하는 데 있어 행위자의 성품에 대한 도덕적 판단과 행위 자체에 대한 도덕적 판단을 구별하는 것이 자연스럽지만 소크라테스 당시에는 그러한 구별을 생각하기 어려웠을지도 모른다. 행위자로부터 나오지 않은 행위는 존재할 수 없기 때문이다. 행위가 행위자로부터 나오지 않을 수 없다면 그 행위자의 어떤 것으로부터 나왔다는 것이고, 그것은 그 행위자의 손이나 발 등과는 다른 어떤 것이다. 분명히 신체와는 다른 어떤 것이 있다. 소크라테스는 그것을 영혼이라고 불렀던 것 같다. 소크라테스의 영혼은 도덕적 행위에 대한 우리의 도덕적 평가를 더욱 잘 설명할 수 있다. 영혼이 없다면 사악(邪惡)한 사람도 도덕적 성인(聖人)도 존재할 수 없을 것이다.

  우리는 지속적인 도덕적 행위를 통해 어떤 사람이 더 좋은 사람이 되어 간다고 생각한다. 반대로 비도덕적인 행위를 반복하는 사람은 더 나쁜 사람이 되어 간다고 생각한다. 그런 변화가 없다면 도덕적인 행위를 하는 것과 비도덕적인 행위를 하는 것에 무슨 차이가 있겠는가? 소크라테스의 영혼은 칸트의 '인간의 존엄성'보다 우리의 도덕적 삶을 더 잘 설명할 수 있다. 존엄성은 모든 인간이 똑같이 가지고 있는 것이다. 누구도 그것을 부정할 수 없다. 부자든 가난하든, 죄를 지은 사람이든 선행을 한 사람이든, 사람이면 누구나 가지고 있는 것이다. 우리는 어린아이부터 노인까지 남녀를 가리지 않고 모든 인간을 똑같이 인격적으로 대우해야 한다. 하지만 인간의 존엄성은 어떤 행위에 의해서도 어떤 영향도 받지 않는 항상 고정 불변의 것이다. 더 좋아지지도 더 나빠지지도 않는다. 인간의 존엄성이 다른 사람을 인격적으로 대우하라는 도덕적 명령에는 잘 부합할지 몰라도 인간을 더 고귀한 존재가 되게 하는 데는 무력한 것이다.

소크라테스의 윤리적 보편주의와 관련해서는 먼저 프로타고라스의 인간 척도론에 대한 소크라테스의 해석과 비판이 정확한 것인지에 대해 의문을 제기할 수 있다. 프로타고라스의 주장이 최소한 인식론적 관점에서 로크, 버클리, 흄으로 이어지는 영국 경험론의 인식론과 유사한 점이 있다는 것은 확실해 보인다. 그 점은 철학사적 측면에서 프로타고라스의 중요한 기여로 평가될 수 있을 것이다. 윤리학적 관점에서 도덕의 기원에 대한 프로타고라스의 주장은 상당한 설득력이 있다. 물론 소크라테스는 도덕의 기원과 본질을 구별하여 프로타고라스를 비판하지만 오늘날 계약론의 설득력을 생각해 본다면 그의 비판이 타당한 것인지에 대해서는 의문을 제기할 수 있다. 도덕은 인간이 필요에 의해 만든 것일 수도 있고 진화의 산물일 수도 있다.

윤리적 보편주의의 옹호는 해결해야 하는 수많은 윤리학적 문제들이 있다. 도덕적 지식의 인식론적 객관성, 나아가 지식 일반의 인식론적 객관성까지 그리고 도덕원리나 도덕규범, 도덕적 사실 혹은 속성의 존재론적 보편성의 증명 그리고 그 원리나 규범의 실질적 내용의 제시 및 정당화 등 어려운 작업이 동반된다. 이러한 작업들은 기본적으로 도덕적 속성이나 도덕적 사실에 대한 메타 윤리적 논증을 포함한다. 하지만 소크라테스는 도덕적 속성이나 도덕적 사실에 대한 특별한 논증을 제시하지 않는다.

프로타고라스의 인간 척도론에 대한 소크라테스의 비판을 통해 아마도 소크라테스는 도덕적 속성을 사물의 제1성질과 유사한 것으로 생각했을 것이라고 추측할 수 있다. 사물의 제2성질은 주관성을 피할 수 없기 때문이다. 현대 메타 윤리학의 논쟁에서 도덕적 속성을 제2성질과 유사한 것으로 보는 견해가 있다. 하지만 소크라테스가 도덕적 사실을 수학적 사실로 생각하지 않았다는 증거도 있다(이 장의 각주 38 참조). 우리가 도덕원리나 도덕 규칙을 수학 공식처럼 외우고 있다고 해서 그것을 도덕적 지식이라고 말하기는 어려울 것이다. 소크라테스가 생각한 도덕적 지식은 실천적 지식임은 확실하다. 소크라테스에 의하면 도덕적 실천으로 이어지지 못하는 지식은 도덕적 지식이라고 보기 어렵다. 그러나 도덕적 지식이 실천적 지식이라고 하더라도 수학적 원리와 같은 종류의 어떤 원리가 필요할 수도 있다. 그렇다면 도덕적 사실은 수학적 사실과 같은 종류의 사실을 일부 포함할 수도 있다. 소크라테스가 도덕성을 제1성질과 제2성질 중 어떤 것과 유사한 것으로 생각했는지는 정확히 알기 어렵다. 플라톤은 도덕성을 제1성질과 유사한 것으로 생각했던 것 같다. 그에 의하면 인간의 삶의 질서는 존재의 질서에 토대를 두어야 한다. 아리스토텔레스는 윤리학은 수학이 아니라고 분명히 말한다. 그에 의하면 윤리학적 탐구에 기하학적 엄밀성을 요구해서는 안 된다. 이러한 어려운 윤리학적 논제에 대하여 최초의 도덕철학자에게 명확한 입장을 요구하는 것은 무리한 일일 것이다.

덕의 단일성을 통해 소크라테스는 모든 덕에 공통된 덕의 본질적 특성이나 속성을 찾고자 한 것으로 보인다. 오늘날 우리는 도덕적 가치나 도덕적 속성, 도덕적 사실, 도덕성 등의 개념을 가지고 그러한 탐구를 수행한다. 그렇다면 소크라테스는 먼저 도덕적 가치와 도덕과 무관한 가치가 어떻게 구별되는지를 설명해야 할 것이다. 그는 덕이 다른 모든 가치중립적인 것들을 가치 있게 만든다고 주장하였다. 그리고 그 근거가 덕이 지식이기 때문이라고 주장하였다. 지식이 가치중립적인 것들을 가치 있게 만드는 근거인 이유는 지식이 유익한 결과를 가져오기 때문이라고 주장하였다. 그러면 모든 덕에 공통된 특성은 결과적으로 유익함을 만들어 낸다는 것이 될 것이다. 덕을 덕이게끔 하는 것은 결과적 유익함이다.

소크라테스에게 도덕성은 결과적 유익함이다. 물론 이 결과적 유익함이 물질적인 것은 아니다. 그것은 궁극적으로 행복으로 이어지는 결과적 유익함이다. 소크라테스는 모든 인간은 행복하기를 원한다고 주장했고, 행복하기 위해서는 영혼을 좋게 해야 하고 영혼을 좋게 하기 위해서는 덕 있는 사람이 되어야 하고 덕 있는 사람이 되기 위해서는 지식이 있어야만 한다. 이러한 논증 구조는 소크라테스가 행복주의자(eudaimonist), 목적론적(teleological) 윤리학자라는 것을 보여 준다. 소크라테스는 결과주의자인가? 소크라테스가 결과주의자인지 의무론자인지는 판정하기 쉽지 않다. 왜냐하면 위의 II절 5에서 살펴보았듯이 소크라테스는 덕이 그 자체로 가치 있는 것이면서 결과적으로도 가치 있는 것이라고 생각했다고 해석할 수 있기 때문이다. 소크라테스에게 덕은 행복을 위한 수단이면서 행복을 필연적으로 보장하는 것이다. 그는 덕 있는 사람이 되면 행복할 수 있다고 주장한 것이 아니라 덕 있는 사람은 절대 해를 입을 수 없다고 주장했다. 어떤 학자는 소크라테스의 윤리 사상에 대한 목적론적 해석을 비판하고 의무론자로 해석해야 한다고 주장하기도 한다(Graham, 2017: 25-43).

덕의 필요조건으로서 지식에 대해서는 무엇보다 다음과 같은 반론, 즉 지식은 유익함만을 만들어 내는 것이 아니라 유해함도 만들어 낼 수 있다는 반론이 제기될 수 있다. 우리는 고도로 지적인 악인의 예를 얼마든지 말할 수 있다. 그렇다면 지식도 그 자체로는 가치중립적인 것으로 보아야 하는 것이 아닌가? 소크라테스는 영혼 안의 것들의 예로 제시한 '뛰어난 학습 능력'과 '기억력'이 지성과 함께 하면 유익하지만 무지가 인도하면 유해하다고 말한다. 그런데 상식적으로 '뛰어난 학습 능력'과 '기억력'은 지식의 양과 질을 더 좋게 하는 데 결정적인 도움을 주는 것들이다. 어떻게 보면 '뛰어난 학습 능력'과 '기억력'이 없다면 지식도 없을지 모른다. 따라서 '뛰어난 학습 능력'과 '기억력'이 그 자체로 가치중립적인 것이라면 지식도 그렇다고 보아야 한다.

그런데 소크라테스에 의하면 '뛰어난 학습 능력'과 '기억력'은 유익할 수도 있고 유해할 수도 있는데, 지식은 그렇지 않다. 지식은 유익한 것이기만 하고 다른 것을 유익한 것만 되게 한다. 달리 말하면, 지식은 그 자체로 좋은 것이고 다른 것을 좋은 것이게만 되게 하는 것이다. 덕은 좋은 것이고 유익한 것이다. 지식도 그렇다. 그래서 덕은 지식인 것이다. 칸트를 원용하자면, 무조건적인 가치를 지니는 것은 지식인 것이다. 소크라테스에게 지식은 마치 칸트의 선의지인 것처럼 보인다.

이것은 덕의 본질적 가치에 대한 의문과 다시 연결된다. 소크라테스는 지식의 가치를 결과주의적 논변으로 증명하였다. 즉, 그의 논증에서는 지식 → 결과적 유익함 → 덕의 논리 구조에 의해 덕은 지식이라는 명제가 성립된다. 결과적 유익함을 공리로 해석할 수 있다면 소크라테스는 공리주의자일 것이다. 소크라테스가 덕의 본질적 가치를 주장했던 것으로 보아 그를 결과주의자로 보기는 어려울 것 같다. 하지만 도덕적 가치에 대해서 비결과주의적 입장을 취한다고 하더라도 도덕적 행위를 선택하는 데 있어 그 결과를 고려하는 것은 이상한 일이 아니다. 그런 점에서 소크라테스가 결과를 고려하라고 주장했다고 해석할 수 있다.

아마도 아크라시아 불가능성 논제에 대한 의문이 가장 많이 제기될 것이다. 무엇보다 소크라테스는 영혼이 구체적으로 어떤 일을 하는지, 영혼의 기능은 어떻게 구분되는지, 영혼은 어떤 영향을 받는지 등에 대해 구체적인 설명을 하지 않고 있기 때문에 어떤 심리학적 작동 원리에 의해 앎이 쾌락이나 두려움 같은 정념을 굴복시키고 행위를 강제할 수 있다는 것인지 정확히 알기 어렵다. 오늘날 도덕 심리학의 연구 성과를 알고 있는 우리에게 소크라테스가 본능, 충동, 정서, 정념, 욕구, 욕망, 바람, 선택, 동기, 의도, 의욕, 의지 등을 자세히 설명하지 않는 것을 보고 불만을 가질 수 있다. 이에 대한 불만은 소크라테스의 제자의 제자인 아리스토텔레스의 화려한 설명을 통해 어느 정도 해소될 수 있을 것이다. 우리는 소크라테스의 문제 제기가 플라톤과 아리스토텔레스의 도덕 심리학으로 발전했다는 정도로 만족해야 할 것이다.

윤리학적 관점에서 더 중요한 의문은 소크라테스가 아크라시아 불가능성 논제를 증명하면서 사용한 측정술에 대한 것이다. 측정술은 무엇보다 결과를 계산하는 기술적 앎이다. 우리는 계산과 관련된 공리주의에 대한 비판을 고스란히 측정술에도 적용할 수 있다. 예를 들어 용기 있는 고귀한 행위인데 그 행위를 할지 말지를 결과를 계산해서 하는 행위를 고귀한 행위로 말하기는 꺼려진다. 결과를 계산하는 행위가 앎의 힘을 증명하는 것은 그럴듯해 보인다. 하지만 결과를 계산해서는 안 되는 행위가 있다는 비결과주의 혹은 직관주의의 주장이 타당하다면 아크라시아 불가능성 논제는 도덕적 직관과 어긋난다고 볼 수 있다. 소크라테스는 행위 자체의 도덕성을 부정했다고 해석할 수 있다. 하지만 이것은 덕은 그 자체로 좋은 것이라는 그의 주장과 모순된다.

소크라테스를 옹호하자면 그가 측정술을 말한 이유는 앎의 힘을 부정하는 다수의 사람들을 설득하기 위해서였다고 해석할 수 있다. 다수의 사람들은 행위를 결정함에 있어 행위 자체보다 행위의 결과를 중요하게 생각한다. 그래서 덕의 본질적 가치보다는 덕의 결과를 더욱 중요하게 생각하는 다수의 사람들에게 지식의 힘을 설득하기 위해서는 결과의 좋음을 산출하는 데 지식이 결정적임을 보여 줄 필요가 있었다. 다수의 사람들이 아니라 지혜로운 사람은 결과의 좋음을 고려하지 않고 덕을 행한다. 왜냐하면 덕은 그 자체로 가치 있는 것일 뿐만 아니라 결과적으로도 필연적으로 좋음을 산출한다는 것을 그들은 알기 때문이다. 덕 있는 사람은 결과를 계산할 이유가 없는 것이다. 이러한 옹호가 설득력 있는지는 더 따져 보아야 할 것이다.

쾌락과 고통의 크기를 재는 측정술과 관련해서는 소크라테스가 쾌락주의자인지도 의문을 제기할 수 있지만, 소크라테스가 그의 제자로 알려진 쾌락주의자 아리스티포스를 비판하는 내용을 볼 때 그는 쾌락주의자는 아니었다고 보아야 한다(크세노폰, 2018: 64-78). 그러나 그가 좋은 것, 고귀한 것을 이로운 것과 즐거운 것과 같은 것이라고 말하는 것으로 보아(『프로타고라스』, 358b-c, 360a) 덕 있는 사람은 덕 있는 행위를 통해 즐거움을 느끼는 사람이라는 아리스토텔레스의 생각과(아리스토텔레스, 2011: 1104b) 같은 생각을 갖고 있었던 것으로 보인다.

이 글에서는 위해 불가의 원리를 강조하고자 했다. 왜냐하면 그것을 통해 소크라테스의 규범 윤리적 입장을 명확히 확인할 수 있기 때문이다. 사실 소크라테스 하면 떠오르는 것이 "너 자신을 알라", '다이몬', '문답법', '대화법', '산파술' 등이다. 하지만 이것들만으로는 소크라테스가 어떻게 살아야 한다고 주장했는지 명확히 알 수 없다. 위해 불가의 원리를 통해 비도덕적인 행위는 타인에게 해를 가하는 행위이며, 그런 행위를 하지 않는 것이 행복에 이르는 길임을 알 수 있다. 물론 위에서 언급되었듯이 해를 가하는 행위, 즉 살인이나 절도 등이 왜 비도덕적인 행위인지, 즉 도덕적 속성에 대한 소크라테스의 명확한 주장은 확인되지 않는다. '영혼을 좋게 하는 것' 혹은 '영혼을 나쁘게 하는 것'이 그것에 대해 우리가 확인할 수 있는 유일한 대답이다. '영혼을 좋게 하는 것', 즉 "덕 있는 행위를 하라."가 소크라테스가 요구한 최대 도덕이라면 '영혼에 나쁘게 하지 않는 것', 즉 "자신에게도 타인에게도 해를 가하지 말라."가 최소 도덕이라고 할 수 있다.

위해 불가의 원리에 대해서는 그것이 이기주의적 형태를 띠고 있다는 점이 지적될 수 있다. 소크라테스는 덕을 갖추는 것도, 타인에게 해를 가하지 않는 것도 모두 자신의 영혼을 좋게 하기 위한 것이다. 그것은 어떤 행위의 대상자(moral patients)를 위한 것이 아니다. 물론 불의한 행위는 그 불의를 당하는 사람의 영혼을 나쁘게 한다. 하지만 그 행위를 하지 말아야 하는 이유는 궁극적으로 자신의 영혼이 나빠지기 때문이다. 소크라테스의 영혼이 인간의 존엄성과 연결될 수 있다고 하더라도 모든 인간의 평등한 존엄성으로까지 연결되지는 않는다. 이것은 아마도 플라톤이나 아리스토텔레스, 에피쿠로스에게도 똑같이 제기될 수 있는 지적일 것이다. 서양 윤리 사상사에

서 온전한 의미의 윤리적 이타주의는 예수에게서 비로소 발견된다.[48]

　덕과 행복에 대해서는 소크라테스가 지나치게 낙관적으로 생각했다는 비판이 제기될 수 있다. 도덕적인 삶은 무조건적으로 보상받는다는 것은 이상적인 생각으로 볼 수 있다. 게다가 소크라테스가 덕과 행복이 일치한다는 것을 증명했는지도 의문이다. 이 문제는 그의 가장 충실한 제자인 플라톤이 넘겨받아『국가』에서 심오한 논증을 펼친다. 아마도 소크라테스나 플라톤은 칸트처럼 덕과 행복의 일치가 이성으로 증명될 수 없는 것이라고 생각했는지도 모른다.[49]

## IV. 현대적 의의

　소크라테스의 윤리 사상이 후대에 미친 영향이 대단히 크다는 데 대해서는 이견이 없을 것이다. 이미 당대에 그의 제자 플라톤이 소크라테스의 윤리 사상을 계승하고 더욱 발전시켰으며, 플라톤의 제자 아리스토텔레스도 소크라테스의 윤리 사상에 제기된 문제를 더욱 정교하게 논의하고 있는 것을 알 수 있다. 키레네학파를 만든 아리스티푸스도 그의 제자였으며, 키레네학파의 쾌락주의와 데모크리토스의 원자론을 결합시킨 사람이 에피쿠로스였다는 점을 볼 때 헬레니즘 시대에도 소크라테스의 윤리 사상은 많은 영향을 주었다고 볼 수 있다. 헬레니즘 시대의 스토아 사상도 소크라테스에게 기원이 있다. 스토아 사상의 창시자 제논은 크라테스의 제자였으며, 크라테스는

---

48. 우리는 예수의 윤리적 이타주의의 예를 착한 사마리아인에서 찾을 수 있다.「누가복음」, 10장 25-37절. 예수가 "네 이웃을 네 자신 같이 사랑하라"고 말했을 때 그 사랑은 이웃을 위한 것이지 자신을 위한 것이 아니다.「마태복음」, 5장 38-48절도 참조.
49. 플라톤의 대화편에서는 내세에 관한 이야기가 세 번 등장한다(『고르기아스』, 523a-526d;『파이돈』, 107c-115a;『국가』, 614b-621d). 모두 현세에서의 도덕적 삶과 비도덕적 삶이 내세에서 어떻게 보상 받고 심판 받는지를 보여 준다.

디오게네스의 제자였고, 디오게네스는 퀴니코스학파의 창시자 안티스테네스의 제자였다. 안티스테네스는 소크라테스의 제자였다.

소크라테스 윤리 사상의 현대적 의의는 크게 두 가지 관점에서 찾을 수 있다. 하나는 소크라테스가 최초의 도덕철학자였다는 점이고, 다른 하나는 그의 도덕철학적 탐구가 사변적이거나 이론적인 것이 아니라 실천적인 것이었다는 점이다. 소크라테스는 도덕철학자인 동시에 도덕 교사였고, 자신의 도덕적 신념을 위해서라면 죽음도 마다하지 않는 철저한 도덕주의자(moralist)였다. 아마 그가 도덕 교사나 도덕주의자가 아니라 도덕철학자로서만 살았다면 그의 윤리 사상이 후대의 윤리 사상가들에게 그렇게 큰 감동을 주지는 못했을지도 모른다.

소크라테스가 최초의 윤리학자라는 점은 모두 인정하는 바이다. 아리스토텔레스는 소크라테스를 도덕 교사나 도덕주의자보다는 도덕철학자로 생각했던 것 같다. 그는 마케도니아와의 연관성 때문에 아테네인들의 미움을 받아 아테네를 떠나게 되었는데, 그때 "아테네 시민들이 철학에 두 번 죄를 짓지 않게 하기 위해서"라고 말했다고 전해진다.[50] 소크라테스를 죽게 한 것이 철학에 지은 첫 번째 죄라고 생각했다는 것이다. 소크라테스가 최초로 제기한 윤리학적 탐구 주제들이나 그가 사용한 철학적 탐구 방법은 후대 학자들에게 많은 학문적 자극을 주었다는 것은 분명하다.

아리스토텔레스가 학자로서 소크라테스의 면모를 강조하고 있으나, 소크라테스가 추구한 것은 단지 이론적 탐구가 아니라 실천적 삶이었다는 점을 다시 한 번 강조할 필요가 있다. 그는 윤리학의 주제에 대한 토론 과정에서 다른 사람들로부터 주먹질당하거나 머리털이 뽑히기도 했지만 그의 토론의 목적은 단지 다른 사람의 의견을 논박하는 데 있지 않고 참된 지식을 얻는 데 있었다(라에르티오스, 2021: 소크라테스 21-22절). 소크라테스는 대화를 통해서 다른 사람을 설득하여 윤리적 주제에 대해 다시 생각하게

---

50. 정확한 출처는 알려진 바가 없다.

하여 윤리적 사람으로 만들고자 하였고 실제로 많은 사람들이 소크라테스의 설득으로 윤리적 삶을 살게 되었다고 전해진다(라에르티오스, 2021: 소크라테스 29절).

    소크라테스는 도덕 교사이면서 도덕주의자였다. 그는 자신의 도덕적 신념을 위해 죽음을 받아들였다. 그는 철학적 순교자라기보다 도덕적 순교자였다. 이와 같은 소크라테스의 삶은 후대에 어떤 압력과 회유에도 불구하고 불의에 굴복하지 않는 수많은 도덕적 순교자, 도덕적 개혁가들을 만들어 내는 데 적지 않은 영향을 주었을 것이다. 인간의 도덕적 문명이 지속되는 한 소크라테스의 삶이 주는 감동은 언제나 현재진행형일 것이다.

# 참고 문헌

디오게네스 라에르티오스(2021), 김주일 · 김인곤 · 김재홍 · 이정호 옮김, 『유명한 철학자들의 생애와 사상 1』, 경기 파주: 나남.
로버트 L. 애링턴(2003), 김성호 옮김, 『서양윤리학사』, 서울: 서광사.
마르쿠스 툴리우스 키케로(2021), 김남우 옮김, 『투스쿨룸 대화』, 서울: 아카넷.
아리스토텔레스(2011), 강상진 · 김재홍 · 이창우 옮김, 『니코마코스 윤리학』, 서울: 도서출판 길.
아리스토텔레스(2012), 조대호 옮김, 『아리스토텔레스의 형이상학 1, 2』, 경기 파주: 나남, 2012.
아리스토텔레스(2021), 송유레 옮김, 『에우데모스 윤리학』, 경기 파주: 아카넷.
아리스토파네스(2000), 천병희 옮김, 『아리스토파네스의 희극』, 서울: 단국대학교 출판부.
임마누엘 칸트, 백종현 옮김(2005), 『윤리형이상학 정초』, 서울: 아카넷.
조지 커퍼드(2003), 김남두 옮김, 『소피스트 운동』, 서울: 아카넷.
코플스톤(1998), 김보현 옮김, 『그리스 로마 철학사』, 서울: 철학과 현실사, 1998.
크세노폰(2018), 천병희 옮김, 『소크라테스 회상록, 향연, 소크라테스의 변론』, 경기 파주: 도서출판 숲, 2018.
투퀴디데스(2002), 천병희 옮김, 『펠로폰네소스 전쟁사』, 경기 고양: 도서출판 숲.
플라톤(2002), 천병희 옮김, 『소크라테스의 변론, 파이돈, 크리톤, 향연』, 경기 고양: 도서출판 숲.
플라톤(2003), 박종현 역주, 『플라톤의 네 대화편, 에우티프론, 소크라테스의 변론, 크리톤, 파이돈』, 서울: 서광사.
플라톤(2005), 박종현 역주, 『국가 · 政體』, 서울: 서광사.
플라톤(2007a), 강철웅 옮김, 『뤼시스』, 서울: 이제이북스.
플라톤(2007b), 김주일 · 정준영 옮김, 『알키비아데스 Ⅰ, Ⅱ』, 서울: 이제이북스.
플라톤(2008a), 김주일 옮김, 『에우튀데모스』, 서울: 이제이북스.
플라톤(2008b), 이정호 옮김, 『메넥세노스』, 서울: 이제이북스.
플라톤(2009), 이기백 옮김, 『크리톤』, 서울: 이제이북스.
플라톤(2010), 강철웅 옮김, 『향연』, 서울: 이제이북스.
플라톤(2011a), 강성훈 옮김, 『프로타고라스』, 서울: 이제이북스.
플라톤(2011b), 김인곤 옮김, 『고르기아스』, 서울: 이제이북스.
플라톤(2012), 김주일 지음, 『파이드로스』, 서울: 이제이북스.

플라톤(2013a), 전헌상 옮김, 『파이돈』, 서울: 이제이북스.
플라톤(2013b), 정준영 옮김, 『테아이테토스』, 서울: 이제이북스.
플라톤(2014), 강철웅 옮김, 『소크라테스의 변명』, 서울: 이제이북스.
플라톤(2020), 한경자 옮김, 『라케스』, 경기 파주: 아카넷.
플라톤(2021a), 유혁 옮김, 『카르미데스』, 경기 파주: 아카넷.
플라톤(2021b), 강성훈 옮김, 『에우튀프론』, 경기 파주: 아카넷.
헤르만 딜스, 발터 크란츠(2005), 김인곤 외 7인 옮김, 『소크라테스 이전 철학자들의 단편 선집』, 경기 파주: 아카넷.

Brickhouse, T. C. and Smith, N, D.(1997), "Socrates and the Unity of the Virtues", *The Journal of Ethics*, 1(4).
Brickhouse, T. C. and Smith, N, D.(2007), "Socrates on How Wrongdoing Damages the Soul", *The Journal of Ethics*, 11(4).
Graham, D. W.(2017), "Socrates as a Deontologist", *The Review of Metaphysics*, 71(1).
Jonas, M. E.(2018). "The role of practice and habituation in Socrates' theory of ethical development", *British Journal for the History of Philosophy*, 26(6).
L. Hendrik(2009), "Ancient Theories of Soul", *Stanford Encyclopedia of Philosophy*, First published Thu Oct 23, 2003; substantive revision Wed Apr 22, 2009, https://plato.stanford.edu/entries/ancient-soul/ (검색일: 2022. 8. 1.)
Rickless, S. C.(1998), "Socrates' Moral Intellectualism", *Pacific Philosophical Quarterly*, 79(8).
Santas, G.(1964), "The Socratic Paradoxes", *The Philosophical Review*, 73(2). The Journal of Ethics, 1(4).
Woolf, R.(2002), "Consistency and Akrasia in Plato's 'Protagoras'", *Phronesis*, 47(3).

# 2. 플라톤의 윤리 사상

김도형

가톨릭대학교 철학과를 졸업하고, 영국 에든버러 대학(University of Edinburgh)에서 Theodore Scaltsas 교수의 지도 아래 「아리스토텔레스 숙고 개념에 관한 연구」로 박사 학위를 취득하였다. 가톨릭관동대학교 의과대학 의료인문학교실 교수를 거쳐(2015-2019), 현재 국립공주대학교 사범대학 윤리교육과 교수로 재직하고 있으며, 주요 관심 분야는 서양 고대 철학, 윤리 이론, 응용 윤리, 사회윤리이다. 저서로는 『인간: 지혜와 사랑』(공저), 역서로는 『아퀴나스 윤리학』(공역)이 있다.

---

\* 이 장은 『윤리연구』 제142호(2023)에 「플라톤 윤리사상의 교육적 의미에 대한 고찰」이라는 제목으로 게재된 논문을 수정, 보완한 것임을 밝힌다.

# I. 생애 및 저작

## 1. 생애

소크라테스의 제자이자 아리스토텔레스의 스승인 플라톤은 그리스 고전기[1] 철학의 최고봉이자 서양의 지성사에서 가장 위대한 사상가로 여겨진다. 그래서 후대의 학자들은 서구 철학적 전통을 플라톤 작품들에 대한 일련의 주석들로 볼 수 있다고 주장하기도 한다(Whitehead, 1985: 39).[2] 또한 플라톤은 추남의 대명사로 알려졌던 스승과 마케도니아 출신 이방인이었던 제자와는 달리 출중한 외모, 위대한 지도자 솔론의 후손인 명문가 출신이라는 후광 그리고 탁월한 지성까지 모든 것을 가진 엘리트였던 것으로 전해진다.

이렇게 세속적으로 모자랄 것 없이 풍요로운 삶을 살고 있던 플라톤의 삶은 소크라테스를 만나게 되면서 큰 변화를 맞이하게 된다. 플라톤은 기원전 407년 그의 나이가 19세일 무렵에 소크라테스를 처음 만나게 되었고, 그들의 인연은 이후 기원전 399년에 소크라테스가 당시 새로운 권력층에 의해 재판에서 사형선고를 받은 후 안타깝게 처형될 때까지 지속된다. 이때가 플라톤의 나이 28세였다. 이 시기는 아테네의 정치적 격동기였다. 스파르타를 중심으로 하는 펠로폰네소스 동맹과의 전쟁에서 패배한 후, 아테네

---

1. 일반적으로 기원전 5-4세기, 그리스 폴리스 사회의 전성기 시대를 말한다.
2. 우리가 아는 대표적 철학자는 화이트헤드(A. N. Whitehead)이다. 그는 자신의 저서 *Process and Reality*에서 이와 비슷한 언급을 했고, 그것은 플라톤 철학의 위대함을 강조하려는 사람들로 인해 자주 사용되고 있다. 참조. "The safest general characterization of the European philosophical tradition is that is consists of a series of footnotes to Plato."(플라톤, 『편지들』, 324c-326b).

의 민주정치를 멸종시키고자 했던 스파르타에 의해서 당시 아테네에는 민주정이 아닌 일종의 집단적 독재 체제인 30인 과두정이 들어서게 된다. 그런데 이 과두정은 약 90일 이후에 다시 '민주파'에 의해 전복되게 된다. 플라톤은 아테네의 민주정치가 다시 수립된 이때에 정치에 참여할 생각을 하였다고도 한다. 그런데 얄궂게도 소크라테스를 죽음으로 내몬 정치 세력이 바로 이 민주파였다. 플라톤이 민주정치를 '중우(衆愚)정치'라고 통렬하게 비판(『국가』, 555b-562a)[3]하고 '철학자 왕' 혹은 '철인통치'를 위한 확고한 신념을 갖게 된 데에는 스승의 죽음에 얽힌 이러한 정치적 정황들과 무관하지 않을 것이다. 어쨌든 이후로 플라톤은 정치 참여의 생각을 접고 철학에 전념하게 된다.[4]

소크라테스가 억울하게 처형당한 후, 아테네에 환멸을 느낀 플라톤은 자신의 조국을 떠나 이른바 학문적 유랑을 시작하게 된다. 먼저 그는 메가라에서 소크라테스의 또 다른 제자이자 '메가라학파'의 창시자인 에우클레이데스를 만나게 되는데, 이 인물은 파르메니데스의 학설을 연구하기도 했기 때문에, 몇몇 연구자는 플라톤이 그로부터 파르메니데스의 사상을 접하게 되었다고 보기도 한다(라에르티오스, 3권, 6절). 그리고 플라톤은 북아프리카의 그리스 식민지인 키레네와 남부 이탈리아의 각지를 여행했는데, 이때 피타고라스학파의 다양한 수학자와 철학자를 만나며, 그들의 '수의 형이상학'에 많은 영향을 받았다(아리스토텔레스, 『형이상학』, 1권 6장, 987b11-988a1; 라에르티오스, 3권 8절; 릭켄, 2000: 101-102 참조).[5] 이런 유랑 생활은 약 12년 동안 계속되었다고 전해진다.

이런 학문적 유랑 생활을 통해서 플라톤은 스승의 죽음으로 인한 슬픔의 치유는 물론 사상적인 성장도 하게 되었다. 그리고 이런 과정을 통해 그는

---

3. 이후 국가의 내용에 관해서는 작품명 없이 스테파누스 번호만 명기할 것임.
4. 젊은 플라톤의 정치에 대한 신념과 소크라테스의 죽음을 바라보는 복잡한 심경은 해당 내주 부분을 참조할 것.
5. 아리스토텔레스는 자신의 작품 『형이상학』에서 피타고라스의 수의 형이상학이 플라톤에게 큰 영향을 주었다고 강조한다.

자신이 원래 품고 있었던 정치적 이상을 실현하고자 하는 의지를 점차 키워 나가게 되었는데, 무심코 여행하던 시칠리아 지역의 남쪽 시라쿠사에서 그 지역의 참주(僭主)6인 디오니시오스 1세의 친척이자 훗날 자신의 정치적 후원자가 되는 '디온'이란 젊은이를 만나게 된다. 플라톤은 디온과 함께 시라쿠사에서 자신의 정치적, 윤리적 이상을 실현하기 위해 노력을 다했지만, 독재자 디오니시오스 1세의 음모에 빠져 노예 신세로까지 전락하게 된다. 결국 시라쿠사에서 플라톤이 시도했던 '정치적 실험'은 실패하게 된다. 이것이 플라톤의 첫 번째 시라쿠사 여정이다.

그런데 아이러니하게도 노예 신세로 전락했던 플라톤의 첫 번째 시라쿠사 여정은 그 자신에게는 시련이었겠지만, 사상적 관점에서는 반전의 출발점이라고 말할 수 있다. 왜냐하면, 그는 정치적 음모에 의해 노예로 팔려 나갔지만, 노예시장에서 키레네학파의 아니케리스라는 인물을 극적으로 만나게 된다. 아니케리스는 거금을 들여 플라톤을 노예로 사들인 뒤, 자유인으로 회복시켜 주었다. 그리고 아테네로 돌아온 플라톤은 자신을 위해 지불해 주었던 돈을 그에게 다시 돌려주려고 했지만, 플라톤을 구해 줬다는 사실에 자부심을 느끼고 있던 아니케리스는 그 돈을 받길 거부했다(라에르티오스, 3권 20절; 박승찬·노성숙, 2013: 98 참조). 결국 플라톤은 기원전 387년에 그 돈으로 아카데미아를 세우게 된다. 서양 최초의 고등교육기관인 아카데미아가 플라톤의 '몸값'으로 지어진 셈이다. 만약 플라톤이 노예로 팔려 나가지 않고 아니케리스를 노예시장에서 만나지 않았다면, 아카데미아가 존재할 수 있었을까? 혹은 플라톤의 심오한 사상이 오늘날 우리에게 전해질 수 있었을까? 이처럼 '아카데미아'의 설립 이면에는 굉장히 극적인 서사가 있다고 볼 수 있겠다.

아카데미아 학당의 입구에는 '기하학을 모르는 자는 들어오지도 말라'는 문구가 있었다고 한다. 이는 플라톤의 아카데미아의 지향점이 당대의 소피

---

6. 고대 그리스 도시국가 사회에서 비합법적인 과정을 통해서 권력을 획득한 독재적 지배자.

스트들처럼 사람들을 수단과 방법을 가리지 않고 설득하는 기술을 가르치는 데 있지 않았다는 것을 시사한다. 아카데미아의 지향점 그리고 철학적, 교육적 관심은 참된 진리를 인식하는 것이었다. 그런데 '영원불변하는 참된 진리'는 적어도 플라톤에게는 '감각'과 떨어진 '추상의 세계'에 있는 것이었기 때문에, 추상적 대상을 다루는 대표적 학문인 기하학을 강조했던 것이다. 그래서 플라톤의 아카데미아는 입학을 위한 전제 조건으로 마치 기하학을 요구하는 것처럼 보이기도 한다. 아카데미아에서는 수학, 자연과학, 변증법 등을 교육하였으며, 이 교육과정을 수료한 이후에는 그 제자들이 그리스의 여러 도시에서 정치적으로 활동했던 것으로 전해진다(박승찬·노성숙, 2013: 98-99 참조).

아카데미아의 설립자이자 교장으로서 집필과 교육에 여념이 없던 플라톤이었지만, 철학자 왕에 대한 정치적 신념을 실현하고자 했던 의지가 남아있었던 것 같다. 플라톤은 앞에서 자신을 노예 신세로까지 전락시켰던 시라쿠사를 이후에 두 번씩이나 다시 방문하게 된다. 이 방문의 목적은 모두 자신의 정치적 이상을 실험하기 위한 것이었는데, 두 번 다 허무하게 실패로 끝나고, 시칠리아와의 얄궂은 인연도 끝나게 된다. 이 마지막 시라쿠사 방문이 끝난 뒤, 약 13년간을 더 살면서 아카데미아에서 저술과 학문 활동을 지속하다가 기원전 347년 80세로 생을 마감하게 된다.

## 2. 저작

그 자신은 아무런 집필을 하지 않았던 소크라테스, 여러 가지 이유로 많은 작품이 소실되어 버린 아리스토텔레스와 헬레니즘 시대의 사상가들과는 달리, 플라톤의 작품은 놀라울 정도로 대부분 보존되어 전해 내려온 것으로 여겨진다. 그의 작품들, 즉 대화편들은 35편가량 되는데, 그 집필 시기에 따라서 초기, 중기, 후기의 작품들로 나뉜다. 실제로 많은 연구자는 언어 통계의 방식을 활용하여, 각 작품의 집필 시기에 대한 연구를 오랜 세월 동안 지속해 왔고, 각 작품의 집필 시기 및 전체 작품 간 집필 순서 등에 대한 논의도 또한 진행해 왔다. 그리고 그 오랜 연구의 결실로 오늘날은 어느 정도 합의가 되는 시기 구분이 이루어졌다고 말할 수 있다(릭켄, 2000: 102-103 참조).⁷

그런데 이러한 작품의 시기 구분은 앞에서 언급했던 플라톤 생애의 중요한 사건들과 밀접한 연관을 갖는다. 먼저 초기의 대화편들은 플라톤이 스승의 죽음을 목도(目睹)하고 떠났던 약 12년 동안의 학문적 유랑기에 쓰인 작품들을 말한다. 이때 플라톤의 나이가 20대 후반부터 30대 후반까지이기 때문에, 이 초기의 작품들은 청년기 플라톤의 작품이라고 말한다. 그런데 대부분의 학자는 이 초기 대화편의 내용은 플라톤 고유의 사상을 제시하고 있다기보다 스승 소크라테스의 사상을 정리하는 것으로 보아야 한다고 생각한다. 그래서 이 초기 대화편들은 그 자신은 어떠한 집필도 하지 않았던 소크라테스 사상의 '참모습'을 알 수 있는 아주 소중한 문헌 자료라고도 볼 수 있다. 이 초기 대화편의 공통적 특징은 보편적 덕에 관한 윤리적 논의를 핵심 주제로 다루는 것으로 여겨지는데, 대표적인 작품들은 소크라테스의 재판을 다루는 『소크라테스의 변론』을 비롯하여, 용기를 주제로 하는 『크리톤』, 우정을 다루는 『뤼시스』, 사려 깊음과 절제에 관한 『카르미데스』, 그리고 경건함에 관한 논의로 많이 알려진 『에우튀프론』이 있다. 그리고 정의를 다루는 『국가』의 제1권 역시 초기 대화편으로 분류되곤 한다.

그리고 중기의 대화편은 플라톤의 제1차 시라쿠사 방문과 관련이 있다. 앞에서 이미 말했듯이, 노예시장에 팔려 나가는 비참한 상황까지 겪고, 우여곡절 끝에 아테네로 돌아온 플라톤은 아카데미아라는 학당을 설립할 수 있었다. 이때 플라톤은 40대에 접어들었고, 시칠리아 방문 당시 남부 이탈리아에서 피타고라스학파의 사람들과 학문적 교류를 할 수 있었기에 철학적으로도 어느 정도 성숙한 시기로 접어들었던 것으로 보인다. 이에 플라

---

7. 그러나 물론 이러한 '집필 시기' 문제와 관련해서 여전히 논쟁 가능성이 있는 측면도 있음을 간과해서는 안 되겠다.

톤 자신만의 철학 사상을 펼칠 수 있었는데, 그가 아카데미아를 설립한 이 시기부터 60세에 이르기까지 쓰인 작품들을 중기 대화편으로 분류한다. 이 시기의 대화편들은 소크라테스 사상에 피타고라스 사상이 접목되어 플라톤만의 고유한 추상적 관념론을 꽃피운다. 그래서 우리가 많이 알고 있는 플라톤의 이데아론, 상기설, 영혼 삼분설, 이상 국가론 등 그의 윤리 사상의 중심 이론들이 이 시기 대화편의 핵심 주제들이다. 중기 대화편의 대표작으로는 『메논』, 『파이돈』, 『향연』, 『국가』 2권 이후, 『파이드로스』, 『크라튈로스』 등이 있다(릭켄, 2000: 104; 유혁, 2019: 309-312 참조).[8]

그리고 후기의 대화편 역시 시라쿠사 방문과 관련이 있다. 시라쿠사는 플라톤에게는 애증의 대상이라고도 볼 수 있다. 첫 번째 방문에서 플라톤에게 큰 시련을 주었지만, 이후에도 그는 두 번이나 더 그곳을 방문한다. 플라톤을 노예로 만들었던 디오니소스 1세가 기원전 367년에 사망하자, 그의 아들인 디오니소스 2세가 플라톤을 초청한다. 그래서 다시금 그의 정치적 이상을 시라쿠사에서 실현하고자 기원전 366년과 360년에 총 두 번 그곳을 재방문하게 되는데, 이번에도 여러 우여곡절 끝에 플라톤의 모든 정치적 시도는 실패로 끝나게 된다. 그래서 이 마지막 두 번의 여정을 통해서 플라톤은 현실 정치에 대한 환멸만 갖게 되고, 이후 아테네로 돌아온 뒤, 죽기 전까지 약 20년을 집필에만 매진하게 된다. 마지막 시기, 후기의 대화편은 바로 이 3차 시라쿠사 방문에서 돌아와서 그가 죽기 전까지 약 20년간 작성된 작품들을 말한다. 이 시기의 작품들은 중기 대화편에 담긴 아이디어들에 대한 검토와 반성 그리고 보완으로 이해될 수 있다. 후기 대화편에는 더욱 심오한 철학 사상이 담기게 되는데, 이 시기 대화편들의 공통된 주제들은 존재론, 변증법, 인식론, 우주론 등이다. 그리고 대표작으로는 『파르메니데스』, 『테아이테토스』, 『소피스테스』, 『정치가』, 『티마이오스』, 『크리티아스』, 『필레보스』, 『법률』 등이 있다.

---

8. 이 중 『메논』은 초기와 중기를 연결해 주는 작품으로 보기도 한다. 그리고 앞서 보았듯이, 『국가』의 경우 1권은 초기 대화편에, 나머지 권들이 중기에 속하는 것으로 받아들여진다.

그리고 이외에도 편지 형식으로 쓴 작품도 있다. 이 『편지들(ephistolai)』은 13개의 편지 형식의 글로 구성되어 있으며, 플라톤이 직접 자신의 자전적 이야기를 하는 내용으로 이루어져 있다. 플라톤이 쓴 30개가 넘는 대화편이 정작 저자 자신은 거의 등장하지 않는 것을 감안하면, 이 편지들의 역사적, 사상적 중요성은 아무리 강조해도 지나치지 않는다. 그러나 안타깝게도 이 편지들의 많은 부분이 진위 논란을 겪고 있는데, 그중 7번째 편지(그리고 8번째 편지)는 플라톤이 직접 집필한 진작(眞作)으로 여겨지고 있다. 그래서 이 7번째 편지는 플라톤이 스스로 자신의 이야기를 하는, 그래서 그의 생애에 대해서 직접적으로 알 수 있는 소중한 전거(典據)로 여겨진다(플라톤, 『편지들』, 225-262 참조).

### 3. 스승 소크라테스와 제자 플라톤 - 주인공은 누구인가?

플라톤 작품에서 주목할 점은 그의 작품이 모두 대화의 형식으로 쓰였다는 것과 함께 대화를 주도하는 주인공이 플라톤 자신이 아닌 소크라테스이며, 정작 플라톤 자신은 대화 참여자로 등장하지 않는다는 것이다. 30편이 넘는 대화편, 즉 앞에서 소개한 초기-중기-후기의 대화편 모두에서 주인공은 소크라테스이다. 그렇다면 플라톤의 작품을 읽는 독자들은 상식적으로 이와 같은 질문을 할 수 있다. 플라톤의 작품에 등장하는 소크라테스의 진술은 소크라테스 자신의 것일까 아니면 소크라테스의 입을 통하기는 하지만 저자인 플라톤의 것일까? 일부 학자들은 앞에서 우리가 설명한 플라톤 작품의 시기 구분에서 대략 초기의 대화편들은 소크라테스 자신의 주장을 플라톤이 소개하는 것으로 보아야 한다고 주장한다. 그래서 이들은 일부 작품들을 소크라테스 대화편(Socratic dialogue)으로 묶고, 이 작품들에 나타난 소크라테스의 진술은 역사적 인물로서 소크라테스의 사실적 진술이라고 주장하기도 한다. 그래서 이런 주장에 따르면 우리는 초기 대화편 혹은 그중 일부에서 나타나는 소크라테스의 진술은 철학자 소크라테스의 사상이라고 보아야 하며, 그 이후, 즉 중기와 후기의 대화편에서 볼 수 있는 소크라테스는 플라톤의 주장을 대변하는 '플라톤의 소크라테스(Plato's Socrates)'로 간주해야 한다. 정리하면 플라톤의 초기 대화편은 소크라테스의 사상을, 중기와 후기의 대화편은 플라톤의 사상을 제시하는 것으로 정리할 수도 있다는 것이다.

그러나 문제는 상황이 그렇게 간단하지 않다는 것이다. 플라톤 작품의 저작 시기를 우리가 언급한 대로 초기-중기-후기로 구분하는 견해를 소위 '주류의 입장'으로 볼 수는 있지만, 그러한 시기 구분에 대한 이견이 전혀 없는 것은 아니다. 이처럼 '다른 목소리들'이 있음에도 불구하고, 초기 대화편은 소크라테스의 사상, 중-후기는 플라톤의 사상을 담고 있다고 '단정'하는 것은 타당하지 않아 보인다. 따라서 불필요한 오해를 사전에 방지하기 위해 이 글에서는 위와 같은 초기-중기-후기의 시기 구분 자체는 존중하지만, 작품에서 제시되는 소크라테스의 주장은, 적어도 우리가 다루는 작품들은 모두 플라톤의 진작임이 판명된 작품들이기 때문에, '발화자'는 소크라테스이지만 저자인 플라톤 자신의 것으로 간주하고 설명을 계속하고자 한다(유혁, 2019: 309-312 참조).

## II. '대화' 형식의 함의

앞서 잠시 언급했지만, 플라톤의 작품들의 가장 중요한 특징은 거의 모든 작품이 대화의 형식을 취하고 있다는 점이다. 그래서 우리는 이런 대화의 형식과 플라톤(그리고 물론 소크라테스의 사상도)의 사상 사이에 어떤 연관관계가 있는지 생각해 보아야 한다. 플라톤은 왜 이러한 글쓰기 형식을 택한 것일까? 플라톤이 대화의 형식을 사용했다고 해서 건조하게 대화의 내용만 제시하는 것은 아니다. 그는 대화가 벌어지는 외적인 상황을 소개하기도 하고, 대화에 참여하는 등장인물들의 성격을 묘사하는 것에도 지면을 할애한다.[9] 그래서 실제로 많은 연구자는 플라톤이 왜 대화의 형식을 취하고 있는지에 대하여 다양한 질문을 던져 왔다. '그 대화의 형식은 그 작품의 철학적 메시지와는 어떤 관계를 갖는 것일까?' 아니면 '크게 유의미한 관계는 없는 것인가?' 혹시 그것도 아니면 '어려운 철학적 주제를 부담스러워하는 일반 대중들의 관심을 끌기 위하여 취하게 된 일종의 고육지책인가?' 그래서 '대화의 형식으로 쓰인 플라톤의 대화편들은 말하자면 대중을 위한 교양서이고, 아카데미아 내에서 전문가들과의 토론과 연구에 사용되던 진지한 철학적 저술은 미출판의 상태로 별도로 보관되어 오다가 소실된 것일까?'(릭켄, 2000: 107-108 참조).

많은 플라톤 연구자는 이와 관련해서 '타무스 신화'가 언급되는 『파이드로스』 274c-278b를 주목한다. 이 논의의 시작을 간략히 소개하면 아래와 같다. 여기서 소크라테스는 파이드로스에게 '글쓰기의 적절함과 부적절함'에 관한 문제를 논의하겠다고 한 뒤, 다음을 이야기한다.

> 그러니까 나는 이런 이야기를 들었네. 아이귑토스(이집트)의 나우크라티스 지방에는 옛 토착신들 가운데 어떤 신이 있었는데, 그 신은 사람들이 이뷔스라고 부르는 성스러운 새의 주인이었다네. 그 신의 이름은 테우트였지. 이 신이 맨 처음 수와 계산법과 천문학은 물론 장기 놀이와 주사위 놀이를 발명했고, 그 외에 문자까지 발명했다고 하네. 그 당시 아이귑토스 전체를 다스리는 왕은 타무스였고 (…) 테우트가 그를 찾아와 기술들을 보여주면서 다른 아이귑토스 사람들에게 그 기술들을 보급해야 한다고 말했네. 그러나 왕은 그 기술 하나하나에 어떤 유익이 있는지 물었고, 테우트가 설명을 하자, 자신의 생각에 옳은 말과 옳지 않은 말을 따져서 그 두 측면에 따라 각각의 기술에 대해 수많은 것을 이야기했다고 하는데, 그것

---

9. 뒤에 나오는 각주 11이 한 사례가 될 수 있다.

들을 낱낱이 설명하자면 이야기가 길어질 걸세. 그런데 대화가 문자에 이르자, 테우트가 이렇게 말했다네. "왕이여, 이런 배움은 아이귑토스 사람들을 더욱 지혜롭게 하고 기억력을 높여줄 것입니다. 왜냐하면 그것은 기억과 지혜의 묘약으로 발명된 것이니까요." 그러나 타무스가 이렇게 대꾸했네. "기술이 뛰어난 테우트여, 기술에 속하는 것들을 만들어내는 능력을 가진 사람이 있다면, 그것들이 사용하려는 사람들에게 끼치는 손해와 이익을 판단하는 능력은 따로 있는 법이오. 이제, 그대는 문자의 아버지로서 그것들에 대해 선의를 품고 있기에 그것들이 할 수 있는 것과 정반대의 것을 말했소. 왜냐하면 그것은 그것을 배운 사람들로 하여금 기억에 무관심하게 해서 그들의 영혼 속에 망각을 낳을 것이니, 그들은 글쓰기에 대한 믿음 탓에 바깥에서 오는 낯선 흔적들에 의존할 뿐 안으로부터 자기 자신의 힘을 빌려 상기하지 않기 때문이오. 그러니 당신이 발명한 것은 기억의 묘약이 아니라 상기의 묘약이지요." (『파이드로스』, 274c-275b)

위 인용문은 문자의 발명에 관한 타무스왕과 테우트 신의 대화를 소크라테스의 입을 빌려 소개하고 있다(김진, 2003: 18-21).[10] 이야기 전달자인 소크라테스에 따르면, 여기서 발명의 신 테우트는 자신이 발명한 문자, 즉 '글로 쓰인 말'은 사람들의 기억력을 더 좋게 하고, 따라서 더 지혜롭게 만들 것이라고 주장한다. 하지만 타무스 왕은 그 문자의 편리함에 의해 사람들은 문자를 '과신(過信)'하게 되고, 스스로의 힘으로 기억하고 생각해 내려고 하지 않을 것이고, 그래서 종국에는 오히려 그 문자라는 것으로 인하여 사람들은 망각에 빠지고, 진리와도 멀어지게 할 것이라고 반박한다. 그래서 종종 이 구문은 플라톤이 '살아 있는 말'과 '쓰인 글'의 비교를 통해서 글, 즉 '문자'를 향한 맹신을 경고하고, 살아 있는 말 혹은 대화의 중요성을 강조하고 있는 것으로 여겨진다(릭켄, 2000: 108-110 참조). 그렇다면 플라톤

---
10. 이 대화는 문명 발달 혹은 과학 문명의 양면성에 관한 논의에서도 종종 인용된다.

은 왜 문자를 평가절하하고, 대화의 가치를 강조하는 것일까?

물론 문자를 통해서 진리에 도달할 수 없다는 말이 지혜와 기억력에 문자가 전혀 도움이 안 된다는 의미는 아닐 것이다. 플라톤은 아마도 진리 추구의 방식, 즉 학문 탐구의 방법론에 관하여 이야기하고 있는 것 같다. 즉, 누군가에 의해 쓰인 문자를 통한 '일방향'적인 지식 습득의 방식으로는 진리를 제대로 터득할 수 없다는 것이다. 왜냐하면 첫 번째 이유로는, 우리가 일상에서도 경험하듯, 문자는 오해의 소지가 다분하기 때문이다. 우리는 종종 저자의 의도가 문자를 통해 독자들에게 충분히 전달되지 않는 경우가 있음을 본다. 문자가 갖는 '객관적 의미'가 언어가 갖는 모든 의미라고 볼 수는 없기 때문에, 동일한 단어나 문장 표현은 글쓴이의 감정과 상황에 따라서 그 의미가 미세하게라도 달라질 수 있고, 그 작은 차이가 오해를 종종 발생시키기 때문이다. 그러나 우리가 실제 살아 있는 대화를 하고 있다면, 화자도 청자들에게 자신의 의미가 제대로 전달되는지 확인할 수 있고, 반대로 청자 역시 화자에게 자신이 이해하고 있는 바를 확인하면서 의미를 명확히 할 수 있다. 따라서 문자는 이러한 '실시간 확인'을 할 수 없기에, 살아 있는 대화보다는 진리로부터 멀리 떨어져 있다는 것이다(릭켄, 2000: 109 참조).

그리고 두 번째, 어쩌면 더욱 중요한 이유는 지금 대화의 주제가 올바른 삶, 즉 윤리적 선에 관한 지식을 다루고 있다는 것이다. 윤리적 선에 관한 지식은 '지식을 위한 지식'이 아니라 삶, 즉 '실천을 위한 지식'이다. 따라서 이러한 지식은 더더욱 '일방향적 형태'의 지식 습득으로는 제대로 획득할 수 없는 것이다. 예를 들면, 수공업자의 기술들, 손수 구두를 만드는 기술을 배우거나 그릇을 만드는 기술을 배울 때, 책을 통해 이론을 습득하는 것만으로는 당연히 부족하고, 스승과 대화를 통해 직접적인 지도를 받으면서, 무언가를 실제로 만들어 보아야 하는 것처럼, 윤리적 선에 관련된 실천적 지식 역시 일방향의 학습만으로는 제대로 배우지 못한다는 것이다. 왜냐하면 참 진리는 문자 안에 독립적으로 존재하는 것이 아니라, 배우는 자가 스스로 성찰과 깨달음을 통해서 자신의 영혼에 내재하게끔 할 수 있는 것이라고 플라톤은 생각하기 때문이다. 즉, '참된 진리'란 '배우는 자'가 자기 주도적 배움의 과정을 통해서 내재화할 수 있는 것인데, 그러기 위해서는 문자만으로는 그 진리의 획득이 불가능하고, 항상 타인과의 대화를 통해서 얻을 수 있다는 것이다. 정리하자면, 배우는 자에게 진리를 위한 성찰과 깨달음을 가능하게 하는 것은 문자가 아니라 항상 타인을 전제하는 대화이기 때문에, 문자의 편리함만을 강조하는 것은 지혜에도 기억력에도 도움이 안 된다고 주장하는 것이다(릭켄, 2000: 109-110 참조).

이와 같은 『파이드로스』에서의 문자와 대화의 비교, 혹은 문자에 대한 가치 절하를 통해서 우리는 플라톤이 대화의 형식을 그의 저작들에서 고수하는 이유를 짐작해 볼 수 있다. 플라톤의 대화편은 '살아 있는 대화에 대한 모방이며, 글로 쓰인 문자가 갖는 한계를 최대한 보완해 보려는 시도'인 셈이다(릭켄, 2000: 110 참조). 이러한 집필 형식을 도입하였기에, 플라톤은 마치 일상적 대화가 그런 것처럼, 실제 대화의 추이에 영향을 주는 다양한 정황 요소들에 대한 묘사를 포함할 수 있게 되었다. 예를 들면, 대화가 진행되는 상황과 분위기, 등장인물들에 대한 소개가 그렇다고 볼 수 있다(『파이돈』, 57a-60b).[11] 이러한 형식을 취함으로써 플라톤은 철학적 질문이 삶의 맥락에서 어떻게 발생하고 탐구되는지를 가능한 생생한 방식으로 보여 주려고 한다. 그리고 궁극적으로는 대화의 중요성 때문에 글을 쓰지 않았던 스승 소크라테스의 신념을 최대한 존중하면서, 스승의 사상을 후대에 기록하고, 또한 그러한 방식으로 자신의 철학적 작업을 이어 나갔던 것이라고 볼 수 있다.

---

11. 예를 들면, 소크라테스의 죽음에 대한 이야기를 시작하기 전에 그 대화가 이루어지는 상황에 대한 묘사를 먼저 시작하는 『파이돈』의 초반부를 생각해 볼 수 있다. 이 대화편은 일종의 '액자 형식'을 띠고 있는데, 소크라테스의 죽음 순간을 목격한 파이돈이 피타고라스학파의 일원인 '에케크라테스'에게 자신이 본 것을 이야기해 주는 형식으로 진행된다. 그런데 소크라테스의 생애 마지막 순간에 대한 목격담을 전하기 전에 이 둘의 대화가 진행되는 상황에 대한 상세한 묘사를 먼저 제시하고 있는 점이 『파이돈』 초반부의 흥미로운 점이다.

# III. 영원불변의 이데아

## 1. 플라톤의 '이데아'란 무엇인가?

 일반적으로 플라톤 철학에서 이데아(idea) 개념은 그의 철학 사상이 소크라테스로부터 차별화되는 결정적 요인이라고 말할 수 있다. 그만큼 이데아 개념은 플라톤 철학 사상의 '중심'이다. 그리고 플라톤 사상의 이론적 체계에서 이데아는 무엇보다 사람들이 세상 만물에 참된 지식을 가질 수 있게끔 하는 일종의 전제 조건이다. 그래서 이데아는 우리의 정신이 지향해야 할 참된 대상이기도 하지만, 동시에 소크라테스적 대화를 가능하게 하는 이유이기도 하다(Plato, *Parmenides*, 135b-c). 경건함(to hosion)에 관한 논의가 등장하는 『에우튀프론』을 통해서 우리는 플라톤의 이데아 개념에 관하여 어느 정도 짐작해 볼 수 있다.

> 경건한 것은 그 자체로는 모든 행위에 있어서 동일한 것이 아니겠소? 반면에, 경건하지 못한 것은 모든 경건한 것과 반대되는 것이되, 그것 자체와는 같은 것이어서, 무엇이건 그것이 경건하지 못한 것이라면, 불경과 관련해서 하나의 특성을 지니고 있지 않겠소? (『에우티프론』, 5d1-5)

> 내가 당신에게 대답해 달라고 했던 것은 이것, 즉 여러 경건한 것 가운데 한두 가지를 내게 알려달라는 것이 아니라, 그 특성(eidos) 자체, 즉 그것에 의해서 모든 경건한 것이 경건한 것이 되는 그것을 가르쳐 달라는 것이었다는 것을 당신은 어쨌든 기억하고 있겠구려? 경건하지 못한 것들이 경건하지 못하고, 경건한 것들이 경건함은 한 가지 특성에 의해서라는 것을 당신이 시인했으니 말이오. (『에우티프론』, 6d9-e1)

> 그러면 이 특성 자체가 도대체 무엇인지 내게 가르쳐 주구려. 그것을 바라보며 그것을 본(parageigma)으로 삼아, 당신이나 또는 다른 누군가가 행하는 것들 가운데 어떤 것이 그것과 같은 것이면 경건하다고 말하되, 그것과 같은 것이 아니면 경건하지 못하다고 내가 말할 수 있게끔 말이오. (『에우튀프론』, 6e4-6)

여기서 플라톤은 경건한 행위 및 경건함의 속성을 갖는 여러 양태와 '경건함 자체'를 구분한다. 그리고 모든 경건한 행위 및 양태들은 이 경건함 자체를 내재하고 있으며, 바로 그 때문에 다른 모든 것들이 경건한 것이라고 주장한다. 경건함에 관한 『에우튀프론』 전반의 대화를 면밀하게 살펴보면, 에우튀프론은 "x는 경건하다"라는 주장을 계속 펼치는데, 플라톤은 이러한 서술을 제대로 하기 위해서는 경건함 자체, 즉 경건함의 정의에 대하여 잘 알아야 한다고 암시한다. 왜냐하면 위 구문들에서 보았듯이 경건한 모든 것들의 존재적 원인은 결국 경건함 자체이기 때문이다. 여기서 우리는 플라톤이 말하는 이데아라는 것은 최소한 경건함의 경우에 '경건함의 정의'와 같은 것임을 파악할 수 있다.

정리하면, 이데아는 사물의 정의이자 본질을 의미한다고 볼 수 있다. 따라서 어떤 대상에 대하여 우리가 참된 지식을 갖기 위해서는 그것의 이데아를 알아야 한다는 것은 당연한 이치가 된다. 플라톤은 이런 이데아를 인식하도록 우리를 이끌어 주는 것이 바로 소크라테스적 대화, 즉 변증법적 대화라고 본 것이다. 물론 이러한 대화를 통해서 누구나 항상 이데아의 세계로 쉽게 들어서는 것은 아니다. 하지만 적어도 플라톤이 이 변증법적 대화야말로 이데아를 인식하기 위한 유일한 길이라고 믿었음은 분명해 보인다(릭켄, 2000: 111-113 참조). 플라톤의 이러한 이데아 개념은 그의 윤리와 정치사상은 물론 철학 사상 전반에 깃들어 있다. 그런데 이러한 이데아 개념은 이미 언급했듯이 상당히 추상적 개념이기 때문에, 플라톤 자신은 다양한 비유를 활용하면서 가능한 이해가 용이하도록 설명을 시도하곤 한다.

## 2. 동굴의 비유

플라톤은 동굴의 비유를 통해서 이데아의 존재 양식을 설명하고, 이데아에 대한 지식을 깨닫게 된 선지자의 의무에 대해서도 암시한다. 플라톤은 『국가』 제7권의 514a-17c에서 동굴의 비유를 제시하고 있는데, 관련 내용을 요약적으로 정리하면 아래와 같다.[12]

우리 인간들은 지하 동굴 깊숙한 곳에 그 동굴의 입구를 등지고 벽을 바라보는 상태로 묶여 있는 죄수와 같다. 우리는 태어나면서부터 목과 손발이 사슬에 의해 묶여 있어서, 고개를 돌릴 수도 없기 때문에, 우리가 볼 수 있는 것은 입구와 마주보고 있는 벽밖에 없다.

그런데 이 갇혀 있는 인간들의 뒤쪽에, 즉 입구쪽에, 동굴을 가로질러 사람 키만 한 벽이 있고, 그 뒤에서 불이 타고 있다. 그런데 이 불과 벽 사이를 또 다른 인간들이 자신들 머리 위에 동물이나 여러 도구들을 짊어지고 지나다니면, 불 때문에 인간의 키보다 높은 곳에 있는 사물들의 그림자가 묶여 있는 인간들이 바라보는 동굴의 벽에 비취게 된다. 그리고 거기에서 지나다니는 사람들이 내는 소리의 울림도 묶여 있는 사람들의 귀에 들리게 된다. 이 묶여 있는 사람들은 그림자와 울림 이외의 다른 것을 알고 있지 못하기 때문에 이들은 이런 그림자나 가상(假像)을 참된 현실이라고 생각하게 된다. 그런데 만약 이들 중에 한 사람이 어떤 연유로 풀려나서 뒤를 돌아볼 수 있고, 여태까지는 '참된 현실'이라고 생각했던 그림자의 실제 대상을 보고 '울렸던 소리'의 실제 소리를 듣게 된다면, 그는 새로운 현실에 맞닥뜨리고 깜짝 놀라게 될 것이다.

그리고 또 이 사람이 조금씩 위로 올라가, 동굴 입구에서 흘러들어 오

---

[12] 플라톤의 동굴의 비유는 그의 이데아론을 이해하는 데 핵심적인 내용이므로 전체를 직접 인용하면 좋겠지만, 그럴 경우 과한 분량(3쪽 이상)이 될 것 같아서, 불가피하게 요약적으로 정리한 내용을 제시함. 이하 내용은 박승찬·노성숙, 2013: 107-108을 참조하였음.

는 빛을 향하여 기어올라서 결국 동굴에서 빠져나오게 된다면, 그는 처음에는 너무나 밝은 빛 앞에서 아무것도 보지 못할 것이다. 그러다 차차 시간이 지나면, 그는 '태양 빛'에 적응하여 처음에는 연못에 비친 그림자를, 나중에는 물속에 비친 사람들과 다른 것들의 상(像) 그리고 살아있는 동물들과 인간들, 물체들의 실체를 보게 될 것이다. 또한 그는 하늘의 별과 달, 그리고 결국에는 태양 자체를 직접 관찰하게 될 것이다.

　동굴 밖에서 이런 실재를 본 사람은 아름다운 현실에 감탄할 수밖에 없을 것이다. 그는 이제 그가 동굴에서 보았던 것은 자신이 동굴 밖에서 지금 보았던 것들의 모사에 지나지 않음을 깨달을 것이다. 그런데 밖에 있던 사람이 다시 동굴에 들어온다면, 그 역시 처음에는 동굴 안의 어두움 때문에 한동안 아무것도 보지 못할 것이다. 그러나 이 사람이 동굴 안으로 돌아와 거기에 머물러 있는 사람들에게, 그들이 보고 듣고 하는 것이 참된 현실은 아니라고 설명해준다고 해도, 처음에는 아마 아무도 그를 믿지 않을 것이며, 오히려 비웃을 것이다. 그리고 만약에 이 사람이 다른 인간들을 풀어주고, 그와 같이 동굴 밖으로 나가게 한다면, 이 사람은 그들로부터 죽음을 당하게 될지도 모른다. (514a-17c)

　동굴 비유의 서두(514a-b)에서 플라톤은 인간의 일상적 삶이 마치 어두운 감옥에 갇혀 있는 죄수의 처지와 같음을 시사한다. 즉, 죄수들이 어두운 감옥이라는 물리적 구속으로 인하여 아무것도 볼 수 없듯이, 사실은 일상적 삶에서 우리 인간들도 모종의 장애물들로 인하여 참된 진리를 인식하지 못한다는 것이다. 이 비유의 각 단계가 시사하는 내용을 살펴보면, 일단 죄수들의 몸을 묶고 있어 참된 실재를 보지 못하게 만드는 '사슬'은 감각과 관습 등에 대한 맹신을 의미한다. 그리고 동굴 벽에 비친 그림자나 메아리 같은 소리는 벽 뒤에서 운반되어 지나가던 실제 사물들에 대한 모사(模寫)라고 볼 수 있다. 또한 벽 뒤에서 실제로 움직이는 물체나 사람들은 우리의 일상적 삶, 즉 가시적 세계, 생성과 소멸이 존재하는 감각 경험의 세계를 상징한다. 그러나 (죄수들이 보던 그림자의 '원형'들이 있는) 동굴 안의 이 공간 역시 최종적 실재는 아니고, 여전히 동굴 밖의 이상적 세계에 대한 '모사'에 불과하다. 동굴 밖의 이상적 세계는 영원불변의 존재들을 의미하고, 플라톤이 의미하는 이데아의 세계를 가리킨다(517b-c 참조). 동굴 비유를 통해서 플라톤은 비록 우리에게 친숙한 것은 감각 경험의 대상인 가시적 세계이지만, 이 세계는 참된 실재의 세계가 아님을 함축하는 셈이다. 이데아의 세계가 참된 실재인데, 결국 참된 실재를 인식하기 위해서는 감각적 경험이 아닌 다른 능력이 필요함을 시사한다고 볼 수 있다(박승찬·노성숙, 2013: 108-109 참조; 애링턴, 2003: 68-70 참조).

동굴 비유는 물론 교육적 차원에서도 아주 중요한 메시지를 담고 있다. 사슬에서 풀려나 동굴의 입구로 움직이는 사람은 진리를 탐구하는 '구도자(求道者)'이자, 먼저 깨달은 '선지자(先知者)'이다. 이것이 가능한 이유는 이 사람의 영혼 때문이다. 이 구도자의 영혼은 동굴 안에서 자신이 보는 것들이 감각적 대상들의 그림자나 상(像)에 불과한 것임을 깨닫게 하고 자신이 안주하고 있던 동굴의 밑바닥에서 벗어나게끔 이끈다. 사슬 묶인 죄수들을 풀어 준 사람이나 동굴 밖에 나갔다 진리를 깨달은 후 다시 돌아와서 동굴 안 사람들에게 이데아의 세계에 대하여 전파하다가 생명의 위협까지 경험하는 이를 언급하면서 플라톤은 소크라테스를 염두에 둔 것일 수도 있다. 플라톤은 진리를 먼저 깨달은 사람은 생명의 위협을 무릅쓰면서도 무지의 암흑에 갇혀 있는 동료들을 동굴 밖으로 끌어내기 위해 노력해야 한다고 주장하는 것이다. 왜냐하면 사람들을 허상의 세계에서 참된 존재의 세계로 인도해 주는 것이 바로 철학자의 과제이기 때문이다. 하지만 여기서 철학자는 단순히 좁은 의미의 철학자에 국한될 필요는 없다. 지식을 먼저 획득하고, 이를 통해 다른 사람들을 계몽한다는 측면에서 지식의 선구자, 교육자의 의미 역시 분명히 포함한다.

## 3. 선분의 비유

동굴의 비유가 이데아를 인식하기 위한 과정 그리고 깨달은 자의 숙명을 암시하는 것이라면, 선분의 비유는 다양한 종류의 인식과 인식 대상을 제시하는 것으로 볼 수 있다. 말하자면, 동굴의 비유에서 플라톤은 동굴 안에서 바깥으로 나가는 사람이 경험하게 되는 다양한 인식의 단계를 제시하고 있는데, 이 각 단계 인식의 종류와 대상이 무엇인지를 선분의 비유를 통해서 구체적으로 설명하는 것이다. 선분의 비유를 제시하는 509d-511e의 내용을 요약하면 다음과 같다.

먼저 하나의 선분 AB를 그은 후, 그것을 서로 크기가 다르게 두 부분으로 나눈다. 그리고 이 최초 선분의 구분점을 C로 하고, 이 선분 AB를 나눈 비율과 동일하게 각 부분, 즉 AC와 CB를 나눈다. 이제 우리는 각 부분의 비례 관계를 다음과 같이 파악할 수 있다. 선분 AC와 CB의 비율은 AD와 DC의 관계, CE와 EB의 관계에서와 동일하다(AC:CB = AD:DC = CE:EB). 이때 나누어진 부분의 크기는 그 부분이 의미하는 인식의 명확성을 의미한다. 즉, 크기가 클수록, 해당하는 인식의 명확성이 높아진다는 것이다. 이 구분 중에 제일 중요한 지점은 C이다. 왜냐하면, C를 기점으로 속견(doxa)에 기반하는 지식과 사고(noēsis)에 의한 확실한 인식이 구분되고, 이에 따라 각 단계 인식의 대상으로서 이데아의 세계인 가지계(BC)와 일상적 경험의 세계인 가시계(AC)의 구분이 따라오기 때문이다. 속견의 대상인 가시계의 사물들은 구체적 형태를 갖는 것으로서 공통적으로 생성과 변화를 경험하는 반면, 사고의 대상인 가지계의 존재들은 영원불변의 세계에 있다. 물론 이렇게 구분된 가지계와 가시계는 각각의 영역에서 인식의 대상에 따른 추가적인 구분이 이루어진다.

일단 가시계는 그림자나 어떤 사물의 '상'을 지식의 대상으로 하는 영역(AD)과 그림자와 상의 원인이 되는 가시적인 동식물 및 사물을 대상으로 하는 영역(DC)으로 구분된다. 이때 전자의 대상들에 대한 지식은 억측(eikasia)에 의한 지식, 후자는 신념(piatis)에 의한 지식이 된다. 말하자면 가시계, 즉 속견의 대상 중에서도 '억측'의 대상은 '신념'의 대상인 가시계의 사물들의 모사에 불과하다는 것이다. 그리고 '가지계' 역시 두 부분으로 나뉘는데, 먼저 수학적 개념을 대상으로 하는 추론적 사고(dianoia)의 영역과 이데아를 대상으로 하는 이성(noesis) 혹은 학문적 인식(epistēmē)의 영역이 그것이다. 그리고 물론 수학적 개념 역시 이데아의 모사이다. 여기서 중요한 것은 '가지계'의 영역은 결국 지성의 영역, 즉 개념과 추상적 대상의 영역인데, 그런 추상적 대상들 사이에도 모사와 원형의 관계가 있다는 것이다. (509d~511e)[13]

지금까지의 내용을 도표로 제시하면 표 1과 같다.

**표 1.** 선분의 비유

| | 가시적인 것들(ta horata) 감각 대상들(ta aisthēta) | | 지성에 의해서 알 수 있는 것들 (ta noēta) | |
|---|---|---|---|---|
| 대상들: | 상(형상, 모상), 그림자 | 실물들 (동·식물들 및 일체의 인공물들) | 수학적인 것들 (도형들, 홀·짝수 등) | 이데아 또는 형상들 |
| 선 분: | A ——————— | D ——————— | C ——————— | E ——————— B |
| 주관의 상태들: | 상상, 짐작 (eikasia) | 믿음, 확신 (pistis) | 추론적 사고 (dianoia) | 지성에 의한 앎, 인식 (noēsis, epistēmē) |
| | 의견, 판단(doxa) | | 지성에 의한 앎(이해)(noēsis) | |

이 선분의 비유를 통해 플라톤은 다음의 두 가지 중요한 메시지를 전하고 있다고 볼 수 있다. 하나는 우리가 지적으로든 감각적으로든 관계를 맺

---

13. 선분의 비유 역시 동굴의 비유와 마찬가지 이유로 요약적인 내용으로 제시함. 위의 요약은 릭켄, 2000: 134를 참조하였음.

고 있는 모든 대상은 인식의 방식에 따라서 구분이 되고, 특정 대상은 특정한 인식 방식과 관계를 맺고 있다는 것이다. 그리고 더욱 중요한 다른 하나는 각 영역의 대상들은 상호 간 모사와 원형의 관계를 갖는데, 궁극적으로는 '가시계'와 '가지계'도 모사와 원형의 관계이고, 우리가 보거나 듣거나 느끼거나 등등 감각적으로 경험하는 모든 대상이 '사실은' 이데아 세계의 모사일 뿐이라는 것이다(릭켄, 2000: 137-140 참조).

　결국 플라톤은 선분의 비유를 통해 우리가 일상에서 보고 느끼고 경험하는 대상들은 참된 실재가 아니기 때문에, 이러한 대상들에 대한 경험에 머무르지 말고 비록 눈에는 보이지 않지만 추상적 사고, 즉 지성을 통해서 파악할 수 있는 대상들에 집중해야 한다고 강조하는 것이다. 그래서 우리는 선분의 비유를 통해서 플라톤이 아카데미아의 정문에 써 놓았다고 전해지는 '기하학을 모르는 자는 아카데미아에 들어오지도 말라'는 말의 의미도 짐작해 볼 수 있다. 기하학은 평면에 그려진 도형을 눈으로 보면서 연구하는 학문이다. 그러나 현실적으로 3차원의 세계에서 인간이 그린 모든 도형은 불완전할 수밖에 없다. 그런데 기하학은 그러한 불완전한 도형을 보면서도 머릿속으로는 완전한 도형을 기준으로 삼고 연구하는 학문이다. 말하자면 플라톤이 보기에 기하학자는 진리를 탐구하는 우리에게 모범적 태도를 보여 주는 좋은 예일 수 있다는 것이다. 왜냐하면 인간은 감각 경험의 현실을 벗어날 수 없지만, 그러한 감각 경험에 매몰되지 않고 그 이면의 영원불변한 진리의 존재를 탐구하고자 욕구해야 하는데, 이러한 면모를 우리는 기하학자들에게서 볼 수 있기 때문이다. 결국, '기하학을 모르는 자는 아카데미아에 들어오지도 말라'는 문구의 함의는 눈에 보이는 것이 전부가 아니라 그 이면에 진리가 있음을 알고, 그 참된 진리를 탐구하고자 하는 의지를 갖고 있어야만 아카데미아의 학문과 교육에 적합한 인재라는 것이다(박승찬·노성숙, 2013: 111 참조).

## 4. 이데아와 '실재성'

지금까지 내용을 정리하면, '이데아'는 '하나의 구체적 대상이 아니라 여러 대상이 공유하는 공통된 특성'과도 같은 것이다. 예를 들면, 우리의 일상에 존재하는 다양한 의자를 생각해 보자. 나무로 만든 의자, 철재로 만든 의자, 플라스틱 의자 등등. 그러나 우리는 이런 여러 가지 재료로 만들어진 '의자들'을 모두 '의자'라고 부른다. 왜냐하면, 이 모든 의자들은 '의자'라고 불릴 수 있는 공통의 특성을 갖기 때문이다. 플라톤에 의하면, 이 공통의 특성이 곧 의자의 이데아이며, 나아가 이 의자의 이데아로 인해 다른 모든 의자들은 '의자'라는 이름을 갖게 된 것이다. 결국 소크라테스가 에우튀프론에게 물었던 '경건함은 무엇인가?'라는 질문 역시 하나의 경건한 것, 즉 경건한 구체적 사물이나 행위가 아니라, 모든 경건한 것들의 공통적 특성인 '경건함의 이데아'를 물었던 것이다.

그런데 주목할 점은 이런 '이데아'라는 것이 우리가 상식적으로 생각했을 때 '실재성'이 있다고 쉽게 여겨지는 것이 아니라는 것이다. 우리의 상식은 무언가를 실제로 보고, 체험했을 때 진짜 존재하는 것으로 여기는데, '이데아'는 그런 것이 아니라는 점이다. 다양한 의자들은 우리가 눈으로 보고 피부로 느낄 수 있는 대상이지만, 의자의 이데아는 그렇지 않다. 그런데 플라톤 철학의 '백미(白眉)'는 여기서부터 시작된다고도 볼 수 있다. 우리의 상식에 따르면 감각을 통해 '실재'를 생각해 볼 수 있지만, 플라톤에게 '참된 존재'란 우리의 감각을 통해 체험할 수 있는 것이 아니라는 것이다. 말하자면, 강의실에 있는 철제 의자를 우리 눈으로 보고 피부로 체감할 수 있지만, 참된 의자의 존재는 우리 눈앞에 놓인 하나의 개별적 존재로서 의자가 아니라 우리가 오직 추상으로만 인식할 수 있는 의자의 '이데아'라는 것이다. 따라서 플라톤의 철학 체계에서 '이데아'는 상상 속에만 존재하는 '허상'이 아니라 오히려 유일한 실재성이자 완벽한 실재성을 갖는 존재이다.

하나하나의 의자들은 우리가 비록 감각을 통해 느낄 수는 있기에 우리에게 '생생하게 느껴지는 것'이긴 하지만, 그런 것들은 사실 시간이 지나면 소멸을 경험할 수밖에 없는 제한적 존재이다. 반면, 의자의 이데아는 지구가 파괴되어 세상의 모든 의자가 사라진다고 해도 여전히 존재하는 영원불멸한 것이다. 이런 의미에서 이데아는 우리가 감각적으로는 경험할 수 없지만, 오히려 그러한 이유로 '참된 실재'라고 볼 수 있는 것이다. 그래서 이데아라는 것은 우리가 감각적으로 경험하는 모든 것들의 이상적 상태 혹은 완전함의 상태라고도 말할 수 있다. 우리가 '원'이나 '정삼각형' 같은 도형을 아무리 정확하게 그리려고 해도, 조금의 오차는 생길 수밖에 없다. 말하자면, 3차원의 일상에서 우리가 경험하는 모든 도형은 불완전한 형태이며, 완전한 형태의 도형은 오직 우리의 머릿속에만 존재한다는 것이다. 다시 강조한다면, 머릿속에만 존재하는 것이야말로 플라톤에게는 참된 존재이다. 플라톤은 이렇게 세상에서 우리가 경험하는 모든 것들에는 이데아가 존재한다고 보았다(박승찬·노성숙, 2013: 111-112 참조).

그런데 이런 이데아'들' 사이에는 일종의 위계질서가 있다. 책상, 의자, 피리, 사과, 개, 고양이, 인간 등 각각의 종에도 이데아가 있지만, 이것들 상위에 있는 존재들, 즉 식물, 동물 등의 '유(類)'에도 이데아가 있다. 그리고 구체적 대상들의 속성을 서술하는 형용사적 표현에도 이데아가 있다. 그래서 앞에서 보았듯이 '경건함'에도 이데아가 있고, '아름다움'에도 이데아가 있다. 세상 모든 경건한 것들을 그렇게 만들어 주는 것이 '경건함의 이데아'이고, 모든 아름다운 것들이 비록 불완전한 것들이지만, 그것들이 아름다움이란 특성에 참여하게끔 해 주는 것이 또한 '아름다움의 이데아'이다. 이런 이데아의 위계질서에도 최상위의 이데아가 존재하는데, 그것에 대한 설명이 바로 '태양의 비유'를 통해서 제시된다.

## 5. 태양의 비유와 '좋음의 이데아(hē tou agathou idea)'

이미 선분의 비유에서도 이야기했듯이, 가지계의 존재들 사이에도 모상과 원형의 관계가 있다는 것은 곧 이데아들 사이에도 모종의 위계질서가 있다는 것을 의미한다. 플라톤은 이러한 위계질서에서 최상위에 있는 이데아를 좋음의 이데아라고 부른다(505a-509b). 그런데 우리가 주목해야 하는 것은 이 위계질서는 존재론적 그리고 인식론적 관점이란 두 측면 모두에 놓여 있다. 말하자면, 상위의 이데아는 하위의 이데아가 존재하게끔 하는 원인이기도 하지만, 동시에 하위의 이데아를 우리가 인식할 수 있게끔 하는 원인이 상위의 이데아이기도 하다는 것이다. 곧, 가지계의 위계질서에서 최상위에 놓여 있는 선의 이데아는 모든 이데아의 존재론적 원인이자 인식론적 원인이다. 이러한 선의 이데아를 설명하기 위해 플라톤은 태양의 비유를 제시한다. 이 비유가 제시되는 『국가』 6권의 후반부 글라우콘과의 대화를 통해 플라톤은 시력과 시각 대상 사이를 연결해 주는 것이 '빛', 즉 태양임을 언급하고, 우리가 가시계에서 여러 대상들을 감각할 수 있는 것이 곧 태양의 존재 때문임을 암시한다. 그리고 그런 태양의 존재와 유비적 관계에 있는 것이 곧 좋음의 이데아라고 다음과 같이 설명한다.

"그러니까 태양을 좋음의 소산으로, 즉 좋음이 이것을 자기와 유비관계에 있는 것으로서 생기게 했다고 내가 말하고 있는 것으로 보게나. 다시 말해, 좋음이 지성에 의해서라야 알 수 있는 영역에 있어서 지성과 지성에 알려지는 것들에 대해서 갖는 바로 그런 관계를 태양은 가시적 영역에 있어서 시각과 보이는 것들에 대해 갖는다고 말일세."

"누군가가 눈길을 그 대상들에 보낼 경우에, 이를 그것들의 빛깔 위로 낮의 빛이 퍼져 있는 동안에 하지 않고, 밤의 어두운 빛이 퍼져 있는 동안에 할 땐, 눈은, 마치 그 속에 맑은 시각이 없기라도 한 것처럼, 침침해서 거의 눈멀거나 마찬가지인 것처럼 보인다는 사실을 자네는 알고 있겠지?"

"그렇지만 태양이 대상들의 빛깔에 비출 때는, 눈이 또렷이 보게 되고, 또한 같은 이 눈 속에도 맑은 시각이 있는 것처럼 보일 것이라 나는 생각하네."

"그러니 마찬가지로 혼의 경우도 이렇게 생각해보게. 진리와 실재가 비추는 곳, 이곳에 혼이 고착할 때는, 이를 지성에 의해 대뜸 알게 되고 인식하게 되어, 지성을 지니고 있는 것으로 보이네. 그러나 어둠과 섞인 것에, 즉 생성되고 소멸되는 것에 혼이 고착할 때는 '의견'을 갖게 되고, 이 의견들을 이리저리 바꾸어 가짐으로써 혼이 침침한 상태에 있게 되어. 이번에는 지성을 지니지 못한 이처럼 보인다네."

"그러므로 인식되는 것들에 진리를 제공하고 인식하는 자에게 그 힘을 주는 것은 좋음의 이데아라고 선언하게. 이 이데아는 인식과 진리의 원인이지만, 인식되는 것이라 생각하게나. 반면에 이 둘이, 즉 인식과 진리가 마찬가지로 훌륭한 것들이기는 하지만, 이 이데아는 이것들과도 다르며 이것들보다 한결 더 훌륭한 것이라 믿는다면, 자넨 옳게 믿게 되는 걸세. 그러나 인식과 진리를, 마치 가시적 영역에 있어서의 빛과 시각을 태양과도 같은 것으로 간주하는 것은 옳지만, 태양으로 믿는 것은 옳지 않듯, 마찬가지로 여기에서도 이들 둘을 좋음을 닮은 것으로 간주하는 것은 옳으나, 어느 쪽 것도 [바로] 좋음이라 믿는 것은 옳지 않다네. 오히려 좋음의 처지를 한층 더 귀중한 것으로 존중해야만 하네."

"하지만 이에 대한 비유를 이런식으로 더 고찰해보게나. 태양은 보이는 것들에 보임의 힘을 제공해줄 뿐 아니라, 또한 그것들에 생성과 성장 그리고 영양을 제공해 준다고 자네가 말할 것으로 나는 생각하네. 그것 자체는 생성이 아니면서 말일세."

"그러므로 인식되는 것들의 '인식됨'이 가능하게 되는 것도 '좋음'으로 인해서일 뿐만 아니라, 그것들이 존재하게 되고 그 본질을 갖게 되는 것도 그것에 의해서요. 좋음은 [단순한] 존재가 아니라, 지위와 힘에 있어서 '존재'를 초월하여 있는 것이라고 말하게나." (508c-509b)[14]

---

14. 대화 상대자인 글라우콘의 대답과 맞장구 등은 맥락상 의미 전달에 필수적이지 않아 제외하고 인용함.

태양은 그 빛을 통하여 우리가 시각이란 능력을 발휘하게끔 하고, 색깔들 역시 그것들의 기능을 잘 발휘하여 우리에게 보이도록 한다. 이런 과정을 통하여 시각은 봄의 행위가 이루어지게 되며, 색깔들은 우리에게 보이고, 즉 지각될 수 있게 된다(릭켄, 2000: 154 참조). 이런 의미에서 태양은 인간이 모든 가시적 대상들을 지각할 수 있게 해 주는 '인식의 근원'이다. 그리고 이뿐만 아니라 우리가 상식적으로 알고 있듯이, 태양이 없다면, 인간은 물론 모든 자연의 생명체는 탄생할 수도, 생존할 수도 없다. 따라서 태양은 모든 자연의 생명체들, 즉 가시적 실체들의 생성과 성장의 원인 곧 존재론적 원인인데, 플라톤은 가지계에서 이러한 기능을 수행하는 것이 곧 '좋음의 이데아'라고 주장하는 것이다. 즉, 위 인용된 구문에서 플라톤은 좋음의 이데아가 다른 이데아들에 대한 인식과 진리의 원인, 즉 인식론적 근원이며, 또 이데아들의 존재와 본질의 원인, 즉 존재론적 근원임을 명시하고 있다.

플라톤은 태양이 가지계 사물들의 존재적 원인이듯, 좋음의 이데아도 가지계의 다양한 이데아들의 존재론적 원인이라고 주장하는 것이다. 우리가 만일 우리 눈앞에 보이는 개별적 책상을 책상이게끔 해 주는 것, 그리고 어떤 아름다운 꽃을 아름답게 해 주는 것이 각각 책상의 이데아와 아름다움의 이데아라고 한다면, 또한 이 각각의 이데아들을 이데아가 되게끔 해 주는 무언가를 생각해 볼 수 있다. 그리고 플라톤은 그 무언가는 앞의 자연물의 이데아들보다 상위에 있는 것이고, 그것은 바로 이데아들의 위계질서에서 최상위에 위치하는 최고의 이데아, 즉 '좋음(善)의 이데아'라고 주장한다. 정리하면 개별적인 사물과 대상들은 추상적 개념이 이데아를 향해 나아가고, 각 대상과 사물들의 이데아는 최상위의 이데아인 선의 이데아를 모방하면서 존재한다는 것이다. 따라서 플라톤의 존재론에서 선의 이데아는 이렇게 다른 모든 이데아와 존재를 포괄하기 때문에, 그것은 결국 만물이 지향하는 목적이자 만물을 존재하게끔 하는 최초의 존재적 원인이고, 궁극적으로 선의 이데아는 플라톤의 체계에서도 모종의 신적인 존재로 이해되기도 한다.

그런데 좋음의 이데아는 존재론적 원인일 뿐만 아니라, 참다운 진리를 인식하기 위한 기초이기도 하다. 플라톤은 이 역시 '태양의 비유'에서 이해하기 쉽도록 설명한다. 플라톤은 교실에 학생들이 앉아 있고 창 바깥에 나무들이 있다고 해도 깜깜한 밤중에는 정원에 심겨 있는 나무를 볼 수 없다는 점을 지적한다(507e). 시각 능력이 있는 주체와 시각으로 지각할 수 있는 대상이 존재함에도 왜 우리는 나무를 볼 수 없는 것일까? 그것은 태양의 빛이 없기 때문이다. 이처럼 가시계의 사물들을 제대로 보기 위한 인식론적 원인이 태양인 반면, 가지계의 인식 대상들을 지성을 통해 제대로 인식하게 해 주는 것이 곧 좋음의 이데아라는 것이다. 왜냐하면 이 좋음의 이데아야말로 정신적인 빛을 우리에게 비추어 주어 각각의 이데아들을 제대로 인식하게끔 해 주기 때문이다. 여기서 인식론적 관점에서도 이데아들 사이의 위계질서를 확인할 수 있다. 가시계의 사물들, 즉 개별적 대상들의 이데아는 추상적 진리이자 개념이기는 하지만 그것 자체가 좋음의 이데아는 아니라는 것이다. 왜냐하면 좋음의 이데아는 다른 이데아들의 인식론적 근거가 되는 것, 즉 좋음의 이데아는 모든 인식되는 것에 진실성을 부여하고 모든 정신에 진리의 기초를 부여하는 것이기 때문이다. 이렇게 좋음의 이데아는 마치 태양이 감각적 인식의 근원이 되는 것처럼, 모든 이데아를 비추고 침투하여 생명을 불어넣는 최고의 원리이다. 그런데 플라톤이 이데아 중의 이데아인 좋음의 이데아의 중요성을 강조하는 데는 특별한 이유가 있다. 그는 이런 좋음의 이데아에 대한 올바른 인식이 이상적인 국가의 통치자가 되기 위한 필수적 조건이라고 생각했기 때문이다. 우리는 플라톤의 이상 국가와 영혼 삼분설에 관한 설명을 통해 좋음의 이데아를 중시했던 궁극적 의도를 파악할 수 있다(박승찬·노성숙, 2013: 112-113 참조).

# Ⅳ. 영혼 삼분설과 이상 국가론

## 1. 영혼 삼분설

잘 알려져 있다시피 플라톤은 『국가』에서 영혼을 세 부분으로 구분하여 설명한다(435e-441c). 플라톤은 인간이 추구하는 세 가지 대상에 따라서 영혼의 영역이 구분될 수 있다고 생각한 것 같다. 물론 이러한 영혼의 부분들은 플라톤이 실제적, 물리적 구분으로 생각한 것으로 오해해서는 안 된다. 어디까지나 플라톤에게(그리고 소크라테스는 물론 아리스토텔레스에게도) 영혼은 물질적인 것이 아니라 추상적인 것이기 때문이다. 어쨌든 플라톤은 인간이 추구하는 세 가지 대상인 지식, 분노, 음식과 생식에 대한 욕망을 기준으로 영혼의 개념적 '삼분할'을 제시한다. 먼저, 온갖 동물적 욕망과 관련된 '욕망혼(epithymetikon)'은 영양 섭취와 종족 번식의 활동을 추구한다. 둘째, 격정을 느끼는 부분인 '기개혼(thymoeides)'은 권력, 우월함, 타인들로부터 인정받음 등의 사회적 가치들을 추구하고 명성을 떨치는 것을 지향한다. 마지막으로, '이성혼(logistikon)'은 진리를 대상으로 하는 것이기 때문에, 배움을 좋아하고, 지혜를 사랑하며, 진리에 대한 인식을 목표로 한다. 또한 이 이성혼은 전체 영혼을 돌보며, 영혼의 다른 두 영역을 다스리는 일을 담당한다. 플라톤은 영혼의 이 세 부분들의 관계를 설명하기 위해서 『티마이오스』에서 이성혼은 머리, 기개혼은 가슴, 욕망혼은 하반신과 관련된 것으로 설명하기도 한다(『티마이오스』, 41a-44d 참조).

그런데 영혼의 세 부분의 관계에 대한 좀 더 면밀한 설명은 『파이드로스』에서 제시되는 쌍두마차의 비유라고 할 수 있다.

> 영혼이 어떤 것인지는 어느 모로 보나 전적으로 신에게 속하는 긴 서술의 대상이지만, 그것이 무엇과 비슷한지는 인간에게 속하는 짧은 말로 설

명할 수 있겠네. 그러니 이렇게 말해보기로 하세. 영혼은 날개 달린 한 쌍의 말과 마부가 합쳐져서 이루어진 능력과 같다고 해보세. 그런데 신들의 말들이나 마부들은 모두 좋고 좋은 혈통에서 태어났지만, 다른 것들의 경우에는 뒤섞여 있네. 첫째로, 우리의 경우 마차를 이끄는 자는 한 쌍의 말을 이끌며, 둘째로 두 필의 말 가운데 하나는 그가 보기에 아름답고 좋으며 그런 종류의 성질들을 타고난 데 반해, 반대 말은 그 반대의 성질을 타고 났고 다른 쪽 말과 정반대지. 그래서 우리의 마차여행은 어쩔 도리 없이 어렵고 불만스러울 수밖에 없네. (『파이드로스』, 246a-b)

여기서 플라톤은 인간의 삶을 일종의 마차 여행으로 비유하면서, 인간 영혼의 세 부분을 각각 마부, 아름다운 말 그리고 아름다움과 반대의 속성을 가진 말로 묘사하고 있다. 이 비유를 '쌍두마차의 비유'라고 부르기도 한다. 플라톤은 이 구문에 이어 『파이드로스』 253d-257b에서 좀 더 자세히 마부와 두 말 사이의 관계를 설명한다. 마차가 제대로 가기 위해서는 마부가 아름다운 말과 그렇지 않은 말 모두를 잘 통제해야 한다. 그런데 이 통제가 생각처럼 쉬운 것만은 아니다. 왜냐하면 아름다운 말은 마부가 내리는 명령을 잘 따르지만, 다른 하나의 말은 그렇지 않기 때문이다. 이 말은 항상 제멋대로 날뛰려고 하고, 채찍을 들어야만 겨우 말을 듣게 할 수 있다. 이 비유에서 플라톤은 마부는 이성혼, 아름다운 말은 기개혼, 다른 하나의 말은 욕망혼을 지칭하는 것으로 알려져 있다. 그렇다면 인간의 영혼 역시 우리를 훌륭한 삶으로 이끌기 위해서는 기개혼과 욕망혼이 이성혼을 잘 따르도록 만들어야 한다는 것이다. 기개혼이 이성의 명령을 잘 따른다고 하더라도, 욕망혼이 여전히 제멋대로라면 우리는 훌륭한 삶을 살 수 없다는 것이다(애링턴, 2003: 91-99; 박승찬·노성숙, 2013: 118-120; 릭켄, 2000: 157-160 참조).

## 2. 네 가지 덕들

플라톤은 훌륭한 삶을 살기 위해서는 기개혼과 욕망혼이 이성혼의 통제와 명령을 잘 따라야 한다고 말한다. 즉, 이성혼의 명령이 기개혼과 욕망혼을 통해 잘 이행되는 상태가 말하자면 영혼의 이상적 상태인 것이다. 우리가 보통 플라톤의 4주덕으로 알고 있는 것은 영혼이 이러한 이상적 상태를 더욱 구체적으로 설명하기 위한 것이기도 하다(릭켄, 2000: 174 참조). 영혼의 이상적 상태, 즉 기개혼과 욕망혼이 이성혼의 명령을 잘 따르는 상태라는 것은 각각의 영혼의 부분이 모두 이상적 상태에 있다는 것이다. 영혼의 이상적 상태를 우리는 '덕'이라고 부를 수 있다. 4주덕의 용기, 절제, 지혜, 정의는 각각 기개혼, 욕망혼, 이성혼 그리고 영혼의 전체의 이상적 상태를 정의하는 명칭이기도 하다. 말하자면 용기라는 덕은 기개혼의 이상적 상태, 절제는 욕망혼, 지혜는 이성혼이 진리에 도달하여 영혼의 다른 두 부분을 잘 지배하는 이상적 상태이다. 그렇다면 마지막 정의는 무엇일까? 다음을 보자.

> 사실 올바름(정의dikaiosyne)이 그런 어떤 것이긴 한 것 같으이. 하지만 그것은 외적인 자기 일의 수행과 관련된 것이 아니라, 내적인 자기 일의 수행, 즉 참된 자기 자신 그리고 참된 자신의 일과 관련된 것일세. 자기 안에 있는 각각의 것이 남의 일을 하는 일이 없도록, 또한 혼의 각 부류가 서로들 참견하는 일도 없도록 하는 반면, 참된 의미에서 자신의 것인 것들을 잘 조절하고 스스로 자신을 지배하며 통솔하고 또한 자기 자신과 화목함으로써, 이들 세 부분을, 마치 영락없는 음계의 세 음정과 즉 최고음과 최저음 그리고 중간음처럼, 전체적으로 조화시키네. 또한 이들 사이의 것들로서 다른 어떤 것들이 있게라도 되면, 이들마저도 모두 함께 결합시켜서는, 여럿인 상태에서 벗어나 완전히 하나인 절제 있고 조화된 사람으로 되네⋯. (443d-e)

따라서 혼 전체가 지혜를 사랑하는 부분을 따르고 반목을 하지 않는다면, 혼의 각 부분이 다른 모든 면에서도 자기 일을 할 수 있으며 올바를 수 있고, 특히 각각이 자기의 즐거움들을, 최선의 그리고 가능한 가장 참된 즐거움을 누릴 수 있을 걸세. (586e)

위 구문들에서 플라톤은 정의란 이 영혼의 세 영역이 서로 조화롭게 관계를 맺고 있는 상태임을 암시한다. 따라서 인간의 영혼이 가장 올바르게 되는 상태는 영혼의 세 부분이 각각 '제 일을 하는' 경우이며, 이때 영혼의 조화가 이루어진다. 영혼의 세 부분이 서로 조화를 이룬 상태가 바로 영혼의 정의로운 상태라는 것이다(애링턴, 2003: 97-99; 릭켄, 2000: 157-158 참조) 이상의 플라톤의 설명을 표로 정리하면 표 2와 같다.

표 2. 플라톤의 영혼 삼분설

| 영혼의 부분 | 신체와 비교 | 마차의 비유 | 4주덕 | |
|---|---|---|---|---|
| 이성(사유) | 머리 | 마부 | 지혜 | |
| 기개(의지) | 가슴 | 착한 말<br>(잘 길들여짐) | 용기 | 정의 |
| 정욕(욕망) | 하반신 | 나쁜 말<br>(제멋대로임) | 절제 | |

영혼에 관한 플라톤의 설명에서 우리가 기억해야 할 것은 우리가 알고 있는 덕이란 것은 다름 아닌 '영혼의 덕'이라는 것이다. 이는 플라톤만이 아니라 고대와 중세를 아우르는 전통적 덕 윤리의 공통적 전제이기도 하다. 이런 전통에 따르면 우리의 영혼의 상태가 우리 자신의 윤리적 속성 및 정체성을 담보한다는 것이다. 영혼은 말하자면 윤리적 책임의 주체이다. 그런데 영혼은 절대 사멸하지 않는 것이기 때문에, 인간은 자기 영혼의 상태에 영원히 책임을 져야 한다. 소크라테스가 죽음을 앞두고 제자들과 친구

들에게 "자네들 자신을 돌보라(hymōn autōn epimeloumenoi)"라고 한 말은 이러한 영혼 개념과 무관하지 않다. 플라톤이 『국가』의 마지막 부분(614b-621a)에서 도입하는 에르(Er) 신화에 따르면, 죽은 자의 영혼이 자신의 운명을 선택할 수 있는데, 이는 모든 사람은 자기 삶에 대해 스스로 책임을 져야 한다는 믿음을 함축한다(릭켄, 2000: 167-168 참조; 박승찬·노성숙, 2013: 119-120 참조). 따라서 '영혼을 돌보는 것'은 우리에게 올바른 선택을 할 수 있도록 해 주는 진리의 획득을 해야 하는데, 플라톤에 따르면, 이는 영혼을 정화하고 금욕적 생활을 하는 것을 통해 가능해진다. 그리고 이렇게 영혼을 돌보는 것은 사후(死後) 심판의 보상과 처벌이라는 기준에 비추어 자신의 행위를 성찰하고 판단할 수 있는 윤리적 주체를 확립해 준다. 이처럼 플라톤은 사후의 삶을 보여 주는 신화를 통해서 참된 '윤리적 주체'가 되기 위해서 인간은 금욕적 생활이 전제되어야 함을 강조하면서, 모든 사람은 각자 자기 사람과 운명에 대해 책임이 있으며, 그 책임의 주체가 바로 영혼임을 확고하게 주장한다.

## 3. 이상 국가론

우리가 잘 알고 있듯이 플라톤의 영혼의 삼분설은 단지 개별적 인간의 영혼을 의미하는 것에서 끝나지 않는다. 인간의 영혼의 여러 부분과 기능에 대한 비교를 통해 플라톤은 궁극적으로 이상적 국가의 조건에 대한 설명을 제시하기 때문이다. 플라톤은 『국가』 368c-369c에서 개인과 국가의 관계를 동일한 글자가 작게 쓰인 경우와 크게 쓰인 경우로 비유하면서 설명한다. 이런 비교를 통해 플라톤이 의도하는 바는 개인과 국가는 규모에서 다르지만 내적 구성은 같다는 것이다. 그리고 그 동일한 내적 구성이 의미하는 바는 개인이 그렇듯이 국가 역시 모종의 '통일성'과 '일체성'을 갖는 유기체이며, 그 핵심에는 이성에 의한 지배가 있다는 것이다(404e; 릭켄, 2000: 170 참조). 말하자면, 인간 영혼에 세 영역이 있고, 각 영역이 자신의 기능을 잘 발휘하는 상태 그리고 서로 조화를 이루는 상태를 덕이라는 이상적 이름으로 부르듯이, 국가의 이상적 상태 역시 그 구성원들의 충실한 역할 수행과 조화로운 관계가 필요하다는 것이다. 정리하면 인간 영혼의 이상적 상태를 바탕으로 해서 국가라는 대형 유기체의 이상적 상태를 설명하고자 하는 것이 플라톤 '국가론'의 논리 구조라고 할 수 있다.

  이런 논리의 선상에서, 플라톤은 인간의 영혼에 세 부분이 있는 것과 같이 국가에도 세 계급이 있다고 설정한다. 그렇다면 인간 신체의 하반신, 가슴, 머리 또는 영혼의 욕망혼, 기개혼, 이성혼에 해당하는 세 계급이란 구체적으로 무엇일까? 또한 이들은 어떤 덕을 통해서 국가 전체의 조화, 즉 정의를 실현할 수 있단 말인가? 플라톤의 국가에서 가장 아래의 계급, 욕구혼에 상응하는 계급은 생산자 계급(dēmiourgos)으로서 농민, 상인, 수공업자 등이 여기에 속한다. 이들의 역할은 국가가 필요로 하는 물자를 생산하는 것이다. 주목할 점은 생산자 계급에도 각각 고정된 자신의 역할이 있다는 것이다(373e-374e). 말하자면, 한 사람이 농사도 짓고 옷도 만들고 신발도 만드는 것이 아니라, 농사에 종사하는 사람은 농사만 짓고, 옷을 만드는 사람은 옷만 만들고, 신발을 만드는 사람은 신발만 만들어야 한다는 것이 플라톤이 주장하는 그림이다. 이 계급의 사람들은 쾌락을 추구하고자 하는 욕구를 발휘하며 작업을 하는데, 때문에 이 계급의 사람들은 인간의 영혼에서는 욕망혼에 상응하고, 그에 따라 이 계급 구성원의 덕목은 다름 아닌 '절제'가 되는 것이다. 플라톤에 의하면 생산자 계급은 생업에 종사하기만 하면 되고 국가 전체의 안위에 관여할 필요가 없으므로, 타 계급에 비해 비교적 책임도 가볍고, 평온한 생활을 할 수 있다.

  생산자 계급이 국가에 필요한 물자를 생산하는 중요한 역할을 하지만, 국가에 이들만 있다는 것은 상상하기 어렵다. 이들이 절제의 덕목을 갖고 성실하게 물자를 생산하게 되면 국가는 부유해지겠지만, 동시에 외침의 위협을 받을 수밖에 없다. 이때 외부의 적으로부터 국가의 재산과 안전을 지킬 수 있는 사람들도 또한 필요하다(앞의 책). 이 계급을 플라톤은 수호자 계급(phylax)¹⁵이라고 한다. 이 계급의 구성원은 기민한 감각, 경쾌한 동작, 용감한 정신을 소유하고 있어야 하므로, 이는 영혼의 기개혼에 상응한다(375b). 따라서 이 사람들에게 필요한 덕목은 바로 '용기'이다. 물론 이 계급은 지위의 높음과 함께 책임도 중하고 국가를 위해서 무엇인가 봉사하게끔 운명 지어져 있다. 또한 이들은 태어날 때부터 국가의 일원으로서 국가에 의해서 교육되고 양육되어 재능에 따라 임무가 정해지는데, 이 계급에 상응하는 덕을 발휘하도록 노력해야 한다.

물론 많은 양의 물자를 생산하는 생산자, 이를 지켜 내는 수호자의 존재만으로 훌륭한 국가를 수립할 수는 없다. 그리고 수호자 계급을 통제할 존재가 없다면, 이들은 강력해진 자신들의 힘을 통해 명예를 드높이고 영토를 늘리기 위한 무분별한 전쟁에 나설 수도 있다(415e-416b 참조). 따라서 국가의 방향성을 올바르게 규정하고, 이를 바탕으로 모든 계급을 조화롭게 아우를 수 있는, 말하자면 인간의 영혼 중 이성혼에 상응하는, 상위의 계급이 필요하다. 플라톤은 이 계급을 통치자 계급이라고 부른다(412b-c 참조). 마치 환자를 위한 좋음이 무엇인지는 의사가 알고, 항해를 위한 좋음이 무엇인지는 항해사가 알 듯, 국가의 정치체제와 관련한 좋음이 무엇인지 아는 사람에게 국가 경영의 중책을 맡겨야 한다는 것이다. 그렇다면, 이 국가 공동체를 위한 좋음은 과연 무엇일까? 우리가 앞에서 보았던 이데아 중의 이데아, 곧 '좋음의 이데아'가 바로 그것이다. 따라서 좋음의 이데아에 대한 지식을 갖고 있어야 하는 통치자 계급에 필요한 덕은 이성혼이 그러하듯 '지혜'이다. 그렇다면 통치자 계급은 어떤 사람들이 가능한 것일까? 플라톤은 통치자 계급은 수호자 계급 중 뛰어난 사람들이 될 수 있다고 말한다.

---

**15.** 사실 이상 국가의 세 계급 중 중간 계급인 수호자 계급의 명칭은 다소 혼란의 여지가 있다. 왜냐하면 플라톤 자신이 이 수호자 계급의 명칭을 애매하게 쓰는 경향이 있기 때문이다. 플라톤은 414b 이전까지는 수호자란 명칭을 통치자 계급 밑의 보조자 계급(hoi epikouroi) 혹은 협력자들(ho boēthoi)을 가리키는 것처럼 말하지만, 그 이후부터는 통치자 계급 자체를 완전한 수호자(phylakes panteleis; 『국가』, 414b) 혹은 궁극의 수호자(teleoi phylakes; 『국가』, 428d)로 부르면서 마치 참된 의미의 수호자는 곧 통치자라는 취지의 언급을 한다.

즉, 일반적으로 수호자 계급은 아직 속견(doxa)의 수준에 머물러 있는 사람들이 대부분인데, 이 중 일부는 마치 동굴 밖에 나와 이데아의 세계를 본 구도자와 같이, 선의 이데아를 인식한 사람이 될 수 있다는 것이다(514b-c). 이 사람이 바로 플라톤이 말하는 '철학자 왕'이다. 그래서 플라톤은 철학자가 왕이 되거나, 왕이 된 사람이 철학자가 되어야 한다고 주장하며, 이것이 바로 그의 철인정치 사상이다.

정리하면 플라톤의 이상 국가에서 세 계급의 덕은 영혼의 세 부분에 상응하여 각각 지혜, 용기, 절제이고, 이 세 계급이 모두 덕의 상태가 되어, 국가를 구성하는 모든 계급이 조화롭게 각자의 역할을 이행할 때, 그 국가 전체가 '정의'라는 덕목을 갖게 되는 것이다. 즉, 플라톤의 이상 국가는 결국 정의로운 국가와 같은 개념이다. 말하자면 정의로운 국가에서는 계급 간 역할에 대한 침해는 허용되지 않는다. 통치자 계급은 수호자 계급이 얻게 되는 명예를 탐하지 말아야 하며, 또한 생산자 계급이 소유하고 있는 재산도 넘보지 말아야 한다. 마찬가지로 수호자 계급은 자신들의 명예를 통해 통치자 계급이 맡고 있는 통치의 역할을 넘보려고 해서는 안 되며, 자신들의 권력으로 생산자 계급의 성과와 재산을 착취하려 해서도 안 된다. 마찬가지로 생산자 계급도 자신들이 축적한 부를 통해 통치와 명예를 탐내서는 안 된다. 따라서 플라톤에게 정의란 이렇게 각자가 자기 일을 충실히 하는 것에서 실현되는 것이다. 그래서 플라톤은 이 정의를 보존하기 위해 각 인간은 태어날 때부터 금으로 만들어진 인간, 은으로 만들어진 인간, 철로 만들어진 인간이 있다는 신화적인 설명을 소개한다(415a-c). 이 신화 소개의 직접적 의도는 각 계급에 해당하는 것에 만족하라는 것이긴 하지만, 또한 이는 인간은 본질적으로 불평등함을 함축하는 것이기도 하다(릭켄, 2000: 174-175 참조). 이상 국가의 계급에 대한 플라톤의 설명을 정리하면 표 3(박승찬·노성숙, 2013: 110 참조)과 같다.

표 3. 플라톤 이상 국가의 구성

| 국가의 계급 | 역할 | 영혼과의 비례 | 계급에 해당하는 덕목 | |
|---|---|---|---|---|
| 통치자 계급<br>(최고 계급, 이데아를 인식한 철학자) | 국가 통치 | 이성 | 지혜 | 정의 |
| 수호자 계급<br>(관리 계급, 군인) | 국법 집행, 국가 안전 수호 | 기개 | 용기 | |
| 생산자 계급<br>(최하 계급, 농민, 상인, 수공업자) | 국가에서 필요한 물자 생산 | 정욕 | 절제 | |

물론 각 계급의 역할에 관한 플라톤의 이러한 주문은 실제 사회에서 실현되지 않을 가능성이 크다. 인류의 역사를 반추(反芻)하면, 수호자 계급이나 생산자 계급이 자신의 명예와 재산을 바탕으로 통치자의 영역까지 넘보게 되는 경우를 쉽게 생각해 볼 수 있다. 전장에서 세운 무공으로 얻은 명예와 군사력을 바탕으로 정권을 탈취한 수많은 역사적 사건을 우리는 알고 있고, 기업 경영자라는 배경을 통해 국가를 경영하는 위치에 오르게 되는 경우는 21세기 현재에도 존재한다. 그러나 적어도 플라톤의 관점에서는, 사람들은 태어나면서 자신들이 잘할 수 있는 역할을 부여받았고, 이는 바뀔 수 없는 것이기 때문에, 그는 아무리 군 경력과 기업 경영에서 성공한 사람들이라 해도 국가 통치의 기회를 넘보아서 안 된다고 주장하며 비판할 것이다. 왜냐하면 통치를 자신의 역할로 타고난 사람들 말고는 국가 공동체 전체에게 좋은 것, 즉 좋음의 이데아가 무엇인지 알지 못하기 때문이다. 그래서 플라톤은 '철학자-왕'이 통치자가 되지 못하고 다른 사람들이 그 자리를 차지하게 되면, '귀족정치'나 '과두정치'가 성행하게 되고, 나중에는 다중에 의한 정치가 되어 국가 전체가 혼란에 빠질 수밖에 없다고 경고했다(Pappas, 2000: 71-74 참조).[16]

---

16. 534c-576b 전반의 논의. 민주주의에 대한 비판은 이 중에서도 555b-562a에 있음.

## 4. 철인정치를 위한 교육

플라톤의 이상 국가는 곧 정의로운 국가이고, 그 정의를 실현하기 위해서는 국가의 통치자는 철학자여야 한다(물론 왕이 철학자가 되거나, 철학자가 왕이 되어야 한다). 이유는 너무나 단순하다. 바로 철학자는 그가 좋음의 이데아를 인식하고 있는 한, 국가를 정의롭게 만드는 것과 관련하여 '전문가'이기 때문이다. 따라서 플라톤의 이상 국가론을 현실화할 수 있는 가장 유력한 방법은 이 철학자 왕을 양성하는 교육이라고 해도 과언이 아니기 때문에, 그의 윤리 사상에서 철인정치를 위한 교육의 중요성은 아무리 강조해도 지나치지 않을 것이다.

철인정치를 위한 교육은 결국 플라톤 버전의 '윤리 교육'이라고 말할 수 있다. 그는 시기별로 다른 측면에 주안점을 둔 교육을 제시한다. 일단 플라톤에게 있어서 제도권에서의 교육, 이른바 '공교육'은 6살 때부터 시작된다. 플라톤은 이 시기의 어린이들은 아직 감수성이 예민하므로 올바른 정서 함양을 위한 교육이 중요함을 지적한다. 예를 들면, 그는 이 시기의 교육에서 어린이-청소년들에게 악행을 일삼는 신들의 이야기나 정의로운 사람이 불행한 결말로 끝나는 등의 '나쁜 본보기'의 이야기를 알려 주어선 안 된다고 주장한다. 즉, 그는 이 시기의 피교육자들이 덕을 갖추기 위해서는 올바른 교훈을 주는 연극, 음악, 미술 같은 것들에 대한 규제가 필요함을 강조한다. 그러나 이 시기의 교육에 대한 언급에서 중요한 것은 플라톤의 관심이 어린아이들의 지적, 이성적 요소가 아니라 감정적, 정서적 요소에 초점을 두고 있다는 것이다. 이데아에 관한 이론 등 소크라테스적 전통을 이어받아 주지주의적 성격이 짙은 그의 상을 생각해 보면, 어린이-청소년 등의 미성년자들을 위한 교육에 있어서 지적인 요소가 아니라 정서적 요소에 주안점을 두어야 한다는 그의 주장은 흥미롭다고 볼 수 있다(박승찬·노성숙, 2013: 124-125 참조).[17]

---

17. 정서 중심의 유년기까지의 교육은 『국가』의 3권과 4권(376e-412a)에서 집중적으로 언급된다.

18세 이후부터 이어지는 교육제도는 이성과 정서/감정의 조화에 방점을 둔다. 플라톤은 18세부터 20세까지는 육체 단련과 수학 교육을 시작하지만, 특히 성, 음주, 음식에 관련된 육체적 욕망을 절제하는 법을 배워야 한다고 주장한다. 말하자면 이상 국가의 좋은 구성원이 되기 위해서는 육체적 욕구를 이성의 지배하에 두도록 심신을 단련해야 한다는 것이다. 그래서 플라톤에게 체육 교육의 목적은 기개혼과 이성혼이 서로 조화를 이룰 수 있도록 하는 데 있다고 볼 수 있다. 그리고 이후 20세가 되어 성인이 되면, 이때부터는 지식과 학문 탐구에 보다 더 집중해야 하며, 그런 측면에서 더 수준 높은 수학교육이 시행되어야 한다고 주장한다. 구체적으로 산술학, 기하학, 음악학, 천문학 등을 공부하면서 이 시기부터는 본격적으로 지적인 성장이 이루어져야 한다고 보는 것이다. 그런데 플라톤은 모든 사람이 동등한 능력과 기능을 갖고 있지는 않기 때문에, 이 시기에 접어들면 고차원적인 학문 탐구에 적합하지 않은 사람, 다소 냉정하게 말한다면, 학문의 낙오자가 생기는 점을 인정한다. 이제 이후의 교육과정은 이 과정을 통과한 사람들로 집중된다. 이들이 곧 이상 국가를 경영하는 통치자 계급으로 양성되는 것이다(박승찬·노성숙, 2013: 125; 애링턴, 2003: 83 참조).[18]

즉, 앞에서 언급한 네 종류의 수학 과정을 성공적으로 통과한 사람들은 그다음 단계로 넘어간다. 30세에서 35세까지 약 5년 동안 본격적인 철학 교육을 받는다. 이때 그들은 '변증술'과 '도덕철학'을 익히게 된다. 그런데 플라톤이 이 5년 동안의 철학 교육만을 통해서 국가를 통치할 수 있는 위치에 오르게 된다고 보지는 않았다. 왜냐하면 변증술과 도덕철학 교육의 궁극적 목적은 단지 상대방을 논증에서 이기기 위한 것이 아니라 보편적 진리, 즉 선의 이데아를 인식하기 위함인데, 이 5년 동안의 교육만으로 그것이 완성된다고 보지는 않았기 때문이다. 아마도 이 시기의 교육은 국가를 통치하는 실무를 경험하기 이전 준비 단계로서 이론을 학습하는 차원의

---

[18]. 18세부터 30세 성인 초기의 수호자를 위한 교육에 관해서는 534c-537c에서 언급하고 있다.

교육이었을 가능성이 크다. 플라톤은 이 5년간의 철학 교육이 끝난 후에는 35세부터 50세까지 공공 봉사를 통한 실무 경험이 이루어져야 한다고 말한다. 말하자면 그 전 단계에서 배운 철학적 내용이 자신의 국가 경영에서 어떻게 현실화하여야 하는지 고찰해 보는 시기가 이 단계인 것이다. 플라톤은 이러한 실무 경험을 통해 50세 정도가 되어야 '선의 이데아'를 인식하는 경지에 도달하고, 비로소 국가의 올바른 경영을 위한 전문가가 된다고 말한다(애링턴, 2003: 83-84; 박승찬·노성숙, 2013, 125 참조).[19]

   교육제도에 대한 플라톤의 이러한 언급은 물론 그것의 현실화 가능성과 관련하여 많은 논란이 있을 수는 있지만, 최소한 우리는 그가 '아름다운 국가'를 위해서 '아름다운 교육'을 얼마나 중요하게 생각했는지 충분히 인지할 수 있다. 그리고 연령별로 교육의 주안점을 다르게 두고, 특히 미성년 시기의 교육에 있어서 '올바른 정서 함양'의 필요성을 거의 절대시하고 있는 점(Annas, 1981: 100-101 참조)은 여러모로 현재 우리 사회에도 적지 않은 시사점을 준다고 볼 수 있다.


## V. 비판적 논의와 현대적 의의

### 1. 비판적 논의 — 플라톤 이상 국가론의 문제점

   플라톤의 사상 역시, 여타의 철학자들과 마찬가지로, 후대의 사상가들에 의해 비판의 대상이 되어 왔다. 플라톤 철학 전반의 문제에서 가장 중요하고 근본적인 비판은 가지계와 가시계 사이의 구분을 어떻게 증명할 것이며, 가지계의 이데아가 가시계의 물질적 대상들에 대한 근본적 원인이라는

---

[19] 30세 이후 보다 본격적인 철학 교육에 관해서는 『국가』 7권의 말미인 537d-541b에서 언급하고 있다.

소위 유출설(流出說)을 어떻게 입증할 것인가일 것이다(릭켄, 2000: 124-133 참조). 그러나 윤리 이론의 관점에서 우리가 보다 더 주목해야 할 것은 그의 이상 국가론에 가해지는 비판들일 것이다. 왜냐하면, 특히 플라톤의 계급 구분은 최소한 근대 계몽주의 이후 인본주의적 평등주의 사고를 갖게 된 인류에게는 받아들이기 힘들 정도로 극단적이기 때문이다. 플라톤의 이상 국가론은 기본적으로 소위 비례적 평등사상에 기반하고 있다. 플라톤에게는 인간이라는 이유만으로 갖는 보편적 평등이 정의로운 것이 아니라, 오히려 자기 능력에 맞게 부여되는 차등화 된 권리와 혜택이 정의로운 것이다. 왜냐하면 인간은 본래 서로 다르다는 관점에서 출발하는 것이 플라톤의 인간관이기 때문이다. 따라서 인간은 모두 자기 능력에 따라서 자기실현을 추구해야 하며, 또 자신의 역량에 합당한 만큼만 혜택을 받아야 한다는 것이다.

그러나 소위 계몽된 우리는 이러한 플라톤의 주장을 받아들일 수 있는가? 그는 타고난 재능, 말하자면 마치 '롤스'의 자연적 우연성 개념을 통한 불평등을 마치 정당한 불평등, 아니 이것을 넘어서 '국가의 이상적 상태'를 위한 필요조건으로 주장하고 있다. 말하자면 이러한 선천적 재능을 통한 정치적 권리의 차등화를 플라톤은 지향하고 있다. 그리고 자신에게 주어진 천부적 재능에 따라오는 천부적 권력이 아무리 누추하다고 해도(예를 들면, 생산자 계급의 경우) 그것을 인정하고 상위 계급의 그것을 넘보지 않는 것을 '절제'라는 덕으로 미화하고 있다. 물론 플라톤은 계급의 세습 불가를 강조하고, 통치자와 수호자(보조자) 계급의 사유재산 소유를 불허하고, 각각의 계급을 마치 자신에게 주어진 역할에 최선을 다하는 기술자처럼 서술하면서, 자신에게 주어질 수 있는 비판을 어느 정도는 예상하는 것 같지만, 플라톤의 이러한 결정론적 계급 사상은 '우생학적 사고'라는 비판 그리고 주지주의적 절대주의라는 관점에서 비판을 피할 수는 없다(릭켄, 2000: 176-177 참조).

그에 따르면, 국가가 부강해지고 발전하기 위해서는 육체와 영혼이 건강한 아이를 선발해서 잘 교육해야 한다. 그러기 위해서는 인간의 탄생 과정을 국가가 총체적으로 관리하면서, 훌륭한 유전자를 가진 남자는 가능한 가장 훌륭한 유전자를 가진 여성과 동침해서 우수한 2세가 탄생하도록 해야 한다. 그리고 반대로 훌륭하지 못한 유전자를 가진 남자와 여자는 동침하지 못하게 하여 이들의 후세가 태어나지 못하도록 해야 한다고까지 말한다. 물론 이러한 주장은 어디까지나 그의 이론적 주장일 뿐, 실제로 시행하지는 않았지만, 이러한 사고가 20세기 초반 유럽과 북미에 유행했던 우생학에 어느 정도 영향을 주었다는 것은 부인할 수 없을 것이다(박승찬·노성숙, 2013: 126-127 참조).

그리고 또한 플라톤은 통치자 계급의 사람들이 생산자 계급의 몫인 사유재산을 갖지 않게 하려고 많은 제한을 부과하고 있다. 특히 통치자들은 부를 축적하고자 하는 유혹에 빠지는 것을 예방하기 위해 모든 재산을 엄격하게 공유하고, 또 통제받는 삶을 살아야 한다. 그리고 물질적으로만 재산 소유가 금지되는 것이 아니라, 배우자와 자식도 공유해야 한다고 말한다. 이러한 주장은 이미 『국가』 4권의 도입부에서 아데이만토스에 의해 제기되고 있듯이(419ff.) 당대의 사람들에게도 받아들여질 수 없는 극단적 사고였다. 물론 플라톤은 국가를 다스릴 수 있는 전문 지식을 가진 사람, 다시 말하면 좋음의 이데아를 인식한 지혜로운 사람은 그러한 사리사욕이 국가를 통치하는 데 도움이 안 된다는 것을 분명히 깨닫고 있을 것이라고 주장할지도 모른다. 그리고 또한 이러한 점을 바탕으로 그토록 통치자가 자신의 희생을 통해 다른 계급들, 즉 보조자 계급과 생산자 계급에 이로운 것을 행하고자 하므로, 오히려 바로 이런 이유로 인하여 통치자 계급의 권력의 정당성이 확보된다고 항변할 수도 있다. 어쨌든 그는 올바른 국가가 되기 위해서는 개인의 이익보다는 사회 전체의 이익이 중시되는 사회가 되어야 한다는 점을 강조하고자 했다. 그러나 이러한 플라톤의 이상 국가론 혹은 계급론에서 인간 개체의 욕구는 항상 그 대상이 정해져 있다. 구두를 만드는 장인은 항상 좋은 구두를 만드는 것에 관한 욕구만 가져야 하고, 군인은 전투를 잘하기 위한 것에 대해서만 욕구를 발휘해야 한다. 그런데 과연 이러한 규정은 인간의 본래적 모습을 반영하고 있는 것일까? 인간의 본성이 이성인지 정념인지에 대한 '주지주의 대(對) 주의주의의 전통적 논쟁'은 차치하더라도, 우리는 모두 '오늘보다 나은 내일'을 꿈꾼다. 중간고사 수학 시험에서 나는 60점을 받았지만, 기말고사에서는 80점 받고자 하고, 또 내년에는 더 나은 점수를 받기를 욕구한다. 그런데 수학 선생님이 나에게 "너는 이번 학기 수학 시험 점수가 60점이지, 수학이 적성에 맞지 않는 것 같으니 포기하는 게 너의 인생을 위해서 좋은 것이다"라고 말한다면, 우리는 과연 그런 조언(?)을 받아들일 수 있을까? 물론 인간의 무한한 욕구 혹은 욕망이 일으키는 부정적 측면들도 우리는 어렵지 않게 떠올릴 수 있지만, 그러한 욕망의 무한성 및 역동성이 인간의 삶에 예측 불가의 풍요로움을 허락한다는 것도 부정할 수는 없다. 플라톤의 이와 같은 우생학적 계급 사상은 단조롭고, 수동적인 삶이 '인간의 이상적인 삶'이 되게끔 유도한다는 비판으로부터 자유롭지는 못할 것이다.

## 2. 현대적 논의 — 사상사적 의미

그의 철학 사상에 가해지는 여러 유의미한 비판에도 불구하고, 그의 사상은 당대 그리스 철학의 절정을 의미한다는 것은 부정할 수 없다. 수적 조화를 강조하는 피타고라스의 수(數)의 철학과 당대 존재에 관한 대립하는 두 주장이었던 (실체는 불변한다는) 파르메니데스의 만유부동설(萬有不動說), 그리고 (변화밖에 존재하지 않는다고 주장했던) 헤라클레이토스의 만유유전설(萬有流轉說)의 사상 등 다양한 사상의 조류가 플라톤을 하나의 구심점으로 해 통합된다. 가지계와 가시계의 이원론은 결국 파르메니데스와 헤라클레이토스 사상의 조화 시도로 여겨지고, 이를 위한 방법론으로서 피타고라스의 수의 철학이 차용되는 측면이 분명히 있기 때문이다. 말하자면 탈레스 이후 자연철학자들부터 당대에 이르는 철학적 사상들이 모두 플라톤을 통해 총정리가 되는 것이다.

이러한 위대한 업적으로 인하여 영원하고 불변하는 진리를 추구한 플라톤의 사상은 서양의 거의 모든 사상가에게 영향을 주었다. 그중에는 고대시대 말기 로마제국의 지배적 사상이었던 '신플라톤주의'가 있다. 결국 이 사상이 중세 그리스도교 사상과 그리스 철학 사상을 연결하는 데 중요한 구심점이 되기도 한다. 또한 플라톤의 이원론적 세계관은 우리가 알고 있듯이, 아우구스티누스의 이원론, 데카르트의 이원론, 칸트의 이원론을 통해 다양한 방식으로 계승되었다. 특히 이 이원론적 요소 중 육체와 영혼의 관계에서 육체를 경시하고 영혼을 숭상하는 사고, 그리고 영혼의 정체성을 곧 인간 자신의 정체성과 동일시하는 사고는 이후 서구의 주지주의와 합리주의적 사고에 다양한 형태로 지속되어 왔다. 말하자면 육체를 멀리하고, 이성 혹은 영혼 자체에 집중해야 완전한 행복의 상태로 도달할 수 있는 사상은 주의주의자(主意主義者) 아우구스티누스는 물론이고, 유럽의 합리론자 데카르트, 스피노자, 라이프니츠 등과 경험론 사상가 중 합리주의적 특징을 많이 갖고 있는 버클리 등의 사상에서도 드러난다. 그래서 바로 이러한 이유에서 이후의 철학의 역사가 플라톤 사상의 각주라는 화이트헤드의 주장은 여전히 설득력이 있는 것처럼 보이기도 한다.

# 참고 문헌

김진(2003), 『공학윤리 - 기술공학시대의 윤리적 문제들』, 서울: 철학과 현실사.
디오게네스 라에르티오스, 전양범 옮김(2016), 『그리스철학자 열전』, 서울: 동서문화사.
로버트 L. 애링턴, 김성호 옮김(2003), 『서양윤리학사』, 서울: 서광사.
박승찬·노성숙(2013), 『철학의 멘토, 멘토의 철학』, 서울: 가톨릭대학교 출판부.
아리스토텔레스, 조대호 옮김(2017), 『형이상학』, 서울: 도서출판 길.
유혁(2019), 「제3부, 제1장, 플라톤의 윤리학」, 『서양고대철학 1』, 서울: 도서출판 길.
프리도 릭켄, 김성진 옮김(2000), 『고대 그리스 철학』, 서울: 서광사.
플라톤, 강철웅·김주일·이정호 옮김(2021), 『편지들』, 파주:아카넷.
플라톤, 박종현 옮김(2003), 『국가』, 서울: 서광사.
플라톤, 박종현 옮김(2004), 『에우티프론, 소크라테스의 변론, 크리톤, 파이돈』, 서울: 서광사.
플라톤, 박종현, 김영균 옮김(2008), 『티마이오스』, 서울: 서광사.
플라톤, 조대호 옮김(2017), 『파이드로스』, 서울: 문예출판사.

Annas, J.(1981), *An Introduction to Plato's Republic*, Oxford: Oxford University Press.
Pappas, N.(2000), *Plato and the Republic*, London: Routledge.
Plato, Cooper, J. M.(1997), "Parmedides", *Completed Works of Plato*, Indianapolis: Hackett.
Whitehead, A. N.(1985), *Process and Reality*, New York: Free Press.

# 3. 아리스토텔레스의 윤리 사상*

노영란

서울대학교 사범대학 국민윤리교육과와 동 대학원을 졸업하고 미국 미주리 주립대학교 (University of Missouri-Columbia) 철학과에서 철학 석사 및 박사 학위를 취득하였다. 현재 전남대학교 윤리교육과 교수로 재직하고 있다. 주요 저서로는 『도덕성의 합리적 이해』, 『덕윤리의 비판적 조명』, 『덕윤리의 도덕심리학적 고찰』, 『칸트의 덕론 연구』 등이 있고, 주요 논문으로는 「롤즈 이후의 칸트적 구성주의」, 「Christine M. Korsgaard의 구성주의와 도덕적 실재론」, "Is the Disposition of Constrained Maximization Chosen Rationally?", "Values Education in the Global, Information Age in South Korea and Singapore", "An Extended Conception of Rationality and Moral Actions", "Beyond the Cognitive and the Virtue Approaches to Moral Education" 등이 있다.

* 이 장은 『윤리연구』 제141호(2023)에 「『니코마코스 윤리학』을 통해 본 아리스토텔레스 덕윤리의 성격과 의의」라는 제목으로 게재된 논문을 수정, 보완한 것이다.

# I. 생애 및 저작

## 1. 생애

아리스토텔레스는 기원전 384년에 마케도니아의 스타게이로스에서 마케도니아 왕실의 의사인 니코마코스(Nichomachus)의 아들로 태어났다.[1] 그는 기원전 367년 17세에 아테네로 유학을 가서 플라톤이 사망할 때까지 20년 동안 플라톤의 학원인 아카데미아에 머물면서 공부했다. 이 기간 동안 그는 대략 전반기 10년은 학생으로서 배우고 후반기 10년은 강의자로서 가르쳤다(조대호, 2019: 324). 기원전 347년 플라톤의 사후에 아테네를 떠난 아리스토텔레스는 아소스에 갔다가 다시 레스보스 섬에 머문 뒤에 마케도니아의 필리포스왕의 부름을 받고 펠라에 가서 기원전 342년에서 340년까지 그의 아들 알렉산드로스의 개인 교사로 일했다. 아테네를 떠난 지 12년 후인 기원전 335년에 아리스토텔레스는 다시 아테네에 돌아와서 자신의 학원인 뤼케이온을 세워 제자들을 가르쳤고, 뤼케이온을 중심으로 아리스토텔레스의 사상을 계승한 이들은 페리파토스학파, 즉 소요학파라고 불린다. 아리스토텔레스는 기원전 335년에서 323년까지 뤼케이온에서 가르치고 연구했지만, 기원전 323년 알렉산드로스 대왕이 죽고 아테네에서 반마케도니아 정서가 다시 일어나면서 불경죄로 기소되자 생명의 위협을 느끼고 아테네를 떠나 어머니의 고향인 에우보이아 섬의 칼키스로 피신하여 이듬해인 322년에 그곳에서 세상을 떠났다(조대호, 2019: 325-327).

아리스토텔레스는 그의 삶의 많은 시간을 아테네 시민이 아닌 이방인으

---

1. 아리스토텔레스의 아들 이름 역시 니코마코스이다.

로서 아테네에서 보냈는데, 사상사적으로 볼 때 그의 생애에서 특히 주목할 부분은 그가 플라톤의 아카데미아와 자신의 뤼케이온에서 학문에 정진하는 과정을 통해 플라톤과 소크라테스 이전 철학자들의 사상에 정통했을 뿐만 아니라 이 사상들을 비판하면서 자신의 독자적인 학문 세계를 구축하였다는 점이다. 그리하여 플라톤과 아리스토텔레스 사상 간에는 공통점과 함께 차이점이 존재하는데 둘 간의 차이점은 특히 플라톤의 이데아론에 대한 아리스토텔레스의 비판에서 확연히 드러난다. 플라톤에게 있어서 사물의 본질인 형상은 영원불변하는 이상인 이데아로서 시공간의 현실 세계를 초월하여 실재한다. 이데아와 현실 세계를 이원론적으로 파악하고 이데아의 실재를 주장한 플라톤과 달리, 아리스토텔레스는 현실적인 개별적 실체들은 그 실체들을 그러한 종류의 것이 되게 하는 본질적인 속성인 형상과 그 실체들을 구성하고 있는 재료인 질료가 결합된 존재라고 파악한다. 플라톤의 형상 개념과 달리 질료와 결합되어 있는 아리스토텔레스의 형상 개념은 "항상 어떤 현실적인 개체의 형상"을 의미한다(Kenny, 2008: 350).[2]

플라톤과 아리스토텔레스의 이러한 존재론적 입장 차이는 『니코마코스 윤리학』에서 좋음의 이데아에 대한 아리스토텔레스의 비판에 잘 반영되어 있다. 좋음의 이데아에 반대하는 아리스토텔레스의 주장들을 정리해 보면 다음과 같다. 좋음은 다양한 많은 방식으로 이야기되며 어떤 공통된 단일한 보편자로 존재하지 않는다; 좋음 자체나 좋음 역시 좋음인 한에서 아무 차이가 없다; 단일한 이데아를 모든 종류의 좋음이 아니라 그 자체의 좋음으로 이해할 경우 사람들이 그 자체로 좋다고 추구하는 것들은 관점에 따라 다르기 때문에 단일한 이데아에 따라 공통적인 것으로서의 좋음은 존재하지 않는다; 우리가 추구하는 것은 인간의 행위로 성취하거나 소유할 수 있는 좋음인데, 만약 공통적이며 단일한 좋음 혹은 그 자체로 존재하는 좋음이 있다 하더라도 그것은 인간의 행위로 성취 내지 소유할 수 있

---

2. 플라톤과 아리스토텔레스의 사상이 각각 이상주의와 자연주의로 설명되는 맥락에는 이러한 존재론적 입장 차이가 반영되어 있다.

는 것이 아니다; 의사가 좋음의 이데아를 봤다고 해서 의술에 더 능숙해진 다고 보기 어려운 것처럼 설령 좋음의 이데아가 있다 하더라도 이것을 아는 것이 행위를 통해 좋음을 성취하는 데 유용하다고 보기는 쉽지 않다(EN, 1096a27-1097a14). 이러한 비판들에 근거할 때 아리스토텔레스가 윤리학과 정치학의 목적으로 삼는 인간적인 좋음은 초월적으로 존재하는 단일한 이데아로서의 좋음이 아니라 우리가 행위의 목적으로 삼는, 행위를 통해 성취 가능한 좋음이다.

## 2. 저작

현재 전승되는 아리스토텔레스의 저작들 중 철학적 저술들을 그 주제에 따라 체계적으로 배열하면 논리학, 이론 철학(자연철학, 형이상학), 실천철학(윤리학, 정치학), 수사학과 예술 이론 등으로 분류할 수 있다.[3] 이 중에서 실천철학에 속하는 윤리학의 저작으로는 『니코마코스 윤리학』, 『에우데모스 윤리학』, 『대윤리학』을 꼽을 수 있다. 이 중 『니코마코스 윤리학』은 가장 풍부하고 상세한 내용을 담고 있으며 아리스토텔레스의 윤리 사상을 확인하는 결정적인 저작이다. 『니코마코스 윤리학』에서 아리스토텔레스는 행복을 윤리학의 핵심 주제로 삼고 최고선인 행복을 구성하는 덕이[4] 무엇인지

---

3. 이러한 분류를 위해서는 회페(Höffe, 2003: 143-176)와 『니코마코스 윤리학』의 역자 부록(아리스토텔레스, 2013: 390)을 참조할 수 있다.
4. 우리말 덕에 해당하는 영어는 virtue이고 이 virtue는 라틴어 virtus에서 유래했다. 그리고 virtus는 로마 철학자들이 그리스어 aretē의 번역어로 채택한 것이다. 그동안 aretē는 주로 덕(virtue)으로 번역되어 왔지만 이러한 번역이 부적절하다는 지적과 함께 aretē의 일반적 의미인 훌륭함 내지 탁월함(excellence)에 근거하여 탁월성으로 번역되기도 한다. aretē를 덕으로 번역하는 데 반대하는 이유로는 덕이 인간에게 사용되는 개념인 반면에 aretē는 인간 이외의 생물이나 사물에도 두루 적용된 개념이라는 점, 그리고 근대를 넘어오면서 도덕적인 영역에 한정되는 혹은 도덕주의적인 개념으로 간주되는 경향이 있는 덕은 인간이 인간으로서 지닌 탁월성이라는 고대의 aretē가 가진 포괄적인 의미를 제대로 담지 못한다는 점 등을 꼽을 수 있다. 그러나 영어의 virtue와 우리말 덕으로의 번역을 옹호하는 입장은 라틴어 virtus의 의미는 다른 생물이나 사물의 좋음과 가치, 힘도 가리키며 따라서 virtus가 인간에 대해서만

파악하면서 어떻게 사는 것이 행복한 삶인지 논의한다. 그리고 실천철학에 속하는 정치학의 대표 저작인 『정치학』에서 아리스토텔레스는 폴리스와 정치체제를 탐구하고 최선의 정치체제를 위한 조건과 특징 그리고 시민을 위한 교육의 목표와 내용 등을 검토함으로써 최선의 정치체제의 전체적인 모습을 제시한다.

아리스토텔레스의 철학에서 윤리학과 정치학은 밀접하게 관련되어 있다. 아리스토텔레스에게 인간이 본성적으로 폴리스적 동물이라는 말은(2017: 1253a2-3, 1278b19) 집단을 떠나서는 살 수 없는, 즉 폴리스 안에서 사는 존재라는 의미와 폴리스에서 자신의 본성을 실현하면서 '잘' 살 수 있는 존재라는 두 가지 의미를 다 갖는다(조대호, 2019: 258-259). 다른 사람과 사회적으로 관계를 맺고 함께 살 수밖에 없으며 그렇게 살 때 잘 살 수 있다면 폴리스는 인간이 자신의 행복을 실현하는 근본적인 조건 내지 토대이다. 폴리스를 탐구하는 정치학은 폴리스 안에 어떤 기술이나 학문들이 있어야 하는지, 시민들이 어떤 기술이나 학문을 얼마나 배워야 하는지를 규정해 주고, 여타의 실천적인 학문들을 이용하여 무엇을 해야 하고 무엇을 삼가야 하는지를 입법한다(EN, 1094a30-1094b5). 이를 위해서 정치학은 다

사용되는 용어가 아니라는 점과 로마 철학자들이 주목한 aretē는 탁월성 일반이 아니라 인간으로서 지닌 탁월성이라는 점 그리고 이러한 인간의 훌륭함은 유교 전통의 덕에 상응한다는 점 등을 꼽는다. 이에 대한 논의는 박기순·송유례(2017: 31-33) 참조. 또한 애링턴(Arrington, 2009: 126)은 지적인 탁월성을 지칭하면서 덕이라는 용어를 사용하는 것이 어색할 수 있지만 아리스토텔레스의 aretē는 한정된 특정 의미를 갖는 전문용어로서 도덕적 영역뿐만 아니라 지적 영역을 포괄하여 적용되는 의미를 지닌다는 점을 기억한다면 덕으로 번역되어 사용되어도 무방하다고 주장한다. 덕보다 탁월성이라는 번역이 aretē의 포괄적 의미를 반영하는 데 더 나은 점이 있기는 하지만 익숙하지 않은 개념임은 분명하다. 우리가 문제 삼는 탁월성은 탁월성 일반이 아니라 인간으로서의 탁월성이고 덕이 이런 의미를 지칭하는 익숙한 개념이라는 점에서 aretē를 덕으로 번역하고 성격적 탁월성에 해당하는 부분을 품성적 덕으로 번역한다면 근대의 도덕주의적인 색채에 한정하지 않으면서 인간으로서의 탁월성을 드러낼 수 있을 것이다. 따라서 이 글에서는 인용하는 번역본에 따라 『니코마코스 윤리학』의 주장을 직접 논의할 때에는 탁월성이라는 용어를 사용하지만 그 외의 부분에서는 성격적 탁월성과 품성적 덕을, 지적 탁월성과 지적 덕을 혼용할 것이다. aretē의 번역과 관련하여 필자의 입장을 정리할 수 있도록 논평해 주신 김도형 교수님께 감사드린다.

른 학문들의 목적들을 이해해야 하고 그러한 목적들을 포함하고 총괄하는 최종 목적을 가지고 있어야 하는데 이 목적은 인간적인 좋음이다(EN, 1094b6-8). 윤리학뿐만 아니라 정치학의 탐구 역시 행복을 추구하는 것이다. 또한 아리스토텔레스는 한 개인의 좋음보다 폴리스의 좋음이 더 완전한 것이고 폴리스의 좋음을 취하고 보존하는 일이 더 고귀하고 더 신적인 일이라고 말하면서 정치학을 우위에 두고 윤리학을 일종의 정치학이라고 주장한다(EN, 1094b7-12).

## II. 최고선으로서의 행복

### 1. 윤리학에 대한 목적론적 관점

아리스토텔레스는 "모든 기예(技藝, technē)와 탐구(methodos), 또 마찬가지로 모든 행위와 선택은 어떤 좋음을 목표로 하는 것 같다."(EN, 1094a1-2)는 목적론적 관점을 제시하면서 『니코마코스 윤리학』을 시작한다. 아리스토텔레스의 목적론은 존재론과 불가분의 관계에 있다. 형상으로서의 이데아를 현실적인 개체들과 분리되어 존재하는 것으로 파악한 플라톤이 이데아와 개체들 사이의 관계를 이상적인 원형과 모방의 관계로 인식한 반면, 형상을 항상 개체 내에 그것의 본질로서 존재하는 것으로 이해한 아리스토텔레스는 형상과 개체들 사이의 관계를 개체가 자신의 본질을 실현해 나가는 관계로 설명한다(박찬국, 2012: 55). 이러한 개체의 본질 실현은 목적론적 세계관과 결부된다. 본질적인 형상은 사물이 지향하는 어떤 이상적인 상태인데 본질적인 형상과 질료로 이루어진 개체들에서 본질은 처음부터 완성된 형태로 존재하는 것이 아니라 우선은 잠재적인 가능성(가능태)으로 존재하며 그 가능성은 그 실체의 생성 과정을 통해 현실화(현실태)된다

(박찬국, 2012: 54-55). 인공물이 아닌 자연적인 존재자로서의 개체가 본질적인 형상을 갖는다는 것은 그 개체가 본질을 구현하려는 능동적인 성격을 지니며 이 본질의 구현을 자신의 목적으로 갖는다는 것을 의미한다(박찬국, 2012: 63-64). 자연적인 존재자에게 형상은 목적성을 갖는 것이다. 따라서 이상으로서의 본질적 형상이 개체와 결합되어 존재한다고 보는 아리스토텔레스는 자연적 존재자로서 실체들이 그 실체 자체에 속하는 어떤 목적을 갖고 그 목적을 실현하고자 나아간다는 목적론적 세계관을 주장하고 실체의 생성, 변화, 운동을 목적의 실현 과정으로 간주한다. 자연적 존재자로서 인간 역시 자신의 본질을 완성하는 목적을 갖고 인간의 행위와 선택은 이러한 목적을 실현하는 과정에 해당한다.

## 2. 최고선과 행복

인간의 행위와 선택이 좋음을 목표로 한다고 할 때, 행위와 선택의 종류에 따라 여러 목적들이 있게 된다. 그리고 어떤 활동의 목적이 다른 활동의 목적에 종속되는, 목적들 간의 위계가 존재한다. 따라서 우리의 욕구가 공허하고 헛되지 않으려면 하나의 궁극목적이 존재해야 하고 이것은 최상의 좋음(최고선)일 것이다. 대부분의 사람들은 최고선을 행복(eudaimonia)이라고 말하지만, 이 행복이 무엇인지에 대해서는 즐거움이나 명예 혹은 부 등 다양한 답을 내놓는다. 아리스토텔레스는 행복에 대한 이러한 통념들이 궁극목적인 최고선이 되기에 부족하다고 본다. 아리스토텔레스에 따르면 즐거움만을 탐닉하는 향락적인 삶은 짐승의 삶을 선택하는 것이며, 돈은 다른 것을 위해서 유용한 수단이지 그 자체 때문에 추구하는 좋음은 아니다 (EN, 1095b19-1096a8). 또한 명예는 고유한 어떤 것인 좋음과 달리 받는 사람보다 수여하는 사람에게 더 의존하며, 탁월성을 가진 좋은 사람이라는 확신을 얻기 위해 명예를 추구한다는 점에서 탁월성이 정치적 삶의 목적이라고 생각할 수도 있지만 탁월성을 소유하면서도 활동하지 않을 수 있으므로 이 역시 불완전하다(EN, 1095b27-33).

최고선으로서의 행복에 대한 기존의 통념과 철학적 논변을 검토하면서 자신의 견해를 피력할 때, 아리스토텔레스가 먼저 살펴보는 것은 최고선이 무엇인지의 문제이다. 그는 최고선이 되는 두 가지 조건, 즉 완전성과 자족성을 제시한다. 최고선은 가장 완전한 것, 즉 "그 자체로 선택될 뿐 결코 다른 것 때문에 선택되는 일이 없는 것"이며, 또한 자족적인 것, 즉 "그 자체만으로도 삶을 선택할 만한 것으로 만들고 아무 것도 부족하지 않도록 만드는 것"이다(EN, 1097a29-1097b16). 아리스토텔레스에게 있어서 최고선을 위한 이 두 조건을 충족시키는 것은 바로 행복이다.[5] 우리는 행복을 결코 다른 어떤 것 때문이 아니라 그 자체 때문에 선택하며, 행복을 더 선택할 만한 것으로 만들기 위해 다른 어떤 것을 덧붙일 필요가 없다고 생각하기 때문이다(EN, 1097b1-19). 완전하고 자족적인 행복이야말로 우리가 행위를 통해 성취하고자 하는 것들의 궁극목적인 것이다.

다음으로 아리스토텔레스는 최고선의 조건을 충족시키는 행복의 내용이 무엇인지 살펴보는데, 이때 인간에게 고유한 기능(ergon)을 잘 발휘하는 것을 통해 행복의 본성을 결정할 수 있다는, 소위 말하는 기능 논변(function argument)을 제시한다. 아리스토텔레스에 따르면 인간의 고유한 기능은 식물과 동물이 공유하는 영양 섭취와 성장, 그리고 동물이 공유하는 감각적인 것을 갈라내고 남은 것, 즉 이성 능력을 발휘하는 것이며, 이때 이성을 가진 것은 이성에 복종한다는 것과 그 자체 이성을 가지고 사유한다는 것 두 가지 의미가 있으며, 이성을 가진 것의 실천적인 삶은 단지 능력에 따른 삶이 아니라 활동에 따른 삶이다(EN, 1097b33-1098a7). 원(Warne, 2011: 62)은 아리스토텔레스의 이러한 기능 논변을 다음과 같이 정리한다.

---

[5] 행복이 자족적인 것이라고 설명할 때, 아리스토텔레스는 인간은 본성상 폴리스적 동물이기 때문에 이 자족성은 "자기 혼자만을 위한 자족성, 고립된 삶을 살아가는 사람을 위한 자족성"이 아니라 "부모, 자식, 아내와 일반적으로 친구들과 동료 시민들을 위한 자족성이다."라고 설명한다 (EN, 1097b8-10).

(i) 만일 X가 그 '기능'을 잘 수행한다면, X는 좋다(1097b25029).
(ii) 인간은 한 '기능'을 가지고 있다(1097b31).
(iii) 인간의 독특한 '기능'은 이성을 가진 영혼 부분의 활동이며, 그것은 이성을 가진 부분과 그것에 복종하는 부분을 모두 포함하고 있다(1098a3-5).
따라서
(iv) 좋은 사람은 이성을 가진 영혼의 부분을 생애 전반에 걸쳐 잘 또는 훌륭하게 활용한다(1098a14-15).

아리스토텔레스는 이러한 기능 논변을 통해 자연스럽게 탁월성, 즉 덕의 개념을 도입한다.

> 인간의 기능을 이성에 따른 영혼의 활동 혹은 이성이 없지 않은 영혼의 활동이라고 상정할 수 있을 것이다. 또 어떤 기능을 수행하는 자나 그 기능을 훌륭하게 수행하는 자나 종류상 동일한 기능을 가지고 있다고 상정할 수 있을 것이다. 예를 들어 기타라 연주자와 훌륭한 기타라 연주자의 경우 종류상 동일한 기능을 가지고 있고, 다른 모든 경우에도 단적으로 그러하듯이 탁월성에 따른 우월성이 기능에 부가될 것이다. (기타라 연주자의 기능은 기타라를 연주하는 것이지만 훌륭한 기타라 연주자의 기능은 기타라를 잘 연주하는 것이니까.) 만약 그렇다고 한다면, [우리는 인간의 기능을 어떤 종류의 삶으로 규정하고, 이 삶을 다시 이성을 동반하는 영혼의 활동과 행위로 규정한다. 따라서 훌륭한 사람의 기능은 이것들을 잘, 그리고 훌륭하게 행하는 것이다. 그래서 각각의 기능은 자신의 고유한 탁월성에 따라 수행될 때 완성되는 것이다. 만약 그렇다고 한다면] 인간적인 좋음은 탁월성에 따른 영혼의 활동일 것이다. (EN, 1098a8-18)

아리스토텔레스에 따르면 "모든 탁월성은 그것이 무엇의 탁월성이건 간에 그 무엇을 좋은 상태에 있게 하고, 그것의 기능을 잘 수행하도록" 한다 (EN, 1106a21-24). 인간의 고유한 기능인 이성 능력을 훌륭하게 잘 발휘할 수 있는 품성 상태가 바로 인간의 탁월성, 즉 덕이다. 인간의 덕은 인간을 좋은 인간으로 만들며 인간의 기능을 잘 수행할 수 있게 만든다. 따라서 탁월성에 따른 영혼의 활동, 즉 덕을 갖추고 기회가 올 때마다 이 덕에 따라 그 기능을 발휘하는 것이 인간 기능의 완성이자 최고선, 즉 행복이다.[6]

이제 우리는 인간 영혼의 탁월성을 통해 행복한 삶의 모습을 파악할 수 있다. 아리스토텔레스에 따르면 인간의 영혼은 이성을 가진 부분과 이성이 없는 부분으로 나뉘어 있는데, 먼저 이성이 없는 부분에는 식물적인 부분과 욕구적인 부분이 있다. 이 중 영양 섭취적인 부분인 식물적인 부분은 이성을 함께 나누어 가지고 있지 않고 인간적인 탁월성에는 어떤 몫도 가지고 있지 않은 반면에, 욕구적인 부분은 이성의 말을 듣고 따르는 한에서 이성을 나누어 가지고 있다(EN, 1102a26-1102b31). 이성에 설복되는 한 욕구적인 부분은 이성적인 셈이다. 이렇게 볼 때 이성을 가진 부분은 이성을 자체 안에 가지고 있는 것과 이성을 듣고 따를 수 있는 것의 두 부분이 있고, 이성을 가진 것은 자체 안에 이성을 가지고 사유한다와 이성에 복종한다는 두 가지 의미에서 이야기된다(EN, 1103a1-3, 1098a4-5). 이성 능력이 발휘되는 두 부분에 상응하여 이성 능력을 잘 발휘할 수 있게 하는 품성 상태인 탁월성도 구분된다. 욕구적인 부분이 이성을 듣고 따르는 활동을 잘하는 품성 상태는 성격적 탁월성(품성적 덕)으로, 그리고 이성적인 부분이 그 자체의 이성을 가지고 잘 사유하는 품성 상태는 지적 탁월성(지적 덕)으로 나뉜다.[7]

---

6. 여기에서 탁월성을 통해 행복을 정의할 때 행복을 탁월성의 소유가 아니라 탁월성을 발휘하는 활동에서 성립한다고 보는 점에 주목할 필요가 있다. 아리스토텔레스는 잠자고 있는 사람처럼 탁월성을 소유하지만 사용하지 않으면 좋음을 성취해 내지 않을 수 있다고 보고 활동을 통해 좋음을 성취할 수 있음을 강조하며, 활동에 참여할 수 없는 동물은 행복하다고 말하지 않는다고 또 아직 행복의 활동을 실천할 수 없는 어린이도 행복한 사람이 아니라고 본다(EN, 1098b30-1099a6, 1099b25-4).
7. 영혼의 부분들과 탁월성의 관계는 다음의 표로 정리된다. 이 표는 『니코마코스 윤리학』의 역주에 있는 표(아리스토텔레스, 2013: 50)를 일부 보충한 것이다.

인간에게 고유한 것은 영양을 섭취하고 성장하는 삶이나 감각을 동반하는 삶이 아니라 이성을 발휘하는 실천적인 삶이고, 이러한 삶이 행복한 삶이라고 할 때 그것은 성격적 탁월성과 지적 탁월성에 따라 활동하는 삶이 된다. 그러나 아리스토텔레스는 행복한 삶을 위해서는 다른 조건들이 추가적으로 필요하다고 생각한다. 먼저 행복은 탁월성과 함께 추가적으로 외적인 좋음을 필요로 한다. 좋은 친구나 훌륭한 자식, 혹은 부나 정치적 힘과 같은 외적인 좋음이 뒷받침되지 않으면 고귀한 일을 할 수 없거나 하기 어렵기 때문이다(EN, 1099a33-1099b8). 또한 한 마리의 제비가 왔다고 봄이 온 것은 아닌 것처럼 행복한 하루 혹은 몇 시간이 행복한 사람을 만드는 것은 아니기 때문에, 행복은 완전한 생애를 필요로 한다(EN, 1098a19-21, 1100a4-5). 즉, 행복은 행위 하나하나가 아니라 행위들로 구성되는 삶에 있고, 행복하기 위해서는 전 생애에 걸쳐 지속적으로 탁월성을 드러내는 활동을 해야 하는 것이다.

 행복이 완전한 생애를 필요로 한다고 해서 살아 있는 동안에는 누구도 행복하다고 말할 수 없고 죽은 다음에야 말할 수 있는 것은 아니다. 외적인 좋음들이 행복에 영향을 끼치고 우리의 삶이 외적인 좋음들을 추가적으로 필요로 하지만, "행복에 결정적인 것은 탁월성에 따르는 활동이고, 그 반대의 활동은 불행에 결정적"이다(EN, 1100b9-10).[8] 탁월성이 안정성과 지속

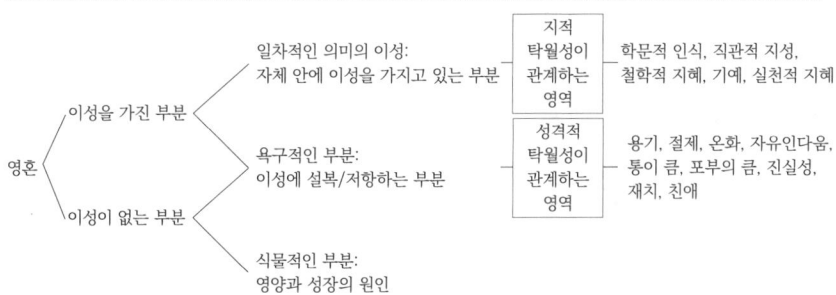

---

[8] 탁월성을 따르는 영혼의 활동으로서의 행복과 외적인 좋음의 관계에 대해서는 크게 두 해석이 존재한다. 즉, 외적인 좋음은 탁월한 활동을 가능케 하는 수단이나 여건을 제공하며 행복

성을 갖는 품성 상태이고 이러한 탁월성에 따라 행위하는 사람은 이런저런 상황에 쉽게 흔들리거나 변하지 않으며 불운이 닥쳐도 그것을 잘 견뎌 내고 주어진 여건 안에서 자신이 할 수 있는 최선의 것을 행할 것이기 때문이다. 따라서 아리스토텔레스는 "완전한 탁월성에 따라 활동하며 외적인 좋음들을 충분히 구비하고 있는 사람을, 어떤 특정한 시간 동안만이 아니라 전 생애에 있어서 행복한 사람이라고 부르지 말라는 법이 어디 있단 말인가?"라고 반문한다(EN, 1101a14-16).

## III. 성격적 탁월성

### 1. 성격적 탁월성의 기원

아리스토텔레스에게 탁월성은 타고나는 것이 아니라 획득되는 것이다. 지적 탁월성이 그 기원과 성장을 주로 (이론적) 가르침에 두고 있다면, 성격적 탁월성은 습관의 결과로 생겨난다(EN, 1103a15-17). 아리스토텔레스는 자주 봄으로써 시각을 획득하는 것이 아니라 시각 능력을 가지고서 사용하여 보기 시작한 것처럼 "본성적으로 생기는 모든 것들의 경우 우리는 먼저 그것들의 능력(dynamis)을 얻고 나중에 그 활동(energeia)을 발휘"하는 반면, "우리가 탁월성을 획득하게 되는 것은, 여러 기예들의 경우에서와 마찬가지로 먼저 발휘함으로써 얻게 되는 것이다."라고 설명한다(EN, 1103a26-

---

의 실현에 도구적 가치를 가진다는 해석과 외적인 좋음은 그 자체로 행복의 구성 요소에 속하며 내재적 가치를 가진다는 해석이 있다. 이 중 두 번째 해석은 외적인 좋음이 그 자체로 행복의 구성 요소이며 내재적 가치를 가진다고 보지만 행복이 탁월성에 따른 활동에 의해 결정된다는 점을 반영하여 탁월성이 행복을 구성하는 중심적이고 주도적인 요소이며 외적인 좋음을 잘 사용하고 적절히 통제하는 역할을 한다고 여긴다. 이에 대한 상세 논의는 전헌상(2018: 35, 47-51) 참조.

33). 아리스토텔레스의 주장은 구두를 만들어 봄으로써 제화공이 되는 것처럼, 용기 있는 일들을 행함으로써 용감한 사람이 되고 즐거움을 삼가는 일을 통해 절제 있는 사람이 된다는 것을 의미한다. 덕의 획득을 기술의 획득과 유사하게 이해하는 이런 입장은 오늘날 '덕을 위한 기술의 유추'라고 불린다. 이 유추는 덕을 이해하고 나서 덕을 획득하는 것이 아니라 덕의 획득 과정을 거치면서 덕을 이해하게 된다는 것, 즉 덕의 이해와 덕의 발달이 불가분의 관계에 있다는 것을 함의한다.[9]

성격적 탁월성이 습관의 결과로 생긴다고 할 때, 무서운 상황에서 일어나는 일들을 잘 행하는 습관을 들여 용감한 사람이 될 수도 있지만 잘못 행하는 습관을 들여 비겁한 사람이 될 수도 있다. 좋은 습관은 좋은 성격을, 나쁜 습관은 나쁜 성격을 만드는 것이다. 이처럼 "품성상태(hexis)들은 [그 품성상태들과] 유사한 활동들로부터 생"기며 습관은 탁월성이 생겨나는 기원이면서 또한 파괴하는 기원이기도 하다는 점에서 어린 시절부터 어떻게 습관을 들였느냐가 어떤 품성 상태를 갖느냐에 결정적인 차이를 만든다(EN, 1103b7-8, 1103b22-25).

아리스토텔레스는 절제 있는 행위를 함으로써 절제 있는 사람이 된다는 주장이 직면할 수 있는 가능한 의문, 즉 절제 있는 행위를 한다면 이미 절제 있는 사람이 아닌가 하는 의문을 검토한다. 아리스토텔레스에 따르면 행위자가 "알면서, 또 다음으로 합리적 선택에 의거해서 행위하되 그 행위 자체 때문에 선택해야 하며, 셋째로 확고하고도 결코 흔들리지 않는 상태에서 행위해야" 정의롭거나 절제 있게 행하는 것이다(EN, 1105a31-35).[10] 이

---

9. 이것은 『니코마코스 윤리학』에서 성격적 탁월성의 기원이 성격적 탁월성의 정의나 성질보다 먼저 설명되는 맥락에 작용하는데, 아리스토텔레스는 우리가 덕을 어떻게 개발할지 알아야 덕이 무엇인지 이해한다고 생각한다. 이에 대한 상세 논의는 Russell(2015: 18)과 Annas(2016: 230) 참조.
10. 두 번째와 세 번째 조건이 첫 번째 조건보다 훨씬 더 중요하며 이 두 조건은 절제 있는 일들을 자주 행하는 습관을 통해 생겨난다(EN, 1105b3-6). 습관은 어떻게 이 두 조건을 충족시키는 탁월성을 가져오는가? 일단 절제 있는 사람이 행하는 바를 따라 행위하고 이를 반복적으로 수행하는 것이 필요하다. 그러나 이러한 습관화의 과정에서 간과해서는 안 되는 점이 있다. 셔먼(Sherman, 1997: 33)은 성격적 탁월성을 획득하는 습관화는 실천이성이 — 물론 이 실천이성도 발달적인 것

러한 세 가지 조건은 탁월성을 소유하고 이 탁월성에 따라 행위할 때, 다시 말해서 정의롭거나 절제 있는 사람이 자신의 품성에 따라 행할 때 충족될 수 있는 것이다. 어떤 사람이 절제 있는 행위를 한다고 해도 이러한 세 가지 조건을 갖추지 않았다면 그는 아직 절제 있는 사람이 아니며 그의 행위는 절제 있게 행해진 것이 아니다. 탁월성을 획득하는 습관의 과정에서 절제 있는 행위를 하는 것은 이러한 세 조건을 충족시키지 못한다. 아리스토텔레스는 문제의 세 가지 조건을 통해 단순히 절제 있는 행위를 하는 것과 절제 있는 사람이 행하는 방식으로 행위하는 것은 구별되기 때문에 절제 있는 일들을 행함으로써 절제 있는 사람이 된다는 설명은 적절하다고 생각한다.

한편 아리스토텔레스는 『니코마코스 윤리학』을 마무리하는 10권에서 탁월성을 함양하는 교육에 법률이 필요하다고 주장한다.

> 그런데 어린 시절부터 탁월성을 향한 올바른 지도를 받는다는 것은, 그러한 [올바른] 법률에 의해 길러지지 않고서는 어려운 일이다. 절제 있고 강인하게 사는 것은 다중들에게, 특히 젊은이들에게 즐거운 일이 아니니까. 그런 까닭에 그들의 교육과 그들이 해야 할 일은 법에 의해 규정되어야만 한다. 일단 익숙해지고 나면 고통스럽지 않을 테니까. 그렇지만 어린 시절에 올바른 교육과 보살핌을 받는 것만으로는 아마 충분하지 않을 것이다. 성인이 된 후에도 같은 일을 계속해서 해야 하고 습관을 들여야만 하기에, 이 점에 관해서도 우리는 법률을 필요로 하며, 따라서 일반적으로 삶 전체에 관한 법률을 필요로 하는 것이다. 다중들은 말에 따르기보다 강제에 따르고, 고귀한 것에 설복되기보다 벌에 설복되기 때문이다. (EN, 1179b23-1180a5)

---

이지만 — 그 습관화의 모든 단계에서 관여될 것을 요구한다고 주장한다. 성격적 탁월성을 결과하는 습관화가 사고나 반성 작용 없이 맹목적으로 모방하거나 기계적으로 반복하는 것이 아니라 사고나 반성 작용과 함께 따라 행하고 반복하는 것이라는 점은 습관화가 어떻게 성격적 탁월성을 결과하는지를 이해하는 데 도움이 된다.

올바른 습관을 들여 좋은 사람이 되기 위해서는 그렇게 되도록 격려하고 또 강제하는 올바른 법과 질서를 갖춘 정치체제에서 살아야 한다는 아리스토텔레스의 주장에서 우리는 윤리학과 정치학의 밀접한 관련성을 다시 한 번 확인하게 된다.

## 2. 성격적 탁월성: 중용

성격적 탁월성이 무엇인지 검토할 때, 아리스토텔레스는 탁월성이 영혼 속에서 생겨나는 3가지 것, 즉 감정, 능력, 품성 상태 중에서 품성 상태라고 주장한다. 아리스토텔레스의 주장을 구체적으로 살펴보자. 먼저 탁월성이 감정이 아닌 몇 가지 이유가 있다. 탁월성은 칭찬할 만한 것인데, 우리는 어떤 사람이 단지 어떤 감정을 가졌기 때문이 아니라 어떤 특정한 방식으로 감정을 가졌기 때문에 칭찬이나 비난을 한다(EN, 1105b29-1106a1). 예컨대 단지 두려워하지 않는다고 칭찬하는 것이 아니라 두려워해서는 안 될 것에 대해 두려워하지 않을 경우 칭찬한다. 뿐만 아니라 감정은 합리적 선택 없이도 가질 수 있는 것이지만 탁월성은 합리적 선택이거나 합리적 선택이 없지 않은 것이라는 점과, 감정의 경험은 감정에 따라 움직여지는 것인데 탁월성의 소유는 움직여지는 것이 아니라 어떤 특정한 상태에 있게 되는 것이라는 점 등도 탁월성이 감정이 아닌 이유가 된다(EN, 1106a2-6). 탁월성이 감정이 아닌 이유들은 탁월성이 능력이 아닌 이유에도 해당된다. 여기에 탁월성이 능력이 아닌 다른 이유가 부가되는데, 그것은 본성적으로 능력을 가질 수 있지만 좋은 사람이나 나쁜 사람이 되는 것은 본성적으로가 아니라 습관을 통해서 그렇게 된다는 점이다(EN, 1106a7-10). 이제 탁월성은 감정도, 능력도 아니고 품성 상태, 즉 감정들에 대해 제대로 된 태도나 나쁜 태도를 갖게끔 하는 품성 상태이다.

또한 아리스토텔레스에 따르면 인간을 좋은 인간으로 만들며 인간의 기능을 잘 수행할 수 있도록 하는 탁월성은 지나침이나 모자람이 아닌 중간을 겨냥한다는 점에서 중용이며 지나침과 모자람은 악덕이다. 중용으로서의 성격적 탁월성은 몇 가지 특징을 갖는다. 먼저 중간은 대상이 아니라 우리와의 관계에서 결정된다. 대상에 있어서 중간은 산술적인 비례에 따르는 중간으로 모든 사람에게 하나이며 동일한 반면, 우리와의 관계에서 중간은 누가 관계하느냐에 따라 달라지는 중간으로 모든 사람에게 하나이지도 않으며 동일하지도 않다(EN, 1106a30-1106b8). 또한 성격적 탁월성은 감정과 행위에 관련하며 감정과 행위 안에는 지나침과 모자람, 그리고 중간이 있기 때문에, 성격적 탁월성은 감정과 행위 안에 있는 중간을 겨냥하는 것이다 (EN, 1106b16-28). 예컨대 지나치게 많이 두려워하거나 적게 두려워하지 않고 마땅히 그래야 할 만큼 두려움의 감정을 갖는 것이 중간이며 탁월성에 속하는 것이다. 중용의 또 다른 특징들은 아리스토텔레스의 다음 설명에서 잘 나타난다.

> 그러므로 탁월성은 합리적 선택과 결부된 품성상태로, 우리와의 관계에서 성립하는 중용에 의존한다. 이 중용은 이성에 의해, 실천적 지혜를 가진 사람이 규정할 그런 방식으로 규정된 것이다. 중용은 두 악덕, 즉 지나침에 따른 악덕과 모자람에 따른 악덕 사이의 중용이다.
> 
> 또 감정에 있어서나 행위에 있어서나 악덕의 한편은 마땅히 있어야 할 것에 모자라고, 다른 한편은 지나치는 반면, 탁월성은 중간을 발견하고 선택한다는 것을 보아서도 또한 그렇다는 것을 알 수 있다. 이런 까닭에 탁월성은 그것의 실체(ousia)와 본질(to ti en einai)을 말하는 정의(定義)를 따르자면 중용이지만, 최선의 것과 잘해냄의 관점을 따르자면 극단이다. (EN, 1106b37-1107a8)

한편, 감정과 행위에 관련하여 모든 경우에 중용이 있는 것은 아니며, 심술이나 시기 같은 감정이나 간통이나 살인 같은 행위처럼 그것들 자체 때문에 나쁘다고 할 수 있는 것들, 그래서 언제나 잘못을 저지를 뿐인 것들이 있다(EN, 1107a9-15). 또 명예에 대한 중용처럼 이름을 가지고 있지 않은 것이나 분노나 즐거움에 관련한 중용처럼 거의 이름을 가지고 있지 않지만 온화나 목석같음으로 부르기로 하는 것들이 있다(EN, 1107b26-32, 1108a5-7, 1107b7-8). 아리스토텔레스는 명예와 관련한 이름 없는 탁월성을 설명하면서 "칭찬을 받는 것은 바로 이 품성상태, 명예와 관련한 이름 없는 중용인 그 품성상태"라고 설명한다(EN, 1125b20-21). 이 설명이 함의하는 것처럼 개개인의 감정이나 사회적 관계, 돈 혹은 명예 등 인간 삶의 여러 영역에서 지나치거나 모자라지 않고 적절하게 행하는 품성 상태가 탁월성으로 칭찬받으며 그것을 어떻게 부르는지는 그다지 중요하지 않다는 것을 알 수 있다.[11] 이외에 지나침의 성향과 모자람의 성향은 중간의 성향과 대립적인데 개별적인 탁월성에 따라 이 대립의 방식이 다르다는 점도 주목할 만한 특징이다. 무모함보다 비겁이 용기에 더 많이 대립하는 것처럼 어떤 경우에는 지나침보다 모자람이 중간의 것에 더 많이 대립하며, 목석같음보다 무절제가 절제에 더 많이 대립하는 것처럼 다른 경우에는 모자람보다 지나침이 중간의 것에 더 많이 대립하기도 한다(EN, 1109a1-4). 이 특징은 중용에 도달하는 실천적 지침에 유용하게 작용한다.[12]

---

11. 개별적인 것들에 대한 중용에 이름이 없거나 이름이 임의적으로 주어지기도 하며 어떻게 불리는지가 중요하지 않다는 점은 덕목들의 상대성에 주목하고 덕 윤리가 상대주의에 빠진다고 비판하는 주장에 대응하여 덕의 보편성을 옹호하고자 할 때 하나의 근거로 작용할 수도 있다. 이에 대한 논의는 노영란(2009: 153-155) 참조.
12. 예컨대 중간을 겨냥하는 사람은 중간을 잡아내기가 어렵기 때문에 먼저 그 중간에 더 대립적인 것으로부터 멀어지는 일들을 행하는, 일종의 차선책을 취할 수 있다. 중용에 도달하기 위한 유용한 실천적 지침을 제시할 때 아리스토텔레스는 중간에 더 대립적인 것부터 멀리하라는 점 이외에 우리 자신이 쉽게 기울어지는 방향과 반대 방향으로 자신을 이끌라는 점과 즐거움 때문에 공평하게 판단하지 못하고 잘못을 범할 수 있기 때문에 즐거움을 경계하라는 점을 함께 제시한다(EN, 1109a20-1109b13).

## 3. 개별적인 성격적 탁월성들

성격적 탁월성이 중용이라고 할 때 이 중용을 일반적으로 설명했지만, 행위들은 개별적인 것들에 관련하므로 중용으로서의 성격적 탁월성에 대한 논의는 개별적인 것들에 부합해야 하고, 따라서 개별적인 것들에도 적용해야 한다. 중용을 개별적인 것들에 적용할 때 여러 성격적 탁월성들이 있게 된다. 두려움과 대담함, 즐거움과 고통, 노여움 등의 감정의 영역에서는 용기, 절제, 온화라는 중용이 있다. 외적인 좋음의 영역의 중용으로는 재물과 관련하여 자유인다움과 통이 큼이, 그리고 명예와 관련하여 작은 명예와 관련한 이름이 없는 탁월성과 큰 규모의 명예에 관련한 포부의 큼이 있다. 또한 사회적 삶의 영역에서는 진실성, 재치, 그리고 교제와 관련하여 이름이 주어져 있지는 않지만 친애와 닮은 탁월성이 있다.

개별적인 성격적 탁월성들에 대한 아리스토텔레스의 설명에는 몇 가지 주목할 점들이 있다. 먼저 성격적 탁월성에 따른 행위는 고귀한 것을 위해서 행위하는 것(acting for the noble)이라는 점이다. 예컨대 용기는 고귀한 것이고 두려움과 대담함에 관련하여 중용을 취하는 용기 있는 사람은 그렇게 하는 것이 고귀하기 때문에 선택하고 견뎌 내며, 만일 어떤 사람이 돈을 위해 혹은 고통을 피하기 위해 용감하게 행동한다면 그는 용기 있는 사람이 아니다(EN, 1115b20-1116a15). 아리스토텔레스의 이러한 주장은 성격적 탁월성에 따른 행위가 어떤 면에서 그 자체를 위해서 하는 행위의 성격을 갖고 있음을 보여 준다.

둘째, 개별적인 탁월성들 중에는 오늘날 도덕적인 덕이라고 간주하기 어려운 것들이 포함되어 있다. 먼저 자신이 큰일을 할 만한 사람이라고 여기고 실제로 그럴 만한 사람에게 해당되는 포부가 큼이라는 탁월성은 현대의 일부 주석가들에게 가장 혐오스럽거나 무례한 것으로, 또 포부가 큰 사람은 자만심만 있고 교양은 전혀 없는 사람으로 비판받기도 한다(Warne, 2011; 140). 이 점은 덕목주의가 상대주의를 드러낸다고 주장하는 근거가 될 수도 있을 것이다. 한편 재치가 성격적 탁월성의 목록에 포함된 점에서 잘 드러나듯이, 아리스토텔레스에게 성격적 탁월성은 근대적 의미의 도덕적 덕뿐만 아니라 잘 살아가고 잘 행위하는 것에 관련되는 여타의 좋음들을 포괄하고 있다. 재치는 아리스토텔레스의 덕 개념이 가진 포괄성을 잘 보여 주는 탁월성에 해당하는 것이다.

셋째, 다른 사람과의 관계에서 발휘되는 탁월성인 정의는 공정이라는 부분으로서의 정의와 준법이라는 전체로서의 정의로 나뉜다. 법은 각각의 탁월성에 따라 살 것을 명령하고 법을 지키는 것은 각각의 모든 탁월성을 활용하는 것이며 자신뿐만 아니라 타인에 대해서도 활용하는 것이라는 점에서 준법이라는 전체로서의 정의는 완전한 탁월성이다(EN, 1129b20-35). 공정이라는 부분으로서의 정의는 명예나 돈 등 나눌 수 있는 것들의 분배에서 성립하는 분배적 정의와 상호 교섭에서 성립하는 시정적 정의가 있는데, 이러한 정의의 두 유형은 동등함을 파악하는 비례에 대해 각각 상이한 방식을 갖는다.

넷째, 친애는 정의처럼 다른 사람과의 관계에서 발휘되지만, 아리스토텔레스에 따르면 "친애는 일종의 탁월성이거나 혹은 탁월성을 수반하는 것이며, 더욱이 삶에서 가장 필요한 것"이다(EN, 1155a1-2). 친애는 쌍방 간에 서로에 대해 선의를 갖고 있으며 상대방을 위해서 상대방이 잘되기를 바라고 서로의 선의를 서로 모르지 않아야 한다는 세 가지 조건을 갖는다(EN, 1155b17-1156a4). 친애는 유익, 즐거움, 그리고 탁월성 중 어떤 것을 이유로 서로 사랑하느냐에 따라 그 종류가 셋으로 나뉜다. 이 중에서 탁월성에 따른 친애는 탁월성을 가진 좋은 사람들 사이에서 그들이 좋은 사람이기 때문에 성립하는 친애이다. 이러한 친애는 가장 완전한 친애인 반면 유익이나 즐거움에 따른 친애는 상대가 유익을 주는 한 혹은 자신이 즐거운 한 친애의 태도를 갖는다는 점에서 우연적인 의미에 따른 친애이며, 또한 탁월성을 이유로 좋은 사람들 사이에서 성립하는 친애는 일차적이며 핵심적인 의미에서의 친애인 반면 유익이나 즐거움을 이유로 성립한 친애는 유사함에 따른 친애이다(EN, 1156a5-19, 1157a27-1157b4).

친애에 대한 아리스토텔레스의 설명에는 몇 가지 흥미로운 점들이 있다. 먼저 친애는 훌륭한 사람이 자신과 맺는 관계가 다른 사람에게 확장된 것, 즉 훌륭한 사람의 자기애로부터 나오는 것이며, 지극히 복된 사람에게 선택할 만한 것은 마땅히 그에게 속해야 하며, 친구는 선택할 만한 것들 중의 하나이므로 행복하고자 하는 사람은 신실한 친구를 필요로 한다(EN, 1166a1-35; 1169b3-1170b19). 친애와 자기애 그리고 행복과 친애에 대한 관계뿐만 아니라 친애와 정의의 관계도 주목할 만하다. 사람들 간의 교제에는 정의로움도 존재하고 친애도 존재하는데, 아리스토텔레스는 친애와 정의의 관계를 다음과 같이 설명한다.

> 그래서 부정의한 행동 역시 이러한 친구들의 부류 중 각각에 있어 서로 다른 것이며, 부정의한 행동이 보다 가까운 친구들을 향한 것이라면 부정의는 더 커지게 된다. 예를 들어 절친한 친구에게 지불해야 할 금전을 지불하지 않는 것은 동료 시민에게 그러한 경우보다 더 심한 불의이며, 형제를 돕지 않는 것은 모르는 사람을 돕지 않는 것보다 더 끔찍한 일이고, 아버지를 때리는 것은 다른 사람을 때리는 것보다 더 끔찍한 일이다. 결국 친애와 정의가 동일한 사람들 사이에서 존재하며 서로 동일한 영역에 걸쳐 있으므로 친애와 더불어 정의[에 대한 요구] 또한 증대되게 마련이다. (EN, 1160a4-9)

친애와 정의의 관계에 대한 아리스토텔레스의 입장은 공평성을 도덕성의 핵심으로 삼는 윤리 이론들과 달리 가족이나 친구와 같은 사적인 관계와 그 관계에서 생기는 애착을 중시하는 덕 윤리의 특징을 잘 보여 준다.

자신의 철학적 논변과 현실의 도덕적 전통을 종합하고자 하는 아리스토텔레스는 개별적인 탁월성들을 설명한 후에 수치에 대해서도 언급한다. 수치는 부끄러운 일을 하면서 부끄러워하는 것인데 고귀한 것의 진가를 어느 정도 인정한다는 점에서 탁월성과 유사한 면이 있다. 그러나 수치는 품성 상태라기보다는 감정에 더 가까운 것으로 생각된다는 점에서 그리고 수치의 감정은 훌륭한 사람이 가질 감정은 아니라는 점에서 탁월성은 아니다(EN, 1128b10-28). 아리스토텔레스는 수치는 부끄러운 일을 한다는 면에서는 탁월성과 맞지 않고 훌륭하지 않지만 부끄러워할 줄 안다는 면에서는 훌륭한 것일 수 있는, 일종의 혼합된 성격의 것이라고 평가한다(EN, 1128b29-35).

## IV. 자발성과 합리적 선택

### 1. 자발성, 비자발성, 그리고 책임

자발성과 비자발성은 행위에 대한 책임의 부과와 면제를 결정하는 기본적인 요소이다. 아리스토텔레스는 탁월성은 감정과 행위에 관련하고, 감정과 행위가 자발적일 경우 칭찬과 비난이 가해지고, 비자발적일 경우 용서나 연민이 생겨나기 때문에, 성격적 탁월성에 대해 탐구할 때 자발적인 것과 비자발적인 것을 규정하는 것은 필수적이라고 생각한다(EN, 1109b30-34). 강제와 무지는 행위를 비자발적인 것으로 만드는 두 요소이다. 먼저 강제는 "그것의 단초(archē)가 행위자의 바깥에 있는 것으로, 행위를 하는 사람이나 행위를 당하는 사람이 이 단초에 전혀 관여하지 못하는 성질의 것이다"(EN, 1109b35-1110a3). 예컨대 태풍에 의해 지붕이 무너지는 바람에 사람이 다쳤다면 우리는 자발적으로 그 사람을 다치게 한 것이 아니다. 그러나 자발적인 요인과 비자발적인 요인이 복합적으로 작용하는 경우들이 있고 행위들은 상황과 맥락의 개별적인 것들에 달려 있기 때문에, 행위의 자발성 여부는 행해지는 상황과 맥락에 관련해서 결정되어야 한다. 아리스토텔레스는 "그 자체로는 비자발적인 것들이라도 어떤 특정한 상황에서 어떤 것을 대가로 선택할 만한 것이고 그 단초가 행위자 자신 안에 있는 것들은, 그 자체로는 비자발적이지만, 특정 상황에서는, 그리고 어떤 것을 위해서는 자발적인 것"이며 "이것들은 자발적인 것에 더 가까운 것처럼 보인다."라고 말한다(EN, 1110b3-8). 아리스토텔레스가 예로 든, 폭풍우를 만나 선적한 화물을 배 밖으로 던지는 경우를 보면, 이 행위는 그 자체로 선택하지는 않는, 단적으로 보자면 비자발적인 것이지만 행위를 하는 그 당시에는 상황에 맞는, 선택할 만한 것이며 자발적으로 행하는 것이다(EN, 1110a8-14). 즉, 폭풍우가 몰아치는 절박한 상황에서 배에 탄 사람들의 생명을 구하기 위해 숙고하고 선택해서 스스로 자신의 몸을 움직여 자신의 손으로 짐을 배 밖으로 던지는 행위를 했다는 점에서 행위의 단초가 자신 안에 있고 따라서 자발적인 것에 더 가까운 것이다.[13]

한편, 무지하다는 것 자체가 행위를 비자발적인 것으로 만들지는 않는다. 아리스토텔레스는 무지한 채 한 행위와 무지로 말미암아 한 행위를 구별하고, 단지 무지한 상태에서 한 행위가 아니라 무지가 원인이 된 행위를 자발적이지 않은 것으로 간주한다(EN, 1110b25-27). 술에 취해서 행인을 팬 사람은 자신이 무엇을 하는지 자신의 행위가 어떤 결과를 가져올지 모르는 채, 즉 무지한 채 행위한 것으로 보인다. 그러나 그는 무지로 말미암아 행위한 것이 아니라 술에 취함으로 말미암아 그러는 것이며, 이러한 행위는 비자발적인 것이 아니다.

또한 비자발성과 관련해서 어떤 종류의 무지인지에 주목할 필요가 있다.

> 그러나 어떤 사람이 자신에게 유익한 것을 모른다고 해서 곧 그의 행위가 비자발적인 것을 의미하는 것은 아니다. 합리적 선택 안에 있는 무지는 비자발성의 원인이 아니라 못됨의 원인이니까. 또 보편적인 것에 대한 무지가 아니라(이런 것에 대한 무지 때문에 비난받는 것이다) 개별적인 것들에 대

---

[13] 이런 종류의 행위들에 대해 우리가 때때로 칭찬하거나 비난한다는 사실도 이 행위가 자발적이라는 점을 뒷받침해 준다(EN, 1110a20-26).

한 무지, 즉 행위가 성립하는 그곳과 행위에 관계하는 것들에 대한 무지가 비자발성의 원인이기 때문이다. 바로 이런 것들에서 연민과 용서가 허용된다. 이런 것들을 모르는 사람이 비자발적으로 행위하는 것이니까. (EN, 1110b30-1111a2)

악덕한 사람은 마땅히 해서는 안 되는 나쁜 것을 좋은 것으로 믿고 합리적으로 선택해서 나쁜 것을 행한다. 그가 그렇게 하는 이유는 못된 성품을 가져서 무엇이 좋고 무엇이 나쁜지를 모르기 때문이다. 이처럼 합리적 선택을 내리는 사람이 관계하는, 보편적인 것에 대한 무지로부터 행하는 것은 비자발적인 것이 아니다. 대신 누가, 무엇을, 왜, 그리고 어떻게 행하는지 등등 행위를 이루는 개별적인 것들과 관련해서 무지하다면 자발적으로 행위한 것이 아니다. 굶주린 사람을 돕고자 빵을 줬지만 그 빵이 상해서 그 사람이 배탈이 난 경우, 그 빵이 상했다는 것을 모르고 줬다면 굶주린 사람을 배탈 나게 한 행위는 자발적인 것이 아니다. 결국 무지와 관련하여 비자발적인 것이 되려면 보편적인 무지가 아니라 개별적인 무지여야 하며 무지한 채가 아니라 무지로 말미암아 한 행위여야 한다. 그리고 개별적인 것에 대한 무지로 말미암아 행위한 사람이 마지못해 비자발적으로 행위했다면 그는 "그 행위에서 고통과 후회까지 느껴야만 할 것이다"(EN, 1111a19-20). 만일 그가 행위한 사실을 고통스러워하거나 후회하지 않는다면 마지못해 비자발적으로 행한 것과는 다르다. 무지에 따른 비자발적인 행위에서 고통과 후회는 행위자가 알았다면 그 행위를 하지 않았을 것임을 입증한다는 점에서 비자발성의 명백한 근거가 된다. 지금까지 살펴본 바와 같이 아리스토텔레스는 비자발적인 것을 파악함으로써 이것에 반대되는 자발적인 것을 규정한다.[14] 즉, 아리스토텔레스는 "비자발적인 것이 강제로, 혹은 무지

---

14. 자발성과 비자발성에 대한 아리스토텔레스의 논의를 살펴보면 분노나 욕망으로 말미암은 것들도 자발적인 것에 포함할 정도로 자발적인 것의 범위는 넓고 비자발적인 것의 범위는 상대적으로 매우 좁다는 것을 알 수 있다.

로 말미암은 것이라면, 자발적인 것은 그것의 단초가 행위자 자신 안에 있으며, 그때 행위자는 행위를 이루는 개별적인 것들을 알고 있는 경우일 것이다."라고 정리한다(EN, 1111a21-23).

자발적으로 한 행위들에 대한 책임이 행위자에게 있다고 할 때 행위하는 데 큰 영향을 미치는 행위자의 품성 상태에 대한 책임은 누구에게 있는가? 품성 상태는 자발적인가 비자발적인가? 아리스토텔레스는 활동을 함으로써 그 활동에 상응하는 품성 상태가 생겨나기 때문에 어떤 종류의 사람이 된 원인은 활동을 한 자기 자신이며, 성격적 탁월성을 가진 좋은 사람이 되는 것이나 악덕을 가진 못된 사람이 되는 것은 우리 자신에게 달려 있다고 주장한다(EN, 1114a5-8; 1113b6-13). 예컨대 무절제한 행위들을 반복해서 행하면서 무절제한 사람이 되기 때문에 어떤 사람이 무절제한 사람이라면 그가 무절제한 사람이 된 원인은 자기 자신이며 그러한 성격의 책임은 자신에게 있다. 행위와 달리 품성 상태는 어느 정도가 지나면 우리가 통제할 수 없다는 점을 지적하면서 품성 상태가 우리가 책임지는 자발적인 것이라는 주장에 의문을 제기할 수도 있다. 이에 대해 아리스토텔레스는 무절제한 사람이 된 후에는 무절제한 행위를 하지 않고 무절제한 사람이 되지 않을 가능성이 더는 없음을 인정하지만, 처음에는 무절제한 행위를 하거나 하지 않는 것이 그에게 달려 있으며 무절제한 행위를 하지 않고 무절제한 사람이 되지 않을 가능성이 있었는데 자발적으로 무절제한 행위를 해 오면서 무절제한 사람이 된 것이라고 설명한다(EN, 1114a17-22). 결국 아리스토텔레스에 따르면 품성 상태는 우리에게 달려 있는 행위들에 의해 만들어진다는 점에서 자발적이며 우리 자신이 책임을 지는 것이다.

## 2. 합리적 선택

아리스토텔레스는 감정과 행위에 대한 칭찬과 비난의 기본적인 근거가 되는 자발성을 먼저 규정하고 이어서 합리적 선택(prohairesis)을 논의한다.

성격적 탁월성에 따른 행위는 자발적인 행위이며 합리적 선택에 따른 행위이다.[15] 합리적 선택이 무엇인지 설명할 때 아리스토텔레스는 먼저 욕망이나 분노, 바람 등 행위를 야기하는 동기의 기본적인 유형들과 비교하면서 합리적인 선택이 이것들과 어떻게 다른지를 밝힌다. 합리적 선택은 욕망이나 분노와 달리 이성이 없는 것들과는 공유할 수 없으며, 바람이 불가능한 것들에 대해서까지도 존재하며 목적에 더욱 관계한다면 합리적 선택은 오로지 자기 자신에 의해 이룰 수 있다고 생각하는 것들, 즉 우리 자신에게 달려 있는 것들에 존재하며 목적에 이바지하는 것들에 관계한다(EN, 1111b13-30). 뿐만 아니라 합리적 선택은 의견과도 다르다. 합리적 선택은 우리들 자신에게 달려 있는 것에 관계하는 반면, 의견은 영원한 것과 불가능한 것을 포함하여 모든 것에 관해 가능하며, 또 좋음과 나쁨에 의해 나뉘는 합리적 선택은 좋은 것이나 나쁜 것 중 어떤 것을 추구하거나 회피할지를 선택하는 반면, 참과 거짓에 의해 나뉘는 의견은 어떤 것이 무엇인지, 무엇에 또 어떻게 유익한지에 대해 의견을 가진다(EN, 1111b31-1112a6).

아리스토텔레스는 합리적 선택이 욕망이나 분노, 바람, 혹은 의견이 아니라 이성과 사유를 동반하는 것이기 때문에 미리 숙고했던 것이라는 점이 남는다고 보고, 숙고의 결과라고 말한다(EN, 1112a14-15). 이제 합리적 선택은 숙고가 무엇인지를 통해 확인될 수 있다. 숙고의 대상은 두 가지 특징을 갖는다. 먼저 숙고의 대상은 영원한 것, 언제나 같은 방식으로 일어나는 필연적인 것, 임의적으로 혹은 우연적으로 일어나는 것 등이 아니라 우리에게 달린 것, 즉 우리의 행위에 의해 성취될 수 있는, 그러나 언제나 같은 방식으로 일어나지는 않는 것이다(EN, 1112a21-1112b7). 둘째 숙고의 대상은 목적이 아니라 목적에 이바지하는 것들이다. 예컨대 교사는 가르쳐야 할지

---

15. 그러나 아이들이나 동물들도 자발적으로 행위할 수는 있지만 합리적으로 선택하지는 못한다는 점에서 자발적인 행위가 모두 합리적 선택에 따른 행위는 아니다. 또한 합리적으로 선택해서 악덕에 따른 행위를 할 수도 있기 때문에 합리적 선택에 따른 행위가 모두 성격적 탁월성에 따른 행위는 아니다. 세 유형의 행위를 포함 관계로 정리하면 다음과 같다. 자발적 행위 ⊃ 합리적 선택에 따른 행위 ⊃ 성격적 탁월성에 따른 행위.

에 대해서 숙고하는 것이 아니라 어떻게 해야 잘 가르칠 수 있는지, 즉 가르치려는 목적을 성취하는 최선의 방식이 무엇인지를 숙고한다. 숙고의 대상이 되는 우리에게 달린 것과 목적에 이바지하는 것은 바로 우리가 합리적으로 선택할 수 있는 것이다. 이처럼 숙고를 통해 판단된 것이 합리적 선택의 대상이기 때문에, "숙고할 수 있는 것과 합리적으로 선택할 수 있는 것은, 합리적으로 선택할 수 있는 것이 이미 결정되었다는 점만 제외하면 동일하다"(EN, 1113a3-5).

그러나 아리스토텔레스에 따르면 "우리는 숙고를 통해 결정한 후 그 숙고에 따라 욕구"한다는 점에서 합리적으로 선택할 수 있는 것은 숙고의 대상일 뿐만 아니라 욕구의 대상이고, 따라서 합리적 선택은 "우리에게 달린 것들에 대한 숙고적 욕구"이다(EN, 1113a10-13).[16] 합리적 선택이 욕구와 이성에 의해 이루어지고, 행위를 직접 불러일으키는 행위의 원리로 작용한다는 아리스토텔레스의 주장을 좀 더 살펴보자.

> 그런데 사유에 있어서 긍정과 부정에 해당하는 것은 욕구에 있어서는 추구와 회피이다. 따라서 성격적 탁월성이 합리적 선택과 관련한 품성상태이고, 또 합리적 선택은 숙고적 욕구이므로, 합리적 선택이 신실한 것이려면 이성(logos)도 참이고 욕구도 올바른 것이어야만 하며, 동일한 것을 두고 이성은 긍정하되 욕구는 추구해야만 하는 것이다. 그런데 이것이 바로 실천적 사유이며 실천적 참이다. (…) 행위의 원리는 합리적 선택이지만 ─ 그것으로부터 운동이 시작된다는 의미에서의 원리일 뿐 행위의 목적(hou

---

16. 박기순과 송유례(2017: 214)는 목적을 달성할 최선의 수단이 무엇인지 생각하고 이러한 숙고의 결과 구체적인 행위를 행하려는 욕구를 가지게 되는데 이 욕구가 바로 합리적 선택이라고, 따라서 합리적 선택은 숙고의 결과로 생긴 욕구인 숙고적 욕구라고 설명한다. 한편 애링턴(Arrington, 2009: 143)에 따르면 아리스토텔레스가 합리적 선택을 숙고적 욕구라고 정의하는 이유는 숙고해서 합리적 선택을 내리면 이 합리적 선택이 행위의 근원이 되는데, 행위는 사고나 신념만으로는 생겨나지 않고 욕구로부터 생겨나기 때문이다. 이러한 설명들을 통해서도 알 수 있듯이 아리스토텔레스에게 있어서 합리적 선택은 "어떤 방식으로 행동하겠다는 결심 또는 의도"인데(Warne, 2012: 125), 오늘날의 개념으로 보면 의지에 해당하는 셈이다.

heneka)이라는 의미에서의 원리는 아니다 — 합리적 선택의 원리는 욕구 및 어떤 목적을 지향하는 이성이다. 이런 까닭에 합리적 선택은 지성이나 사유 없이 생기지 않고, 또 성격적 품성상태 없이도 생기지 않는 것이다. 잘 행위한다는 것(eupraxia)과 행위에 있어서 그 반대는 사유나 품성 없이는 있을 수 없기 때문이다.

사유 그 자체는 아무것도 움직이지 못하지만 목적을 지향하는 실천적인 사유는 그렇지 않다. (…) 단적으로 목적인 것은 행위에 의해 성취될 수 있는 것(to prakton)뿐이다. 잘 행위한다는 것(eupraxia)이 목적이며, 욕구는 이 목적을 향하기 때문이다. 그런 까닭에 합리적 선택이란 욕구적 지성(orektikos nous)이거나 사유적 욕구(dianoētikē orexis)인 것이며, 인간이 바로 그러한 원리(archē)이다. (EN, 1139a22-1139b6)[17]

아리스토텔레스에게 이성과 욕구는 합리적 선택의 분리 불가능한 두 측면이며 합리적 선택에 따른 행위는 이성과 욕구 둘 모두를 동시에 살펴볼 때 설명될 수 있다. 합리적 선택이 가진 이러한 성격을 통해 우리는 왜 아리스토텔레스가 "합리적 선택은 탁월성에 가장 고유한 것으로 보이며, 행위들보다 성격(ēthos)을 더 잘 분간해 내는 것으로" 보인다고 주장하는지 이해할 수 있다(EN, 1111b6-7). 우리는 어떤 행위를 했다는 점만으로는 그 행위자가 어떤 성격을 가졌는지 확실히 분간하기 어렵다. 그러나 앞에서 살펴본 것처럼 욕구와 이성이 함께 작용하는 합리적 선택은 성격적 품성 상태와 사유 둘 모두에 의해 생기기 때문에 합리적 선택을 보면 행위자가 어떤 성격의 사람인지, 행위자가 어떻게 사유했는지 파악하게 된다. 예컨대 절제 있는 행위를 했다는 것이 곧 절제 있는 사람이라는 표시는 아니다. 절제의 품성 상태에 따라 잘 숙고해서 합리적 선택을 내리고 절제 있는 행위를 할 때 절제 있는 사람인 것이다. 따라서 행위보다 합리적 선택이 성격을 더 잘 확인해 준다.

---

**17.** 프라이어(Prior, 2010: 282)는 욕구적 지성을 "욕구에 의해 동기 부여된 지성"으로, 사유적 욕구를 "사고를 통해 발현되는 욕구"로 설명한다.

# V. 지적 탁월성과 실천적 지혜

## 1. 개별적인 지적 탁월성들

 지적 탁월성은 인간 영혼에서 이성을 가진 부분이 그 기능을 잘 발휘하여 참을 인식하는 품성 상태이다. 중용의 품성 상태인 성격적 탁월성에 여러 개별적인 탁월성들이 존재하는 것처럼 참을 인식하는 품성 상태인 지적 탁월성 역시 관련되는 대상에 따라 여러 탁월성들이 존재한다. 영혼의 이성을 가진 부분은 어떤 대상의 인식에 관련하느냐에 따라 두 부분, 즉 학문적 인식의 부분과 이성적으로 헤아리는 부분으로 나뉘는데, 학문적 인식의 부분은 "그 원리가 다르게 있을 수 없는 존재자들을 성찰"하며, 이성적으로 헤아리는 부분은 "그 원리가 다르게도 있을 수 있는 존재자들을 성찰"한다(EN, 1139a4-14). 전자에 해당하는 지적 탁월성으로 학문적 인식, 직관적 지성, 철학적 지혜가(sophia) 있고, 후자에 해당하는 지적 탁월성으로 기예와 실천적 지혜(phronēsis)가 있다.

 5개의 지적 탁월성을 각각 살펴보면, 먼저 학문적 인식은 다르게 있을 수 없는 것, 즉 필연적인 것, 영원한 것, 보편적인 것을 대상으로 하며, 이러한 것들에 관련한 참된 판단이다. 학문적 인식은 제일원리들로부터 필연적으로 참인 것을 연역하여 도출하는 것으로서 증명할 수 있는 품성 상태이며 가르침으로 획득될 수 있는 것인 반면, 더 이상 논증될 수 없는 원리를 대상으로 하는 직관적 지성은 학문적으로 인식될 수 있는 것들의 원리 자체가 자명하게 참임을 직관적으로 통찰하는 것이다(EN, 1140b30-1141a8; 1139b20-36). 예컨대 기하학에서 공리로부터 정리들을 도출하는 것은 학문적 인식에, 공리 자체를 통찰하는 것은 직관적 지성에 해당한다. 직관적 지성과 학문적 인식이 합쳐진 것이 철학적 지혜이다. 철학적 지혜는 원리들 자체에 대해서 그리고 원리들로부터 도출된 것에 대해서 참되게 아는 것이며

"가장 영예로운 것들에 대한 '최정점'의 학문적 인식이다"(EN, 1141a18-19).

그 원리가 다르게 있을 수 있는 것들을 인식하는 부분의 지적 탁월성으로는 제작의 영역에 관련하는 기예와 행위의 영역에 관련하는 실천적 지혜가 있다. 실천적 지혜는 자신에게 좋은 것, 유익한 것들과 관련해서 잘 숙고하는 것인데, 여기에서 잘 숙고한다는 것은 건강이나 체력과 같은 특정 부분에서 무엇이 좋고 유익한지 생각하는 것이 아니라 인생을 전체적으로 바라보면서 잘 살아가기 위해 무엇이 좋고 유익한지 헤아리는 것이다(EN, 1140a27-28). 잘 숙고함의 이런 특징은 덕목들이 갈등하는 상황에서 중요한 역할을 할 것으로 기대할 수 있다. 예컨대 절제와 용기가 갈등하는 상황에서 실천적 지혜가 있는 사람은 전체적으로 조망하면서 그 상황에서 어떻게 하는 것이 잘 사는 것인지, 행복하게 살기 위해 무엇을 해야 하는지 숙고할 것이다.

## 2. 실천적 지혜

앞에서 우리는 합리적 선택을 검토하면서 숙고가 우리에게 달려 있는, 우리의 행위에 의해 성취될 수 있는 것 그리고 목적이 아니라 목적에 이바지하는 것을 대상으로 한다는 점을 살펴보았다. 이러한 숙고의 두 특징은 무엇이 좋고 유익한지 잘 숙고하는 능력인 실천적 지혜에도 적용된다. 실천적 지혜가 있는 사람은 행위에 의해 성취될 수 있는 것들 중 최선의 것을 헤아려서 찾아내는 사람이다(EN, 1141b10-14). 또한 실천적 지혜가 있는 사람은 이성적으로 살펴서 목적을 성취하는 데 유용한 것을 파악한다. 그런데 나쁜 사람도 숙고해서 자신의 목적에 이바지하는 것을 찾아내 목적을 달성할 수 있다. 따라서 실천적 지혜의 잘 숙고함은 무엇보다도 좋은 것을 성취하게 하는 올바름이며, 구체적으로 말해서 마땅히 도달해야 할 것을 목적으로 삼고 이를 마땅히 해야 할 방식으로 그리고 마땅해 해야 할 시간에 성취하게 하는 올바름이다(EN, 1142b16-34). 실천적 지혜가 있는 사람이 잘 숙고해서 자신이 처한 상황에서 찾아낸 마땅한 것, 다시 말해서 가장 좋고 가장 잘하는 것이 다름 아닌 중용이다.

아리스토텔레스에 따르면 실천적 지혜는 보편적인 것과 개별적인 것을 모두 알아야만 하지만, 한쪽만을 가질 수밖에 없다면 개별적인 것을 알아야만 한다(EN, 1141b24). 실천적 지혜가 개별적인 것을 알아야만 하는 이유는 실천적 지혜는 실천에 작용하는 올바른 이성이고, 내 앞에 놓인 음식이 소화도 잘 되고 건강에도 도움이 되는 연한 고기인지 아닌지 알아야 건강을 산출하는 행위를 할 수 있는 것처럼, 실천 혹은 행위는 상황과 맥락의 개별적인 것들에 관련하기 때문이다(EN, 1141b15-16). 여기에서 우리는 왜 아리스토텔레스가 개별주의(particularism)를 취하고 도덕적 요구를 법칙으로 체계화하는 데 회의적이며, 윤리학은 엄밀한 정확성을 갖는 대신 개략적으로 논의할 수밖에 없다는 입장을 취하는지 이해할 수 있다.

개별적인 것을 알아야 실천적 지혜를 가질 수 있다는 점에 따라 젊은이는 실천적 지혜를 가진 사람이 될 수 없다. 개별적인 것들은 오랜 시간에 걸쳐 만들어지는 경험으로부터 알려지고 젊은이들은 경험이 부족하기 때문이다(EN, 1142a12-16). 또한 개별적인 것에 대해서는 학문적으로 인식하는 것이 아니라 지각적인 앎인 직관을 한다는 점에서 실천적 지혜를 가진 사람의 말과 의견은 증명될 수 없지만, 실천적 지혜를 가진 사람들은 많은 경험을 하면서 일정한 나이에 이르러 개별적인 것에 대한 지각을 갖게 되었고 이로써 올바르게 보기 때문에 우리는 그들의 증명될 수 없는 말과 의견들을 증명 못지않게 경청해야만 한다(EN, 1143b5-14). 실천적 지혜를 가진 사람은 조향사나 와인 감별사 같은 사람들에 비유할 수 있다. 이러한 사람들은 수없이 많이 맡아 보거나 마셔 보면서 남들과는 달리 탁월한 감별 능력을 갖게 되었고, 이들의 판단이 이론적으로 전부 증명될 수는 없지만 우리는 이들의 감별을 존중한다. 마찬가지로 개별적인 것에 대한 지각을 포함하는 실천적 지혜는 많은 경험을 통해 습득되며, 실천적 지혜가 있는 사람들은 주어진 상황에서 무엇이 최선인지 잘 숙고해서 합리적 선택에 도달한다. 이들의 선택이 어떤 이론이나 원칙으로 규정되거나 체계화되기 어려움에도 불구하고 우리는 이들의 선택을 존중해야 한다.

## 3. 실천적 지혜와 철학적 지혜

『니코마코스 윤리학』에서 아리스토텔레스가 지적 탁월성을 논의하는 이유 중의 하나는 실천적 지혜와 다른 지적 능력들의 차이를 구별하는 데 있다는 점에서, 실천적 지혜와 다른 지적 탁월성들을 비교해 보자. 먼저 기예와 비교해 보면, 기예와 실천적 지혜는 둘 다 다르게 있을 수 있는 것들에 관계하며, 먼저 활동을 함으로써 그 능력을 얻게 된다는 점에서 유사한 획득 방식을 갖는다. 그러나 둘 사이에는 다음과 같은 차이가 있다. 기예는 제작의 영역에, 실천적 지혜는 행위의 영역에 해당하며, 제작은 제작 자체와는 별개의 다른 목적을 갖지만 행위는 잘 행위한다는 것 자체가 목적이 된다. 그리하여 실천적 지혜와 달리 기예는 옳은 목적이건 나쁜 목적이건 목적과 상관없이 기술적으로 능숙할 수 있으며, 일부러 잘못할 수 있는 사람이 기예의 경우에는 더 나은 사람이지만 실천적 지혜의 경우에는 덜 바람직한 사람이다(EN, 1140b1-25).

다음으로 학문적 인식은 다르게 있을 수 없는 것들을 대상으로 하며, 가르칠 수 있고 증명할 수 있는 품성 상태라는 점에서 실천적 지혜와 구별된다. 직관적 지성 역시 실천적 지혜와 달리 다르게 있을 수 없는 것들에 관계한다. 아리스토텔레스에 따르면 설명이 있을 수 없는 개념들에 관련하는 직관적 지성과 지각의 대상일 뿐인 최종적인 것에 관련하는 실천적 지혜는 서로 대립해 있다(EN, 1142a26-32). 하지만 증명에 있어서 불변하는 제일의 명제들에 관련하는 직관적 지성과 행위에 있어서 개별적인 것, 즉 최종적인 것에 관련하는 실천적 지혜 둘 모두에 추론이 아니라 지성(nous), 즉 직관이 발휘된다(EN, 1143a34-1143b5).

플라톤과 달리 철학적 지혜와 실천적 지혜를 구분한 아리스토텔레스는 이 둘의 비교에 특히 주목한다. 아리스토텔레스의 비교를 지혜의 대상과 성격에 따라 정리해 볼 수 있다. 먼저 지혜의 대상에서 보면 실천적 지혜는 인간적인 좋음에 그리고 철학적 지혜는 우주를 구성하는, 그 본성에 있어서 인간보다 훨씬 더 신적인 다른 것들에 관계하며, 지혜의 성격에서 보면 실천적 지혜는 자기 자신에게 좋고 유익한 것을, 철학적 지혜는 항상 모든 경우에 동일한 것을 지혜롭다고 여긴다(EN, 1141a20-1141b4). 이런 점들에 따라 아리스토텔레스는 철학적 지혜가 가장 영예로운 것들을 대상으로 하며 인간이 갖는 최고의 인식이라고 생각한다. 철학적 지혜와 실천적 지혜를 구분하지 않고 혼용한 플라톤과 달리 아리스토텔레스가 이 둘을 구분한 것은 플라톤에 대한 비판이자 도전이라고 볼 수 있으며, 이러한 구분을 통해 아리스토텔레스는 실천철학을 이론철학으로부터 독립된 학문으로 성립시킬 수 있었다(박기순·송유레, 2017: 217). 그러나 철학적 지혜를 최고의 훌륭한 인식으로 보는 아리스토텔레스의 입장에는 영원하고 불변하는 것은 순간적이고 가변적인 것보다 우월하다는 플라톤적 사유가 도사리고 있다(Warne, 2012: 171-172).[18]

실천적 지혜와 철학적 지혜는 지혜의 대상과 성격에 있어서 차이가 있지만, 아리스토텔레스는 실천적 지혜와 철학적 지혜 모두 그 자체로도 그리고 행복을 만들어 낸다는 점에서도 선택할 만한 것이라고 주장한다. 둘은 영혼의 각 부분에 고유한 탁월성이기 때문에 아무것도 만들어 내지 않는다 하더라도 그 자체로 선택할 만한 것일 뿐만 아니라 "건강함이 건강한 것들의 원인인 것처럼"[19] 철학적 지혜는 "탁월성 전체의 한 부분인 지혜를 가지

---

[18]. 철학적 지혜에 대한 아리스토텔레스의 입장은 철학적 지혜를 발휘하는 관조적 활동을 완전한 행복으로 주장하는 부분에도 반영된다. 엄슨(Urmson, 1996: 202)에 따르면 아리스토텔레스는 플라톤의 좋음의 이데아를 거부하지만 "플라톤이 동굴 밖의 실재적인 세계라고 불렀던 것에 관한 관조에서 최고의 행복을 알았다는 점에서는 플라톤을 따르고 있다."고 주장한다. 결국 아리스토텔레스는 플라톤을 벗어나고자 했지만 철학적 지혜와 관조에 대한 그의 입장에는 플라톤의 영향이 여전히 남아 있다.

[19]. 이 부분은 『니코마코스 윤리학』에서 "건강이 [건강을] 만들어 내듯이"(1144a4)에 대한 역자들의 해석이다(아리스토텔레스, 2013: 228).

고 그것을 활동시킴으로써 행복하게 만"들며, 실천적 지혜는 성격적 탁월성을 통해 세운 목표에 이바지하는 것을 찾아서 인간의 기능을 잘 발휘하게 함으로써 행복하게 만든다(EN, 1144a1-11).

## 4. 실천적 지혜와 성격적 탁월성

합리적 선택이 욕구적 지성 혹은 사유적 욕구라는 아리스토텔레스의 설명은 영혼의 성격적 부분과 사유하는 부분이 함께 작용하여 합리적 선택이 이루어진다는 것을 의미한다. 그렇다면 합리적 선택이 올곧게 되기 위해서는 성격적 탁월성과 실천적 지혜가 둘 다 필요하다. 구체적으로 성격적 탁월성은 "[우리가 바라보는] 목표를 올곧게 해주며, 실천적 지혜는 이 목표에 이바지하는 것들을 올곧게 해" 준다(EN, 1144a8-9). 목적을 결정해 주는 성격적 탁월성과 그 목적에 이바지하는 것을 행위 하도록 만드는 실천적 지혜는 상호 의존적인 불가분의 관계에 있다. 이 관계를 먼저 영혼의 사유하는 부분에 해당하는 실천적 지혜의 측면에서 살펴보자. 우리가 가진 영리함은 목표에 도달할 수 있도록 헤아리는 능력인데, 그 목표가 고귀한 것이냐 나쁜 것이냐에 따라 영리함은 칭찬 받을 만한 것(실천적 지혜)이거나 혹은 비난 받을 만한 것(교활함)이 된다(EN, 1144a24-28). 따라서 영리한 사람이 칭찬받을 만한 사람, 즉 실천적 지혜를 가진 사람이 되느냐 교활한 사람이 되느냐는 목표에 달려 있다. 그리고 행위의 목표를 올바르게 만들어 주는 것은 바로 성격적 탁월성이다. 성격적 탁월성을 가진 좋은 사람은 주어진 상황에서 올바른 목표를 세우며, 이러한 올바른 목표를 달성하는 수단을 찾는 그의 영리함은 실천적 지혜가 된다. 영리함 중에서도 성격적 탁월성을 가진 사람의 영리함이 바로 실천적 지혜인 것이다. 따라서 성격적 탁월성을 가진 사람만이 실천적 지혜를 가질 수 있다.

아리스토텔레스가 실천적 지혜를 위해서는 성격적 탁월성을 가져야 한다는 점을 밝히기 위해 의견을 갖는 영혼의 부분에서 영리함과 실천적 지혜를 구별했다면, 성격적 탁월성을 위해서는 실천적 지혜를 가져야 한다는 점을 밝히기 위해 성격적인 부분에서 자연적 탁월성과 엄밀한 의미에서의 탁월성을 구별한다. 자연적 탁월성은 나면서부터 갖게 되는, 그래서 어린이나 동물들도 갖고 있는 어떤 훌륭한 품성들이지만, 우리는 엄밀한 의미에서의 좋음을 이러한 자연적 탁월성과는 다른 어떤 것으로 바라며, 또 그것을 다른 방식으로 갖기를 바란다(EN, 1144b1-8). 수영할 줄 모르는 6세 아이가 반려견이 호수에 빠진 것을 보자마자 구하려고 물에 들어갈 경우 함께 빠지고 말게 되지만, 직접 수영할 수 없는 지혜로운 할아버지는 어떻게 반려견을 구할지 따져 보고 주변에 도움을 요청해 구할 수 있다. 이처럼 자연적인 훌륭한 품성 상태는 지성 없이는 해를 끼칠 수 있는 반면, 지성을 갖추게 되면 행위에 있어서 차이를 보이고 엄밀한 의미의 탁월성이 된다는 점에서 "엄밀한 의미의 탁월성은 실천적 지혜 없이는 생겨나지 않는다"(EN, 1144b9-17). 결국 실천적 지혜와 성격적 탁월성은 상호 의존적인 불가분의 관계에 있고, 이러한 상호 의존성을 아리스토텔레스는 "실천적 지혜 없이는 좋은 사람이 될 수 없다는 것, 또 성격적 탁월성 없이는 실천적 지혜를 가진 사람이 될 수 없다는 것이 분명해진다."는 말로 정리한다(EN, 1144b30-31).[20]

한편, 실천적 지혜 없이는 성격적 탁월성이 생겨나지 않는다고 설명하면서 아리스토텔레스는 두 가지 주목할 만한 주장을 한다. 먼저 자신의 입장과 소크라테스의 입장을 비교한다.

> 바로 이런 까닭에 어떤 사람들은 모든 탁월성은 실천적 지혜라고 주장했던 것이며, 소크라테스 또한 어떤 측면에서는 옳게 탐구했지만, 다른 어떤 측면에서는 잘못을 저질렀던 것이다. 모든 탁월성들이 실천적 지혜

---

20. 아리스토텔레스는 "실천적 지혜의 원리(archē)가 성격적 탁월성에 따라 주어지며, 성격적 탁월성들의 옳음이 실천적 지혜에 따라 주어지기 때문"에 둘은 상호 결부되어 있다고 주장한다(EN, 1178a17-19).

라고 생각했다는 점에서는 잘못을 범했던 것이며, 그것들이 실천적 지혜 없이는 있을 수 없다고 생각한 점에서는 옳게 이야기한 것이니까. (EN, 1144b18-21)

이러한 주장을 통해 우리는 아리스토텔레스와 소크라테스의 주장 사이에 있는 유사점과 차이점을 확인할 수 있다. 아리스토텔레스는 덕은 지식이라는 소크라테스의 주장에는 반대하지만, 소크라테스처럼 덕을 위해서는 실천적 지혜가 필요하다고 생각한다.

실천적 지혜 없이는 성격적 탁월성이 생겨나지 않는다는 설명에서 주목할 또 다른 주장은 성격적 탁월성들이 서로 분리되어 있는 것이 아니라는 점이다. 아리스토텔레스는 "한 탁월성은 이미 가지고 있지만 다른 탁월성은 아직 가지고 있지 않을 수 있다는" 논변은 자연적 탁월성의 경우에는 가능하지만, "실천적 지혜 하나만 갖추게 되면, 모든 탁월성들 또한 가지게" 될 거라는 점에서 좋은 사람이 되게끔 하는 탁월성들의 경우에는 불가능하다고 주장한다(EN, 1144b33-1145a2). 실천적 지혜를 갖추면 모든 탁월성들을 갖게 된다는 주장을 통해 아리스토텔레스는 오늘날 덕의 통일성이라고 불리는 입장을 취하게 된다.

## VI. 자제력 없음

### 1. 자제력 없음과 무지

자제력 없음(akrasia)은 악덕, 짐승 같은 품성 상태와 함께 피해야 할 품성에 속한다. 자제력 없음은 건강을 위해서는 알맞게 먹어야 한다는 것을 알면서도 과식을 하는 것처럼, 무엇이 최선인지 알지만 이 앎에 어긋나게 행위하는 것이다. 일상적인 관찰이나 견해는 자제력 없음의 현상이 있음을 보여 주지만, 소크라테스는 그릇된 행위는 무지의 산물이며 자제력 없음은 있을 수 없다고 주장한다. 아리스토텔레스는 자제력 없음에 관련하는 앎과 무지의 성격을 분석하면서 자제력 없음이 어떻게 가능한지에 대해 여러 설명을 제시한다. 먼저 아리스토텔레스는 앎은 소유와 사용의 두 가지 의미가 있으며, 앎을 소유하지만 어떤 상황에서 그 앎을 사용하지 않는 것과 앎을 사용하는 것으로 나눌 경우 자제력 없음은 전자에 해당하고, 앎을 이렇게 이해할 때 자제력 없음이 발생하는 것은 이상하지 않다고 말한다(EN, 1146b31-35).

다음으로 아리스토텔레스는 실천 추론에서 보편적인 전제와 개별적인 전제를 구별하고 두 전제를 다 가지고 있음에도 "보편적인 전제는 사용하지만 개별적인 것에 따른 전제는 사용하지 않는다면" 앎에 어긋나게 행위할 수 있음을 설명한다(EN, 1147a1-9).[21] 이 설명에 따르면, 예컨대 기름진 음식이 건강에 좋지 않으며 삼겹살이 기름진 음식이라는 것을 알지만 자신의 앞에 놓인 음식의 재료가 삼겹살이라는 것을 생각해 내지 못하거나 알지 못한다면 기름진 음식인 삼겹살이 건강에 좋지 않다는 것을 알면서도 그 음식을 먹을 수 있다.

아리스토텔레스의 세 번째 설명은 '안다'의 두 의미에서 나아가 '앎을 가진다'는 것의 두 의미를 구분한다. 그는 앎을 가지지만 사용하지 않는 경우, 안에서 단지 앎을 가지지만 사용하지 않는 경우와 "가령 자고 있는 사람이나 미친 사람, 혹은 취한 사람의 경우처럼 어떤 방식으로 앎을 가지고 있으면서도 가지고 있지 않는 상태"를 보이는 경우로 구분하고 감정에 사로잡혀 자제력 없게 된 사람들을 후자의 경우와 유사한 상태에 있다고 설

---

21. 프라이어(Prior, 2010: 295)에 따르면 아리스토텔레스의 이 설명은 완전한 개별성에서까지 알고도, 즉 바로 이 개별적 행동이 바로 이 개별적 상황에서 해야 하는 옳은 행동임을 알고도 자제력 없이 행동하는 것은 말이 안 되지만, 개별적 전제를 추상적으로만 안다면 자제력 없이 행동할 수 있다는 것을 의미한다.

명한다(EN, 1147a10-18). 이 설명에 따르면 자제력 없는 사람은 감정에 사로잡혀 어떤 방식으로 앎을 가지고 있으면서도 가지고 있지 않은 상태, 즉 "약한 의미로만 지식을 가진 상태"(엄슨, 1996: 157)에서 앎을 실행시키지 못하는 것이다.

자제력 없음에 대한 마지막 설명은 어떤 의미에서는 추론을 통해 자제하지 못하는 행위가 빚어지는 경우에 대한 것인데, 여기에서 아리스토텔레스는 우리의 실천 추론에는 상충하는 의견들이 존재할 수 있고 이런 방식으로 행동할 이유와 저런 방식으로 행동할 이유를 함께 가질 수 있는데 자제력 없음은 억제하기 힘든 욕구로 인해 해서는 안 된다는 의견에 반대되는 방향으로, 즉 그릇된 행동으로 귀결되는 추론이 이루어진 경우라고 설명한다(EN, 1147a24-1147b5). 이러한 설명들 중에서 자제력 없는 사람을 잠든 사람이나 술 취한 사람에 비유하고 감정에 사로잡혀 앎이 행위 속에서 작용하지 않는 사람으로 보는 세 번째 설명은 자제력 없음에 대한 대표적인 설명으로 간주되어 왔다(프라이어, 2010: 297; 엄슨, 1996: 156).

## 2. 자제력 없음과 무절제

자제력 없음에 대해 설명하면서[22] 아리스토텔레스는 자제력 없음을 악덕인 무절제와 비교한다. 무절제한 사람은 즐거움을 과도하게 추구하되 마땅히 추구해야 한다고 생각하면서 합리적 선택에 따라 즐거움을 추구하는 사람으로서 과도한 즐거움을 추구하는 것이 옳다고 설득되어 추구하는 사람

---

22. 아리스토텔레스는 자제력 없음을 분노(thymos)에 대한 자제력 없음과 욕망(epithymia)에 대한 자제력 없음으로 나눈다. 욕망과 달리 분노는 어떤 의미에서 이성을 따르며 더 본성적이고 계획적이지 않으며 행할 때 고통을 느낀다는 점에서 욕망에 대한 자제력 없음이 분노에 대한 자제력 없음보다 더 창피한 것이다(EN, 1149a24-1149b26). 또한 아리스토텔레스는 자제력 있음과 없음은 즐거움에 관계하고 유약함과 강인함은 고통에 관계한다고 보고, 극복하는 것에서 성립하는 자제력 있음이 견뎌 내는 것에서 성립하는 강인함보다 더 선택할 만한 것이라고 말한다(EN, 1150a10-37).

이기 때문에 마음을 돌리지 않으며 후회할 줄 모른다(EN, 1151a11-15). 또한 "탁월성은 그 원리적 출발점(archē)을 보존하는 반면 못됨은 그것을 파괴"한다는 점에서(EN, 1151a15-19), 절제 있는 사람은 행위를 하는 목적, 즉 원리적 출발점(archē)에 대해 옳게 판단하는 것을 가르쳐 주는 탁월성을 가진 사람이라면, 무절제한 사람은 원리적 출발점을 파괴하는 못됨의 성격을 가진 악덕한 사람으로서 고칠 수 없다.

반면에 자제력 없는 사람은 고칠 수 있으며 무절제한 사람보다 낫고, 자제력 없음은 악덕인 무절제와 달리 악덕이 아니다. 자제력 없는 사람은 감정 때문에 올바른 이치에 거슬러서 즐거움을 과도하게 추구하지만 그러한 즐거움을 마땅히 추구해야 한다고 생각하지는 않으며, 즐거움 때문에 이끌리기는 했지만 원리적 출발점이 보존되어 있고, 자신이 나쁘다는 것을 모르지 않고 후회할 줄 알기 때문에 마음 돌리도록 설득하기 쉽다(EN, 1151a20-26).[23]

한편, 자제력 있는 사람과 절제 있는 사람은 둘 다 육체적 즐거움 때문에 잘못 행하지는 않지만, 둘 사이에는 차이가 있다. 아리스토텔레스에 따르

---

23. 자제력 없음과 무절제의 차이를 정리하면 다음 표와 같다.

| | 자제력 없음 | 무절제 |
|---|---|---|
| 육체적 즐거움 | 과도하게 추구 | 과도하게 추구 |
| 합리적 선택 | 합리적 선택에 어긋나는 것 | 합리적 선택에 따르는 것 |
| 원리적 출발점 | 보존됨 | 파괴됨 |
| 후회 | 후회함 | 후회하지 않음 |
| 실천적 지혜 | 없음 | 없음 |
| 나쁨 | ①연속적이지 않은 나쁨으로 고칠 수 있음, ②나쁘다는 것을 모르지 않음, ③마땅히 추구해야 한다고 생각하면서 추구하지는 않으므로 마음을 돌리도록 설득하기 쉬움, ④계획적이지 않음, ⑤합리적 선택 자체는 훌륭하기 때문에 반 정도 나쁜 사람 | ①연속적인 나쁨으로 고칠 수 없음, ②나쁘다는 것을 모름, ③마땅히 추구해야 한다고 생각하면서 추구하므로 마음을 돌리도록 설득하기 어려움, ④계획적임, ⑤나쁜 사람 |
| 자발성 | 자발적임(알지만 감정 때문에 자거나 술 취한 사람처럼 행동함) | 자발적임 |
| 악덕 | 악덕 아님 | 악덕 |

면 자제력 있는 사람과 절제 있는 사람이 육체적 즐거움 때문에 이치에 어긋나게 행하지 않을 때, "자제력 있는 사람은 열등한 욕망들을 가지고 그런 반면, 절제 있는 사람은 [열등한 욕망들을] 가지고 있지 않으면서 그러하며, 절제 있는 사람은 이치에 어긋나게 즐거움을 느끼는 사람이 아닌 반면, 자제력 있는 사람은 즐거움을 느끼되 이끌리지는 않는 사람"이다(EN, 1151b34-1152a3).[24]

## VII. 즐거움과 행복

### 1. 즐거움

아리스토텔레스가 윤리학에 대한 고찰에서 즐거움이 무엇인지 논의하는 이유는 무엇인가? 흔히 우리는 즐거움을 주는 일을 행하고 고통을 주는 일을 피하려고 한다는 점에서 우리가 어떤 즐거움을 추구하느냐에 따라 우리의 행위가 달라진다. 탁월성에 따른 행위를 하는 좋은 사람은 고귀한 일에

---

24. 절제의 인지적, 정의적, 행동적 측면을 기준으로 해서 절제, 자제력 있음, 자제력 없음, 그리고 무절제를 비교하면 다음 표로 정리해 볼 수 있다.

|  | 절제 | 자제력 있음 | 자제력 없음 | 무절제 |
|---|---|---|---|---|
| 인지적 측면: 마땅히 추구해야 하는 것에 대한 앎 | ○ | ○ | ○ | x |
| 정의적 측면: 절제 있는 행위에 수반되는 즐거움 | ○ | x | x | x |
| 행동적 측면: 절제 있는 행위의 실행 | ○ | ○ | x | x |

표에서 알 수 있듯이 자제력 있음, 자제력 없음, 그리고 무절제는 이치에 어긋나는 즐거움을 느끼게 하는 열등한 욕망을 갖고 있는 상태이다. 이때 자제력 없음과 무절제는 자제력 있음과 달리 이러한 즐거움에 이끌려서 행위를 하는 상태이며, 더욱이 무절제는 자제력 없음과 달리 그러한 즐거움을 추구하는 것이 마땅히 할 만한 것이라고 여기면서 하는 상태이다.

서 즐거워하는 사람이며 악덕한 행위를 하는 나쁜 사람은 고귀한 일보다는 수치스러운 일에서 즐거워하는 사람이다. 예컨대 어떤 사람이 육체적인 즐거움을 과도하게 추구하면서 기쁨을 느낀다면 그는 무절제한 사람인 것이다. 또한 어떤 사람이 육체적인 즐거움을 삼가는 행위를 하면서 기쁨을 느낀다면 그는 절제 있는 사람이며, 그가 그러한 행위를 하면서 괴로워한다면 그는 절제 있는 사람은 아니다.[25] 아리스토텔레스가 "어떤 사람의 실제 행위에 수반되는 즐거움과 고통을 그 사람의 품성 상태의 표시로 간주해야 할 것이다."라고 주장하는 이유가 여기에 있다(EN, 1104b4-5).[26] 성격적 탁월성은 즐거움과 고통의 영향으로부터 벗어난 무감정 상태(apatheia)가 아니라 즐거움과 고통에 관련한 상태, 즉 "즐거움과 고통에 관계해서 최선의 것들을 행하는 품성상태"(EN, 1104b20-28)이다. 따라서 아리스토텔레스는 덕을 획득하는 데 감정교육이 무엇보다 중요하다고 생각한다. 그는 성격적 탁월성을 획득하는 데 있어서 마땅히 기뻐해야 할 것에 기뻐하고 마땅히 괴로워해야 할 것에 고통을 느끼도록 가르치는 감정교육을 강조한다(EN, 1104b13-14, 1172a22-24). 이처럼 즐거움과 고통이 탁월성과 행복한 삶에 큰 영향을 미치고 있다는 점에서 즐거움이 무엇인지에 대해 논의하는 것은 윤리학에 관한 고찰에서 필수적이다.

---

25. 탁월성에 따르는 즐거움과 관련하여 아리스토텔레스는 "탁월성에 따르는 것은 즐거운 것이거나 고통이 없는 것이며, 어찌 되었든 가장 고통이 적은 것"이라고 말하면서 고통이 없는, 혹은 고통이 가장 적은 것까지 즐거움에 포함한다(EN, 1120a28). 이러한 입장은 뒤에서 살펴볼 즐거움에 대한 아리스토텔레스의 정의와도 관련이 있다. 왜 탁월한 사람은 탁월성에 따른 행위를 하면서 어떤 경우에는 즐거움을 느끼고 어떤 경우에는 고통이 없는데 그치는가? 동시대의 대표적인 아리스토텔레스주의자인 허스트하우스(Rosalind Hursthouse)는 이 점을 성품이 아니라 상황의 요인으로 설명한다. 허스트하우스(Hursthouse, 1999: 101-103)는 성격적 탁월성을 가진 사람이라 할지라도 어떤 상황에서는 탁월성에 따라 행동하는 것을 어려워할 수 있고, 탁월성에 따른 행위로부터 갖는 즐거움이 약화되거나 다른 상황에서는 느꼈을 즐거움을 느끼지 못할 수 있다고 주장한다.
26. 아리스토텔레스에 따르면 탁월성에 따른 행위들은 고귀한 것의 애호가들에게도 즐겁고 그 자체로도 즐거운 것이다(EN, 1099a14-15). 이 점은 탁월한 사람에게 즐거운 것이 탁월성에 따른 행위라고 보지만 그것이 그 자체로도 즐거운 것이라는 점을 인정하지 않는 도덕적 감정주의자들과 아리스토텔레스의 차이를 보여 주는 부분이다.

아리스토텔레스가 즐거움에 대해 논의하는 것이 중요하다고 여기는 또 다른 이유는 행복은 즐거운 것이라는 통념을 공유하기 때문이다(EN, 1174a1-13).[27] 아리스토텔레스는 즐거움이 무엇인지 논의함으로써 고귀한 것, 가장 좋은 것이 즐거운 것이기도 하며, 행복한 삶이 즐거운 삶이기도 하다는 것을 보이고자 한다. 그 밖에 아리스토텔레스에게 행복이 최고선이라는 점에서도 즐거움에 대한 논의의 중요성을 찾을 수 있다. 최고선으로서 행복은 완전하고 자족적이다. 따라서 즐거움은 행복한 삶에서 빠질 수 없고, 행복한 삶은 즐거운 삶이기 때문에 행복한 삶의 논의에서 즐거움은 핵심적인 부분이 아닐 수 없다.

즐거움에 관한 통념들을 검토할 때 아리스토텔레스는 본성적인 것의 결핍이 고통이며 그 충족이 즐거움이라는 입장에 반대한다. 그는 즐거움을 본성의 회복으로 가는 운동 과정으로 이해하는 것은 육체적 즐거움은 설명해 주지만 모든 즐거움에 해당되지는 않는다고 지적하고, 즐거움을 무엇이 생성될 때가 아니라 어떤 능력이 발휘될 때 생기는 것, 감각 가능한 생성이나 운동이 아니라 본성적 상태의 활동이라고 주장한다(EN, 1173b5-20, 1153a8-16). 운동은 어떤 목적을 위한 것, 시간이 지나 추구했던 것을 만들어 냈을 때 완성되는 것, 그리하여 부분으로 분할될 수 있는 것인 반면, 활동은 전체로서 존재하는 어떤 것, 어떤 순간에도 그 자체로 완성되어 있는 것이다(EN, 1174a14-1174b13). 예컨대 건물을 짓는 것은 운동에, 건물을 보는 것은 활동에 해당될 수 있다. 즐거움이 완성을 향해 가는 운동이 아니라 하나의 전체로서 존재하면서 그 자체로 완성되어 발휘되는 활동이라는 것을 어떻게 이해해야 하는가? 운동이 어떤 목적을 위한 것이고 활동이 그 어떤 순간에서도 전체로서 완성된 것이라는 점에 주목해 보자. 만일 어떤 일을 하는 것이 그 일과는 다른 어떤 목적을 달성하기 위한 것이라면 그 일을 하는 과정을 즐기고 있다고 할 수 없을 것이다. 그러나 다른 어떤 목적 없

---

27. 이것은 『니코마코스 윤리학』의 역자 부록에 있는 주장이다(아리스토텔레스, 2013: 440-441).

이 그 일을 한다면 그 일 자체를 위해서 한다고, 그리고 그 일을 하는 것을 즐긴다고 할 수 있을 것이다.[28] 따라서 즐거움이 활동이라는 아리스토텔레스의 주장은 다른 어떤 목적을 위한 과정으로 하는 운동과 달리 그 자체를 위해서 하는 활동에는 즐거움이 있고 그러한 활동을 하는 것은 바로 그것을 즐기는 것임을 의미한다.[29]

즐거움이 활동이라고 주장할 때, 아리스토텔레스는 이 즐거움을 방해받지 않고 어떤 활동을 하는 것으로 설명한다.

> 모든 즐거움이 생성이거나 생성과 함께하는 것은 아니며, 오히려 즐거움은 활동이고 [그 자체로] 하나의 목적이다. 또 즐거움은 무엇이 생성될 때가 아니라 [어떤 능력이] 발휘될 때 생기는 것이다. 그리고 목적은 모든 종류의 즐거움과 다른 어떤 것이 아니라 본성의 완성으로 이끄는 즐거움과만 다른 어떤 것이다. 이런 까닭에 즐거움이 감각 가능한 생성이라고 주장하는 것은 옳지 않다. 오히려 본성적 상태의 활동이라고 말해야 할 것이다. 또 '감각 가능한' 대신에 '방해받지 않는' [활동]이라고 해야 할 것이다. (EN, 1153a10-16)

어떤 것을 할 때 방해받는다는 것은 다른 어떤 것들에 의해서 집중을 못하거나 갈등이 생기거나 혹은 그것들과 싸워야 하는 것을 의미한다. 이 경우 그 활동을 제대로 할 수 없을 뿐만 아니라 그 활동을 즐긴다고 할 수 없다. 예컨대 피아노를 칠 때 밖에 나가서 놀고 싶은 욕구로 갈등한다면 피아노를 즐겁게 그리고 제대로 칠 수 없다. 그러나 피아노 치는 것을 방해하는 다른 어떤 것들이 없다면 피아노를 칠 때 나는 즐거울 것이다. 뿐만 아니라

---

28. 운동과 활동을 다른 외부적 목적을 위한 과정과 그 자체 안의 목적을 위한 활동으로 구별하면서 아리스토텔레스의 입장을 설명하는 논의를 위해서는 엄슨(Urmson, 1996: 166-170)을 참조.
29. 즐거움과 활동은 동일하지는 않지만 언뜻 동일한 것으로 보일 정도로 서로 떨어져 있지 않다. 아리스토텔레스는 "즐거움과 활동은 아주 가깝고 구별될 수 없어서, 활동과 즐거움이 서로 같은 것이 아닌가 하는 논란이 생겨날 정도"라고 말한다(EN, 1175b32-34).

피아노를 치는 데 즐거움을 느끼는 나는 피아노를 계속 치게 되고 잘 쳐내게 될 것이다. 피아노 치는 즐거움이 피아노 치는 활동을 증진시키고 완성시키는 것이다. 즉, 나의 연주 활동이 다른 활동에서 유래하는 즐거움에 의해 방해받지 않는다면, 나는 즐기는 것이고 나의 연주 활동은 완성에 이른다. 그리하여 아리스토텔레스는 "활동 없이는 즐거움이 생겨나지는 않으며, 즐거움은 또한 모든 활동을 완성시킨다."(EN, 1175a19-21)라고 말한다. 아리스토텔레스가 주장하는 바는 활동에 즐거움이 있고, 이 즐거움은 활동을 증진시키고 더 나아가 완성시키며, 완성된 활동에는 즐거움이 깃들어 있다는 것이다.[30]

즐거움을 활동으로 이해하게 되면 활동에 따라 즐거움의 종류를 구별할 수 있게 되고 여기에서 우리는 어떤 즐거움이 그 자체로 선택할 만한 것인지, 다시 말해서 어떤 즐거움이 인간으로서 갖는 진정한 즐거움인지 알 수 있게 된다. 아리스토텔레스는 다양한 활동들이 있고 각각의 활동에는 그 활동에 상응하는 고유한 즐거움이 있다고 보고, "신실한 활동에 고유한 즐거움은 훌륭하며, 열등한 활동에 고유한 즐거움은 나쁘다."라고 말한다(EN, 1175a22-1175b29). 신실한 사람, 즉 탁월성을 가진 좋은 사람이 각각의 사안에 있어서 척도이기 때문에, 이러한 사람에게 훌륭한 것으로 보이는 즐거움, 다시 말해서 완전하고 지극히 복 받은 사람의 활동을 완성시키는 즐거움이 인간에게 속하는 엄밀한 의미의 즐거움, 진정한 즐거움인 것이다(EN, 1176a16-29).

진정한 인간적 즐거움의 기준이 되는 신실한 사람의 즐거움은 그의 품성 상태에 따른 활동, 다시 말해서 인간 본성의 기능을 탁월하게 발휘하는 활동일 것이다. 그리고 이러한 활동은 행복에 다름 아니기 때문에 신실한 사

---

**30.** 엄슨(Urmson, 1996: 176-179)은 아리스토텔레스가 즐거움을 활동 자체의 즐거움을 의미한다고 보고 활동의 즐거움이 모든 즐거움을 포함할 수 있다고 생각하는 듯하지만, 활동의 즐거움과 구별되는 활동의 결과나 산물로서의 즐거움이 있고, 아리스토텔레스의 즐거움이 이러한 즐거움들을 얼마나 잘 설명할 수 있는지에 대해 의문이 든다고 비판한다.

람의 즐거움은 행복의 활동을 증진시키고 완성시킨다. 이제 행복이 탁월성에 따른 영혼의 활동이고 즐거움은 이러한 활동에 깃들어 있을 뿐만 아니라 이러한 활동을 증진, 완성시킨다는 점에서 행복한 삶은 즐거운 삶이기도 하다. 즐거움의 종류가 다양하고 사람마다 선호하는 즐거움이 다르기 때문에, 즐거움이 곧 좋음이나 그 자체로서 선택할 만한 것은 아니며, 즐거운 삶이 반드시 행복한 삶은 아니다. 그러나 탁월성을 가진 신실한 사람이 훌륭하다고 여기는 즐거움은 좋음이며, 그의 삶은 행복한 삶이자 즐거운 삶이다.

## 2. 완전한 행복: 관조적 활동으로서의 행복

아리스토텔레스는 『니코마코스 윤리학』의 마지막 10권에서 1권에서 다룬 행복에 대해 다시 논의한다. 아리스토텔레스는 탁월성에 따르는 활동으로서의 행복은 최고의 탁월성, 즉 영혼 안에 있는 최선의 것에 대한 탁월성을 따라야 하는데, 우리 안에 있는 최고의 것은 지성이기 때문에 이 부분의 활동인 관조적 활동이 완전한 행복이며, 지성을 따라 관조하는 삶이 가장 좋고 가장 즐거운 것, 따라서 가장 행복한 삶이라고 주장한다(EN, 1177a13-22, 1178a1-8). 철학적 지혜에 따르는 관조적 활동이 완전한 행복이라고 주장하는 이유와 관련하여 아리스토텔레스는 그것이 우리 안에 있는 최고 부분의 활동이라는 점 이외에도 가장 연속적이고 가장 즐겁고 가장 자족적인 활동, 그 자체 때문에 사랑받는 유일한 활동, 그리고 어떤 다른 목적도 추구하지 않는 여가의 활동이라는 점을 꼽고, 인간 안에 존재하는 신적인 어떤 것인 지성을 따르는 삶은 인간적인 삶에 비해 신적인 것이라고 설명한다(EN, 1177a23-35). 아리스토텔레스가 지성이 인간이고 지성을 따라 관조하는 삶이 가장 행복한 삶이라고 본 점은 강력한 주지주의적 입장을 표명한 것이라고 할 수 있다.[31]

---

31. 이러한 해석은 『니코마코스 윤리학』의 역자 부록에 있는 주장이다(아리스토텔레스, 2013: 450). 한편, 아리스토텔레스의 행복에 관한 견해는 그의 윤리 사상에서 논란이 되는 주제 중의 하나이

관조적 활동은 철학적 지혜에 따르는 활동인데, 철학적 지혜는 목적에 이바지하는 것에 대한 실천적 사유인 실천적 지혜와는 다르다. 또한 관조는 이론적 사유이지만 활동 자체 이외에는 다른 어떤 목적도 추구하지 않는다. 관조 자체는 지식의 획득이 아니라 지식의 즐김이기 때문에 면과 대각선의 약분 불가능성을 증명하는 것 같은 과정은 엄격히 말해서 관조가 아니다(Urmson, 1996: 199). 관조는 어떤 이론적, 실천적 목적 없이 그저 철학적 지혜를 발휘하여 지식을 향유하는 것이라고 할 수 있다. 프라이어(Prior, 2010: 300-301)는 관조는 탐구하거나 연구하는 지적 활동이 아니라 그러한 활동의 완전한 결과를 개관하는 것이며, 관조적 활동을 한다는 것은 스피노자가 영원의 상 아래에서 세계를 본다고 했던 것처럼 신의 눈으로 세계를 조망하는 것이라고 설명한다.

신적인 것인 관조적 활동이 가장 행복한 삶이라면, 성격적 탁월성에 따르는 활동은 이차적인 의미에서 행복한 삶이다. 이것은 두 종류의 탁월성이 각각 복합적인 것과 분리된 것에, 그리하여 인간적인 것과 신적인 것에 관여하는 점으로 설명될 수 있다. 아리스토텔레스는 지성의 탁월성은 분리된 것이지만 성격적 탁월성은 실천적 지혜에 결부되어 있으면서 감정들과도 깊숙이 연결되어 있다는 점에서 복합적인 것과 관련하며, 이러한 복합적

---

다. 사실 10권의 행복에 대한 주장이 그 이전의 행복에 대한 주장들, 예컨대 1권에서 행복이 완전하고 자족적인 최고선으로서 탁월성에 따른 영혼의 활동이라는 주장과 일관되는지에 대한 의문이 들 수 있다. 이 부분과 관련하여 아리스토텔레스의 행복에 대한 두 가지 해석이 존재한다. 먼저 행복이 탁월성에 따른 영혼의 활동이라는 정의에 따라 행복은 성격적 탁월성과 지적 탁월성에 해당하는 다양한 덕들 모두를 포괄한다는 입장이 있다. 이 포괄론적 입장에 따르면 행복은 다양한 여러 덕들에 의해 이루어지는 영혼의 활동, 즉 덕 전체에 따른 활동이다. 한편, 관조적 활동이 완전한 행복이라는 주장에 따라 행복은 철학적 지혜라는 단일한 덕에 의해 이루어진다는 우월론적 입장이 있다. 이 입장에 따르면, 행복은 단일한 덕으로서의 철학적 지혜에 의해 이루어지는 관조적 활동이다. 이러한 두 해석은 행복이라는 궁극목적이 관조적 삶이라는 오직 하나의 것인지 아니면 관조적 활동을 포함하는 여러 활동들의 복합체인지, 즉 관조라는 단일의 최고선을 지칭하는지 아니면 여러 선들의 총체를 지칭하는지의 논쟁인 셈이다. 이 두 입장에 대한 상세 설명은 손병석(2000: 35-41), 김대오(2000: 12) 참조. 아리스토텔레스의 행복에 대한 이 논쟁에 관심을 갖도록 논평해 주신 김도형 교수님께 감사드린다.

인 것의 탁월성은 인간적인 것이라고 설명한다(EN, 1178a16-23). 복합적이라는 말은 영혼의 이성적인 부분과 욕구적인 부분이 함께 관여되어 있다는 의미로 볼 수 있다. 성격적 탁월성은 복합적인 것에 관련하며 인간적인 것이다. 반면에 영혼의 이성적인 부분에만 관여하는 지성의 탁월성은 분리된 것이며 인간 안에 있는 신적인 부분에 해당한다.

마지막으로 『니코마코스 윤리학』을 관통하는 핵심 주제가 행복이라는 점에서 아리스토텔레스가 주장하는 행복의 성격을 정리해 보자. 먼저 완전하고 자족적인 최고선으로서의 행복은 잘 살고 잘 행위하는 것이며, 이것은 인간이 인간으로서 갖는 본성적 기능인 이성 능력을 잘 발휘하는 활동에 있다. 인간의 본성적 성질의 실현 내지 완성을 행복으로 본다는 점에서 아리스토텔레스는 본질 실현의 행복 개념 내지 완전주의적 행복 개념을 주장한다. 둘째, 이렇게 이해된 행복은 단순히 심리적인 만족 같은 개개인의 주관적인 감정 상태라기보다는 객관적인 것, 즉 본성의 실현을 통한 인간 삶의 번영(flourishing)에 해당한다.[32] 셋째, 인간은 본성상 폴리스에서 살 수밖에 없고 또 폴리스를 떠나서는 행복할 수 없기 때문에, 행복은 사회적 관계로부터 추상된 고립적이고 원자적인 존재로서의 인간이 아니라 폴리스 안에서 다른 사람들과 관계를 맺고 사는 존재로서의 인간이 추구하는 행복이다. 넷째, eudaimonia가 어원적으로 "신적인 것이 잘 맞춰 주고 있는 상태"를 의미한다는 점에서 행복에는 신적인 것의 조력이 필요하다.[33] 이 점은 행복에는 탁월성이 결정적이지만 외적인 좋음이 추가적으로 있어야 한다는, 이미 논의한 아리스토텔레스의 주장에서도 확인된다. 마지막으로 우리 안에 있는 최고의 것이자 신적인 것인 지성을 발휘하는 관조적 삶이 가장 행복한 삶이고 성격적 탁월성에 따른 삶이 이차적인 의미에서 행복한

---

32. 행복의 이러한 성격을 박기순·송유레(2017: 183)는 객관적인 번영으로 설명한다.
33. 이것은 『니코마코스 윤리학』의 역자 부록에 있는 설명이다(아리스토텔레스, 2013: 458). eudaimonia의 어원적 의미에 대해서는 이 설명처럼 "좋은 신성(daimon)의 가호 아래에 있음"(박기순·송유레, 2017: 182)이라는 설명도 있지만, 이와는 조금 다르게 "좋은 영혼을 가진 상태"(Prior, 2010: 242)라는 설명도 있다.

삶이라는 점에서 인간의 완전한 행복은 신적인 행복의 성격을 갖는다.

## VIII. 비판적 논의와 현대적 의의

### 1. 비판적 논의

덕에 대한 아리스토텔레스의 입장은 흔히 자연주의적 접근으로 불린다. 식물, 동물과 비교하면서 인간 본성과 인간 기능을 파악하고 이 기능을 잘 발휘하도록 하며 인간을 좋은 상태에 이르게 하는 것을 덕으로 보는 점에서 잘 드러나듯이, 덕을 인간 본성의 사실에 근거 짓기 때문이다. 그러나 아리스토텔레스의 인간 본성에 대한 입장은 과학적으로, 특히 생물학적으로 도출된 인간에 대한 개념이라고 보기 어렵다. 덕 윤리적 전통을 복원할 때 매킨타이어(Alasdair MacIntyre)는 아리스토텔레스처럼 목적론을 도입하지만, 그의 자연주의는 거부한다.[34] 매킨타이어(MacIntyre, 1997: 221)는 인간의 목적(telos)과 좋음을 인간 본성과 인간 기능에 결부시키는 아리스토텔레스의 목적론적 윤리학은 형이상학적 생물학을 전제한다고 비판하면서, 인간 목적과 좋음의 토대를 위해 아리스토텔레스처럼 형이상학적으로 인지된 자연에 호소하는 대신 역사적 맥락, 구체적 실천(practice)에 주목한다.

---

[34] 덕 윤리의 부활에 결정적인 역할을 한 매킨타이어는 도덕에 대한 합리적 정당화를 제시하고자 한 계몽주의의 기획이 실패했고 현대의 도덕적 상황은 대립적인 도덕적 입장들 간의 불일치를 해결할 방안이 없는 위기에 처해 있다는 점에서 목적과 덕을 통해 도덕적 요구를 이해하는 아리스토텔레스의 윤리학을 복원시켜야 한다고 주장한다. 그러나 매킨타이어는 아리스토텔레스의 윤리학을 그대로 답습하지는 않는다. 그는 좋음을 추구하는 도덕적 삶의 본질적 부분을 덕으로 보는 점이나 목적론을 윤리학의 기본적인 규정으로 이해하는 점 그리고 좋음의 실현을 위해 공동체적 맥락을 중시하는 점 등에서 아리스토텔레스를 계승하지만 아리스토텔레스의 자연주의를 거부하고 역사주의를 택하여 목적과 덕을 이해한다는 점에서 차이가 있다(김대오, 2007: 202-213).

매킨타이어의 입장은 그의 덕 개념에서 잘 나타난다. 매킨타이어에 따르면, 예컨대 호메로스 시대의 덕 개념이 사회적 역할의 개념에 그리고 아리스토텔레스의 덕 개념이 인간 기능으로서 파악된 인간의 좋은 삶의 개념에 부수적인 것처럼, 덕은 그것이 적용되기 위해서 사회적, 도덕적 삶의 특정한 특징들에 관한 선행적 설명의 수용을 요청한다(매킨타이어, 1997: 276). 그리하여 좋음을 추구하는 도덕적 삶의 본질적 부분인 덕의 개념을 이해하는 결정적 요소는 실천이다. 매킨타이어(1997: 277-283)에게 있어서 실천은 특정 사회의 전통과 제도 안에서 실현되는 목적적이고 협력적인 인간 활동이고, 이 활동에 적합한 탁월함의 기준을 성취하려고 시도할 때 활동에 내재적인 선이 실현되며, 덕은 실천에 내재적인 선을 성취할 수 있게 해 주는, 획득된 인간적 자질이다.

> 우리는 이제 덕에 관한 — 비록 부분적이고 잠정적이기는 하지만 — 최초의 정의를 서술할 수 있는 입장에 있다는 사실이 드러난다. 덕은 하나의 습득한 인간의 성질로서, 그것의 소유와 실천이 우리로 하여금 어떤 실천에 내재하고 있는 선들을 성취할 수 있도록 해주며 또 그것의 결여는 결과적으로 그러한 선들의 성취를 방해하는 그러한 성질이다. (…) 모든 실천은 이에 참여하는 사람들 사이의 특정한 관계를 요청한다. 그렇다면 덕들은, 실천 속에 충만되어 있는 목적과 척도들을 함께 공유하고 있는 다른 사람들에 대한 우리의 관계를 정의할 때 우리가 — 우리가 그것을 좋아하든 싫어하든 — 관계를 맺어야 하는 선들이다. (…) 실천들은 결코 모든 시대에 확정된 하나의 목표 또는 목표들을 갖고 있지 않다 — 회화와 물리학 어느 것도 그런 목표를 갖고 있지 않다. 목표들은 오히려 활동의 역사를 통해 변형되었다. 그렇기 때문에 모든 실천이 자기 자신의 역사, 즉 관련된 기술적 숙련들의 개선의 역사와는 다르고 또 그 이상의 역사를 가지고 있다는 것은 결코 우연이 아닌 것으로 판명된다. 이와 같은 역사적 차원은 덕들과의 관계에서 본질적이다. (매킨타이어, 1997: 282-286)

이처럼 매킨타이어는 사회적 맥락을 갖는 실천이 좋음의 성취뿐만 아니라 탁월함의 기준도 포함하고 있다고 보면서 덕 개념의 역사적 차원을 중시한다.

또한 아리스토텔레스의 자연주의 윤리 이론은 과연 인간의 본성이란 무엇이며, 만약 인간 본성이 다양한 성질로 구성되는 것이라면 어떤 성질을 중요시하고 어떤 성질을 소홀히 취급해야 하는가 등의 여러 질문을 야기한다(Sahakian, 2009: 68). 배아 복제와 관련한 수정 후 14일 논쟁처럼, 인간이라는 집합에 속할 수 있는지의 여부가 어떤 자연적 성질에 따라 결정되기보다는 다분히 임의적인 것처럼 보이는 현대사회에서 과연 인간의 본질에 해당하는 것이 있는지, 인간이라는 종에 고유한 어떤 자연적인 성질이 존재하는지 불분명하며, 그런 것이 있다고 하더라도 그것이 예컨대 생존 본능이 아니라 아리스토텔레스가 주장하는 것처럼 이성이어야 하는지도 의문이 들 수 있다(Arrington, 2009: 155-156).

한편, 아리스토텔레스의 윤리 사상을 구체적으로 살펴볼 때 그의 행복 개념이 얼마나 보편타당한가에 대해 여러 측면에서 의문이 제기될 수 있다. 아리스토텔레스가 행복을 탁월성에 따른 영혼의 활동으로 정의하는 것처럼 행복이 영혼의 좋음에 있다는 것은 아리스토텔레스뿐만 아니라 소크라테스와 플라톤을 포함하는 고대 윤리 사상가들이 공유하는 일관된 입장이다. 그러나 19세기 낭만주의자들이 철학적 사유보다는 미적인 삶, 즉 아름다움 속에서 최고의 행복을 발견한 것처럼 행복을 이성적 본성을 실현하는 것으로 이해하는 것에 대해 이견을 가질 수 있다(김상봉, 2005: 91). 또한 관조하는 삶을 사는 지혜로운 사람이 가장 행복한 사람이라는 입장 역시 수긍하기 쉽지 않다(Prior, 2010: 303-305). 뿐만 아니라 탁월성에 따른 영혼의 활동이라는 행복 개념은 행복을 주관적인 만족 같은 심리적인 상태로 이해하는 현대의 상식적인 입장에서 볼 때 수용되기 쉽지 않다.

중용 역시 아리스토텔레스의 윤리 사상에서 비판받는 주요 개념에 속한다. 중용이 본질적으로 품성 상태를 의미하는지, 감정과 행위를 지시하는지에 대해 많은 논란이 있어 왔다.[35] 또한 지나침과 모자람 그리고 중간을 결정할 독립된 실질적인 기준이 있느냐의 의문이 제기된다. 아리스토텔레스는 유덕한 사람이 실천적 지혜를 발휘해서 합리적으로 선택하는 것이 중용이라는 점에서 유덕한 사람이 기준이 된다고 대답할 수 있지만, 어떤 사람이 유덕한지를 판별할 상대적이지 않은 명확한 기준을 제시하지 않는다는 점에서 그의 대답은 만족스럽지 못하다. 그 밖에 지나침과 모자람을 악덕으로 그리고 중간을 덕으로 놓는 것이 적절하지 못하다고 지적된다. 이와 관련하여 칸트는 『도덕 형이상학』에서 아리스토텔레스의 중용을 비판한다.

> 덕과 악덕의 차이는 결코 어떠한 준칙들을 준수하는 정도에서 찾아질 수는 없고 그 준칙들의 특정한 성질(법칙과의 관계)에서만 찾아져야 한다. 다시 말해 (아리스토텔레스가) 칭찬한 원칙, 즉 덕을 두 가지 악덕의 중간에 놓는 원칙은 잘못된 것이다. 예를 들어 아리스토텔레스는 두 가지 악덕인 낭비와 인색함의 중간에 훌륭한 살림살이가 성립한다고 했다. 그런데 이 덕이 두 가지 악덕 가운에 전자를 점점 줄여나감(검약)으로나 후자의 악덕에서 지출을 증대함으로써 발생하는 것으로 생각할 수는 없다. 마치 이 악덕들이 대립된 방향에서 나와 훌륭한 살림살이에 이르러 서로 만나게 되는 것인 양 말이다. 오히려 이 악덕들은 하나가 다른 하나에 반드시 모순되는 고유한 준칙을 갖고 있다. (Kant, 2018: VI404)

동시대의 윤리학자들 역시 악덕은 단지 지나침이나 모자람이라기보다는 잘못하는 것이며, 중간을 맞추지 못한 실패가 아니라 사악함인데, 중용은 이러한 고의적인 잘못이나 사악함을 제대로 밝히지 못한다고 비판한다

---

35. 감정과 행위에서의 중용과 품성 상태의 중용에 대한 상세 논의는 김도형(2021: 30-32), 장미성 (2011: 293-296) 참조.

(Hursthouse, 1999: 118-119; Williams, 1998: 629-630).

덕 윤리의 현대적 부활 과정에서 아리스토텔레스의 덕 윤리는 규범 윤리적 차원에서 명확한 행위 지침을 제시하지 못한다고 비판받아 왔다. 물론 행위자의 성품을 우선하는 아리스토텔레스의 덕 윤리에는 간과해서는 안 되는 중요한 점들이 있다. 아리스토텔레스는 행위들은 개별적인 것들에 관련하며 "개별적인 것들을 행하는 사람들 자신이 항상 각 경우에 적절한 것을 고려해야만" 한다고 말하면서 도덕적 요구를 법칙으로 체계화하는 데 회의적이다(EN, 1104a8-9). 이러한 개별주의는 선한 삶을 추구하는 다양한 방식을 허용하고 도덕적인 삶에서 사적 영역이 차지하는 의미와 가치를 존중할 수 있다는 점에서 의미가 크다. 하지만 유덕한 사람이 내리는 선택을 결정하는 독립적인 기준이나 유덕한 사람을 판별하는 실질적인 기준을 명확하게 제시하지 않는 아리스토텔레스의 덕 윤리는 행위 지침의 결정성을 확보하는 데 어려움을 겪지 않을 수 없다. 윤리학은 탁월성이 무엇인지 알기 위한 탐구가 아니라 좋은 사람이 되기 위한 탐구라고 생각하는 아리스토텔레스는 (EN, 1103b27-28) 아마 우리는 살면서 누가 유덕하고 누가 악덕한지 알 수 있으며 중요한 것은 잘 행위하고 잘 살도록 이끄는 유덕한 품성의 형성이라고 생각했을 것이다. 그러나 오늘날과 같이 실질적인 명확한 기준 없이는 누가 유덕한지 판단하기도, 또 합의하기도 어려운 복잡하고 다원화된 대규모의 사회에서 아리스토텔레스의 덕 윤리는 명확한 행위 지침을 제공하는 단일의 규범 윤리 이론으로 작용하는 데 어려움을 겪지 않을 수 없다.

## 2. 현대적 의의

18, 19세기를 거치면서 점차 칸트 윤리학과 공리주의로 대표되는 의무론과 결과론이 근대 도덕철학을 지배하고 도덕이 어떤 행위를 명령하는 원칙이나 법칙에 근거하게 되면서 덕은 윤리적 논의의 중심에서 제외되었다. 20세기 후반기에 아리스토텔레스의 윤리학에 대한 관심이 다시 일어나면서

덕 윤리가 부활하게 되었고, 오늘날 덕 윤리는 칸트 윤리학, 공리주의와 함께 대표적인 윤리 이론으로 자리 잡았다. 현대의 덕 윤리에서 핵심적인 부분을 차지하는 아리스토텔레스의 덕 윤리는 의무를 넘어서 삶에 의미와 가치를 주는 다양한 것들을 선하고 칭찬할 만한 것으로 포괄할 수 있다. 아리스토텔레스의 덕의 목록이 지닌 이러한 포괄성과 관련하여 자그제브스키(Zagzebski, 2016: 105-106)는 "사색적인 지성의 탁월성뿐만 아니라 위트나 대화 능력과 같은 사회적 장점, 금전에 대한 적절한 관리와 같은 실천적 능력, 그리고 '최고의 정신적 능력을 가진' 사람에 의해 나타나는 것과 같은 미적인 성질을 포함한다."고 설명한다. 또한 아리스토텔레스의 덕 윤리는 도덕적인 삶이 보편적인 원리로 환원될 수 있다고 여기지 않고 행위에 관련되는 구체성 혹은 맥락성을 중시한다. 특히 우리가 다른 사람들과 맺고 있는 사적인 관계들, 그리고 그 속에서 갖는 사랑, 우정, 충성 같은 감정들을 존중할 뿐만 아니라 이것들을 도덕적 행위의 동기로 자연스럽게 인정한다. 이러한 특징들은 아리스토텔레스 덕 윤리의 장점으로 작용할 수 있다.

다른 윤리 이론들과 비교할 때 아리스토텔레스의 덕 윤리를 매력적으로 만드는 부분은 무엇보다도 이성과 욕구의 상호작용을 통해 도덕적 행위를 설명하는 점이다. 이 점은 실천적 지혜와 성격적 탁월성의 상호 의존성에 대한 주장과 욕구적 지성이나 사유적 욕구로서의 합리적 선택에 대한 주장에서 잘 나타난다. 이러한 아리스토텔레스의 입장은 칸트나 흄과 비교될 수 있다. 아리스토텔레스와 흄을 비교하는 엄슨(Urmson, 1996: 146)에 따르면, 흄은 우리가 이성적인 소망들을 가진 이성적인 존재로서 갖게 되는 목표들을 설명할 수 없는 반면, 아리스토텔레스는 "최소한 우리의 욕망과 사유 능력 간의 더 복잡한 상호 관계를 정당하게 다루는 것을 목표로 하고 있다." 또한 셔먼(Sherman, 1997: 328)은 칸트가 인간의 합리적 본성을 가장 중시하고 합리적 본성에 호소하여 규범적 가치를 이성적으로 접근했다면, 아리스토텔레스는 합리적 본성과 정서적 본성을 상호 의존적으로 보고 둘 모두 인간 본성의 일부이자 규범적 가치의 근원이라고 본다고 설명한다. 요컨대 흄이나 칸트와 달리 아리스토텔레스는 이성을 중시하지만, 감정을 통해 실천적으로 활동하게 되는 것으로 그리고 감정을 이성에 의해 억제되어야 하는 것은 아니지만 반응해야 하는 것으로 봄으로써 행위에서 이성과 감정의 상호 의존성을 중시한다.

　아리스토텔레스의 덕 윤리가 지닌 또 다른 매력은 의무론적 요소와 결과론적 요소를 모두 갖고 있다는 점이다. 최고선으로서의 행복을 인간의 궁극목적으로 간주하는 아리스토텔레스의 목적론적 윤리학은 결과론적 요소를 갖는다. 아리스토텔레스가 아는 것만이 아니라 아는 바를 실행에 옮겨야 실천적 지혜가 있는 좋은 사람이라고 말하는 점에서도 알 수 있듯이(EN, 1152a8-10), 외적인 결과는 도덕적 가치에 중요하다. 그러나 아리스토텔레스의 덕 윤리는 단순한 결과론과는 구별된다. 아리스토텔레스는 유덕한 사람은 그렇게 하는 것이 고귀하기 때문에 선택한다고 혹은 그 행위 자체 때문에 선택한다고 설명함으로써(EN, 1116a11-13; 1105a32), 행위의 결과뿐만 아니라 행위자의 품성 상태 역시 도덕적 가치에 결정적으로 중요하다고 생각한다. 아리스토텔레스의 고귀함을 위해서 행위하는 것은 칸트의 의무로부터 행위하는 것처럼 행위가 그것의 본래적 가치 때문에 선택될 때 도덕적 가치를 갖는다고 보는 의무론적인 요소를 내포한다. 요컨대 아리스토텔레스의 목적론적 윤리학은 고귀함을 위해서 행위하는 것과 실제로 행위를 성공적으로 실행하는 것 둘 다에 근거하여 행위의 도덕적 가치를 결정한다는 점에서 의무론적 요소와 결과론적 요소를 다 포함하고 있다. 노예와 여자를 시민의 범위에서 제외한 것처럼, 아리스토텔레스의 윤리학적 견해 중에는 시대의 한계를 넘어서지 못함으로써 오늘날의 견해와 조화를 이룰 수 없는 것들이 있지만, 그럼에도 불구하고 아리스토텔레스의 덕 윤리의 핵심적인 주장들은 시대를 초월하여 시사하는 바가 크다.

## 참고 문헌

김대오(2007), 「아리스토텔레스 윤리학의 현대적 계승: 매킨타이어의 덕윤리」, 『서양고전학연구』 제28권, 한국서양고전학회, 199-223.
\_\_\_\_\_(2000), 「아리스토텔레스의 행복론」, 『서양고전학연구』 제15권, 한국서양고전학회, 47-72.
김도형(2021), 「아리스토텔레스 중용개념의 '상태우선적 정황'에 관하여」, 『철학연구』 제133집, 철학연구회, 29-51.
김상봉(1999), 『호모 에티쿠스』, 파주: 한길사.
노영란(2009), 『덕윤리의 비판적 조명』, 서울: 철학과현실사.
박기순·송유레(2017), 『덕의 귀환: 서양편』, 서울: 서울대학교출판문화원.
박찬국(2012), 『내재적 목적론』, 서울: 세창출판사.
손병석(2000), 「아리스토텔레스에 있어서 에르곤(ergon), 덕(aretē) 그리고 행복(eudaimonia)의 의미」, 『철학연구』 제76집, 대한철학회, 31-64.
장미성(2011), 「중용을 통해본 아리스토텔레스 윤리학의 특징」, 『서양고전학연구』 제45권, 한국서양고전학회, 279-309.
전헌상(2018), 「행복과 외적 좋음」, 『철학』 제134집, 한국철학회, 33-56.
조대호(2019), 『아리스토텔레스』, 파주: arte.

Annas, Julia(2016), "learning Virtue Rules: The Issue of Thick Concepts", in Julia Annas, Darcia Narvaez & Nancy E. Snow eds., *Developing the Virtues*, New York: Oxford University Press.
Aristoteles(2013), 강상진·김재홍·이창우 옮김, 『니코마코스 윤리학』, 서울: 도서출판 길.
\_\_\_\_\_(2017), 김재홍 옮김, 『정치학』, 서울: 도서출판 길.
Arrington, Robert L.(2009), 김성호 옮김, 『서양 윤리학사』, 파주: 서광사.
Höffe, Otfried von(2003), 이강서·한석환·김태경·신창석 옮김, 『철학의 거장들 1: 고대·중세편』, 파주: 한길사.
Hursthouse, Rosalind(1999), "A False Doctrine of the Mean", in Nancy Sherman ed. *Aristotle's Ethics*, Lanham: Rowman & Littlefield, Md.
Kant, Immanuel(2018), 이충진·김수배 옮김(2018), 『도덕형이상학』, 파주: 한길사.
Kenny, Anthony(2008), 김성호 옮김, 『고대철학』, 파주: 서광사.

MacIntyre, Alasdair(1997), 이진우 옮김, 『덕의 상실』, 서울: 문예출판사.
Prior, William J.(2010), 오지은 옮김, 『덕과 지식, 그리고 행복』, 파주: 서광사.
Russell, Daniel C.(2015), "Aristotle on Cultivating Virtue", in Nancy E. Snow ed., *Cultivating Virtue*, New York: Oxford University Press.
Sahakian, W. S.(2009), 송휘칠·황경식 옮김, 『윤리학의 이론과 역사』, 서울: 박영사.
Sherman, Nancy(1997), *Making a Necessity of Virtue*, New York: Cambridge University Press.
Urmson, J.O.(1996), 장영란 옮김, 『아리스토텔레스의 윤리학』, 서울: 서광사.
Warne, Christopher(2012), 김요한 옮김, 『아리스토텔레스의 니코마코스 윤리학 입문』, 파주: 서광사.
Williams, Bernard(1998), "Virtues and Vices" in Edward Craig ed., *Routledge Encyclopedia of Philosophy* Vol. 9, London & New York: Routledge.
Zagzebski, Linda Trinkaus(2016), 장동익 역, 『마음의 덕』, 서울: 씨아이알.

# 4

# 에피쿠로스학파의 윤리 사상

추정완

서울대학교 사범대학 윤리교육과를 졸업하고 동 대학원에서 「도덕반실재론 비판을 통한 도덕실재론 연구」로 박사 학위를 취득하였다. 현재 춘천교육대학교 윤리교육과 교수로 재직 중이며, 주요 관심 분야는 생명 의료 윤리 분야를 중심으로 한 응용 윤리, 헬레니즘 시대의 철학, 메타 윤리학이다. 저서로는 『사랑』(공저), 『마음을 마음대로 조절할 수 있을까』(공저), 『시민교육탐구』(공저), 『도덕성과 윤리교육』(공저) 등이 있고, 역서로는 『생명의료윤리의 원칙들』 등이 있다.

* 이 장은 『윤리연구』 제142호(2023)에 「에피쿠로스 학파의 윤리적 지향」이라는 제목으로 게재된 논문을 수정, 보완한 것이다.

# I. 생애와 저작

## 1. 생애

에피쿠로스(Epicurus, B.C. 341-270)는 기원전 341년 2월에 에게해의 사모스섬에서 부친 네오클레스와 모친 카이레스트라테 사이에서 태어났다. 14세 무렵 선생님이 헤시오도스의 '혼돈' 개념을 명확하게 설명하지 못하는 데 갈증을 느껴 철학에 입문한 에피쿠로스의 첫 번째 스승은 플라톤주의자인 팜필로스였다고 한다. 시민권을 얻기 위해서 18세에 아테네로 이주한 에피쿠로스는, 아테네에서 2년간 군 복무를 하는 동안 플라톤의 아카데미아를 이끌던 크세노크라테스와 아리스토텔레스에 대해서도 알게 되었다. 20세가 되었을 때 에피쿠로스는 아테네를 떠나 (사모스가 마케도니아의 점령지가 되자) 콜로폰으로 이주했던 부모를 만나기 위해 콜로폰에 정착했다. 이후 그는 대략 3년간 이오니아의 테오스에서 데모크리토스의 제자인 나우시파네스에게 철학을 배웠다. 그는 나우시파네스를 통해서 퓌론의 회의주의 철학 사상을 접하기도 하였다. 아마도 이러한 에피쿠로스의 학문적인 경험은, 그가 자신의 철학에 불필요한 교양을 거부하고 원자론을 철학의 기초로 삼았던 배경이 되었던 것 같다. 이후 30세가 넘을 때까지 에피쿠로스의 행적에 관한 기록은 거의 남아 있지 않지만, 이 시기 동안 그는 다른 철학자들과 의견을 나누며 자신의 철학을 다듬고 체계화하였던 것으로 보인다(라에르티오스, 2021: 315-324; 회페, 2001: 196-197).

에피쿠로스는 32세 때 레스보스섬의 미틸리니에서 짧은 기간 철학을 가르쳤는데, 거기서 자신의 제자이자 평생의 친구인 헤르마르코스(Hermarchus)를 만나게 된다. 이후 그들은 트로이 근처의 람사쿠스로 옮겨

철학을 가르쳤는데, 그곳에서는 제자 메트로도로스(Metrodorus)와 폴리아이노스(Polyaenus)와 인연을 쌓게 된다. 기원전 306년에 에피쿠로스는 자신을 따르는 일군의 제자들과 함께 아테네로 돌아와 '정원(ho kepos, the Garden)' 학원을 세웠다. 당시 아테네에는 플라톤의 아카데미아와 아리스토텔레스의 뤼케이온이 위세를 떨치고 있었다. 이들 두 학원에는 모두 우수한 학생들이 모여들었고, 이들은 주로 철학을 정치와 공공 생활에 적용하는 데 관심을 쏟았다고 한다. 아테네에서 학원을 유지한다는 것은 이들과 경쟁 관계에 들어서는 것을 의미하였다. 그런데 에피쿠로스의 학문 공동체는, 아카데미아나 뤼케이온과 달리, 자급자족의 단순한 삶을 지향하는 생활을 하면서 여성뿐만 아니라 '무세'라 불리는 노예들도 학문 공동체의 일원으로 받아들이는 등 그 생활양식과 구성에서 큰 차이를 보였다. 그들은 소박한 삶을 추구하였고(라에르티오스, 2021: 322-323, 10권 11), 대체로 정치 활동과 공공 생활을 멀리하였다고 한다(Hadot, 2008: 128).[1]

철학사적으로 볼 때, 에피쿠로스학파가 좋은 평판만을 얻었던 것은 아니다. 그들은 무신론(atheism), 부도덕(immorality), 감각적 방종이나 폭식과 관련되어 때때로 위험하고 부패한 사상으로 폄훼되기도 하였다. 특히 에피쿠로스학파의 경쟁자들이었던 스토아학파 사람들은 에피쿠로스 학원 공동체가 탐식과 문란한 삶을 살았다고 비판하였다. 하물며 에피쿠로스 사후에 에피쿠로스학파를 이끌던 메트로도로스의 형 티모크라테스는 공동체를 떠나면서 그들에 관한 다소 적대적인 글을 남겼는데, 그 글에서 그는 에피쿠로스의 공동체 사람들이 무절제한 대식가들이었고, 에피쿠로스는 아테네의 여러 훌륭한 철학자들을 상스럽게 공격하는 사람이라고 하였다(회페, 2001: 198).

---

1. 대체적으로 정치적인 삶을 멀리했던 대다수 에피쿠로스학파 사람들과 다르게 일부 에피쿠로스주의자들, 가령 사모스의 아미니아스나 페르가몬의 아폴로파네스의 경우 정치적인 삶을 살았다. 자세한 사항은 R. Goulet, *Dictionnaire des philosophes antiques*, t. 1에 있는 Puech의 주를 참조하기 바란다(Hadot, 각주 6, p. 403, 재인용).

에피쿠로스는 아테네 정원 공동체 안에서 평생 생활과 연구를 해 오던 중 요로결석(또는 전립선염)과 이질로 72세에 사망하게 된다. 죽음을 앞둔 어느 날 그는 이도메네우스에게 보내는 편지를 제자들에게 받아 적게 했는데, 그 편지에 자신이 '철학적 사색을 통해 극심한 배뇨와 이질의 고통에 맞서고 있다.'라고 적었다고 한다(라에르티오스, 2021: 328). 사망하면서 그는 그보다 먼저 사망한 제자들의 자식과 미망인들을 돌보고 자신의 노예를 해방하라는 유언을 남겼으며, 자신의 집과 정원을 정원 공동체의 관리자에게 유산으로 남겼다. 이 정원 학원은 기원후 2세기까지 아테네에 남았다.

## 2. 저작

디오게네스 라에르티오스(Diogenes Laertius)는 에피쿠로스를 다작한 철학자로 묘사했지만, 다른 헬레니즘 철학자들의 경우와 마찬가지로 에피쿠로스의 저작은 거의 남아 있지 않다. 다행스럽게도 라에르티오스는 『유명한 철학자들의 생애와 사상』(라에르티오스, 2021)의 제10권에 에피쿠로스의 전기, 저작 목록, 그의 유언장을 비롯하여 에피쿠로스의 중요한 사상을 확인할 수 있는 세 개의 편지와 '중요한 가르침(Kyriai doxiai)'을 남겼다. 이 편지 중에서 '헤로도토스에게 보내는 편지'는 자연철학에 대한 에피쿠로스의 생각이 담겨 있고, '피토클레스에게 보내는 편지'는 천문학과 기상학의 내용을, 마지막으로 '메노이케우스에게 보내는 편지'는 윤리학과 신학에 관한 내용을 다루고 있다.[2] 한편, '중요한 가르침'은 40개의 짧은 경구로 되어 있는데, 이것은 에피쿠로스의 말을 에피쿠로스학파 사람들이 외우고 다녔던 일종의 격언집과 같은 것이다.

에피쿠로스에 관한 또 다른 주요 문서는 헤르쿨라네움(Herculaneum)에서 발견된 파피루스다. 로마시대에 나폴리 지역의 에피쿠로스학파의 후원

---

2. 비록 이 편지들의 진위나 작성자에 대해서는 의문이 있기는 하지만, 이들이 에피쿠로스학파의 중요한 사상을 담은 저작들에서 비롯된 것이라는 데 대해서는 이견이 없다.

자였던 피소의 별장으로 추정되는 헤르쿨라네움은, 서기 79년 폼페이의 베수비오 화산 분화 이후 줄곧 묻혀 있었다. 이 유적은 18세기 중반에 발굴이 이루어졌고, 이곳에서는 많은 양의 파피루스 두루마리가 발견되었다. 발견된 파피루스 중에서 해독 가능한 글들은 에피쿠로스의 37권으로 된 대작 『자연에 관하여(Peri physeōs)』의 일부(2, 11, 14, 15, 25, 28권)와 에피쿠로스학파에 속했던 필로데모스(Philodemus)가 쓴 에피쿠로스 철학의 본질에 관한 요약이었다(루크레티우스, 2011: 542; Sellars, 2021: 20-21). 필로데모스는 오늘날의 요르단 출신으로 기원전 110년경에 태어나 가다라에서 어린 시절을 보내고 알렉산드리아에서 교육을 받은 후 아테네에서 에피쿠로스학파에 참여했을 것으로 추정된다. 또한 그는 로마가 에피쿠로스 공동체를 해체했을 무렵, 아테네를 떠나 에피쿠로스학파의 가르침을 담은 문서 사본들을 가지고 이탈리아의 나폴리 해안에 정착했을 것으로 보인다. 처음 복구된 이 문서는 1793년에 출판되었고, 영국의 섭정 왕자 헤이터(Hayter)가 보낸 수도사가 200권의 두루마리를 필사하여 영국으로 보냈다. 이후 옥스퍼드대학 도서관에 보관된 필로데모스의 글은 '테트라파마코스(tetrapharmakos)'로 명명되어 있다. 그 글은 "죽음에 대해 걱정하지 마라. 좋은 것은 쉽게 얻을 수 있고, 끔찍한 것은 견디기 쉽다."라는 문장으로 시작한다고 한다(Sellars, 2021: 70-73).

한편, 기원전 1세기 로마의 시인 루크레티우스(Lucretius)가 여신 비너스에게 바친 『사물의 본성에 관하여(De Rerum Natura)』라는 6권의 장대한 시에는 에피쿠로스의 자연철학이 상세히 소개되어 있다. 루크레티우스는 나폴리만 지역에 살았던 로마인이라는 점 외에 특별히 알려진 것은 없다. 하지만 당시 아테네에 있던 에피쿠로스의 집을 소유했던 로마 정치가 가이우스 멤미우스가 루크레티우스를 후원했다[3]는 점을 생각해 보면, 왜 그가 에피쿠로

---

3. 멤미우스가 에피쿠로스의 집을 소유했었다는 것은 키케로가 그의 친구 아티쿠스(Atticus)를 통해 멤미우스에게 보낸 편지(Cicero, "Letters to Friends", Familiares XIII.1)에 기록되어 있다. 그 편지에서 키케로는 멤미우스에게 그 집에 남아 있는 것들을 없애 버리고 새집을 지으라고 제안했다.

스의 사상에 대해 자신의 시에서 자세하게 남겼는지 추측해 볼 수는 있다.

그 밖에 에피쿠로스학파에 관해 언급할 만한 기록은, 지금의 튀르키예 남서부에 해당하는 리키아(Lycia)의 오에노안다(Oinoanda) 지역에 있는 에피쿠로스의 글에 대한 발췌문이다. 이것은 이 지역에 살던 디오게네스라는 사람이 80미터가 넘는 대리석 벽에 에피쿠로스의 문장들을 새겨 넣은 것이다. 하지만 지금은 일부만 파편으로 남아 있다. 디오게네스는 비문의 시작 부분에 많은 사람이 "사물에 대한 잘못된 관념으로 인해 흔한 질병으로 고통받고 있다."(Smith, 1993)라고 적으면서, 에피쿠로스 사상으로 동료 시민들을 돕기 위해 그렇게 했다고 적었다. 그의 비문은 당시 고통 받는 사람들을 구제하기 위한 것으로 보이며, 아마도 디오게네스는 에피쿠로스의 사상을 잘못된 믿음에서 구원을 가져다주는 일종의 치유약처럼 보았던 것 같다.

이외에도 에피쿠로스학파에 관한 다른 인용문들은 단편적으로 산재해 있다. 그중에서도 키케로, 플루타르코스, 세네카, 섹스투스 엠피리쿠스의 에피쿠로스에 대한 평가는 상대적으로 중요한 의미를 지닌다. 하지만 다른 일부 글들은 주로 에피쿠로스 공동체를 떠난 사람들의 비난이나(라에르티오스, 2021: 319-320(10.6)) 에피쿠로스학파와 경합하던 다른 학파 소속 사상가들이 비판적인 입장에서 쓴 가혹한 평가들이라서, 에피쿠로스학파 전반의 이해에는 다소 도움이 될지는 몰라도, 이들로 온전히 에피쿠로스학파를 평가하기는 어렵다(회페, 2001: 200).

## II. 자연학과 신

### 1. 자연학

라에르티오스에 따르면, 에피쿠로스는 철학을 자연학(physics, 물리학),

캐노닉(canonic, 인식론 또는 규준론), 윤리학(ethics)의 세 부분으로 나눈다. 그중에서 에피쿠로스는 자연학을 '자연 전체를 다루는 이론', 즉 물리학적 의미의 학문으로 보았다. 에피쿠로스는 '자연 세계가 존재하는 모든 것'이라고 믿었기 때문에, 자연학(물리학)은 세상에 존재하는 모든 것의 본성을 연구하는 이론이라 할 수 있다. 이러한 점에서 에피쿠로스의 자연학(물리학)은 오늘날 우리가 생각하는 과학의 한 분야로서 물리학뿐만 아니라, 육체와 마음의 관계, 내세와 신의 존재 여부 등과 같은 형이상학적인 주제를 다룬다(라에르티오스, 2021: 335-336, 10권, 29-30).

데모크리토스의 사상에 영향을 받은 에피쿠로스는, 물리적 대상이 자연 세계에 존재하는 모든 것임을 전제로 하여, 자연 세계를 구성하는 원자 운동의 유형을 이론화하고, 원자가 물체와 우주를 형성하는 방식과 그 변화 과정을 어떻게 설명할 수 있는지를 검토한다. 이러한 점에서, 에피쿠로스의 자연학(물리학, 형이상학)은 다분히 유물론적 성격을 지닌다고 할 수 있다(호센펠더, 2011: 237). 왜냐하면 존재하는 것의 공통된 기초는 원자들과 빈 공간뿐이기 때문이다. 여기서 원자들은 빈 공간에 존재하는 더 이상 쪼갤 수 없는 조각들로서, 그것들은 크기, 모양, 무게, 타격에 대한 저항 등과 같은 제한된 속성을 지닌다. 이 원자들은 임의의 선회를 하면서, 원자가 지닌 무게로 인해 빈 공간에 낙하하고, 충돌하고, 반발하며, 서로 얽혀 큰 형체를 만들고 다양한 결합 관계에 따라 우주에 존재하는 모든 것의 다양한 현상을 낳는다(에피쿠로스, 1998: 55-84, 헤로도토스에게 보내는 편지). 사람을 예로 들면, 육체의 피로나 얼굴의 붉어짐과 같은 신체의 변화나 정서나 느낌의 변화도 인체를 이루는 원자의 결합물이 특정하게 드러나는 현상인 것이다. 이렇듯 에피쿠로스는 ('원자'를 통해 세상에 존재하는 모든 것들의 변화를 설명하는) 환원주의적 관점에서 인간의 감각적 특성도 설명하고자 하였다.

이상과 같은 에피쿠로스의 자연학(물리학)적 주장은, 자연 만물의 형성과 자연에서 일어나는 모든 현상을 원자의 운동으로 설명할 수 있다는 것으로 요약할 수 있다. 그런데 이러한 주장은, 그간 자연을 창조하거나 인간의 삶과 죽음에 관여하는 것으로 이해되었던 신에 대한 전통적인 가정들을 배제하는 것이다. 즉, 신을 가정하지 않더라도 원자와 그 속성만으로 자연 만물에 일어나는 모든 현상을 설명할 수 있다는 것이다.

이러한 관점에서 보면, 인간의 마음도 정신적인 기능을 담당하는 원자의 작동에 근거한 신체 기관 또는 그 현상일 뿐이다. 이러한 관점에서 그는 인간의 육체와 마찬가지로 정신도 생성하고 소멸하는 것이라고 주장하였다(루크레티우스, 2011: 94-116, 3권). 이후 장에서 다루겠지만, 이러한 관점에서 인생의 선과 악, 즉 쾌락과 고통은 '죽음으로 끝난다'라는 주장으로 이어지게 된다. 다만 그는 인간의 자유와 관련한 부분에서는 원자론적 결정론을 부인한다. 그는 비결정론적인 원자의 빗나감으로 인해 인간에게 자유가 가능하고, 그래서 우리가 무엇인가를 바라는 것도 가능하다고 주장한다.

## 2. 신

에피쿠로스는 왜 자연학 연구에 열중했을까? 그 이유는 단순히 자연 세계만을 연구하기 위함이 아니라 인간의 자연에 대한 무지와 두려움을 제거하기 위한 것이다. 당시 신에 대한 두려움은 가장 흔한 형태의 불안 중 하나였고, 에피쿠로스는 이에 대해 답할 필요가 있다고 본 것이다. 이에 대해서 루크레티우스는 "조금도 두려워할 필요가 없는 것들을, 그러므로 정신의 이 두려움과 어둠을, 해의 빛살이, 또는 낮의 빛나는 창이 아니라, 자연의 모습과 그것의 이치가 떨쳐버려야 한다"(루크레티우스, 2011: 114)라고 썼다. 특히 에피쿠로스는 기상학 연구를 신에 대한 두려움들에 접근하는 방법으로 삼았다. 그는 친구 피토클레스에게 보내는 편지에서 이러한 자신의 목적을 밝히면서, '자연현상을 밝히는 것은 행복한 삶을 촉진하기 위한 것이고, 자연을 연구하는 목적은 심신의 평온함을 기르기 위한 것'(에피쿠로스, 1998: 90)이라고 썼다.

그는 우주가 원자로 구성되어 있는데, 우주의 원자들은 무작위 충돌을 통해 더 큰 집합체를 형성한다고 주장했다. 이것은 행성과 천체가 형성되는 과정에 관한 제안이다. 그는 우리가 이미 관찰한 결과를 통해 볼 때, 이에 대한 충분한 증거를 가지고 있다고 주장했다. 또한, 비록 원자의 존재에 대한 직접적인 증거를 제시할 수는 없지만, 원자 이론이 우리의 감각 경험을 설명하는 가장 좋은 방법이라고 보았다. 한편 그는 천둥, 번개, 우박, 눈의 생성에 관해서도 관심을 기울였다. 천둥이 구름 내부에 맴도는 바람에 의해 발생할 수 있다고 제안했고, 번개는 구름에서 원자가 마찰하거나 구름이 단단히 압축될 때 불을 일으켜 발생한다고 보았다. 번개가 천둥보다 더 빠르므로 우리에게 먼저 도달한다는 가설도 제안했다(에피쿠로스, 1998: 100-108).

    자연현상에 대한 이러한 에피쿠로스의 연구는, 자연현상이 신과 무관하게 일어난다는 것을 설명하기 위한 노력의 일환이었다. 그는 '이러한 점을 이해하면, 당신은 대부분 종교적 미신을 멀리하고 관련 사항을 이해할 수 있을 것'(에피쿠로스, 1998: 111)이라고 말했다. 그런데 이러한 주장은 에피쿠로스를 반종교적인 인물처럼 보이게 한다. 실제로 수 세기 동안 에피쿠로스학파는 무신론자들이라고 공격받았다. 그러나 그가 신의 존재 자체를 부인한 것은 아니다. 그가 주장한 것은 신이 우주의 자연현상에 적극적으로 관여하지 않는다는 것이다. 그렇다면 에피쿠로스는 신을 어떻게 규정했을까?

    그는 신의 특성을 '지복'과 '불멸'로 보았다(Sellas, 2021: 78). 에피쿠로스가 바라본 신은 행복 그 자체이기에 다툼이 없고 평화롭고 영원한 존재다. 그러나 이러한 신은 사람들에게 해악이나 유익함을 주는 존재가 아니라고 보았다(루크레티우스, 2021: 387, (10.123)). 그러나 이와 대조적으로 당시 그리스인들은 신들이 때때로 복수심과 분노를 보이거나 서로 다툴 때도 있다고 보았다. 이처럼 그리스의 전통적인 신관과 다른 에피쿠로스의 신에 관한 규정은 서로 조화되기 어려웠고, 그 연장선상에서 신의 자연현상에 대한 개입 여부에 대해서도 견해차를 보였던 것으로 보인다.

더 나아가 우주의 모든 것이 원자로 구성되어 있다는 에피쿠로스의 주장을 고려하면, 에피쿠로스학파의 관점에서 신은 원자로 구성된 것, 즉 물질적 존재임을 유추할 수 있다. 이에 대해서 루크레티우스는 '신들은 존재하지만, 신은 당대 사람들 대부분이 믿는 것과 같은 존재는 아니'(루크레티우스, 2021: 387, (10.123))라고 말하면서, 신의 세계와 인간의 세계는 단절되어 있고, 신들은 축복받은 고요함 속에서 살 뿐 세계를 창조하지도 않았고 인간의 삶에 개입하지도 않는다고 보았다. 이에 대해서 호라티우스는 "나는 신들이 평온한 삶을 산다고 들었고 자연에 일어나는 놀라운 현상들은 하늘에서 우울하게 시간을 보내는 신들이 보낸 것이 아니라는 것을 배웠다"(Kline, 2005: 37)라고 말했다. 신에 대한 에피쿠로스의 이러한 주장이 궁극적으로 목적하는 것은, 현생이나 내세에서 신에게 벌 받지 않을까 두려워할 필요가 없다는 점이다. 결국, 에피쿠로스가 바란 것은 신에 대한 두려움을 제거한 현생에서 평온함을 누리는 데 있었기 때문이다.

## III. 쾌락과 고통

### 1. 육체적 쾌락

에피쿠로스는 '쾌락이 선이고 고통은 악'이므로 삶에서 쾌락을 추구하고 괴로움을 피하라고 권한다. 그는 이것이 우리가 행하는 모든 것의 원인이자 목표라고 말한다. 우리는 본능적으로 쾌락을 추구하고 고통을 피하고자 한다는 뜻에서 쾌락은 모든 행위의 원인이며, 우리의 모든 행동은 궁극적으로 쾌락을 달성하려고 한다는 의미에서 쾌락은 모든 것의 목표라는 것이다. 이처럼 에피쿠로스가 보기에 인생은 쾌락을 추구하고 고통을 피하는 게 전부인데, 사람들은 인생을 지나치게 복잡하게 생각한다는 것이다.

에피쿠로스의 이러한 견해는 쾌락에 대한 보다 상세한 설명으로 보완된다. 먼저 그는 쾌락의 차이를 드러내고자 하였다. 그는 쾌락을 어떤 과정이나 행동에서 얻는 '동적인 쾌락'과 특정 상태나 조건이 제공하는 '정적인 쾌락'으로 나누었다. 예를 들어, 우리는 음식을 먹는 과정의 동적인 쾌락과 배를 불려서 더는 배고프지 않게 되는 정적인 쾌락을 구별할 수 있다. 우리는 먹는 과정을 즐길 수는 있지만, 정작 우리가 먹는 이유는 배고프지 않은 상태에 도달하기 위해서이다. 즉, 우리의 목표는 먹는 즐거움이 아니라 배고픔의 고통을 극복하는 것이다. 이런 점에서 에피쿠로스주의는 미식가의 이미지와 사뭇 다르다. 목표는 쾌락이지만, 그것은 적극적인 쾌락이 아니다. 목표는 정적인 쾌락, 즉 만족한 상태에 도달하는 것이므로 궁극적인 목적은 음식을 먹는 과정의 즐거움이 아니라 배고프지 않은 만족 상태에 있는 것이다. 여기서 배고프지 않은 상태는 단순히 굶주림의 고통이 없음을 의미하지 않는다. 이러한 만족 상태가 그 자체로 쾌락인 것이다. 이처럼 그는 쾌락과 고통 사이에 중립적인 상태는 없다고 생각했다. 달리 말해서, 고통이 없음은 그 자체로 즐거운 상태이지만, 즐거움이 없는 삶은 견디기 힘든 고통인 것이다.

이에 대해 한 가지 더 중요한 사항이 있다. 동적인 쾌락의 양은 다양할 수 있다. 항상 더 많이 먹을 수 있다. 그러나 배가 불러서 배고프지 않을 때의 만족 상태는 다를 수 없다. 배가 고파서 먹다 보면 더는 배고프지 않은 시점이 온다. 이때 포만감과 같은 정적인 즐거움은 더 이상 추가되지 않는다. 반면에 과식하게 된다면 소화불량과 같은 고통을 느끼게 될 것이다. 이처럼 쾌락의 추구는 무한정한 것이 아니라 분명한 한계가 있다. 정적인 쾌락의 상태에 도달하면 쾌락의 한계에 도달한 것이기 때문이다.

이러한 의미에서 어떤 육체적인 필요로 인한 고통이 일단 해소되고 나면, 육체적 쾌락은 더 늘어나지 않는다. 쾌락을 추구한다는 것은 결국, 배고프거나 춥거나 아프거나 한 것처럼, 우리가 피하고 싶어 하는 고통에서 해방되는 것이다. 에피쿠로스학파가 의미하는 쾌락적 지향은 미식이나 과식과는 관련이 없고, 마치 배가 고플 때 배를 채워서 배고프지 않은 상태를 목표로 하는 것과 같은 태도이다. 이에 대해서 에피쿠로스는 "결핍으로 인한 고통이 일단 제거되면, 육체적 쾌락은 더 이상 증가하지 않고, 단지 형태만 바뀔 뿐이다. 정신적 쾌락의 한계는, 쾌락들에 대한 계산과 쾌락들과 연관된 감정들에 대한 계산을 통해 얻어진다"(에피쿠로스, 1998: 17, 중요한 가르침, 18)라고 말했다.

### 2. 정신적 쾌락

에피쿠로스는 이러한 기본적인 육체적 쾌락이 궁극적으로 삶의 모든 것의 기초라고 생각했지만, 사실 그는 마음에서 일어나는 두려움에 훨씬 더 몰두했다. 배고픔의 고통이 결코 좋은 경험은 아니지만, 적어도 한동안은 큰 불편함 없이 참을 수 있다. 그러나 마음의 두려움이나 불안과 같은 정신적 고통을 겪으면 인간은 훨씬 더 쇠약해질 수 있고, 이러한 정신적 고통은 삶 전체에 영향을 미칠 수 있다. 예를 들어, 치과 가기를 꺼리는 사람 중 일부는, 치과 치료의 육체적 고통보다도 의자에 앉아서 마취 상태로 있을 때 치과 기계가 내는 불쾌한 소리 때문에 치과 가기를 주저할지 모른다. 치과 치료의 고통은 잠시 불쾌하지만 대개는 곧 잊힌다. 하지만 그 기계 소리는 상상만 해도 불쾌하다. 또한 사람들은 미래에 충분한 돈이 없을지 몰라서 염려하고 그로 인해 정신적인 스트레스를 받지만, 실제로 지금 당장 자신의 삶에 필요한 것을 어느 정도씩은 다 갖고 있다. 이처럼 우리는 육체적 고통에는 비교적 잘 대처하지만, (일어날 수도 있고 일어나지 않을 수도 있는) 미래의 육체적 고통에 대해 먼저 걱정하면서 엄청난 정신적 고통을 겪으며 산다. 우리가 겪는 고통 대부분은 정신의 내면에 있는 것이고, 이러한 정신적 고통은 어쩌면 일종의 자해일지 모른다(Sellars, 2021: 30-31).

육체적 쾌락은 빠르고 순간적이다. 맛있는 음식은 하루면 잊힌다. 그러나 식사를 하면서 친구들과 좋은 대화를 나누는 즐거움은 좋은 기억으로 남는다. 그러한 만남과 대화를 되돌아보면서, 우리는 많은 정신적 즐거움을 얻을 수 있다. 이렇게 보면, 우리 삶의 질을 개선하는 데 더 중요한 것은, 육체적 문제가 아니라 정신적 문제의 해소다. 에피쿠로스에 따르면, 쾌락에는 먹는 것과 같은 육체의 동적인 쾌락과 배고프지 않은 것과 같은 육체의 정적인 쾌락이 있는 것처럼, 친구들과 대화를 즐기는 것과 같은 정신의 동적인 쾌락과 다른 것들로부터 방해를 받지 않는 정신의 정적인 쾌락이 있다.

그는 이 모든 쾌락이 본질적으로 좋은 것(에피쿠로스, 1998: 15, 중요한 가르침, 8)이라고 말했지만, 가장 중요한 것은 정신의 정적인 쾌락이라고 보았다. 여기서 정적인 정신적 쾌락은 '마음이 불안하지 않은 상태'다. 에피쿠로스는 이러한 상태를 설명하면서 '아타락시아(ataraxia)'라는 단어를 사용한다. 이것의 언어적인 뜻은 '고통이 없는'이지만, 정신의 정적인 쾌락의 중요성에 대한 강조를 고려할 때, 에피쿠로스가 의미하는 아타락시아의 진정한 의미는 정신적인 혼란이 없는 '마음의 평온함(ataraxia)'인 것이다.

### 3. 육체적 고통과 정신적 고통

만약 우리가 육체적 고통과 정신적 고통 중에서 무언가를 선택해야 하는 상황이라면 어떻게 대체해야 할까? 물론 가능하면 육체적 고통을 피하고 싶지만, 에피쿠로스는 정신적 고통보다 육체적 고통을 견디는 것이 좀 더 쉽다고 생각했다. 육체적 고통에 대처할 수 있는 방법의 하나는 육체적 고통을 정신적 쾌락과 균형을 맞춰 보는 것이다. 예를 들어, 새로운 장소를 방문하는 긴 하루는 몸의 피로를 유발할 수 있지만, 이러한 경험은 그날의 정신적 자극으로 상쇄되고 전반적으로 긍정적인 기억으로 남을 수 있다.

한편 때때로 우리는 즉각적인 쾌락을 포기하거나 고통을 참아야 할까? 에피쿠로스는 이러한 상황도 충분히 있다고 말한다. 만약 우리가 어떤 행위로 인한 즉각적인 즐거움이 나중에 고통을 줄 수 있다고 생각한다면, 우리는 그러한 행위를 피할 것이다. 이와 관련하여 에피쿠로스는 '어떤 쾌락도 그 자체로 나쁘지는 않지만 어떤 경우에는 쾌락을 만드는 것들이 쾌락 자체보다 몇 배나 더 큰 혼란을 수반한다'라고 말했다. 마찬가지로 우리는 즉각적인 고통이 나중에 더 큰 기쁨을 가져다주리라 생각하거나 심지어 더 큰 고통을 피할 수 있게 해 준다고 생각한다면, 아마도 즉시 고통을 참을 것이다. 이러한 에피쿠로스의 입장을 결과적으로 이해하면, 모든 쾌락이 좋은 것일지라도, 모든 쾌락이 추구할 가치가 있지는 않을 수 있다는 것이다.

이처럼 에피쿠로스학파는 육체와 정신의 다양한 쾌락과 고통을 저울질하는 데 몰두하고 있었다고 볼 수 있다. 쾌락과 고통에 대한 에피쿠로스학파의 판단과 계산 과정에 의할 때, 육체적 쾌락보다는 정신적 쾌락이 우선한다. 그 이유는 육체적 고통보다 정신적 고통이 더 크고, 육체적 고통의 제거보다 정신적 고통의 제거가 더 가치 있기 때문이다. 이러한 관점에서 그는 과거의 쾌락에 대한 기억조차도 즉각적이고 강렬한 육체적 고통을 능가할 수 있다고 주장했다. 이러한 입장은 오늘날 일부 사람들이 에피쿠로스학파를 떠올리면서 육체적 쾌락주의와 연관시키는 것과 거리가 먼 것이다.

한편 에피쿠로스는 고통에 대처하는 방법에 대해서도 제안했다. 일반적으로 통증은 그 강도에 따라 '극심한 고통'과 '경미한 고통'으로 나눌 수 있다. 극심한 통증은 대체로 짧은 시간 동안만 고통을 유발한다.[4] 반면 경미한 통증의 시간은 짧을 수도 있고 오래갈 수도 있다. 어느 경우든 통증이 단기적이거나 경미한 것임을 안다면, 이러한 앎은 우리에게 그러한 고통에 대한 불안을 줄이는 데 도움을 줄 수 있다. 이러한 설명의 요점은 육체적 고통을 두려워해서는 안 된다는 것이다. 이와 관련하여, 에피쿠로스는 메노케우스에게 보내는 편지에서 즐거운 삶이 술자리, 맛있는 음식, 육욕에 바쳐진 삶은 아니라고 썼다. 또한 그는 신체적 고통보다 정신적 고통이 더 나쁘다고 보았다. 특히 그는 죽음에 대한 정신적 두려움이 말기 질환의 신체적 고통보다 훨씬 클 수 있다고 말한다. 사람들은 단식이나 다이어트와

---

[4] 극심한 통증이 지속하는 드문 경우, 그러한 고통은 우리의 생을 앗아 가는 것으로 끝낼 것이다.

같이 잠시 잠깐의 배고픔의 고통을 참을 수는 있지만, 필요할 때 음식을 먹을 수 없다고 상상한다면, 그러한 정신적인 걱정은 신체적 고통보다 더 두려울 수 있다. 이러한 관점에서 육체적 고통은 비교적 쉽게 대처할 수 있지만, 정신적 고통은 훨씬 더 관리하기도 힘들다.

## IV. 필요와 욕망

에피쿠로스는 쾌락 추구의 한계를 아타락시아로 설정한 것처럼(에피쿠로스, 1998: 17, 중요한 가르침, 18), 우리의 욕망에도 그 한계를 규정했다. 쾌락의 정점을 정함으로써 쾌락을 위해 끊임없이 더 많은 것을 추구하는 '쾌락의 쳇바퀴'에 사로잡힐 필요가 없는 것처럼, 그는 삶에 필요한 것을 얻고자 하는 인간 욕망의 한계에 대해서 말한다. 항상 탐욕과 타인에 대한 질투와 시기 속에서 살면서 스스로 잘 살기를 바란다. 실현될까? 마음의 평온이 없는 삶이라는 점에서 이러한 삶이 잘 사는 삶이라고 보기는 어려울 것 같다. 그렇다면 경제적인 부를 정말 많이 가지고 있다고 해서 잘 살 수 있을까? 탐욕과 부에 대한 갈망은 무한한 욕심, 즉 아무리 많이 가지고 있어도 충분하지 않을 것이라는 감정을 심각한 문제로 안고 있다. 이러한 욕구의 갈증이 만드는 삶에 대한 두려움에서 벗어나려면, 도대체 얼마나 많이 가져야 할까? 이에 대해서 에피쿠로스는 "이미 충분히 가지고 있으면서 너무 적다고 생각하는 사람에게는 그 어떤 것도 충분하지 않다(Οὐδὲν ἱκανὸν ᾧ ὀλίγον τὸ ἱκανὸν-Nothing is ever enough for someone who regards enough as insufficient)"(Epicurus, Vatican Saying, 68)라고 말했다. 이 말은 아무리 부자가 되고, 유명해지고, 권력을 갖게 되더라도, 간절히 원하는 것을 더 얻기 위해 끊임없이 동요하고 그 과정에서 아타락시아를 포기한다는 것이다.

에피쿠로스는 우리에게 필요한 것의 기준을 '자연적인 필요에 속하는 음식과 물 그리고 안식처 정도면 충분하다'라고 정해 준다. 그는 이러한 것들을 바라는 욕구를 '자연스럽고 필수적인(natural and necessary) 것'이라고 불렀다. 그런데 만약 당신이 잘 차려진 음식이나 건강에 좋은 음료나 큰 집을 원한다면 어떻게 하겠는가? 에피쿠로스는 이러한 바람도 괜찮고 합리적인 생각이라고 보았다. 이러한 욕구는 음식, 물, 안식처에 대한 기본적인 자연적 욕구에서 발전한 것이기 때문이다. 하지만 에피쿠로스는 이러한 것들을 '자연스럽지만 필수적이지는 않은(natural, but not necessary) 것'이라고 불렀다. 이것들이 있다면 좋겠지만 없어도 행복하게 살 수 있기 때문이다. 이제 만약 당신이 최첨단 기술 장치, 보석, 비싼 시계를 원한다면 어떤가? 에피쿠로스에 따르면, 이러한 종류의 것들은 '부자연스럽고 불필요한(unnatural and unnecessary) 것'에 속한다. 우리는 이러한 것을 필요로 하지 않을 뿐만 아니라, 이러한 것들은 자연적인 목적에 이바지하지도 않기 때문이다(에피쿠로스, 1998: 45).

이처럼 삶에 얼마나 많은 것들이 필요한가에 대한 에피쿠로스의 대답은 명확하다. 우리에게 필요한 것은 자연스럽고 필수적인 것뿐이다. 나머지는 거추장스러운 것들이다. 우리의 삶에 필요한 것은 실제로 매우 적기 때문에 그것들을 소유하고 지키기 쉽다. 이에 대해서 에피쿠로스는 "자연의 부는 제한되어 있어 쉽게 얻을 수 있지만, 공허한 관습의 부는 무한대로 이어진다"(에피쿠로스, 1998: 17 참조, 중요한 가르침, 15)라고 말했다.

우리는 끼니를 때울 수 없을 정도로 궁핍한 상황에 직면하지 않을 만큼 충분히 운이 좋다. 대신 우리는 에피쿠로스가 불필요하다고 주장한 것을 확보하는 데 골몰하고 있다. 그렇다고 해서 우리가 더 편안한 삶을 추구하지 말아야 한다는 뜻은 아니다. 이에 대해서 에피쿠로스는 두 가지를 지적한다. 첫 번째는 우리가 실제로 필요로 하지 않는 것을 얻지 못했다고 화를 내는 것은 정신 나간 짓이라는 것이다. 인생의 궁극적인 목표는 '평온한 삶'을 즐기는 것이기 때문이다. 두 번째는 우리에게 정말로 필요한 것이 실제로 매우 적으며 매우 쉽게 얻을 수 있다는 사실을 알면, 필요한 것을 얻는 데에 관련한 걱정을 많이 덜어 낼 수 있다는 것이다. 이러한 이해는 그 자체로 우리가 정신적인 평온함을 갖는 데 도움이 된다. 사실 우리가 필요로 하는 것에는 분명한 한계가 있다. 배고프지 않기 위한 충분한 음식, 춥지 않을 충분한 따뜻함과 안식처 등이다. 우리는 우리의 신체적 필요가 상당히 쉽게 충족된다는 사실을 잘 알고 있다. 이러한 앎은 물질에 대한 소유욕과 관련한 우리의 많은 심리적 걱정을 덜어 낸다.

일부 사람들은 자연스럽고 필수적인 욕구를 강조한 에피쿠로스의 입장을 두고 그를 상당히 금욕적인 인물로 이해할 수도 있다. 하지만 쾌락 그 자체를 긍정한 에피쿠로스의 철학적 토대를 종합적으로 이해할 때, 그가 엄격한 금욕주의를 취했다고 해석하는 것은 무리가 있다. 가령, 에피쿠로스는 (매번 식사할 때마다 기대하지 않는 한) 간혹 진수성찬을 먹는 즐거움에는 문제가 없다(라에르티오스, 2021: 323, 10권 11)고 보았다. 다만 호사를 누릴 수 있을 만큼 운이 좋을 때마다 지나치게 탐하지 않는 태도를 유지함으로써 적절히 감사할 줄 알아야 한다고 하였다. 이러한 점에서 에피쿠로스의 입장은 약한 금욕주의적 태도라고 평가하는 것이 적절하다.

에피쿠로스에 따르면, 자신의 욕망을 꼭 필요한 것에 따라 재조정할 줄 아는 현명한 사람은 재물을 이웃과 잘 나눌 줄 안다. 자신의 삶에 많은 것이 필요하지 않다는 것을 안다면, 그는 무언가를 필요 이상으로 갖게 될 때 기꺼이 그것을 주변 사람들과 나누고 그 과정에서 우정의 유대를 강화할 것이다. 또한 그다지 많은 것이 필요하지 않음을 알게 되면, 다른 것들에 의존하지 않을 수 있다는 점에서, 더 많은 자유를 누릴 수도 있을 것이다 (Epicurus, Vatican Saying, 67).[5]

---

[5] 바티칸 문서 67의 원문은 다음과 같다. "자유로운 사람은 많은 부를 얻을 수 없다. 왜냐하면 그것은 대중이나 권력에 예속되지 않고는 쉽게 성취될 수 없기 때문이다. 대신 그는 이미 필요한 모든 것을 풍부하게 가지고 있다. 그러나 우연히 그가 큰 부를 갖게 된다면, 그는 쉽게 그것을 동료들과 나누어 그들의 호의를 얻을 수 있다."

# V. 우정

우리의 삶에 중요한 것 중 하나는 가족이나 친구 등과 같은 사람들과의 관계이다. 또 우리가 자신의 행복한 삶을 그릴 때, 그러한 기대 속에는 종종 다른 사람과의 좋은 관계가 포함되기 마련이다. 에피쿠로스는 철학을 가르치기 시작하면서 제자들과의 관계를 특히 돈독히 했으며, 람사쿠사와 미틸레네에서 함께했던 많은 제자를 이끌고 아테네에 정원 공동체를 만들었다. 후일 에피쿠로스의 세 형제 역시 정원 공동체에 합류했다. 행복한 삶을 위해 많은 것을 가질 필요는 없다고 했지만, 에피쿠로스는 삶에 있어 다른 사람의 역할에 대해서 매우 진지하게 받아들였다.

에피쿠로스는 친구와 단순한 지인이 어떻게 구별되며, 인생에서 우정이 왜 우리에게 중요한지 설명하였다. 그는 우정의 가치를 '도움이 필요할 때 도움을 받을 수 있다는 사실'과 '나에게 도움을 줄 사람이 있다는 믿음'으로 나누어 설명한다.

첫째, 만약 내가 누군가의 진정한 친구라면, 그 친구가 어려움을 겪을 때 나는 그 친구를 돕는다. 여기서 친구 간의 도움은 단순한 지인이 돕는 방식과는 다른 큰 도움이다. 이러한 것은 사실상 우정이 제공하는 특별한 현실적 혜택이다. 둘째, 실제로 우리가 큰 어려움에 빠지는 경우가 없고 친구에게 현실적인 도움을 요청할 일이 없다고 해도, 언젠가 내가 위기에 처했을 때 언제든 나를 도울 사람이 있다는 사실은 자신의 삶에 안정감을 준다. 중요한 것은 (직접적인 도움이 아니라) 언젠가 내가 무언가를 필요로 할 때 그러한 도움이 가까이에 있다는 확신이다. 이에 대해서 에피쿠로스는 "친구들의 도움이 우리를 돕는 것이 아니라, 친구들이 나를 도와주리라는 믿음이 우리를 돕는다."(에피쿠로스, 1998: 29, 바티칸 문서, 34)라고 하였다. 어려운 시기에 의지할 만한 친구가 도움을 준다면 좋은 일이다. 물론 자신이 친구의 도움에 의지할 필요가 없더라도, 의지할 만한 친구가 있음을 아는 것은 자신의 삶에 대한 불안을 줄이는 데 도움이 된다. 친구를 통해 삶에 대한 불안을 제거하는 것은 에피쿠로스 철학의 목표인 마음의 평온함에 도달하는 데 도움이 된다.

한편 에피쿠로스가 우정을 강조한 데에는 그의 정치에 관한 생각과 연관을 지어 생각해 볼 수도 있다. 에피쿠로스는 당대의 정치 현실에 대해 상당히 불신하고 있었다. 그 자신은 아테네 정치에 관여하지 않았으며 제자들에게도 공공의 눈에 띄지 않게 살라고 조언했다. 그는 정치 공동체가 제공하는 보호 혜택을 받기 위해 정치 공동체가 만든 정의 시스템에 기꺼이 복종하는 암묵적 계약에 근거한 정치에 대해서 회의적이었다. 만약 공동체가 남에게 해를 끼치지 않고 자신에게 해를 끼치지 않기를 바라는 사람들 사이의 계약에 따라 운영된다면, 그러한 정치 공동체의 사법적 작동 원리는 (그러한 사법적 시스템이 작동하지 않으면 자신이 피해를 볼 수 있다는) 두려움에 기반을 두고 있기 때문이다. 에피쿠로스는 이처럼 두려움에 근거를 둔 공동체는 건전하지 않다고 생각했다. 하지만 에피쿠로스가 만든 우정의 공동체는 공식적인 규칙보다는 서로를 돕는다는 암묵적인 인정과 함께 상호 보살핌과 지원에 기초한 공동체였다. 이것이 에피쿠로스가 우정에 그토록 많은 비중을 두었던 이유 중 하나인 것이다.

비록 에피쿠로스의 공동체에 무슨 일이 일어나고 있는지 몰랐던 아테네 사람들은 이들을 두고 갖가지 호기심과 풍문을 만들어 내긴 했지만, 에피쿠로스의 공동체는 신분과 성별에 상관없이 사람들을 환영하였으며, 각자의 사유재산을 인정하는 우정의 공동체였다(아도, 2008: 144-145; 라에르티오스, 2021: 323).[6] 에피쿠로스 정원 공동체 구성원들은 기근이 생겼을 때 매일 콩을 여러 알씩 나눠 먹는 등 서로를 도왔다고 한다. 에피쿠로스 정원

---

6. 누군가에게 재정적인 지원을 한다는 것은 사유재산을 전제로 할 때 가능한 것이다. 여기서 라에르티오스는 에피쿠로스가 피타고라스학파 사람들처럼 재산을 공유하는 것이 적절하지 않다는 생각을 하고 있었다고 전하는데, 그 이유는 재산을 공유하는 것은 서로를 신뢰하지 않는 자(친구가 아닌 자)들이 하는 방식이기 때문이라는 것이다.

공동체의 매력은 신분의 차별이 없는 조화로우면서도 자족적인 공동생활에 있었다.

에피쿠로스는 '우정은 전 세계에서 춤을 추며 우리 모두를 불러일으켜 축복을 깨우치게 한다'(Epicurus, Vatican Saying, 52)라고 말했다. 심지어 그는 우정을 '불멸하는 선(agathon)'이라고도 했다(에피쿠로스, 1998: 35, 단장, 68). 에피쿠로스가 우정을 강조한 이유는, 우정이 우리의 물질적 지원뿐만 아니라 정신적인 안녕에 중요한 역할을 할 수 있다고 믿었기 때문이다. 그래서 호라티우스는 '나의 친구들은 내가 바보 같은 잘못을 저질러도 나를 용서할 것이고, 나는 친구들의 잘못을 기꺼이 간과할 것'(Schlegel, 2005: 34-35)이라 하였다. 물론 끊임없이 친구에게 도움을 청하기만 한다면, 그러한 관계는 유지되기 어렵다. 그렇다고 우정과 친구 사이의 도움이나 이득을 전혀 연결 짓지 않는다면, 그러한 관계는 오래갈 수 없다(Epicurus, Vatican Saying, 39). 우리는 우리가 좋아하는 친구들과 함께하면서 서로를 도우며 많은 즐거움을 누릴 수 있다. 친구와 함께하는 대화, 모임, 취미 활동 등이 주는 즐거움은 그 자체로 서로에게 가치가 있다. 특별한 비용을 쓸 필요 없이도 친구와 즐거움을 나눌 수 있다는 사실을 아는 것은 우리에게 삶의 자족성과 자유를 더해 준다.

## VI. 죽음

우리는 언젠가 반드시 죽는다. 죽음이라는 삶의 기한을 정하는 사건 때문에 나이를 먹을수록 생에 대한 애착은 더 크게 박동한다. 그런데 우리에게 죽음이 언제 일어날지 모른다는 사실은 우리를 불안하게 한다. 죽음 이후에 대한 의문이 생긴다면 불안을 더욱 가중시킬지도 모른다. 에피쿠로스는 메노이케우스에게 보내는 편지에서 "죽음은 우리에게 아무것도 아니다."(에피쿠로스, 1998: 43)라고 말한다. 루크레티우스는 이러한 에피쿠로스의 생각에 더해 많은 주장을 남겼고, 필로데모스(Philodemus)는 4권의 책 전체를 죽음이란 주제에 할애했다(Sellar, 2021: 89). 죽음은 에피쿠로스학파에게 있어 매우 중요한 철학적 주제 중 하나였다.

 앞서 살펴본 것처럼, 에피쿠로스 사상의 핵심은 '쾌락이 유일한 선이고 고통이 유일한 악'이라는 것에서 출발한다. 그런데 쾌락과 고통은 감각을 통해 경험하는 것이다. 하지만 죽음은 감각이 부재한 상태이므로, 죽은 사람은 아무것도 경험하지 않고 경험할 수도 없다. 죽음이 감각 부재의 상태라면, 죽음의 상태에서는 쾌락과 고통이 발생하지 않으며, 따라서 쾌락도 고통도 아닌 죽음이라는 사건은 선이나 악이라고 할 수 없게 된다. 죽음을 모든 감각 기능의 결여 상태라고 본다면, 죽음은 좋지도 나쁘지도 않은 것이 되므로, 우리는 죽음을 두려워할 필요가 없다는 것이다(에피쿠로스, 1998: 43-45, 메노이케우스에게 보내는 편지). 에피쿠로스의 이러한 죽음에 관한 주장이 언뜻 이해하기 어려운 이유는, 우리 자신이 존재하지 않음을 떠올리기 어렵기 때문이다. 우리가 존재하지 않는다면, '우리의 비존재'라는 말조차 성립하기 어려울지 모른다. 존재하지 않는 것을 대상으로 어떤 것을 생각하기는 어렵기 때문이다.

 에피쿠로스의 관점에서 보자면, "내가 죽으면 나는 어떻게 됩니까?"라는 질문을 하는 사람은 '죽음 뒤에 내가 없다는 사실을 깨닫지 못한 사람'이다. 사후 세계가 있고 내가 거기에 있다면, 우리가 죽음이라고 부르는 사건은 (죽음이 아니라) 동일한 의식이 유지되는 동일한 존재로서 삶에서 죽음으로 자신의 변화를 겪었음을 의미한다. 하지만 에피쿠로스는, 우주 만물과 마찬가지로 우리도 원자로 형성된 인간이기 때문에, 우리의 몸이 죽어 원자가 흩어지면 우리의 생은 끝난다고 믿었다. 원자가 흩어지고 난 이후에 더 이상 "나"는 존재하지 않기 때문에 나는 아무것도 경험할 수 없고, 경험이 없으므로 쾌락도 고통도 없고, 그래서 죽음은 좋거나 나쁜 것으로 판단되지 않는다.

그런데 이러한 일련의 주장을 살펴보면서, 경험하는 주체가 없을 때 "아무것도 경험하지 않는다."라는 말이 성립하는지 물을 수 있다. 에피쿠로스는 '살아 있지 않을 때 두려워할 것이 없다는 사실을 진정으로 이해한 사람의 삶에는 두려운 것이 없다'(에피쿠로스, 1998: 44, 메노이케우스에게 보내는 편지, 125)라고 하면서, 우리가 이것을 파악하는 순간 곧바로 우리의 삶이 즐거워진다고 주장했다. 우리는 살면서 굶주림, 빈곤, 질병, 폭력 등과 같은 것들을 두려워한다. 이러한 것들은 우리의 생명 또는 삶 전반에 해를 끼칠 수 있다. 어쩌면 이러한 두려움은 그것들에서 비롯되는 고통에 대한 자연스러운 염려이지만, 궁극적으로는 그것들이 나에게 초래하는 죽음에 대한 두려움이기도 하다. 그러나 죽음을 두려워할 필요가 없다면, 이러한 것 중 그 어느 것도 두려워할 이유가 없게 된다. 우리가 살아 있을 때 우리에게 일어날 수 있는 최악의 사건은 죽음이기 때문이다.

하지만 에피쿠로스의 말대로 죽음을 걱정할 이유가 없다면, 우리는 굶주림이나 빈곤 등과 같은 것들에 대해서도 신경을 쓸 필요가 없다는 뜻이 된다. 과연 그럴까? 누군가는 이에 대해서 반론을 제기할 수 있다. 죽음을 비존재나 무(無)로 이해한다고 해도, 우리는 죽음으로의 진행 과정에서 수반되는 고통에 대해서 염려할 수 있다. 그러므로 우리가 굶주림과 질병 등을 염려하는 이유는, 그것들이 결과적으로 죽음을 초래하기 때문만이 아니라 죽음 이전에 우리에게 고통을 일으키기 때문이라고 반론할 수 있다. 이러한 반론은 타당해 보인다. 에피쿠로스는 고통을 유일한 악으로 규정하였기 때문에 이러한 반론에 답할 부담이 있는 것 같다.

에피쿠로스의 관점에서는 이러한 반론에 대해서 그들의 방식으로 고통에 대한 두 가지 답변을 할 수 있다. 첫째는 고통의 강도와 지속성에 근거하여 답하는 것이다. 앞의 "III. 쾌락과 고통"에서 언급한 바와 같이, 만약 고통이 경미하고 짧은 순간 사라진다면, 그것은 큰 지장이 되지 않을 것이고, 지속하더라도 큰 불만 없이 지낼 수 있다. 반면 순간적인 고통은, 주로 심한 고통을 유발하지만, 금방 멈추는 경향이 있다. 고통이 강해도 금방 사라진다면, 그러한 고통은 곧바로 잊힐 수 있다. 그러나 심한 고통이 계속되는 경우, 이러한 고통은 우리를 죽음에 이르게 할 수 있다. 둘째는 신체적 고통과 정신적 고통을 비교하여, 정신적 고통이 신체적 고통보다 더 나쁘다는 것을 강조하여 답할 수 있다. 에피쿠로스는 죽음에 대한 정신적 두려움이 신체적 고통보다 훨씬 크므로 관리하기 어렵다고 보았다(Sellar, 2021: 91-92). 이와 관련하여 루크레티우스도 죽음에 대한 두려움이 '언젠가 우리가 존재하지 않는다'라는 사실을 충분히 이해하지 못하는 데서 생긴다고 주장했다. 그래서 그는 '더 이상 존재하지 않는 사람은 고통을 겪을 수 없거나, 어떤 식으로든 태어난 적이 없는 사람과 같다'(루크레티우스, 2011: 251, 3권 867-8)라고 말했다.

다른 한편, 루크레티우스는 우리가 태어나기 전에 존재하지 않았다는 사실에 완전히 무관심하다는 점에 대해서도 강조했다. 우리는 지구의 역사에서 대부분 존재하지 않았지만, 우리는 이 점을 깊게 생각하지 않는다는 것이다. 태어나기 전의 비존재가 문제가 되지 않는다면, 죽음 이후에 비존재가 되는데 왜 그렇게도 염려하느냐는 것이다. 그래서 그는 죽음을 염려하는 사람들을 지혜롭지 않은 사람들이라고 하였다. 특히 그는 죽음 이후를 전혀 믿지 않는다고 떠들면서도 질병과 불명예스러운 삶을 두려워하는 사람들은 자기모순적 상황에 빠진다고 말한다. 만약 이들이 타인의 죽음을 애도한다면, 그것은 죽음을 슬픔의 대상으로 여기는 것이 되기 때문이다(루크레티우스, 2011: 251-255). 또한, 죽음을 두려워하면서도 삶에서 일어나는 수치심이나 궁핍함과 같은 것을 두려워하는 사람들이 있는데, 이들도 자신의 삶을 위해, 명예와 권력 쟁취를 위해 싸우지만(죽음을 피하려고 투쟁하지만), 스스로 죽음을 앞당기고 심지어 죽음을 택하는 등 자멸의 길에 빠지게 되는 경우가 많다는 것이다(루크레티우스, 2011: 197).

아마도 우리가 사후에 존재하지 않음을 걱정하는 이유는, 죽음이 우리의 현재 삶과 삶의 과정에서 오는 많은 기회를 없애 버리기 때문이다. 나는 내가 태어나기 전에 잃은 것은 없다. 그러나 내가 죽기 전에 조금만 더 살았더라면 더 할 수 있는 일들은 있을 수 있다. 죽음이 발생함으로써 지속할 수 없는 삶 자체의 활동 또는 계획의 좌절은 있다(리스만, 2014: 43-44). 그렇다면 죽음을 걱정할 필요가 없다는 에피쿠로스의 주장을 받아들인다 해도, 나는 여전히 내 삶이 얼마나 오래 갈 것인지에 대해 걱정할지 모른다. 나는 30년 뒤와 같이 어떤 먼 미래에 내가 존재하지 않는 상태에 대해서는 그다지 걱정하지 않을지 모르지만, 당장 다음 주에 죽는다고 생각하면 매우 힘들 수 있다(Sellar, 2021: 94).

이러한 의문에 대해서도 에피쿠로스학파는 관심이 있었다. 헤르쿨라네움(Herculaneum)에서 발견된 필로데모스(Philodemus)의 「죽음에 대하여(On Death)」에는 이러한 내용이 주로 언급되어 있다. 그 글에서 필로데모스는 삶의 질을 강조했다. 비참하게 오래만 산다면 장수는 축복이 아닐 수 있으므로, 수명이 길수록 좋다는 믿음은 너무 단순하다. 에피쿠로스와 마찬가지로 그의 목표는 생의 순간에 정적인 쾌락의 상태에 도달하는 것이었다. 아타락시아의 상태는 완전한 즐거움이므로 더는 즐거움을 향상할 수는 없다. 그러므로 질적인 관점에서 정적 쾌락의 상태에 도달하는 것이 중요한 것이기 때문에 지금 그리고 여기에서 이러한 만족에 이를 수 있다면, 우리의 삶은 그 자체로 완성된 것이다. 에피쿠로스가 "무한한 시간이 유한한 시간보다 더 큰 즐거움을 포함하는 것은 아니다."(에피쿠로스, 1998: 17, 중요한 가르침 19)라고 한 것처럼, 필로데모스는 이러한 만족을 '영원에서 얻을 수 있는 것처럼, 언젠가 하루에도 얻을 수 있다'라고 말했다(Sellar, 2021: 95-96).

이들이 말하는 교훈은, 얼마나 오래 살지, 죽으면 무슨 일이 일어날지, 살면서 놓치는 게 무엇일지 걱정하면서 에너지를 낭비하기보다는 주어진 삶을 즐기는 데 집중하라는 것이다. 호라티우스가 말한 것처럼(Odes 1: 11), 우리는 '오늘을 잡아야(seize the day, carpe diem)' 하고, 내일에 대해 걱정하는 시간을 줄여야 한다. 에피쿠로스는 "우리는 한 번 태어난다. 우리는 두 번 태어날 수 없으며, 영원히 필연적으로 더 이상 존재하지 않을 것이다. 당신은 내일에 대해 아무런 힘이 없는데도 즐거움을 미루고 있다. 인생을 미루는 일로 망치고, 진정으로 살지 못하고 죽는다."(Epicurus, Vatican Sayings, 14)라고 하였다. 이처럼 현생의 즐거움을 누리는 데 집중하고, 루크레티우스의 말처럼, '죽음은 피할 수 없고, 죽음을 만나야'(루크레티우스, 2011: 267) 한다는 것이다.

## VII. 비판적 논의와 현대적 의의

### 1. 비판적 논의

비록 에피쿠로스학파가 지닌 매력이 참으로 많지만, 비판적인 독자라면 이들의 사상에 대해서 몇 가지 의문을 제기할 수 있을 것 같다. 여기서는 선악과 감각의 관계에 관한 문제, 공공 생활 참여의 문제, 죽음의 두려움에 관한 문제를 주로 다뤄 보기로 하자.

1) 감각이 없으면 선과 악은 존재하지 않는가?

먼저 인간의 선악과 감각의 관계에 관한 에피쿠로스학파의 입장에 대해서 살펴보기로 하자. 에피쿠로스는 "쾌락만이 선이며 고통만이 악이다. 따라서 모든 선과 악은 느낌 안에 있다."(에피쿠로스, 1998: 124)라고 말했다. 이 말은 '선 또는 악이란, 만일 내가 그것을 그렇게 감각적으로 알지 못한다면, 그것은 나에게 존재하지 않는 것이다.' 이것은 '선과 악은 나 자신의 내면적인 감정에 의해서 결정'(호센펠더, 2011: 248)된다는 의미다. 루크레티우스는 이 말에 대해 '모든 선과 악은 감각적 지각 안에 있고, 죽음은 감각적 지각의 소멸'(루크레티우스, 2011: 248-251)이라고 정리했다. 이러한 에피쿠로스의 관점에서 죽음이라는 것은 인간의 감각과 깊은 관련성을 지니고 있으며, 감각적으로 지각할 수 없는 해악은 존재하지 않는 것이다.

여기서 문제는 감각의 지각이다. 에피쿠로스는 지각을 감각 자료에 의한 감각적 지식과 상상적 표상으로 구분하면서, 두 종류의 지각은 모두 참이며, 그것이 참인 이유는 오직 그의 판단에 의해서 참이기 때문이라고 하였다. 또한 루크레티우스는 인간의 감각은 틀릴 수 없다(루크레티우스, 2011: 301)고 하였다. 하지만 이와 관련한 문제는 "상이 언제 외부 대상에 들어맞고 언제 들어맞지 않는지, 그리고 언제 완전하게 들어맞고 언제 불완전하게 들어맞는지를 아는 것인데, 이 점에 대해서는 더 이상의 설명이 없다(코플스틴, 2015: 537). 따라서 우리는 개인의 감각적 지각이 없는 상태 또는 개인의 감각적 지각이 (식물인간처럼) 박탈된 상태에서는 전혀 선과 악이 존재하지 않는지 의문을 제기할 수 있을 것 같다. 누군가에게 어떤 것이 좋거나 나쁘기 위해서는 그것을 인식하는 인식 주체가 전제되어야 하기 때문이다(Warren, 2004: 214-215). 지각 능력이 상실될 경우, 이것은 선도 아니고 악도 아니라고 할 수 있을까? 가령 마취 상태처럼 자신의 지각 능력이 상실된 상황에도 자신에 대한 해악은 발생할 수 있다.

2) 평온하게 살기 위해서는 은둔해야 하는가?

에피쿠로스학파는 정치에 관여하는 것을 위험한 일이라고 보고, 마음의 평안을 위해서는 가능하면 공적인 생활을 피하라고 하였다. 특히 그는 '다른 사람들의 공격으로부터 자신의 안전을 지키는 것이 자연적 선'(에피쿠로스, 1998: 14-15, 중요한 가르침 6-7)이라면서, 비록 어떤 권력이나 부가 다른 사람의 공격으로부터 약간의 안전을 제공한다고 해도, 많은 사람으로부터 물러나 은거하는 것이 효과적(에피쿠로스, 1998: 16, 중요한 가르침 14)이라고 말했다. 아울러 훌륭한 용모, 명예, 부의 추구는 바른 삶의 방향이 아니며, 참된 삶은 평온한 마음으로 검소하게 사는 데 있다(루크레티우스, 2011: 421, 4권, 1110-1119)고 하였다.

하지만 이러한 에피쿠로스학파의 태도는 공동체의 관점에서 일종의 무임

승차로 보일 수 있다. 국가나 공동체의 원활한 기능을 유지하기 위해서는 시민이 입법 과정과 법률 준수에 참여해야 하지만, 에피쿠로스학파는 그러한 복잡하고 힘든 일을 다른 사람들에게 넘겨 버린 것이다. 비록 에피쿠로스는 기존의 법률 관행이 정의롭지 않다고 하였지만, 그들은 (정의롭지 않은) 법률의 위반으로 받게 될 형벌의 두려움을 제거하고, 타인과 발생 가능한 다툼을 방지하기 위해 입법 및 법률과 관련된 행위 그 자체를 멀리하였던 것으로 해석될 수 있다(O'Keefe, 2009: 146).

3) 죽음에 대한 두려움은 바보의 무지인가?

에피쿠로스는 자연의 모든 것들을 원자론적 관점에서 규정하여 신의 인간에 대한 개입 가능성을 막고, 쾌락의 관점에서 삶을 영위하여 자신의 정신적인 평안을 찾고, 죽음 이후를 부정함으로써 신이나 죽음과 같은 불안을 떨쳐 버리라고 권하였다. 그런데 앞서 살펴본 것처럼, 에피쿠로스는 죽음을 염려하는 것이 우리의 삶에 해로운 일이고, 그래서 죽음을 두려워하는 것은 바보 같은 일이라고 하였다. 하지만 우리는 죽음을 진정 두려워하지 말아야 하는지 여전히 의문을 제기할 수 있다. 특히 우리가 죽음을 두려워한다는 의미를 재해석할 여지는 남아 있는 것 같다. 즉, 이러한 두려움을 통해 인생의 유한한 가치를 더욱 소중하게 생각하는 계기는 제공할 수 있다.

또한, 우리는 죽음에 대한 염려가 개인에게 국한되는 문제로 이해할 수 있는지 생각해 볼 필요가 있다. 인간 개인의 죽음은 그를 둘러싼 사람들과 영원한 이별이고, 이것은 다른 사람들에게 상실감과 슬픔의 해악을 낳을 수 있다. 특히 개인적 차원이 아니라 관계적 차원에서 지니는 가치를 놓고 볼 때, 에피쿠로스가 강조하는 개인의 정신적 만족이나 소수의 제한적 관계는 비판받을 여지가 있다(Nagel, 1979: 6). 누군가의 죽음은 그 자신만의 사건이 아니라 죽은 자의 주변에서 그를 사랑했던 사람들과의 단절이다. 죽음은 돌이킬 수 없는 관계적 해악을 낳을 수 있다. 그래서 죽음은 죽은 자 자신의 쾌락이나 고통이 중단되는 사건일 수는 있지만, 그를 필요로 하고 아끼던 타인들에게는 상실감과 고통을 유발하는 사건이다(추정완, 2018: 15-17). 또한 펠드먼의 지적처럼, 인생은 살아온 과거보다 남은 미래의 시간 가치가 더 클 수 있다. 시간의 가치가 상대적으로 평가될 수 있다면, 삶의 연장은 더 큰 가치를 지닐 수 있다(Feldman, 1992: 154-156). 그렇다면 죽음은, 에피쿠로스의 기대와 달리, 해악으로 이해될 수 있는 것이다.

## 2. 현대적 의의

헬레니즘 시대의 에피쿠로스학파는 스토아학파와 종종 경쟁 관계에 있는 철학으로 제시되곤 한다. 혹자는 사람 중 절반은 기질적으로 에피쿠로스적이고 나머지 절반은 스토아적이며, 이 두 학파는 근본적으로 양립할 수 없다는 견해를 보이기도 한다. 실제로 에피쿠로스학파와 스토아학파는 자연관과 윤리적 태도에서 서로 다른 모습을 보였다. 스토아학파가 덕성(德性)의 계발을 옹호하고 자연을 이성적으로 질서 있는 것으로 보았지만, 에피쿠로스학파는 쾌락을 옹호했고 자연계는 혼돈의 우연한 산물이라고 생각했다. 그러나 그들은 많은 점에서 서로 닮았고, 행복을 추구한다는 보편적 가치에 대해서는 의견을 공유하기도 했다.

그렇다면 행복한 삶을 위해 필요한 것은 무엇일까? 많은 사람은 잘사는데 필요한 것을 얻으려고 엄청난 시간을 쏟는다. 그러나 실제로 만족스러운 삶을 위해서 무엇이 필요한지 생각하는 데에는 그만큼 시간을 할애하지 않는다. 에피쿠로스는 우리가 진정으로 원하는 것이 무엇이며 그것을 충족하기 위해서 무엇을 해야 하는지 생각했다. 그는 우리가 진정으로 원하는 것을 쾌락이라고 답했다. 쾌락이 바로 좋은 삶의 열쇠라는 뜻이다. 에피쿠로스는 쾌락 중에서 육체적 쾌락보다 정신적 쾌락에 더 관심을 두었고, 어떤 면에서는 쾌락을 적극적으로 추구하기보다는 고통을 피하는 데 더 관심을 쏟았다. 그 이유는 이상적인 인생의 목표를 육체적인 욕구의 충족이 아니라 정신적 불안과 고통이 없는 고요하고 마음이 평안한 상태(ataraxia)에 도달하는 데 초점을 맞추었기 때문이다.

이러한 관점에서 합리적 감정 행동 치료(Rational Emotive Behaviour Therapy)의 창시자인 앨버트 엘리스(Albert Ellis)는 스토아학파의 에픽테투스(Epictetus)와 아우렐리우스(Marcus Aurelius) 그리고 에피쿠로스를 현대 인지 심리 치료의 선구자 중 하나로 평가한다(Ellis & Harper, 1997: 5). 에피쿠로스가 던지고 있는 "어떻게 하면 우리는 삶의 정신적 고통을 극복할 수 있을까?"라는 질문은, 당시 사람들뿐만 아니라 오늘날 우리에게도 똑같은 울림으로 다가온다. 그는 이러한 질문의 답을 '신', '죽음', '쾌락', '고통'이라는 화두를 가지고 해명하고자 했다. 이른바 '사중 치료법(the fourfold remedy)'이라고 불리는 이러한 에피쿠로스의 인생 치유의 접근법은, 우리에게 불안을 일으키는 대표적인 원인들을 해부하는 냉철한 사고의 결과였다. 필로데모스는 에피쿠로스의 이러한 생각을 '신을 두려워 말고, 죽음을 걱정하지 말고, 좋은 것은 쉽게 얻을 수 있고, 끔찍한 것은 견디기 쉽다'고 요약했다. 그는 신들이 영원하고 행복한 존재이지만, 인간에게 고통을 주지도, 어떤 영향을 미치지도 않는' 존재이며, 자연현상은 신들과 관계없는 자연법칙에 따라 생기는 것'이라고 했다(에피쿠로스, 1998: 147-148). 신의 존재는 인정하면서도 인간의 삶에 신의 개입 여지를 차단한 것이다. 또한 우리가 죽으면 감각 주체가 존재하지 않기 때문에 죽음은 쾌락과 고통 어디에도 위치시킬 수 없게 되고, 그래서 죽음은 최고의 선으로 규정된 감각적인 쾌락과는 무관한 사건이 된다고 우리를 설득한다.

'신과 죽음과 같은 불확실한 우리의 미래에 대한 근심'과 '인간의 끊임없는 욕망의 추구와 그 좌절에 대한 두려움'은 인류와 함께한 고민거리였다. 그는 이러한 불안을 극복함으로써, 우리가 모두 원하는 행복의 상태, 즉 '평온한 마음'을 얻는 방법을 제시하고자 하였다. 그래서 그는 이러한 불안의 원인인 (쾌락과 고통이라고 하는) 인간의 욕망 갈구와 좌절, 그리고 예정된 죽음의 운명을 둘러싼 자연과 신에 대한 막연한 무지에 대해서 규명하고자 하였고, 결국 그러한 염려가 근거 없는 것임을 알리기 위해 애썼다. 또한 그는 올바른 삶의 방법으로, 신분과 성별, 나이에 상관없이 정원 공동체 안에서 서로를 돕고 우정을 쌓는 삶을 평생 본보기로 보였다. 더 나아가 그는 현생의 삶에서 일어나는 작고 소박한 것에 기뻐할 줄 알고, 어려울 때 의지할 수 있는 친구와의 관계를 소중히 하면서 육체적 만족보다는 정신적 안정을 추구하라고 제안했다.

오늘날 불확실성이 팽창하는 시대를 힘겹게 살아내고 있는 사람 중에는 심리적 고립감뿐만 아니라 정서적인 갈증과 불안정에 시달리는 사람들이 많이 있다. 어딘지 모르게 산만한 아이들, 자신도 모르고 세상도 몰라서 방황하는 청년들, 즐거운 것이 없고 따분하고 우울한 나날을 보내는 노인들이 너무도 흔하다. 그러면서도 욕구의 쳇바퀴를 맹목적으로 끊임없이 돌면서 행복에는 한 발짝도 다가서지 못하고 있다. 이러한 우리들의 현실을 두고 볼 때, 에피쿠로스학파가 던진 두려움의 원인과 그에 대한 답변은, 우리에게 큰 정신적 지지가 되고, 균형 잡힌 삶의 태도를 갖추는 방법으로 큰 도움이 된다. 이뿐만 아니라 에피쿠로스의 사상은, 우리에게 스스로 마음의 평화를 얻는 방법과 우정의 소중함을 일깨워 줄 뿐만 아니라 지혜로운 삶을 영위하기 위해서는 자제할 줄 아는 덕의 필요성도 전하고 있다.

에피쿠로스는 메노이케우스에게 보낸 편지 서두에 '누구든지 젊어서 지혜 찾기(철학 공부)를 미루지 말고 늙어서도 게을리 말라. 영혼의 건강을 돌보는 데는 너무 이르거나 늦은 시기가 없다'(Epicurus, 메노이케우스에게 보내는 편지)라고 하였다. 에피쿠로스 사상은 현대인들에게 자신의 삶을 성찰하는 가운데 정신적 안정을 찾는 데 도움을 주는 훌륭한 길잡이다. 언제나 성찰하는 삶은 타협할 수 없는 인생의 가장 고귀한 자세이기 때문이다.

## 참고 문헌

강대석(1987), 「에피쿠로스 철학과 윤리설에 대한 연구」, 『철학논총』 제3집, 새한철학회.
김인곤 외 옮김(2005), 『소크라테스 이전 철학자들의 단편 선집』, 서울: 아카넷.
라에르티오스, 김주일 외 옮김(2021), 『유명한 철학자들의 생애와 사상 2』, 서울: 나남.
롱, 이경직 옮김(2000), 『헬레니즘 철학』, 파주: 서광사.
루크레티우스, 강대진 옮김(2011), 『사물의 본성에 관하여』, 서울: 아카넷.
리스만, 김혜숙 옮김(2014), 『죽음』, 서울: 이론과실천.
에피쿠로스, 오유석 옮김(1998), 『쾌락』, 서울: 문학과지성사.
임성철(2010), 「에피쿠로스 윤리 사상의 근간에 나타난 자기 추구의 윤리학으로서의 철학 실천에 관하여 — 메노이케우스에게 보내는 편지를 중심으로」, 『철학논총』 제61집, 새한철학회.
전헌상(2013), 「에피쿠로스와 죽음」, 『철학논집』 제33집, 서강철학.
추정완(2018), 「에피쿠로스의 죽음관에 대한 비판적 고찰」, 『도덕윤리과교육』 제58호, 한국도덕윤리과교육학회.
코폴스턴, 김보현 옮김(2015), 『그리스 로마 철학사』, 서울: 북코리아.
아도, 이세진 옮김(2017), 『고대철학이란 무엇인가』, 서울: 열린책들.
호센펠더, 조규홍 옮김(2011), 『헬레니즘 철학사』, 서울: 한길사.

Bailey, C.(1926), *Epicurus: The Extant Remains*, Oxford, Oxford University Press.
Cicero, Familiares XIII. 1. (Commentary by John Casey, revised by J. Bailly) Https://www.uvm.edu/~jbailly/commentaries/letters/ciceroadfam13.1.html (검색일: 2022년 9월 23일).
Ellis, Albert & Harper, Robert(1997), *A Guide to Rational Living*, Chatsworth, CA: Wilshire.
Epicurus, Vatican Saying, https://monadnock.net/epicurus/vatican-sayings.html, http://epicurism.info/etexts/VS.html, (검색일: 2022년 12월 2일).
Feldman(1992), *Confrontations with the Reaper*, Oxford, Oxford University Press.

Fischer, J. Martin(2006), "Epicureanism about Death and Immortality", *The Journal of Ethics*, Vol. 10, No. 4. Springer.
Grey, W.(1999), "Epicurus and the Harm of Death", *Australian Journal of Philosophy* 77.
Kline, A.S.(2005), (poetry translation) "Horace — The Satires, Epistles and Ars Poetica", 2005, 1.5.101-3, (https://www.poetryintranslation.com/klineashoracesatepap.php(검색일: 2022년 11월 3일).
Long, A. A. & Sedley, D. N.(1987), *The Hellenistic Philosophers*, 2 vols. Cambridge: Cambridge University Press.
Mitsis, Phillip(1988), *Epicurus's Ethical Theory: The Pleasure of Invulnerability*, Ithaca, NY: Cornell University Press.
Nagel, T.(1979), "Death". In his Mortal Questions, 1-10. Cambridge: Cambridge University Press. Originally published in Nous 4 (1970): 73-80.
O'Keefe, Tim(2010), *Epicureanism*, Acumen Publishing Limited, Durham.
Schlegel, Catherine(2005), *Satire and the Threat of Speech — Horace's Satires*, Book 1, The University of Wisconsin Press.
Sedley, D.(1998), "The Inferential Foundations of Epicurean Ethics". In Ethics.
Sellars, John(2021), *The Pocket Epicurean*, The University of Chicago Press, Chicago.
Smith. M. F.(1993), *Diogenes of Oinoanda: The Epicurean Inscription*, Naples: Bibliopolis.
Tarrant, Richard(2020), *Horace's Odes*, Oxford University Press.
Vassallo, Christian(2021), *The Presocratics at Herculaneum — A Study of Early Greek Philosophy in the Epicurean Tradition*, 1 Walter de Gruyter GmbH, Berlin/Boston.
Warren, J.(2004), *Facing Death: Epicurus and His Critics*, Oxford, Oxford University Press.
Wilson, E.(1883), *Characteristics of Goethe*, London, vol. 1.

# 5

# 스토아학파의 윤리 사상*

염성우

서울대학교 윤리교육과 조교수. 듀크대학교 철학과에서 "The Virtues of Intimate Relationships"으로 박사 학위를 취득하였다. 세계생명윤리학대회 최우수 논문상과 모하 분석 철학 논문상을 수상한 바 있다. 주요 관심 분야는 규범윤리학, 덕 윤리, 응용 윤리학이다. 역서로 『밀의 공리주의』가 있으며, 주요 논문으로 "Gratitude for Being", "What is a Relational Virtue?", "Vices in Autonomous Paternalism", "Honesty: Respect for the Right Not to be Deceived" 등이 있다.

* 이 장은 『윤리연구』 제141호(2023)에 「스토아학파 윤리사상의 이해」라는 제목으로 게재된 논문을 수정, 보완한 것이다.

스토아학파는 에피쿠로스학파와 함께 헬레니즘 시대 윤리학의 양대 산맥을 이룬다. 이 시기는 펠로폰네소스전쟁 이후 그리스의 도시국가들이 몰락하고 정치적으로 불안정한 상황이었다. 혼란스러운 정세 속에서 사람들은 자연스럽게 자신이 개인으로서 정치 공동체 안에서 안정적으로 중요한 역할을 하고 행복한 삶을 누릴 수 있는지에 대해 불안을 느끼게 되었다. 이러한 상황에서 그들에게 필요한 것은 불안정하고 불확실한 정세 속에서도 잘 살아갈 수 있는 방법을 제시해 주는 실천적 철학이었다. 혼란 속에서 개인적 위안과 행복을 얻고자 했던 사람들에게 스토아학파는 운명에 순응하고 운의 영향으로부터 자유롭게 행복을 얻어 내는 지혜를 강조하는 독자적인 사상을 전파하였다.

　스토아학파의 윤리 사상은 학계를 넘어 당시의 일반 사람들에게도 지대한 영향을 미쳤다. 그들은 아무리 혼란스러워 보인다 해도 결국 세계는 이성을 따르는 자연의 섭리에 따라 좋은 방향으로 돌아가고 있으니 외적인 사건이나 감정적 동요에 의해 휘둘리지 않고 안정된 태도를 가지고 살아가도록 노력해야 한다고 설파하였다. 지혜와 덕을 동일시하고 덕을 갖춘 현자는 그 어떤 불의나 불운에 의해서도 진정한 해악을 입을 수 없다고 주장한 데에서는 소크라테스의 영향도 찾아볼 수가 있다. 운명과 자유의 양립 가능성, 악의 존재 문제, 친밀한 관계에서의 태도 문제 등 그 이론에 대한 비판도 존재하지만, 스토아학파는 혼란스러운 세태를 사는 개인에게 이성적 조언을 건네는 지혜의 보고로서 지금까지도 현대인들의 삶에 많은 영향을 미치고 있다. 이제 그들의 삶과 사상에 대해 좀 더 자세히 살펴보도록 하자.

# I. 생애 및 저작

스토아학파는 약 기원전 300년부터 기원후 200년까지 오랜 기간에 걸쳐 여러 학자들에 의해 정립된 학파를 일컫기에 특정한 학자를 대표자로 소개하는 데 어려움이 있다. 그렇지만 스토아학파 윤리 사상의 정립에 큰 영향을 미친 몇몇 중요한 학자들의 생애와 저작을 중심으로 간단하게 소개해 보도록 하겠다.

제논(기원전 336-264)은 스토아학파의 창시자로 알려져 있다. 원래 부유한 상인이었던 그는 팔 물건을 싣고 가던 배가 난파되자 인간의 힘으로 어쩔 수 없는 운명의 힘과 그것이 좋은 삶에 미치는 영향에 대해 성찰하게 된다. 그는 견유(犬儒)학파로 유명한 디오게네스의 제자인 크라테스에게서 철학을 배웠다. 주로 채색된 주랑(Stoa)에서 대중에게 강의를 하여 후에 '스토아'라는 학파 이름을 얻게 된다. 이후 수십 년 동안 철학을 공부하던 중에 그는 문득 회상을 하며 "배는 난파했지만 항해는 성공적이었다"라고 말했다고 한다(라에르티오스, 2021: 14). 막대한 부를 잃고도 철학적 지혜를 얻었다는 이유로 '성공적 항해'라고 말하는 대목에서 스토아적 삶의 태도를 엿볼 수 있다. 소크라테스가 보여 준 철인으로서의 삶에 깊이 감화 받은 제논은 죽을 때까지 자신의 윤리학을 실천하고 많은 이들에게 전파하여 시민들이 그의 동상을 세워 줄 정도로 존경을 받았다고 한다. 안타깝게도 그의 저작은 거의 전해지지 않고 다만 인용으로 알려진 단편들을 통해 그의 사상을 추적해 볼 수 있을 뿐이다. 제논의 뒤를 이은 초기의 스토아 철학자로는 가난하지만 품위 있게 살았던 것으로 유명했던 클레안테스(기원전 331-232)와 스토아 철학을 체계화하는 데 공헌한 크뤼시포스(기원전 282-206) 등이 있다.

후기 스토아학파의 대표적인 철학자로는 키케로(기원전 106-43)(대표작: 『의무론』, 『스토아 철학의 역설』), 세네카(기원전 4-기원후 65)(대표작: 『분노에 관하여』, 『서간집』), 에픽테토스(60-117)(대표작: 『엥케이리디온』, 『대화록』), 마르쿠스 아우렐리우스(121-180)(대표작: 『명상록』) 등이 있다. 흥미롭게도 에픽테토스는 노예였으며, 마르쿠스 아우렐리우스는 황제였다. 이처럼 사회적 신분에 있어서 큰 차이가 있었음에도 같은 학파를 이루었다는 사실은 인위적인 사회적 신분을 넘어 인류를 모두 이성을 공유한 형제로 본 스토아학파의 학풍을 단적으로 보여 준다.

에픽테토스는 네로 황제 측근의 노예로 태어나 결코 평탄하다고 할 수 없는 삶을 살았다. 한번은 주인이 다리를 비틀자 그는 "주인님 그렇게 하시면 제 다리가 부러집니다"라고 하였다. 주인은 멈추지 않았고 결국 다리가 부러지자 그는 "그것 보십시오. 제가 부러진다고 하지 않았습니까?"라고 침착하게 말했다고 한다. 보통 사람이었다면 이 대목에서 고통에 몸부림치거나 주인에 대한 분노에 치를 떨며 자신의 불행을 한탄했을지도 모른다. 그러한 상황에서 이토록 이성적이고 침착한 태도를 보였다는 데서 그가 스토아 사상을 삶에서 체화했음을 알 수 있다.

에픽테토스는 자신의 손에 달려 있는 일과 그렇지 않은 일을 분명히 구분하고 전자에만 집중하여 어찌할 수 없는 일에 대해서 마음의 평온을 유지하도록 하는 일종의 '체념의 미덕'을 가르친다. 이후에 자유민의 지위를 얻기는 했지만 어쩌면 마음대로 할 수 있는 일이 거의 없던 노예 출신으로서 행복하기 위해 요구되었던 삶의 태도일 수도 있었을 것이다. 하지만 이러한 가르침은 모든 것을 뜻대로 할 수는 없는 우리 불완전한 인간 모두에게 지혜를 전해 준다.

반면 마르쿠스 아우렐리우스는 로마제국 오현제의 마지막 황제였다. 황제의 신분으로 노예인 에픽테토스의 철학으로부터 정신적 가르침을 구했다는 점은 그의 겸손한 성품을 보여 준다. 나는 새도 떨어뜨릴 만한 권력을 지닌 로마의 황제였음에도 덕을 갈고 닦기 위해 끊임없이 스스로 성찰하고 자신을 채찍질했다는 점은 그의 사상과는 별개로 누구나 배울 만한 존경스러운 태도라고 할 수 있다. 그는 세속적인 부와 명예를 중요하게 여기지 않앉고 사치와 안락을 멀리하였으며 전쟁터에서도 평범한 군복을 입고 병사들과 함께 지냈다고 한다. 그의 철학적 성찰을 담은 『명상록』은 불멸의 고전으로 지금까지도 널리 읽히고 있다.

## II. 세계관: 이성, 신, 그리고 자연에 따르는 삶

스토아학파는 기본적으로 자연, 즉 세계는 신성한 이성(logos)의 섭리에 의해 운명적으로 돌아간다는 세계관을 가지고 있다. 그들에게 우주란 이러한 이성에 따라 작동하는, 전체로서 아름답고 질서 잡혀 있으며 선하고 완전한 '코스모스(cosmos)'라고 할 수 있다. 모든 자연적 존재들이 만물에 깃들어 있는 지적이고 섭리적인 신성한 이성에 그 존재를 빚지고 있다는 범신론(汎神論)을 믿은 것이다. 이러한 믿음이 실재하는 모든 것은 물질적이라고 하는 유물론(唯物論)적 입장과 결합하여 자연이 체계적으로 작동하게 하는 능동적인 힘은 물질의 한 형태인 불이라는 주장으로 이어졌다. 바로 이 물질적인 불은 존재의 최고 형태로서 이성의 속성을 가지며 이 이성적인 힘을 스토아학파는 '신'으로 이해하였다.

스토아학파에 따르면 이러한 세계에 우연이란 존재하지 않으며, 우주는 이성, 즉 자연의 법칙에 따라 질서 있게 돌아가고 인간은 그 보편적인 이성의 일부로서 그에 따라 살아가야 한다. 마르쿠스 아우렐리우스의 다음 구절은 스토아학파의 세계관을 잘 보여 준다.

> 신들이 하는 일은 섭리로 가득 차 있다. 운명이 하는 일들도 자연 또는 섭리가 지배하는 복잡한 인과관계와 무관하지 않다. 만물은 섭리에서 흘러 나온다. 섭리에는 필연과, 너도 그 일부분인 우주 전체에 유익한 것이 있다. 자연 전체가 가져다주는 것과 자연 전체를 보존하는 데 도움이 되는

것은 자연의 모든 부분에도 선하다…. 너는 이런 생각에 만족하고, 이런 생각들을 원칙으로 삼도록 하라. (아우렐리우스, 2005: 31)

이렇듯 스토아학파에게 신이란 "불멸하고, 이성적이며, 행복 속에서 완전하고 지성적이며, 모든 나쁜 것들을 받아들이지 않으며 세계와 세계 안의 모든 것을 섭리하는" 존재이다(라에르티오스, 2021: 103).

스토아학파에 따르면, 인간과 같은 생물을 포함한 모든 사물은 이성이 가진 목적의 원리에 따라 질서정연하게 움직인다. 그들은 신적 이성에 의해 우주가 작동하며 인간도 마찬가지로 이성의 법칙에 따라 지배된다고 믿었다. 인간은 그러한 신적 이성을 공유하고 있기 때문에 자연의 법칙에 따르는 삶이 어떤 것인지 파악할 수 있으며 이것을 따르는 삶이야말로 바람직한 삶이라고 보았다. 이러한 의미에서 제논은 인간의 삶이 갖는 궁극목적은 "자연에 일치하여 사는 것", 즉 "덕에 따라 사는 것"이라고 말하며, 크뤼시포스는 "우리의 본성들은 우주의 부분들"이기 때문에 덕에 따라 사는 것이 곧 "자연에 상응하는 것들에 대한 경험에 따라 사는 것"과 같다고 말한다(라에르티오스, 2021: 71).

그것이 바로 자신의 본성에 따르고 전체들의 본성에 따르는 것이고 옳은 이치이며 모든 것을 관통하는 보편적인 법이요, 있는 것들을 관할하는 지도자인 제우스와 동일한 법이 일반적으로 금하는 것을 전혀 하지 않고 사는 것이다. 바로 이것이 각자에게 있는 신령이 전체들의 관장자의 바람에 조응하는 것에 맞춰 모든 것이 행해질 때 있게 되는 행복한 사람의 덕이요 원활한 삶이라는 것이다. (라에르티오스, 2021: 71)

우리가 전적으로 자연에 따르는 삶을 살기 위해서는 지혜가 필요하다. 스토아학파에게 지혜를 갖춘 현자가 된다는 것은 곧 이성적 완전성을 달성하고 신성한 섭리에 따라 결정되는 세상의 일들에 순응하며 살아간다는 것을 의미한다. 스토아학파에게 인간의 이성이란 단순히 사유하고 추론할 수 있는 능력을 말하는 것이 아니라 자연의 이성적 구조와 질서를 파악하고 그에 참여할 수 있는 능력을 말한다. 이러한 지혜를 갖춘 스토아학파의 현자는 우리 뜻대로 완전히 통제할 수 없는 이 세계에서 무엇이 좋고 무엇이 나쁜지에 대한 앎에 따라 일관되고 합리적인 방식으로 살아가는 것이다. 이러한 현자의 관점은 에픽테토스의 다음 구절에서 잘 드러난다.

> 신들에 대한 경건과 관련해서 네가 알아야만 하는 가장 중요한 것은, 신들은 존재하면서 우주를 아름답고 또 정의롭게 관리하는 것이라는 그들에 관한 올바른 견해들을 가지는 것이다. 또 그것이 최고의 지성에 의해 성취되었다는 믿음으로써, 너 자신을 그들에게 복종하도록 하고, 너에게 일어나는 모든 것에 내맡기고 그것에 자진해서 따르는 것이다. 왜냐하면 이러한 방식으로 너는 신들을 결코 비난하지도 않을 것이고 또한 너를 돌보지 않는 것에 대해서 그들을 탓하지도 않을 것이기 때문이다. (에픽테토스, 2013: 64-65)

에픽테토스는 또한 "세상에서 일어나는 일들이 네가 바라는 대로 일어나기를 추구하지 말고, 오히려 일어나는 일들이 실제로 일어나는 대로 일어나기를 바라라. 그러면 너는 행복해질 수 있을 것"이라고 말한다(에픽테토스, 2013: 39). 그는 나아가 인간을 신이 만들어 낸 무대에서 자신에게 주어진 역할을 연기할 뿐인 배우에 비유하며, 인간의 지혜는 자신의 역할을 잘 파악하고 이를 잘 수행해 나가는 데 있다고 덧붙인다. 스토아학파의 세계관에서 보면 일어날 일은 반드시 일어나게 되어 있다. 주어진 역할에 불만을 품거나 역할을 바꾸려고 하는 태도는 어리석고 부질없으며 이를 겸허하게 받아들이고 잘 수행해 나가는 태도야말로 덕이자 지혜이며 이것이 곧 행복한 삶을 가져다준다는 것이다.

## III. 가치론: 좋은 것, 나쁜 것, 무관한 것

이제 스토아학파의 가치론을 통해 그들의 윤리학적 관점을 살펴보자. 스토아학파는 있는 것들을 '좋은 것(선)'과 '나쁜 것(악)', 그리고 좋지도 나쁘지도 않은 '무관한 것(adiaphora [a- + diasphora ('차이 없음')])'들로 나눈다. 분별, 정의, 용기, 절제와 같은 덕들은 좋은 것에 해당하고 그에 반대되는 것들, 즉 무분별, 부정의 등의 악덕들은 나쁜 것에 해당한다. 가치에 대한 이들의 견해 중에서 가장 특기할 만한 점은 오직 덕만이 진정으로 '좋은' 것이고, 오직 악덕만이 진정으로 '나쁜' 것이라는 입장이다. V절에서 더 자세히 다루겠지만, 이 말은 덕만이 그 자체로 추구할 만한 유일한 대상임을 함축한다. 이는 '오직 탁월한 것(훌륭한 것, to kalon)만이 좋은 것'이라고 하는 스토아학파의 기본적 입장을 반영한다.

이러한 주장이 맞다면 생명, 건강, 쾌락, 미모, 힘, 부, 명성, 가문 등 많은 사람들이 가치를 부여하고 욕망하는 것들은 그 자체로 추구할 만한 좋은 것이 아니며, 죽음, 질병, 고통, 추함, 허약, 가난, 악명, 천한 태생 등 많은 사람들이 두려워하고 기피하는 것들 역시 그 자체로는 나쁜 것이 아니게 된다. 즉, 대부분의 사람이 바라거나 싫어하는 것 중 많은 것들이 그 자체로는 좋음과 나쁨에 아무런 차이도 가져오지 않는 '무관한 것'으로 분류되는 것이다.

여기서 말하는 '무관함'은 머리카락의 개수가 짝수인지 홀수인지처럼 우리에게 아무런 충동이나 기피를 일으키지 않는다는 의미가 아니다. 부, 명성, 힘 등은 일반적으로 사람들에게 갖고자 하는 충동을 일으키고 가난, 악명, 허약 등은 기피를 일으키지만 모두 무관한 것들로 분류가 된다. 그 한 가지 이유는 "이것들이 어떻게 쓰이냐에 따라 행복을 위한 것도 되고 불행을 위한 것도 되지만 이것들 없이도 행복할 수 있기 때문"이다(라에르티오스, 2021: 80). 가령 강한 힘도 사람을 구하는 데 쓸 수 있고 해치는 데 쓸 수 있다. 결국 힘 자체는 그것이 어떤 목적을 위해 사용되는지에 따라 그 지위가 달라지므로 내재적으로 좋은 것이라고 할 수 없는 것이다.

또한 이러한 것들을 얻거나 잃는 것은 덕의 경우와 달리 전적으로 우리에게 달린 것이 아니다. 가령 아무리 애를 써도 운이 나쁘면 돈을 원하는 대로 벌 수 없을 것이고, 때로는 자신이 원치 않는 고통을 겪게 되기도 할 것이다. 제논의 배가 풍랑을 만나 그를 하루아침에 가난하게 만들어 버린 사건은 인간이 어찌할 수 없는 운의 영역이 부나 지위에 영향을 미친 대표적인 사례라고 할 수 있다. 다만 이러한 것들을 대하는 태도는 전적으로 우리에게 달린 것이며 올바른 태도를 보이는 탁월한 성향이 바로 덕이다. 그렇기에 스토아학파는 나쁜 목적에도 쓰일 수도 있을 뿐만 아니라 우리 뜻대로 얻어지지도 않는 무관한 것들에 집착하기보다는 진정으로 좋은 유일한 것이자 우리 뜻대로 할 수 있는 유일한 것, 즉 덕을 계발하고 발휘하는 데 집중할 것을 주장하는 것이다.

물론 스토아학파도 자연적 본성에 합치되는 정도에 따라 이런 무관한 것들을 '선호되는' 것과 '기피되는' 것으로 구별하기는 한다. 세네카는 "우리가 선도 악도 아니라고 말하는 것들도 나름대로 어떤 값어치가 있으며, 그중 일부는 다른 것보다 좀 더 중요할 수 있다."고 말한다(세네카, 2016: 239). 부, 명성, 힘과 같이 선호되는 무관한 것은 자연과 합치되는 것이고 가난, 악명, 허약과 같이 기피되는 무관한 것은 자연을 거스르는 것으로 분류되는데, 선호되는 것들은 대개 인간의 자연적 조건을 증진하고, 따라서 이것들을 선택하는 것은 '대개' 이성에 합치되기 때문이다.

스토아의 이상적인 인간상을 보여 주는 현자는 "부를 좋아하는 편은 아니지만 있는 편을 선호"하고 "그걸 자랑하지도 않고 숨기지도 않을 것"이며 "병약함을 참고 견디겠지만 강건함을 원"할 것이다(세네카, 2016: 238-240). 덕을 갖춘 현자라면 이러한 '무관한 것들'을 무조건적으로 추구하거나 거부하는 대신 올바른 방식으로 사용할 것이다. 따라서 한 사람의 덕과 악덕은 무관한 것들의 소유 여부에 달린 것이 아니라 이러한 것들을 어떻게 선택하고 사용하는지에 달려 있다. 가난과 같이 기피되는 것도 덕스럽게 사용되면 행복을 앗아갈 수 없고 부와 같이 선호되는 것도 덕스럽지 못하게 사용되면 불행을 가져올 수 있는 것이다. 세네카가 말하는 현자의 부에 대한 의견은 스토아학파의 가치론을 잘 요약해 준다.

> 나는 부가 선이라고 생각하지 않는다. 만약 부가 선이라면 부는 사람을 훌륭하게 만들었을 테니 말이다. 또 악인도 가지는 것을 선이라고 할 수 없기에, 나는 부를 선이라고 부르지 않는다. 하지만 재산은 유용하며 삶에 큰 편의를 가져다준다는 점을 나는 인정한다…. 나는 이런 것들 때문에 자랑스러워하지는 않을 것이다. 그것들은 내게 있지만 사실 내 밖에 있는 것들이다…. 부드러운 외투가 내게 있다 한들… 나는 결코 더 행복하지는 않을 것이다…. 내 머리를 지푸라기 베개에 누인다 한들… 나는 전혀 비참하지 않을 것이다. (세네카, 2016: 243)

## VI. 정념과 적합한 행위

### 1. 정념

덕스러운 삶이 곧 자연을 따르는 이성적인 삶이라고 믿었던 스토아학파에게 괴로움, 공포, 쾌락, 욕망 등의 '정념(pathos)'은 좋은 삶에 방해가 되는 것에 불과했다. 스토아학파에게 '정념'이란 이성에 복종하지 않는 과도한 충동 또는 비이성적이고 부자연스러운 영혼의 움직임으로서, 우주를 지배하는 자연의 질서에 대한 잘못된 판단, 또는 잘못된 판단으로부터 비롯되는 어떤 것이다. 정념에 빠지는 것은 일종의 '질병'에 걸리는 것이므로 철학적 활동을 통해 치료해야 한다고 주장하였다. 그 치료의 방법이란 정념의 대상이 좋지도 나쁘지도 않음을 보여 주어 정념들을 다스릴 수 있도록 하는 것이었다. 정념에 관한 스토아학파의 핵심적인 주장은 감정적 동요로부터 자유로운 이성적인 마음 상태인 '무정념(아파테이아, apatheia[a- + pathos ('겪지 않음')])'에 도달해야 한다는 것이다.

이러한 주장에 대해 어떻게 감정적 반응을 이성적으로 통제할 수 있는지 의문을 가질 수도 있다. 따라서 스토아학파의 입장을 더욱 잘 이해하기 위해서는 먼저 그들에게 '정념'이란 주어진 인상에 관한 판단이라는 점을 먼저 파악할 필요가 있다. 우리 마음에 '인상'이 수용된 뒤 영혼의 '동의'(예: "x가 나에게 좋다.")를 얻으면 이것이 '충동'이나 감정적 반응(예: "나는 x를 원한다.")을 불러일으키게 된다. 외적 사물에 의해 수동적으로 받는 특정한 인상에 대해서는 실제로 우리가 통제할 수 있는 부분이 없지만, 그 인상에 관한 판단은 인상에 대한 '동의'로서 우리가 뜻대로 통제할 수 있는 영역인 것이다. 우리가 어떤 인상에 대해 동의할 때 우리는 동시에 무의식적인 가치판단을 하는 것으로 볼 수 있으며, 이것이 바로 감정적 반응을 이룬다.

따라서 스토아학파에게 정념이란 '과도한 동의' 또는 '지나친 욕구'라고 말할 수 있다. 물론 생리적으로 느껴지는 감각이나 배고플 때 생기는 밥을 먹고 싶은 욕구 등은 자연스럽게 생겨날 수 있다. 가령 뱀을 보았을 때 식은땀이 나고 몸이 떨리는 것은 인상에 대한 신체적 반응으로서 그 자체로는 정념이라고 할 수 없다. '이것은 위험하며 나쁘다'는 가치판단의 행위, 즉 인상에 대한 동의가 정념을 이루는 것이다. 이를 세네카는 다음과 같이 설명한다.

> 뜻하지 않게 마음을 흔드는 것들 중 어느 것도 정념이라고 불러서는 안 됩니다. 그것들은 말하자면 마음이 행한 것이라기보다는 그냥 마음이 겪은 것이라고 하겠습니다. 그러므로 정념이란, 겪는 사태의 인상에 따라 움직여지는 것이 아니라, 인상을 받은 후에 이런 뜻밖의 동요에 뒤따라오는 것입니다. 만약 창백함, 눈물, 성적 흥분, 심호흡, 갑작스런 눈 흘김 등 이와

유사한 것을 정념의 표지(標識) 또는 마음의 신호라고 생각한다면, 이는 오류입니다. 이것들은 단지 몸의 자극이라는 점을 간과한 것입니다. 아주 용맹한 사내라도 대개는 무장을 걸칠 때면 창백해지고, 전투 신호가 떨어지면 제아무리 사나운 군인의 무릎이라도 약간은 떨리며, 전열이 부딪치기 직전에는 위대한 사령관의 심장도 벌떡거리며, 아무리 유창한 연설가라도 연단에 오르면 손발이 얼어붙게 됩니다…. 마음이 동의하지 않는다면, 어떤 충동도 일어나지 않습니다. (세네카, 2016: 86-87)

이러한 정념은 크게 네 종류, 즉 괴로움, 공포, 쾌락, 욕망으로 나누어진다. 괴로움은 질투, 시기, 고뇌, 슬픔 등 나쁜 것으로 보이는 현재의 대상에 대한 영혼의 비이성적 위축이고, 공포는 나쁜 것으로 보이는 미래의 대상에 대한 영혼의 비이성적 위축이다. 쾌락은 좋은 것으로 보이는 현재의 대상을 향한 영혼의 비이성적인 팽창이고, 욕망은 좋은 것으로 보이는 미래의 대상을 향한 영혼의 비이성적인 팽창이다. 이는 각각 대상의 좋음과 나쁨에 대한 잘못된 판단에서 비롯되고 또한 그러한 판단을 낳기도 한다. 스토아학파의 입장에서 한 가지 흥미로운 부분은 좋다고 판단되는 대상에 대한 쾌락 역시 제거해야 할 정념이라고 보는 것이다. 이 점은 쾌락을 유일한 선이라고 보았던 에피쿠로스학파의 입장과 선명한 대조를 이룬다. 스토아학파에게 쾌락은 그 자체로 좋은 것이 아닌 무관한 것에 해당할 뿐이며, 쾌락이 진정으로 좋은 것이라는 잘못된 판단에서 비롯된 정념은 뿌리 뽑아야 할 비이성적 감정 상태에 불과한 것이다.

무정념 상태에 있는 스토아의 "현자는 어딘가에 빠지는 일이 없기 때문에 감정의 영향을 받지 않는다"(라에르티오스, 2021: 86). 하지만 이 상태를 아무런 감흥도 느끼지 못하는 '목석같은' 상태로 보는 것은 오해이다. 스토아학파가 정념으로부터 자유로운 상태가 이상적인 상태라고 주장한 것은 아무것도 느끼지 말라거나 어떤 것도 신경 쓰지 말라는 의미가 아니라 어떤 것에도 심리적으로 동요되고 휘둘리지 말라는 의미이다. 즉, 외적인 사물과 사건에 대해 스스로 적극적이고 능동적인 방식으로 반응하여 감정적 경험이 아닌 자신의 의지가 삶의 주인이 되도록 하는 것이다.

실제로 스토아학파는 모든 감정적 상태가 나쁜 것이라고 믿지는 않았다. 올바른 판단에 기반하여 충동들이 통제될 경우 '적절한 감정(eupatheia)'을 가진 상태가 될 수 있기 때문이다. 이러한 감정에는 각각 비이성적 정념인 공포, 쾌락, 욕망이 적절하게 통제될 때 얻을 수 있는 기쁨, 신중함, 그리고 바람이 있다. 흥미롭게도 스토아학파는 나쁜 것으로 보이는 현재의 대상은 현자에게 영향을 주지 않는다고 믿기 때문에 고통이라는 정념에 상응하는 적절한 감정은 존재하지 않는다고 본다.

## 2. 적합한 행위

이제 우리가 어떤 행위를 하며 살아가야 하는지에 대한 스토아학파의 주장을 알아보자. 이를 위해서는 우선 그들의 '전용(자기 것으로 하는 것, oikeiōsis)' 이론을 먼저 이해해야 한다. 전용이란 무언가를 자신의 것으로 만드는 과정이다. 인간을 포함한 동물들은 태어나면서부터 자신의 신체를 온전히 보존하는 것을 자연적 목적으로 삼는다. 쾌락 추구에서 인간의 본성을 찾았던 에피쿠로스학파와 달리, 스토아학파는 쾌락이 아닌 자기 보존의 추구에서 우리의 자연적 본성을 찾는 것이다. 하지만 인간은 성장하면서 점차 전용의 영역을 넓히게 된다. 자기 보존의 영역을 넘어 자연스럽게 부모와 형제자매를 자신을 돌보듯 돌보게 되며, 더욱 성장하여 이성을 발달시키게 되면 이웃과 동료 시민을 넘어 나아가 전 인류를 자신에게 속하는 것으로 여기게 되는 것이다.

전용과 관련하여 스토아학파에게 '적합한 행위(마땅한 것, kathēkon)'는 바로 자신을 자연적 상태로 보존하는 것, 그리고 이를 위해 자연에 일치되는 것은 취하고 그에 반하는 것은 거부하는 행위라고 할 수 있다. 적합한 행위는 주로 자신이나 혹은 가족과 같이 자연적으로 선호되는 대상의 보호를 목적으로 한다. 스토아학파는 이성의 발달을 통해 전용을 확장한 인간에게 있어 적합한 행위란 이성이 수행하도록 설득하는 행위 또는 그 수행이 이성적으로 정당화되는 행위라고 할 수 있다. 인간의 적합한 행위는 이성의 '선택'과 '동의'의 결과로 수행되는 것이다.

하지만 적합한 행위는 그 자체로 선악과 무관한 것으로서 행위의 주체인 개별 개체를 자연적 상태로 보존하는 데 적합하다 해도 엄밀한 의미에서의 도덕적 행위는 아닐 수 있다. 도덕적으로 가치가 있는 '올바른 행위(완전한 행위, katorthōma)'가 되기 위해서는 행위는 적합할 뿐만 아니라 정당한 방식으로, 즉 덕으로부터 비롯되어 수행되어야 한다. 가령 굶주리는 두 사람 중 한 명이 남은 식량을 혼자서 먹어 자신은 살고 다른 사람은 죽었다면, 해당 개체에는 적합한 행위이지만 전체적으로는 올바른 행위라고 할 수 없다. 또한 자기가 진 빚을 갚는 행위 자체는 적합한 행위이지만, 훔친 돈으로 빚을 갚는 경우 그 방식이 부당하므로 올바른 행위라고는 볼 수 없다. 적합한 행위는 누구나 행할 수 있지만, 올바른 행위는 오직 덕을 가진 사람에 의해서만 행해질 수 있는 것이다.

결국 스토아학파에 따르면 행위는 다음의 세 범주로 나뉠 수 있다. 첫째, 적합한 행위에 어긋나는 행위이다. 부모를 돌보지 않거나 친구를 함부로 대하거나 재산을 낭비하는 등의 행위가 이에 해당한다. 둘째는 중간적인 적합한 행위이다. 부모, 형제자매, 친구 등을 잘 돌보는 등 행위 자체는 적합하지만 안정된 성품에서 우러나온 것이 아니기에 덕스럽다고 할 수는 없는 행위라고 할 수 있다. 마지막으로 올바른 행위가 있는데, 이는 합리적이고 일관적이고 형식적으로 완벽한 성품, 즉 덕으로부터 비롯되어 올바르게 행해진 행위이다. 따라서 덕이 있으나 없으나 부모를 돌보는 일을 할 수 있을지라도 사려 깊게 부모를 공경하는 것은 현자에게 어울리는 것이라 할 수 있다.

## V. 덕과 행복

지금까지의 논의에서 스토아학파가 이상적인 사람으로 제시하는 현자란 정념에 휘둘리지 않고 올바른 행위를 하며 살아가는 사람임을 알 수 있다. 그들에게 이렇게 덕을 갖춘 사람은 곧 행복한 사람이기도 하다. 물론 여기서 '행복(eudaimonia)'이란 말은 '좋은 삶' 또는 '번영'이라고도 번역될 수 있으며, 주관적 만족감이나 즐거움과 동일시되지는 않는다. 제논은 "행복이란 삶의 좋은 흐름"이라고 말한다. 이것은 곧 덕을 따라 사는 것을 의미하는데 동시에 신성한 이성에 따라 자연에 맞추어 사는 것을 뜻하기도 한다. 자연에 따르는 삶이란 해당 사물의 유형에 맞는 본성을 실현하며 사는 것이다. 라에르티오스는 덕을 "그 자체가 선택할만한 것이지 두려움이나 기대 또는 외적인 어떤 것은 아니"라고 하였고, 덕에 "행복이 있으니, 이것은 삶 전체의 일치를 위해 영혼에 의해 행해진 것이기 때문"이라고 덧붙인다(라에르티오스, 2021: 72).

스토아학파에 따르면 우리의 능력 안에 있는 것만이 진정으로 좋은 것이며, 그것이 바로 덕임을 상기해 보자. 그들에게 덕이란 영혼의 탁월한 성향이며 곧 완벽한 합리성 또는 지혜라고 볼 수 있다. 우리가 인간의 자연적 본성, 즉 이성에 따라 살아야 한다고 본 것이다. 그러기 위해서는 무엇이 좋고 무엇이 나쁜지에 대해 알아야 하고 그렇기 때문에 스토아학파에게 덕은 곧 지혜와 동일시된다.

다만 여기서 스토아학파가 제시하는 의무, 즉 우리에게 '마땅한 것(kathēkon)'은 자연에 따라 살도록 노력하는 것이지 그것을 실제로 이루어내는 것은 아니다. 우리 인간은 완벽하지 못하며 우리가 가진 불완전한 지식으로는 누구도 미래를 전부 알 수 없기에 때로는 우리가 목적한 바를 이루지 못하기도 하기 때문이다. 따라서 우리의 의무는 그저 우리 자신의 본성이 이끄는 대로 살면서 삶이 기대한 대로 진행되지 않더라도 그것을 최선으로 받아들이며 사는 것이다. 그래서 스토아의 현자는 항상 과녁을 맞히는 사람이 아니라 맞히기 위해 항상 최선을 다하는 궁수와도 같다고 할 수 있다.

스토아학파에게 덕과 행복은 개념적으로는 구별되지만 서로의 필요충분조건이 된다. 즉, 덕만 있으면 행복하기에 충분하고 덕이 없이는 행복할 수 없는 것이다. 마르쿠스 아우렐리우스는 "네가 올바른 길을 가고 올바르게 생각하고 행동할 수 있다면, 행복하게 지내는 것은 언제나 네 힘에 달려 있다"라고 말한다(아우렐리우스, 2005: 83). 덕을 따르는 삶이 행복한 삶이자 좋은 삶이라고 주장하였다고 하지만 이를 덕을 행복을 위한 수단으로 보았다고 이해해서는 안 된다. 스토아학파는 덕이 그 자체로 칭찬받을 만한 것이며 그 자체로 선택되어야 한다고 본다. 덕을 길러 그것을 발휘하며 살아가기만 하면 그러한 활동이 좋은 삶을 구성하는 것이다.

덕을 행복의 필요충분조건으로 보는 스토아학파의 입장은 쾌락을 내재적으로 가치 있는 유일한 것으로 보고 행복의 중심에 놓았던 에피쿠로스학파의 주장과 대비된다. 키케로는 에피쿠로스의 쾌락주의를 비판하며 다음과 같이 말한다.

> 소유하고 있는 자를 더 좋게 만들지 못하는 어떤 것이 좋은 것이겠습니까? 왜냐하면 각자가 좋음에 관여하면 할수록 그만큼 그는 찬양받을 만하고, 소유하고 있는 자가 훌륭하게 자랑할 수 없는 좋은 것은 없기 때문입니다. 그런데 이것들 중 어느 것이 쾌락에 속합니까? 쾌락이 사람을 더 좋거나 더 찬양받을 만하게 만듭니까? 혹은 누가 쾌락의 획득을 자랑하고 널리 알림으로써 자신을 드높입니까…? 분명 행복하게 잘 사는 것은 다름 아니라 훌륭하고 올바르게 사는 것입니다. (키케로, 2022: 32-33)

앞서 말했듯, 스토아학파는 덕에만 내재적인 가치가 있으며 자연적으로 선호되지만, 무관한 것들은 어떻게 사용되는지에 따라 좋은 것도 나쁜 것도 될 수 있다고 본다. 돈도 나쁜 일에 사용하면 가치 없는 것이 되고, 성공은 우리가 아무리 애를 써도 뜻대로 되지 않는 경우가 많지만, 그러한 것들을 대하는 태도는 우리의 뜻대로 바꿀 수 있다. 그렇기 때문에 덕만이 내재적 가치를 가지며, 덕만이 인간에게 진정한 행복을 가져다줄 수 있는 것이다. 바로 이 지점에서 스토아학파의 덕과 행복 개념이 만나게 된다. '참된' 행복은 덕만이 가져다줄 수 있으며, 사람들이 추구하는 쾌락과 같은 것들은 그 자체로는 중립적이고 행복에 직접적 영향을 미칠 수 없다고 본 것이다. 세네카는 "만약 덕이 쾌락을 준다 한들, 쾌락 때문에 덕을 추구한 것은 아니"며 "쾌락을 위해 노력한 것이 아니라 다른 것을 추구할 때에 쾌락이 따라온 것"이라고 말함으로써 덕과 쾌락의 관계를 분명히 한다(세네카, 2016: 224).

덕만으로도 행복하기에 충분하다고 본다는 점에서 스토아학파는 아리스토텔레스의 사상과도 차이를 보인다. 아리스토텔레스는 아무리 덕스러운 사람이라 해도 행복을 위해서는 재산이나 친구와 같은 외적인 선도 있어야 한다고 믿었던 반면, 스토아학파는 덕 이외의 그 무엇도 행복을 더해 주지 못한다고 믿었던 것이다. 그들에 의하면 부나 명예, 쾌락 등 다른 것들은 아무리 많아도 덕과 같은 저울에 놓고 계산할 수 없으며 이러한 것들이 덕에 더해진다고 하더라도 그 소유자를 더 행복하게 해 주지는 못한다. 즉, 다른 어떤 것도 없이 오로지 덕만 있더라도 행복하기에 충분하다는 것이다. 많은 사람이 나쁘다고 생각하는 가난이나 질병, 죽음 등도 사실은 우리에게 달린 일도 아니고 도덕적인 악도 아니므로 그 자체로는 나쁜 것이 아니라고 그들은 말한다. 이러한 일들은 자연의 일부에 불과한 개별 인간의 관점에서 볼 때는 나쁜 것으로 보이지만, 자연 전체의 관점에서 보았을 때는 나쁜 것이라 볼 수 없다. 스토아학파에 따르면 우주적 관점에서 보았을 때 모든 일은 자연의 섭리를 따르는 것이며, 따라서 어떠한 잘못된 일도 일어날 수 없는 것이다.

이러한 관점은 분명 많은 사람이 행복에 대해 가지고 있는 생각과 어긋난다. 가령 덕이 높은 현자가 폭군의 변덕에 의해 재산을 몰수당하고 고문을 당한다면 우리는 이 사람이 진정으로 '행복한' 삶을 살고 있다고 할 수 있을까? 스토아학파는 그렇다고 말한다. 키케로는 적진에 잡혀 고문을 당하다 죽은 레굴루스라는 로마 장군의 예를 들며 그의 의연함, 진중함, 신의 등의 덕들이 "그토록 영혼을 보호하고 수행해서 비록 그의 몸은 사로잡혔을지라도 분명 영혼은 사로잡힐 수 없었"다고 말한다(키케로, 2016: 35). 이처럼 많은 사람이 불행하게 죽었다고 생각하는 사람조차 덕스럽게 죽음을 맞이했다면 그가 '행복'했다고 보는 것이 스토아학파의 행복관인 것이다. 세네카 역시 "현자는 불의도 모욕도 당할 수 없"다고(세네카, 2016: 31) 말하며 다음과 같이 덧붙인다.

> 현자는 어떤 것도 잃을 수가 없습니다. 그는 모든 것을 자기 안에 가지고 있으며, 운에 맡기지 않습니다. 그는 덕에 만족하여 덕이라는 재산을 확고하게 지키는데, 덕은 운에 좌우되지 않으며 운에 따라 늘지도 줄지도 않습니다. (…) 덕은 자유롭고, 침해할 수 없고, 흔들리지 않고, 동요하지 않으니, 마찬가지로 완강히 재난에 맞서 굽히기는 고사하고 휘지도 않습니다. 덕은 형틀 앞에서도 당당하게 고개를 들며, 순경이든 역경이든 표정을 바꾸지 않습니다. 따라서 현자는 자신이 잃는다고 느낄 만한 어떤 것도 잃지 않습니다. 그는 결코 빼앗길 수 없는 덕만을 점유할 뿐, 다른 것들은 언제든 반환할 가점유(假占有)로서 사용하기 때문입니다. (세네카, 2016: 35-36)

이러한 입장은 선한 사람에게는 그 어떤 위해도 가해질 수 없다는 소크라테스의 입장과도 일맥상통한다. 세네카는 "덕은 시대의 모든 고난을 자연의 법칙이라고 받아들일 것이고, 마치 훌륭한 병사처럼 상처를 견디고 상흔을 헤아릴 것"이라고 말한다(세네카, 2016: 231). 여기서 우리는 쾌락이나 세속적 즐거움을 추구하지 않고 고난을 묵묵히 견디며 오로지 이성에 따르는 스토아적 현자의 모습을 그려 볼 수 있다.

이제 덕과 행복에 대한 스토아학파의 기본적 사상을 다음과 같이 요약할 수 있겠다. 진정으로 좋은 것이라면 그 소유자가 찬양 받을 만한 것이어야 하고 운에 따라 좌우되지 않는 것이어야 한다. 어떤 불운이나 불의에도 굴하지 않고 오히려 이를 역이용하는 덕이야말로 그에 걸맞은 것이다. 덕을 갖춘 현자는 운명이란 벗어날 수 없다는 지혜를 가지고 이에 순응하며 운에 의해 영향을 받지 않고 진정으로 자신의 것인 덕만을 갖추고 살아간다. 이러한 좋은 것을 갖추고 발휘하며 살아가는 것이야말로 그 누구도 빼앗을 수 없는 참되고 안정된 행복을 가져다준다. 심지어 죽음조차 악이나 불의가 아니며, 이것이 현자에게 닥친다고 하더라도 이를 두고 그가 비참하다거나 불행하다고 말할 수는 없는 것이다.

한편, 스토아학파는 "덕들은 서로를 함축하고 한 가지 덕을 가진 사람은 모든 덕을 갖는다"고 말한다(라에르티오스, 2021: 92). 즉, 용기, 분별, 정의 등의 덕들은 각각을 언제 어떤 방식으로 실행해야 할지를 알려 주는 성찰 혹은 지혜를 공통적으로 갖고 있기 때문이다. 예를 들어 용기를 가진 사람이 정의는 갖지 못한 경우, 나서야 할 때와 그렇지 않을 때에 대한 통찰력이 부족하여 정의롭지 못한 일에도 위험을 무릅쓰고 나설 수도 있는 것이다. 이런 경우 이 사람은 용기도 정의도 제대로 갖추고 있다고 하기 어렵다. 이는 소크라테스와 아리스토텔레스가 주장한 '덕의 통일성' 논제를 계승한 것이다.

또한 스토아학파는 "덕과 악덕 사이에는 아무것도 없다"고 주장한다(라에르티오스, 2021: 92). 이는 마치 막대기가 곧거나 굽거나 둘 중 하나인 것처럼 정의롭거나 부정의하거나 둘 중 하나이지 더 정의롭거나 더 부정의하지는 않고 다른 덕들의 경우에도 이러한 논리가 적용된다는 것이다. 이 주장이 맞다면, 완전히 덕스러운 현자가 아닌 사람은 주위에서 볼 수 있는 보통 사람이든 악덕한 죄인이든 모두 도덕적인 측면에서 서로 다를 바가 없어진다. 모든 인간은 덕스럽거나 그렇지 않거나 둘 중 하나이기 때문이다. 또한 완벽하게 덕을 갖춘 현인은 현실 세계에서 찾아보기 어려울 것이다.

세네카 역시 자신은 "현자가 아니며… 현자가 되지 못할 것"이라 고백한다(세네카, 2016: 233). 그렇다면 스토아학파에게 현자는 현실적 존재라기보다 우리 모두가 추구하고 도달하려 애써야 하는 이상으로 제시되었다고 보는 편이 더 설득력 있는 것으로 보인다.

## VI. 운명과 자유

이렇듯 스토아학파는 덕스럽고 행복한 사람으로서 살아가는 방법에 대해 우리에게 조언해 준다. 하지만 그들의 가르침을 따르는 데 있어 한 가지 문제가 있다. 그것은 바로 세상의 모든 일은 운명에 의해 결정되어 있다는 그들의 운명론이다. 스토아학파는 모든 사물들의 존재와 사건들의 발생이 운명적으로 정해져 있다고 믿었다. 즉, 세계는 하나의 통일된 연속체이고, 모든 존재자는 빈틈없는 인과율 속에서 서로 의존하고 있으며, 이 세상은 신성한 이성의 섭리에 따라 결정되어 있다고 생각한 것이다. 하지만 만약에 세상의 모든 일이 이미 결정되어 있다면 어떠한 실천적 조언도 무의미하지 않을까? 실제로 우리의 선택에 달린 일은 아무것도 없을 것이기 때문이다. 이는 보다 올바른 선택이 무엇인지에 대해 조언하는 실천적인 윤리 사상으로서 직면한 중대한 문제라고 할 수 있다. 스토아학파는 결정론적 세계관에도 불구하고 자유와 도덕적 책임의 존재를 부정하지 않는 듯한 인상을 주는데, 이는 그들이 가진 이론의 일관성에 대한 의심을 불러일으키는 것이다.

물론 우리의 행동이나 외적인 사건들은 모두 운명에 의해 결정되어 있지만 이를 대하는 우리 마음의 태도만큼은 우리의 의지에 따라 바꿀 수 있다고 주장하는 것으로 볼 수도 있다. 즉, 제논의 경우 자기 배의 난파 여부는 결정할 수 없지만 이 사건을 어떠한 태도로 받아들일지는 자기 자신의 마음먹기에 달려 있다고 주장할 수도 있는 것이다. 하지만 이러한 대답 역시 만족스럽지 못하기는 마찬가지이다. 인간의 마음도 우주의 이성적 질서의 일부라면 사물들과 사건뿐만 아니라 우리의 태도 역시도 결정되어 있어야 한다고 볼 수 있기 때문이다.

　이미 이 세계의 운명이 결정되어 있다면 도대체 어떤 의미에서 인간이 자유롭다고 할 수 있을까? 이 의문에 답하기 위해서는 스토아학파의 자유 개념을 좀 더 자세히 들여다볼 필요가 있다. 그들은 우주 만물이 법칙에 따라 움직이지만 인간만큼은 그 법칙에 대한 자신의 앎에 의해 자신의 행동을 결정할 수 있다고 믿는다. 따라서 우주를 관장하는 이 법칙에 대한 진정한 앎을 가진 사람은 필연적으로 정해진 운명의 노선을 묵묵히 따를 것이다. 스토아학파에게 "인간의 자유는 자연을 넘어선 무조건적, 무제약적 자유가 아니라, 원초적으로 생명의 보존을 지향하는 인간의 자연적 상태에 종속된 자유"이다(이상인, 2005: 61). 에픽테토스는 "우리에게 달려 있지 않은 것들을 경멸하는 것"이야말로 자유인이 되는 유일한 길이라고 말한다(에픽테토스, 2013: 49). 키케로의 다음 구절에서도 스토아학파의 자유 개념이 잘 드러난다.

> 자유란 무엇입니까? 당신이 원하는 대로 살 수 있는 힘입니다. 그러면 누가 원하는 대로 사는 것일까요? 오직 올바른 것들을 추구하는 사람만이, 의무를 즐기는 사람만이, 삶의 방식을 숙고하고 설계하는 사람만이, 두려움 때문에 법률에 복종하는 것이 아니라 그것을 준수하고 존중하는 것이 이롭다고 판단해서 준수하는 사람만이, 기쁘게 그리고 자유롭게 하는 것이 아닌 한 아무 말도 아무 행위도 하지 않고 아무 생각조차 하지 않는 사람만이, 그의 모든 계획과 모든 실행을 그 자신으로부터 시작하고 바로 그 자신에서 끝내고 자기 자신의 의지와 판단보다 자신에게 더 영향력 있는 것이 전혀 없는 사람만이, 그리고 운명은 가장 큰 힘을 갖는다고 이야기되는데, 지혜로운 시인의 말마따나 운명이 각자에게는 각자 자신의 성

품에 따라 형성되므로, 운명의 여신조차도 굴복시키는 사람만이 원하는 대로 사는 것입니다. 그러니 이것, 즉 어떤 일도 비자발적으로나 괴로워하면서나 강제적으로는 하지 않는 것은 오직 현자에게만 일어나는 일입니다. (키케로, 2022: 53-55)

이러한 의미에서 스토아학파에게 자유란 자신의 의지에 따라 운명을 바꾸는 힘이 아니라 마음에 혼란을 주는 정념에서 벗어나 운명의 필연성에 대한 앎에 따라 살아가는 힘이라고 할 수 있다. 곧 인간은 자연법에 따라 이성에 부합되는 방식으로 살아갈 때 자유롭다고 할 수 있는 것이다. 따라서 스토아학파가 말하는 현자가 하고자 하는 바는 이성 혹은 자연의 법칙의 명령과 일치하는 것이며 이러한 앎을 깨우친 현자는 누구보다 자유롭다. 물론 이러한 자유 개념이 형이상학적 결정론과 진정으로 양립될 수 있는지는 여전히 논란의 여지가 있는 문제이며 지금도 많은 학자들 사이에서 논쟁이 이어지고 있다.

## VII. 세계시민주의

이제 공동체 참여와 정치적 활동에 대한 스토아학파의 입장을 살펴보자. 정치적 공동체의 안정성이 저해되었던 헬레니즘 시대의 철학이기는 하지만 스토아학파는 에피쿠로스학파와 달리 개인의 안녕에 몰두하라고 가르치지는 않는다. 에피쿠로스는 "현자는 특정 상황이 방해하지 않는 한 정치에 참여하지 않을 것"이라고 말했던 반면, 제논은 "현자는 무언가가 방해하지 않는 한 정치에 참여할 것"이라고 말했다는 사실은 이러한 관점의 차이를 단적으로 보여 준다. 키케로는 우리는 다른 인간들에게 자연스럽게 관심을 갖게 되는 본성을 가지고 있다고 하였다. 스토아의 현자라면 남을 돕는 일이 옳은 일일 때 그것을 행함에 주저함이 없을 것이며 정의가 요구하는 바를 회피하지 않으리라는 것이다.

스토아학파도 아리스토텔레스와 마찬가지로 인간은 본성적으로 사회적, 정치적 동물이라고 믿었다. 그들에 따르면 자식을 보호하고자 하는 부모의 본능적 충동이 이러한 본성을 보여 주는 것이며, 사회적 관심이 이성에 의해 확장되어 마침내 전 인류를 향하게 되는 것이다. 즉, 스토아학파는 폴리스(polis), 즉 도시국가를 기본적인 정치적 공동체로 여기는 아리스토텔레스를 비롯한 기존의 고대 그리스 철학자들과 달리, 올바른 이성에 의해 질서 지어진 전 우주야말로 진정한 폴리스라고 보았고, 모든 인류를 같은 인간 공동체의 시민, 즉 '세계시민(cosmopolitan)'으로 여긴다.

물론 이러한 이름을 최초로 사용한 것은 견유학파의 디오게네스이지만, 이를 체계화하고 '세계시민주의(cosmopolitanism)'로까지 발전시킨 것은 스토아학파의 공로라고 할 수 있다. 세네카의 다음 구절은 스토아학파의 세계시민주의 사상을 잘 보여 준다.

> 조국에 해악을 끼치는 것은 불경한 일입니다. 시민 개개인에게도 마찬가지입니다. 그들은 조국의 일부이기 때문입니다. 전체가 공경할 만한 것이면 부분도 경건한 것입니다. 따라서 인간에게도 마찬가지입니다. 인간은 더 큰 나라의 세계 시민이기 때문입니다. 손이 발에, 눈이 손에 어찌 해악을 입히려고 하겠습니까? 각 부분을 존중하는 것이 전체를 위해 유익하기 때문에 모든 지체(肢體)가 서로 단결하는 것처럼, 인간은 인간 개개인을 아껴야 합니다. 왜냐하면 인간은 공동체를 위해 태어났으며, 공동체의 안녕은 구성원들을 아끼고 사랑하는 것에서만 가능하기 때문입니다. (세네카, 2016: 115)

이러한 사상은 모든 인류가 본성적으로 세계의 이성을 공유하고 있다는 믿음에 기반하고 있다. 이는 올바른 이성은 곧 법이므로 모든 인간은 신들과 공통되는 법에 따라 통치되어야 한다는 주장으로 이어진다. 우리는 이성적 존재들로 이루어진 우주적 공동체의 일원이며 이성은 우리에게 정의와 박애의 실현을 명한다. 이러한 보편적 시민 공동체 내에서는 이성을 공유하는 모든 인간들이 서로 형제처럼 관계를 맺고 있으며 하나의 법 아래 한 국가의 시민이 된다. 스토아학파는 현실 세계에 우연히 만들어진 정치적 공동체들 사이의 경계를 넘어 세계시민들을 위해 보편적 선을 실현하는 것이 인간의 진정한 사명이라고 보고 세계시민주의의 실현을 주창한 것이다. 마르쿠스 아우렐리우스는 이러한 생각을 다음과 같이 표현한다.

> 지적 능력이 우리 모두에게 공통된 것이라면, 우리를 이성적 존재로 만들어주는 이성도 우리에게 공통된 것이다. 그렇다면 해야 할 일과 하지 말아야 할 일을 우리에게 정해주는 이성도 공통된 것이다. 법도 공통된 것이다. 우리는 한 시민이며 한 국가 공동체의 구성원이다. 그렇다면 우주란 어떤 의미에서는 일종의 국가이다. (아우렐리우스, 2005: 51)

## VIII. 비판적 논의와 현대적 의의

### 1. 비판적 논의

우선 스토아학파의 윤리학에 대해 소위 '인간미'가 없는 냉정한 인간을 이상으로 그린다는 비판이 존재한다. 즉, 가족이나 친구 등 친밀한 관계에 있는 사람에 대한 적절한 동기와 감정이 갖는 중요성을 제대로 포착하지 못한다는 것이다. 그들은 외적인 사건에 의해 생기는 정념에 휘둘리지 않고 안정된 상태인 무정념 상태를 이상적인 상태로 본다. 하지만 많은 사람들은 특히 가깝고 사랑하는 상대의 안위에 관해서라면 적절한 희로애락을 느끼고 특별하게 대하는 것이 바람직하다는 직관을 가지고 있다. 즉, 자식이 죽으면 슬픔을 느끼고, 친구가 해악을 입으면 분노하며, 부모가 건강하지 못할까 두려워하는 태도 등이 그 예이다. 스토아학파는 이러한 태도를 부정적으로 보고 마치 감정적으로 '목석같은' 삶을 살라고 우리에게 조언하는 것처럼 보인다. "만일 네가 너의 자식이나 마누라에게 입을 맞춘다고 한다면, 너는 한 인간에게 입을 맞추고 있다고 너 자신에게 말하라. 왜냐하면 '그것'이 죽었을 때 너는 심란해 하지 않을 테니까"(에픽테토스, 2013: 35).

에픽테토스의 이러한 말 역시 가족을 진심으로 사랑하는 것보다는 그들의 상실로 인한 감정적 동요로부터 자신을 보호하는 것을 더욱 중요시하는 듯한 인상을 준다. 가령 한 스토아의 현자가 집에 돌아와 보니 아들이 있는 자신의 집이 불타고 있었다고 가정해 보자. 아들을 구할 가능성이 있다면 이 현자는 구하려고 최선을 다할 것이다. 하지만 결국 아들을 구하는 데 대한 관심이 아니라 올바른 행위를 하는 데 대한 관심으로부터 비롯된 동기를 가질 것이다. 이러한 동기는 무엇이 중요한지에 관하여 주객이 전도된 것처럼 보인다.

또한 나아가 최선을 다했음에도 불구하고 아들이 목숨을 잃었다고 가정해 보자. 이 경우에도 스토아의 현자는 아무런 후회나 비탄도 느끼지 않을 것이다. 첫째, 아들의 구출은 자신의 능력 밖의 일이며 현자는 최선을 다함으로써 옳은 일을 한 것이기 때문이다. 둘째, 죽음은 진정한 악이 아니라 '기피되는 무관한 것'에 불과하기 때문에, 현자나 그 아들에게 아무런 해악도 가해지지 않은 셈이기 때문이다. 실제로 한 스토아 철학자는 자기 아들이 죽었을 때 "나는 이미 내 아들이 불멸의 존재가 아님을 알고 있었다."라고 차분하게 말했다고 전해지기도 한다. 이렇듯 연민과 슬픔을 격하시키는 모습은 인간적이지 못한 냉혹한 태도로 비판받기도 한다.

물론 스토아학파의 현자 역시 아들을 구하기 위해 누구보다도 최선을 다할 것이라는 점 역시 간과해서는 안 될 것이다. 적당히 구출하려고 노력해 보다가 포기하고서 시도 자체에서 스스로 위안을 삼는 것은 스토아학파가 그리는 현자의 모습과는 거리가 있다. 또한 우리가 할 수 있는 일과 할 수 없는 일들을 잘 구분하여 전자에만 초점을 두고 후자에는 거리를 두는 태도 역시 마냥 비인간적이라고 말하기는 어렵다. 사랑하는 사람의 죽음 앞에서도 아무런 감정을 느끼지 못하는 것도 문제이지만 이미 돌이킬 수 없는 죽음 앞에서 과도한 감정적 동요 때문에 지금 할 수 있는 일들까지 내팽개쳐 버리는 태도 역시 문제일 수 있다.

하지만 적절한 감정을 느끼는 것이 좋은 삶을 위해 중요하다고 생각하는 사람들도 많은 것이 사실이다. 특히 덕스러운 현자라면 사랑하는 사람을 잃었을 때는 슬픔을 느끼고, 불의를 목격했을 때는 분노를 느껴야 한다는 생각도 널리 퍼져 있다. 이렇듯 직관적으로 생각하기에 적절해 보이는 감정들이 갖는 중요성을 일관적이고 정합적인 방식으로 설명해 내는 일은 스토아학파에게 주어진 과제라고 볼 수 있다.

또한 스토아학파의 궁극적인 관심은 자기 자신의 덕에 있을 것이기 때문에 친구 사이에 우정이 요구하는 서로에 대한 진실한 관심이 부재할 것이라는 비판이 존재한다. 그들은 덕에 따른 모든 행위는 목적이 되는 좋은 것이지만 친구와 그로부터 비롯되는 것들은 수단이 되는 좋은 것이라고 주장함으로써 이러한 의심을 짙게 한다.

스토아학파의 세계관에 있어서 또 한 가지 주된 비판의 대상이 되는 부분은 바로 악의 문제이다. 그들에 의하면 이 세상에 일어나는 일들은 모두 신, 즉 자연의 섭리에 따라 일어나기 때문에 모두 가능한 최선의 일들이어야 한다. 에픽테토스는 "빗맞히기 위해서 과녁을 세우지 않는 것처럼 마찬가지로 우주에는 악의 본성 또한 없는 것"이라고 말한다(에픽테토스, 2013: 58). 마르쿠스 아우렐리우스 역시 "일어나는 모든 일은 정당하게 일어난다는 점을 명심하라"고 하며(아우렐리우스, 2005: 53), 다음과 같이 덧붙인다.

> 신들이 나에 대하여, 그리고 나에게 일어날 일에 대하여 어떤 결정을 내렸다면, 그것은 최선의 결정이다. 지혜 없는 신이란 상상조차 할 수 없기 때

문이다. 무슨 이유로 신들이 나에게 해를 입히려 하겠는가? (아우렐리우스, 2005: 97)

그러나 세상에는 사악한 범죄도, 무고한 사람이 고통 받는 일도 흔히 일어나고 있는 것처럼 보인다. 직관적으로는 이러한 일들이 나쁜 것처럼 보이고 이런 일들이 벌어지지 않는 세상이 더 좋은 세상일 것처럼 생각된다. 따라서 모든 일이 섭리대로 돌아가고 있으며 우리가 사는 세상이야말로 더할 나위 없이 좋은 세상이라고 하기에는 어려워 보인다. 이렇듯 스토아학파는 일어날 일은 반드시 일어날 수밖에 없게 되어 있다고 하는 결정론에 더해 그렇게 해서 일어나는 필연적인 일들은 모두 자연의 섭리에 부합되는 좋은 일들이라고 본다는 점에서 비판의 대상이 되곤 한다.

이외에도 사람들에게 지혜롭고 행복하게 사는 법을 제시하는 윤리 사상으로서 갖는 문제점들도 존재한다. 우선 스토아학파는 덕스러운 삶이 곧 행복한 삶이라는 강한 주장을 하는데, 그들의 행복 개념은 우리 현대인들이 흔히 생각하는 행복 개념과는 거리가 있는 것으로 보인다. 많은 사람들이 생각하는 행복한 삶이란 만족스럽고 즐거우며 사랑하는 사람들과 좋은 관계를 유지하는 삶일 것이다. 스토아학파는 이러한 것들이 행복에 필요하지 않다고 말할 뿐만 아니라 행복과는 전혀 무관한 것들이라고 일축해 버린다. 덕을 갖추고 자연의 섭리에 따라 이성적으로 살아가기만 한다면 그 어떤 육체적 심리적 고통도 우리를 행복으로부터 멀어지게 할 수는 없다는 것이다. 하지만 고통으로 몸부림치고 그 누구와도 진실한 사랑과 우정을 주고받지 못하는 삶을 과연 그 누가 행복한 삶이라고 할 수 있을까? 실제로 고대의 한 학자는 극심한 고통을 겪으며 살던 나머지 스토아학파에 대한 믿음을 바꾸었다고 전해진다. 심지어 스토아학파에 따르면 덕스러운 삶은 우리가 중요한 가치를 위해 스스로 목숨을 끊도록 인도하기도 하는데, 자신의 생명이 끝나는 것과 행복한 삶을 살아가는 것은 양립하기 어려워 보인다. 이렇듯 스토아학파의 행복관은 우리 직관에 어긋난다는 비판을 받고 있다.

또한 스토아학파의 가르침은 우리에게 자칫 지나치게 수동적인 태도로 삶을 살도록 조언하는 것으로 비추어질 수도 있다. 특히 개인의 자유를 강조하는 현대인들은 외부의 환경이나 다른 사람들의 의견이 아닌 자기 자신의 의지에 따라 창조적이고 진취적인 삶을 살아가고자 하는 경향이 있다. 하지만 스토아학파에 따르면 세상일은 그 어떤 것도 우리의 의지에 따라 돌아가지 않으며, 우리는 이미 결정된 운명의 방향에 순응하며 살아가야 한다. 이러한 태도는 불안, 공포, 집착 등의 정념으로부터 우리를 보호해 주고 안정된 심리 상태로 세상을 살아갈 수 있도록 해 주기도 하지만, 하루하루 발전하며 보다 나은 삶을 살고 세상을 보다 살기 좋은 곳으로 만들려는 적극적이고 능동적인 삶의 태도를 저해하는 것으로 해석될 수도 있다.

스토아학파의 세계시민주의에 대한 비판 역시 존재한다. 분명 그들의 세계시민주의는 정치적 공동체 사이의 경계나 신분에 따른 인간의 계급 구분을 넘어서는 파격적인 평등주의적 주장을 펼친다. 그러나 이러한 세계시민주의가 현실적 정치의 관점에서 봤을 때 개혁적인 주장이라기보다 이상적이고 관념적인 생각에 불과하다는 비판이 제기된다. 예를 들면 스토아학파는 이성의 원리라는 하나의 법칙에 따라 다스려지는 우주 공동체를 진정한 '폴리스'라고 보았지만, 동시에 가족이나 국가 등 관습적 공동체 역시 중요하게 여긴다. 따라서 스토아학파는 현실적 관점에서 보았을 때 개인이 여러 공동체에 속한 '시민'으로서 어떻게 살아가야 하는지에 대한 답변을 내놓는 데 난점을 마주하게 되는 것이다.

## 2. 현대적 의의

스토아학파의 사상은 이후 중세, 근대, 현대의 사상가들에게 지대한 영향을 미쳤다. 신의 섭리에 따라 돌아가는 세계에 대한 관점을 포함해 중세의 기독교적 세계관에도 기본적 뼈대를 마련해 주었으며, 특히 성 아우구스티누스의 교부철학에 큰 영향을 끼쳤다. 근대에 들어서는 범신론과 결정론을 받아들이고 지혜를 통해 그 안에서 정념으로부터 자유로운 삶을 살 것을 주장한 스피노자가 스토아학파의 학풍을 계승했다고 할 수 있다. 외적인 조건과 관계없이 무제약적으로 선한 것이 존재한다는 주장, 오직 이성적 존재자만이 그러한 무제약적인 선을 실현할 수 있으며 이러한 선은 물질적 풍요나 행위의 결과와 관계없이 그 좋음을 유지한다는 주장 등은 칸트에 의해 계승되었다. 물론 스토아학파와 달리 칸트는 이성에 합치된 도덕적 삶이 인간의 행복을 보장해 주지 못한다고 믿었다는 점에서 중요한 차이를 보인다. 하지만 우리의 의무를 다하기만 한다면 결과 자체는 중요하지 않다고 보는 관점은 칸트를 비롯한 의무론자들에게 큰 영향을 미쳤다. 현대의 학계에서도 스토아학파의 사상은 그 생명력을 유지하고 있다. 가령 마사 누스바움은 정념에 대한 스토아학파의 해석을 자신의 인지주의적 감정 이론에 접목했으며(누스바움, 2015), 낸시 셔먼은 스토아적인 태도를 강조하는 군사 윤리로 주목을 받고 있다(Sherman, 2007).

이러한 스토아학파의 사상은 학계를 넘어 일반 대중들에게 더 큰 영향을 주었다고 볼 수도 있다. 그들이 삶을 대하는 철학적인 태도와 치유적인 측면이 혼란하고 다변화된 현대인의 마음을 어루만져 주고 있는 것이다. 우선 공유된 가치관이 정립되어 있지 않고 미래에 대한 전망이 불확실한 현대 사회에서 스토아학파는 위안을 주는 지혜를 제공하고 있다. 기본적으로 스토아학파가 현대인에게 주는 위안은 우리의 행복이 우리의 통제 밖에 있는 외적인 풍요나 운에 달린 것이 아니라 우리의 마음먹기에 달려 있다는 점이다. 덕을 갈고 닦아 우리의 영혼을 훌륭하게 키워 낸다면 운명과 운의 변덕에 일희일비하지 않고 슬픔, 두려움, 불안 등 불필요한 정념 때문에 괴로워하지 않게 될 것이다. 전통적 가치관이 붕괴하고 인공지능 등 새로운 기술의 출현으로 삶의 길잡이를 잃은 채 불안 속에서 살아가고 있는 현대인의 모습은 스토아학파가 나타났던 헬레니즘 시대 사람들의 모습과 닮아 있다. 이러한 상황 속에서 우리가 세상을 보는 올바른 지혜를 갖추기만 한다면 행복은 결코 외적인 상황이나 운명의 변덕에 의해 빼앗기지 않을 것이라는 스토아학파의 메시지는 현대인들에게 큰 위안을 주고 있다.

또한 현대인은 감정을 있는 그대로 받아들이고 쾌락을 추구하는 경향을 보인다. 선호할 만한 감정을 어떻게 하면 느낄 수 있고 어떻게 하면 쾌락을 늘리고 고통을 줄일 수 있는지를 알려 주는 이성의 도구적 기능이 더욱 강조되고 있는 것이 사실이다. 이러한 상황에서 이성을 통한 앎을 가지고 정념에 휘둘리거나 쾌락만을 좇으려는 태도를 잘 조절해야 한다는 스토아학파의 가르침은 새로운 관점을 제시해 준다. 이러한 가르침은 마치 행복을 버리고 도덕을 추구하라는 의미로 들릴 수도 있다. 하지만 쾌락이나 즐거운 감정으로서의 행복은 안정적이지 못하고 우리에게 궁극적인 만족을 주기도 어렵다는 점에서, 이러한 우연한 외적 요소에 흔들리지 않고 자신의 뜻대로 자기 삶을 살아 나가는 모습을 이상으로 그리는 스토아학파의 가르침은 현대인에게 많은 울림을 전해 준다.

나아가 이성을 가진 존재는 편견 없이 공동체의 일원으로 받아들이는 스토아학파의 세계시민주의적 자세 역시 큰 영향을 미쳤다. 현세의 정치적 경계를 넘어 보편적 형제애와 인류 전체의 정의를 바로잡는 자연법을 추구한 스토아학파의 사상이 서양 문명사에, 특히 고대 로마와 중세, 근대의 자연법 사상가들에게 지대한 영향을 끼쳤음은 분명하다. 이러한 사상은 거의 모든 인류가 교류하며 살고 있는 현대에 특히 중요한 가치를 가져온다. 스토아학파는 모든 인간에게 공유된 이성이 특정한 국가나 공동체의 우연적인 규범보다 더욱 본질적인 특성이라고 보았으며, 자연법 앞에서는 전 인류가 동등하다고 하는 귀중한 평등사상의 씨앗을 심어 주었다. 스토아학파의 사상은 세속적 지위에 있어서 자신이 노예이든 황제이든 관계없이 덕을 갖추고 행하여 외적인 사건에 좌우되지 않는 행복을 누릴 수 있도록 하는 지혜를 우리에게 주는 것이다.

# IX. 결론

지금까지 스토아학파의 윤리 사상에 대해 그 핵심 개념들을 중심으로 살펴보았다. 스토아학파의 사상가들은 '삶으로서의 철학'을 실천하고 전한 대표적인 사람들이라고 할 수 있다. 하지만 그들이 남긴 삶의 행적이나 격언들은 널리 알려진 반면, 그들의 사상이 가지고 있는 특징들에 대해 이해하고 있는 사람은 상대적으로 많지 않다. 이 글에서는 스토아학파의 사상에 익숙하지 않은 사람들도 그들이 핵심적으로 다룬 윤리적 주제에 대해 이해할 수 있도록 접근하기 쉬운 소개를 목적으로 삼았다.

스토아학파는 혼란한 시기에도 흔들리지 않는 덕과 행복에 대한 사상을 설파했다. 그 영향은 인간의 이성이 갖는 존엄성을 지켜 주는 지혜의 근원으로서 지금까지도 짙게 남아 있다. 외부의 사건이나 감정의 동요에 흔들리지 않고 한 개인의 지혜와 의지로 덕스럽고도 행복한 삶을 살아갈 수 있다면 자기 뜻에 달려 있지 않은 일에 대해 의존하거나 불안해 하지 않고 의연하게 살아갈 수 있을 것이다. 또한 이성을 갖춘 인간이라면 인습적 규범과 관계없이 동등하게 고귀한 존재라는 세계시민주의나 이들 모두에게 평등하게 적용되는 자연법이 존재한다는 기본적인 사상들은 현대에 이르러서도 큰 영향을 발휘하고 있다. 물론 덕 외에는 그 어떤 것도 진정으로 좋은 것이 아니라는 가치론이나 결정론과 자유를 양립시키는 모순적 태도 등 스토아학파의 사상이 이론으로서 갖는 허점이 없다고 보기는 어렵다. 다만 혼란스러운 세상 속에서 영혼의 덕을 통해 행복을 찾을 것을 역설하는 스토아 철학이 갖는 의의는 매우 크다고 할 수 있을 것이다.

# 참고 문헌

김원철(2012), 「아디아포라(adiapora), 스토아 윤리학의 새로운 도전」, 『철학연구』, 45, 137-166.
누스바움(2015), 『감정의 격동』, 조형준 옮김, 서울: 새물결.
라에르티오스, 디오게네스(2021), 『유명한 철학자들의 생애와 사상 2』, 김주일, 김인곤, 김재홍, 이정호 옮김, 파주: 나남.
롱, 앤소니 A.(2000), 『헬레니즘 철학: 스토아 철학자, 에피쿠로스 주의 철학자, 회의주의 철학자』, 이경직 옮김, 파주: 서광사.
세네카, 루키우스 안나이우스(2016), 『세네카의 대화: 인생에 관하여』, 김남우, 이선주, 임성진 옮김, 서울: 까치글방.
손병석(2008), 「무정념(apatheia): 현인(賢人)에 이르는 스토아적 이상과 실천」, 『철학연구』, 80, 41-60.
스텀프, S. E.(1983), 『서양철학사』, 이광래 옮김, 서울: 종로서적.
아우렐리우스, 마르쿠스(2005), 『명상록』, 천병희 옮김, 파주: 도서출판 숲.
애링턴, R. E.(2003), 『서양 윤리학사』, 김성호 옮김, 파주: 서광사.
엄정식(1992), 『지혜의 윤리학』, 서울: 도서출판 벽호.
오유석(2013), 「세계시민주의의 기원과 의미 — 헬레니즘 세계시민주의를 중심으로」, 『도덕과윤리교육』, 41(41), 73-95.
에픽테토스(2013), 『왕보다 더 자유로운 삶: 에픽테토스의 〈엥케이리디온〉, 〈대화록〉 연구』, 김재홍 옮김, 파주: 서광사.
이상인(2005), 「스토아의 자유 정초」, 『범한철학』, 36(1), 37-69.
이창대(2003), 「스토아 윤리학에서 적합한 행위와 옳은 행위」, 『철학』, 74, 79-104.
추정완(2020), 「스토아학파의 덕에 대한 이해」, 『윤리교육연구』, 58, 355-379.
키케로(2022), 『스토아 철학의 역설』, 이기백 옮김, 파주: 아카넷.

Baltzly, D.(2018), "Stoicism" in *The Stanford Encyclopedia of Philosophy* (Spring 2019 Edition), E. N. Zalta(ed.), https://plato.stanford.edu/archives/spr2019/entries/stoicism/.
Sellars, J.(2006), Stoicism, Durham: Acumen.
Sharples, R. W.(1996), Stoics, *Epicureans and Sceptics: An Introduction to Hellenistic Philosophy*, London and New York: Routledge

Sherman, N.(2007), *Stoic Warriors: The Ancient Philosophy behind the Military Mind*, Oxford: Oxford University Press.

Stephens, W. O.(2022), "Stoic Ethics", *The Internet Encyclopedia of Philosophy*, ISSN 2161-0002, https://iep.utm.edu/.

# 6

# 아우구스티누스의 윤리 사상*

윤영돈

서울대학교 사범대학 윤리교육과를 졸업하고 동 대학원에서 「칸트에 있어서 도덕교육과 미적 도덕성의 문제」로 박사 학위를 취득하였다. 현재 인천대학교 윤리교육과 교수로 재직하고 있다. 미학, 종교철학, 인문 치료학 등을 도덕교육에 적용하는 연구를 수행해 왔고, 기독교 윤리학으로 관심사를 확장하고 있다. 저서로 『다문화시대 도덕교육의 프리즘과 스펙트럼』, 『인성건강과 인문치료』, 『미학적 윤리학과 도덕교육』, 『정신건강과 도덕교육』 등이 있다.

* 이 장은 한국윤리학회, 『윤리연구』 제142호(2023)에 게재된 논문을 수정 보완한 것입니다.

# I. 생애 및 저작

아우구스티누스(St. Augustinus, 354-430)는 그의 『고백록(*Confessions*)』에 나타난 내면의 심리적 복잡성이나 실존적 고뇌를 엿볼 때 근대인이라는 인상을 갖게 된다.[1] 사상적 근대를 개인의 탄생이라고 할 때, 아우구스티누스는 자율적 주체로서 자신과 관계를 맺는 통각(apperception)을 통한 내면과 외부 세계 간 통합과 조화를 이루는 영혼의 삶을 분석하고 있다는 점에서 근대적 사유의 창시자로 간주된다(Bobko, 2019: 27-37). 그런가 하면 그의 권위는 성경에 버금간다는 아퀴나스의 언급처럼 위대한 신학자이며, 원죄, 예정설, 오직 은총(은혜)에 의한 구원과 같은 아우구스티누스의 가르침은 루터나 칼뱅 등의 종교개혁가에 큰 영향을 미쳤다(Couenhoven, 2013: 399).

아우구스티누스는 플라톤과 플라톤주의자(특히, 플로티누스)로부터 큰 영향을 받았다. 플라톤이 천상에 위치시킨 이데아는 아우구스티누스에게서 신의 사상이 되었고, 스토아적인 비인격적 세계 이성은 "인격적이고 전능한 신"이 되었다. 아리스토텔레스의 이성(누스)은 세계를 초월한 창조신이 되었고, 이 창조신은 세계를 그의 전능으로 보존하고, 예지를 통해 통제하며, 영원법을 통해 다스린다(진교훈, 2022: 114). 아우구스티누스를 포함한 중세 사상가들은 어떤 방식으로든 고대 그리스에 근원을 둔 문제를 다루었다. 물론 그것은 성경에 나타난 인간 구원의 역사에 입각한 교리와 결합되어 있다.

---

1. 이 글에서 자주 인용하는 아우구스티누스의 저서의 번역본 및 인용 사항 표기는 다음과 같다. 『고백록』은 박문재 옮김(2016)을, 『신국론』은 조호연·김종흡 옮김(1997)을, 『자유의지론』은 성염 역주(1998)를, 『참된 종교』는 성염 역주(2011)를, 『선의 본성』은 성염 역주(2019)를 참고하며, 『고백록』 제1권 제19장 30절을 인용할 경우, (『고백록』, 1.19.30)와 같은 방식으로 표기한다.

아우구스티누스는 354년 북부 아프리카의 타가스테(Thagaste, 현재의 알제리에 위치)라는 마을에서 태어났다. 어머니 모니카는 독실한 기독교도였으나 아버지 파트리키우스는 이교도였다. 그의 생애와 사상적 흐름은 『고백록』(400)에 잘 나타나 있다. 그의 저서는 질문하는 인간과 답변하는 신과의 대화이기도 하다. "나의 기쁨이신 나의 신이여, 유아기 이전에는 내가 어디에 있었고, 어떤 모습으로 존재하였습니까?"(1.6.9). 다음 인용문은 아우구스티누스가 배 서리를 했던 기억 가운데 '죄를 즐기는 모습' 속에서 원죄의 모습을 발견하는 대목이다.

> 우리 포도원에서 가까운 곳에 배나무가 한 그루 있었는데, 배가 많이 열려 있기는 하였지만, 배의 모양이나 맛이 따먹고 싶게 유혹하는 정도는 아니었습니다. 당시에 나는 젊은 불량배들과 함께 어울려서, 밤늦게까지 넓은 공터에서 노는 나쁜 습관이 있었는데, 어느 날 밤에 우리는 다함께 그 배나무로 몰려가 힘껏 흔들어서 많은 배들을 우수수 떨어뜨린 후에, 그 중에서 몇 개만 맛을 보고, 나머지는 전부 돼지들에게 던져 주었습니다. 왜냐하면 우리는 그 배들이 먹고 싶어서 그렇게 한 것이 아니라, 단지 어른들이 우리에게 하지 말라고 하는 짓들만 골라서 일부러 하는 것이 통쾌하고 좋았기 때문이었습니다. (『고백록』, 2.4.9)

이 배나무 사건은 창세기 3장에 나오는 아담의 타락 사건과 병행되는 것으로 보인다. 10대 시절, 누구에게나 있을 법한 사건이지만, 아우구스티누스는 이 사건을 통해서 '신의 법을 거스른 반역이자 죄'로 묘사하고 있다. 다시 말해서 배나무 사건에서 아우구스티누스는 '죄를 사모하고 즐거워하는 모습'(창세기 4:7)을 발견한 것이다(『고백록』, 2.6.12). 아우구스티누스는 배나무 사건에서 선악과 사건에 나타난 인간의 부패한 심연을 체험했다고 고백한다. "오 부패함이여! 오, 괴물 같은 삶이여! 죽음의 심연이여! 어떻게 나는 오직 배 도둑질이, (마치 선악을 알게 하는 나무의 실과를 먹지 말라고 하

6. 아우구스티누스의 윤리 사상

신 선악과 명령처럼), 신이 금하신 일이라는 이유 하나만으로, 그 금지된 일을 부끄러움 없이 행하고 통쾌함을 느낄 수 있었을까요?"(『고백록』, 2.6.14).

젊은 날 아우구스티누스는 교회로부터 멀어졌고, 카르타고에 있는 대학에 다니면서 육체적 쾌락에 탐닉하는 방탕하고 관능적인 삶을 살았지만 키케로(Cicero)의 저술(*Hortensius*)²을 읽으며 지적인 세계에 관심을 갖게 되었다. 그러나 곧이어 마니교(Manichaeism)라는 이단적 종파에 탐닉하게 되었다.³ 마니교는 선한 신이 악한 신에 대항하여 투쟁하는 방식의 이원론적인 교리가 특징적이다. 그 시기에 아우구스티누스는 마니교의 교리가 자신의 죄악을 포함하여 이 세계에 존재하는 악의 문제를 설명하는 설득력 있는 방법으로 생각했다(『고백록』, 4권).

대학 생활을 마치고 아우구스티누스는 카르타고에서 수사학 교사가 되었고, 학문적 경력을 로마와 밀라노까지 확장하였다. 아우구스티누스는 로마에서 신플라톤주의자들의 저술을 처음 접하였다. 신플라톤주의자들의 저술을 통해 자신의 영혼과 내면의 존재 그리고 정신적 영역의 실재성에 관심을 기울이게 되었다. "(존재의) 결핍으로서의 악"이라는 플로티누스의 관점은 세계에 현존하는 악과 선하고 전능한 신적인 실재를 조화시키는 이론이라 할 수 있는데, 선과 악의 이원론적 투쟁이라는 대립 구도를 벗어나 악은 존재의 결핍일 뿐, 신은 악에 대한 책임이 없으며, 신은 완전히 선한 존재임을 증명할 수 있다고 보았다.

그 후 아우구스티누스는 밀라노에서 교수 생활을 하면서 위대한 가톨릭

---

2. 대화편으로 구성된 *Hortensius*에서 키케로는 최상의 여가 선용이 철학 탐구에 있다고 주장함으로써 철학을 권유하고 있다.
3. 마니교는 페르시아의 종교 지도자였던 마니(Mani, AD 216-277?)가 창시한 그리스도교를 표방한 분파였다. 그들의 체계는 선과 악 간의 영속적인 긴장 관계에 깊은 관심을 가지고 있던 사람들에게 엄청난 영향력을 미쳤다. 마니교에서 우주적인 '그리스도'가 존재하되, 그 권능은 "달"에, 그의 지혜는 "해"에 있다고 보았다. 여기서 해와 달은 사람들에게 빛의 요소를 전달하여 정결케 하고, 이 세상으로부터 해방되어 빛의 나라로 복귀하게 해 주는 수단으로 간주된다. 마니교의 창시자였던 마니는 자신을 보혜사 성령과 동일시했다(아우구스티누스, 2016: 각주 10, 11 참고).

주교였던 암브로시우스의 저술을 접하였고, 그의 설교로부터 깊은 감명을 받기도 하였다. 그의 나이 33세 즈음에 개종을 결심하는 계기를 갖게 되었는데, 한 정원에서 어린아이의 소리("그것을 들고 읽어라")를 우연히 듣게 되었는데, 그것은 신의 음성과도 같았다. 펼친 성경 구절은 사도 바울의 가르침이었는데, 그동안 자신의 삶이 파노라마처럼 펼쳐졌다(『고백록』, 8.12.29). "방탕하거나 술 취하지 말며 음란하거나 호색하지 말며 다투거나 시기하지 말고 오직 주 예수 그리스도로 옷 입고 정욕을 위하여 육신의 일을 도모하지 말라"(로마서 13장 13-14절).

아우구스티누스는 "배나무 아래에서" 행한 범죄를 통해 원죄의 심연을 맛보았다면, "무화과나무 아래에서" 회심을 체험하였다. 그의 삶의 여정에서 인간의 어떤 지성적인 노력도, 어떤 의지로도 스스로 죄악으로부터 구원에로 이를 수 없음을 깨달았고, 인간의 유일한 희망이 오직 신의 은총에 있음을 고백한다.

> 지극히 오래되었지만 너무나도 새로운 아름다움이신 주님이여, 그런 주님을 나는 정말 너무나 늦게 사랑하게 되었습니다! 주님은 내 안에 계셨는데, 나는 밖에서 주님을 찾다가, 주님이 지으신 저 아름다운 것들 속으로 뛰어들어서, 내 자신이 흉하게 되어 버렸습니다. 주님은 나와 함께 하셨지만, 나는 주님과 함께 하지 않았고, 주님 안에 있지 않으면 존재할 수조차 없는 저 피조물들에 사로 잡혀 주님으로부터 멀어졌습니다. 그런데도 주님은 나를 부르시고 내게 소리치셔서 듣지 못하는 내 귀를 열어 주셨고, 볼 수 없는 내 눈을 뜨게 해주셨으며, 향기를 풍기셔서, 나로 그 향기를 맡고 주님을 사모하게 하셨고, 주님 자신을 맛보게 하셔서, 나로 주님을 향하여 주리고 목마르게 하였으며, 나를 만져 주셔서, 주님의 평안을 열망하게 하셨습니다. (『고백록』, 10.27.38)

이제 그는 그리스도인으로서, 또 북아프리카 히포의 주교이자 존경받는 설교자로서, 초기 교회가 직면한 이교도 및 이단의 교리가 교회를 공격하고 왜곡시키는 문제를 해소하는 교부로서의 삶을 살았다. 초기 교회의 교부로서 아우구스티누스의 신학적, 윤리적, 정치철학적 사상은 마니교적인 이단이나 펠라기우스주의와의 투쟁 가운데, 또 로마제국의 몰락이라는 시대적 배경 속에서 구체화되었다.

아우구스티누스의 주요 저작으로는 『고백록(*Confessiones*)』, 『신국론(*De Civitate Dei*)』, 『삼위일체론(*De Trinitate*)』[4]을 꼽을 수 있다. 앞서 인용했던 『고백록』은 문학적, 철학적, 신학적 걸작으로 자서전의 형태를 지니고 있다. 이 저서는 13권으로 구성되어 있으며, "사람들의 마음을 움직여 그들의 마음과 사랑을 신께로 돌리는 도구"로서 신의 "은총(은혜)"이 부각된다(문시영, 2008: 51-52). 『신국론』은 『고백록』의 통찰을 역사와 문화에 확대 적용하고 있다. 지상국과 신국이라는 두 도성의 기원과 발달 그리고 예정된 종말에 대해 묘사한다. 어느 진영에 속할 것인지는 "의지"의 문제이며, 그것은 의지를 규정하는 "사랑"의 성격에 달려 있다. 신의 도성으로서 신국을 향한 순례에서 참된 종교와 참된 윤리가 필수불가결하다는 점이 그 핵심이다(문시영, 2008: 103-110).

한편 아우구스티누스의 윤리 사상과 관련하여 마니교를 염두에 둔 철학적 성찰을 담은 저서로 『자유의지론』과 『선의 본성』 등을 들 수 있다. 『자유의지론(*De Libero Arbitrio*)』은 악의 기원을 자유의지가 아니라 만물의 창조주에게 돌리는 마니교에 대한 반박의 성격이 강하며, 악에 대한 관심의 초점을 형이상학으로부터 윤리학으로 옮겨 놓고 있다(문시영, 2008: 77). 『선의 본성』은 마니교 논쟁의 끝 무렵에 나온 저서로서 "악은 어디에서 유래한 것인가?"라는 물음과 "악이란 도대체 무엇인가?"라는 물음을 주된 주

---

4. 삼위일체론은 신의 본질의 일체성과 위격의 구별을 주목한다. 다시 말해서 성부, 성자, 성령은 삼위로 그 위격이 구별되지만 사랑의 관계 속에 하나됨을 이룬다. 아우구스티누스의 『삼위일체론』은 출판되기까지 20여 년이 소요되었으며, 전반부(1-7권)에서는 삼위일체에 대한 성경의 근거를 중심으로 논의하고 있고, 후반부(8-15권)에서는 인간에게 발견되는 삼위일체의 흔적(유비)을 다룬다.

제로 다루고 있다.

## II. 신의 창조와 악의 문제

### 1. 선악 이원론에 대한 불만

'신이 창조한 세계에 어떻게 악이 존재할 수 있는가?'라는 물음은 기독교로 개종하기 오래 전부터 아우구스티누스가 씨름했던 문제이다. 그가 젊은 날 잠시 받아들였던 마니교의 교리에서 신은 "빛과 선의 원리"인 동시에 "어둠과 악의 원리"이기도 하다. 전자는 창조의 긍정적 근원이며 악에 대한 책임은 없다. 한편, 후자는 "악마"로서 창조의 부정적 근원이며 악에 대한 책임이 있다(Arrington, 1998: 130-131). 그런데 선과 악, 빛과 어둠이라는 이원론적인 신 개념은 그 자체로 전능하지 못하며, 악에 대한 책임이 신에게 돌려지며, 인간은 악에 대한 책임을 면하게 되는 문제가 발생한다. 이른바 "선악이원론"이다. 이렇게 보면 인간이 어떤 악을 저질러도 자신이 아닌 다른 무엇에다 책임을 전가하기 좋다. 이런 점에서 마니교의 선악 이원론은 일종의 자기 합리화를 통해 인간의 도덕적 책임을 면제시키는 심각한 문제를 내포하고 있다는 것이다(하비, 2011: 141, 171).

아우구스티누스는 오랜 기간(387-404) 마니교의 선악 이원론과 논쟁을 벌이는데, 신플라톤주의를 접하면서, 더 나아가 그리스도교에로 귀의하면서 "악"의 문제에 대한 사유의 변화 과정을 『고백록』에 자세히 기술하고 있다.

> 나는 죄악이라는 것이 무엇인지를 알기 위하여 애써 왔는데, 죄악은 실체가 아니라, 사람의 "의지"가 최고의 실체이신 신을 떠나서 자신의 내면의 가장 깊은 곳을 버리고, 지극히 비천한 것들을 향하여 굽어져서 밖으로 부

풀어 오른 것임을 알게 되었습니다. (『고백록』, 7.16.22).

인용 문단에서 아우구스티누스는 신의 창조는 선하고, 악은 실체가 아니며 의지의 문제임을 고백한다.

## 2. 선한 창조와 선의 결핍으로서 악

아우구스티누스는 자연과 인간을 창조한 선한 신을 전제로 한다. 신이 창조한 모든 것이 선하다면 악(evil)으로 보이는 것 또한 선한 것일 수밖에 없다. 최고의 선이든, 최하의 선이든 신으로부터 온다(『자유의지론』, 18.35). '만물이 그에게서 나와, 그분을 통하여 그분을 향하여' 나아가기 때문이다 (로마서 11:36; 『선의 본성』, 26). 모든 존재는 하나의 선인데, 만약 그것이 부패할 수 없다면 "커다란 선(a great good)"이고, 부패할 수 있다면 "작은 선(a little good)"이다(Sahakian, 1974: 77). 신이 선하기 때문에 신으로부터 창조된 모든 피조물은 선할 수밖에 없다. 자연과 인간의 본성은 선하다. 그렇기 때문에 신이 창조한 모든 것들의 전체적인 조화가 우주의 훌륭한 질서와 아름다움을 가져온다는 것이다. 모든 존재가 적절한 위치에서 적절하게 질서 지어질 때 선이 드러난다.

그렇다면 우리가 현실에서 경험하는 여러 가지 악의 문제는 어떻게 설명할 수 있을까? 처음부터 악이 있던 것은 아니다. 선한 신이 있듯이 악한 신이 있어서 선악 간 투쟁이 있다는 것이 아니다. 신이 악을 창조한 것이 아니기 때문이다. 건강이 결여된 것도 일종의 악이며, 자연재해로 질서가 붕괴되는 것도 악이며, 인간 내면의 왜곡된 양상도 악이다. 때문에 악이란 선이 결여된 상태이지 그 자체로 존재하는 것은 아니다. 결국 악은 적극적인 실재가 아니라 소극적인 것일 뿐이다.

악은 적극적인 실재성을 결여한 것으로 신으로부터 멀리 떨어져 있을 뿐이다. 우리는 흔히 목소리가 전혀 없는 침묵을 마치 목소리와 반대되는 것으로 간주한다. 빛과 어둠 역시 반대되는 것으로 대립시킨다. 그런데 빛과 어둠의 은유처럼 피조물인 인간은 빛 되신 신으로부터 멀리 떨어져 있는 어둠인 것이다. 목소리의 부재가 침묵이듯 어둠은 빛의 부재(absence of light)일 뿐이다(『선의 본성』, 15). 선은 악이 없이도 존재하지만 악은 선이 없다면 존재할 수 없다는 점에서 "성격상 기생적(parasitic in character)"이다(Sahakian, 1974: 78).

악은 질서정연한 자연에서 발생한 악용 내지 남용의 문제이다. 인간이든 사물이든 타락하고 있다는 것은 그 자신의 고유한 선과 질서와 본성이 박탈(결핍)당함을 의미한다. 다시 말해서, 자연적인 악이란 선의 결핍(privation, 결여)이자 선의 부재(absence)를 의미한다.[5] 아우구스티누스의 마니교 비판의 요지는 "악이란 선에 맞서 실재하는 실체가 아니다."라는 한 문장으로 요약된다. 악은 "선의 결핍"일 뿐이다(『선의 본성』, 해제 34). 여기서 유의할 점은 악의 문제와 관련한 결함 원인(causa deficiens)이 의지가 추구하는 대상에 있는 것이 아니라 의지가 추구하는 방향이나 방식이 그르다는 데 있다는 것이다. 다시 말해서, 의지의 결함은 "더 좋은"보다 "덜 좋은"을 선택하는 데 있다는 것이다(이경재, 2014: 5-6).

그렇기에 죄악은 신에게서 유래하지 않고 죄를 짓는 자들의 "의지"에서 유래한다(『선의 본성』, 28). 물론 신이 자유의지를 준 것은 '죄 지을 의지'를 준 것이 아닌가라는 비판이 제기되기도 한다. 이에 대해 아우구스티누스는 '의지가 죄 짓는 첫째 원인'이므로 더 이상 그 원인을 (신에게로) 소급하지 말라고 단언하면서 마니교도들에게 양단간에 선택을 촉구한다. "빛이 필연에 의해서 어둠을 사랑하게 강요를 받았다고 말하거나 의지로 기만당하여 어둠을 사랑하게 되었다거나 둘 중 하나를 택하시라"(『선의 본성』, 42).[6]

---

5. 아우구스티누스는 "악에 실체성을 부여하지 않고, 본연적으로 있어야 할 선의 부패, 결손, 결핍, 손상으로 정의한다"(아우구스티누스, 2019: 46, 각주 15). 그는 플로티누스의 "결핍으로서의 악(evil as privation)"이라는 논증 및 플라톤의 "실재성의 정도(degree of reality)"라는 주장을 기독교적인 용어로 표현하고 있다(Arrington, 1998: 131).
6. "인간이 죄 지을 줄을 신이 예지하신다면 인간은 필연적으로 죄를 지을 수밖에 없지 않느냐"

## III. 인간의 타락과 신의 은총

### 1. 영혼의 기원

　동방 교회든 서방 교회든 인간을 몸과 영혼으로 이루어진 복합적 존재로 간주하였다. 인간은 보다 낮은 감각적인 세계뿐만 아니라 보다 높고 지적인 세계에도 발을 딛고 있다는 점에서 "이성적 동물(logikon zōon)"이다. 여기서 쟁점은 "영혼이 어디로부터 오는가?"라는 "영혼의 기원(soul's origin)"에 대한 물음이다.

　켈리(J. N. D. Kelly)에 따르면 아우구스티누스가 활동하던 당시 영혼선재설, 영혼 창조설, 영혼 전이설(유전설) 등 다양한 관점이 있었다(Kelly, 1977: 344-346). "영혼선재설"은 "신에 의해 창조된 영혼이 먼저 있었고, 죄에 대한 처벌로 몸이 할당되었다."는 주장인데, 오리겐을 따르던 소수의 의견에 해당한다.[7] 몸을 영혼의 감옥으로 묘사하는 영혼선재설에 대해 아우구스티누스는 대다수의 그리스 교부들과 함께 반박하였다. 힐라리우스, 암브로시우스, 제롬 같은 그리스 교부들 사이에서 널리 퍼진 견해는 "창조설(creationism)"이었다. 그것은 "몸에 영혼이 들어가는 순간 신에 의해 각각의 개별 영혼이 독립적으로 창조되었다."는 것이다. 영혼 창조설에도 관심이 있었으나 아우구스티누스가 더 지지한 견해는 영혼 전이설(traducianism, 유전설)이었다. 이 견해는 터툴리아누스가 주장한 것인데, "각 영혼은 부모의 영혼으로부터 생겨난다."는 입장이다. 아우구스티누스가 터툴리아누스의 견해를 전적으로 수용한 것은 아니지만 영혼 전이설(유

---

　(아우구스티누스, 2019: 114, 각주 182)라는 반문에 대해서도 신은 인간들이 죄를 짓도록 강제하지 않으신 채로, 인간들이 자기 의지로 범죄하리라는 것을 예지하신다고 말하면서 신의 예지와 인간의 자유의지에 따른 범죄가 상충하지 않는다고 말한다(『자유의지론』, 3.4.9-10).
7. 플라톤의 『파이드로스』(246a-c)에 나타난 '영혼의 신화'도 영혼선재설을 바탕으로 몸은 영혼의 감옥이라고 묘사하고 있다.

전설)이 "원죄에 대한 가르침"과 잘 부합할 수 있는 것으로 보았다.

## 2. 자유의지의 가능성과 한계: 펠라기우스[8] 논쟁

Ⅱ의 1에서 살펴본 것처럼, 아우구스티누스는 마니교의 선악 이원론을 비판하면서 신에 의해 주어진 인간의 '자유의지'를 긍정한다(『자유의지론』, 해제 13-15 참고). 모든 악은 인간의 악한 의지에서 기인한 것이라 할지라도 인간의 손상된 의지가 신으로부터 비롯된 것은 아니다. 여기서 논쟁의 초점은 인간의 자유의지의 가능성보다는 악이 신으로부터 비롯되지 않았다는 데 있다. 그것을 다른 말로 하면 악이란 피조물에게 부여된 의지를 남용한 데서 기인한다는 것이다.

아우구스티누스의 『자유의지론』은 "제발 부탁합니다. 신이 악의 장본인이 아니신지 내게 말씀해 주십시오."라는 에보디우스의 물음으로부터 시작한다(『자유의지론』, 1.1.1). 에보디우스와 아우구스티누스 간 대화체로 구성된 저작에서 이 물음은 마니교의 선악 이원론 및 신에게로 소급되는 악의 기원 문제를 전제하고 있다. 악은 천사의 타락이든 아담의 타락이든 천사의 의지나 아담의 의지로부터 비롯된다는 주장을 하고자 한다. 『자유의지론』에서 자유의지를 지닌 인간의 위상에 대한 설명을 살펴보자.

> 사람이라는 것은 원래 좋은 것이고, 계명을 받을 수 있다는 면에서 가축보다 한결 훌륭한 것이며, 그리고 계명을 이미 받았다는 면에서는 더욱 훌륭하고, 더군다나 계명에 순종했을 경우에는 그 점 때문에, 마침내 지혜의 영원한 비추임을 받아 행복해진다면 이 모든 것보다 훨씬 더 훌륭하다. 그

---

[8] 펠라기우스(354-429)는 인간이 자신의 노력으로 율법 내지 도덕의 요구나 신앙의 의무를 수행할 수 있다고 보았다. 그는 죄의 유전을 포함한 원죄설을 부정하였고, 신의 은혜 없이도 인간의 본성과 자유의지를 통해 신의 명령을 수행할 수 있다고 보았다. 그는 카르타고 공의회(418)에서 이단으로 정죄되었다. 아우구스티누스는 오랜 기간(412-430) 펠라기우스를 반박하는 글을 작성하였다.

리고 죄라는 것은 계명을 받아들이는 데 소홀함에 있거나, 계명을 준수하는 데 소홀함에 있거나, 지혜의 관조를 유지하는 데 소홀함에 있거나 (셋 중의 하나다). 여기서 우리는 첫 인간이 비록 현명한 사람으로 창조되었다고 하더라도 (악마에게) 기만당할 수 있었다는 사실을 이해할 만하다. 또 죄라는 것이 자유의지에 있었으므로 (죄를 지은 인간에게) 신의 법에 따라 정의로운 벌이 따랐다는 사실을 이해할 만하다. (『자유의지론』, 3.24.72)

『자유의지론』(재론고,[9] 1-4)에서 아우구스티누스는 이 책의 저술 의도가 악의 기원을 자유의지가 아니라 만물의 창조주에게 돌리려고 하는 마니교에 대한 반박에 있다고 말한다. 그런데 이 저서에서 자유의지를 강조하는 데 반해 신의 은총은 거의 논의되지 않은 것처럼 오해하여, 펠라기우스파들은 이 저서를 신의 은총을 간과하고, 원죄도 부정하며, 인간의 자유의지로 선을 행하고 구원에 이를 수 있다는 자신들의 주장의 논거로 삼았다. 이에 대해 아우구스티누스는 펠라기우스파의 왜곡된 주장을 비판한다. 이러한 펠라기우스파의 그릇된 주장의 오류를 이미 『자유의지론』(2.20.54)에서 밝히고 있다. "일체의 선은 신으로부터 유래하여 존재하는 선이 아니면 만날 수 없다는, 경건한 생각을 흔들리지 않게 견지"하고, "다만 사람이 자발적으로 넘어진 것처럼 또한 자발적으로 다시 일어설 수는 없다. (그럴 경우) 우리에게는 신의 오른팔, 달리 말해서 우리 주 예수 그리스도께서 계시니 이분을 굳센 믿음으로 붙들자"라고 언급했다는 점을 아우구스티누스는 환기시키고 있다.

그러나 펠라기우스와의 논쟁에서 아우구스티누스는 자유의지에 의한 선한 행위의 가능성, 더 나아가 구원의 문제와 관련하여 자유의지의 한계를 극단적으로 강조하고, 신의 은총을 전적으로 부각시키는 모습을 지닌다. 이는 아담의 자유의지가 타락하기 전과 타락한 후의 모습이 다르다는 점을

---

9. "재론고"는 427년부터 약 2년간 자신의 모든 저작을 검토하고 수정한 원고를 일컫는다. 『자유의지론』(재론고)은 『자유의지론』에 대한 아우구스티누스의 수정·검토 원고를 말한다.

파악한다면, 마니교도와의 논쟁과 펠라기우스와의 논쟁에서 묘사하는 자유의지의 성격이 상이한 점을 이해할 수 있다. 다시 말해서, 악의 기원을 의지에서 찾는 데 초점을 맞추고 있는 마니교와의 논쟁에서는 타락하기 전 아담의 자유의지의 가능성을 부각시킨 데 비해, 펠라기우스와의 논쟁에서는 타락 후 아담의 자유의지가 지닌 한계를 부각시키고 있는 것이다(『자유의지론』, 재론고, 5).

펠라기우스는 인간의 타락과 신의 은총을 통한 구원의 가르침보다는 '자유의지의 가능성과 인간의 책임'을 강조했다. 펠라기우스는 일종의 도덕주의자로서 올바른 행위에 관심을 가졌기 때문에 "인간은 범죄할 수밖에 없다는 전제"에서 표현되곤 하는 "인간은 죄악덩어리(lump of sin)"와 같은 개념은 창조주를 모독하는 것으로 보았다.[10] 신은 인간 스스로 생명과 사망 중에 생명을 택하도록 명하셨는데(신명기 30:19), 최종 결정은 인간의 자유의지에 달려 있다는 것이다. 펠라기우스는 신이 거룩한 것처럼 인간도 거룩하고, 신이 온전한 것처럼 인간도 온전할 수 있다고 보았다. 그것을 신이 명했다는 것은 인간이 그렇게 할 수 있는 능력(posse, power)을 부여 받았고, 의지(velle, will)를 통해 실현(esse, realization)할 수 있다는 것이다(Kelly, 1977: 358).

이러한 맥락에서 펠라기우스는 "인간의 의지가 (첫 사람 아담이) 타락한 결과 죄악을 짓는 쪽으로 경향성을 지닌다는 개념을 거부"한다. 펠라기우스는 영혼 창조설의 견지에서 인간의 영혼이 신에 의해 개별적으로 창조되므로 아담의 원죄가 유전된다는 점도 반박한다. 아담의 범죄 이후 육체적·영적 사망이 세상에 들어오고 불순종의 습성(habit)이 자리 잡게 되었다 하더라도, 그것은 원죄의 유전에 의한 것이 아니라 그가 속한 사회적 관례

---

10. 아우구스티누스는 『심플리키아누스(Ad Simplicianum)』에서 "인간은 스스로 구원에 이르기 위해서는 어떤 것도 할 수 없고 전적으로 신의 은혜에 의존할 수밖에 없는 죄악덩어리"라고 표현했다(Kelly, 1977: 357). 『자유의지론』(1.11.23)에서 아담의 타락 이후 지성이 정욕에 종속되어 발생하는 엄청난 죄악의 양상에 대해 묘사하면서 이를 신(의 지혜)에게 귀의하지 않는 이들은 누구나 겪게 되는 벌이라고 표현한다.

(custom and example)의 영향을 받은 것일 뿐이다(Kelly, 1977: 358-359).

더 나아가 펠라기우스는 "인간이 선을 선택하도록 하는 어떤 특별한 압력이 있을 수 있다는 견해도 반박"한다. 일종의 신의 은혜에 의해 선을 행할 수 있다는 견해를 비판하는 것이다. 물론 펠라기우스도 "은혜(grace)"라는 표현을 사용하지만 그것은 자유의지 및 범죄를 저지르지 않을 가능성, 이성을 통한 신법(God's law)의 계시, 모세의 율법과 그리스도의 교훈과 모범으로, 신에 의해서 인간 일반에게 부여되었다는 것이다(Kelly, 1977: 359). 펠라기우스의 견해를 강조할 경우, 인간은 범죄를 저지르지 않고 살아갈 수 있고, 결국 인간의 자유의지를 선한 쪽으로 사용함으로써 구원에 이를 수 있다는 주장으로 나아가게 된다. 펠라기우스의 이러한 주장은 구원이 자기 자신의 도덕적 성취에 달려 있다고 봄으로써 그리스도에 대한 요구 없이도 자신을 구원할 수 있다고 본 것이다(Couenhoven, 2013: 401).[11]

아우구스티누스는 펠라기우스와의 논쟁이 발생하기 훨씬 전에 인간과 인간의 조건에 관한 자신의 관점을 정립하였다. 그에 따르면 신이 "원의(original righteousness, 原義)"와 "완전성(perfection)"을 첫 사람에게 부여한 것으로 간주된다. 아담이 육체적 질병으로부터 면역력이 있고, 월등한 지적 선물을 지님으로써, "의(justification)"와 "조명(illumination)"과 "지복

---

[11] 스프로울(R. C. Sproul)은 펠라기우스의 사상을 다음과 같이 요약한다(스프로울, 2019: 44-45). 1. 신의 최고 성품은 그분의 의와 공의다. 2. 신이 지은 모든 것은 선하다. 3. 피조된 자연은 본질적으로 변할 수 없다. 4. 인간의 본성은 선하며 파괴될 수 없다. 5. 악은 행위로, 우리가 피할 수 있다. 6. 죄는 사단의 올가미와 감각적인 탐욕을 통해 온다. 7. 죄 없는 사람이 있을 수 있다. 8. 아담은 자유의지와 자연적 거룩성을 지닌 존재로 피조되었다. 9. 아담은 자유의지를 통해 죄를 범했다. 10. 아담의 후손은 아담에게 육체적 사망을 물려받은 것이 아니다. 11. 아담의 죄도, 그의 죄책감도 전가되지 않았다. 12. 모든 사람은 타락하기 이전의 아담처럼 피조되었다. 13. 범죄 습관이 의지를 약화시킨다. 14. 신의 은혜는 선을 가능하게 하지만, 선을 얻는 데 필수 요소는 아니다. 15. 창조의 은혜는 완벽한 사람들을 낳는다. 16. 신의 율법의 은혜는 조명과 교훈을 준다. 17. 그리스도의 주된 사역은 본을 보이는 것이다. 18. 은혜는 공의와 공적에 따라 주어진다. 요컨대 펠라기우스는 인간 본성이 부패하지 않았고, 신의 은혜나 구속, 더 나아가 중생이나 새 창조 없이 윤리적 노력으로 구원에 이를 수 있다고 봄으로써 "합리주의적 기독론"을 주장한 것이다(Schaff, 1952-3: 815; 스프로울, 2019: 51에서 재인용).

(beatitude)"의 상태에 있었다. 아담이 생명나무 과일을 계속하여 먹기만 했다면 불멸성을 지닐 수 있었다. 아담은 덕으로 향하는 안정된 성향과 "죄를 짓지 않을 수 있는 능력(posse non peccare)"을 지녔다. 물론 그것은 "죄를 지을 수 없다(non posse peccare)"[12]는 의미의 자유의지는 아니다. 아담의 몸은 그의 영혼을 따르고 그의 욕구는 올바른 의지를 따름으로써, 아담의 의지는 신을 따를 수 있다고 보았다(Kelly, 1977: 359). 이는 아담이 타락하기 이전의 상황에 초점을 맞춘 설명이다.

신이 먹지 말라고 금지한 열매를 아담이 먹음으로써 타락한 이후 인간의 본성은 악으로 기울게 되었다. 아우구스티누스는 아담의 범죄가 전 인류의 타락을 초래했다고 본다. "원죄(original sin)"의 개념이 등장하는 대목이다.[13] 아우구스티누스는 영혼의 기원에 관한 "영혼 전이설"과 "영혼 창조설" 사이에 마음이 나뉘었지만 영혼 전이설에 기울어져 있었다. 영혼 전이설이 맞다면 원죄는 부모로부터 자녀에게 전달되는 것이다.[14]

아우구스티누스는 원죄에 대한 이해가 어렵지만, 원죄의 본질은 아담의 잘못된 선택에 그 이후의 인류도 함께 참여함으로써, 공동 책임이 있다고 보았다. 인류는 아담 안에 있고, 아담의 원죄는 "의지"의 문제이고, 인류는 아담의 본성 안에 동일하기 때문에 아담이 범한 죄를 직접 짓지 않았더라도

---

12. '죄를 지을 수 없음(inability of sin)'은 복자(the blessed)가 하늘에서 향유하게 되는 참된 자유를 의미한다(Kelly, 1977: 362).
13. 아우구스티누스는 원죄의 실재에 대해 의심하지 않았다. 그가 든 성서적 근거는 다음과 같다. 창세기 3장, 시편 51:5("내가 죄악 중에 출생하였음이여 모친이 죄 중에 나를 잉태하였나이다"), 에베소서 2:3("전에는 우리도 다 그 가운데서 우리 육체의 욕심을 따라 지내며 육체와 마음의 원하는 것을 하여 다른 이들과 같이 본질상 진노의 자녀이었더니"), 로마서 5:12("이러므로 한 사람으로 말미암아 죄가 세상에 들어오고 죄로 말미암아 사망이 왔나니 이와 같이 모든 사람이 죄를 지었으므로 사망이 모든 사람에게 이르렀느니라") 등이 그것이다(Kelly, 1977: 363).
14. 구마(exorcism)를 동반한 유아 세례의 관행과 마귀에 대한 엄숙한 축출은 아우구스티누스의 눈에 유아들조차도 원죄에 감염되었다는 적극적 증거들로 보였다. 그는 인간 운명의 일반적인 비참함이나 인간이 욕망에 종노릇하는 모습 또한 원죄의 증거로 보았다. 더 나아가 그는 원죄의 흔적이 부모로부터 자녀의 물리적 출생 행위에 의해 증식되거나 성적인 자극의 결과로 증식된다고 믿었다(Kelly, 1977: 363).

아담과 함께 인류가 범죄했다고 간주한다(Kelly, 1977: 364).

아우구스티누스는 아담의 불순종으로 인해 신의 형상이 전적으로 우리 안에서 지워지는 것과 같은 "전적인 부패(total depravity)"의 교리를 주장하지는 않았다. 가령, "신의 모양(God's likeness)"으로 지어진 덕분에 이성의 불꽃은 완전하게 꺼지지는 않았다. 그럼에도 불구하고 인류는 "무지"와 "욕망"과 "사망"에 묶여 종노릇한다고 보았다(Kelly, 1977: 364). 이 가운데 "욕망(concupiscence)"은 인간이 "신으로부터 돌아서서 본질적으로 덧없는 물질적인 것들 가운데 만족을 찾는 모든 경향성"을 의미한다. 욕망 가운데 성적인 욕망과 성적 갈망은 인간관계의 비극을 초래하고, 내면의 갈등을 유발한다(Kelly, 1977: 364-365).

더 나아가 아담 안에 속하여 나타난 타락의 부산물로서 인류는 "죄를 피하고 선을 행할 수 있는 그런 자유(libertas)를 상실"했다고 본다. 그리하여 펠라기우스와는 달리, 아우구스티누스는 "신의 은혜가 없다면 우리는 죄를 벗어날 수 없고, 심지어 더 특별한 은혜가 없다면 우리는 선을 행할 수도 없다."고 보았다. 물론 우리에게서 "자유의지(liberum arbitrium)"가 박탈되었다고 말하는 것은 아니다. 우리의 의지가 손상되지 않았을지라도 우리가 갱생되지 않은 상태에서는 자유의지를 행사할지라도, 불가피하게, 악을 행하게 된다는 것이다. 아우구스티누스는 선을 원하는 의지와 악을 원하는 의지가 우리 마음속에 공존하고 있는데, 이를 "마음의 병"으로 간주하고, 우리의 마음은 "습성"에 짓눌려서 진리를 온전히 지향하지 못한다고 보았다(『고백록』, 8.9.21). 이른바 아담의 타락 이후 인간에게 부여된 "잔인한 죄의 필연성(a cruel necessity of sinning)"이다(Kelly, 1977: 365).[15]

---

15. "잔인한 죄의 필연성"을 연상시키는 글을 『고백록』(8.5.10)에서 확인할 수 있다. "원수 마귀가 내 의지를 장악해서, 나를 묶는 쇠사슬을 만들어 냈고, 그 쇠사슬로 나를 꽁꽁 묶어 버렸습니다. '뒤틀린 의지'로부터 '정욕'이 생겨났고, 계속해서 정욕을 좇다 보니, '습성'이 만들어졌으며, 습성을 대적하지 않았더니, '필연'이 만들어졌습니다. 이 하나하나의 쇠고리들이 연결되어 하나의 '쇠사슬'을 형성하였기 때문에 나는 이것을 '쇠사슬'이라고 부른 것인데, 나는 이 쇠사슬에 꽁꽁 묶여서 꼼짝없는 노예가 되어버리고 말았습니다."

여기서 아우구스티누스가 의미하는 바는 우리의 의지가 어떤 "물리적인 혹은 형이상학적인 결정주의의 손아귀"에 있다는 점이 아니라 오히려 "우리의 의지가 비록 자유로울지라도 자발적으로 우리가 왜곡된 길을 선택한다는 것은, 일종의 심리학적 사실"이다. 결론적으로, 아우구스티누스는 "구약과 신약 성경의 어떤 성인들이 죄와 상관없이 살 수 있었다."는 "펠라기우스의 테제"를 거부한다. 다시 말해서, 모든 사람은 "우리의 죄를 사하옵소서!"라는 주님의 기도 가운데 묶여 있다는 사실에 근거하여 펠라기우스의 테제를 거부한다. 그러므로 그리스도의 은혜가 없다면 영원한 저주로 향하기 때문에, 아우구스티누스의 시각에서 인류 전체는 "죄악덩어리" 혹은 "파멸의 덩어리"라고 말하는 것은 결코 이상한 일이 아니다(Kelly, 1977: 366). 다만 유의할 점은 인간이 타락한 죄인이라 할지라도 죄에 대한 책임을 느끼는 것은 여전히 인간이 의지적인 존재임을 반증한다는 것이다. "자유의지가 죄를 섬길 때에는 의로움에서 자유로워지고(이때 자유의지는 악하다), 의를 섬길 때에는 죄에서 자유로워진다(이때 자유의지는 선하다)"(Augustine, *On Grace and Free Will*, chap. 31).[16] 다시 말해서, 타락 후에도 선택할 수 있는 능력이나 의지의 기능이, 상당 부분 제한적일지라도, 인간 안에 남아 있다는 것이다. 한마디로 죄인은 자유로우면서도 동시에 속박되어 있다는 것이다. 선택 능력이 남아 있으나 자신의 의지가 악한 열정과 부패한 의지에 예속된 상태이다. 예속된 종의 "자유"로부터 의로운 행실을 통해 즐거움을 누릴 수 있는 "참된 자유"로 나아가기 위해서는 자유케 하는 은총이 필요하다(스프로울, 2019: 73-79).

---

**16.** 아우구스티누스는 *On Grace and Free Will*, chap. 31에서 자유의지에 의한 마음의 전환(conversion)을 뒷받침하는 성경 본문으로 에스겔(18:31-32; 36:26-27), 집회서(15:11-17, 특히 15절)를 들고 있다. 다만 자유의지에 의한 마음의 전환이 온전히 이루어지기 위해서는 신의 은혜가 필수적이다.

## 3. 신의 은총과 예정

마니교의 선악 이원론에 맞선 논쟁 과정에서 아우구스티누스는 인간의 자유의지를 강조하였으나 펠라기우스와의 논쟁에서는 신의 은총(은혜)과 예정이 부각된다. 아우구스티누스에게 있어 은총은 "절대적인 필요성(absolute necessity)"으로 부각된다. 신의 도움이라는 은혜 없이 인간의 자유의지만으로는 이생의 유혹을 이겨 낼 수 없고, "생명을 주는 성령(life-giving Spirit)"이 율법의 요구를 수행할 수 있도록 하지 않으면 그 율법은 오직 죽이는 것이 될 뿐이며, "성령의 임재(presence of Holy Spirit)"를 통해 신의 은혜가 우리 안에 역사할 때, 비로소 우리가 선한 것을 열망할 수 있다(Kelly, 1977: 366).[17]

아우구스티누스의 예정설에 의하면, 첫 사람 아담은 자유의지를 지니고 있었으나 아담의 범죄에 아담과 같은 범죄를 짓지 않았던 모든 인류에게 원죄(original sin)가 유전되어 어떤 선도 실현할 수 없게 된다. 이제 인간의 구원은 더 이상 의지의 선택이 아니라 오로지 신의 은총에 의해서만 가능한 것으로 보인다.

신의 은총은 헤아릴 수 없는 섭리를 통하여 구원 받을 사람을 선택한다. 그러나 선택에서 제외된 이들은 유기되어 심판을 받게 된다. 이른바 이중 예정 교리이다.[18] 신은 구원하고자 하는 이들에게는 긍휼을 베풀지만, 버리

---

17. 아우구스티누스에 따르면 은혜는 먼저 "선행적 은혜(prevenient grace)"의 측면을 지니고 있는데, 가령 "주의 인자하심이 내 앞서 가시리니"(시편 59:10)처럼 우리 안에서 성령이 우리로 하여금 선한 것을 생각하거나 열망하게 하신다는 것이다. 다음으로 은혜는 신이 우리의 의지를 돕고 협력하신다는 측면에서 "협력적 은혜(cooperating grace)"의 성격을 지니고 있다. 그런가 하면 아담이 타락하기 전에 지녔던 "충분한 은혜(sufficient grace)"와 신의 나라에 들어갈 것이라고 예정된 성도들을 견인하는 "효과적 은혜(efficient grace)"의 측면도 있다(Kelly, 1977: 367).
18. 아우구스티누스의 예정 교리는 펠라기우스와의 논쟁에서 부각되었고, 아퀴나스를 포함한 대부분의 스콜라주의에서도 예정 교리를 긍정하긴 했으나 다소 완화하거나 전면으로 드러내지는 않았다. 무엇보다 예정설은 칼뱅에게서 부각되고, 신의 은혜만을 통한 구원 경험을 강조하였다. 루터 또한 예정 교리를 수용하고 있었으나 칼뱅만큼 강조하지는 않았다. 그럼에도 에라스뮈스는 "예정이 자유와 의무를 무효로 만든다."고 보아 루터와 충돌하는 계기가 되었다(곤

기로 작정한 이들은 긍휼을 얻지 못하고 완고하게 된다(Kelly, 1977: 369). 아담의 타락 이래로 구원 얻을 자는 하나도 없다는 점에서 구원은 신의 "사랑"의 활동이지 인간이 신에게 구원의 자격을 요구할 수 있는 "공의"의 활동은 아니다(질송, 1997: 123).

그런데 예정설이 부각되면, 은총을 받아 구원 받기로 선택된 이들은 선을 행할 수 있도록 신의 "견인(perseverance)"이 있겠지만, 유기하기로 작정된 이들은 신의 도움을 입지 못하기 때문에, 아무리 노력한다고 해도 선을 행할 수 없게 된다.

그럼에도 불구하고 후기 저작인 『고백록』이나 『신국론』에서, 의지의 자유라는 개념이 여전히 논의되고 있다. 다만 악의 문제를 다루는 과정에서 원래 인간에게 선을 행할 수 있는 자유를 주었으나 탐욕으로 인해 아담이 원죄를 범했고, 그 원죄가 인간의 본성을 타락시켰다(『신국론』, 13.14, 14.20, 14.26, 21.12; Sahakian, 1974: 79). 이론적으로는 선택할 자유의지가 있다 해도, 탐욕의 분위기 속에서 그 의지는 죄악 된 행위로 기울어지게 된다. 신의 은총을 통해서만 자유의지가 치유되고 회복될 수 있고, 악한 선택의 체계로부터 선한 선택의 체계(system of good choices)로 전환될 수 있다(Kelly, 1977: 368). 다만 신의 예정에도 불구하고, 신의 은총을 받아들이느냐 또는 거부하느냐는, 그것을 받아들이는 자의 의지에 여전히 달려 있다고 볼 수 있다.

---

잘레스, 2014: 216). 20세기 개혁파 신학자인 칼 바르트(Karl Barth, 1886-1968)에 따르면, "전통적인 예정 교리들이 가지는 큰 결점은 이 교리가 신학과 택자의 중심이 되시는 예수 그리스도가 아니라, 개인의 구원에 초점을 맞추는" 데 놓여 있다. 바르트는 예수 그리스도가 신의 택자이고, 동시에 유기된 자 양쪽 모두라고 보았다. 다만 예수 그리스도가 모든 사람의 죄를 담당하였고, 그를 통해 모두가 선택 받았다고 하는 바르트의 주장은 만인구원설(Universalism)로 기운다는 비판도 받는다(같은 곳).

## IV. 신국 시민을 위한 실천윤리

### 1. 두 국가에 속한 인간

지상국과 신국으로 세계를 이원화하는 아우구스티누스의 관점은 젊은 시절 영향을 받은 마니교 교리의 잔재라 할 수 있다(Sahakian, 1974: 79). 아우구스티누스에 따르면 문명사를 통하여 신과 구원 받은 인간이 악마와 그의 타락한 천사들에 대항하여 투쟁하는 선과 악이라는 윤리적 이원론(ethical dualism)의 구도로 나타난다. 아우구스티누스는 『신국론』에서 지상국과 신국이라는 두 도성의 기원과 발달과 예정된 종말에 대해 묘사한다(『신국론』, 1.35, 18.1, 18.54). 그는 신을 사랑하여 자신보다 신을 선택하는 신국과 신보다 자신을 택하는 지상국으로 분리된다는 관점을 견지한다. 어느 진영에 속할 것인가는 "의지"의 성격, 즉 의지를 지배하는 "사랑"의 성격에 달려 있다. 아우구스티누스는 인류의 역사를 이러한 "두 원리의 변증법의 역사"로 해명한다(코플스톤, 1988: 123).

왕이든, 친위병이든, 부자든, 가난한 자든, 자유인이든, 얽매인 자든, 남자든, 여자든 신의 뜻을 좇는 자는 장차 신국(하늘 공화국, 하늘의 도성)에 거주할 수 있다(『신국론』, 2.19). 그 도성에는 진정한 정의가 있다(『신국론』, 2.21).

지상국에 머무는 동안 인간의 내면은 한편으로는 권력과 세속적인 재화인 영예 얻기를 사랑하며, 순례자처럼 이 땅에서 살아가되, 신의 전사로서 세상과 악에 맞서 싸우는 모습 간의 끊임없는 투쟁 상태에 놓여 있다(『신국론』, 5.16). 지상국은 사람의 생각대로, 육체를 따라, 육체적인 생활을 선택하는 사람들의 도성이고, 신국은 신의 뜻대로, 신을 따라, 영적으로 살기를 선택하는 사람들의 도성이다(『신국론』, 14.1, 14.4, 15.1). 카인의 삶은 지상국을 향하고, 아벨의 나그네 삶은 신국을 향함으로써 인류 역사의 흐름에 따라 두 국가의 역사가 전개된다(『신국론』, 15.1). 지상국의 사람들은 마귀에게 속하고, 신국의 사람들은 그리스도에게 속한다(『신국론』, 17.20). "선과 악에는 각각 결말이 있어서, 우리는 전자를 구하고 후자를 피해야 하며, 또 심판이 있어서, 선인들은 최고선이라는 종말에 도달하며, 악인들은 최고악이라는 종말에 도달"한다(『신국론』, 19.28).

이러한 지상국에서 신국을 지향하는 성도들의 무리로 구성된 교회는 지상국에 위치해 있으나 신의 왕국에 속해 있다. 인간 삶의 궁극적인 목표는 신에 대한 인식과 관조 속에서 영원한 평화와 축복을 얻는 데 있다. 여기서 국가는 지역적인 혹은 정치적인 의미가 아니라 심리적·도덕적(종교적)인 의미를 지닌다는 점에 주목할 필요가 있다. 다시 말해서, 각 국가에 속한 시민들은 동일한 사랑의 대상을 추구한다. 지상국에 속한 죄인들은 자기 자신과 욕망의 대상인 물질적인 것들을 더 사랑하는 데 비해, 신국에 속한 성도들은 자기 자신보다 신을 더 사랑한다.

> 그래서 두 가지 사랑이 두 국가를 건설했다. 심지어 신까지도 멸시하는 자기 사랑이 지상국을 만들었고, 자기를 멸시하면서 신을 사랑하는 사랑이 신국을 만들었다. 지상국은 자기 자신을 자랑하며 신국은 주를 자랑한다. 지상국의 사람들은 사람에게서 영광 받기를 원하고, 신국의 사람들은 신의 영광을 구한다. (『신국론』, 14.28)

이 땅을 살아가면서 우리는 두 국가 모두의 구성원이지 완전히 어느 한 국가에만 속할 수 없다. 이는 인간이 타락한 피조물로서 물질적인 것을 추구하는 동시에 정신적인 존재로서 영원한 것을 추구하기 때문이다. 심판의 날에 이르기까지 인간의 내면은 이들 두 국가 간 투쟁의 장이다.

## 2. 도덕법칙의 인식과 사랑의 질서

인간은 누구나 신국의 구성원이 될 능력이 있다. 이는 인간이 이성적 존재로서 신의 법칙을 인식할 수 있고, 진리 안에서 사랑하고 기뻐할 수 있기 때문이다. 이 법칙을 우리는 영원법(lex aeterna)이라고 부른다.

아우구스티누스는 영원법을 "그것에 의해서 모든 사물들이 질서정연해지는 것이 마땅한 (그러한 법이다)"(『자유의지론』, 1.6.15). 영원법 가운데 맹목적인 필연(Müssen)으로서의 영원법은 "이성이 없는 자연" 안에 존재하는 한편, 자유로운 도덕적 행위의 규범(Sollen, 당위)으로서의 영원법은 이성적으로 자유로운 존재인 인간의 마음에 새겨져 있다(진교훈, 2022: 115). 신의 법으로서 영원법은 시대와 장소를 초월한 동일성을 지니지만 시대와 장소에 따라 그 적용 방식이나 표현되는 관습은 상이할 수 있다(『고백록』, 3.7.13; 하비, 2011: 38-41). 그런데 신의 명령은 그 시대적 관습과 도덕을 거스르는 것으로 보이는 경우가 있다. 신의 법과 인간의 법이 상충할 경우, 아우구스티누스는 신의 법으로서의 명령을 따르는 것을 정당화한다. 가령, 아브라함에게 이삭을 제물로 바치라는 명령, 출애굽(exodus) 상황에서 이집트에서의 약탈을 허용한 경우, 호세아에게 음탕한 아내를 얻으라고 명한 경우 등이 그러하다(『고백록』, 3.9.17; 하비, 2011: 44-45). 이는 당대에 필요한 것을 교훈하거나 그리스도의 성육신과 죽으심, 부활과 강림에 대한 예표로 기능할 수 있다는 것이다. 그러나 신의 명령과 법은 궁극적으로 신에 대한 사랑과 이웃에 대한 사랑으로 귀결된다는 점에서 자의적이거나 임의적인 것은 아니다(『고백록』, 7.5.7, 6.11.18; 하비, 2011: 47). 인간은 영원한 법을 추구할 것이 요청되지만 현세적 법을 사랑하는 경향이 있다. "영원법은 현세적 사물들로부터 사랑을 돌리고 그 사랑을 정화하여 영원한 사물에로 전환하도록 명한다"(『자유의지론』, 1.15.32). "영원한 사물을 사랑하는 이들은 영원법"을, "현세적 사물들을 사랑하는 이들은 현세적 법"을 추구한다(『자유의지론』, 1.15.31).

우리는 양심을 통해 도덕법칙을 인식할 가능성을 일정 부분 지닌다. 양심의 기초는 글로 기록되기보다 마음에 새겨진 것으로 '남에게 그런 대접을 받기 싫으면 너도 남에게 그런 일을 하지 말라'는 양심의 요구는 삭제될 수 없는 것이다(『고백록』, 1.18.29; 하비, 2011: 48). 그러나 도덕법칙을 이해하기 위해서는 인간의 노력만으로는 한계가 있고, 신의 은총의 도움이 필수불가결하다. 신이 우리 양심과 이성에 조명해 주심으로써 도덕법칙을 파악할 수 있다. 도덕법칙이 가장 우선적으로 규정하는 것은 "신에 대한 사랑"이다. 더 나아가 이 도덕법칙은 여러 종류의 사랑의 대상들 사이에 올바른 질서를 부여한다. 이러한 올바른 질서가 "사랑의 질서" 혹은 "잘 질서 지어진 사랑"이라고 할 수 있다. 그러니까 "순서가 바른 사랑은 선하며, 순서가 뒤집힌 사랑은 악하다"(『신국론』, 15.22).

그런데 우리는 자주 열등한 대상을 사랑하게 된다. 이것은 의지의 결함에서 기인한 것이다. "올바른 의지"는 "정당한 것을 향한 사랑"이지만 "그릇된 의지"는 "부당한 것을 향한 사랑"이다.[19] 의지가 향하는 대상은 악하지 않다. 다만 "의지가 높은 것을 버리고 낮은 것으로 향할 때"와 같이 "악"은 의지의 왜곡된 방향에 기인한다(『신국론』, 12.6). 이렇게 잘못 사용된 의지로 인해 악이 생겨난다. 의지의 결함은 전적으로 인간의 책임이다(『신국론』, 12.7-8, 14.27).

## 3. 최고선과 행복 그리고 덕

### 1) 최고선과 행복

플라톤주의자이자 기독교인으로서 아우구스티누스는 고대 그리스 윤리사상의 중요한 개념인 최고선으로서의 "행복"의 문제에 관심을 기울였다. 아우구스티누스는 행복이 모든 인간 삶의 궁극목적이며, 모든 인간이 본성적으로 추구하는 대상으로서 최고선이라고 보았다. 행복은 "인간의 최고선이 되는 것을 사랑하고 소유하는 데서 성립한다"(Arrington, 1998: 125).

아우구스티누스는 실재의 단계를 플라톤적인 방식의 계층적인 모습으로

---

19. 여기서 중심이 되는 것은 "사랑"인데, 아우구스티누스가 모든 형태의 욕구나 열망을 포괄적으로 지칭하기 위해 사용한 용어이다(애링턴, 2003: 206-207).

묘사한다. 존재하는 모든 것은 자신의 본성의 질서를 따라 각자에게 부여된 지위를 지니며 그에 따라 구별된다. 가령, 신은 완전한 실재성을 지닌 존재이며, 물질적 세계는 신으로부터 가장 멀리 떨어져 있고 최소한의 실재성만 지닌다. 한편 인간은 신과 물질적 세계라는 양극단의 중간에 위치한다.[20] 육체와 영혼으로 구성된 인간은 물리적 세계의 "물질성"과 정신적 세계의 "정신성"을 지니고 있다. 부연하자면, 한편으로 최상의 물질적 존재이지만, 다른 한편으로 가장 낮은 정신적 존재이다. 때문에 인간은 물질적인 것들을 욕구하고 사랑하는 한편, 상위에 위치한 정신적인 것들도 사랑할 수 있으며, 완전한 존재인 신을 사랑할 수도 있다(Arrington, 1998: 125). 그런데 물질적이고 세속적인 것을 사랑하게 되면 결코 만족을 얻지 못한다. 그것은 변하고 사라지기 때문이다. 그러나 신을 사랑한다면 신의 영원한 불변성을 통해 인간 또한 불변성에 이를 수 있다. 육체와 영혼의 관계에서 최선의 상태는 육체가 영혼에 의해 지배받는 상태이다. 영혼이 더욱 큰 덕을 갖출수록 육체도 더 나은 상태에 이를 수 있다.

아우구스티누스에게 있어서 최고선(summum bonum)은 다름 아닌 "신"이다. "최고선이란, 더 이상 높을 수 있는 게 없는, 신이다. 그는 변함없는 선이고, 그리하여 참으로 영원하고 참으로 불멸한다. 다른 모든 것은 오로지 그에게서 유래한다"(『선의 본성』, 1). 최고선은 인간을 복되게 이끄는 신과 신적인 진리를 관조함으로써 달성된다. 이러한 관조의 상태는 아리스토텔레스가 언급한 이론적 관조라기보다는 사랑하는 신과의 하나됨이며, 지적·정서적 필요와 욕구가 온전히 충족된 것이다. 신적 진리에 대한 지적인 관조 상태에서 비로소 의지의 투쟁은 그치고, 평화를 누리고, 의지의 목적인 신에게 이를 수 있다. "당신은 당신을 위해 우리를 만드셨습니다. 그러

---

20. 모든 선은 신에게서 나오며(『참된 종교』, 18.35), 선의 위계에서 최상위에 물질 없는 정신, 즉 신이 위치하고, 최하위에는 정신없는 물질이 위치한다. 의지는 중간선으로 자유의지의 남용 가능성을 지니고 있는데, 자유의지의 유무는 존재와 선의 위계를 정할 때 중요하다. 한편, 악은 자유의지의 남용으로 인한 선의 결핍이자 비존재이다(『자유의지론』, 2.18.35, 3.5.15).

기에 우리의 마음은 당신 안에서 안식을 누리기까지는 쉴 수 없습니다"(『고백록』, 1.1).

### 2) 덕과 행복

인간에게 있어서 최고선은 "추구의 대상"이며 동시에 "사랑의 대상"이다. 아우구스티누스에게 있어서 최고선은 신이며, "최고의 덕(Greatest virtue)"은 신에 대한 "사랑"이다(Sahakian, 1974: 80).

인간을 행복으로 이끄는 덕은 "신에 대한 완전한 사랑"을 의미하고, 특수하고 개별적인 덕은 사랑이라는 덕의 다양한 측면에 불과하다(Augustine, On the Morals of the Catholic Church, chap. 4; Sahakian, 1974: 81에서 재인용). 플라톤의 4주덕은 아우구스티누스에게서 신에 대한 사랑의 다른 측면으로 표현된다. 절제(temperance)가 "자신을 신에게 전적으로 드리는 사랑"이라면, 용기(fortitude)는 "모든 것을 신을 위해 기꺼이 감내하는 것"이며, 정의(justice)가 "오직 신만을 섬기는, 그리하여 (청지기로서) 인간에게 주어진 다른 모든 것을 잘 다스리는 사랑"을 의미한다면, 지혜(prudence)는 "무엇이 신을 향하도록 돕는지를 분별할 줄 아는 사랑"을 의미한다(Sahakian, 1974: 81). 이러한 네 가지 덕으로 표현된 사랑이 우리들을 신에게로 이끌며, 그리하여 우리의 보상인 영원한 생명과 최고선인 신에 대한 인식에 이르게 된다. 결국 "신을 사랑하는 것"이야말로 "행복하게 사는 것"이다.

"선한 사람"이란 선한 것을 아는 사람이 아니라 "선한 것을 사랑하는 사람"이다(『신국론』, 11.28). 사랑하는 자에게서 결코 빼앗기지 않는 유일한 사랑은 신에 대한 사랑과 이웃에 대한 사랑이다(『참된 종교』, 46.86). "자기에게 이루어지기 바라는 선이 상대방에게도 이루어지고, 자기에게 일어나지 않기 바라는 악은 상대방에게도 일어나지 않기를 바라는 것", 즉 황금률이야말로 "사랑의 법칙"이다(『참된 종교』, 46.87). 요컨대 신을 사랑하는 최상의 길은 자기 자신과 이웃을 사랑하는 것이다. 신에 대한 사랑이야말로 도덕적인 가치의 유일한 본질(essence)이다. 사랑에서 믿음이 솟아나고, 믿음에서 사랑이 충만한 데까지 번영한다. 이제 믿음과 사랑의 결합에서 사랑을 열망하는 소망이 솟아난다(Sahakian, 1974: 81).

### 4. 전쟁과 평화

누구나 평화를 바란다. 이때 평화는 개인의 내면에서 추구하는 것인 동시에 국가가 추구하는 전쟁의 반대 개념이다. 먼저 개인의 삶의 맥락을 들여다보자. 행복을 바라는 보편적인 욕구는 평화를 바라는 보편적인 욕구로 표현된다. 그런가 하면 "평화는 심히 위대한 선이므로, 이 지상의 죽을 인생에서도 평화라는 말같이 들어서 즐거운 말이 없으며, 평화처럼 우리가 열망하는 것이 없으며, 평화보다 만족을 주는 것이 없다"(『신국론』, 19.11).

육체(신체)의 평화는 육체를 구성하는 각 부분들이 적절한 비율(균형)에 맞게 배열될 때 이루어지고, 비이성적인 영혼의 평화는 욕구들의 조화로운 충족과 안정을 통해 이루어지며, 이성적인 영혼의 평화는 지식과 행위의 조화를 통해 이루어진다. 육체와 영혼 사이의 평화는 잘 질서 지어지고 조화로운 삶이자 건강이다. 신과 인간 사이의 평화는 잘 질서 잡힌 신앙으로 영원법에 순종하는 것이다. 인간과 인간 간의 평화는 잘 질서 잡힌 화합(조화)이다. 더 나아가 천상에서의 평화는 완전한 질서와 조화로 신을 즐거워하는 것이다(『신국론』, 19.13).

전쟁을 일으키는 사람들은 승리를 열망하는데, 이는 평화를 바라는 것과 다르지 않다. 자신이 누리는 평화를 의도적으로 파괴하려는 사람조차도 결코 평화를 싫어하는 게 아니라 자신에게 더욱 적합한 평화를 만들어 내기 위해 그렇게 하는 것이다(『신국론』, 15.4).

> 호전적 성격 때문에 지휘하며 전투하는 것을 즐기는 사람들까지도, 전쟁을 하는 것은 평화를 원하기 때문이다. 따라서 전쟁으로서 얻으려는 목표

는 평화임에 분명하다. (…) 자기들이 속한 공동체에서 떨어져 반란을 일으키는 사람들도 공모자들끼리는 일종의 평화를 유지해야만 원하는 일을 할 수 있다. (『신국론』, 19.12)

사악한 인간들은 전쟁과 침략을 통하여 그들만의 새로운 평화를 창조하려고 하지만 이러한 평화는 정의롭지 못하다. 이렇게 강제를 통해 형성된 질서는 세계의 자연적 질서를 왜곡하는 것이다. 이들은 정의롭지 못한 평화를 사랑하는 자들이다. 정의로운 평화에 도달하기 위해서 인간은 개인적으로든 또 집합적으로든 자기 자신을 규제해 나가야 하고, 그럼으로써 사물의 자연적인 질서에 도달할 수 있다(Arrington, 1999: 211).

아우구스티누스는 일반적으로 최초의 정의 전쟁론자로 간주된다.[21] 그는 그 이전의 그리스도인이 취했던 평화주의적 입장을 쉽게 수용할 수 없었는데, 그 이유는 그가 살고 있던 시대는 끊임없이 이교도들의 침략에 의해 위협을 받고 있었기 때문이다. 그리하여 그는 현실적 고려에서 "정당한 전쟁(just war)"의 원리를 고려하는데, 주로 성전(holy war)의 관점에서 전개하고 있다. 그에 따르면 폭력의 사용이 정당화될 수 있는 경우는 그 폭력의 사용으로 말미암아 신의 사랑이 실현될 수 있을 때뿐이다. 신의 사랑의 실천이라는 기본적인 전제 아래, 아우구스티누스는 정당한 전쟁의 기준을 제시한다.[22] 정당한 전쟁에 관한 아우구스티누스의 주장은 그 내용에 있어서 상당

---

21. 정의 전쟁론에 대한 자세한 논의는 윤영돈(2008) 참고.
22. 아우구스티누스가 제시한 정당한 전쟁의 기준은 5가지이다. ① 정당한 의도(right intentions). 가령 평화 회복을 위한 의도(『신의 도성』제19권, 11-12장). ② 정의를 수호하고자 하는 정당한 명분(just cause). 가령 국가에 대한 침략을 응징하거나 해악에 대한 보복에서 치러지는 전쟁은 정당하다. ③ 정당한 의향(just disposition). 즉, 침략으로부터 희생자를 보호하고자 하는 기독교적 사랑. ④ 정당한 주체(just auspice; proper authorization). 즉, 전쟁은 통치권자의 권위 아래서만 치러져야 한다. ⑤ 정당한 전쟁의 수행(just conduct of war). 아우구스티누스의 관점은 새롭다기보다는 플라톤의 『국가』, 『법률』, 아리스토텔레스의 『정치학』, 그리고 키케로의 『의무론』과 『공화국』 등의 고전 철학과 그의 기독교 사상이 종합되었다는 점이 특징적이며, 이런 견지에서 정의 전쟁론의 비조로 불린다(Christopher, 1994: 47). 그리스도교적 관점에서 정의 전쟁론은 아우구스티누스에게서 시작하여 아퀴나스(Thomas Aquinas, 1225-1274)를 지나 그

부분 오늘날까지도 계승되고 있다. 그러나 그의 이론은 신의 사랑의 실현을 기본 전제로 삼고 있는 까닭에 '신의 자비를 실천한다는 명목 아래 치러진 수많은 종교전쟁들을 모두 정당화할 수 있는가'라는 문제점을 안고 있다.

## V. 비판적 논의와 현대적 의의

아우구스티누스의 사상은 실존주의, 파스칼, 셸러 등 내면성, 사랑의 질서, 심정의 논리를 강조하는 흐름에 영향을 미쳤다. 내면성의 진리를 강조한다는 점에서 실존주의적 색채를 띠고 있다. "밖으로 나가지 마라. 그대 자신 속으로 돌아가라. 인간 내면에 진리께서 거하신다. 그리고 그대의 본성이 가변적임을 발견하거든 그대 자신도 초월하라"(『참된 종교』, 39.72). 그런가 하면 아우구스티누스의 은총의 신학에 영향을 받은 파스칼의 『팡세』에 인간 내면에 대한 심층적인 탐색을 엿볼 수 있다. 타락 전 인간의 "위대함"과 타락 후 인간의 "비참함"이라는 인간의 실존적 이중성은 그리스도의 은총에 근거한 "사랑의 질서"에 의해 해소될 수 있음을 촉구하는 논의 속에 아우구스티누스의 목소리가 담겨 있다.[23] 셸러가 파스칼의 "심정의 질서"나 "심정의 논리"로부터 현상학적 가치 이론을 정립한다고 할 때, 파스칼 이전에 아우구스티누스의 영향도 주목할 필요가 있다(셸러, 1998: 260; 조정옥, 1999: 17, 38). 더 나아가 아우구스티누스에게서 지상국과 신국, 두 국가에 거주하는 시민들이 사랑의 질서에 따른 올바른 가치 지향 혹은 전도된 사랑에 따른 왜곡된 가치 지향에 의해 선 혹은 악이 드러나는 방식은 가치들

---

로티우스(Hugo Grotius, 1583-1645)에게서 세속적인 맥락으로 정착한다(Christopher, 1994: 제3장 참고).

23. 파스칼의 『팡세』 제2사본을 편집한 셀리에의 주해에 따르면 아우구스티누스의 저작이나 사상과 관련한 언급이 70회 가량 된다(윤영돈, 2022: 244-246).

의 위계 속에서 상위의 가치와 하위의 가치 간 갈등 가운데 어떠한 가치를 추구하는가에 따라 선 혹은 악으로 나타난다는 셸러의 윤리학적 관점의 기초를 이루고 있다.

다음으로 아우구스티누스의 사상에서 윤리적 책임의 가능 근거로 "의지"에 관심을 둔다는 점에 주목할 필요가 있다. 이는 운명론이 현저한 신화적 세계관이나 선악 이원론을 주장하는 마니교에서처럼 악의 문제를 운명이나 악의 실체에 돌림으로써 행위자 자신이 아닌 다른 무엇에 책임을 전가하는 자기 합리화를 극복하는 데 기여할 수 있다. 그런데 예정설 및 원죄와 은혜를 강조하는 가르침은 역설적으로 인간의 윤리적 책임을 면제시킨다는 비판이 제기되기도 한다. 일단 아우구스티누스가 악의 기원을 자유의지의 남용에서 찾기 때문에, 그 책임을 신에게서가 아니라 인간에게서 찾고 있다고 함으로써 문제 제기에 대한 반론이 가능하다. 그러나 아우구스티누스가 강조하는 자유의지의 긍정적 측면은 아담의 타락 이전의 묘사에서 부각된다는 측면이 있다. 이에 반해 아담의 타락 이후에는 인간은 스스로 선을 행할 수 없고, 더욱이 구원에 이를 수 없다. 아담이 타락하기 전에는 "죄를 짓지 않을 수 있었지만(posse non peccare)" 아담의 타락 후에는 "죄를 짓지 않을 수 없다(non posse non peccare)"는 것이다(묄만, 2012: 275). 물론 의지의 자유는 아담의 타락 이후에도 여전히 인간에게 주어진 것이지만 죄와 탐욕의 영향으로 행위가 죄악으로 기울어지는 경향성이 있다.

인간에 대한 구원과 유기를 신이 결정했다는 예정설은 인간의 자유의지와 조화를 이루기 어렵게 만든다. 더 나아가 인간의 범죄를 신이 이미 알고 있었다면 인간의 본성과 이 본성으로부터 비롯된 모든 행위는 신에게 책임이 있다는 비판이 제기될 수 있다. 특히 생물학적 유전으로 표현되는 "원죄" 개념은 죄인들에게 책임을 묻지 못하게 하는 일종의 비극적인 유산이며, 과거의 책임으로 전가되는 죄는 책임을 면하게 하고 책임을 지우지 못하게 한다는 문제가 노정되어 있다(묄만, 2012: 279).

사실 아우구스티누스의 윤리 사상에서 이론적으로 인간은 아담의 타락

이후에도 자유의지를 지니고 있고, 이성적 존재로서 신의 법칙인 영원법을 인식할 수 있으며, 선을 지향하고 행복을 추구할 가능성을 지니고 있다. 그러나 인간의 노력과 능력으로는 한계가 있을 수밖에 없다. 결국 신의 은총을 통해서만 선을 지향할 수 있는 자유의지 및 마음의 체계가 회복될 수 있다. 다시 말해서 신의 은총(은혜)을 통해 인간의 지성에 신적 빛이 비춰지며, 왜곡된 의지와 습관화된 탐욕으로 인한 쇠사슬로부터 벗어나 실천적이고 도덕적인 삶을 지향할 수 있다는 것이다(하비, 2011: 68).

신의 은혜를 선행의 보조 수단으로 간주하고 인간의 자유의지에 의해 선을 행할 수 있으며 구원에 이를 수 있다는 펠라기우스의 견해는 자기 의(self-righteous)를 내세우는 일종의 율법주의로 기울어진다. 이에 대해 '은혜 박사(doctor gratiae)'로도 불리는 아우구스티누스는 인간의 행복과 완성도, 왜곡된 사랑의 질서를 회복하는 것도, 윤리적 실천도, 더 나아가 구원도 오로지 신의 은혜로 가능하다고 함으로써 은혜의 윤리학을 제시했다고 할 수 있다(문시영, 2008: 10-11). 신의 은혜를 강조한다는 것은 자신의 의(義)를 드러내는 공로주의나 율법주의를 경계하고자 함이다. 이는 아우구스티누스가 그토록 강조한 '교만'으로부터 '겸손'으로 삶의 태도를 전환하는 것과 결부되어 있다. 선의 원천인 '신의 은혜'에 삶의 뿌리를 내린 자는 신에 대한 사랑으로부터 이웃에 대한 사랑으로 나아가기 마련이다.

# 참고 문헌

곤잘레스, J. L., 정원래·진규선·이인옥 옮김(2014), 『신학용어사전』, 그리심.
김형길(2012), 「파스칼의 은총론에 관한 연구」, 『한국기독교신학논총』, 83.
문시영(2008), 『아우구스티누스와 은혜의 윤리학』, 성남: 북코리아.
사하키안, W. S.(1974), *Ethics: An Introduction to Theories and Problems*, New York: Barnes & Noble Books; 송휘칠·황경식 옮김(1988), 『윤리학의 이론과 역사』, 서울: 박영사.
셸러, M., 이을상·금교영 옮김(1998), 『윤리학에 있어서 형식주의와 실질적 가치 윤리학』, 서울: 서광사.
스프로울, R. C., 김태곤 옮김(2019), 『자유의지 논쟁』, 서울: 생명의말씀사.
아우구스티누스, 박문재 옮김(2016), 『고백록』, 파주: CH북스.
아우구스티누스, 성염 역주(1998), 『자유의지론(De Libero Arbitrio)』, 왜관: 분도출판사.
아우구스티누스, 성염 역주(2011), 『참된 종교(De Vera Religione)』, 왜관: 분도출판사.
아우구스티누스, 성염 역주(2019), 『선의 본성(De Natura Boni)』, 왜관: 분도출판사.
아우구스티누스, 조호연·김종흡 옮김(1997), 『신국론(De Civitate Dei)』, 서울: 현대지성사.
애링턴, 로버트 L.(1998), *Western Ethics: An Historical Introduction*, MA: Blackwell; 김성호 옮김(2003), 『서양 윤리학사』, 서울: 서광사.
윤영돈(2008), 「제6장 정의전쟁론의 이론과 실제」, 『국가안보와 군대윤리』, 파주: 한국학술정보.
윤영돈(2022), 「파스칼의 『팡세』에 나타난 기독교 윤리 재구성」, 『윤리교육연구』, 63.
이경재(2014), 「아우구스티누스의 결함원인 개념」, 『중세철학』, 20.
조정옥(1999), 『감정과 에로스의 철학: 막스 셸러의 철학』, 서울: 철학과현실사.
진교훈(2022), 『자연법 연구: 도덕의 원류를 찾아서』, 파주: 철학과현실사.
질송, E., 김기찬 옮김(1997), 『중세철학사』, 서울: 현대지성사.
켈리, J. N. D.(1977), *Early Christian Doctrines, Bloomsbury*, 1977; 박희석 옮김(2004), 『고대 기독교 교리사』, 고양: 크리스천다이제스트.
코플스톤, F., 박영도 옮김(1988), 『중세철학사』, 서울: 서광사.

퓔만, 이신건 옮김(2012), 『교의학』, 서울: 신앙과지성사.
하비, 존 F., 문시영 옮김(2011), 『고백록, 윤리를 말하다』, 북코리아.

Augustine, St., *On Grace and Free Will*, https://newadvent.org/fathers/1510.htm/ (검색일: 2023. 7. 27)

Bobko, A(2019), "Augustine and Kant: Two Founders of Modern Thinking", *Studia z Historii Filozofii*, 3(10).

Christopher, Paul(1994), *The Ethics of War and Peace: An Introduction to Legal and Moral Issues*, N.J.: Prentice Hall.

Couenhoven, Jesse(2013), "Augustine, Saint", Hugh LaFollette(ed.), *The International Encyclopedia of Ethics*, Vol.1, Wiley-Blackwell.

# 7

# 토마스 아퀴나스의 윤리 사상*

홍석영

서울대학교 사범대학 윤리교육과를 졸업하고 동 대학원에서 『인격주의에 기초한 생명윤리 연구』로 박사 학위를 취득하였다. 현재 경상국립대학교 윤리교육과 교수로 재직하고 있으며, 주요 관심 분야는 서양 윤리 사상, 생명 윤리, 철학적 인간학이다. 저서로는 『인격주의 생명윤리학』, 역서로는 『생명윤리학』, 『웰다잉』 등이 있다.

---

* 이 장은 한국윤리학회, 『윤리연구』 제142호(2023)에 게재된 논문을 수정 보완한 것입니다.

# I. 서론

2022 도덕과 교육과정의 고등학교 선택 과목인 '윤리와 사상'은 고등학생들이 삶에서 직면할 수 있는 윤리적 물음을 중심으로 한국 및 동·서양의 윤리 사상과 사회사상의 주요 이론과 의미를 체계적으로 학습함으로써 윤리적 탐구와 성찰 및 문제 해결 능력을 기르기 위한 과목이다. 이 과목의 서양 윤리 사상 내용 체계에는 "3. 신앙과 윤리는 어떤 관계가 있는가?"라는 물음 아래, '그리스도교와 사랑의 윤리', '자연법 윤리와 프로테스탄티즘 윤리'가 내용 요소로 제시되어 있다. 이에 대한 성취 기준은 "그리스도교의 사랑의 윤리로서의 특징을 파악하고, 자연법 윤리 및 프로테스탄티즘 윤리에 나타난 신앙과 윤리의 관계를 성찰할 수 있다."이다(교육부, 2022: 47, 49, 52).

일반적으로 서구 문명은 헬레니즘과 헤브라이즘의 두 토대 위에 성장하였다고 말한다. 헤브라이즘에 연원을 두고 있는 그리스도교 윤리는 서양 중세 윤리 사상을 대표하며, 16세기 이후 프로테스탄티즘 윤리로 이어졌다. 중세의 대표 학자로는 4세기와 5세기에 걸쳐 활동한 아우구스티누스(354-430)와 13세기에 활동한 토마스 아퀴나스(1224/5-1274)가 있다. 아우구스티누스는 그리스도교가 신앙[1]으로 인정받은 직후 이를 학문적으로 체계화한 초기 교부로서 활동하였고, 아퀴나스는 그리스도교 문화가 절정기에 이른 시기에 교회 학교인 스콜라(schola)에서 학자로서 활동하였다. 이 둘은 모두 그리스도교 신학과 그리스 철학을 융합하여 자신들의 사상을 전개하였다.

---

1. 로마 황제 콘스탄티누스 1세는 313년에 밀라노 칙령을 통해, 그리스도교를 신앙으로 인정한다. 380년 테오도시우스 1세는 테살로니카 칙령을 통해 그리스도교를 로마제국의 국교로 정한다.

아우구스티누스는 플라톤과 신플라톤주의를, 아퀴나스는 아리스토텔레스의 사상을 활용하여, 그리스도교의 가르침을 학문적으로 체계화하였다.

그리스도교 신앙은 창조주 유일신에 대한 절대적 믿음을 갖고 있으며, 이웃에 대한 사랑 그리고 신의 모상으로서 인간의 존엄을 강조한다. 사하키안은 예수의 그리스도 윤리를 무한한 본래적 가치를 지닌 인간, 형제애, 최고의 덕으로서의 사랑 등으로 설명하고 있다(사하키안, 1988: 319-329).

여기에서는 토마스 아퀴나스의 윤리 사상을 살펴보고자 한다. 그의 윤리 사상을 하나의 글로 모두 다루는 것은 불가능하다. 여기에서는 도덕과 교육과정과의 연계를 생각하면서, 최고선과 덕, 자연법 윤리를 중심으로 살펴보고자 한다. 한국성토마스연구소[2]의 아퀴나스 번역서와 2차 문헌 및 관련 논문을 활용하였다.

## II. 생애와 저작 및 연구 방법

토마스 아퀴나스의 생애를 살펴봄으로써 그의 윤리 사상에 대한 이해를 심화시킬 수 있다. 특히 그가 아리스토텔레스 사상을 만나게 되는 계기를 알 수 있다.[3]

### 1. 생애

토마스 아퀴나스(St. Thomas Aquinas, 1224/5-1274)[4]는 이탈리아 반도

---

2. 한국성토마스연구소는 2016년에 설립되었으며, 토마스 아퀴나스의 신학대전을 꾸준히 번역 출간하고 있다. 홈페이지 주소는 다음과 같다. http://stik.or.kr.
3. 내용 이해를 위해 당시의 시대상과 그리스도교의 종교적 전통에 대한 설명을 각주로 제시한다.
4. 아퀴나스의 출생 연도에 관해서는 1224년과 1225년 두 기록이 있다. 요한네스 힐쉬베르

남쪽의 나폴리 부근 로카세카 성에서 태어났다. 9남매 중 일곱 번째(아들 넷 중에서는 막내)로 태어났으며, 그의 아버지는 아퀴노 지방의 영주였다. 다섯 살에 부모에 의해 가톨릭 수도 지원생으로 몬테카시노[5]의 베네딕도회[6] 수도원으로 보내졌다. 신성로마제국의 황제 프리드리히 2세[7]가 1239년에 수도자들을 추방할 때까지 그는 이 수도원에서 생활하면서 공부하였다. 집으로 돌아와 몇 개월을 지낸 그는 그해 가을 나폴리 대학에 입학한다.[8] 한편 그 도시에는 도미니코회[9] 수도원이 있었는데, 그는 이들의 생활에 매력을 느껴 1244년(20세)에 이 수도회에 입회한다. 그런데 그의 가족은 이 입회에 동의하지 않았다. 왜냐하면 그의 가족은 그가 전통이 더 오래된 베네딕도회에 입회하여 고위 성직자로 성장하기를 원했기 때문이다. 도미니코회 총장은 수도회 총회의 의견을 듣고 그를 파리 대학[10]으로 보내기로 결정하는

---

거(1996: 541)는 1224년을, 로버트 애링턴(2005: 231)과 새뮤얼 이녹 스텀프 & 제임스 피저(2004: 262)는 1225년을 제시하고 있다. 프레드릭 C. 코플스톤(1988: 391)은 "1224년 말 또는 1225년 초에 태어났다"고 기술하고 있다. 이름 앞의 St.는 saint의 축약 표기이다. 로마가톨릭교회에서는 아우구스티누스와 토마스 아퀴나스를 성인으로 공경하고 있다.

5. 나폴리에서 북쪽으로 100여km 정도 거리에 위치한 작은 도시이다.
6. 베네딕도회(Ordo Sancti Benedicti, OSB)는 로마가톨릭교회 소속 수도회이다. 529년에 누르시아의 베네딕도가 몬테카시노에서 창건하였다. 그가 수도원 생활의 규범으로 세운 계율(베네딕도 규칙서)을 따르는 남녀 수도회들의 연합체를 일컫는다. 모토는 '평화(pax)'와 '기도하고 일하라(ora et labora)'이다. 한자로 음차하여 분도회(芬道會)라고 부르기도 한다.
7. 프리드리히 2세(Friedrich II, 1194-1250)는 1220-1250년까지 재위하였다. 그의 어머니는 시칠리아(이탈리아 반도 남서쪽에 위치한 지중해 최대의 섬) 왕국의 초대 국왕 루제로 2세의 딸 콘스탄차이다. 그는 어린 시절부터 시칠리아에 많이 살고 있던 이슬람인 및 유대인과 어울리면서 편견에서 해방된 생각을 가졌다. 그리스어, 라틴어, 독일어, 프랑스어, 이탈리아어와 이슬람의 과학을 배우기 위해 공부한 아랍어에 능통했다. 특히 수학, 기하학, 천문학에 관심이 있어 1224년에 나폴리에 대학을 세우고 자신이 태어나고 자랐던 팔레르모 궁전 안에 연구소를 세웠다. 이 대학과 연구소에 여러 철학자와 과학자 및 문학자들이 모였다.
8. 황제가 세운 이 대학에서는 가톨릭교회가 세운 대학과 달리 아리스토텔레스의 문헌을 연구하였다. 이는 나폴리 대학에 입학한 아퀴나스가 아리스토텔레스의 학문 세계를 접하는 계기가 된다.
9. 도미니코회(Ordo fratrum Praedicatorum, O.P.)는 1206년 에스파냐의 사제 성 도미니코(도밍고 데 구스만)에 의해 설립되어 1216년에 교황 호노리오 3세로부터 인가를 받은 로마가톨릭교회 소속 수도회이다. 초창기부터 청빈과 엄격한 생활, 학문 연구, 설교 및 교육을 특수 사명으로 삼고 있다
10. 파리 대학(Université de Paris)은 중세 대학 가운데 가장 중요하고 오래된 대학 중 하나이다.

데, 이는 그의 가족의 이러한 반대에도 일부 원인이 있다. 파리로 가던 길에 그의 형들에게 납치되어 약 1년 동안 아퀴노에 감금된다. 그러나 도미니코회에 입회하겠다는 그의 결의는 꺾이지 않았다. 그는 1245년(21세) 가을에 파리로 갈 수 있게 되었다.

아퀴나스는 1245년에서 1248년 여름까지 파리에서 공부하였다. 이곳에서 스승 알베르투스 마그누스(St. Albertus Magnus)[11]를 만났고, 그를 따라 1248년(24세)에 쾰른으로 가서 도미니코회 학원을 설립한다. 쾰른에서는 1252년(28세)까지 지낸다. 파리와 쾰른에 있는 동안 아퀴나스는 알베르투스 마그누스와 친밀하게 접촉했고, 알베르투스 마그누스는 아퀴나스의 능력을 인정했다. 아퀴나스의 학문 연구에 대한 취미는 박학하고 지적 호기심이 많은 스승과의 친밀한 만남에 의해서 크게 자극되었다. 또한 아리스토텔레스 철학에서 인정되는 소중한 것을 학문적으로 이용하겠다는 알베르투스의 의도가 아퀴나스에게 큰 영향을 주었다. 새로운 사상에 대해 편견을 갖지 않은 스승의 정신이 아퀴나스에게 깊은 영향을 주었다. 아퀴나스는 자기 스승처럼 포괄적인 지적 호기심을 지니지는 않았지만, 스승보다 뛰어난 체계화의 능력을 지니고 있었다. 나이 많은 스승의 박학과 편견 없는 정신이 젊은 제자의 사변적 능력 및 체계화의 재능과 만나 눈부신 성과를 가져올 수 있었다. 아퀴나스는 그리스도교의 사상을 아리스토텔레스의 용어로 나타낼 수 있었고, 아리스토텔레스의 철학을 신학적·철학적 분석과

---

12세기 중엽에 개교한 파리 대학은 1200년 필리프 2세 오귀스트와 1215년 교황 인노켄티우스 3세에 의하여 재공인되었다. 파리 대학은 특히 철학과 신학 분야에 있어 급속도로 큰 명성을 얻었다. 파리 센강 좌안에 위치한 대학들의 연합으로 형성된 파리 대학은 국왕 기관(국가 자문회, 의회, 법원, 재무회, 세금 징수회 등)과 성직계(교육, 의원, 도서관, 연구, 주교, 수도원장 등)의 행정 관료 및 핵심 인물들을 키워 냈다. 파리 대학은 근대 동안 긴 쇠락의 시기를 거쳐 1793년 폐교되었다.

11. 알베르투스 마그누스(Albertus Magnus, 1193?-1280)는 독일 출신의 신학자·철학자·자연과학자이다. 1223년 도미니코회에 입회하였다. 파리와 쾰른에서 가르치고 레겐스부르크의 주교가 되었다. 도미니코회의 중심 인물로 토마스 아퀴나스와 함께 스콜라 철학을 완성시켰다. 그의 사상에 관한 상세 내용은 힐쉬베르거(1996: 533-540)를 참조하시오.

종합의 도구로 사용할 수 있었다.

1252년에 아퀴나스는 파리로 돌아와 연구 생활과 함께 성서 강사(1252-1254)로서 성서를 강의하고, 명제집 강사(1254-1256)로서 페르투스 롬바르두스[12]의 『명제집(Sentences)』을 강의했다. 이 시기가 끝날 무렵 신학부에서 가르치는 교수 자격과 허락을 받았다. 같은 해에 박사가 되어 도미니코회 교수로서 1259년(35세)까지 강의를 하였다. 1259년 파리를 떠나 이탈리아로 가서 1268년(44세)까지 교황청 부속 연구소에서 신학을 가르쳤다. 1268년 다시 파리로 가서 1272년(48세)까지 가르치면서 수도회에 대한 새로운 공격자들, 예를 들어 아베로에스주의자[13]들과의 논쟁에 참여했다. 1272년 도미니코회의 '학원'을 설립하기 위해 나폴리로 파견되어 그곳에서 교수 활동을 하였다. 1274년(50세) 교황 그레고리우스 10세[14]가 리옹[15]의 공의회에 참석하기 위해서 그를 호출하였다. 그는 길을 떠났으나 여행 도중에 나폴리와 로마 사이에 있는 포사노바의 시토회[16] 수도원에서 1274년 3

---

12. 페르투스 롬바르두스(Pertrus Lombardus, 1096?-1160)는 스콜라 신학자 겸 철학자이다. 그의 저서인 『네 권의 명제집』은 중세 신학의 표준 교과서가 되었다.
13. 아베로에스주의(Averroismus)는 에스파냐 안달루스의 대학자 아베로에스(Averroes: 이븐 루시디의 라틴어 표기, 1126-1198)의 가르침에 호소하는 학문적 흐름이다. 아베로에스는 스콜라 학문 세계에 아리스토텔레스 사상을 전파하는 데 결정적으로 기여한 인물이다. 단테의 『신곡』에서 극찬을 받았고 라파엘로의 〈아테네 학당〉에 등장하는 유일한 무슬림 학자이다. 그는 어떤 학파도 세우지 않았지만, 그의 가르침에 호소하는 아베로에스주의는 파리 대학의 일부 학자들에게 영향을 주었다. 이들은 파리 대학 문학부에 속하는 교수들로서, 그리스도교의 교의와 일치하지 않는 학설도 철학에서 가르칠 만큼 아베로에스에 의해서 해석된 아리스토텔레스에 집착했다(코플스톤, 1988: 263-266, 552-554 참조).
14. 교황 그레고리오 10세(Gregorius PP. X)는 제184대 교황(재위: 1271년 9월 1일-1276년 1월 10일)이다. 재속 프란치스코회 회원이다. 1268년에서 1271년까지 이어진 로마가톨릭교회 역사상 가장 긴 교황 선거에서 선출되었다. 그는 제2차 리옹 공의회(1274)를 소집하고 교황 선출에 관한 새로운 규정을 공포하였다. 교황 하드리아노 5세와 교황 요한 21세가 잠시 무효화했던 때를 제외하고는, 그가 제정한 규정들은 20세기에 교황 바오로 6세가 고칠 때까지 계속 이어져 왔다.
15. 프랑스 남동부 오베르뉴론알프 레지옹의 중심 도시이다.
16. 시토회(Ordo Cisterciensis)는 로마가톨릭교회의 봉쇄 수도회 가운데 하나이다. 시토회라는 명칭은 프랑스 중동부 디종 인근의 마을 시토에서 유래한 것이다. 몰레즘 수도원 출신의 베네딕도회 수사 무리가 성 베네딕도 규칙을 보다 더 엄격하게 따르기 위한 목적으로 1098년 시토에

월 7일 사망한다.

약 50년의 생애 동안 그는 학문 연구와 교수 활동에 집중하였다. 어렸을 때의 감금 사건 및 파리, 쾰른, 이탈리아를 오가는 몇 차례의 여행, 그리고 성인 자신이 개입된 논쟁을 제외한다면 외적인 활동이나 자극이 별로 없는 일생이었다. 그의 생애는 그리스도교의 진리를 추구하고 옹호하는 데 바쳐진 일생이며, 깊은 영성에 충만되어 이에 이끌렸던 것이었다(코플스톤, 1988: 391-393).

그의 저술들 중 몇몇은 그가 죽은 후 곧바로 가톨릭교회로부터 금서 처분을 받기도 하였다. 그러나 잠시 후에 종교계의 정치적 분위기가 크게 바뀌면서 성자의 반열에 오르게 된다. 그는 기적을 행하였다는 등의 사실이 아니라 순전히 그의 사상과 가르침 때문에 1323년에 로마가톨릭에서 성인으로 모셔졌다.[17] 그는 자신의 입장을 조용히 객관적인 태도로 변호했기 때문에 그의 적대자들마저도 그의 변호에 귀를 기울였다고 한다(힐쉬베르거, 1996: 542). 그의 철학 및 윤리 사상은 중세 최고조의 시기에 등장한 가장 영예로운 사상으로 평가되며 오늘날까지도 영향을 미치고 있다(애링턴, 2005: 231).

## 2. 저작 및 연구 방법

토마스 아퀴나스는 1252년 파리로 돌아와 연구를 시작한 이후로 약 20여 년 동안 많은 저술을 남겼다. 그의 저술을 보면 아리스토텔레스의 대부분의 저서에 대한 주석들, 그리스인들과 아베로에스주의자들의 오류를 지적하는 세심한 논증, 본질과 존재를 논하는 초기의 훌륭한 저서, 통치자에 대한 정치적인 논문 등 그 분야가 매우 넓다.[18] 이 중 윤리학과 관련하여 중

---

대수도원을 건립하였다.
17. 1323년 7월 18일 교황 요한 22세에 의해 시성되었다.
18. 아퀴나스의 저작에 관한 상세한 설명은 프레드릭 C. 코플스톤(1988: 393-395)과 요한네스 힐쉬베

요한 저술은 『반(反)이교도 대전(*Summa Contra Gentiles*)』[19]과 『신학 대전(*Summa Theologiae*)』[20]이다.

아퀴나스의 사상과 연구 방법을 이해하기 위해서 스콜라철학의 의미와 스콜라철학에서 그의 위상을 살펴볼 필요가 있다. 스콜라철학은 서양 중세, 특히 카를대제[21]로부터 르네상스[22]에 이르기까지 '교회 학교(schola)'에서 이루어진 지적(知的) 활동을 가리킨다. 스콜라철학은 완전히 새로운 형태의 통찰을 추구하기보다는 '전통적인' 사상에 일관된 체계를 이룩하고자 했다. 이 체계의 내용은 일반적으로 그리스도교 신학과 그리스 철학, 특히 아리스토텔레스의 철학을 융합시켰다. 이를 통해 신앙과 이성의 결합을 추구하였다. 최초의 스콜라 철학자인 보에티우스(480-524)[23]는 '가능한 한 신

---

르거(1996: 542-543)를 참조하시오.
19. 1259년부터 1268년까지 이탈리아에 머물면서 교황청 부속 연구소 교수 생활을 할 때 저술했다.
20. 『신학 대전』은 총 3부로 구성되며, 6백여 문제, 3천여 항목을 포함하고 있다. 제1부(신)와 제2부(인간)는 이탈리아에서의 교수 시절(1265-68)과 파리 체재 시절(1269-72)에 완성했다. 제3부(그리스도)는 다시 이탈리아에 돌아와 살던 시절(1272-73)에 썼으나, 미완성인 채 병사하여 제자인 피페르노의 레지날두스가 '보유(補遺)'로 완결시켰다. 한국성토마스연구소에서 우리말 번역을 꾸준히 진행하고 있어, 2023년 8월 현재 1-22권, 28권이 번역되었다. 영문 번역본은 다음에서 볼 수 있다: https://www.ccel.org/a/aquinas/summa/home.html.
21. 카를 대제는 771년 프랑크 왕국의 왕위에 올라 814년까지 통치하였다. 476년 서로마제국 멸망 후 프랑크족이 지금의 프랑스, 독일, 이탈리아, 베네룩스 3국을 차지하며 광대한 제국을 건설하였다. 프랑크 왕국은 현재 유럽 10여 개국의 원조이기 때문에 카를 대제의 이름을 각국이 자국어로 번역하여 부르고 있다. 프랑스어 샤를마뉴(Charlemagne), 독일어 카를(Karl), 이탈리아어 카를로(Carlo), 라틴어 카롤루스(Carolus), 영어 찰스(Charles). 800년 크리스마스에 로마에서 교황 레오 3세로부터 황제관을 머리에 얹는다. 이때를 신성로마제국의 기점으로 본다.
22. 르네상스(Renaissance)는 '다시(re) 태어남(naissance)'이란 뜻이다. 1400년부터 1600년까지 약 200여 년에 걸쳐 특히 이탈리아를 중심으로 하여 전 유럽으로 확산된 예술 및 문화 전반의 대변혁으로서, 고대 그리스 로마 시대의 찬란한 문화를 부활시키고자 한 시대적 움직임이다.
23. 보에티우스(A.M.T.S. Boethius, 480-524)는 로마 최후의 저술가·철학자이다. 로마의 명문가에서 태어나 510년에는 집정관이 되었다. 당시의 지배자 동고트인 테오도리쿠스의 신임이 두터웠으나 반역죄에 연루되어 체포된 후 처형되었다. 철학·신학뿐만 아니라 수학, 음악 관련 저술을 남겼다. 대표작은 옥중에서 집필한 『철학의 위안』이다. 이 책은 저자와 철학과의 우의적 대화를 산문과 운문을 섞어 쓴 것으로 그리스 철학, 특히 플라톤의 영향이 강하다. 아리스토텔레스의 논리를 그리스도교의 여러 문제에 응용해 이후의 스콜라철학의 선구자가 되었다.

앙과 이성을 결합하라'고 주장하였다. 스콜라철학의 절정을 이룬 토마스 아퀴나스는 '최고의 형태로 신앙과 이성의 결합'을 제시하였다. 그는 계시에 의한 전통적인 그리스도교의 신학적 진리를 수용하는 동시에 계시된 진리를 이해할 수 있게 하기 위하여 이성적 논증도 적극적으로 시도하였다(스텀프 & 피저, 2004: 262). 특별히 그는 그리스도교 신앙과 아리스토텔레스의 사상 간의 조화와 결합을 매우 중시하고, 그리스도교의 진리를 설명할 때 아리스토텔레스의 사상을 적극적으로 활용하였다.

'최고의 형태로 신앙과 이성의 결합'을 추구한 토마스 아퀴나스의 학문적 태도에 관해 좀 더 살펴보자. 그는 기본적으로는 그리스도교 신학자였다. 그는 그리스도교 신앙인으로서 사유하고 글을 썼다. 동시에 그는 신학적인 저서를 저술하면서 아리스토텔레스의 철학에 깊이 의존했다.[24] 그는 진리 추구에서 신학과 철학, 즉 신앙과 이성은 상보적인 역할을 한다고 생각했다. 그리고 동시에 신학과 철학 간에 특별한 차이점이 있음을 알았다. 철학은 감각적 경험의 직접적인 대상에서 시작하여 더 일반적인 개념으로 추론해 나가며, 결국 아리스토텔레스의 경우처럼 존재의 최고 원리나 제1원인을 주목하면서 신의 개념에 이른다. 반면에 신학은 신에 대한 신앙에서 시작하여 모든 사물을 신의 피조물로 생각한다. 여기에 방법상의 차이가 있다. 철학자는 사물들의 본질에 대한 합리적인 설명에서 결론을 추론하는 반면, 신학자들은 계시에 기반을 두고 자신들의 결론을 논증한다.

토마스 아퀴나스는 신학적인 저서에서 이성적인 방법을 통해 진리를 추론하고 논증하였다. 그의 스콜라철학적 접근이 잘 나타나는 논증은 신의 존재 증명[25] 부분이다. 그는 인간의 감관을 통해 경험하는 일상적인 대상들

---

24. 황제가 세운 나폴리 대학에 입학하고 알베르투스 마그누스를 스승으로 만난 것이 그가 아리스토텔레스 저술을 읽고 수용하는 중요한 계기가 되었다. 동시에 도미니코회에 입회함으로써 그리스도교 신앙과 신학을 자신의 삶과 사상의 토대요 목표로 유지하였다.
25. 신이 존재한다는 것은 그리스도교 사상가들에게는 분명한 믿음이요 사실이지만, 그들은 이를 각자의 고유한 고유의 방식으로 증명하려고 시도하였다. 예를 들어 아우구스티누스는 정신론적, 목적론적, 도덕적 신의 존재 증명을 제시하였다(힐쉬베르거, 1996: 420-423). 아우구스티누

로부터 도출된 관념에 근거하여 신 존재를 다음과 같이 다섯 가지 방법으로 증명하였다. ① 운동을 통한 증명, ② 작용인을 통한 증명, ③ 필연적 존재를 통한 증명, ④ 완전성을 통한 증명, ⑤우주의 질서를 통한 증명. 토마스 아퀴나스의 신 존재 증명은 이성적 방법을 통한 신학적 진리에 대한 가장 유명한 논증으로 평가받고 있다.[26]

아퀴나스의 연구 방법과 학문적 태도를 고려하면, 도덕과 교육과정에서 제기한 '신앙과 윤리는 어떤 관계가 있는가?'라는 물음에 대한 그의 대답을 추론할 수 있다. 그는 진리는 하나의 근원으로부터 나오기 때문에 '신앙과 이성이 최고의 형태로 결합한다'고 답할 것이다. 이러한 그의 학문적 태도는 윤리 사상에도 그대로 반영된다. 다음 두 개의 장에서는 최고선과 덕에 관한 논의와 자연법에 관한 논의를 중심으로 그의 윤리 사상을 살펴보도록 하겠다.

## III. 최고선과 덕에 관하여

토마스 아퀴나스의 윤리 사상에서는 '최고의 형태로 신앙과 이성의 결합'을 추구한 그의 학문적 태도와 그리스도교 신앙의 토대 위에서 아리스토텔레스 윤리 사상을 적극적으로 수용하고 결합한 모습을 발견할 수 있다. 최고선과 덕에 관한 그의 논의를 살펴보자.

### 1. 최고선

아퀴나스는 그리스도교의 관점에서 아리스토텔레스의 목적론을 수용하

---

스의 신 존재 증명에 대한 상세한 설명은 코플스톤(1988: 100-105)을 참조하시오.
26. 토마스 아퀴나스의 신의 존재 증명과 그 증명에 대한 평가에 관한 상세 설명은 스텀프 & 피저, 2004: 268-275를 참조하시오.

고, 목적론을 활용하여 그리스도교의 윤리적 관점을 체계화한다. 아퀴나스는 아리스토텔레스와 마찬가지로 "인간에게 선(bonum)이란 무엇인가"라는 물음과 함께 윤리학적 탐구를 시작한다. 인간은 어떤 목적을 추구하며, 그 목적 중 최종 목적은 가장 위대한 선, 최고의 선이다. 아퀴나스는 다음과 같이 말한다.

> 모든 것들은, 무엇이건 간에, 완성을 향한 욕구를 지니고 있으므로 이들을 움직이게 하는 최종의 목적은 결국 자기 자신의 완전한 선, 자신을 충만하게 하는 선이라고 할 수 있다. (*Summa Theologiae* 1a2ae. 1. 5[27]; 애링턴, 2005: 233 재인용)

신의 피조물로서 인간은 완성을 향한 욕구를 지니고 있다. 그렇다면 이 욕구를 통해 실현하고자 하는 궁극목적은 무엇일까? 이 물음에 대해 아퀴나스는 그리스도교의 관점에서 답한다.

> 인간의 궁극목적은 창조되지 않은 선, 즉 신이다. 신은 무한한 선이므로 오직 신만이 우리의 의지를 넘칠 만큼 가득 채울 수 있다. (*Summa Theologiae* 1a2ae. 3. 1; 애링턴, 2005: 233 재인용)

인간은 자신의 창조주인 신과 일체가 되기를 바라며 신 안에서 자신의 완성을 발견하고 완전한 기쁨[28]을 누리기를 열망한다. 그렇다면 인간은 궁극목적, 즉 최고선을 어떻게 실현할 수 있을까? 이에 대해 아퀴나스는 신의 모상으로서의 인간이 신과 인격적으로 만나고 인간을 위한 신의 계획을 완성하여 더욱 높은 수준으로 현존하게 될 때 완전성으로서의 최고선이 실현

---

[27]. *Summa Theologiae*의 경우 인용을 표시한 숫자는 순서대로 부, 문제, 항을 나타낸다.
[28]. 사하키안은 이 기쁨을 "신의 영상(the vision of God) 속에서 얻는 행복"으로 표현하였다(사하키안, 1988: 103).

된다고 답한다. 여기에서 더욱 높은 수준으로 현존한다는 것은 피조물로서의 현세의 삶을 넘어서 인간 안에 새겨진 신의 모습을 실현한다는 것이다.

아리스토텔레스와 아퀴나스 모두 인간의 삶을 최고선을 향한 노력으로 보고 있으며, 자신의 잠재성을 발휘하여 행복을 실현할 수 있다고 생각한다. 그런데 아리스토텔레스는 우리가 동료 시민들과 더불어 현세에서 최고로 행복한 삶, 즉 지혜를 사랑하는 관조적 삶을 실현할 수 있다고 생각하였다. 반면에 아퀴나스는 현세의 삶은 진정한 행복으로 나아가기 위한 예비적 단계이며 진정한 행복은 내세에서 신과 하나됨을 통해 온전히 도달할 수 있는 것이라고 보았다.

아퀴나스는 현세의 그 어떤 것도 인간의 욕구를 완전히 만족시킬 수 없다고 주장한다. 따라서 세속의 선과 덕을 추구하는 삶은 미완성의 상태로 남게 된다. 현세의 삶에서 인간은 자신의 삶의 대부분이 완성되지 않으며, 자신의 내적인 본성과 진정한 삶의 목적이 충실히 실현되지 못함을 느낀다. 인간의 욕구는 어떤 일시적인 선이나 그것의 성취를 통해서는 완전히 만족 되지 않으며, 시간의 영역을 넘어선 그 무엇에 도달하려고 한다. 그리하여 인간은 신의 은총과 신과의 인격적 만남을 통해 진정한 행복에 이를 수 있다.

## 2. 덕

아퀴나스는 덕을 크게 자연적 덕과 신학적 덕[29]으로 구분하고 논의한다. 자연적 덕에 관한 논의에서는 아리스토텔레스의 덕론을 수용하고 이를 그리스도교적으로 발전시킨다. 신학적 덕에 관한 논의에서는 종교적 덕, 즉 그리스도교 고유의 덕론을 제시한다. 덕은 여러 가지 측면에서 인간을 완성시킨다. 덕은 그것의 주체인 여러 능력들을 완성시키고, 그럼으로써 행위

---

29. virtutes theologicae. 대신덕(對神德)으로 번역하기도 한다.

자 자신 및 그의 행위를 좋은 것, 선한 것으로 만들고 완성시킨다. 덕은 인간이 올바르고 적절한 방식으로 행위하고 악한 행위를 피하도록 하는 지속적인 성향을 가리킨다.

### 1) 자연적 덕: 지적인 덕과 도덕적인 덕

아퀴나스는 자연적 덕(natural virtues)을 최선의 것을 달성하려는 성향이며 습관이라고 정의한다.

> 그것[덕]은 마음의 좋은[또는 선한] 습관(habitus bonus)이며 우리들이 그것에 의해 바르게 살며 아무도 그것을 악용할 수 없는 것이다. (*Summa Theologiae* Ia-IIae, q.54, a.3c.; 사하키안, 1988: 104 재인용)

덕을 습관으로, 즉 인간이 올바로 살아가는 정신의 좋은 성질이나 습관으로 정의함으로써 그는 아리스토텔레스의 덕론을 기본적으로 따른다. 덕은 좋은 습관, 즉 좋은 일을 할 수 있는 활동적인 습관이며, 인간을 올바르게 살 수 있도록 완성시키며 결과적으로 인간이 그의 궁극적 목적인 행복에 이를 수 있도록 인도한다.

아퀴나스는 자연적인 덕을 지적인 덕과 도덕적인 덕으로 구분한다. 이 역시 아리스토텔레스의 구분과 동일하다. 덕은 좋은 습관이므로 지적인 덕은 지적으로 좋은 습관이고, 도덕적인 덕은 도덕적으로 좋은 습관이다.

지적인 덕은 선과 진리를 추구할 수 있도록 지성(intellectus)을 완성시키는 능력으로 규정된다. 지적인 덕으로는 이해(understanding), 지식(science), 지혜(wisdom) 등이 있다. 이해는 원리를 분별하는 습관이며, 지식은 지성으로 하여금 결론을 연역할 수 있도록 숙달시키는 습관이요, 지혜는 가장 순수한 지식인 궁극 원인을 생각하며 모든 진리를 판단하고 정리하는 습관이다. 세 가지 지적인 덕은 서로 동등한 것이 아니라 일정한 순서로 구별된다. 즉, 지식은 더 높은 수준의 덕에 의존하는 것처럼 이해에 의

존한다. 그리고 이 두 가지 덕, 즉 지식과 이해는 모두 지혜에 의존한다.

도덕적인 덕은 올바른 생활을 할 수 있도록 욕망을 통제하고 지도한다. 도덕적인 덕은 인간의 욕망을 통제하여 선에 도달할 수 있게 하고 그 통제 원리와 척도에 합치되는 행위를 하도록 요청한다(사하키안, 1988: 104-105) 도덕적인 덕으로 아퀴나스는 4가지 기본 덕목(cardinal virtue),[30] 즉 용기, 절제, 정의, 사려(prudentia)[31]를 제시한다.[32]

아퀴나스는 『신학대전』 I-II, 61, 2에서 4추덕에 관한 자기 고유의 설명을 제시한다. 어떻게 "네 개"의 추덕이 존재하는가? 이 물음에 대해 아퀴나스는 덕의 형상적인 원인, 즉 이성의 선(bonum rationis) 원리에 따라 4추덕이 존재한다고 답한다. 이성의 선의 원리는 두 가지 방식으로 고려할 수 있다. 하나의 방식은 이성의 고려 자체 안에 있다. 이로부터 하나의 주요한 덕이 나오게 되는데, 이것이 바로 "사려(prudentia)"이다. 사려는 목적에 적합한 수단을 선택하며, 이를 위해서는 무엇보다 올바른 사고, 즉 이성의 숙고가 필요하다. 다른 하나의 방식은 어떤 것 안에 이성의 질서가 설정되는 것이다. 이와 관련된 덕들 중 하나는 행위와 관련되는데, 이것이 바로 "정의(justitia)"이다. 정의는 외적 행위를 통해서 균등성을 이루는 것이다. 반면에 용기와 절제는 정념과 관련된다. 정념은 이성에 대항하기도 한다. 이 대항은 두 가지로 나타나는데, 그 하나는 정념이 이성에 반할 경우이다. 이 경우 정념은 억제되어야 하는데, 이는 절제(temperantia)를 통해 가능하다. 다른 하나는 정념이 이성이 지시하는 것으로부터 물러설 경우이다. 위협 또는 고난에 대한 두려움이 이성의 지시로부터 인간을 물러서게 한다. 이성적인 것

---

30. 4추덕이라고도 번역한다. 4추덕(四樞德, quatuor virtutes cardinales)이란 용어는 암브로시우스(333-397)가 루카 복음 주석에서 처음 사용하였다. 추덕(樞德, virtutes cardinales)에서 추(樞)에 해당되는 'cardinalis'는 라틴어 'cardo'(문의 경첩)에서 유래한 용어이다. 채이병, 2007: 61 참조.
31. 윌리엄 S. 사하키안, 1988: 105에는 '지혜'로 번역되어 있다. 이 글에서는 채이병(2007)의 번역에 따라 '사려'로 표기한다.
32. 이 점에서는 아리스토텔레스보다는 플라톤을 따른다. 아리스토텔레스는 도덕적 덕을 인간 영혼의 비이성적 부분의 감정 및 욕구와 관련지어 여러 가지를 제시한 반면, 플라톤은 영혼 삼분설에 따라 4가지 덕(지혜, 용기, 절제, 정의)을 제시하였다.

안에서 확고해져 이러한 두려움으로부터 물러나지 말아야 하는데 이는 용기(fortitudo)를 통해 가능하다.

이와 같이 네 개의 추덕은 그 고유한 특성을 지닌다. 즉, 사려는 어떤 행위와 영역 안에서의 분별의 올곧음이다. 정의는 영혼의 올곧음이며, 이를 통해 인간은 어떤 영역에서든 자신이 해야만 할 것을 행할 수 있다. 절제는 영혼의 경향으로, 모든 정념과 행위에 그 한도를 정해 주어, 해야 할 바를 벗어나지 않도록 한다. 용기도 영혼의 경향인데, 이를 통해 영혼은 정념의 압박과 일의 고단함에 대항하여 이성적인 것 안에서 자신을 확립할 수 있다(채이병, 2007: 61-62).

한편 아퀴나스는 『신학대전』 I-II, 66, 3에서 지적인 덕과 도덕적인 덕 중에 어느 것이 더 우월한가에 관해 논의한다(채이병, 2007: 51-53). 아퀴나스는 어떤 것이 다른 것보다 더 중요하거나 더 가치 있다는 것을 두 가지 방식으로 고찰한다. 하나의 방식은 단적으로(simpliciter), 다시 말해서 어떤 제한 조건 없이 고찰될 경우이고, 다른 한 방식은 어떤 관점, 혹은 특수한 상황에서 고찰될 경우이다. 전자의 방식에서는 아무런 조건 없이, 단적으로 말해 더 고귀한 대상과 관계하는 덕이 더 고귀하고 우월한 덕이다. 그런데 이성의 대상이 욕구의 대상보다 더 고귀하다. 왜냐하면 이성은 보편적인 것을 파악하지만, 욕구는 개별적인 존재를 지향하기 때문이다. 그러므로 이성을 완성하는 지적인 덕이 욕구를 완성하는 도덕적인 덕보다 더 가치 있고 더 고귀하다.

그런데 실천의 관점에서 보면, 실행 또는 실천되지 않는 덕, 나아가 오용되거나 남용되는 덕은 무의미하며 해롭기까지 하다. 덕은 좋은[선한] 습관으로서, 능력의 완성이고, 행위의 근원이며 원천이다. 이 측면에서 보면 욕구나 의지를 완성하는 도덕적인 덕이 지적인 덕보다 더 중요하고 더 우월하다. 어떤 사람이 뛰어난 지적인 덕을 갖춘 사람, 예를 들어 뛰어난 학자나 기술자라 할지라도, 그가 자신의 능력을 필요한 시기에 사용할 의지가 전혀 없다든지, 또 사용할 의지가 있다 하더라도 그의 능력을 올바르지 않은 목적에 사용한다면 이는 커다란 해악을 불러일으킬 것이다. 반대로 지적인 능력이 조금 부족하다 할지라도 그것을 올바른 목적을 위해 사용하는 사람은 다른 사람에게 큰 도움을 주지는 못하지만, 적어도 타인에게 해를 끼치는 일은 거의 없을 것이다. 이런 사실을 염두에 두고 볼 때, 인간이 지닌 다양한 능력들을 올바르게 사용하게 하는 도덕적 덕이 지적인 덕보다 더 중요하고 더 고귀한 것이라고 말할 수 있다. 요약하면, 단적으로는 지적인 덕이, 실천의 관점에서는 도덕적 덕이 더 우월하다.

2) 신학적 덕

토마스 아퀴나스는 그리스도교 신앙인이자 신학자로서, 아리스토텔레스가 제시하지 않은 덕, 즉 신학적 덕을 제시한다. 신학적 덕은 피조물인 인간이 창조주인 신에게 당연히 표해야 하는 흠숭(欽崇)과 존경을 바치는 덕이다. 이 덕은 궁극목적인 신과 더욱 밀접한 관계를 유지하는 한에서 자연적인 덕보다 우월하다.

아리스토텔레스는 신을 창조자로서 그리고 의식적으로 세계를 지배 또는 섭리하는 자로서가 아니라, 세계를 무의식적으로 끌어당기고 있는 목적인으로만 보았다. 따라서 부동의 원동자를 인정하여 철학적 사색의 최고 대상으로서 그를 존경할 것을 기대하기는 하였지만, 그 부동의 원동자와 인간 간의 인격적인 관계를 생각하지는 못했다.

반면에 아퀴나스는 창조자로서 그리고 세계를 섭리하는 지배자로서의 신에 대한 명백한 관념을 가지고 있었기 때문에 인간 자신의 존재와 인격적으로 밀접한 관계에 있는 의존 관계를 행위로 나타내는 것을 인간의 첫째 의무로 생각할 수 있었다. 아리스토텔레스에게 있어서 유덕한 사람은 어떤 의미에서 가장 자주적인 인간인 반면에, 아퀴나스에게 있어서 유덕한 사람은 어떤 의미에서 가장 의존적인 인간, 즉 신에 대한 자신의 인격적 의존 관계를 인정하고 이를 완전히 나타내는 인간이다(코플스톤, 1988: 523-524 참조).

아퀴나스는 그리스도교의 기본 덕목인 믿음(faith), 소망(hope), 사랑

(love)을 신학적 덕으로 제시한다. 신학적 덕은, 자연적인 덕들과 달리, 최선의 것을 달성하기 위한 수단으로 이루어지는 것이 아니다. 신학적 덕은 절대자인 신에 의하여 인간에게 주입되며, 신의 계시에 의하여 인간에게 알려진다. 신학적 덕은 인간이 신성(神性)에 이를 수 있도록 힘을 주는 본질적인 것이다. 신학적 덕은 신의 도움을 받아 인간을 영원한 행복에 이르도록 인도한다. 신학적 덕은 인간을 신에게 인도하는 덕이다. 따라서 신학적 덕의 기준과 척도는 신에게 있다.

믿음은 신의 진리에 따른 규칙으로서, 믿음의 대상인 신에게로 가는 길을 인도한다. 소망은 신의 전능한 힘에 따른 규칙으로서, 우리들의 의지가 믿음의 목표를 지향하도록 인도한다. 사랑은 신의 선(善)에 따른 규칙으로서, 우리들의 의지가 믿음의 목표와 영적인 통일을 이루도록 한다. 이와 같은 방법으로 인간의 욕구와 열망은 자연적인 목표인 선, 즉 신을 지향하게 된다.

그렇다면 각각의 덕에서 최상의 덕은 무엇일까? 이에 대해 아퀴나스는 신학적 덕에서는 사랑이, 지적인 덕에서는 지혜가, 도덕적인 덕에서는 정의가 최상의 덕이라고 말한다(사하키안, 1988: 105-106).

## IV. 자연법 윤리

토마스 아퀴나스가 후대에 남겨 준 중요한 유산 중 하나는 자연법에 관한 논의이다.[33] 많은 서양 윤리 사상가들이 '자연법'이란 단어를 그들의 철학적, 형이상학적 배경 안에서 사용하였다.[34] 그리하여 모두가 동의하는 자

---

33. 2015 도덕과 교육과정과 2022 도덕과 교육과정에서 자연법 윤리는 고등학교 '윤리와 사상' 과목의 학습 요소로 계속 제시되고 있다.
34. 예를 들어 고대 그리스의 소피스트인 안티폰(Anthiphon, B.C. 480-411)은 자연법과 실정법을 구분한다. 그는 자연법은 인간의 본성, 즉 우리가 자연계의 구성원이라는 사실의 결과로 나타난다고 설명하고, 자기 보존의 법칙을 기본적인 자연법으로 제시한다(애링턴, 2005: 63). 자연

연법 내용을 제시하는 것은 그리 쉬운 작업이 아니다. 그런데 자연법의 구체적 내용에 관해서는 다양하고 때로는 상충하는 견해들이 있지만, 자연법이 인간의 본성을 반영하고, 보편타당성을 지니며, 실정법의 근간이 된다는 점에서는 대체로 의견의 일치를 보인다. 여기에서는 아퀴나스의 자연법 윤리 사상을 살펴보도록 하겠다. 그는 그리스도교의 배경 안에서 자신의 자연법사상을 전개하였다.

## 1. 인간 본성과 자연법

자연법은 인간 본성에 반영된 법이다. 그렇다면 토마스 아퀴나스는 인간 본성을 어떻게 보고 있는가? 그리스도교의 교리에 따르면, 인간은 신의 모상(imago Dei)으로 창조된 피조물이다. 창조된 피조물로서 인간은 육체와 영혼을 모두 가지고 있다. 육체를 가진 존재로서 인간은 물질적인 것을 필요로 하고 욕구한다. 영혼을 지닌 존재로서 인간은 정신적인 것을 추구하고 신을 사랑할 수 있는 능력을 지니고 있다.

피조물의 세계에서 인간의 지위에 관한 아퀴나스의 설명은 아리스토텔레스의 설명과 매우 유사하다. 다만 아리스토텔레스가 기능(ergon)에 관심을 가졌다면, 아퀴나스는 욕구(desires)에 관심을 가진 점이 구별된다. 신의 모상으로서 인간은 목적을 추구하는 존재이다. 인간은 자신이 추구하는 목표에 도달하기 위하여 행위하고, 인간의 욕구는 그것을 만족시키는 목적들을 향해 움직인다. 아퀴나스에 따르면 인간에게는 세 종류의 욕구가 존

---

법 이론의 연원은 일반적으로 스토아학파에서 찾는다. 스토아학파의 디오게네스는 "법이나 올바른 이성 그리고 정의까지도 관행이 아니라 자연(natura)에 의해서 존재한다고 말하였다"(Diogenes, L., *Lives of Eminent Philosophers*, vol. 2: 애링턴, 2005: 233 재인용). 토머스 홉스는 "자연법(lex naturalis)은 이성이 발견한 원리 또는 일반적인 규칙으로서 이를 통하여 인간은 자신의 생명을 파괴하는 것을 행하는 것 또는 생명을 보존하기 위한 수단을 제거하는 것 그리고 생명을 가장 잘 보존할 수 있을 것으로 여겨지는 일을 회피하는 것을 금지당하게 된다"(*Leviathan*, xiv, 3; 애링턴, 2005: 263 재인용)고 설명하고 있다. 서양 자연법의 역사적 흐름에 관해서는 진교훈, 2022, 제2부 "서양 자연법의 중요한 흐름"을 참조하시오.

재한다.[35] 첫째 욕구는 모든 피조물이 공유하고 있는 자연적 성향(natural inclination)이다. 둘째 욕구는 감각 욕망이다. 여기에는 정욕과 관련된 욕망(사랑, 쾌락을 향한 욕구 등)과 성미와 관련된 욕망(두려움, 해로운 것을 피하려는 욕구 등)이 포함된다. 그런데 이러한 욕망은 동물들도 지니고 있다. 셋째 욕구는 이성적 욕망 또는 의지(rational appetites or will)이다. 이 욕망의 대상은 이성을 통하여 파악되는 선이다. 이성적 욕망은 의식적인 기질(conscious tendencies)이며, 따라서 인간은 이를 조절할 수 있다.

이성적 욕망의 대상들을 추구할 때 인간은 행위의 자발성과 의지의 자유를 드러낸다. 이것이 바로 인간이 자연의 다른 존재들과 구별되는 점이다. 자유로운 행위는 인간 본성의 본질을 이룬다. 이러한 인간 본성은 감각 욕망이 이성에 의해 조절되고 인도될 때 드러난다. 그렇다면 이성은 인간의 감각 욕망을 어떻게 조절하고 인도할까? 달리 말해, 이성은 인간이 무엇을 욕구해야 하며 무엇을 추구해야 하는지를 어떻게 알 수 있는가? 이 물음의 답을 찾는 과정에서 우리는 아퀴나스의 자연법 윤리를 만날 수 있다. 자연법은 아퀴나스가 처음 주장한 것은 아니지만, 그의 자연법 윤리는 대표적인 자연법 윤리 중 하나로 평가되고 있다. 아퀴나스의 자연법 개념을 이해하기 위해서, 그가 제시한 법에 대한 일반적 정의, 영원법(eternal law)과 시민법(civil law)[36]과의 관계를 살펴볼 필요가 있다.

아퀴나스는 법을 "공동체를 돌보는(care) 사람들에 의해 공포된, 공동선을 위한 이성의 법령(ordinance)"으로 정의한다(*Summa Theologiae*, 1a2ae. 1. 5). 이러한 정의는 우선 시민법에 매우 잘 적용된다. 입법자들은 시민 공동체를 돌볼 책임을 갖는다. 입법자들은 이성을 사용하여 시민들을 보호하고 그들의 삶에 필요한 것들을 제공하기 위한 법률을 제정해야 한다. 또한 시민법은 법을 지키도록 만드는 자극인 제재 조치들을 통해 더욱 강화된

---

35. 인간이 가진 세 종류의 욕구를 설명하는 과정에서 토마스 아퀴나스는 욕구를 욕망(appetites) 또는 성향(inclination)이라는 단어로 표현하기도 한다.
36. 아퀴나스는 시민법을 인간법 또는 실정법이라고도 불렀다.

다. 이러한 시민법의 존재는 모든 조직화된 사회 형태에서 공통적으로 발견되는 사실이다.

그런데 그리스도교인들에게는 시민법만 있는 것이 아니다. 그들에게는 신법(the law of God)이 존재한다. 신법은 신의 이성을 표현하는 규칙들이며, 세계를 지배하는 신의 섭리를 드러낸다. 아퀴나스는 보다 상위의 법으로서 신법을 다음과 같이 설명한다.

> 세계가 신의 섭리에 의해서 지배된다는 사실을 받아들인다면 (…) 이 우주의 모든 공동체가 신의 뜻(mind)에 의해서 지배된다는 점은 자명하다. (…) 신의 뜻은 시간 안에 한정된 것이 아니라 영원한 개념이므로 (…) 이로부터 생겨난 법 역시 영원하다고 할 수 있다. (…) 우주를 창조하는 원리로서 신의 지혜는 행위를, 모범을, 관념을 의미하기도 하고 이와 마찬가지로 모든 것들이 자신의 목적을 향하여 움직이도록 하는 법칙을 의미하기도 한다. 그러므로 영원법은 모든 것의 운동과 행위를 지배하는 것으로서 신의 지혜의 모범(exemplar) 이외의 다른 어떤 것이 아니다. (*Summa Theologiae*, 1a2ae. 91. 1과 91. 3; 애링턴, 2005: 235-236 재인용)

신의 섭리와 신의 뜻으로부터 영원법이 생겨난다. 그런데 인간은 이 영원법을 어떻게 파악할 수 있을까? 그리스도교의 교리에 따르면, 육체 안에 갇혀 살고 있는 인간은 신의 뜻을 직접 파악할 수는 없다. 그런데 인간은 신의 모상으로 창조되었기에, 인간 본성 안에 신의 법칙이 이미 들어와 있고 따라서 인간 본성에는 신의 영원법이 반영되어(reflect) 있다. 신이 인간에게 추구하도록 만든 목표와 행위 형태, 이 모든 것이 인간의 본성적인 행위 안에 구축되어 있다는 것이다. 따라서 영원법으로부터 생겨난 규칙들은 인간의 기본적인 경향 또는 자연적 성향들(inclinationes naturales)과 일치한다. 자연적 성향들은 인간을 신이 인간에게 선한 것으로 규정한 목적들, 즉 선으로 향하게 하며, 이것이 바로 인간 본성을 완성하는 길이다. 인간의 자연적 성향에 관해 성찰함으로써 인간은 신이 의도하는 바를, 즉 신이 인간을 창조하면서 부여한 인간의 본질 또는 이상을 알게 된다. 인간은 바로 이러한 범위 안에서 신의 영원법을 인식할 수 있다.

아퀴나스는 신에 의해 인간에게 반영되어 있는 그리고 인간이 파악할 수 있는 영원법을 자연법이라 부른다.

> 지적인 피조물인 인간이 공유하고 있는 영원법을 우리는 바로 자연법이라 부른다. (*Summa Theologiae*, 1a2ae. 91. 2; 애링턴, 2005: 236 재인용)

자연법은 신의 뜻으로부터 발산된 것이며, 인간의 자연적 성향에 반영되어 있는 것이며, 인간의 이성을 통해 파악될 수 있는 것이다. 그런데 신의 법칙(God's law) 모두가 인간 본성에 반영되어 있는 것은 아니다. 그리스도교인들에게 특별히 부과된 종교적 의무들은 오직 신의 계시를 통해서만 밝혀진다. 신의 법칙들 중 이러한 부분을 아퀴나스는 신법(Divine Law)으로 표현한다. 한편, 인간 본성은 피조물인 인간의 활동을 지배하는 법률들을 구체화한다. 그리하여 인간 본성은 계시의 도움 없이 이성이 바로 파악할 수 있는 법률, 모든 피조물이 어떻게 행위해야 하는지를 지시하는 법률, 즉 자연법을 구체화한다.

### 2. 자연적 성향

신의 영원법이 반영되어 있는 인간의 자연적 성향은 무엇인가? 아퀴나스는, 아리스토텔레스와 마찬가지로, 인간 본성에 관해 목적론적 관점을 갖고 있다.[37] 이에 따르면, 인간의 기본적인 성향은 선을 추구하는 것이며, 이를 소극적으로 표현하면 악을 피하는 것이다. 그리하여 자연법의 제1원리

---

37. 아리스토텔레스와 아퀴나스의 목적론적 관점의 유사점과 차이점에 관해서는 코플스톤, 1988: 508-511 참조.

는 "선을 추구하고 악을 피하라"³⁸이다. 이 원리는 인간 본성 안에 존재론적인 기초를 가지고 있으며, 가장 기본적인 자연적 본성을 드러낸다. 아퀴나스는 "선"이라는 기본적인 실천적 개념으로부터 선을 추구하고 악을 피할 것을 명령하는 원리를 이끌어 낼 수 있다고 생각한다. 그리고 다른 모든 실천적인 원리들은 선을 추구하고 악을 피하라는 기본적인 원리와 조화될 수 있어야만 한다.

인간의 자연적 성향들은 인간이 자연의 일부이고 동물 세계의 일부이며 동시에 이성적 피조물임을 반영하는 것으로 해석될 수 있다. 이러한 성향들은 자연법의 부수적인 일반 원리들을 만들어 낸다. 첫째, 자연의 일부로서 인간은, 다른 동식물과 마찬가지로, 자신의 존재를 계속 유지하려고 노력한다. 이러한 자연적인 사실로부터 '자신의 생명을 보존하고 건강을 유지하여라'는 규칙을 이끌어 낼 수 있다. 모든 생명은 계속 존재하려는 성향을 보편적으로 갖고 있기에, 모든 생명은 존중되고 보호되어야 한다는 규칙도 이로부터 도출할 수 있다. 둘째, 동물 세계의 일부로서 인간은 본성적으로 자손을 낳아 종족을 보존하려고 한다. 이러한 성향으로부터 아퀴나스는 '결혼하여 자손을 늘리라'는 규칙을 이끌어 낸다. 이는 '성행위와 성관계에 있어 절도를 지키라'와 같이 성과 관련된 윤리로 구체화되기도 한다. 셋째, 이성적 피조물로서 인간은 진리를 인식하려고 노력한다. 이에 관해 아퀴나스는 다음과 같이 진술하고 있다.

> 인간들은 자신의 본성들 중 이성적인 것이 지니고 있는 선을 추구하려는 욕구를 지니고 있다. 예를 들면 신과 사회적 삶에 관한 진리를 인식하려 하는 것은 적절한 일이다. 그러므로 이러한 내용을 포함하고 있는 모든 것은 자연법의 내용이 될 수 있다. 예를 들어 무지에서 벗어나기 위해 노력해야 한다거나 서로 존중하면서 살아야 하는 다른 사람들을 공격하지 말

---

38. "bonum est faciendum et prosequendum, malu vitandum"(*Summa Theologiae*, II, 1.q.94.2.). 이 문장을 온전히 번역하면 "선은 행하고 추구되어야 하며 악은 피해야 한다."이다.

라는 것, 또한 이와 관련하여 요구되는 것 등은 자연법의 내용에 포함된다. (*Summa Theologiae*, 1a2ae. 94. 2; 애링턴, 2005: 238 재인용)

신의 모상이며 이성적 피조물로서 인간은, 다른 동식물과는 다르게, 알기를 원하며 이러한 성향은 인간에게 신과 세계를 인식하고자 하는 시도를 하도록 만든다. 한편, 인간은 사회적 존재로서 공동체의 구성원으로서의 삶을 살아간다. 따라서 공동체 안에서 서로 평화롭게 살아가라는 것과 타인을 해치지 말고 그들의 합법적인 행위를 방해하지 말라는 것도 자연법의 명령이다.

## 3. 자연법 윤리의 한계와 비판

토마스 아퀴나스의 자연법사상의 한계로 진교훈은 자연 개념이 선악의 기준을 제공할 수 있는가의 문제와 노예제도, 사형 제도, 식민지 전쟁 등에 대한 도덕적 판단의 문제를 제기한다(진교훈, 2022: 136-137). 아퀴나스는 아리스토텔레스가 목적론적 형이상학과 자연 개념을 통해 제시하고자 했던 방법을 이용하여 자연법을 규명하였다. 모든 존재가 추구하는 것은 선이기 때문에 그는 '선을 행하고 악을 피하라', '이성에 따라 행위하라'는 자연법의 명령을 제시한다. 그러나 그가 제시하는 자연법에서 자연 개념은 다의성과 불확실성을 피하지 못한다. 왜냐하면 자연은 단지 목적적인 형상, 즉 완벽하게 형성된 존재이기도 하지만 또한 몰가치적인 면도 갖고 있기 때문이다. 그는 "인간의 자연적인 성향이 원하는 모든 것을 이성은 자연적으로 선으로 파악하고, 그 반대를 악으로 파악한다. 자연법의 질서는 자연적인 성향의 질서에 따르는 것이다"(*Summa Theologiae*, II, 1.q.94.2)라고 말한다. 그런데 모든 자연적인 성향들이 가치적인 면에서 '자연에 합당'한 것이 아니라, 좋은 성향들만이 '자연에 합당'한 것이기 때문에, 자연 개념이 선과 악에 대한 기준을 제공할 수 있느냐는 의문이 생긴다. 자연에 합당한 것이 선의 구체적인 내용을 정의하는 것이 아니라, 오히려 선이 자연에 합당한 것이 무엇인가를 규정해야 하는 것이 아니냐는 반문이 생긴다. 여기서 그의 자연법이 순환논법에 이르게 된다고 생각해 볼 수 있다. 이미 선한 것으로 여겼던 것을 자연에 합당한 것으로 제시하고 선의 인식 근거로 사용하는 것이다. 한편, 아퀴나스는 노예제도와 사형 제도에 대해 아리스토텔레스와 교부들의 견해에 동조했다. 그리고 그리스도교 신앙에 부정적인 영향을 막기 위해 비그리스도교인에 대한 전쟁을 허용해야 한다는 주장도 했는데, 이 주장은 식민지 전쟁을 정당화해 주는 논거를 제공했다는 비판도 받고 있다.

자연법 윤리에 대한 대표적인 비판은, 자연법 윤리가 인간 행위에 대한 사실적 설명과 규범적 설명을 부당하게 결합하고 있다는 것이다(애링턴, 2005: 244-247 참조). 흄(Hume)은 자기 이전의 윤리 이론들을 검토한 후, 대부분의 윤리 이론이 사실 진술과 당위 진술을 연결하는 근거를 제대로 제시하지 않고 있으며, 나아가 이러한 연결은 불가능하다고까지 주장한다. 흄의 다음과 같은 주장은 자연법 윤리에도 적용 가능하다.

> 내가 지금까지 접했던 모든 도덕성의 체계들에서 항상 주목하였던 바는 각 체계의 저자들이 어느 정도까지는 일상적인 방식으로 추론을 진행하다가 느닷없이 신의 존재를 확립하고 인간사에 관한 여러 가지를 관찰한다는 점이다. 그리고 도덕 체계에서는 명제의 일반적인 계사인 '이다'와 '아니다' 대신에 '해야만 한다'와 '해서는 안 된다'로 연결되지 않은 명제가 없다는 사실을 발견하고 나는 매우 놀랐다. 이러한 계사의 변화는 부지불식간에 이루어지지만 매우 중요한 것이다. '해야만 한다'거나 '해서는 안 된다'는 것은 어떤 새로운 관계 또는 단언을 표현하기 때문에 이는 반드시 지적되고 설명되어야 한다. 동시에 이러한 새로운 관계가 자신과는 전혀 무관한 다른 관계들로부터 어떻게 연역되는가에 대한 근거도, 왜냐하면 이것은 거의 불가능한 듯이 보이기 때문에, 반드시 제시되어야만 한다. (Hume, A

*Treatise of Human Nature*, 469-470; 애링턴, 2005: 377-378 재인용)

자연법 윤리에 관한 또 하나의 비판은, 인간의 자유의지를 인정하는 것과 관련된다. 자유의지를 지닌 존재로 창조된 인간은 신의 뜻에 따를 수도 있고 따르지 않을 수도 있다. 즉, 자연법에 일치하게 행위할 수도 있지만, 일치하지 않게 행위할 수도 있다. 인간이 자연법의 규정과 다르게 행위할 수 있다는 것이 사실이라면 현실적인 인간 본성에 자연법이 반영되어 있다고 말하기 어렵다. 자연법 윤리에 비판적인 견해를 가진 철학 및 윤리학자들은 자연법 윤리가 근거도 취약하고 일관성도 없다고 지적한다.

그런데 아퀴나스의 입장에서 변론한다면, 자연법을 설명할 때 그는 상당한 융통성을 허용하고 있다. 특히 부수적인 자연법의 명령들을 이끌어 내는 과정이나 이 명령들을 개별 경우에 적용하는 과정에서 상당한 융통성을 허용하고 있음을 발견할 수 있다.[39] 애링턴은 아퀴나스의 자연법 윤리에 대한 일련의 비판이 "과연 정곡을 찌른 것인지 그렇지 않은 것인지는 계속 생각해 볼 만한 문제"(애링턴, 2005: 247)라고 서술하고 있다.

## V. 결론

토마스 아퀴나스는 순전히 그의 사상과 가르침 때문에 그리스도교(가톨릭)에서 성인으로 존경받고 있다. 그의 철학 및 윤리 사상은 중세 최고조의 시기에 등장한 가장 영예로운 것 중의 하나로 평가되며, 그는 서양 역사에서 가장 중요한 철학자 중의 한 사람으로 인정받고 있다. 한편 힐쉬베르

---

[39] 자연법에 관한 초기 저술인 『명제집 주해(*Commentary on the Sentences*)』와 후기 저술인 『신학 대전(*Summa Theologiae*)』 모두에서 아퀴나스는 자연법의 기본적인 명령과 부수적인 명령을 구분하고 있다. 이에 관한 상세한 논의는 애링턴, 2005: 238-240 참조.

거는 아퀴나스를 "그리스도교적인 아리스토텔레스주의"(힐쉬베르거, 1996: 540)로 표현하였다. 그는 그리스도교의 교의(敎義) 안에서 아리스토텔레스의 사상을 수용하고 종합하여, 하나의 통일된 체계를 구성하였다. 그리하여 질송은 토마스 아퀴나스를 다음과 같이 평가한다. "성 토마스를 모든 스콜라 철학자들보다 뛰어나게 해주는 것은, 그 독창성이 아니라, 그 구성이 대담하고 치밀한 것이다. 지식의 넓이에 있어서는 알베르투스 마그누스가, 감정의 뜨거움과 깊이에 있어서는 성 보나벤투라가, 논리적인 엄격성에 있어서는 둔스 스코투스가 그를 능가한다. 그러나 교육적인 기술에 있어서와, 빛날 정도로 분명하게 종합을 하는 거장과 고전가로서는, 성 토마스가 이 모든 사람을 능가한다"(힐쉬베르거, 1996: 541).

토마스 아퀴나스가 제시한 자연법 윤리는 현대사회의 여러 윤리 문제, 예를 들어 자살, 안락사, 동성애, 혼인, 전쟁 등에 관해 일관된 하나의 관점을 분명하게 제시하고 있다. 이러한 관점이 그리스도교 신앙에 토대를 두고 제시되고 있기에 그 근거와 내용에 대한 반론도 존재하지만, 현대사회의 윤리 문제에 대한 일정한 해법과 인류가 나아갈 방향을 명백하게 제시하고 있는 점은 분명하다. 종교의 가르침이 일상생활에 미치는 영향력이 감소하고 있는 현대사회에서 그가 강조한 인간 존엄과 선의 실천을 어떻게 구체화할 것인가는 우리의 몫이라고 할 수 있다.

토마스 아퀴나스의 윤리 사상에 관한 정리를 마무리하면서, 도덕과 교육과정에서 제기한 윤리적 물음, 즉 "신앙과 윤리는 어떤 관계가 있는가?"를 다시 상기해 본다. 일반적으로 현대사회를 종교 상실의 시대, 나아가 '무종교의 시대'라고 말하기도 한다. 종교의 가르침이 현대인들의 삶에 별로 영향을 주지 않고 있으며, 나아가 신앙이 갖는 독단성과 일부 신앙인들의 배타적, 비윤리적 행위는 종교에 대한 부정적인 태도를 형성하기도 한다.

이런 시대에 신앙과 윤리는 어떤 관계가 있는가? 신앙과 윤리의 관계에 관해서는 다양한 견해가 존재한다. 신앙과 윤리는 형식은 다르지만 그 내용은 동일하다는 입장에서부터, 그 둘은 완전히 무관하다는 입장까지 그

견해의 스펙트럼은 매우 넓다. 그래서 도덕과 교육과정의 물음을 다음과 같이 재진술해 본다. 인간의 윤리적 삶의 관점에서 신앙과 윤리는 어떤 관계를 갖는가?

철학적 인간학의 성찰에 따르면, 인간은 자연적 존재인 동시에 윤리적 존재이다. 인간은 일상을 살아가는데, 그 일상을 '잘(well)', 즉 선하고 바르게(good and rigth) 살고자 한다. 윤리는 선하고 바른 삶에 관해 통찰하고 일정한 가르침을 제시한다. 그런데 그러한 통찰과 가르침은 보편타당성을 지닐 때 설득력을 가질 수 있다. 그리하여 보편타당성의 근거를 어디에서 찾느냐가 윤리 이론의 중요한 과제이다. 근대의 윤리 이론들은 보편타당성의 토대를 종교 이외에서 찾아서 제시하고 있다. 예를 들어 칸트는 실천 이성과 선의지를, 흄은 공감을, 벤담은 쾌락과 공리의 원리를 그 근거로 제시하였다. 그리스도교를 포함한 대부분의 종교 역시 인간의 선하고 바른 삶에 관심을 가지며, 그러한 삶을 위한 윤리적 통찰과 가르침을 제시한다. 종교는 그 가르침의 근거를 종교적 절대자 또는 절대 진리에 둔다.

신앙과 윤리는 모두 인간의 윤리적 삶에 관심을 가진다. 인간의 윤리적 삶의 측면에서 종교와 윤리는 매우 밀접한 관련을 갖는다고 답할 수 있다. 이러한 밀접한 관련의 예를 토마스 아퀴나스에서도 찾아볼 수 있다. 그리스도교는 창조주인 신과 피조물인 인간과의 관계에 관심을 가지며, 신의 뜻에 따라 살아갈 때 인간은 선하고 올바른 삶을 살 수 있다고 가르친다. 토마스 아퀴나스는 그리스도교의 이러한 가르침이 보편타당성을 지닌다고 생각하였고, 그것을 설명하고 이해시키기 위해 아리스토텔레스의 사상을 적극적으로 수용하였다. 진리를 위해, 그리고 진리의 보편타당성을 설명하기 위해 이렇게 종합하고 체계적으로 정리하는 노력은 아퀴나스에게서 배울 중요한 학문적 태도이다.

## 참고 문헌

교육부(2022), 『도덕과 교육과정』교육부 고시 제2022-33호 [별책6].
로버트 L. 애링턴, 김성호 옮김(2005), 『서양 윤리학사』, 서울: 서광사.
박승찬(2018), 『서양 중세의 아리스토텔레스 수용사: 토마스 아퀴나스를 중심으로』, 서울: 누멘.
박승찬(2019), "신학대전: 서구 지성사의 금자탑", YouTube, cpbcTV.
박승찬(2019), "천사적 박사 토마스 아퀴나스", YouTube, cpbcTV.
새뮤얼 E. 스텀프 & 제임스 피저, 이광래 옮김(2004), 『소크라테스에서 포스트모더니즘까지』, 파주: 열린책들.
양명수(2014), 『토마스 아퀴나스의 신학대전 읽기』, 서울: 세창출판사.
에티엔느 질송, 김기찬 역(1999), 『중세철학사』, 서울: 현대지성사.
요한네스 힐쉬베르거, 강성위 옮김(1996), 『서양철학사-상권 · 고대와 중세』, 대구: 이문출판사.
윌리엄 S. 사하키안, 송휘칠 · 황경식 옮김(1988), 『윤리학의 이론과 역사』, 서울: 박영사.
이상섭(2014), 「선한 사람(homo bonus), 복된 사람(homo beatus): 토마스 아퀴나스의 이상적 인간에 대한 연구」, 『철학논집』, 38.
이상일(2012), 「토마스 아퀴나스의 자연법 이론에 관한 아리스토텔레스의 영향에 관한 연구」, 『동서철학연구』, 64.
이정민(2015), 「파리 대학의 역사적 의미에 관한 고찰」, 『통합유럽연구』, 6(1), 통권 10호.
이진남(2010), 「자연법과 생명윤리: 토마스주의 자연법 윤리 체계와 원리를 중심으로」, 『범한철학』, 57.
임경헌(2018), 「자연법의 제일 원리들 — 몇가지 주요 특징들에 대한 탐구」, 『가톨릭 철학』, 30.
임경헌(2021), 「자연법 개념의 두 의미: 토마스 아퀴나스의 자연법론을 중심으로」, 『가톨릭철학』, 37.
진교훈(2022), 『자연법 연구: 도덕의 원류를 찾아서』, 파주: 철학과현실사.
채이병(2007), 「성 토마스 아퀴나스의 덕론」, 『가톨릭철학』, 9.
토마소 스칸드롤리오(2019), 『자연법: 성 토마스 아퀴나스의 자연법 이론』, 서울: 가톨릭대학교출판부.
토마스 아퀴나스, 신창석 옮김(2015), 『대이교도대전 1』, 왜관: 분도출판사.

토마스 아퀴나스, 박승찬 옮김(2015), 『대이교도대전 2』, 왜관: 분도출판사.
토마스 아퀴나스, 김율 옮김(2019), 『대이교도대전 3-1』, 왜관: 분도출판사.
토마스 아퀴나스, 정의채 옮김(1985), 『신학대전 1: 하느님의 존재』, 왜관: 분도출판사.
토마스 아퀴나스, 정의채 옮김(1999), 『신학대전 6: 창조』, 왜관: 분도출판사.
토마스 아퀴나스, 정의채 옮김(2003), 『신학대전 10: 인간』, 왜관: 분도출판사.
토마스 아퀴나스, 정의채 옮김(2003), 『신학대전 11: 인간 영혼의 능력』, 왜관: 분도출판사.
토마스 아퀴나스, 정의채 옮김(2013), 『신학대전 12: 인간의 지성』, 왜관: 분도출판사.
토마스 아퀴나스, 김율 옮김(2008), 『신학대전 13: 하느님의 모상으로 창조된 인간』, 왜관: 분도출판사.
토마스 아퀴나스, 정의채 옮김(2000), 『신학대전 16: 행복』, 왜관: 분도출판사.
토마스 아퀴나스, 이재룡 옮김(2019), 『신학대전 18: 도덕성의 원리』, 왜관: 분도출판사.
토마스 아퀴나스, 이진남 옮김(2020), 『신학대전 28: 법』, 왜관: 분도출판사.
프레드릭 C. 코플스톤, 박영도 옮김(1988), 『중세철학사』, 서울: 서광사.

# 8

# 스피노자의 윤리 사상

변순용

서울대학교 사범대학 및 대학원에서 윤리교육을 전공하고, 독일 Karlsruhe대학에서 철학박사 학위를 취득하였다. 2005년부터 서울교육대학교 윤리교육과 교수로 재직하고 있으며, 주요 관심 분야는 실천 및 응용 윤리학이다. 현재 서울교육대학교 어린이철학교육센터 센터장, 한국인공지능윤리학회 회장, 한국윤리학회 고문으로 활동 중이다. 저서로는 『책임의 윤리학』, 『삶의 실천윤리적 물음들』, 『삶과 철학 이야기』, 『인공지능 윤리하다』, 『윤리적 AI 로봇 프로젝트』, 『로봇윤리란 무엇인가?』, 『음식윤리』, 『융합기술시대의 윤리』 등이 있고, 역서로는 『레비나스』, 『생명윤리학 1,2』, 『로봇윤리』, 『철학·도덕교육의 교수법』 등이 있다.

"나는 더 좋은 것을 보고 그것을 타당하다고 여기지만, 더 나쁜 것을 따른다
(Video meliora proboque, deteriora sequor)." (4부 정리 17)

"모든 고귀한 것은 힘들 뿐만 아니라 드물다
(Sed omnia praeclara tam difficilia, quam rara sunt)," (5부 정리 42)

# I. 들어가는 말

## 1.1 생애

니체(F. Nietzsche)는 스피노자의 『윤리학』[1]을 읽고 나서 자신이 '진정한 선구자'를 만났다고 지인에게 편지를 썼고, 헤겔(G. Hegel)은 "그대는 스피노자주의자이거나 아예 철학자가 아니다."라고 말하였다. 그리고 현대 철학자 중에서 들뢰즈(G. Deluze)는 스피노자[2]를 철학자들의 왕이라고 부르면서, 신학으로부터 철학을 구해 낸 철학의 그리스도라고 평하였으며, 베르그송(H. Bergson)도 모든 철학자는 두 가지 철학을 갖고 있는데, 하나는

---

1. 그동안 이 책의 번역본의 이름으로 사용된 『에티카』라는 책명 대신에 이 글에서는 『윤리학』을 사용하고자 한다. 그 이유는, 물론 이 책의 주제가 모두 윤리학의 주제들이 아니라 형이상학, 인식론, 심리학까지 하나의 체계로 포괄하고 있긴 하지만, 그럼에도 불구하고 이 책의 주된 주제는 윤리학의 주제임을 부정할 수는 없으며, 이 책의 원명이 'Ethica'이지만 이에 대한 번역명이 필요해 보이기 때문이다. 그리고 이 책에 대한 여러 번역본이 있지만, 여기에 실린 번역은 대체로 B. d. Spinoza, 강영계 역(1990, 2023), 『개정판 에티카』(서광사)를 주로 참조하였음을 밝혀 둔다.
2. 스피노자의 이름은 포르투갈어식으로는 Bento de Spinoza, 히브리어로는 Baruch de Spinoza이지만, 유태인 공동체로부터 파문당한 이후에는 Benedictus로 바꾸고, 이후 모든 책과 서신에는 B. d. S.(Benedictus de Spinoza)를 사용하였다.

자신의 철학이고, 다른 하나는 스피노자의 철학이라고 말하였다. 이러한 후대 철학자들의 평가는 이 책에 대한 관심을 높여 준다. 실제로 스피노자의 생애를 살펴보면 그를 영혼의 진정한 자유인이라고 부를 수 있다. 그는 부유한 유태인 공동체의 구성원으로서의 삶이나 침묵을 전제로 제안된 하이델베르크 대학의 교수라는 자리도 진정한 앎을 향한 추구에 방해가 된다며 포기할 정도로 영혼의 자유로움을 보여 주는 삶을 살았다.

그는 1632년 네덜란드의 암스테르담에서 태어났으며, 그의 집안은 포르투갈에서 종교적 박해를 피해 그 당시 비교적 종교의 자유가 보장되었던 암스테르담에 정착을 하였고, 부친 사업의 성공으로 네덜란드 유대인 사회 내에서 비교적 안정된 집안이었다. 그가 6살 때 어머니가 폐병으로 사망하였고, 22살 때(혹은 20살 때) 아버지가 사망하여 자신의 동생과 함께 상점을 24살까지 운영하였다. 그는 암스테르담에 있는 반 덴 엔덴의 학교에서 라틴어, 데카르트 철학과 과학의 원리, 수학, 물리학 등을 배운 것으로 알려져 있다.

1656년 24살 때 스피노자 자신도 교회에 소환되어 신학에 대해 침묵하는 조건으로 연금을 제의받기도 했지만, 결국 교회로부터 신을 부정하고 유대교 교리를 비판했다는 이유로 파문을 받고 유대교 사회에서 추방당하게 되었다.[3] "그가 최종적으로 파문을 당하게 되었던 정확한 이유는 알려지지 않았다. 어느 시점에서 그가 지지했던 사상과 그가 영위했던, 세속화되어 가던 삶은 장로들에 의해 참을 수 없을 정도로 이단적이라고 판정되었다"(쿡, 2016: 21). 그를 파문하는 문서에는

그는 낮에도 저주받고 밤에도 저주받을 것이다. 잠잘 때도 저주받고 일어날 때도 저주받을 것이다. 주님께서 그를 용서하지 않을 것이고 인정도 하

---

[3]. 그가 20대 무렵까지 어떠한 일을 경험하였는지를 알려 줄 만한 객관적인 자료가 없고, 다만 배움의 과정에서 데카르트를 공부하게 되면서 유대교적 사고에서 벗어날 기회를 가졌던 것으로 보이고, 이에 대한 회의를 느끼고 있었던 것으로 판단된다.

지 않을 것이다. 주님께서 항상 그의 죄에 노여워하실 것이다. 율법서에 기록된 모든 저주가 그를 덮쳐 그의 이름을 이 세상에서 지워버릴 것이다.
(Nadler, 1999: 20)

라고 되어 있다. 스페인과 포르투갈에서 가톨릭으로 개종했지만 여전히 유대 신앙과 종교적 실천을 충실히 했던 마라노(Marrano)들이 종교적 박해를 피해 비교적 종교적으로 자유로웠던 암스테르담으로 이주하였고, 이들이 당시의 암스테르담의 유대인 사회를 구성하고 있었다. 그러다 보니 종교적 견해의 다름에 대한 사회적 수용 범위가 넓지 못했을 것이다. 스피노자와 긴밀한 관계를 유지했던 후안 데 프라도(Juan de Prado) 역시 "영혼은 육체와 함께 사멸한다는 것, 신은 철학적으로만 말할 수 있을 뿐이라는 것, 그리고 신앙은 무익하다는 것을 주장했다는 이유로 1656년 회개를 강요받고, 이후에 파문"(들뢰즈, 2001: 13)당한 것을 보면, 그 당시 암스테르담 유대인 사회의 분위기를 짐작할 수 있다.

스피노자가 유대인 공동체에서 쫓겨난 후 6년간의 삶에 대해서는 거의 알려지지 않았다. 알려진 것은 그가 잠시 학교에서 학생들을 가르치다가, 렌즈 가공 기술을 배운 뒤부터는 하숙집 다락방에 살면서 이 일을 직업 삼아 소박한 생활을 보냈다는 정도이다. 렌즈 깎는 일은 생계수단이기도 했지만, 그 당시에는 고도의 광학 이론과 응용과학의 작업이었다. 말하자면, 그것은 당시의 첨단 기술이었다. 1671년 라이프니츠와 스피노자가 주고받은 편지의 주제도 광학과 렌즈였다(모로, 2019: 43 참조). 그는 렌즈 가공을 하고 남는 시간에 책을 읽거나 철학을 연구했고, 다른 사람들과 학술적 서신을 주고받기도 하는 등 일상적인 삶에서는 매우 온화한 철학자로서 주변 사람들로부터 존경받았다.

그는 1677년 2월 21일에 폐병으로 사망하였다. 렌즈 가공 일의 영향이었을 수도 있고, 그의 부모와 형제도 폐질환으로 사망한 것을 두고 가족력이 원인이었을 것이라고 보기도 한다.

## 1.2. 주요 저서

"『르네 데카르트의 철학의 원리에 대하여(*Renati DesCartes Principiorum philosophiae pars*, I, II)』(1663)가 스피노자가 출판한 첫 번째 책이기는 하지만, 이전에 두 저술을 썼을 것으로 추정되는데, 『지성 교정론(*Tractatus de Intellectus Emendatione*)』(1662)과 『신, 인간, 인간의 지복에 관한 소론(*Korte Verhandeling van God, de Mensch en des zelfs welstand*)』이다"(모로, 2019: 70).

그의 저서 중 『신학 정치론(*Tractatus Theologico-Politicus*)』(1670)만이 완성된 상태로 출간되었고, 다른 책들은 미완의 작품이거나 유고작이 대부분이다. 『르네 데카르트의 철학의 원리에 대하여』(1663)도 출간되긴 했지만, 3부의 시작 부분에서 중단되었고, 『에티카(*Ethica Ordine Geometrico Demonstrata*)』(1677)는 그의 사후에 출판되었다. 그의 저서 목록은 아래와 같다.

『지성 교정론(*Tractatus de Intellectus Emendatione*)』(1662)
『신, 인간, 인간의 지복에 관한 소론(*Korte Verhandeling van God, de Mensch en des zelfs welstand*)』
『르네 데카르트의 철학의 원리에 대하여(*Renati DesCartes Principiorum philosophiae pars*, I, II)』(1663)
『형이상학적 사유(*Cogitata metaphysica*)』
『신학 정치론(*Tractatus Theologico-Politicus*)』(1670)
『정치론(*Tractatus Politicus*)』(1675-76)
『에티카(*Ethica Ordine Geometrico Demonstrata*)』(1677)
『히브리어 문법 개요(*Xompendium Grammatices linguar hebraeae*)』

그의 주요 저서를 간략히 설명하면 다음과 같다. 우선 『지성 교정론』에서 그는 "사람들은 현존하는 것보다 더 완전한 인간 본성을 떠올릴 수 있으며, 이에 다가갈 수 있도록 해 주는 모든 것은 참된 선이라고 불린다. 최고선은 그런 본성을 향유하는 데 있다. 거기에 도달하려면 처음부터 할 수 있는 만큼 지성을 교정하고 정화해야 하는데, 이는 사물을 쉽게 그리고 오류 없이 최적으로 이해하기 위해서이다"(모로, 2019: 99-100)라고 주장한다. 여기서 그는 참된 관념에 대립하는 것으로 허구적 관념, 거짓 관념 그리고 의심스러운 관념을 설명하고 있다.

『신학 정치론』의 목적을 스피노자는 첫째, 사람들이 철학에 열중하지 못하도록 방해하는 신학자의 편견을 비판하기 위해서, 둘째, 자신을 무신론으로 고발하는 비난을 반박하기 위해서, 끝으로 철학할 자유를 지키기 위해서라고 설명하고 있다(모로, 2019: 73 참조). 이 책에서는 철학할 자유가 신학 영역에서는 경건에 그리고 정치의 영역에서는 평화와 국가의 안전에 해로운가에 대한 물음이 다뤄지고 있다. "데카르트주의는 새로운 학문의 대명사였지만, 데카르트 자신은 정치와 종교의 문제를 건드리지 않았고, 그 대가로 학문의 자유를 확보하고자 했다. 이는 결과적으로 당대의 지배적인 종교 권력과의 타협으로 해석될 수 있다. 반면『신학정치론』은 바로 데카르트가 건드리지 않은 종교와 정치의 문제를 정면으로 다룸으로써 이 타협을 깨뜨린다"(모로, 2019: 77 역자 주 55).

『윤리학(에티카)』은 『신학 정치론』이 나오기 전부터 집필한 것으로 알려져 있다. 『윤리학』은 1675년에 그가 암스테르담에서 출판하려고 했으나 무산되었고, 1677년[4] 라틴어 유고집으로 출판되었다. 이 책의 제목에 나타나 있듯이, 기하학적 방식으로 증명되었다는 것은 이 책의 내용 서술 방식이 공리, 정의, 요청, 정리, 증명과 주석으로 구성되어 있음을 말해 준다. 기하학적 방식에서 중요한 것은 "대상의 가정된 목적이 아니라 대상의 본성과 특성들을 연구하는 것인데, 이것은 우선, 증명의 절차, 논박의 절차, 예

---

[4]. 1678년 1월에 출간되었다는 주장도 있음(김익현 역, 2016: 23 참조).

증 혹은 참조의 절차를 통해 이뤄진다(모로, 2019: 137 참조). 1부는 신이 무한한 속성으로 구성된 유일 실체이며, 우주에 존재하는 모든 것은 이 실체의 양태임을 밝히고 있다. 2부는 영혼의 본성과 기원을, 3부는 정서(혹은 정념)의 본성과 기원을, 4부는 예속, 즉 정서의 역량과 이성의 무력함을, 5부에서는 인간의 자유와 지복을 다루고 있다. 이를 정리하면 다음과 같다(이기돈, 2020: 720 참조).

| 부 | 제목 | 정의 | 공리 | 요청(Postulates) | 정리 | 서문/부록 |
|---|---|---|---|---|---|---|
| 1 | 신에 대하여 | 8 | 7 | | 36 | 부록 |
| 2 | 정신의 본성과 기원에 대하여 | 7 | 5 | | 49 | |
| 3 | 정서의 기원과 본성에 대하여 | 3 | | 2 | 59 | 서문 |
| 4 | 인간의 예속 또는 정서의 힘에 대하여 | 8 | 1 | | 73 | 서문/부록 |
| 5 | 지성의 능력 또는 인간의 자유에 대하여 | | 2 | | 42 | 서문 |
| 계 | | 26 | 15 | 2 | 259 | |

『정치론』은 시민사회, 즉 국가에서의 인간의 삶의 주제들을 다루고 있다. 『정치론』에서 그는 지도자들의 덕이나 이성에 의해서만 유지되는 제도보다는 사람들을 유덕하게 만드는 것이 국가의 역할이라고 말하고 있다. 그리고 군주정, 귀족정, 그리고 민주정이라는 국가 유형을 기술한다.

### 1.3 데카르트와 스피노자

스피노자의 윤리 이론에서는 고대 스토아학파의 흔적을, 그의 정치론에서는 홉스의 흔적을 볼 수는 있지만, 『윤리학』에서는 다른 철학자가 거의 언급되고 있지는 않다. 그럼에도 불구하고 근대의 윤리 사상에 대한 이해에서 데카르트에 대한 언급 없이 스피노자로 바로 이어지기는 어렵다.

　데카르트에 대한 스피노자의 이해도는 그가 데카르트에 대한 저서를 발간했다는 것만으로도 잘 알 수 있다. 분명한 것은 스피노자가 중세 후반부의 지배적인 아리스토텔레스적-스콜라적 체계에 대한 대안을 제시하였던 데카르트로부터 영향을 받았다는 것이다. 데카르트가 지향했던 것은 "기독교의 가장 중요한 교리들과 조화를 이루면서도 수학적으로 정초된 새로운 자연학의 근거가 되는 체계"(쿡, 2016: 28)이다. 그렇지만 데카르트 이론의 수용이라는 측면보다는, 스피노자에게 있어 데카르트는 자신의 체계를 정립하는 데 있어 보이지 않는 마중물 정도의 역할을 하게 된다.[5]

　데카르트가 보편적 수학(mathesis universalis)에 근거한 근대성을 추구한다면, 스피노자는 인식론을 철학이라고 보는 근대의 시대적 흐름 속에서도 보편적 윤리학(ethika universalis)에 근거하여 윤리학에 대한 물음을 던졌으며, 이것은 그가 추구하는 근대성이 데카르트의 근대성과는 다름을 분명히 보여 준다. 근대적 사유를 출발시킨 데카르트에게 가장 중요한 주제는 중세의 신학적 사유로부터의 단절이었고, 학문과 방법론에서 전통과의 단절이다. 이러한 시도에서 윤리의 문제가 설 자리는 데카르트에게 없었으며, 이것은 그에게 있어서 앎과 윤리의 분리로 이어지게 된다. 그렇지만 스피노자는 이러한 분리의 문제점을 인식하고 오히려 앎과 윤리의 관계에 집중한다.

　스피노자의 신은 중세철학뿐만 아니라 데카르트의 신 이해와도 전혀 다른 새로운 설명을 하고 있다. 그의 신 개념은 유대-기독교적 전통에서 언급되는 인격적 신이 아니다. 그가 말하는 신은 모든 것 안에 있으며, 모든 것은 신 안에 있고, 자연과 동일시된다(신 즉 자연, Deus sive Natura). 그는 당시의 유신론을 거부하고, 신은 연장성과 사유성을 가진 절대적으로 무한한 존재라고 주장하여 한편으로는 범신론자로 여겨지고, 그래서 때로는 신에 취한 사람이라고 여겨지면서도, 다른 한편으로는 무신론자라고 평가되는

---

5. 들뢰즈(G. Deleuze)는 스피노자가 데카르트를 자신에게 필요한 수사로 사용한다고 보면서, 데카르트주의가 스피노자의 사상이었던 적이 한 번도 없다고 주장한다(박기순, 2001: 18 참조).

상반된 설명이 모두 가능하다.

　데카르트는 결정론에 대해서 이분법적인 태도를 취하면서도 궁극적으로는 결정론을 거부한다. 그가 "물리적 세계 전체는 자연의 인과법칙에 따라 움직인다는 견해를 선호했지만, 인간 정신에 대해 예외를 인정했다. 그에 따르면 인간 존재는 자연법칙의 지배를 받지 않는 자유의지를 가지고 있다"(쿡, 2016: 33). 스피노자는 이에 동의하지 않고, 인간은 자연의 일부이며, 자연의 모든 사건을 지배하는 동일한 인과법칙의 지배를 받는다고 주장[6]한다. 이런 맥락에서 인간에게 자유의지는 없다고 주장하지만, 『윤리학』의 뒷부분에서 "우리 자신을 자연의 일부로 이해함으로써 인간 존재에 의해 성취될 수 있는 더 중요하고 더 가치있는 종류의 자유가 있다고 주장한다"(쿡, 2016: 33).

　정신과 물질의 이원론을 주장하는 데카르트의 관점은 근대의 새로운 과학적 견해를 받아들이면서도 사유의 속성을 가진 정신이 연장의 속성을 가진 물질과는 다르며, 인간의 정신과 육체는 근본적으로 다른 것이라고 본다. 데카르트는 영혼이나 정신은 송과선(松果線, glandulae pineali)이라는 뇌의 어떤 부분과 결합되어 있어서, 정신은 이 선에 의해 육체 안에서 생기는 모든 운동과 외부의 대상을 감각한다고 주장한다. 그러나 스피노자는 정신과 물질은 하나의 유일한 것을 이해하고 기술하는 두 가지 방식이라고 보면서 정신과 육체의 동일성론[7]을 주장하고, 이를 통해 인간이 자신과 세계를 어떻게 인식할 수 있는가에 대해서 설명한다. 그러면서 그는 데카르트를 다음과 같이 비판한다.

　그 자체로 명료한 원리에서만 모든 것이 도출되며, 명석 판명하게 지각한

---

6. 2부 정리 48과 49 참조; 아래부터 『윤리학』에서의 인용은 『윤리학』을 생략하기로 한다. 예를 들어 '3부 정리 1'은 '『윤리학』 3부 정리 1'을 의미한다.
7. 동일성론 혹은 평행론이라고도 불린다. 이 평행론은 정신과 육체 사이의 인과성이나 한쪽의 우월성도 인정하지 않는다는 의미를 갖는다(박기순 역, 1992, 2001: 32 참조).

것만을 긍정한다는 것을 굳세게 주장하고, 스콜라학파가 명료하지 못한 것을 은폐된 성질로 설명하려고 한 것을 그처럼 자주 비난한 철학자인 그 사람이 모든 은폐된 성질보다 한층 더 은폐된 가설을 주장한다는 것은 참으로 이상하지 않을 수 없다. 나는 그가 정신과 육체의 결합을 무엇으로 이해하고 있는지 묻고 싶다. (5부 서문)

데카르트는 자신의 『정념론』에서 감정에 대한 근대적 시각을 제시하는데, 감정(emotion)은 정념(passion)[8]의 한 부분인데, 정념은 정신의 감각, 지각, 감정 활동을 말하며, 동물 영혼의 운동에 의해 발생하고 유지되고 강화된다. 이런 면에서 정념은 육체적인 감각 활동이며, 동물 영혼을 통해서 정신 활동에 영향을 미치고, 영혼의 수동적인 행위이다(김선영, 2012: 167 참조). 그가 제시한 기본 정념은 놀람, 사랑, 증오, 욕구, 기쁨, 슬픔이며, 이외의 감정들은 기본 감정으로부터 파생되거나 조합된 것으로 본다. 그가 말하는 정념은 한마디로 감정과 욕구를 합해 놓은 것이라고 볼 수 있다. 감정은 이성에 영향을 줄 뿐만 아니라 이성의 영향도 받는다. 그의 기본 출발점은 정신과 육체의 이원론이다. 그에게 감정이란 육체와 영혼이 공통적으로 갖는 자극이며, 삶의 모든 좋은 것과 나쁜 것은 오직 정념에 의존한다고 정의한다. 반면에 스피노자는 감정에 대한 이성의 우월이 아니라, 감정은 인간이 자기 존재를 보존하려는 노력인 코나투스의 일부라고 주장한다. 그래서 기쁨, 슬픔, 욕망의 기본 정서에서 인간의 모든 감정들이 나오며, 정서를 "육체의 활동 능력을 증대 혹은 감소시키거나, 촉진 혹은 저해하는 육체의 변용(affectio)인 동시에 그러한 변용의 관념"(3부 정의 3)으로 정의한다.

---

8. passion(정념)은 희랍어 pathos의 라틴어인 passio에서 유래된 개념이다. pathos나 passion은 모두 경험, 고통을 의미하는데, 14세기로 들어서면서 감정과 욕구를 의미하는 말로 사용되며, 현대에 와서는 격정적인 감정이나 격한 사랑을 뜻하기도 하는 말이 된다.

# II. 스피노자의 윤리학

『윤리학』은 다섯 부분으로 구성된다. 제1부는 신 혹은 자연, 그리고 유한 사물의 세계가 어떻게 무한하고 영원한 신으로부터 도출되는지를 다룬다. 사실상 1부는 뒤에 나오는 논의들의 형이상학적 기초라고 볼 수 있다. 제2부는 인간 정신을 다루고 있으며, 우리가 어떻게 알게 되는지 그리고 우리가 사유하면서 어떻게 잘못을 범하는지를 설명하고 있다. 제3부는 감정론을 다루고 있으며, 제4부는 어떠한 종류의 감정적 삶이 행복한 삶에 도움이 되는지를 설명한다. 제5부는 이성과 이해가 어떻게 파괴적 정념을 극복할 수 있게 하는지를 다루면서 지복을 설명한다. 이 장에서는 스피노자가 제시한 순서를 유지하면서도 그와 일정 정도의 비판적 거리두기를 하면서 그의 사유를 따라가고자 한다.

## 2.1. 신에 대하여

『윤리학』의 내용을 다루기에 앞서 스피노자가 기하학적 증명법이라고 부르는 방법론적 과정을 이해해야 한다. 유례없는 이러한 철학적 진술 방식을 선택한 데에는 두 가지 설명이 가능하다. 우선 그는 정의, 공리,[9] 정리, 증명으로 구성되는 수학적 증명의 과정으로 『윤리학』을 전개하고 있다. 17세기의 사유 속에서 수학은 자연 자체의 언어로 여겨졌고, 이에 따라 그는 자신의 철학이 수학적 증명에서 따라 나오는 것과 같은 명료함과 확고함을 원했다. 그래서 그는 실재에 대한 그리고 실재 속에서의 우리의 지위에 대한 자신의 체계적 설명 전체를 기하학적 형식으로 제시하고 있다. 둘째는 우리가 명료하고 단순하며 확실하게 참된 관념으로부터 출발하여 연역적

---

9. 자명한 것으로 간주되고 따라서 더 이상의 설명이나 정당화가 필요 없는 것.

방법으로 추론을 진행하여 결론을 도출한다면 실재에 대한 진리에 도달할 수 있다는 합리주의적 신념 때문이다. 스피노자는 이러한 기하학적 증명의 방식이 수학적 확실성과 연역적 정당성을 확보할 수 있다고 보았다.

『윤리학』 제1부에 나오는 36개의 정리는 자연, 신, 그리고 유일 실체가 동일 개념임을 말해 준다. 스피노자는 정리 1-14까지 실체에 대한 논의를 하고, 이러한 실체가 바로 신임을 밝히고 있다. 정리 15-35는 모든 것의 제1원인으로서의 신을 설명하고 있다.

### 2.1.1. 정리 1-14: 실체(substantia) — '필연적, 무한한, 단일한, 분할 불가능한 그리고 신적인'

**실체에 대하여**

스피노자의 전략은 자기원인으로서의 실체 개념에서 출발해서 오직 하나의 실체만이 존재한다는 것을 주장하려는 것이다. 스피노자가 실체에 대한 논의를 자기원인에서부터 시작한 이유를 생각해 보는 것이 중요하다. 이 세상에 존재하는 각각의 것들이 다른 어떤 것에 의해 만들어졌다면, 그 다른 어떤 것도 결국 또 다른 어떤 것에 의해 만들어질 수밖에 없을 것이고, 이렇게 된다면 논리적으로 이 세계 자체가 시작할 수 없을 것이다. 그 자체가 원인이면서 결과가 되는 무언가를 상정하지 않고서는 이 세계는 존재할 수 없게 된다. 그래서 그가 정의 1에서 자기원인에 대한 논의를 처음에 할 수밖에 없었을 것이다. 그래서 그는 이 책을 우선 "그것의 본질이 존재를 포함하는 것, 또는 그것의 본성이 존재한다고 생각할 수밖에 없는 것"(1부 정의 1)으로서의 자기원인(causa sui)을 언급하면서 시작한다. 데카르트가 실체(substance)를 "존재하기 위해 다른 어떤 것도 필요로 하지 않는 방식으로 존재하는 것"으로 정의 내리고 있는 것처럼, 스피노자는 "실체를 자신 안에 있으며, 자신에 의해 생각되는 것"(1부 정의 3)으로 이해한다.

여기서 강영계는 이 책의 번역본 역주에서 자신 안에(in se) 있다는 것은 그 자체로 존재한다는 것이고, 자신에 의해(per se) 생각된다는 것은 다른 것과 상관없이 절대적으로 존재한다는 것을 의미한다고 본다. 이러한 정의를 쿡(T. Cook)은 존재론적 주장과 개념적 주장으로 나누어 설명한다. 그는 얼굴과 웃음 사이의 관계를 예로 들면서 얼굴은 웃음보다 존재론적으로 더 근본적이므로 '웃음은 얼굴 안에 있다'고 할 수 있으며 이러한 주장이 바로 존재론적 주장이고, 웃음에 대해 생각하기 위해서는 필연적으로 얼굴에 대해 생각하지 않을 수 없다는 것에서 웃음은 얼굴에 개념적으로 의존한다는 것을 뜻하므로 이러한 주장이 개념적 주장이라고 설명하고 있다(쿡, 2016: 46-47 참조).

실체의 정의상 어떠한 실체도 다른 것에 의해 야기되거나 산출될 수 없고(1부 정리 6 참조) 자기 자신을 통해 인식될 수밖에 없으며, 실체의 실존은 그것 자체의 본성상 필연적으로 그리고 시간과 무관한 방식으로 따라 나온다. 마치 삼각형의 본성은 내각의 합이 2직각이라는 사실에 시간적으로 선행하지 않는 것처럼 말이다.

그리고 만약 실체가 제한된다면 그것은 다른 어떤 것에 의해 제한되어야 하는 것이므로 본성상 유한하게 또는 무한하게 존재할 수는 있겠지만, 아래 증명에서처럼 실체는 유한하게 존재할 수 없기 때문에 무한한 것이 되고, 절대적으로 무한한 것은 하나밖에 없으며, 분리불가능하다는 결론으로 이끌어진다.

> 유한하게 존재하면 실체는 동일한 본성을 소유한 다른 실체에 의해 제한되지 않으면 안되고, 이 다른 실체도 마찬가지로 필연적으로 존재하지 않으면 안되기 때문이다. 따라서 동일한 본성을 가지는 두 실체가 존재하게 되는데, 그것은 부당하다. (1부 정리 8 증명)

만약 실체가 분리된다면 분리된 부분들은 실체이거나 실체가 아니어야 하는데, 만약 부분들이 실체라면 하나 이상의 실체가 존재하게 되는 문제가 발생하게 되고, 실체가 아니라면 분리되기 전의 그것이 실체일 수 없기 때문이다. 그리고 그는 신을 절대적으로 무한한 존재, 즉 모든 것이 각각 영원하고 무한한 본질을 표현하는 무한한 속성으로 이루어진 실체로 이해하며, 이 실체는 필연적으로 존재한다(1부 정의 6, 정리 11 참조)고 주장하면서 실체와 신의 개념을 연결한다.

> 존재하는 모든 것은 신 안에 있으며, 신 없이는 아무것도 존재할 수도 또 파악될 수도 없다. (1부 정리 15)

신 안에 있다는 의미는 위에서 설명한 얼굴과 웃음의 예를 생각해 보면 이해될 것이고, 신으로부터 나온다(정리 16 참조), 내지 신은 자신의 본성의 법칙에 의거해서만 활동한다(정리 17 참조)는 것의 의미는 삼각형 내각의 합이 180도라는 것이 삼각형의 본성으로부터 따라 나오는 것이며, 신이 활동하는 방식은 자신의 방식으로부터 따라 나오는 것임과 같은 것으로 이해된다.

그리고 정리 17 보충 2에서 오직 신만이 자유 원인이라는 **결론**이 나온다. 그런데 여기서 중요한 것은 자유가 선택의 의미가 결코 아니라는 것이다. "스피노자의 신은 결코 어떠한 선택도 하지 않는다. 사물들은 어떠한 선택과도 관련 없이 신적 본성으로부터 필연적으로 따라 나온다"(쿡, 2016: 63). 신의 자유는 신이 선택한다는 것을 의미한다고 생각하는 사람들은 "마치 신은 삼각형의 세 각의 합이 2직각이라는 것이 삼각형의 본성에 따라 나오지 않게 할 수 있다고 말하는 것과 같다"(1부 정리 17 주석)라는 오류를 범하는 것이라고 스피노자는 주장한다.

스피노자는 신의 본성과 역량(*potentia*)의 동일성 논제[10]를 제시한다. 신은 자신의 의지가 원하는 것만을 할 수 있는 것이 아니라, 자신의 본성으로부터 나오는 것만을 할 수 있다. 즉, 신의 역량과 신의 본성의 필연성이 동일

---

10. 역량 개념과 본성-역량 동일성 논제에 대해서는 박기순(2013), 「스피노자에서 potentia와 potestas 개념」, 『사회와 철학』, 25집, pp. 346-352 참조.

하며, 신만이 본성의 필연성에 의해 존재하고, 또한 오로지 자신의 본성의 필연성에 의해 활동하기 때문에, 신만이 자유 원인이 된다(1부 정리 17 보충 2, 4부 정리 4 참조).

> 신 자신과 모든 것이 의존하여 존재하고 또한 작용하게끔 하는 신의 능력(역량potentia)은 신의 본질 자체이다. (1부 정리 34 증명)

> 존재할 수 없는 것은 무능력이고, 반대로 존재할 수 있는 것은 능력(역량)이다. (1부 정리 11, 또 다른 증명)

> 존재하는 모든 것에서 (자신의 본성으로부터) 어떤 결과가 생기지 않으면 안 된다. (1부 정리 36 증명)

이와 같은 본성-역량의 관계는 인간에게도 그대로 적용된다. 개별 사물이나 인간이 자신의 존재를 보존할 때 사용하는 역량은 신 즉 자연의 역량 자체이다(4부 정리 4 증명 참조).

### 속성(attribute)과 양태(modus)에 대하여

스피노자는 "지성이 실체의 본질을 구성하는 것으로 지각하는 것"(1부 정의 4)을 속성이라고 정의한다. 이러한 속성에 대한 정의는 실재적 본질과 본질을 구성하는 것으로 지각하고 있는 것 간의 차이를 생각하게 하지만, 그는 신의 속성이 무한하다는 것과 우리가 지각하는 것은 사유와 연장이라는 두 가지 속성임을 설명한다.[11] 그러나 속성의 정의 자체가 우리가 지각하는 것임에도 불구하고 우리에게 지각된 속성은 무한한데(속성의 무한성), 왜 사

---

11. 서로 다른 속성을 가진 두 개 또는 두 개 이상의 실체가 존재할 수도 없다. 왜냐하면 속성이 다른 두 실체가 있다면, 이것은 서로 상대편의 성질을 부정하는 것이며, 결국 그 본질이 무한할 수 없게 되기 때문이다.

유와 연장뿐인지에 대해서는 여러 상충되는 설명들이 존재한다.

연장은 공간적 확장의 의미로서 연장을 통해서 개념적으로 근원적이다. 즉, 연장된 개별 사물은 연장 자체를 통해 연장된 사물로서 인식되므로 연장이 다른 어떤 것을 통해 생각될 필요가 없다. 그러므로 연장은 개념적으로 근원적이라고 스피노자는 주장한다. 연장된 개별 사물이 연장이라는 속성 '안에' 있으며 그것을 '통해 파악'되는 것처럼, 개별 관념과 정신 상태도 사유라는 속성 '안에' 있으며 그것을 '통해 파악'될 수밖에 없다(쿡, 2016: 52 참조).

그렇지만 데카르트의 이원론과 달리, 스피노자는 연장과 사유가 다른 근본원리이지만, 모두 하나의 단일한 실체의 속성이라고 주장한다.

> 신 이외에는 어떠한 실체도 존재할 수 없으며 또한 파악될 수도 없다. (1부 정리 14)

> 존재하는 모든 것은 신 안에 있으며, 신 없이는 아무것도 존재할 수도 파악될 수도 없다. (1부 정리 15)

> 연장된 사물(res extensa)과 사유하는 사물(res cogitans)은 신의 속성이거나 아니면 신의 속성의 변용임이 결론으로 된다. (1부 정리 14 보충 2)

**무한 양태와 유한 양태**

신은 사물들의 초월적 원인이 아니라 내재적 원인이다. 신은 자신 안에 있는 것들의 원인이며, 신의 외부에는 어떤 것도 존재할 수 없다(1부 정리 18 증명). 실체가 '자기 자신 안에 있고 자기 자신을 통해 파악'되는 것이라면, 양태는 '다른 것 안에 있고 또한 다른 것을 통해 파악'된다. 스피노자는 신의 속성의 절대적 본성으로부터 따라 나오는 사물들과, 더 간접적이거나 파생적인 방식으로 따라 나오는 사물을 구별하고 있다. 전자는 필연적이고 무한하고 영원한 양태라고 부르는데, 스피노자는 사유 속성 아래에 있는 직접적 무한 양태는 '절대적으로 무한한 지성'이고, 연장 속성에 있어서의 직접적 무한 양태는 운동과 정지라고 설명하고 있다(쿡, 2016: 67-68 참조). 이에 대해 컬리(E. M. Curley)는 무한 양태를 일련의 자연법칙으로 생각할 것을 제안한다(쿡, 2016: 69 참조). 이와 달리 유한하고 일정한 실존을 가지고 있는 단일한 사물은 다른 유한 사물에 의해 실존하고 활동하도록 결정되어야 하고, 그렇게 해서 유한 양태는 무한히 계속되는 무한 연쇄(1부 정리 28 참조)로 설명된다.

> 스피노자의 이론에서 작동하고 있는 두 개의 인과질서, 즉 수직적 인과질서와 수평적 인과질서가 있다. 수직적 인과질서는 속성에서 시작된다. 속성이라는 구조화된 역량으로부터 신/자연의 역량이 언제나 그리고 모든 곳에서 표현되는 어떤 법칙과 같은 방식들이 따라 나온다. 그 경우 저 규칙적인 것들이 수평적 인과질서를 구성하는 무한한 일련의 유한 양태들 사이의 상호작용을 규정하고 지배한다. 신의 본성으로부터 따라 나오는 사물들의 무한한 다양성을 산출하기 위해서는 두 가지 모두가 필요하다. (쿡, 2016: 72)

### 결정론과 필연성에 대하여

스피노자는 생산하는 자연(능산적 자연, natura naturans)과 생산된 자연(소산적 자연, nature naturata)을 구분한다. 그는 생산하는 자연을 "그 자체 안에 존재하며 그 자신에 의하여 파악되는 것", "영원하고 무한한 본질을 표현하는 실체의 속성", "자유로운 원인으로 고찰되는 신"으로 설명하고, 생산된 자연을 "신의 본성에서 생기는 모든 것, 즉 신의 속성의 모든 양태"로 설명한다(1부 정리 29 주석 참조). 이것은 서로 다른 두 개의 실재가 아니라 하나의 실재를 개념화하는 두 가지 방식으로 이해되어야 한다.

사물의 본성에는 어떤 것도 우연적으로 주어진 것이 없으며, 모든 것은 일

정한 방식으로 존재하고 적용하게끔 신적 본성에 의해 결정되어 있다. (1부 정리 29)

스피노자는 의지, 욕망, 사랑과 같은 특정한 사유와 의지는 사유라는 속성의 양태이므로 생산하는 자연이 아니라 생산된 자연에 포함된다고 주장한다(1부 정리 31 참조). 의지(voluntas)는 개별적인 의지 작용(volitio)들로 구성되는데, 이 의지 작용들은 다른 유한 양태들에 의해 그리고 사유 속성의 법칙에 따라 결정되는 유한 양태일 뿐이다. 그래서 결국 의지는 자유 원인이 아니라 필연적 원인이라고 할 수 있다(1부 정리 32 참조). 여기서 필연, 우연 그리고 불가능에 대한 설명을 덧붙이면서, 첫째, 어떤 사물은 그것의 본질 또는 원인에 관하여 필연적이라고 하고, 둘째, 어떤 사물이 우연적이라는 것은 우리 인식의 결함 때문임을 알아야 하며, 셋째, 불가능은 필연과 마찬가지로 사물의 본질이나 정의가 모순을 포함하고 있거나 사물을 산출하는 직접적인 원인이 없는 것이다. 그래서 결국 우리가 사물의 원인을 모르기 때문에 필연적이거나 불가능한 것으로 여기지 않고 우연적 내지 가능적이라고 보는 것이라고 설명한다(1부 정리 33 주석 1 참조). 만약 우리가 일반적으로 생각하는 자유, 즉 절대적 의지를 신에게 귀속시키려 한다면, 그래서 모든 사물의 존재를 오로지 신의 결정과 의지에만 의존하는 것으로 본다면(또는 신의 절대적 자유 내지 절대성이라고 할 수 있다면), 그래서 신이 자연을 현재의 모습이 아니라 다른 모습으로 만들 수 있었다고 한다면, 신이 자신의 결의를 바꿀 수 있음을 인정하는 것이 된다. 이것은 신의 완전성을 오히려 부정하는 것이 될 수도 있다. 신은 최고의 완전성 그 자체이므로, "사물은 산출된 것과 다른 어떤 방식, 다른 어떤 질서에 의해서는 신으로부터 산출될 수 없다"(1부 정리 33). 신의 완전성으로 인해 신은 이러한 의미의 자유를 가지지 않는다.[12]

---

12. 데카르트는 신이 근본적으로 자유롭고 무제약적인 의지 활동에 의해 모든 것을 창조했으며, 신은 논리학이나 수학의 법칙들조차도 그가 원한다면 바꿀 수 있다고 보았고, 라이프니츠는

**목적론적 사유에 대한 비판**

스피노자는 부록에서 지금까지 논의한 내용을 다음과 같이 정리하면서, 이러한 이해를 받아들이기 어려운 이유와 그것의 오류, 그리고 선악, 공로(칭찬)와 죄(비난), 질서와 혼란, 미와 추에 대한 편견의 유래에 대한 설명을 하고 있다.

> 신은 필연적으로 존재한다는 것, 유일하다는 것, 오로지 자신의 본성의 필연성에서만 존재하고 작용한다는 것, 만물의 자유 원인이며, 모든 것은 신 안에 존재하며 신 없이는 존재할 수도 파악될 수도 없다는 것, 그리고 마지막으로 모든 것은 신에 의해서 예정되어 있다는 것, 더욱이 그것은 의지의 자유나 절대적 재량에 의해서가 아니라 신의 절대적 본성이나 신의 무한한 힘에 의한다는 것 등의 성질을 설명하였다. (1부 부록)

여기서 스피노자의 사유는 두 가지 기초에서 출발한다. 하나는 모든 인간은 날 때부터 사물의 원인을 모른다는 것이고, 다른 하나는 모든 인간은 자신의 이익을 추구하려는 충동을 가지고 있으며 이를 알고 있다는 것이다. 이로부터 다음과 같은 편견을 갖게 된다고 본다. 첫째, 인간은 자신의 의욕과 충동을 알고 있지만 그것의 원인을 모르기 때문에 자신이 자유롭다고 생각한다는 것이고, 둘째, 인간은 성취된 것에 관하여 항상 목적만을 알려고 하며, 다른 사람들도 그럴 것이라고 생각하고, 셋째, 모든 자연물을 인간의 이익을 위한 수단으로 보기 때문에 어떤 다른 존재, 즉 신이 인간을 위하여 모든 것을 만들었다는 결론을 내리게 된다고 본다.

목적에 관한 이 이론은 자연을 전적으로 전도시킨다. 왜냐하면 이 이론은

---

수많은 가능 세계들 중에서 신이 선택하는 것이라고 주장하지만, 스피노자는 이러한 견해들이 신의 본성과 창조적 활동성에 대한 잘못된 이해로부터 나온 것이라고 본다(쿡, 2016: 76-77 참조).

원인인 것을 결과로 고찰하며 또 그 반대로도 고찰하기 때문이다. 다음으로 이 이론은 본성적으로 선행하는 것을 후행하는 것으로 만든다. 그리고 마지막으로 이 이론은 최고의 가장 완전한 것을 가장 불완전한 것으로 만든다. (…) 다음으로 이 이론은 신의 완전성을 소멸시킨다. (…) 사물의 목적성에 관한 설명에서 (…) 예컨대 만일 지붕 위의 돌이 머리에 떨어져서 어떤 사람이 죽었다면, 그들은 돌이 그 사람을 죽이기 위해서 떨어졌다고 여기고 다음과 같이 증명할 것이다. 만일 돌이 신의 의지에 따라서 그러한 목적을 위하여 떨어진 것이 아니라면, 어떻게 그렇게 많은 사정이 우연히 일치할 수 있는가? (1부 부록)

그렇지만 이러한 그의 주장은 가령 '나무를 키우기 위해 비가 온다'고 말할 때는 설명력을 갖지만, '그가 날아오는 돌을 피하기 위해 손을 들었다'와 같이 말할 때에는 설명력을 가지지 못한다(박기순, 2015: 88-89 참조).[13] 베넷(J. Bennett)은 이러한 예를 들면서 스피노자에게 반목적론적 요소와 목적론적 요소가 공존하고 있기 때문에 스피노자의 주장이 비정합적이라고 주장한다. 그러나 이러한 비판은 스피노자의 입장을 강한 반목적론의 입장이라고 볼 때 가능한 것이고, 컬리(E. Curley)는 스피노자의 목적론 비판의 '목적'이 "인간이 목적적 행위를 한다는 사실이 아니라 인간에게 고유한 목적적 사유를 자연 사물들에게 투영하고 있다는 점에 있는 것이다. 이렇게 컬리는 스피노자 철학체계 안에 인간 행위의 목적론이 허용될 수 있는 가능성을 열어 놓는다"(박기순, 2015: 93-4). 그러나 이러한 주장(의식적 목적론) 역시 인간에게 목적론적 사유의 가능성을 열어 놓으면서 자연에서의 목적론적 사유를 부정하는 것은 자연과 인간이 모두 신의 양태라는 점에서 볼 때 받아들이기 어려운 문제점도 가지고 있다. 물론 개릿(D. Garrett)은 코나투스 원리에 대한 목적론적 해석에서 출발하여 컬리의 의식적 목적론과 달

---

13. 그러나 "이렇게 미래의 사건에 대한 표상을 매개로 한 목적적 행위가 인과적으로 설명될 수 없다면, 인간 행위에 대한 목적론적 설명은 스피노자 철학 내에서 성립할 수 없다"(박기순, 2015: 89).

리 "모든 사물들은 전형적이거나 추정할 수 있는 귀결들에 기초해서 사태들을 선택하고 생산할 수 있는 목적론적 선택과정에 참여할 수 있다"(박기순, 2015: 93-4)고 주장한다. 그래서 이 목적론적 선택 과정이 "사유를 포함하고 있으면 그 목적론은 '의식적'이라고 불릴 것이고, 그렇지 않으면 '무의식적'이라고 불릴 것이다"(박기순, 2015: 96-7). 코나투스의 목적론적 성격에 대한 논의는 뒤에 나올 코나투스의 부분에서 보다 자세히 살펴볼 것이다.

그리고 선악, 질서와 혼란, 따뜻함과 추움, 미추 등과 같은 개념의 경우에도 이러한 것들이 사물의 성질이라고 생각하지만, 이것들은 우리가 자유롭다고 생각하기 때문에 그리고 모든 것이 인간을 위해 만들어졌다고 믿기 때문에 어떤 사물에서 자극받는 정도에 따라 그 사물의 본성을 선악, 미추 등으로 판단한다는 것이다. 즉, 이것들은 사물의 성질이 아니라 사물들이 인간의 감각을 변용시키는 방식의 특성일 뿐이다. 스피노자가 비판한 자유의 환상, 신학적 환상과 더불어 목적성의 환상을 생각해 보면 결국 들뢰즈의 표현대로 "의식은 두 눈 뜨고 꾸는 꿈일 뿐이다"(들뢰즈, 1992, 2001: 36).

## 2.2. 정신의 본성과 기원에 대하여

2부 서문에서 스피노자는 신의 본질에서 무한히 많은 것이 무한히 많은 방식으로 생기는데, 인간의 정신과 정신의 지복에 대한 인식을 위한 것들을 논의하겠다고 한다. 이를 위해서 2부는 크게 3부분으로 구성되는데, 우선 연장과 사유의 관계(정리 1-13), 둘째, 물체의 본성(정리 13의 보조 정리), 셋째, 상상의 허위 관념, 이성의 참된 관념 및 인간 의지의 본성(정리 14-49)으로 구성된다.

### 신의 속성인 사유와 연장, 그것의 양태인 관념과 사물

정의에서 스피노자는 먼저 물체를 '신의 본질을 어떤 일정한 방식으로 표현하는 양태'로, 물체의 본질을 '그것이 주어지면 사물이 필연적으로 정립되고 그것이 제거되면 사물이 필연적으로 없어지는 것'으로 정의 내린다. 그리고 정신은 '사유하는 것'으로, 정신이 형성하는 정신의 개념을, 지각이 수동적인 것으로 여겨진다면서, 지각보다는 능동적인 '관념'으로 규정한다. 그리고 타당한 관념은 '참다운 관념의 모든 성질이나 내적 특징을 소유하는 관념'으로 정의 내린다.

사유와 연장은 신의 속성이며, 신은 사유하면서 연장된다. 사유의 양태인 관념들의 질서와 결합은 연장의 양태인 사물들의 질서와 결합과 동일하다(2부 정리 7 참조).[14]

> 사유하는 실체와 연장된 실체는 동일한 실체이며 그것은 때로는 이런 속성으로 그리고 때로는 저런 속성으로 파악된다. (2부 정리 7 주석)

예를 들어 '나무'와 '나무에 대한 관념'은 두 개의 서로 다른 것들의 양태가 아니라 두 개의 서로 다른 속성들을 통해서 인식되는 하나의 것에 대한 두 양태이다. 나무는 연장의 양태이고, 나무의 관념은 사유의 양태이다. 이 둘은 두 가지 방식으로 표현된 하나의 실체의 양태들일 뿐이다(쿡, 2016: 90 참조). 그렇지만 이것은 지금 현재 존재하지 않는 것에 대한 관념을 설명할 때 난관에 부딪히게 된다. 사물의 질서와 결합에 대응하는 관념의 질서와 결합이 있다면, 즉 관념이 있다면, 그 관념에 해당하는 사물이 존재해야 한다. 그런데 존재하지 않는 사물에 대한 관념은 그 사물의 형상적 본질이 신

---

14. 들뢰즈는 평행론을 2부 정리 7과 정리 7의 주석에서 제1정식과 제2정식으로 구분하였다. 전자는 "상이한 속성의 양태들 각각(Ea, Xa, Ya)에 그것을 대상으로 하는 상이한 관념(TEa, TXa, TYa)이 할당된다는 것"(이혁주 2014: 107)을 뜻한다. 들뢰즈는 제2정식은 2부 정리 7의 주석에서 무한한 속성으로 표현된 상응하는 양태들 간의 동일성에 주목하여 "동일한 실제 Ma가 사유 속으로 표현된 것이 Ta이며, 연장으로 표현된 것이 Ea이고, 미지의 X, Y 속성으로 표현되면 각각 Xa, Ya"(이혁주, 2014: 109)라고 주장한다. "들뢰즈는 제1정식을 '인식론적 평행론'이라 부르고, 제2정식을 '존재론적 평행론'이라 명명하는데, 전자는 '관념과 그 대상 간에 성립'되며, 후자는 '속성을 달리하는 모든 양태들 간에' 성립하는 것이기 때문이다"(이혁주, 2014: 110).

의 속성에 내포된 것과 마찬가지로 신의 무한한 관념 안에 포함되어 있다고 한다(2부 정리 참조). 그러면서 하나의 원 안에 있는 교차되는 모든 직선의 선분으로 형성된 직각이 서로 동일한 본성을 가진다고 설명하고 있다. 실제로 교차되는 선분의 직각만이 보인다고 해도 이러한 직각은 모두 원이 존재한다는 사실이 전제되지 않고는 존재할 수 없다(2부 정리 8 주석 참조).

### 육체의 관념으로서의 정신

신의 속성인 사유, 속성의 양태인 관념과 정신의 관계는 무엇일까? 정신은 사유 속성의 양태로서 실존하는 육체에 대한 관념이다. 인간 정신은 신의 무한 지성의 일부, 즉 사유 속성의 양태들의 계열의 일부이다(2부 정리 11 보충 참조). 그럼에도 불구하고 정신은 부분적이거나 부적합하게 지각할 수 있다. 예를 들어 정신이 지각된 사물의 원인에 대한 관념을 가지고 있지 않거나 사물의 존재나 변화라는 결과를 가져오는 원인을 알지 못한다면, 이것은 불완전한 내지 부적합한 인식이 된다.

> 인간 정신을 구성하는 관념의 대상 안에서 일어나는 모든 것은 인간 정신에 의하여 지각되어야 한다. 또는 정신 안에는 이 사물의 관념이 필연적으로 존재한다. 즉 만일 인간 정신을 구성하는 관념의 대상이 신체라면, 신체 안에는 정신에 의해 지각되지 않는 어떤 일도 일어날 수 없었을 것이다. (2부 정리 12)

스피노자는 정신과 육체는 신의 양태이며 하나의 사물이 표현되는 두 가지 방식이므로 동일한 것이고, 인식론적 관계를 갖는다. 정신에 대하여 쿡은 "인간 정신은 이해하는 능력도, 관념들의 저장소도 아니다. 반대로 그것은 관념들이며, 거기서 관념들은 상으로서가 아니라 신이 사유하는 방식들로 이해된다. 내가 육체를 갖는 것이 아닌 것과 마찬가지로 나는 정신을 갖거나 관념들을 갖는 것이 아니다. 오히려 나는 복잡한 물리적 실재(인간 육체)요, 그 육체의 복잡한 관념인 정신"(쿡, 2016: 98)이라고 설명한다.

### 인간의 3가지 인식: 상상지, 이성지, 직관지의 구분

세상에 있는 사물들은 우리의 육체를 변화시키고, 그 결과 우리 정신은 이러한 변화의 관념을 포함한다. 스피노자는 이러한 변화의 관념 속에는 육체의 본성과 대상의 본성 모두가 포함되어 있기 때문에 혼란스럽게 되는 경우가 종종 있으며, 이것이 바로 감각 지각의 문제점이라고 주장한다(2부 정리 16 보충 1 참조). 그는 육체의 변화를 통해 지각적으로 기록하는 과정 전체를 '상상지(imagination)'라고 불렀다(2부 정리 17 주석 참조). 이 상상지는 앞에서 설명한 혼란스러움으로 인해 인간의 무지와 오류의 근거가 된다. 신의 관념은 모두 참된 것이고 우리의 관념은 모두 신의 관념이다. 그런데 우리가 참되지 않은 관념을 가지게 되는 두 번째 이유는 바로 원인에 대한 무지 때문이다. 인간 육체의 원인들에 대한 관념을 인식하지 못하기 때문에 부적합한 인식이 된다.

스피노자는 상상지로부터 야기되는 혼란으로부터 벗어날 수 있는 보다 더 적합한 인식으로 "모든 것에 공통적이며, 부분에도 그리고 전체에도 똑같이 있는"(2부 정리 38) 공통 관념 내지 공통 개념[15]이 있으며, 이러한 관념에서 두 번째 종류의 인식인 '이성지(ratio)'가 시작된다고 주장한다. 그렇다면 스피노자가 공통 관념이라고 설명하는 것은 연장이나 운동과 같은 수학적, 기하학적 원리들이다. 그러면서도 그는 이러한 공통 관념이 보편자와는 다른 것임을 주장한다. 스피노자는 인간이 사물들을 지각하여 관념을 형성하는 방식을 다음과 같이 구분한다.

감각을 통하여 손상되고 혼란스럽고 무질서하게 지성에 나타나는 개물로

---

15. 공통 관념은 우선 우리 육체와 외부 물체에 공통적인 관념으로 물체들이 일치하는 내적 이유를 보여 주는 '고유한 공통 개념'과 연장이나 운동, 정지 등 물체들이 불일치하는 내적 이유를 보여 주는 '보편적인 공통 개념'으로 설명된다(변희순, 2009: 333 참조).

부터(2부 정리 29 보충 참조). 그러므로 나는 이러한 지각을 막연한 경험에 의한 인식이라고 부르고자 한다.

기호들로부터. 예를 들어 우리가 어떤 낱말을 듣거나 읽거나 하는 것과 함께 사물을 상기하며 그것에 대하여 사물 자체가 우리에게 부여하는 관념과 유사한 관념을 형성하는 것으로부터(2부 정리 18 주석 참조). 사물을 관찰하는 이 두 방식을 나는 앞으로 제1종의 인식, 의견 또는 표상이라고 부를 것이다.

마지막으로 우리들이 사물의 성질에 대하여 공통 관념과 타당한 관념을 소유하는 것으로부터(2부 정리 28 보충, 정리 39와 보충, 정리 40 참조). 그리고 나는 이것을 이성 그리고 제2종의 인식이라고 부를 것이다(정리 40 주석 2).

그리고 세 번째 인식 유형으로 '직관지(scientia intuitiva)'를 제시한다. 직관지는 "신의 한 두 가지 속성인 형상적 본질의 타당한 관념에서 사물의 본질의 타당한 인식으로 나아간다"(2부 정리 40 주석 2). 이것은 감각과 기억에 의한 인식이 가지는 구체성과 이성적 인식의 보편성을 모두 가지고 있는 인식이다. 스피노자는 비례 수의 예를 들어 이 세 가지 인식의 차이를 설명하고자 한다. 그는 비례 수의 관계에서 아무런 증명도 없이 들은 것을 기억하고 있거나 자주 계산했던 수인 경우(상상지)와 유클리드 기하학에서 배운 비례 수의 공통된 성질에 의거해 계산하는 경우(이성지), 그리고 극히 간단한 수의 경우에서처럼 직관적으로 아는 경우(직관지)로 나누어 예시적으로 설명하고 있다(2부 정리 40 주석 2 참조). 상상지는 오류의 유일한 원인이고, 이성지와 직관지는 필연적으로 참이며, 참다운 관념과 거짓된 관념을 구분[16]한다(2부 정리 41, 42 참조). 상상지와 달리 이성지는 사물을 우연적인 것이 아니라 필연적인 것으로 인식하는 것이며, "사물을 어떤 영원의 상 아래에서(sub quadam specie aeternitatis)"(2부 정리 44 보충 2) 필연적인

---

16. 빛이 빛 자체와 어둠을 나타내는 것처럼 이성지와 직관지는 참과 거짓의 기준이 된다(2부 정리 43 주석 참조).

것으로 그리고 무시간적인 것으로 인식하는 것이다.

> 정신 안에는 절대적이거나 자유로운 의지가 존재하지 않는다. 오히려 정신은 이것 또는 저것을 의지하도록 어떤 원인에 의해 결정되며, 이 원인 역시 다른 원인으로 인하여 결정되고, 이것은 다시금 다른 원인에 의하여 결정되며, 이렇게 무한히 진행된다. (2장 정리 48)

이성지에 대한 설명은 자연스럽게 인간에게 자유의지가 있느냐의 문제로 연결된다. 일반적으로 우리는 사물의 원인에 대하여 충분한 인식을 갖고 있지 않기 때문에 그리고 우리는 선행된 어떤 원인에 의해 결정되지 않는다고 믿고 있기 때문에, 우리가 자유롭다고 생각하는 오류를 범한다고 스피노자는 본다. 스피노자에게 있어 의지는 노력(cupiditas)의 문제가 아니라 긍정하거나 부정하는 능력이다. 그는 "의지를 정신으로 하여금 사물을 추구하게 하거나 기피하게 하는 욕망으로 이해하지 않는다"(2장 정리 48 증명). 정신 안에는 어떤 것을 긍정하거나 부정하는 의지 작용만이 있을 뿐이다.

> 예를 들어 삼각형의 세 각의 합이 2직각과 같다는 것을 정신이 긍정하는 사유 양태를 생각해보자. 이 긍정은 삼각형의 개념 또는 관념을 포함한다. 즉 그것은 삼각형의 관념 없이는 파악될 수 없다. 왜냐하면 A가 B의 개념을 포함하지 않으면 안된다는 것과 A가 B없이는 파악될 수 없다고 하는 것은 동일하기 때문이다. 다음으로 이 긍정은 삼각형의 관념 없이는 있을 수 없다. (2부 정리 49 증명)

스피노자는 의지가 지각이나 사유 능력보다 범위가 넓다는 것을 부정하면서, 의지와 지성은 동일하다고 주장한다(2부 정리 49 보충 참조). 그에게 판단 보류의 경우라는 것도 실제로는 지각의 문제이지 자유의지의 문제가 아닌 것이다.

## 2.3. 정서(affectus)[17]의 기원과 본성에 대하여

스피노자는 자연과 인간을 따로 구분하여 다루는 것은 마치 "국가 안의 국가"처럼 생각하는 오류를 범하는 것이라고 하면서, 자연의 일과 인간 정서의 일도 자연의 필연성과 같아야 한다고 주장한다. 그는 자연과 자연법칙의 필연성과 동일성을 언급하면서, 증오, 분노, 질투 등과 같은 정서의 본성과 힘, 그리고 정서에 대한 정신의 능력, 인간의 행동과 충동, 즉 도덕적 삶과 관련된 심리적 분석을 이 장에 담고 있다.

**타당성, 능동과 수동, 그리고 정서**
스피노자는 정의에서 타당성,[18] 작용하는 능동성과 작용을 받는 수동성을 정의 내리고, 정서를 "육체의 활동 능력을 증대 혹은 감소시키거나, 촉진 혹은 저해하는 육체의 변용(affectio)인 동시에 그러한 변용의 관념"(3부 정의 3)으로 정의한다. 정서(affectus)는 인간이 다른 사물이나 사람[19]과의 교섭 과정에서 받게 되는 자극의 힘에 의해 영향을 받는 반응의 모든 방식이며 인간의 정신과 육체에 일어난 변화를 모두 포괄한다. 들뢰즈는 변용은 영향을 받은 육체의 상태로서 영향을 준 물체와의 관계를 함의하는데 비해, 정서는 육체가 그 활동력에서 증가 또는 감소되도록 영향을 받아 한 상태에서 다른 상태로의 이행, 그에 상응하는 육체의 변이에 대한 고려와 연관이 있다고 말한다(박기순, 1992: 77 참조). 인간이 살아가기 위해서는 반드시 외부의 도움과 필요가 있어야 하며 외부 사물과 끊임없이 상호작용을 할 수밖에 없고, 인간 육체는 외부의 사물에서 다양한 방식으로 자극받으

---

17. 라틴어 affectus는 영어로는 emotion, 우리말로는 정서 혹은 감정으로 번역된다. 스피노자에서 affectus에는 인지적인 요소가 포함되어 있어서 감정을 포함하는 더 넓은 의미로 사용되고 있기 때문에 대체로 정서로 번역된다.
18. "어떤 원인의 결과가 그 원인에 의하여 명석 판명하게 지각될 수 있을 때 나는 이 원인을 타당한 원인이라고 한다"(3부 정의 1).
19. 스피노자는 물체와 육체 모두에 대해 corpus라는 용어를 공통으로 사용한다.

며 이 자극에 의해 자신의 활동 능력이 증대하거나 감소하는 방식으로 자극받게 된다. 결국 정서는 인간이 외부 사물이나 다른 사람과의 접촉 과정에서 받는 자극에 의해 인간에게 정서가 산출된다.

정서는 육체의 활동 능력을 증대 내지 감소시키며, 촉진 내지 저해하는 육체의 변용인 동시에 그러한 변용의 관념이다. 이런 맥락에서 스피노자에게 있어서 정서는 인식적인 요인을 포함하고 있다. 우리가 변용의 타당한 원인이라면, 즉 타당한 관념을 갖는 경우에 정신은 작용을 하고(즉, 능동이고), 그렇지 않은 경우에는 작용을 받는다(즉, 수동이다)(3부 정리 3 참조). 정신과 육체는 동일하기 때문에 "육체의 능동과 수동의 질서는 본성상 정신의 능동과 수동의 질서와 일치한다"(3부 정리 2 주석). 그리고 능동 정서는 항상 인간에게 기쁨을 주는 반면에, 수동 정서는 기쁨을 주는 것도 있고 슬픔을 주는 것도 있다. "사실상 스피노자의 수동 정서와 능동 정서는 독립적으로 구별되는 정서가 아니다. 왜냐하면 정서 그 자체는 선하거나 악하다고 평가할 수 없는 것이기 때문에 정서 그 자체만 가지고는 수동 정서와 능동 정서를 구분할 수 없다. 양자의 구분은 인간적인 측면에서 동반되는 사유와 관계된다고 할 수 있다"(홍영미, 2006B: 61, 각주 25). 그리고 정신적이고 육체적인 변용에 있어서 그 "변용의 원인이 나 자신 안에 있는 한에서 인간은 능동적인 정서에 있으며 이때 우리는 작용한다고 말할 수 있다"(홍영미, 2006B: 62). 이러한 능동 정서의 대표적인 경우가 호의(favor), 자기만족(Acquiescentia), 명예(Gloria)의 정서이다.[20] 호의는 타인에게 친절을 베푼 어떤 사람에 대한 사랑이고, 자기만족은 자기 자신과 자신의 활동 능력을 고찰하는 데서 생기는 기쁨이며, 명예는 우리가 타인에게 칭찬받는다고 표상하는 우리들의 어떤 행동의 관념을 동반하는 기쁨인데, 이것들은 이성에서 생기는 것이며 정신에 관계되는 것이다. 수동 정서의 예는 오만(superbia), 소심함(Abjectio) 등이다. 오만은 인간이 자기에 대하여 정당한

---

20. 스피노자는 3부의 끝부분에서 48가지의 정서에 대한 정의와 경우에 따라 해명을 첨부하여 설명하고 있다.

것 이상으로 느끼는 데서 생기는 기쁨이다. 소심함은 자신이 남들보다 열등하다고 믿는 그릇된 속견에서 생기는 슬픔이다.

### 코나투스(conatus)

3부의 실제적인 시작은 코나투스를 설명하는 정리 6부터이다. 여기서 코나투스는 인간을 포함한 모든 동물이나 식물이 가지고 있는 생존 본능보다 넓은 의미로 이해되어야 한다. 쿡은 스피노자가 초기 저작에서 코나투스 내지 코나투르(conatur, 노력하다)라는 용어를 "단지 일정한 방식으로 움직이려는 물체의 자연적 성향만을 지시하는 데 사용한다. 따라서 그는 예를 들면 '원 안에서 움직이는 모든 물체는 그것이 그리는 원의 중심으로부터 벗어나려고 노력한다'는 의미"(쿡, 2016: 154)로 사용한다고 본다.

> 각각의 사물은 자신 안에 존재하는 한에서 자신의 존재 안에 남아 있으려고 한다. (3부 정리 6)

> 각 사물이 자신의 존재 안에서 지속하고자 하는 성향(conatus)은 그 사물의 현실적 본질일 뿐이다. (3부 정리 7)

> 각 사물이 자신의 존재 안에 지속하고자 하는 노력은 유한한 시간이 아니라 무한정한 시간을 포함한다. (3부 정리 8)

코나투스는, 운동이 본성상 스스로를 유지하려는 경향이 있는 것처럼, 우주에 존재하는 각각의 사물이 계속해서 존재하려는 경향을 의미한다. 따라서 코나투스는 생존 본능뿐만 아니라 관성의 원리나 원심력의 원리까지 포괄하는 개념이다. 그래서 마트롱(A. Matheron)은 이것을 '각 사물은 자신의 존재 능력에 따라 자신의 존재 속에 계속 머무르려고 노력한다'는 의미로 해석하고 있다(홍영미, 2006A: 23 참조). 각각의 사물이 코나투스를 가지고 있음은 공통적이겠지만, 그 구체적 내용은 다를 수밖에 없다. 당나귀와 나무와 돌의 코나투스의 내용은 같을 수가 없다. 더구나 코나투스가 왜 있는지와 같은 물음은 물을 수 없다. 왜냐하면 이것은 더 이상 물을 수 없는 궁극 명제에 가까운 것이며, 어떤 존재도 다른 것을 위해 자기의 존재를 보존하고자 노력하지는 않기 때문이다(홍영미, 2006A: 24 참조). 스피노자의 코나투스는 경험적 필연성보다는 형이상학적 필연성에 의해 도출된다는 점에서 관찰된 경험적 사실로부터 도출되는 홉스의 코나투스와는 성격이 다르다(홍영미, 2006A: 25 참조). 또한 자신의 존재를 보존하기 위해 노력한다는 의미에서 목적론적인 의미로 해석되어서는 안 되고, 관성의 법칙처럼 자연법칙과 같은 것으로 이해되어야 한다.

코나투스는 소극적 성격의 지속의 의미와 적극적 성격의 능력 내지 힘(potentia)의 의미를 모두 내포하고 있다. 들뢰즈는 스피노자의 코나투스를 다음의 세 가지 방식으로 해석할 수 있다고 본다(들뢰즈, 2001: 154 참조). 첫째, 기계론적 방식으로 정의할 경우에는 '유지하다', '계속해서 머무르다'의 의미로, 둘째, 역학적인 방식으로 정의할 경우에는 '증가시키다', '장려하다', '확대하다'의 의미로, 끝으로 변증법적으로 정의할 경우에는 '대립하는 것에 대립하다', '부정하는 것을 부정하다'의 의미로 해석된다.

그렇지만 스피노자의 코나투스 개념과 목적론의 관계는 현대 스피노자 연구에서 중요한 논의의 주제가 된다. 특히 이러한 논의는 베넷의 해석에서 촉발된다. 앞에서 이미 살펴본 것처럼, 베넷은 코나투스의 해석 과정에서 목적론적 사유와 비목적론적 사유가 혼재되어 있으므로 결국 스피노자의 목적론에 대한 비판은 비정합적이라고 주장하였고, 컬리나 개릿은 스피노자의 목적론에 대한 비판은 의식적 목적론만을 주장하는 데카르트와 중세의 아리스토텔레스주의자들의 목적론이며, 스피노자는 아리스토텔레스의 목적론적 사유로 이러한 반쪽의 목적론적 사유를 비판하는 것이라고 주장한다.

아리스토텔레스의 목적론에서는 작용인과 목적인, 형상인(causa formalis)과 목적인의 관계에서 작용인 자체가 작용하는 원인이 되고, 작용인의 원인으로서의 목적인이 제시되고, 목적인의 목적(내지 원인)으로서 형상인이 제시된다. 그리고 이 목적인은 모든 존재에 내재하는 보편적 원리이므로, 의식적 목적론적 성격과 무의식적 목적론적 성격 모두를 아리스토텔레스의 목적론이 가지고 있다. 스피노자가 비판한 목적론은 이중 의식적 목적론만을 인정하는 데카르트와 중세의 아리스토텔레스주의자들이 주장한 의식적 목적론이다(박기순, 2015: 101-102 참조).

"각 사물은 의식적으로 혹은 무의식적으로 가능한 귀결들을 추정하고 그로부터 어떤 것을 선택하는 목적론적 과정에 의해 규정된다"(박기순, 2015: 106)고 보는 개릿은 이러한 목적론적 선택 과정이 아리스토텔레스의 목적론과 일치된다고 주장한다. 그러나 스피노자가 『윤리학』 1부에서 비판하려고 한 것은 아리스토텔레스의 목적론적 필연성이고, 스피노자가 그의 이론 전체에서 그리고 코나투스에 대한 설명에서 주장하고자 한 필연성은 "어떤 목적인에도 종속되지 않은 순수한 작용인과적 필연성, 혹은 어떤 원리나 근거도 갖고 있지 않은 '맹목적' 필연성이다"(박기순, 2015: 107). 사람들은 어떤 절대적 좋음을 설정하는 목적론적 편견을 갖게 되는데, 이들은 사물 자체와 자신의 존재를 보존하려는 코나투스를 구별하기 때문에 그렇다. 예를 들어 시계의 기계적, 물리적 작동을 파악했다고 해서 그 시계를 이해했다고 생각하지 않고, 시계의 작용과 그것들의 이유나 근거 혹은 목적을 물으려고 한다. 하지만 "코나투스에서 어떤 형이상학적 목적(예를 들면 존재보존)을 발견해서는 안 된다. 코나투스는 운동의 본성과 법칙들을 지시할 뿐이기 때문이다"(박기순, 2015: 108). 그래서 코나투스는 시계 그 자체의 작동에 대한 설명이지 시계의 존재 목적이거나 이유가 아닌 것이다. 그래서 박기순은 코나투스의 목적론적 성격에 대한 논의를 다음의 세 가지 가능성으로 요약 제시한다. 첫째, 스피노자가 코나투스 개념에 대한 규정에서 비정합성을 보이고 있기 때문에 비정합적이라고 볼 가능성, 둘째 코나투스를 목적론적 방식으로 해석하여 데카르트의 기계론적 주장을 넘어서야 한다고 주장할 가능성, 그리고 끝으로 전통적인 코나투스의 개념을 철저하게 반목적론적으로 기획하려는 가능성이다(박기순, 2015: 110).

### 코나투스, 의지와 충동 그리고 욕망

스피노자는 코나투스가 정신과 관계될 경우 의지(voluntas)라고 부르고, 정신과 육체에 동시에 관계될 경우에는 충동 내지 욕구(appetitus)라고 부른다. 욕망(cupiditas)은 자신의 충동 내지 욕구를 의식하는 한 주로 인간에게 관계되는 것이며, 인간이 의식하는 충동 내지 욕구로 정의 내려지는데, 자기 보존의 노력을 하는 코나투스이다(3부 정리 9 주석 참조).

> 우리는 그것을 선이라고 판단하기 때문에 그것을 향하여 노력하고 의지하며 충동을 느끼고 욕구하는 것이 아니라, 반대로 노력하고 의지하며 충동을 느끼고 욕구하기 때문에 어떤 것을 선이라고 판단한다. (정리 9 주석)

우리들은 정신이 변화를 받아서 때로는 더 큰 완전성으로, 때로는 더 작은 완전성으로 이행할 수 있는데, 바로 이 수동이 기쁨과 슬픔의 정서를 설명해 준다. 즉, 우리의 정신이 더 큰 완전성으로 이행하는 수동이 기쁨(laetitia)이고, 더 작은 완전성으로 이행하는 수동이 슬픔(tristitia)이다(3부 정리 11 주석).[21] 그리고 정신과 육체에 동시에 관계되는 기쁨의 정서를 쾌감

---

21. 쿡이 'tristitia'를 '슬픔'으로, 'laetitia'를 '기쁨'으로 번역하는 것은 컬리(E. M Curley)의 번역을 따른 것이다. 이를 고통과 쾌락으로 옮기는 경우도 있다. 번역의 이 두 방향성을 합쳐 보면 전자는 부정적인 정서적 상태, 후자는 긍정적 정서 상태로 번역하는 것이다(쿡, 2016: 164 각주 12 참조). 이 역시 부정 정서와 긍정 정서라는 표현은 해석상 많은 혼란이 야기될 가능성도 내포하고 있다. 부정 정서 자체가 긍정적으로 작용할 가능성을 부정할 수 없기 때문이다. 그렇지만 이러한 번역은 쾌락주의자나 금욕주의자가 아닌 스피노자에게서 정당화되기는 어렵다고 보이며, 또 스피노자가 육체적 쾌락을 언급할 때는 관능의 쾌감이라고 표현한다. 그래서 laetitia는 "사람의 힘의 성숙된 실현을 의미하는 인격의 성장을 표시하는 행복감 또는 행복의 쾌감이고, 인간의 마음에 좀더 높은 덕 또는 완전성으로 향상될 때에 수반하는 만족감이다. 그리고 tristitia는 이와 반대되는 경험"(램프레히트, 2012: 346)이라는 의미로, 그래서 laetitia는 '도덕적 성장의 의식', tristitia는 '실패와 쇠퇴의 자각'이라고 보는 입장도 있다(램프레히트, 2012: 346 참조).

으로, 슬픔의 정서를 고통으로 정의한다. 그래서 기쁨, 슬픔, 그리고 앞에서 언급한 욕망을 기본적인 정서라고 하면서 다른 정서들은 바로 이 기본 정서에서 생긴다고 주장한다. 예컨대 사랑은 '외부 원인에 대한 관념을 수반하는 기쁨'이며, 미움은 '외부 원인에 대한 관념을 수반하는 슬픔'으로 정의된다(3부 정리 13 주석 참조).

### 정서와 인식의 관계

스피노자는 2부에서 3가지 인식 가운데 상상지는 불분명한 혼동된 지식과 관련되므로 수동적 정서와 연결된다고 했다. 그래서 "우리들은 표상하는 한에서만 또는 우리 육체의 본성과 외부 물체들의 본성을 포함하는 정서로 자극을 받는 한에서만 필연적으로 수동적으로 된다"(3부 정리 56 증명). 이성지의 경우 사물을 우연이 아니라 인과관계로 발견하므로[22] 자기 자신과 다른 사물의 필연적 연관을 인식하게 되어 우리는 능동적으로 된다. 이성지의 정서적 상관물은 능동적 정서가 된다. 직관지는 "시간적 관점을 초월해서 영원성의 관점으로부터, 영원의 상 아래에서(sub specie aeternitatis) 사물을 바라보고 사유한다. 이때 우리는 참인 관념을 소유하게 되며 사물을 완전하게 가장 잘 인식할 수 있다. 이러한 인식활동으로부터 나오는 최고의 기쁨의 정서가 바로 스피노자가 말하는 지복(beatitude)의 상태이다"(홍영미, 2006B: 65). 그런데 우리의 삶은 이성지와 직관지보다는 상상지의 수준에 머무르는 경우가 대부분이고, 이로부터 수많은 수동 정서, 즉 정념(passio)에 빠지게 마련이고, 이로부터 인간은 많은 고통을 겪을 수밖에 없는 존재라는 것이다.

3부의 후반부에서 스피노자는 정서에 대한 정리를 하고 있다. 아리스토텔레스가 논리적 순서보다는 경험적 비중에 따라 감정을 기술한 것과 달리, 스피노자는 기초 감정(욕망, 기쁨, 슬픔)을 선별하고 이로부터 기학학적

---

[22] "사물을 우연이 아니라 필연으로 고찰하는 것은 이성의 본성에 속한다"(2부 정리 44).

원리를 철저하게 적용하여 여타의 복잡한 정서들을 논리적으로 연역해 낸다(이은주, 2019: 113 참조). 이러한 정서들이 연역되는 메커니즘은 다음과 같다(이은주, 2019: 113 참조).

- 감정들의 우연에 의한 연합과 전이: 3부 정리 14-5
- 사물들의 우연성(의 상상)에 의한 감정 전이: 3부 정리 16
- 상반된 두 감정들의 대립 상태인 영혼의 동요: 3부 정리 17
- 희망과 공포처럼 시간과 관련된 감정: 3부 정리 18
- 사랑하거나 미워하는 대상의 감정에 대한 동일시와 역동일시: 3부 정리 19-26
- 행위로의 이행: 3부 정리 28
- 사람들 마음에 들려는 경향: '동화의 노력': 3부 정리 29
- 사람들에 대한 행위에서 자기를 원인으로 인식: '구별의 노력': 정리 30
- 모방에 의한 감정의 강화나 동요: 정리 31
- 타인이 내 기질대로 살기를 바람: '동화의 요구': 정리 31 주석
- 못 되는 자를 동정하고 잘 되는 자를 시기하는 경향: 정리 32
- 명예심으로 기우는 경향: '상호성의 요구': 정리 34
- 상호성의 좌절과 반대 감정으로의 전복: 정리 35
- 감정의 전복에 따른 강도 증가: 정리 38
- 감정의 순환과 그 결과: 정리 40-45 (이은주, 2019: 113, 129)

정서는 정서들 간의 연합이나 전이, 그리고 동일시 등을 통해 산출되며, 여기서 정서의 대상은 사물, 사건, 그리고 '우리와 유사한 것'들을 포함한다. 특히 '우리와 유사한 것'과 관련해서는 모방[23]의 메커니즘을 따르게 된

---

23. 모방의 메커니즘은 3부 정리 27 이하부터 설명되고 있는데, 대표적인 예시를 다음과 같이 들 수 있다. "나는 타인이 잘되는 것을 보면 기뻐하고 불행에 빠지면 슬퍼하며, 타인에게 선행을 베푸는 사람에게 호의를 갖고 그에게 악행을 저지른 사람을 미워한다"(이은주, 2019: 115).

다. 이 모방 메커니즘은 크게 동화의 노력, 동화의 요구, 구별의 노력, 상호성의 요구라는 4가지로 추려질 수 있다(이은주, 2019: 129-136 참조).[24]

욕망, 기쁨, 슬픔, 경탄, 경멸, 사랑, 미움, 경향, 싫음, 헌신, 조롱, 희망, 공포, 신뢰, 절망, 환희, 양심의 가책, 연민,[25] 호의, 분노, 과대평가, 멸시, 질투, 동정, 자기만족, 겸손, 후회,[26] 오만, 소심함, 명예, 치욕,[27] 동경, 경쟁심을 언급하면서 이것들은 기쁨과 슬픔의 정서라고 분류한다. 욕망에 관계되는 정서로는 동경, 경쟁심, 감사, 자비심, 분노, 복수심, 잔학함, 두려움, 대담함, 불안함, 당황, 공손함, 명예욕, 미식욕, 음주욕, 탐욕, 욕정, 용기, 관용을 설명하고 있다. 다만 여기서 우리가 살펴봐야 할 것은 스피노자가 제시한 선과 악에 대한 판단의 기준에 대한 설명이다.

> 선을 모든 종류의 기쁨과 기쁨을 가져오는 모든 것 그리고 특히 그것이 어떤 것이든 간에 동경을 만족시키는 것으로 이해한다. 그러나 악은 모든 종류의 슬픔 그리고 특히 동경을 방해하는 것으로 이해한다. 왜냐하면 앞에서(3부 정리 9 주석) 밝힌 것처럼 우리는 사물을 선이라고 판단하기 때문에 동경하는 것이 아니라 오히려 반대로 우리가 동경하는 것을 선이라고 부

---

24. '동화의 노력'은 우리가 타인의 마음에 드는 행위를 하고 타인이 싫어하는 행위를 자제하는 것을 통해 남에게 잘 보이고 싶어 하므로, 우리 스스로의 가치 기준을 타인이나 사회의 가치 기준에 맞추려고 하는 것을 뜻한다. 동화의 노력의 지배력을 가진 것이 바로 '동화의 요구'인데, 이것은 같은 이념을 가진 자들 사이의 분파 싸움이 더 격렬해지는 것을 설명해 준다. '구별의 노력'은 남이 느끼는 기쁨의 원인으로 인정받고자 하는 경향인데, 이것은 명예심과 수치심과 관계한다. '상호성의 요구'는 남들이 기쁨으로 변용될 뿐만 아니라 원인으로서의 우리 자신의 관념에 수반되는 변용으로 기뻐하기를 바라고, 더 나아가 이를 마땅한 정도로 표현해 주기를 바라는 요구인데, 구별의 요구가 전복되어 나타나며, 배은망덕(ingrantitudo)이 상호성의 요구가 좌절되어 일어나는 경우의 예시가 된다.
25. 연민은 개별적인 정서를, 동정은 연민의 습성을 염두에 둔 것이라는 차이점을 가질 뿐 아무런 차이가 없다.
26. 습관적으로 나쁘다고 일컬어지는 모든 행위에는 슬픔이 따르고, 옳다는 일컬어지는 모든 행위에는 기쁨이 따르는 것이 이상하지 않다는 사실이다.
27. 치욕은 우리가 부끄러워하는 행동에 뒤따르는 슬픔이라면, 수치는 치욕에 대한 공포 내지 두려움인데, 추한 행동을 범하지 않게끔 인간을 억제하게 해 준다.

르기 때문이다. 결국 우리들은 우리가 혐오하는 것을 악이라고 부른다. 따라서 각자는 무엇이 선악인지, 무엇이 좋고 나쁜 것인지, 그리고 마지막으로 무엇이 좋고 나쁜지를 자신의 정서로 판단하거나 평가한다. (…) 이렇게 각자는 자신의 정서로 어떤 것이 선인지 악인지를, 유용한지 또는 유용하지 않은지를 판단한다. (3부 정리 39 주석)

따라서 선과 악은 사물에 대한 우리들의 정서적 반응이다. 모든 정서는 욕망이나 기쁨 또는 슬픔에 관계한다. 물론 대부분의 정서가 외부적 원인에 의해 우리의 활동 역량을 증대시키거나 감소시키는 경우이지만, 우리 스스로가 우리 자신의 활동 역량을 증대시키는 원인이 되는 경우도 있다. 전자의 경우가 수동적인 기쁨과 욕망이라고 한다면, 후자의 경우는 능동적인 기쁨과 욕망이 된다. "정신은 적절한 관념을 파악하는 한, 즉 활동하는 한 기쁨을 느낀다"(3부 정리 58).

### 2.4. 인간의 예속 혹은 정서의 힘에 대하여

스피노자는 4부 "인간의 예속 혹은 정서의 힘에 대하여"에서 완전성/불완전성을 보편 관념에 근거하여 생각하고, 완전성을 실재성으로 이해하고, 자연의 목적인을 부정하고 작용인을 주장한다. 등산하다가 우연히 산 위에서 떨어진 돌에 부딪혀 다친 경우를 생각해 보자. 일반적으로 우리는 재수 없거나 우연의 일치에 의한 불행이라고 간주하겠지만, 스피노자의 생각은 다르다. 자연의 모든 일은 원인과 결과의 관계의 연관 하에서 일어난다. 하늘이 벌을 내리거나 어떤 다른 목적을 위해 이러한 우연의 일치가 일어난 것이 아니라 모든 사건이 자연의 법칙에 따라 일어나는 일일 뿐이다. 이러한 인과관계를 모를 때 우연이나 어떤 다른 자연의 목적을 상정하게 된다. 그렇기 때문에 우리가 할 일은 사건의 원인을 인식하고 받아들여야 하는 것이다. 마치 사랑하는 사람의 변심에 의해 헤어짐을 통지 받은 사람이 변심의 진정한 이유를 알고 싶어 하는 것처럼 말이다. 왜냐하면 변심의 이유를 듣고 이해가 된다면 우리는 어느 정도 마음의 고통을 가라앉힐 수도 있기 때문이다. 이유를 모르고 이해가 안 되어 느끼게 되는 고통은 수동 정서일 것이고, 이해를 통해 능동 정서로 전환된다면 우리는 소위 아픈 만큼 성숙해지는 그런 성숙을 경험할 수 있을 것이다.

**선악에 대하여**(정서적 선악 개념, 기쁨과 슬픔에 근거한 선악의 규정)
   스피노자는 우리에게 유익하다고 우리가 확실히 아는 것을 선(bonum)으로, 우리가 선한 어떤 것을 소유하는 데 방해되는 사실을 우리가 확실히 아는 것을 악(malum)으로 이해한다(4부 정의 1, 2 참조).

> 선이란 우리가 형성하는 인간의 본성의 전형에 점차로 접근하는 수단이 되는 것을 우리가 인지하는 것이고, 악이란 그 전형에 유사하게 되는 데 방해가 되는 것을 우리가 확실히 아는 것이다. (4부 머리말)

> 어떤 사물이 우리의 본성과 일치하는 한에서 필연적으로 선이며, 우리의 본성과 일치하면 할수록 더욱더 유익해진다. (4부 정리 31 보충)

> 덕을 따르는 사람의 최고의 선은 신을 인식하는 것이다. (4부 정리 36 증명)

> 인간 신체의 부분들이 갖는 운동과 정지의 비율이 유지되도록 하는 것은 선이다. 이와 반대로 인간의 신체의 부분들에 서로 다른 운동과 정지의 비율을 갖도록 하는 것은 악이다. (4부 정리 39)

> 기쁨은 직접적으로는 악이 아니고 선이다. 그러나 이에 반하여 슬픔은 직접적으로 악이다. (4부 정리 41)

쾌감은 선이지만 악일 수 있고, 고통은 악이지만 선일 수 있는 경우가 있다. 즉, 쾌감이 육체의 능력을 방해할 수 있고, 고통이 쾌감이 지나치게 되는 것을 막을 수 있다는 점에서 육체의 능력을 감소시키지 않게 할 수 있는 경우에 그렇다는 것이다(정리 43 증명 참조). 슬픔은 인간의 활동 능력을 감소시키거나 저해하는 한에서, 그리고 기쁨이라 하더라도 인간의 활동을 방해하는 한에서는 악이다(4부 정리 59 증명 참조).

**덕에 대하여**
이 장에 나타난 덕에 대한 논의를 정리하면 다음과 같다. 첫째, 스피노자는 덕과 능력을 동일한 것으로 이해한다. 스피노자는 덕과 능력을 동일한 것으로 이해하며, 덕이란 정념의 지배로부터 벗어날 수 있는 능력이다.

> 덕과 능력을 나는 동일한 것으로 이해한다. 인간과 관계되는 경우 덕은 인간이 자신의 본성의 법칙에 의해서만 이해되는 어떤 것을 행하는 능력을 가진 한에서 본성 자체이다. (4부 정의 7)

> 덕(virtus)은 오직 인간의 본질에 의해 정의되는 인간의 능력 자체이다. (4부 정의 8; 정리 20 증명)

둘째, 스피노자에게 있어 '인간 본성의 전형(naturae humanae exemplar)'으로서의 인간은 덕을 지닌 자이다. 제4부 정리 18 주석에서 "덕은 고유한 본성의 법칙에 따라 행위하는 것일 뿐"이며, 각자는 자신의 고유한 본성의 법칙에 따라서만 자기 보존의 노력을 경주하므로 이로부터 세 가지 결론이 도출된다.

> 첫째로 덕의 기초는 자신의 고유한 존재를 보존하려는 노력 자체이며, 행복은 인간이 자신의 존재를 보존할 수 있는 능력에 있다. 둘째로 덕은 그

자체를 위해서 추구되어야 하며, 덕보다 가치 있는 것, 덕보다 우리에게 유익한 것, 그것 때문에 덕이 추구되어야 하는 것은 결코 존재하지 않는다. 셋째로 자살하는 사람은 무력한 정신의 소유자이며, 자기의 본성과 모순되는 외적 원인에 완전히 정복당하는 사람이다. (4부 정리 18 주석)

자기를 보존하려는 노력은 사물의 본질 자체이기 때문에, 덕과 코나투스의 관계에 있어서 어떤 덕도 코나투스보다 앞서서 생각될 수 없다(4부 정리 22 참조), 코나투스는 덕의 유일한 기초이다(4부 정리 22 보충 참조). 덕으로 행동하는 것, 이성의 지도에 따라 자기의 이익을 추구하는 것, 그리고 자기의 유를 보존하는 것은 같은 말이다(4부 정리 24 참조).

**공동체적 삶에 대하여**

이성의 지배를 받는 사람들, 즉 이성의 인도에 따라서 자기의 이익을 추구하는 사람들은 자신이 다른 사람들을 위해서 바라지 않는 어떤 것도 자신을 위하여 욕구하지 않으며, 따라서 그들은 공정하고 성실하며 또한 정직하다. (4부 정리 18)

각자가 자신의 이익을 추구하면 할수록, 즉 자신의 유(有)를 유지하기 위해 노력하고 달성하면 할수록 더욱더 유덕하다. (4부 정리 19 증명)

덕을 따르는 사람은 자기를 위하여 욕구하는 선을 다른 사람을 위해서도 욕구할 것이며, 그가 갖는 신에 대한 인식이 크면 클수록 더 많이 욕구할 것이다. (4부 정리 37)

이성의 지도에 따라 생활하려는 욕망, 즉 선한 행동을 하려는 욕망을 'pietas'라고 한다. (4부 정리 37 주석 1 참조)

인간의 자연 상태와 국가 상태에 대해서 스피노자는 자연 상태에서는 각자는 자신의 이익만을 고려하여 선과 악을 결정하므로 자기 외에 다른 사람에게 복종할 의무를 가지지 않기 때문에 죄를 생각할 수 없지만, 공동의 동의에 의해 선악이 결정되어 각자가 국가에 복종하게 되는 국가 상태에서는 죄를 생각할 수 있다(정리 37 주석 2 참조). 그러므로 정의와 불의, 죄와 공적은 국가 상태에서만 말해질 수 있는 것이다.

### 정서의 다양성
정서는 우리들을 자극하는 대상의 종류만큼 다양하며, 인간은 동일한 대상에서 서로 다른 방식으로 자극받는다. 이런 경우에 인간은 본성상 서로 다르고, 동일한 인간도 같은 대상에 대하여 서로 다른 방식으로 자극받을 수 있다(4부 정리 33 참조).

### 오직 이성에 의해서만 인도되는 자유인의 삶의 방식(태도)에 대하여
스피노자는 자신의 삶에서 종교로부터의 박해와 가족들과의 좋지 않은 관계 등으로 인해 마음의 상처를 가지고 있었음에도 불구하고 미움과 증오에 대하여 사랑으로 대해야 한다고 강조하고 있다. 모든 미움의 정서는 악이고, 미움은 미움에 의해 커지기만 하며, 오히려 사랑에 의해 소멸될 수 있다. 자신이 당한 불법을 미움으로 복수하려고 하는 사람은 오히려 비참하게 생활하게 될 것이며, 미움을 사랑으로 극복하려고 노력하는 사람은 기쁘게 확신을 가지고 살 수 있다. 그래서 이성적인 사람은 타인의 미움을 사랑, 즉 관용으로 보상하려고 노력할 것이다(4부 정리 45 증명, 주석 참조).

능동 정서는 항상 인간에게 기쁨을 주지만, 수동 정서 중에는 인간에게 기쁨을 주는 것도 있고 슬픔을 주는 것도 있다. 들뢰즈는 기쁨을 주는 수동 정서의 중요성을 강조하면서, 이것은 능동적 힘을 증가시킬 수 있음에 주목한다.

> 사물을 이용하여 가능한 한 많은 즐거움을 얻는 것은 (…) 현자의 모습이다. 맛있는 음식, 좋은 향기, 푸른 식물의 아름다움, 장식, 음악, 운동, 연극, 그리고 다른 사람에게 해를 입히지 않고 각자가 이용할 수 있는 이런 종류의 것으로 자신을 상쾌하게 하고 원기를 북돋우는 것은 현자의 모습이다. (4부 정리 45 주석 2)

스피노자는 이성의 명령에 따라 두 가지 선 중에서 더 큰 것을, 그리고 두 가지 악 중에서 더 작은 것을 따라야 한다고 말한다(4부 정리 65 참조). 자유인은 자신의 이익을 추구하는 행동을 하고 자기의 유를 보존하기를 욕구한다(4부 정리 67 참조).

### 예속에 대하여

모든 인간은 정념에 빠질 수밖에 없는 존재이다. 이것은 인간의 유한성과 자연의 무한성에서 기인한다. 인간은 무한하게 복잡한 자연의 인과성을 인식할 수 있는 능력이 제한되어 있다는 점에서, 완전히 이성적으로 사유하고 이에 따라 행동하지도 못하는 존재라는 점에서, 그리고 자신이 필요로 하는 것, 욕망하는 것을 모두 가질 수 있는 무한한 능력을 가진 존재가 아니라는 점에서, 본성적으로 불완전한 존재이다.

> 인간이 자연의 일부가 아니라는 것은 불가능하며, 또한 인간이 오로지 자기의 본성에 의해서만 이해될 수 있는 변화, 곧 자신이 타당한 원인이 될 만한 변화만을 받아들인다는 것은 불가능하다. (4부 정리 4)

인간의 불완전성으로 인해 인간은 본성적으로 수동적인 상태에 빠지기 쉽고 정념이나 충동적인 욕망에 쉽게 빠지게 된다. 스피노자는 '정서의 통제와 억제에 대한 인간의 무능력'을 인간의 정념에의 '예속'이라고 한다. 그렇지만 인간이 정념의 예속 상태에 빠질 수밖에 없는 존재이면서도 동시에 이러한 예속 상태에서 벗어나고자 노력한다는 것이 중요하다. 역설적으로 보면 인간이 예속에 빠지기 때문에 인간은 예속의 부재 상태, 즉 자유를 추구하게 된다.[28] 스피노자의 자유에 대한 정의는 다음과 같다.

> 오직 자신의 본성의 필연성에 의해서만 존재하며, 자기 자신에 따라서만 행동하게끔 결정되는 것은 자유롭다고 한다. (1부 정의 7)

이 정의에서 두 가지를 생각해 봐야 한다(홍영미, 2006B: 71-72 참조). 우선 카샤프(S. P. Kashap)는 전반부를 신에게 적용되는 자유, 후반부를 인간에게 적용되는 자유라고 해석한다(Kashap, 1972: 334 참조). 만일 양자 간의 자유를 구분한다면, 신은 절대적인 의미에서 자유롭고, 인간은 상대적인 의미에서 자유롭다. 그러나 상대적인 관점에서 본다면 인간은 자유로울 수 있다. 둘째, 스피노자는 자유를 필연과 대립시키는 것이 아니라, 강제와 대립되는 것으로 본다. 이것 역시 다시 자유는 강요당하지 않음이라는 소극적 형태로 자유를 드러내는 방식과 자아 결정론의 적극적 형태로 자유를 드러내는 방식으로 설명이 가능해진다. 즉, 원인이 자신의 외부에 있다고 하는 방식과 원인이 자신의 본성 안에 있다는 것으로 강제와 자유를 설명한다. 스피노자는 자유롭게 행동하는 것을 "자신의 본성의 필연성에 따라 행동하는 것, 자기 자신의 본성의 법칙으로부터 행동하는 것, 본성의 필연성에 따르는 것을 하는 것, 우연적이지 않은 것으로부터 행동하는 것, 이성에 따라 행동하는 것 등등의 표현"으로 설명하고 있다.

예속의 상태에서 자유의 상태로 되기 위해서는 무엇보다 정념의 원인에

---

[28] 홍영미는 스피노자의 철학 안에서 자유와 예속이라는 인간의 조건에 대한 분석이 의미 있는 관점이라고 소개한다. 햄프셔(S. Hampshire)는 "인간은 끊임없이 자유와 예속이라는 양 극단 사이의 긴장 속에서 규정되면서 인간의 행동은 이 단일한 기준, 즉 예속에 반대되는 자유라는 기준에 의해 판단되고 결정된다고 할 수 있다"(Hampshire, 1973: 310)고 주장한다(홍영미, 2006B: 70 각주 41 참조).

대한 이해가 중요하다. 이런 맥락에서 일상적 삶에 대한 스피노자의 요청은 아마도 "욕망과 혐오의 원인을 검토하라, 내가 왜 그것을 욕망하는지 반성적으로 사고하라, 내가 슬픔과 분노와 시기라는 정념에 휘둘리고 있다면 그것들에 대해 체계적으로 사유해보라, 자신의 슬픔, 고통, 불쾌감 속으로 깊이 천착해 들어가서 정념들의 실체를 만나보라, 정념의 원인에 대한 무지를 인정하라, 객관적으로 정념을 바라보라." 등일 것이다(홍영미, 2006B: 73 참조).

정념의 원인에 대한 무지는 인간을 정념의 예속 상태로 빠지게 한다. 그렇지만 정서에 대한 명석 판명한 관념을 형성하는 것이 이성의 역할인데, 이성은 첫째, 정념의 원인, 정념을 야기한 대상에 대한 원인과 결과의 관계를 통해 사태를 분명하게 이해할 수 있게 해 주고, 둘째, 타당한 관념을 형성하는 능력, 즉 필연적인 진리를 파악하는 것을 가능하게 해 준다. 이런 이성의 역할을 통해 인간은 정념의 예속으로부터 벗어날 수 있게 된다.

### 2.5. 지성의 능력 또는 인간의 자유에 대하여

스피노자는 이 책의 5부에서 두 개의 주제, 즉 이성 자체가 정서에 대해서 무엇을 할 수 있는지를 제시하고, 다음으로 이성의 능력을 다루면서 정신의 자유 또는 지복(*beatitudo*)이 무엇인지를 제시하고자 한다. 이것을 정서의 예속으로부터 벗어나는 방법을 다루는 소극적 자유와 자유에 도달하기 위한 방법을 다루는 적극적 자유로 보는 해석도 있고, 자유의 실천 방안을 다루는 전반부와 이에 대한 이론적 해명을 다루는 후반부로 보는 해석도 있다(현영종, 2019: 100 참조). 스피노자는 "오직 자기 본성의 필연성에 의해서만 존재하며, 자기 자신에 따라서만 행동하게끔 결정되는 것"(1부 정의7)을 자유롭다고 하였는데, 이런 의미에서 자유로운 존재는 신, 즉 자연밖에 없다. 인간의 경우에도 만약 자신이 영원한 내적 본질에 따라 요구되는 것만을 행할 수 있다면, 그는 신적인 자유에 참여하는 것이다. 따라서 만약 인간이 이성(혹은 인식)의 인도에 따라서만 살 수 있다면, 그는 자신의 존재를 온전히 보존할 수 있으며, 참된 자유를 얻을 수 있게 된다는 결론이 도출된다.

> 덕으로 행동하는 것은 우리가 이성의 지도에 따라서 자기의 이익을 추구하는 것을 기초로 행동하고 생활하며 자기의 유(類)를 보존하는 것(이 세 가지는 똑같은 것을 뜻한다)일 뿐이다. (4부 정리 24)

그래서 5부의 전반부에서 첫 번째 주제는 정리 1-20에서 다뤄지고 있는데, 쿡은 이것을 크게 세 부분으로 나눈다(쿡, 2016: 207 참조). 정리 1-4는 특정 감정을 적합하게 이해함으로써 얻게 되는 효과를 설명한다. 정리 1은 잘 알려진 평행론/동일론을 다시 설명하고 있으며,[29] 정리 2는 만약 정서를 외적 원인에 대한 사유로부터 분리시키고 그것을 다른 사유와 결합시키면 정서로부터 생기는 동요가 사라질 것임을 밝히고 있다. "정서를 외부 원인에 대한 관념으로부터 분리시킨다는 것은 정서를 외부원인의 결과라고 상상하기를 중단하는 것이고, 정서를 다른 사유와 결합시킨다는 것은 정서를 신이 언제나 그리고 모든 곳에서 활동하는 방식에 대한 관념(이를테면, 공통관념)으로부터 따라 나오는 것으로 파악"(쿡, 2016: 208-9)하는 것으로 이해된다. 정리 3의 내용은 수동 정서에 대한 명석 판명한 관념을 형성하는 순간 수동적이기를 중단한다는 것이다. 이것은 우리가 수동 정서를 이해하게 되면 정서에 대해 수동적임을 그만두게 된다는 것을 의미한다. 다시 말해서, 수동 정서와 그것의 외적 원인에 대한 사유가 분리되어야 하고, 그리고 참된 사유, 즉 관념의 관념과 결합해야 된다. 정리 4는 우리가 어떤 명석 판명한 관념을 형성할 수 없는 육체적 변용은 없다는 것을 강조하고 있다.

---

29. 램프레히트(S. P. Lamprecht)는 심신평행론이 아니라 심신 동일(성)론을 선택한다. 심신평행론이 물활론의 이해를 가져오기 때문에 스피노자의 주장을 왜곡시킨다고 주장한다(램프레히트, 2014: 339 각주 37 참조).

각각의 정서를 가능한 한 명석 판명하게 인식하고, 정신이 정서를 떠나서 명석 판명하게 지각하며 자신이 전적으로 만족하는 그러한 사유를 하게 된다. 그러므로 정서 자체를 외적 원인의 사유에서 분리하여 참다운 사유와 결합시킨다. 이것에 의해 사랑과 미움 등이 소멸될 뿐만 아니라 또한 그러한 정서들에서 보통 생기는 충동이나 욕망도 지나치지 않게 된다. (5부 정리 4 주석)

정리 5-10에서는 다루기 힘든 정념들에 대한 일련의 치료법이 제시된다. 여기에서 스피노자는 단순하게 표상하는 것에 대한 정서가 가장 강하며(5부 정리 5 참조), 모든 것을 필연적으로 인식하는 정신은 정서에 대하여 더 큰 힘을 가지며 정서의 작용을 덜 받는다(5부 정리 6 참조)고 주장한다.

이성에서 생긴 정서는 필연적으로 사물의 공통된 성질에 관계되며, 우리는 이것을 언제나 똑같은 방식으로 표상한다. 그러므로 이러한 정서는 언제나 동일한 것으로 남는다. (…) 이런 한에서 이성에서 생긴 정서가 한층 더 강하다. (5부 정리 7)

정리 5-7은 단순 표상, 필연성 인식, 이성적 정서가 정서의 작용을 덜 받음을 주장하고 있다. 정리 8-10은 정서가 함께 작용하는 여러 가지 원인에 의해 환기될수록, 다양한 원인에 관계될수록, 본성과 대립되는 정서에 압도당하지 않을수록 우리는 사물들을 그 자체로 인식할 것이며 그것들에 대해서도 정서적으로 동요하는 일이 줄어들 것임을 설명하고 있다.

정리 11-20에서 스피노자는 우리가 더 많이 이해하면 할수록 우리는 더 많이 신을 사랑할 것이라고 주장한다. 정리 11-13은 사물에 대한 표상의 상에 대한 논의인데, 이 표상의 상이 더 많은 것에 관계될수록 우리가 명석 판명하게 인식하는 것에 관계되는 표상의 상과 더 쉽게 결합한다는 것을 보여 준다. 정리 14에서 그는 정신이 모든 육체의 변용에 대하여 명석 판명한 개념을 형성할 수 있으며, 이것을 신의 관념에 연관되게 할 수 있다고 주장한다.

> 자기 자신과 자신의 정서를 명석 판명하게 인식하는 사람은 기쁨을 느끼며, 그 기쁨은 신의 관념을 동반한다. 그러므로 그는 신을 사랑한다. 그리고 그는 자기 자신과 자신의 정서를 많이 인식하면 할수록 신을 더욱 사랑한다. (5부 정리 15 증명)

신과 미움에 대하여 신을 변용시킬 수 있는 어떤 것도 신 외부에 있지 않기 때문에, 신은 수동적 감정을 가질 수 없고, 신은 아무런 기쁨이나 슬픔의 정서에 의해서 작용 받지도 않는다. 그래서 신은 어느 누구도 사랑하거나 미워하지 않는다. 다만 "신을 모든 것의 원인으로 인식한다는 사실로부터 신을 슬픔의 원인으로 생각할 수는 있지만, 우리가 슬픔의 원인을 인식하는 한에서 슬픔은 수동이기를 멈춘다. 그러므로 우리가 신을 슬픔의 원인으로 인식하는 한 우리는 기쁨을 느낀다"(정리 18 주석) 그는 정서에 대한 정신의 능력을 다음과 같이 정리하여 제시하고 있다.

> 정서의 인식에,
> 　우리가 혼란스럽게 표상하는 외적 원인의 사유에서 정서를 분리시키는 것에,
> 　우리가 인식하는 것에 연관된 정서가 혼란, 훼손된 것으로 파악되는 것에 연관된 정서보다 시간적으로 우위를 차지한다는 것에,
> 　사물의 공통적 성질이나 신에 관계되는 정서를 함양시키는 원인이 다수라는 것에,
> 　정신이 자신의 정서를 질서 짓고 그것들을 서로 결합시킬 수 있는 질서에 (5부 정리 20 주석)

대하여 정신의 능력이 발휘된다고 스피노자는 설명하고 있다.[30] 개별 정서의 힘은 외적 원인의 힘에 의해서 정의되지만, 정신의 힘은 오직 인식, 즉 참된 인식에 의해서만 정의된다. 이러한 인식의 과정에서 수동적인 정신과 능동적인 정신으로 구분되며, 타당하지 못한 관념을 갖게 하는 수동적인 정신은 변하는 것, 그리고 우리가 결코 가질 수 없는 것에 대한 지나친 사랑에서 생겨난다. 반면에 "명석 판명한 인식이, 특히 신의 인식 자체를 기초로 삼는 세 번째 종류의 인식이 정서에 대해서 무엇을 할 수 있는지 쉽사리 파악한다"(5부 정리 20 주석). 능동적인 정신이 갖고 있는 명석 판명한 인식은 불변하며 영원한 것, 우리가 소유할 수 있는 것에 대한 사랑을 생기게 한다.

두 번째 주제는 정신의 지속과 신에 대한 지적인 사랑이다. 이 주제와 관련된 핵심 개념은 세 번째 종류의 인식, 즉 직관지이다. 직관지는 "신의 어떤 속성의 형상적 본질에 관한 적합한 관념으로부터 사물의 본질에 대한 적합한 인식으로 나아간다"(2부 정리 40 주석). 쿡은 스피노자의 직관의 개념을 데카르트적 방식으로 이해하는 것의 타당성을 주장한다. "우리가 데카르트

---

30. "정서는 우리의 능력과 비교된 외적 원인의 힘에 의해 정의되며, 그보다 더 큰 정서에 의해서만 억제될 수 있다. 그러나 또한 정신의 능력에 의해 정서들이 정신의 가장 작은 부분을 구성하도록 할 수도 있다. 즉, 정서 자체에 대해 인식하는 것(①)만으로도 우리는 정서의 영향력으로부터 조금은 자유로울 수 있게 되며, 우리가 만약 정서를 일으키는 원인이라 파악한 것이 부분적 원인이거나, 오류일 수 있음을 받아들임으로써 나의 정서와 원인을 분리(②)할 수 있다면 정서 자체 또한 수동적이지 않게 될 수 있고, 새로운 원인들을 파악하여 '이해'하는 활동(⑤)을 통해 우리는 자유로울 수 있게 된다. 결국 우리가 자유를 원한다면 수동 정서에 사로잡히지 않은 상태일 때, 평소에(③) 이해의 폭을 넓히는 연습(④)을 하여 이성을 갈고 닦아야 한다. 예를 들어, 한 학생이 미술 작품을 만들고 있는데 짝이 나뭇가지를 부러뜨려 작품을 망치게 된 경우, 그 학생은 일단 속상할 것이다. 그러나 자신의 속상한 정서를 인식하고(①), 그것이 짝이 일부러 했을 것이라는 오해(②)로부터 다른 원인이 있었을 것임을 인식하려고 노력하며(⑤), 짝에게 왜 그랬는지 물어봄으로써 비뚤어진 나무를 일으켜 주고자 하는 돕고 싶었던 마음을 알게 되었다면, 혹은 어쩔 수 없는 필연적인 어떤 이유가 있었을 것이라고 생각하게 되었다면(⑤), 속상한 마음이 줄고 상대를 이해(⑤)할 수 있게 될 것이다. 그리고 평소에(③) 어떤 상황에 대한 이해의 폭을 넓히기 위해 노력(④)한다면, 다음에 어떤 정서에 예속되는 상황이 발생했을 때는 상대방의 상황을 먼저 고려함(⑤)으로써 이러한 정서에 사로잡히는 일이 줄 것(⑤)이다"(박순덕, 2013: p. 203).

의 방식에 따라 직관지를 이해한다면, 우리가 말할 수 있는 것은 연역적 논증을 직관적으로 이해하는 사람은 전제 속에 내포되어 있는 결론과 결론 속에 있는 전제를 단번에 직관적으로 추론할 수 있다는 것이다. 스피노자는 '논리적 증명은 정신의 눈'(5부 정리 23)이라고 말하기를 좋아한다. 그리고 어떤 추론에 관해 직관지를 가지고 있는 사람은 전제 속에 내포되어 있는 결론과 결론 속에 명시적으로 드러나 있는 전제를 '볼' 수 있다고 말할 수 있다. (…) 속성에 대한 적합한 관념으로부터 사물들의 본질에 대한 적합한 관념으로 나아갈 때, 그것은 추론적-연역적으로 나아가는 것이다. 따라서 그것은 필시 이러한 추론을 '단번에 직관적으로' 수행하는 것이다"(쿡, 2016: 223).

스피노자는 이러한 직관지와 정신의 본질에 대한 부분을 같이 언급하고 있다. 그는 신의 경우에 신의 본질과 역량을 동일시하며(1부 정리 34 참조), 개별 사물들의 경우 존재를 보존하려는 사물의 코나투스를 사물의 본질이라고 보고 있다. 그렇다면 정신의 본질은 무엇일까? 시간성으로는 파악될 수 없는, 즉 무시간적으로 파악되는 정신의 어떤 부분의 존재를 다음과 같이 설명하고 있다. 스피노자는 인간의 정신이 시간에 의해서 정의될 수 있는 육체의 현실적 존재와 달리 신의 본질 자체를 통해 어떤 영원한 필연성에 의해 파악되므로, 정신의 본질에 속하는 어떤 것은 필연적으로 영원하다고 주장한다(5부 정리 23 증명 참조). 육체는 죽음과 동시에 없어짐에도 불구하고 정신은 남는다는 이 주장은 정신은 육체가 지속하는 동안에만 상상하고 기억할 수 있다는 정리 21과도 배치되는 듯이 보이며, 무엇보다도 스피노자의 심신평행론과도 어긋나 보인다. 다만 영원의 형상 아래에서 사물을 인식하는 것이 이성지의 특성이라고 한다면, 육체의 본질에 대한 관념이 모든 이성적 이해의 기초를 이룬다고 추론해 볼 수 있을 것이다. 왜냐하면 "신 안에는 이 그리고 저 인간의 육체의 본질을 영원한 상 아래 표현하는 관념이 필연적으로 존재"(5부 정리 22)하기 때문이다.

스피노자는 사물을 파악하는 두 가지 방식을 제안한다. 첫 번째는 특정한 시간과 공간에 연관된 것으로 파악하는 방식이고, 두 번째 방식은 사물을 신 안에 포함되어 있으며 신적 필연성으로부터 따라 나오는 것으로 파악하는 것이다(5부 정리 29 주석 참조). "육체의 본질을 영원의 어떤 형상 아래에(sub quadam specie aeternitatis) 표현하는 이 관념은 정신의 본질에 속하는 필연적으로 영원한 특정한 사유 양태이다"(5부 정리 23 주석). 그래서 이러한 영원한 형상 아래에서 파악하거나 시간의 형상 아래에서 파악하는 방식이 존재한다. 스피노자는 우리에게 신적인 본성의 무시간적 진지와 우리가 무시간적으로 그 본성 속에 포함되어 있는 방식을 숙고할 때 우리가 영원하다는 것을 느끼고 체험한다고 주장한다(쿡, 2016: 233 참조).

정신의 최고의 노력과 최고의 덕은 직관지에 따라 사물을 인식하는 것이다. 이것은 신의 속성에 대한 타당한 관념에서 사물의 본질에 대한 타당한 인식으로 진전한다. 이런 방식으로 사물을 인식할수록 신을 더 많이 인식한다(5부 정리 25 참조). 그래서 직관지의 인식에 따라 사물을 인식하는 것은 결국 신을 인식하는 것이다(5부 정리 27 증명 참조). 그렇게 해서 정신은 원인으로서의 신에 대한 관념에 의해 수반되는 최고의 만족과 지복을 체험하며, 이것을 신을 향한 정신의 지적인 사랑이라고 주장한다. 이러한 신에 대한 지적인 사랑은 영원하며(5부 정리 34 참조), 수동적인 감정과 뒤섞이지 않는다(5부 정리 34 참조). 신에 대한 지적인 사랑에 대립하거나 이것을 소멸시킬 수 있는 것은 없으며(5부 정리 37 참조), 정신이 이성지와 직관지에 따라 인식할수록 나쁜 정서의 작용을 덜 받으며 죽음을 덜 두려워하게 된다(5부 정리 38 참조).

스피노자는 정신의 영원성에 대한 논의로부터 신에 대한 이해와 인식 및 사랑이 최고의 덕이라는 것을 우리에게 말하면서 책의 마지막 부분을 구성한다. 정신은 신적인 사랑, 즉 지복을 누리는 것을 통해 쾌락을 억제하는 힘을 가질 수 있다고 한다. 그러면서 현자와 무지한 자의 차이를 지적한다.

무지한 자는 외적 원인에 따라 여러 가지 방식으로 동요되어 결코 영혼의 참다운 만족을 갖지 못할 뿐만 아니라 자신과 신과 사물을 거의 의식하지 않고 살며, 작용받는 것을 멈추자마자 존재하는 것도 멈추기 때문이다. 이에 반하여 현자는 현재로서 고찰되는 한에서 거의 영혼이 흔들리지 않고 자신과 신과 사물을 어떤 영원한 필연성에 의해서 인식하며, 존재하는 것을 결코 멈추지 않고 언제나 영혼의 참다운 만족을 소유한다. (5부 정리 42 증명)

스피노자는 자기가 제안한 삶의 방식이 매우 어려워 보여도 불가능한 것은 아님을 강조한다. "모든 고귀한 것은 힘들 뿐만 아니라 드물다(Sed omnia praeclara tam difficilia, quam rara sunt)."

## III. 스피노자 윤리 사상의 현대적 의의

스피노자의 윤리학은 이성주의적 내지 주지주의적 윤리학의 성격을 갖는다. 첫째, 자살의 경우에 그의 사상의 핵심이 되는 코나투스와 상반되는 것처럼 보이는 문제에서도 스피노자는 생물학적인 의미의 자기 생명의 보존보다는 이성적이고 영원한 자아의 보존을 중시하고 있다. 그래서 인간이 자신의 신념을 버려야 살 수 있는 경우에라도

만일 이성이 그것을 권한다면 이성은 그것을 모든 사람들에게 권한다. 그러므로 이성은 절대적으로 사람들에게 오직 간사하게 계약을 맺고 힘을 결합하며 공통의 법을 갖기를, 즉 실제로 공통의 법을 갖지 않기를 권한다. 이것은 불합리하다. (4부 정리 72 주석)

라고 말한다. 다시 말해서 진정으로 자아가 보존하고자 하는 것은 이성적

인 측면의 자기 보존이며, 인간 존재는 이성적이고 영원한 자아를 지향한다. 둘째, 인식의 세 가지 유형으로 제시되는 상상지, 이성지, 직관지의 구분에 있어서도 적합한 관념에 해당하는 이성지와 직관지의 중요성이 강조되며, 적합한 관념을 통해서 능동적 개인이 되고자 하는 것을 강조하는 성격을 갖는다.

스피노자의 윤리학은 인식론적 윤리이면서 동시에 자연주의적 윤리이다. 우리가 행복하게 살기 위해서는 인식, 특히 자기 인식의 중요성을 강조할 수밖에 없다. 그런데 우리 인간은 자연의 일부이므로 우리에 대한 자기 인식에서 자연의 기본 원리에 대한 이해는 필수적일 수밖에 없다.

> 우리는 참으로 인식에 도움이 되는 것만을 확실히 선으로 알며, 이와 반대로 우리가 인식하는 것을 방해할 수 있는 것만을 확실히 악이라고 안다. (4부 정리 27 증명)

> 정신의 최고선은 신의 인식이며, 정신의 최고의 덕은 신을 인식하는 것이다. (정리 28)

또한 스피노자의 윤리학은 인간의 선악이 인간의 자연스러운 욕구와 감정에 기초한다는 자연주의 윤리설이다. 선과 악의 인식은 우리에게 의식된 한에서 기쁨 또는 슬픔의 감정일 뿐이다. 우리의 존재의 보존에 도움이 되거나 활동 능력을 증대 내지 촉진시키는 것이 선이고, 존재의 보존에 방해가 되거나 활동 능력을 감소 내지 억제하는 것이 악이다.

스피노자의 윤리학은 이성적인 자기 보존 노력을 강조하는 완전성 추구의 윤리학이다. 그의 윤리학에서 강조되는 코나투스가 의도하는 것은 이성적 차원에서의 자기 보존인데, 이것을 윤리적 이기주의로 이해하는 것은 그의 의도에 대한 정확한 이해라고 보기 어렵다. 왜냐하면 그에게 있어서 진정한 이익은 인간을 더 큰 완전성으로 이행하도록 하는 것이다. 자기 보존은 자신의 존재를 보다 완전하게 만들기를 욕구하는 것이고, 자기 완전성의 추구를 강조하는 성격을 갖는다. 스피노자는 "각자가 자신에게 유용한 것을 추구하고 자기 보존에 충실할수록 더 유덕해지고 더 이성적으로 살며 그런 한에서 다른 인간과 더 합치한다고 말한다"(이은주, 2019: 108). 마트롱(A. Matheron)은 코나투스에 대한 이해에서 개인의 정념적 삶과 인간 상호 간 정념적 삶의 원리로 설정하고, 인간 공동체의 포괄적 코나투스로, 근본적으로는 보편성에 대한 욕망으로까지 확장하여 규정하고 있다(마트롱, 2008: 224-5 참조). "인간이 이성의 인도 하에서 본성상 필연적으로 합치하지만 정념/수동에 종속되는 한에서는 본성상 합치하지 않으며, 불일치할 수 있고, 나아가 상반될 수 있다. 그러므로 자기 보존의 노력은 수동의 문턱을 넘어 능동이 되어야만 타인과의 합치에 이를 수 있다"(이은주, 2019: 108). 자기 보존, 이성적 행위, 도덕적인 덕을 동일한 차원에서 이해하는 스피노자의 윤리학은 자신의 이익만을 추구하는 이기주의적 관점과 배타적 관점이 아니라 보편 윤리적이며 타인 존중적 윤리의 성격을 갖는다.

스피노자의 윤리학은 자유의 윤리학이다. 스피노자는 그 시대의 진정한 자유인이 되고자 하였다. 스피노자의 자유는 기독교로부터의 자유, 철학함의 자유이다. 들뢰즈는 우리가 능동적으로 되는 질적인 변환을 맞이하기 전에 그러한 변환을 가져오기 위해 우리의 능동적 힘을 기르고, 공통 관념을 형성함으로써 능동적으로 되고, 제3의 인식을 통해 능동의 극치에 도달하는 방법을 제시해 준다(들뢰즈, 2003: 387-388, 453 참조).

스피노자의 윤리학은 감정의 윤리학지만, 스토아주의도 반스토아주의자도 아니다. "많은 연구자들은 스피노자와 스토아주의 사이에는 결정론, 세계의 이해 가능성, 자기 보존의 욕구, 공통 관념 이론, 자연과 일치하여 살아감, 운 이론 등 많은 이론적 유사성이 존재함을 지적하고 있다"(박기순, 2020: 142). 세네카의 자살에 대한 설명을 하고 있는 4부 정리 20의 주석과 감정에 대한 절대적 지배력을 비판하는 5부 서문에서 스토아에 대한 비판을 명확히 하고 있음에도 불구하고, "라이프니츠는 스피노자를 데카르트와 함께 새로운 스토아주의자들이라고 규정한다"(박기순, 2020: 141).

그렇지만 박기순은 스토아의 자연과 스피노자의 자연의 의미 차이를 들면서, 즉 스토아의 자연에서는 인간에게 다른 존재들과 구별되는 특별한 위상이 주어져 있지만 스피노자의 자연에서는 그렇지 않음을 강조하면서, 스피노자가 내재론, 결정론, 자연 필연성 개념을 수용하지만 자연 개념의 반목적론적 성격을 주장하고 있다는 것이다(박기순, 2020: 147-149 참조). 결국 스토아주의의 '자연의 신성화'와 스피노자의 '신의 자연화'의 차이로 인해, 그리고 감정에 대한 절대적 지배력을 우리가 가지고 있지 못함(5부 서문 참조)을 강조한다는 점에서 스피노자의 윤리학은 스토아주의와 '같은 듯 다른 결'을 보여 주고 있다.

### 스피노자의 삶에 대한 권고

예속의 상태에서 자유의 상태로 되기 위해서는 무엇보다 정념의 원인에 대한 이해가 중요하다. 이런 맥락에서 일상적 삶에 대한 스피노자의 요청은 2.4에서 언급했던 것처럼 "욕망과 혐오의 원인을 검토하라, 내가 왜 그것을 욕망하는지 반성적으로 사고하라, 내가 슬픔과 분노와 시기라는 정념에 휘둘리고 있다면 그것들에 대해 체계적으로 사유해보라, 자신의 슬픔, 고통, 불쾌감 속으로 깊이 천착해 들어가서 정념들의 실체를 만나보라, 정념의 원인에 대한 무지를 인정하라, 객관적으로 정념을 바라보라." 등일 것이다 (홍영미, 2006B: 73 참조).

인간이 정념에 빠질 수밖에 없는 존재라면 이것도 인간의 본성이 아닌가? 정념에 의해 고통에 빠지게 마련인데, 여기서 중요한 것은 정념에 사로잡혔다는 사실, 즉 정념의 결과가 아니라 정념의 원인을 파악하는 것이다.

정념에 예속되는 일 자체를 가지고 우리의 의지를 탓할게 아니라, 중요한 것은 이러한 예속의 상태에서 빠져나갈 수 있는 방법이다. 정념으로부터 벗어날 수는 없지만 정념의 원인을 인식하여 정념의 지배로부터의 자유를 추구하는 것이 중요하다. 이를 통해 우리는 우리의 활동 능력을 증대시킬 수 있다.

# 참고 문헌

내들러, 스티븐, 이혁주 역(2014), 『에티카를 읽는다』, 그린비.
들뢰즈, 질, 박기순 역(1992, 2001), 『스피노자의 철학』, 민음사.
들뢰즈, 질, 이진경 역(2003), 『스피노자와 표현의 문제』, 인간사랑.
램프레히트, 스털링, 김태길 외 역(2012), 『개정판 서양 철학사』, 을유문화사.
마트롱, 알렉상드르, 김문수·김은주 역(2008), 『스피노자 철학에서 개인과 공동체』, 그린비.
모로, 피에르-프랑수아, 김은주 외 역(2019), 『스피노자 매뉴얼 — 인물, 사상, 유산』, 에디토리얼.
스피노자, 베네딕투스 데, 강영계 역(2023 개정판), 『에티카』, 서광사.
애링턴, 로버트 L., 김성호 역(2003), 『서양윤리학사』, 서광사.
최민자(2015), 『스피노자의 사상과 그 현대적 부활』, 도서출판 모시는사람들.
쿡, 토마스 J., 김익현 역(2016), 『스피노자의 에티카 입문』, 서광사.

김선영(2012), 「데카르트에서 영혼과 몸의 결합과 그 현상으로서의 정념: 지각, 감정, 동요」, 『철학연구』, No. 45, pp. 167-197.
박기순(2013), 「스피노자에서 potentia와 potestas 개념」, 『사회와 철학』 25집, pp. 329-364.
박기순(2015), 「스피노자의 코나투스 개념과 목적론의 연구」, 『철학사상』, pp.85-115.
박기순(2020), 「스피노자와 스토아 전통」, 『인간연구』 40호, pp. 137-164.
박순덕(2013), 「스피노자의 인과론과 자유의 관계에 대한 연구」, 『도덕윤리과교육』 41호, pp. 187-212.
변희순(2009), 「'능동적으로 되기'에 관한 스피노자의 이론」, 『도덕윤리과교육』 29호, pp. 325-344.
이기돈(2020), 「Spinoza의 〈Ethica〉에 나타난 수학 내용 분석 및 그에 따른 교과서의 '삼각형의 세 각의 합' 내용 고찰」, 『학교수학』 22권 3호, pp. 717-738.
이은주(2019), 「스피노자의 감정 모방 원리와 인간 공동체의 코나투스」, 『현대유럽철학연구』 54집, pp. 107-146.
이혁주(2014), 「스피노자 철학에서 평행론 문제」, 『철학연구』 제132집, pp. 103-130.
현영종(2019), 「스피노자의 감정 치료법」, 『근대철학』 13집, pp. 99-118.

홍영미(2006A), 「스피노자의 코나투스 이론」, 『철학연구』 73집, pp. 21-43.
홍영미(2006B), 「스피노자철학에서의 정서와 자유의 문제」, 『철학』 89집, pp. 51-79.

Nadler, Steven(1999), *Spinoza: A Life*, Cambridge Univ. Press.
Curley, E.M.(1969), *Spinoza's Metaphysics: An Essay in Interpretation*. Cambridge, MA: Cambridge Univ. Press, 1969.
Deleuze, G., Joughin, M.(trans.), (1990), *Expressionism in Philosophy: Spinoza*, N.Y., Zone Books.
Hampshire, S. (1973), "Spinoza & the idea of Freedom", in Grene, M.(ed.), *Spinoza: A Collection of Critical Essays*, N.Y., Doubleday, Anchor.
Kashap, S. P.(ed.)(1972), Studies in Spinoza, Univ. of California Press.
Matheron, A. (1988), *Individu et communaute chez Spinoza*, Les editions de Minuit, Paris.

# 9

# 흄의 윤리 사상*

변영진

---

건국대학교 철학과에서 석사 학위를 받고, 독일 지겐(Siegen) 대학교에서 "Die Logik der Sprache und das Hauptproblem der Philosophie beim fruhen Wittgenstein(전기 비트겐슈타인의 언어 논리와 철학의 근본문제)"로 박사 학위를 취득했다. 현재 제주대학교 윤리교육과 교수로 재직하고 있으며, 주요 관심 분야는 근대 윤리학과 언어철학이다. 논문으로 「흄의 행복과 화가의 윤리학」, 「스피노자의 이성주의 윤리와 자유: 칸트의 사상과 연관하여」, 「비트겐슈타인과 윤리」 등이 있다. 그리고 역서로 『비트겐슈타인 철학일기』가 있다.

* 이 장은 『윤리연구』 제140호(2023)에 게재된 「흄의 자연주의와 덕 윤리」를 수정·보완한 것이다.

# I. 생애 및 저작

데이비드 흄(David Hume, 1711-1776)은 근대 영국의 철학자이자, 역사가, 경제학자 그리고 다방면의 문필가였다. 특히 근대 대륙의 합리론과 대결 구도를 이루는 영국경험론의 대표 주자로 잘 알려져 있다. 독일의 계몽주의 사상가 칸트(I. Kant)와 쌍벽을 이루는 인물로 이해된다. 그의 사상은 현재, 경험론과 심리철학 그리고 분석철학에 이르기까지 그 토대를 형성하는 이론으로 다뤄지고 있다. 사상적 면모를 다루기에 앞서 그의 생애와 저작에 대해 잠시 살펴보겠다.

흄은 1711년 4월 24일 에든버러에서 2남 1녀 중 막내로 태어났다. 유년 시절을 거치며 열두 살이 되던 해, 가족들의 권유로 대학에 입학해 3년간 법학을 공부했다. 십대 초반 대학 진학은, 당시로서는 일반적인 일이었다. 그보다는 법학에 그다지 큰 관심이 없었던 점이 그의 문제였다. 이 같은 자신의 유년 시절을 훗날 다음과 같이 기록했다.

> 우리 집안은 그리 부유한 편이 아니었다. 더구나 나는 장남이 아니었으므로 관습에 따라 물려받을 재산이 보잘 것 없었다. 부친은 다재다능한 분이셨지만, 내가 어렸을 때 나와 형 그리고 누나를 남겨두고 돌아가셨다. 젊고 아름다웠던 어머니는 우리들 뒷바라지와 교육에 온 힘을 쏟았다. 정규교육과정을 성공적으로 마친 나는 일찍부터 문필에 대한 열정에 사로잡혀 있었다. 문필은 나의 열정의 대상이자 크나큰 즐거움이었다. 그런데 우리 가족은, 공부를 좋아하고 성실했던 내게 법조계가 안성맞춤이라고 생각했다. 그러나 나는 철학과 일반학문을 제외한 어떤 분야에도 관심이 없었고, 오히려 혐오감만 생길뿐이었다. 가족이 보에와 비니우스를 탐독하리라 생각하는 동안에,

남몰래 나는 키케로와 베르길리우스에 빠져 있었다. (바이어, 2015: 14-15)[1]

"나의 생애(My own Life)"라고 이름 붙인 그의 짧은 전기에 나오는 내용이다. 자신의 죽음을 직감한 후, 60여 년 삶에 대해 평소 성격과 다름없이 정직하고 소탈하게 쓴 글이다. 가족의 기대를 저버리지 않고 법학 진로를 택했지만, 자신의 인문학적 관심을 버릴 수 없었던 소년 흄의 인간적 고민을 느낄 수 있다. 유년 시절 인문학 전반에 대한 관심은 전 생애를 걸쳐 줄곧 지속되었다. 결과는 다양한 분야의 저술들로 이어졌다. 20대 초반 프랑스로 건너간 그는 훗날 자신의 대표작이 될 글을 구상했다. 이후 1738년 영국으로 돌아와, 이듬해 출간한 책이 바로 『인간 본성에 관한 논고(A Treatise of Human Nature)』(이하 『논고』로 약칭함)였다. 총 3권으로 구성된 방대한 저작인데, 1권과 2권은 1739년, 그리고 3권은 1740년에 출판되었다. 결과에 대해 기대와 달리 학계의 평가는 부정적이었고, 그리 호응을 얻지 못했다. 하지만 스스로 말하듯이, 낙천적이었던 흄은 이에 굴하지 않았다. 1748년 『인간의 지성에 관한 탐구(Enquiry concerning Human Understanding)』(이하 『지성 탐구』로 약칭)와, 1751년 『도덕 원리에 관한 탐구(Enquiry concerning the Principles of Morals)』(이하 『도덕 탐구』로 약칭)를 내놓았다. 『논고』의 사상을 보다 쉽게 풀어쓴 이 두 저작으로 자신의 생각을 피력하고자 노력했다.

흄은 글재주가 뛰어난 사상가였다. 인문학 전반, 특히 문학과 역사에 큰 관심을 가지고 글을 썼다. 1741년부터 1742년에 걸쳐 출간한 『도덕과 정치 논집(Essays, Moral and Political)』이 대표적 저서이다. 총 27권으로 구성하여 다양한 주제들을 다뤘다. 이 책은 당시 익명으로 출판되어 꽤나 성공을 거뒀다. 이후에는 『영국사(History of England)』, 『튜더 왕가의 역사

---

1. 흄의 "나의 생애(My own Life)" 원전은 대략 5쪽 내외의 분량인데, 바이어(2015)에 모두 번역되어 있다. 이 글에서 인용은 이 책의 번역에 기초하여 썼다. 그리고 여기 I절에서 다루는 흄의 '생애 및 저작' 내용 또한 상당 부분 바이어(2015)를 참조했음을 밝힌다.

(History of the House of Tudor)』등을 집필했다. 자신의 철학적 관점을 적용하여 역사관을 풀어냈는데 반응이 좋았다. 이러한 과정에서 점차 많은 독자들을 확보하고, 경제적으로도 풍족한 삶을 꾸리게 되었다.

1763년 50세의 나이로 프랑스로 넘어가 다양한 활동을 했다. 여러 계몽철학자들을 만나게 되었는데, 루소(J.-J. Rousseau)와의 교우도 이때 이뤄졌다. 1766년에 다시 영국으로 돌아와, 국무성 차관 등을 역임했다. 마침내 1769년 고향 에든버러로 돌아와, 친구들과 함께 편안한 시간을 보낼 수 있었다. 그런데 7년간의 편안한 시간 뒤에 병마가 그를 덮쳤다.

> 1775년 봄, 장에 이상이 생겼다. 처음에는 어떤 징후도 없었다. 그러나 증상을 느낌 즈음에 치료는 이미 불가능한 상태였다. 이제 삶이 얼마 남지 않은 듯하다. 고통은 거의 없으나, 이상하게도 신체가 급격히 쇠락함에도 정신은 그렇지 않다. 나의 삶에서 어떤 시기를 다시 살고 싶냐고 묻는다면, 나는 지금 이 순간을 꼽을 것이다. 공부에 대한 열정 그리고 사교의 즐거움도 여느 때와 다름없다. 게다가 65세 남자의 죽음은 그저 한두 해의 투병생활을 줄이는 일과 연관할 뿐이다. 비록 내 문필적 명성이 마침내 광채를 발하며 터져 오르는 많은 징후를 보이지만, 불과 몇 년밖에 그것을 즐길 수 없다는 것을 이미 알고 있다. 과연 지금보다 더 삶에 초연할 수 있을까? (바이어, 2015: 120)

삶의 마지막까지 학문에 대해 간직한 열정에 경이로움이 느껴진다.

그가 종교에 대해 신념을 굽히지 않았던 점 또한 특징적이다. 종교는 가장 오랜 관심사로, 그는 종교를 긍정도 부정도 하지 않았던 회의론자로 알려져 있다. 그런데도 젊은 시절부터 무신론자라 낙인찍혀 대학교수 자리를 얻는데도 실패했었다. 삶의 말미에 흄은 『국부론(The Wealth of Nations)』으로 명성이 자자했던 친구 스미스(A. Smith)에게 자신의 『자연 종교에 관한 대화(Dialogues Concerning Natural Religion)』 출간을 부탁했다. 원고는

20여 년의 노력의 결과였는데, 스미스는 부탁을 거절했다. 자신의 평생의 관심에 대한 글을 남기고 싶었던 것으로 보인다. 그는 자신의 전기 「나의 생애」를 쓴 이듬해인 1776년 8월 25일 평온히 눈을 감았다.

## II. 인간학과 윤리학

### 1. 인간 본성의 탐구

이제 윤리 이론을 중심으로 흄의 독창적인 사상을 살펴보자. 그의 대표 저서 『논고』의 내용으로 접근할 것이다. 야심차게 기획한 인간학적 시도에서 출발하겠다. 그의 윤리학은 인간학의 중요한 한 부분이므로, 윤리학 이해를 위해 먼저 인간학을 알아야 한다. 『논고』 1권 머리말에서 그는 다음과 같이 쓰고 있다.

> 여태껏 지루하도록 쫓아다녔던 타성적 방법을 버리고 철학적 탐구에서 성공을 기대할 수 있는 유일한 방편이 있는데, 그것은 (…) 인간 본성 그 자체를 향해 곧장 나아가는 것이다. 한 번이라도 인간 본성을 꿰뚫어 볼 수 있다면, 우리는 어디서나 손쉬운 승리를 기대할 수 있다. (…) 인간학에 해답이 없는 그 어떤 중요한 물음도 존재하지 않는다. 그리고 인간학에 정통하기 전에 확실하게 결론내릴 수 있는 물음 또한 없다. 따라서 나는 우리가 인간 본성에 관한 원리를 설명한다고 자부하면서, 결과적으로 학문들이 안전하게 보호받을 수 있는 거의 완전히 새로운 기초 위에 세워진 학문들의 완전한 체계를 제안한다. (흄, 1994: 21)[2]

---

[2] 이 글에서 흄의 『논고』 1권, 2권 그리고 3권의 인용은 이준호(1994, 1997, 2008)에 따를 것인데, 명확한 전달을 위해 원전을 참조하여 때때로 표현을 수정했다.

흄은 인간 본성(human nature)에 대한 학문을 '인간학(science of man)'으로 칭한 것이다. 인간 본성을 다루는 인간학이 수학, 자연과학, 종교학 등 여타 학문들의 기반이 될 것이라 생각했다. 인간 본성이란, 외적 자연과 대비되는 '내적 자연'으로 인간의 개인·사회적 능력과 활동 등을 포괄한다. 당시 지배적이었던 뉴턴(I. Newton)의 학문은 자연철학(natural philosophy)으로 불렸다. 그가 말하는 자연(본성)은 당시 물리적 우주를 넘어 도덕, 정치, 종교 등 다양한 분야에 걸쳐 광범위하게 통용되는 용어였다. 이와 같은 맥락에서 인간학은 '인간 본성의 과학(science of human nature)', '정신 지리학(mental geography)', '도덕 과학(moral science)' 등으로 표현되었다.

그리고 인간학의 탐구 방법에 대해 다음과 같이 말했다.

> 인간학은 다른 학문을 위한 유일하고 견실한 기초이므로, 인간학 자체에 제공할 수 있는 기초는 경험과 관찰 위에 놓여 져야 한다. (…) 실제로 도덕 철학은 자연 철학에서 찾아 볼 수 없는 특유의 약점이 있는데, 도덕 철학에서는 계획을 세우고 의도적으로 실험할 수 없으며, 또 있을 수 있는 모든 난제에 만족할 만한 방식으로 실험할 수 없다. (…) 따라서 우리는 이러한 학문에서 인간의 삶에 대한 신중한 관찰로부터 실험을 수집해야 하고, 사교와 일 그리고 쾌락 등에서 나타나는 행동에서 미루어 세상의 공통적 추세에 나타나는 그대로 실험을 받아들여야 한다. 이러한 실험이 적절하게 수집·비교되는 경우에, 우리는 이를 기초로 하나의 학문을 정립할 수 있으리라 희망할 수 있다. (흄, 1994: 21-24)

『논고』의 부제는 "실험적 추론 방법을 도덕적 주제에 도입하려는 시도"이다. 전통적 형이상학자들과 달리, 자연과학자들의 학문 방법을 도덕적 주제에 도입하고자 했다. 경험과 관찰로 '도덕적 주제', 즉 인간 본성(내적 자연)을 탐구할 것이다. 이와 같은 탐구는 자연과학에서와 상이하게 실제로 상황을 설정해 수행하기 어렵다. 그럼에도 세심한 관찰로 원리를 발견해야 한다. 현대적 용어로 '사고실험'을 통한 탐구를 말한다. 그의 인간학 탐구는 『논고』에서뿐만 아니라 『지성 탐구』 그리고 『도덕 탐구』에서 일관적으로 이어졌다.

## 2. 인상과 관념

흄은 『논고』 1권 초반부에서 인간의 인식 전반을 지각(perception)으로 표현하고, 이를 인상(impression)과 관념(idea)으로 구분했다.

> 인간 정신의 모든 지각은 두 종류로 환원될 수 있는데, 나는 이를 인상과 관념이라 부를 것이다. 이 둘의 차이는 지각들이 정신을 자극하며, 사유 또는 의식에 들어오는 힘과 생동성의 정도에 있다. 최고의 힘과 생동성을 가지는 지각에 인상이라는 이름을 붙일 수 있다. 감각, 정념 그리고 정서 등은 우리의 영혼에 최초로 나타나므로, 이들 모두는 인상에 포함된다. 또 나는 관념을, 사유와 추론에 있어 인상의 희미한 심상이라는 뜻으로 쓰겠다. (흄, 1994: 25)

인상과 관념의 차이는 '느낌'과 '생각'의 구분을 말한다. 구분은 단적으로 생생함의 정도에 있다. 가령 지금 창가에서 내가 생생하게 듣고 있는 새들의 지저귐 지각은 인상이다. 그리고 이후에 다시금 떠올리는 새들의 지저귐 지각은 관념으로 이해할 수 있다.

흄은 지각의 종류를 좀 더 상세히 분석했다. 지각을 단순한지 복합적인지에 따라 나눴다. 단순 인상과 단순 관념은 더 이상 분리될 수 없는, 단순한 맛, 색, 냄새 등의 감각 내용으로 구성된다. 반면 복합 지각, 즉 복합 인상과 그를 모사하는 복합 관념은 여러 단순한 지각들의 합체이다. 이와 같은 생각으로부터 그는 "단순 관념은 단순 인상으로부터 유래하고, 양자는 서로 대응한다."라는 '지각의 제1원리'를 주장한다. 인간 인식이 단순 인상으로부터 시작됨을 강조하는 원리이다. 원재료에 해당하는 단순 인상이 없이는 그를 모사하는 단순 관념, 그리고 이로부터 뒤따르는 복합 인상, 복합 관념 등의 지각 일체가 불가능하다(흄, 1994: 26-28 참조).

지각의 제1원리는, 근대 경험론의 입장에서, 합리론의 '본유 관념(innate idea)'을 비판하는 결정적 근거이다. 합리론자 데카르트(R. Descartes)와 스피노자(B. Spinoza) 등에 따르면, 인간은 경험 없이 이성을 통해 (연장성 등의) 특정 관념을 인식할 수 있다. 반면 영국의 경험론자들은 이를 부정했다. 대표적으로, 로크(J. Locke)는 인간의 모든 지각을 '감각 관념'과 '반성 관념'으로 구분하고, 후자는 오직 전자를 통해 가능한 지각이라고 주장했다. 그런데 처음의 지각, 즉 (연장성 등의) 감각 관념은 경험 없이 주어질 수 없는 것으로 보았다. 여기서 더 나아가 흄은, 인간의 모든 관념 형성 근원을 인상에서 찾은 것이다.

인상은 또한 감각 인상과 반성 인상으로 구분된다. 감각 인상은 외부의 어떤 힘에 의해 직접적으로 발생한다. 반면 반성 인상은 우리 마음의 관념(들)이 개입될 때 발생한다. 양자의 관계는 대략 다음과 같다. 우리는 감관의 자극으로 뜨거움, 차가움, 갈증, 배고픔 등을 바로 지각하는데, 이들이 감각 인상이다. 그런데 비슷한 상황에서 어떤 경우에는 특정 생각(관념)이 중간에 작용하여 포근함, 공포 등의 느낌이 발생할 수 있다. 그것이 반성 인상이다. 반성 인상은 다시금 상상력이나 기억을 통해 모사되어 관념으로 형성되는데, 그러한 과정이 인상과 관념을 오가며 계속 발생한다(흄, 1994: 30-31 참조).

지각의 제2원리는 관념들을 자유롭게 변형시키는 '상상력의 원리'이다. 기억은 생생한 인상에 대한 관념을, 상상력은 희미해진 인상들에 대한 관념을 다룬다. 우리는 과거의 사건을 회상하며 있었던 그대로 기억할 수 있다. 그런데 시간의 경과 등으로 인해 특정 부분이 강조된 사건으로 변모된다. 이와 같은 맥락에서 상상력은 가령 자연에 실재하지 않는 '용'의 관념을 창조한다. '용'은 원래의 인상들, 즉 뱀에 대한 경험에서 '뱀처럼 김' 등의 관념(들)이 분리되었다가, 자유롭게 다른 관념들과 함께 재구성된 결과이다. 상상력은 자유로이 발휘되지만 제멋대로 움직이지 않는다. 흄에 따르면 상상력은 관념들을 '유사성', '인접성', 그리고 '인과성'의 성질을 매개로 변화시킨다 — (이후에 보겠지만) 그는 도덕성 관념 역시 유사하게, 상상력이 개입된 결과라고 생각했다(흄, 1994: 31-33 참조).

## 3. 회의주의와 자연주의

지각 분석은 전통적 철학 물음에 해법을 제시할 수 있는 기초이다. 흄은 지각의 제1, 2원리들을 중심으로 세 가지 주제들, 즉 인과성(원인에 따른 결과의 필연성), 외부 세계의 존재(존재하는 물리적 대상들), 자아 동일성(지속하는 정신)의 문제를 해명하고자 했다. 우리 모두가 의심하지 않는 이 세 가지 근본 신념의 근거가 무엇인지 밝히려 했다. 『논고』 1권 1부에서 (앞서 본) 지각 분석을 먼저 다루고, 2부에서 마지막 4부까지 이와 관련된 논의를 펼쳤다. 논의의 전개 과정을 간략히 살펴보겠다.

그의 인식론에 따르면 믿음의 타당성은 감각 경험과 이성적 근거를 통해 접근할 수밖에 없다. 그런데 근본 신념에 있어서는 둘 모두 불가능하다. 우선 모든 지각의 시작점인 외적 감각 경험에서 근본 신념을 찾을 수 없는 것은 당연하다. 인과성, 외부 세계의 존재, 자아 동일성 개념(관념)을 뜻하는 감각 인상은 없기 때문이다. 그리고 이성적 근거는 개념들 간 관계에서 이뤄지는 연역 증명과 감각 경험을 통한 귀납 증명으로 구분되는데, 어느 쪽이든 회의적이다. 인과성 개념을 예로 생각해 보자. 우리는 두 개 사건들의 연결을 과거의 경험에 비추어, 지금 하나의 사건이 관찰될 때 곧바로 다른 사건이 이어질 거라 확신한다. 이는 '자연의 한결같음(uniformity of nature)'을 뜻하는데, 인과성(원인에 따른 결과의 필연성)의 기초가 된다. 그렇지만 자연의 한결같음에서 어떠한 이성적 근거도 밝힐 수 없다. 하나의 당구공을 다른 당구공에 맞췄을 때, 우리는 당연히 부딪힌 공이 특정 방향으로 운동하리라 예상한다. 그럼에도 논리적으로는, 부딪힌 공이 그 어떤 미동 없이 서 있는 모습(의 생각)은 문제될 것이 없다. 즉, 인과성 개념의 연역 증명은 불가능하다. 귀납 증명 역시 회의적이다. 무수히 많은 과거의 관찰 결과가 있다 하더라도, 이번에도 예전과 다름없이 움직일 거란 보증은 없다. 흄은 마찬가지로 외부 세계의 존재, 자아 동일성도 이성적으로 증명할 수 없는 개념이라고 보았다(양선숙·최희봉·홍병선, 2004: 119-122 참조).

그의 생각은 부정적으로 끝나지 않았다. 자신이 맞닥뜨린 회의와 관련하여 『논고』에서 다음과 같이 말한다.

> 내 입장에서 유일한 희망은, 몇 가지 측면에서 철학자들의 사변에 다른 전환점을 제공함으로써, 또 오직 철학자들만이 확증과 확신을 기대했던 그러한 주제들을 그들에게 더욱 뚜렷이 지적해 줌으로써, 지식의 진보에 조금이나마 기여할 수 있었으면 하는 것이다. 인간 본성은 인간에 관한 유일한 학문이다. 그럼에도 인간 본성은 여태까지 가장 무시되어 왔다. 이것을 내가 조금만 더 유행시킬 수 있다면, 나는 그것으로 만족할 것이다. (흄, 1994: 275)

정당화 근거를 증명할 수는 없다. 하지만 흄은 우리 모두가 근본 신념을 품고 있는 사실 자체에 주목하고 인간 본성, 즉 마음의 원리를 통해 접근하려 한다. 그에 따르면 우리의 확고부동한 신념은 자연적 경향성, 달리 말해 본능 또는 상상력의 결과이다. 자연적 경향성은 또한 '습관'으로 표현된다. 두 사건들의 '항시적 동반'이 반복적으로 관찰될 때, 사람들은 습관적으로 (증명할 수 없는) 그 필연적 결합, 즉 인과성을 믿게 된다. 그리고 외부 물리적 대상의 인상들이 '항시성'과 '정합성'의 성질을 보일 때, 우리 마음에서는 습관적으로 지속·판명한 '외부 세계의 존재' 관념이 발생한다. 마지막으로 자아(나)와 관련한 인상들이 '유사성'과 '인과성'의 성질을 보임으로써, 습관적으로 '자아 동일성' 관념이 성립된다. 이와 같은 접근이 흄의 자연주의이며, 이로부터 근본 신념은 '자연적 신념(natural belief)'으로 불린다(양선숙·최희봉·홍병선, 2004: 122-127 참조).

그의 생각은 도덕성에 있어 크게 다르지 않다. 그는 우리가 지닌 도덕성 관념의 근거를 밝히고자 시도한다. 무엇보다 이성이 도덕성(의 관념)에 대한 타당한 근거가 될 수 있을지 검토한다. 그런데 그에 대한 합리적 정당화는 근본 신념의 경우와 같이, 어떤 방법으로도 불가능하다. 또 도덕성 관념을 직접적으로 낳는 감각 인상은 없다. 그러나 그는 회의주의에 머무르지 않고 인간 본성의 탐구, 즉 자연주의의 관점에서 해명을 시도한다. 우리의 도덕성 관념 유래를 본능이 개입된 반성 인상, 즉 '도덕 감정'에서 구하게 된다.

## III. 정념의 윤리학

### 1. 행위의 동기

『논고』 2권은 인간의 (도덕적) 행위 동기를 중심으로 정념을 다루고, 『논고』 3권은 도덕성 판단에서 정념의 중요성을 논의한다. 각각의 논의는 정념과 이성(능력)의 비교·분석을 통해 이뤄진다. 이제 흄의 정념 윤리학에 관해, 쾌락과 고통의 감정으로부터 접근해 보겠다. 그에 따르면 쾌락과 고통은 인간의 정신 활동의 원천으로 무엇보다 큰 영향력을 행사한다.

> 인간 정신의 주요 원천 또는 기동 원리는 쾌락이거나 고통이다. 그리고 쾌락과 고통 따위의 감각이 사유와 느낌에서 사라지면 우리는 대개의 정념을 느낄 수도 행동할 수도 없으며, 욕구하거나 의욕할 수도 없다. 쾌락과

고통의 가장 직접적인 결과는 정신의 운동을 촉진하거나 억제하는 것이다. 쾌락과 고통이 정신의 상황을 변화시켜 쾌락과 고통이 있거나 없게 됨에 따라서, 그리고 쾌락과 고통이 확실하거나 불확실하게 됨에 따라서, 또는 쾌락과 고통이 당장은 우리의 역량을 벗어난 것으로 간주됨에 따라서, 정신의 작용은 의욕, 욕구와 혐오, 비탄과 기쁨, 희망과 두려움 등으로 다양화된다. (흄, 2008: 175)

쾌락과 고통은 모든 정념들의 기초이다. 정념은 감각 인상과 구분되는 반성 인상에 속한다. 반성 인상은 (앞서 보았듯이) 관념(들)이 개입될 때 느껴지는 감정인데, 욕구나 혐오, 희망과 공포 등의 정념이 그렇다. 그런데 흄은 인간의 모든 정념들이 쾌락과 고통을 중심으로 성립된다고 본 것이다. 그리고 쾌락과 고통을 중심으로 성립되는 다양한 정념들은 인간의 행위 동기이다. 의지는 인간 행위의 실천 주체인데, 의지란 특정 정념의 실행에 다름 아니다. 다시 말해 인간의 행위 능력을 작동시키는 요건은 정념이다. 여러 정념들 간의 심사숙고에서 결정된 정념이 의지의 내용을 이룬다. 의지의 움직임, 즉 행위의 결정에서 이성은 무기력하다. 흄은 이와 관련하여 두 가지 주장을 제시한다.

첫째 이성은 홀로 그 어떤 의지적 행위의 계기가 될 수 없다. 둘째 이성은 의지를 지도함에 있어서 정념에 대립할 수 없다. (흄: 1997: 158)

이성은 지식을 다루는 능력이다 — 보다 정확히 말해 이성은 지식의 참과 거짓을 다루는 능력인데, 이에 대해서는 다음 장에서 상세히 볼 것이다. 지식은 우리에게 어떤 목적에 도달하기 위한 수단, 즉 정보를 제공한다. 가령 건강하기를 원한다면 이성은 목적 성취에 대한 적절한 수단, 가령 식이요법이나 운동 등의 필요에 정보를 줄 수 있다. 또 운동을 잘 하기 위한 수단으로 어떤 준비가 요구되는지, 이성은 정보력을 발휘한다. 그렇지만 이성은 행위의 궁극적 목적, 다시 말해 건강의 욕구(원함) 자체에 어떠한 힘도 없다. 의지가 결정하는 행동은 오로지 건강의 욕구 또는 그러한 욕구 충족에 따르는 쾌락(만족감)이라는 정념(들)으로 인해 실행된다. 이와 관련한 흄의 명확한 표현은 다음과 같다.

> 행위는 이성에서 오는 것이 아니며, 다만 이성에 의해 지도될 뿐이다. 쾌락과 고통에 대한 전망으로 인해 어떤 대상에 대한 혐오나 집착이 발생한다. (…) 그런데 대상 자체가 우리의 감정을 유발시키지 못하는 경우에, 그 대상들의 연관도 (우리의 의지에 미칠) 영향력을 대상에 부여하지 못한다. 추리는 이와 같은 연관의 발견일 뿐이므로, 추리를 통해 그 대상들이 우리에게 감정을 유발할 수 있는 것은 결코 아니다. (흄, 1997: 159-160)

의지의 실행에 있어, 이성의 지식(정보)은 간접적인(보조적인) 역할을 수행한다. 우리는 단 음식을 먹으면 체중이 는다는 앎(지식) 때문에 그것을 안 먹는 것이 아니다. 그보다 이성의 지식은, 체중을 늘리지 않으려는 우리의 욕구 만족에 도움을 준다. 즉, 이성은 체중을 늘리지 않으려는 욕구가 단 음식을 먹으려는 욕구에 반작용을 하도록 간접적인 조력을 제공할 수 있다. 요컨대 이성은 의지의 방향을 결정하는 데 정념과 대결할 수 있는 힘을 지니지 못한다(애링턴, 2003: 368-369 참조). 이로부터 흄의 유명한 다음 언급이 뒤따른다.

> 정념과 상반되는 원리는 이성일 수 없으며, 단지 부적절한 의미에서 이성이라고 일컬어지는 것이다. 우리가 정념과 이성의 싸움을 말하는 것은 엄밀하지 않고 철학적이지도 않다. 이성은 정념의 노예이고 또 노예일 뿐이어야 하며, 정념에게 봉사하고 복종하는 것 외에 결코 어떤 직무도 탐할 수 없다. (흄, 1997: 160)

그는 도덕적 행위의 동기를 이성이 아니라 정념이라 생각했다. 이와 함께 많은 윤리학자들이 전통적으로, 도덕적 행위 동기로 이성을 생각했다는 점을 간과하지 않았다. 도덕적 행위 동기가 사실은 격렬한 정념과 구분되는 차분한 정념이므로, 이를 (이성으로) 오해했을 거라 진단했다.

> 이런 욕구는 두 종류이다. 그 하나는 인간 본성에 근원적으로 뿌리내리고 있는 직감으로 자비와 적개심 및 인간애 그리고 어린이에 대한 친절 따위이며, 다른 것은 선 자체에 대한 일반적 욕구와 악 자체에 대한 혐오 따위라고 생각할 수 있다. 이런 정념들이 차분하여 영혼에 전혀 무질서를 초래하지 않을 때, 우리는 아주 쉽게 이(정념)를 이성의 결정으로 받아들이고, 정념이 바로 참과 거짓을 판단하는 이성이라는 직능에서 유래된 것이라 생각할 수 있다. (흄, 1997: 162)

흄은 반성 인상, 즉 정념을 그 격렬함의 정도에 따라 둘로 구분했다. 격렬한 정념과 차분한 정념이 그것이다. 대표적인 격렬한 정념에는 사랑과 미움 및 비탄과 환희 그리고 긍지와 소심 등이 있고, 차분한 정념에는 아름다움과 추함에 대한 감각 등이 있다(흄, 1997: 26 참조). 차분한 정념은 감각적이라고 말하기 어려운, 고차원적인 느낌(감정)이다. 그는 도덕적 행위 동기에 해당하는 정념(자비심과 인간애 등)이 여기(차분한 정념)에 속한다고 본 것이다.

## 2. 이성의 한계

도덕성 판단에서 이성은 나름의 주도적 역할을 할 수 없을까? (앞서 보았듯이) 이성이 지식을 다루는 능력이라면, 도덕성 판단의 지식 또한 다룰 수 있지 않을까? 흄은 이에 부정적이다. 이성의 본래적 기능에 관해 그는 다음과 같이 말한다.

이성은 참이나 거짓 따위를 발견하는 능력이다. 참이나 거짓은 관념들의 실제 관계 또는 실제 존재와 사실 따위에 대한 일치와 불일치에 있다. 따라서 이와 같은 일치와 불일치의 여지가 없는 것은 무엇이든 참이거나 거짓일 수 없고, 결코 우리 이성의 대상일 수도 없다. 그런데 명백하듯이 정념과 의욕 그리고 행동 따위는 이와 같은 일치와 불일치의 여지가 없는데, 이런 것들은 근원적 사실이자 실재이며, 그 자체에서 완전하고 (…) 따라서 정념과 의욕 그리고 행동 따위는 참이거나 거짓이라고 단언될 수 없으며, 이성과 상반되거나 부합될 수 없다. (흄, 1997: 28-29)

지식의 참 또는 거짓을 다루는 이성은 두 가지 역할을 수행한다. 첫째, 이성은 논리적으로 증명 가능한 참(또는 거짓)을 발견할 수 있다. 논리적으로 증명 가능한 참(또는 거짓)은 관념들의 관계에서 드러난다. 그 관계란 네 가지 불변적 관계들, 즉 유사성, 모순성, 성질의 정도, 양이나 수를 말한다. 이들은 전적으로 비교를 통해 얻는 관념들이다(흄, 1994: 136-137 참조). 수의 예를 간단히 생각해 보자. 우리는 10이라는 관념에 포함된 내용들로부터, 10이 5보다 수적으로 크다는 것을 증명할 수 있다. 이와 같은 증명은 현실의 어떤 상황과 상관없이, 순수하게 논리적으로 이뤄진다. 대표적으로 논리학이나 수학에서, 이성은 이와 같은 관계들을 중심으로 참된 지식을 판가름한다. 그러므로 이성이 도덕성을 판단할 수 있으려면, 도덕적 개념, 즉 옳고 그름 또는 좋음과 나쁨이 위 네 가지 관계에서 설명될 수 있어야 한다. 그러나 도덕성 판단은 그렇게 이뤄지지 않는다. 동일한 관계(들)가 발견되는 여러 사례들에서 상이한 성격들이 가능하기 때문이다. 다시 말해 동일한 관계(들)가 포함된 두 가지 사례들 중 하나에는 도덕적 성격이 있고 다른 하나에는 도덕적 성격이 없을 수 있다. 이와 관련하여 흄은 다음 사례를 들어 주장한다.

이와 같은 관점에서 사태를 시험하기 위해, 도토리나무나 느릅나무와 같

> 이 인간이 아닌 대상을 선택해서 다음과 같이 가정해 보자. 즉 그 나무는 자신의 씨앗을 떨어뜨려 자신 아래 묘목이 움트도록 하고, 묘목은 점점 자라서 마침내 어미 나무를 뒤덮어 도태시킨다. 존속살해나 배은망덕 따위에서 발견할 수 있는 관계가 이 사례에는 없는가? (흄, 2008: 40-41)

일반적 관계(들)의 측면에서, 존속살해와 도토리나무의 사건은 다르지 않다. 그러므로 존속살해에 대해 극악무도한 범죄라는 판단이 네 가지 관계들에 기초하고 있다면, 도토리나무의 경우도 그렇다고 생각해야 한다. 그런데 우리는 인간의 사건에 한정하여 그 도덕적(비도덕성) 성격을 말한다. 이로부터 도덕적 판단이 이성의 논리적 증명으로 이뤄질 수 없다는 결론에 도달한다(최희봉, 1999: 291-292 참조).

이성의 또 다른 역할에서는, 경험들의 도움을 통해 지식의 참(또는 거짓)을 판단한다. 하지만 이 같은 이성의 개연적 참에 대한 판가름 능력은 도덕성 판단을 수행할 수 없다. 이와 연관해서 자주 다뤄지는 다음 내용을 보자.

> 사악한 것으로 여겨지는 행위, 가령 고의적인 살인을 살펴보자. 이 행위를 모든 면에서 검토하고, 당신이 소위 악이라는 사실 또는 실재적 존재를 발견할 수 있을지 살펴보자. 그것을 어떤 방식으로 보든지 다만 특정한 정념, 동기 그리고 의지와 사유를 발견할 뿐이다. 이 경우에 다른 사실은 없다. 당신이 대상을 고찰하는 한 전혀 악을 찾지 못할 것이다. 당신이 방향을 자신의 마음 쪽으로 돌려, 그 행위에 대한 당신 안에 일어나는 비난의 감정을 깨달을 때까지 결코 발견할 수 없다. 여기에 사실의 문제가 있지만, 그것은 느낌의 대상이지 이성의 대상이 아니다. 그 사실은 당신 안에 있지, 대상에 있지 않다. (흄, 2008: 42-43)

직접적으로 표현하지 않지만, 여기서 흄은 개연적 추론의 불가능을 말하고 있다. 우리는 이전에 유사한 여러 가지 살인 사건들을 직간접으로 경험해 왔다. 그럼에도 외부적 사태들의 관찰을 통해 이 사건 역시 비도덕적이라 규정할 수 없다. 다시 말해 우리가 이전에 경험했던 살인 사건들의 어떤 객관적 내용(가령, 피가 낭자한 칼 등)도 이번 사건을 비도덕적이라고 확정지을 근거가 되지 못한다. 살인 사건의 악은 참, 거짓의 문제가 아니기 때문이다. 도덕성은 추론적 사실의 문제가 될 수 없다(최희봉, 1999: 293-294 참조).

## 3. 도덕 감정

이성의 무능력은 이성에 대한 회의를 의미한다. 하지만 흄은 이에 그치지 않고, 우리가 지닌 도덕성의 관념을 인간 본성으로 설명하고자 했다. (앞서 보았듯이) 우리의 지각은 관념과 인상으로 구분된다. 따라서 도덕성 관념의 기원을 (이성의) 관념 내에서 찾을 수 없다면, 이제 인상(느낌)에서 생각해 봐야 한다.

> 악덕과 덕은 이성만으로 발견할 수 없고 관념의 비교를 통해서도 발견할 수 없으므로, 우리는 덕과 악덕의 차이를 인상이나 소감을 통해서 확정할 수 있다. 도덕적 청렴과 타락에 관한 우리의 결정은 분명히 지각이다. 그리고 모든 지각은 인상이거나 관념이므로, 하나의 제외는 다른 하나에 대한 확실한 증거가 된다. 그러므로 도덕성은 판단되기보다 오히려 느껴지는 대상이라 보는 것이 적절하다. (흄, 2008: 44-45)

그런데 도덕성 관념은 감각 인상의 직접 모사가 아니다. 도덕성 관념을 그대로 표현하는 외부 인상이 있을 수 없는 것은 당연해 보인다. 그러므로 남은 한 가지 가능성은 반성 인상에 있다. 흄은 도덕성 판단이 반성 인상에서 나온다고 생각한 것이다. '도덕 감정'이라 부르는 정념이 바로 그것이다. 앞선 예를 적용하자면 대략 다음과 같다. 살인 현장에서 우리에게 주어지는 외부적 감각 인상들(피 묻은 칼, 몸싸움의 흔적 등)과, 우리 마음속 여러 관념들(미움, 폭력 등)이 합쳐져서 거북하거나 불쾌한 감정이 느껴진다. 그와 같은 감정이 그름 또는 나쁨이라는 도덕적 관념을 형성하게 된다.

> 우리는 인상들을 구별함으로써 도덕적 선과 악을 알 수 있다. 그런데 인상들을 구별하는 것은 특정한 고통과 쾌락일 뿐이므로, 도덕적 구별에 대한 모든 탐구는 어떤 성격을 보고 만족감이나 거북함을 느끼는 원리를 설명하는 것으로 충분하다. 우리는 그 성격이 칭찬할 만하거나 비난할 만한 이유를 납득하기 때문이다. 어떤 행동이나 소감 또는 성격이 유덕하거나 부덕하다면 그 이유는 무엇인가? 바로 그 행동이나 소감 또는 성격을 지각하는 것은 특정한 종류의 쾌락이나 거북함의 원인이기 때문이다. (흄, 2008: 45-46)

도덕적 선과 악 또는 옳고 그름은 도덕 감정을 통해 규명된다. 도덕 감정은 구체적으로 시인(approval)과 부인(disapproval)의 감정을 말한다. 우리는 이러저러한 상황들을 반복적으로 경험함으로써 (습관적으로) 특별한 반성 인상, 즉 도덕 감정(시인과 부인의 감정)을 느끼게 된다. 동시에 그에 해당하는 관념이 형성되는데, 그것이 도덕성(선과 악 또는 옳고 그름)이다.

시인과 부인의 도덕 감정은 일종의 쾌락과 고통의 감정이므로, 도덕과 상관없는 여타 감정들과 구분될 수 있어야 한다. 더할 수 없는 만족감을 주더라도 우리는 왜 '선한(도덕적인) 포도주'라고 말하지 않을까? 이 물음에 흄은 두 가지 요소를 언급한다. 첫째는 도덕 감정이 우리의 "개별적 이익(이해)과 무관하게 일반적으로 고려될 때" 이름 붙일 수 있는 느낌이라는 점이다. 둘째로 도덕 감정에는 "긍지와 소심 그리고 사랑과 미움" 등 2차적인 정념이 뒤따르는 점을 말한다(흄, 2008: 46-48 참조).

두 요소에 대해 좀 더 알아보자. 먼저 첫 번째 요소는 감정의 편파성 극복을 의미한다. 우리는 일상에서 이해관계가 있는 사람들에게 보다 우호적인 감정 경향을 지닌다. 그것은 꽤나 자연스러운 인간의 본성으로 보인다. 그런데 흄은 도덕 감정이 특정 이해에서 느끼는 감정이 아니라는 점을 지적한 것이다. 도덕적 상황에서 지니는 느낌은 자신의 이익을 중심으로 형성되지 않는다. 설령 우리 이익과 반대되더라도 그에 대해 비난의 감정이 일지 않는다. 그렇다면 다양한 경험들을 해온 많은 사람들이 어떻게 동일한 기준의 도덕 감정을 지닐 수 있을까?

> 모든 개개인은 타인들과 관계에서 자신의 독특한 입장을 가진다. 그런데 만약 우리가 성격이나 인물들을 단지 자신의 고유한 관점에서 생각한다면, 우리는 적절한 말로 함께 대화할 수 없다. 따라서 이 끊임없는 모순을 없애고 보다 안정적인 판단을 내리기 위해, 우리는 확고하고 일반적인 관점(general point of view)들을 고수한다. 그리고 현재 상황이 어떻든 간에 우리는 언제나 자신이 그와 같은 관점에 있는 것으로 생각한다. (흄, 2008: 184-185)

우리는 타인들과 다른 자신만의 관점에서, 아름다움(의 기준)을 느낄 때가 있다. 하지만 그러한 생각은 곧 반성의 작용을 통해 교정된다. 흄은 도덕성 형성이 이와 유사하다고 보고 있다. 다양한 경험들과 더불어 각자는 자신의 생각을 수정·보완하는 반성 활동을 거친다. 그를 통해 우리 모두는 편파적이지 않은 공평무사한 도덕 감각 기준을 마련한다. 그는 이를 '일반적 관점'이라 칭했다.

도덕 감정의 두 번째 특징은, 직접 정념 그리고 간접 정념의 구분과 연관한다. 직접 정념은 고통이나 쾌락 그리고 선이나 악에서 바로(직접) 발생한다. 반면 간접 정념은 고통과 쾌락(또는 선과 악)에 기초하지만 동시에 다른 요소가 결부된다. 도덕 감정에 뒤따르는 2차적 감정, 즉 긍지와 소심 그리고 사랑과 미움은 간접 정념에 속한다(흄, 1997: 27 참조). 이들(긍지와 소심 그리고 사랑과 미움)과 도덕 감정의 연관성은 좀 더 들여다볼 여지가 있다.

긍지와 소심 그리고 사랑과 미움이라는 간접 정념의 대상은 도덕 감정에서와 동일하게, 사물이 아니라 인간에 한정된다. 또 네 개의 간접 정념들은 각각 시인의 도덕 감정에서 만족감(쾌락), 그리고 부인의 도덕 감정에서 언짢음(고통)을 그 내용으로 삼는다. 이는 서로 간의 상호 관계에서 확연히 드러난다. 긍지와 소심의 감정 대상은 '자아(나)'이고, 사랑과 미움은 '타인'을 대상으로 하는 정념이다. 긍지와 사랑의 내용은 '유쾌함(쾌락)'이고, 소심과 미움의 내용은 '언짢음(고통)'이다. 도덕 감정과 함께, 네 가지 간접 정념이 대상과 내용에 따라 뒤따르는 것이다. 가령 무자비한 살인 사건에 우리는 부인의 도덕 감정을 갖는데, 이와 함께 범인(타인)에 대한 '미움(고통)'의 감정을 지닌다. 반대로 자선 행위를 하는 누군가(타인)에게 시인의 감정과 함께 '사랑(쾌락)'의 감정을 느낀다. 남에게 거짓 약속을 하는 자신(나)에게는 부인의 도덕 감정, 그리고 더불어 '소심(고통)'을 느낀다. 그리고 순수한 의도에서 자선 행위를 했다면 스스로(나)에 대한 시인의 도덕 감정과 함께 '긍지(뿌듯한 마음)'를 가진다.

## 4. 덕과 공감

흄의 정념 윤리학은 행위보다 품성을 중요하게 여긴다. 도덕 감정의 직접적인 평가는 행위가 아니라 성격(성품)에 초점이 있다.

> 행위는 본성상 순간적이고 금세 사라진다. 행위가 행위당사자의 특정 성격 또는 성향에서 비롯되지 않았다면 행위는 행위자와 결부되지 않는다. 그리고 행위가 아무리 선하거나 반대로 파렴치하더라도, 그 사람(행위자)의 명예에 바로 영향을 미치지 않는다. 설령 행위 자체는 비난받을 수 있지만, 즉 행위가 도덕성과 종교 등의 규율과 어긋나지만 행위자는 자신의 행위 책임을 면할 수 있다. 행위가 그(행위자) 안의 지속적이고 항상적인 요인에 유래하지 않았다면, 그는 처벌 및 보상의 대상이 될 수 없다. (흄, 2008: 156-157)

도덕 감정은 도덕적(또는 비도덕적) 행위 요인에 해당하는 품성, 즉 덕(또는 악덕)을 향한다. 따라서 우연적인 또는 자신의 성품에서 야기되지 않은 행위에 도덕적 책임이 없다. (앞서 본) 존속살인 행위는 우발적이지 않고 행위자의 지속적 품성에 의한 결과라 확신될 때, 비로소 부인의 도덕 감정이 일어난다. 다시 말해, 예기치 않게 저질러진 사건에 대해서는 부인의 도덕 감정이 생기지 않는다. 이러한 경우 행위자는 자신의 행위에 책임을 면할 수 있다는 것이 흄의 주장이다. 선한 행위도 다르지 않다. 평소 자신의 성품이 아닌 어떤 다른 의도에서 자선 행위를 했다면, 이는 도덕적 행위라 보기 어렵다. 칭찬 받을 만한 행위가 아니다. 순수한 의도에서, 즉 자신의 성품에서 자선을 베풀었을 때, 우리는 그에 대해 시인의 감정을 갖는다.

덕(또는 악덕)이란 도덕적 행위 요인에 해당하고, 그것은 흄의 사상에서 정념으로 볼 수 있다. 이는 구체적으로 무엇을 의미할까?

> 어떤 행위가 유덕하거나 부덕하다면, 그 행위는 단지 어떤 성질이나 성격의 징표로서 그렇다. 그 행동이 선하거나 악하다는 점은 정신의 지속적인 원리에 의존할 수밖에 없다. 이 지속적인 원리는 전체적인 행동방식으로 확장되며 개인적 성품에 스며든다. 행위 자체는 항상적 원리에서 유래되지 않기 때문에 사랑이나 미움 또는 긍지나 소심에 전혀 영향력을 미치지 않으므로, 도덕성에서 결코 고려될 수 없다. (흄, 2008: 176)

행위 동기인 덕(또는 악덕)에 대한 도덕 감정이 없다면, 그 2차적 느낌, 즉 사랑이나 미움 그리고 긍지나 소심 등이 뒤따르지 않을 것이다. 그리고 여기서 덕을 '지속적 원리' 또는 '항상적 원리'로 표현하고 있다 — 앞선 인용구에서는 "지속적이고 항상적인 요인"이라고 표현되었다(III절 3 참조). 그런데 그의 사상에서 덕은 행위자의 실체적 특성이 될 수 없다. 덕은 행위의 품성을 그대로 반영하지 않기 때문이다. 그보다 덕은 관찰자의 입장에서 지각되는 반성 인상(의 일종)으로 봐야 한다. 관찰자는 일정 기간 행위자의 여러 모습들을 직간접적으로 경험하면서, 그와 관련한 인상과 관념을 마음에 축적한다. 이와 같은 과정에서 그(행위자)는 관찰자에게, 어떤 유사한 상황들에서 동일한 행위를 하는 특정 성격으로 비춰진다. 그리고 지금 예전과 비슷한 상황이 벌어질 때, 관찰자는 그의 지속적(항상적) 원리, 즉 품성이 드러날 거라 확신한다. 이러한 관점에서 자비심이나 인류애 등 그리고 자비, 온순, 신중, 겸손 그리고 정의 등의 덕들을 지속적 원리 또는 항상적 원리로 표현한 것이다 — 덕에 대해서는 "5. 자연적 덕과 인위적 덕"에서 보다 구체적으로 다룰 것이다.

덕을 요체로 하는 흄의 윤리학에서 공감 개념은 특히나 중요하다. 무언가 느끼는 타인을 볼 때, 우리는 그 느낌에 대해 어떤 관념을 갖고 그를 통해 유사한 느낌을 다시 가질 수 있다. 그의 공감은 인상(느낌) 자체로 전달되는 것이 아니라, 관념을 통해 인상으로 전환되는 것을 의미한다.

> 현들이 똑같이 울릴 때, 한 현의 운동이 다른 현에 전달되는 것처럼, 모든 감정들은 어떤 사람에게서 다른 사람으로 쉽게 옮겨간다. 그리고 모든 인간 존재는 (각 감정에) 걸맞은 행위를 일으킨다. 내가 어떤 사람의 목소리와 몸짓에서 정념의 결과를 지각할 때, 나의 정신은 곧장 이 결과에서 원인으로 옮겨가, 당장 그 정념 자체로 전환될 정도로 그(정념)에 대해 생생한 관념을 형성한다. 마찬가지로 내가 어떤 감정의 원인을 지각할 때, 정신은 그 결과로 옮겨 가서, 그 결과들과 유사한 감정을 생생하게 느낀다. (흄, 2008: 177)

그에 따르면 인간의 공감은 현악기에서 울리는 현들 간의 전달과 유사하다. 그는 공감을, 감정(인상) 자체가 아니라 관념을 통해 전이되는 심리적 기제로 보고 있다. 그는 수술 현장 광경을 예로 들어 설득력 있게 설명한다. 우리는 지금 수술실의 심각한 수술을 바라보고 있다. 우리는 과거에 수술실 광경들을 여러 번 직간접적으로 경험했었고, 그를 통해 여러 관념(생각)들, 가령 피, 아픔 등을 지니고 있다. 그리고 지금 환자의 환부를 절개하는 수술 과정을 지켜보며, 동시에 과거의 사례들을 떠올린다. 환자의 비명과 일그러진 표정 그리고 환부에서 흐르는 피를 보면서, 그 결과로 과거와 다름없이 환자가 느낄 고통을 생각한다. 그러한 생각(관념)은 너무도 생생해서 우리는 그 고통을 함께 느끼고, 더불어 혐오나 두려움의 느낌도 동반된다(최희봉, 1999: 297-300 참조). 공감은 고통의 감정뿐만 아니라 쾌락의 감정에서도 이뤄진다. 가령 타인이 지닌 좋은 주택이나 비옥한 토지 등의 소유물에 대한 만족감은, 그와 상관없는 우리에게도 관념을 통해 전해질 수 있다.

공감은 도덕 감정의 객관성을 보증한다. 무자비한 폭행 사건에 대해 피해자가 느끼는 부인의 도덕 감정은, 공감을 통해 사회 공동체 구성원 모두에게 전파된다. 우리 모두는, 흐느끼며 인터뷰하는 범죄 피해자의 심정에 공감한다. 이는 범죄자에 대한 사회 구성원들의 공통된 부인의 도덕 감정을 말한다. 반대로 자선 기부를 받은 수혜자의 모습에서, 그들이 느끼는 고마움의 감정에 공감한다. 공감은, 자선가를 향해 느끼는 시인의 도덕 감정에 대한 바탕을 이룬다. 흄은 공감이라는 인간 본성이, 덕(또는 악덕)에 대한 우리의 도덕 감정의 기반이라고 생각한 것이다.

### 5. 자연적 덕과 인위적 덕

시인의 도덕 감정 대상인 덕은 두 가지로 구분된다. 자비, 온순, 신중, 겸손 등의 자연적(natural) 덕과, 정의(justice)로 대표되는 인위적(artificial) 덕이 그것이다. 자연적 덕뿐만 아니라 인위적 덕 모두의 토대는 공감이다. 인간은 자연적 덕과 인위적 덕에 대한 시인의 도덕 감정에 공감할 수 있는 존재인 것이다. 이러한 맥락에서 흄은 공감을 '인간 본성의 가장 강력한 원리'라고 표현한다(흄, 2008: 179). 그렇다면 자연적 덕과 인위적 덕의 구분은 어떻게 이해해야 할까? 그는 다음과 같이 말한다.

> 자연적 덕과 정의 사이의 유일한 차이는 다음과 같다. 즉, 자연적 덕에서 유래된 결과인 복리는 (자연적 덕의) 모든 개별 작용마다 발생하며, 자연적 정념의 대상이 된다. 반면 정의의 단일한 작용을 본질적으로 고려해 보면 그 작용은 흔히 공공복리와 상반될 수 있고, 행위의 일반적 틀이나 체계 안에서 인류가 협력할 때 이득이 된다. (흄, 2008: 181-182)

일상적 만족감(쾌락)은 우리 자신 또는 우리와 이해관계가 있는 누군가의 이익과 연결될 때 생긴다. 하지만 도덕 감정은 (앞서 보았듯이) 이해관계가 없더라도 일반적 관점에서 발생한다. 모든 덕들에 대한 만족감, 즉 시인의 감정이 여기에 속한다. 자연적 덕과 인위적 덕에 대한 (시인의) 도덕 감정의 공통된 근거는 좋음(goodness), 즉 복리에 있다. 복리란 좀 더 구체적으로, 공적 유용성을 의미한다. 최대 다수의 행복을 가져오는 대상(품성, 덕)에 우리는 시인의 도덕 감정을 갖는다. 이러한 맥락에서 흄의 사상은 곧잘 공리주의의 시초라고 일컬어진다. 거기서 그는 인위적 덕, 대표적으로 정의를 바람직한 사회 공동체 성립에 필수적인 선(좋음)으로 본 것이다. 구성원들 간 공정성을 마련하는 정의는 사회 공동체에서 필수불가결한 요소이다(흄, 2008: 70-71 참조).

자연적 덕은 그야말로 인간 본성 자체에서 유래하는 반면, 인위적 덕(정의)의 유래는 '인위적 관례(artificial convention)', 즉 사회적으로 합의된 법률에 있다(흄, 2008: 57). 정의에 대해 흄은 다음과 같이 말한다.

> 우리는 어떤 덕도 정의(justice) 이상으로 높이 평가하지 않고, 어떤 악덕도 불의(부정의) 이상으로 혐오하지 않는다. (…) 정의는 인류의 복리(good)를 추구하는 경향 때문에 도덕적 덕이며, 그리고 실제로 정의는 바로 이 목적을 위한 (인간의) 인위적 발명품이다. 충성과 국제법 및 정숙과 훌륭한 예

절 등에 관해서도 똑같이 정의를 말할 수 있다. 이 모두는 사회의 이익을 위해 인간이 (발명한) 제도적 장치일 뿐이다. 그와 같은 제도적 장치들에 언제나 강한 도덕적 소감이 수반된다. 성격과 정신적 성질들에 대한 반성작용이 우리에게 찬동과 비난의 소감을 주기에 충분하다는 점을 인정하지 않을 수 없다. (흄, 2008: 179)

구체적 사례로 자연적 덕과 인위적 덕(정의)을 구분해 보자. 누구나 조난당한 생면부지의 타인을 구조할 수 있다. 이 경우 행위 동기는 인간애이며, 타인(이웃)의 행복 증진을 도모하는 행위로 볼 수 있다. 이웃의 행복 증진을 위한 인간애는 자연적 덕에 속하는데, 이에 대해 우리는 시인의 감정을 지닌다. 반면 법정에서 정의는 인간애와 상반되게 작용할 수 있다. 사안에 따라 근면한 사람의 노동 대가를 (공정한) 법적 계약에 따라 방탕한 사람에게 주도록 판결 내릴 수 있다. 인간애와 달리, 정의의 관점에서는 이러한 판결을 시인하는 것이 인간의 도덕 감정이다(흄, 2008: 182).

자연적 덕들은 사회 속 바람직한 개인들 간의 관계에 선을 부여한다는 관점에서, 시인의 감정을 낳는다. 이 글에서 앞서 본 자선 행위의 사례는 자연적 덕의 경우다. 인위적 덕과 달리, 자연적 덕은 개인이 의식적으로 사회적 실천에 참여한다는 점을 생각할 필요가 없다. 반면 인위적 덕을 발휘할 때 우리는 다른 사람들도 나와 마찬가지로 그렇게 하리라고 의식한다. 이와 같은 맥락에서 인위적으로 만들어진 법 기준이 자연적 만족감(쾌락)과 거리가 있을 수 있음에도 우리는 이에 시인의 감정을 느끼는 것이다(슈니윈드, 2018: 407 참조).

그렇지만 흄은 자연적 덕뿐만 아니라 인위적 덕 역시 인간 본성임을 강조한다.

정의는 비록 인위적이라 할지라도, 정의의 도덕성에 대한 느낌은 자연적 (본성적)이다. (…) 인간이 발명한 제도들은 대부분 변화를 따른다. 그와 같은 제도들은 (인간의) 정취와 변덕에 좌우된다. 제도들은 일시적으로 유행하다가 망각 속으로 사라진다. 만약 우리가 정의를 인간이 발명한 제도로 인정한다면, 아마 우리는 정의 역시 동일한 지반에 있을 수밖에 없을거라 염려할지 모르겠다. 그러나 이 경우에 큰 차이가 있다. 정의의 기초인 이해관계는 상상 가능한 최대한의 것이고, 모든 시대와 지역에 미친다. (흄, 2008: 231-232)

정의의 규칙들은 여타 인위적인 제도들처럼 인위적이지만 자의적이지 않다. 사회 구성원들의 이해관계를 공정하게 조정하므로 불변적이다. 그러므로 정의의 도덕성에 대한 우리의 느낌은 자연적 덕에 대한 우리의 (시인의) 감정과 다름없이 본성적이다(흄, 2008: 62 참조).

## VI. 현대적 논의

흄의 윤리 사상은 현대의 학계에 많은 영향을 끼쳤다. 이와 관련하여 대표적인 몇 가지 관점을 보겠다. 먼저 20세기 정의주의(emotivism)를 생각해 보자. 현대 정의주의를 대표하는 에이어(A. Ayer)는 언어분석을 통해 도덕성의 의미에 접근했었다. 그에 따르면 의미 있는 표현은 경험을 통해 참 또는 거짓으로 확정될 수 있어야 한다. 그리고 경험을 통해 참(또는 거짓)을 가릴 수 없는 언어는 무의미하다. 가령 "내일은 비가 올 것이다"는 의미 있는 표현이다. 특정 사실을 내용으로 삼으며, 이는 내일의 일기 상황으로 참 또는 거짓이 결정된다. 그런데 도덕적인 발화, 가령 "이 살인행위는 악이다"라는 진술은 그렇지 않다. 살인 현장 어디서도 경험(확인)을 통해 악이라고(또는 악이 아니라고) 확정할 객관적 증거는 없다. 이는 논리실증주의의 시각인데, 에이어는 이에 기초하여 도덕적 발화를 감정 표현으로 본 것이다. "이 살인행위는 악이다."와 같은 도덕적 표현은 다만 "아, 그럴 수가!"와 같은 한탄의 감정 표현이다. 사실과 일치할 수 있는 내용을 진술하지 않는다. 즉, 참(또는 거짓)이 될 수 없는 무의미한 표현이다. 참 또는 거짓으로 판명될 수 있는 의미 있는 표현은 인지적(cognitive)인 반면, 그렇지 못한 표현은 비인지적(noncognitive)이다. 도덕적 표현은 주관적인 감정 표현에 지나지 않으므로 비인지적이라는 것이 에이어의 입장이다(포이만·피저, 2010: 369-373 참조).

도덕적 발화가 어떤 의미도 지니지 않는다는 에이어의 주장을 흄의 생각으로 보는 것은 선뜻 받아들이기 어렵다. 그는 도덕성을 정념(감정)에서 찾았지만, (이 글에서도 보았듯이) 이를 모든 인간의 본성이라고 생각했다. 인간 본성의 표현이 무의미하다는 주장은 지나쳐 보일 것이다. 그의 생각을 긍정적 관점에서 바라볼 수 있는 현대의 해석을 살펴보자. 맥도웰(J. McDowell)은 흄이 도덕 가치를 이차 성질로 비유한 점에 의거하여 성향 실재론을 주장했다. 이와 관련한 그의 비유 언급을 먼저 보겠다.

> 덕과 악덕은 소리, 색깔, 뜨거움과 차가움 등에 비교될 수 있다. 근대철학에 따르면 이런 것들은 대상의 성질들이 아니라 정신의 지각들이다. 그리고 도덕에 있어 이와 같은 발견은 물리학에서 발견과 마찬가지로 사변적 학문의 상당한 진보로 간주되었다. (흄, 2008: 43)

무게, 부피 등은 대상의 일차 성질이다. 지각 주체에 의해 바뀔 수 없으며, 대상 자체에 고정된 성질이다. 이에 반해 색깔, 소리, 촉감 등은 이차 성질이다. 색깔의 지각은 경험 주체에 따라 다를 수 있다 ― 어떤 동물은 인간과 전혀 달리 이 세계를 보고 있다. 그런데 흄은 도덕적 가치, 즉 덕과 악덕을 이차 성질로 본 것이다. 이와 연관하여 맥도웰은 인간의 도덕성이, 색깔, 소리, 촉감 등 감각적인 이차 성질과 유사하게 우리에게 실재하는 성향(disposition)이라고 생각했다. 색깔은 우리의 특정한 시각 경험을 야기하는 객관적 성향이다. 가령 붉음은 대부분의 (정상적) 지각자들에게 붉게 보이게 만드는 성향이다. 마찬가지로 도덕적 경험을 야기하는 어떤 성향이 분명 존재한다고 맥도웰은 주장한다. 선함(또는 악함)이란, 특정 상황에서 이차 성질로 관찰자가 도덕적 승인의 감정(또는 부인의 감정) 반응을 야기하는 성향이다. 그렇다면 정상적인 시각 소유자들에게 표준적 색깔 기준이 유효하듯이, 정상적인 도덕 존재자들에게 표준적 도덕 기준이 있을 거라 이해된다(양선이·최희봉, 2010: 239-243 참조).

최근의 프린츠(J. Prinz)는 정서주의에 보다 적극적으로 반응하는 현대의 흄주의자이다. 그는 기본적으로 도덕 판단이 승인과 부인의 감정에 다름없다는 흄의 생각을 받아들인다. 동시에, 도덕 판단이 표상적 내용을 결여한 단순한 감정 표명에 지나지 않는다고 본 정서주의의 관점을 거부한다. 그가 생각하는 핵심은, 도덕 감정이 관계하는 내용이 두 층위로 구분된다는 점에 있다. 우리가 지니는 승인(또는 부인)이라는 도덕 감정은, 단순히 1차적인 감정뿐만 아니라 승인 대상의 속성에 관여한다. 그는 감성(emotion)과 감정(sentiment)을 구분하는데, 이는 어떤 내용을 표상(표현)하는지에 따라 갈린다. 감성은 단순히 우리의 마음속 관심을 표상하는 반면, 감정은 감성적 반응과 관련한 2차적 속성을 표상한다. 가령 내게 다가오는 뱀을 보고 느끼는 공포감은 위험(또는 혐오)에 반응하는 일차적 감성이다. 거기에는 위험(또는 혐오)에 대한 2차적인 승인 느낌, 즉 감정이 더해질 수 있다. 그런데 누군가는 두려움 감성을 지니면서 그에 대한 2차적 승인 감정을 느끼지 않을 수 있다. 마찬가지로 프린츠가 보기에, 살인 현장에서 느껴지는 혐오(불쾌)의 감성은 그 자체로 도덕 감정이 아니다. 도덕 감정은 우리가 느끼는 혐오감(불쾌감)에 대해 승인의 감정이 결합될 때 비로소 도덕 판단의 내용을 이룬다(양선이, 2019: 106-7 참조).

## 참고 문헌

데이비드 흄, 이준호 옮김(1994), 『인간 본성에 관한 논고 1: 오성에 관하여』, 파주: 서광사.
데이비드 흄, 이준호 옮김(1997), 『인간 본성에 관한 논고 2: 정념에 관하여』, 파주: 서광사.
데이비드 흄, 이준호 옮김(2008), 『인간 본성에 관한 논고 3: 도덕에 관하여』, 파주: 서광사.
로버트 L. 애링턴, 김성호 옮김(2003), 『서양 윤리학사』, 파주: 서광사.
루이스 포이만·제임스 피저, 박찬구·류지한·조현아·김상돈 옮김(2010), 『윤리학, 옳고 그름의 발견』, 서울: 울력.
아네트 C. 바이어, 김태규 옮김(2015), 『데이비드 흄』, 고양: 지와 사랑.
양선숙·최희봉·홍병성(2004), 「지식」, 『서양근대철학의 열 가지 쟁점』, 서양근대철학회 지음, 파주: 창비.
양선이(2019), 「자연주의와 도덕적 가치 그리고 규범성에 관하여: 흄의 자연주의와 현대 흄주의를 중심으로」, 『철학』, 139.
양선이·최희봉(2010), 「흄의 윤리학」, 『서양근대윤리학』, 서양근대철학회 지음, 파주: 창비.
제롬 B. 슈니윈드, 김성호 옮김(2018), 『근대 도덕철학의 역사 2: 자율의 발명』, 파주: 나남.
최희봉(1999), 「흄의 자연주의적 프로그램: 도덕론의 경우」, 『범한철학』, 19.

# 10

# 칸트의 윤리 사상

정대성

서울대학교 사범대학 윤리교육과를 졸업하고 동 대학원에서 「셀러의 칸트 윤리학 이해에 대한 비판적 연구」로 박사 학위를 취득하였다. 현재 한국교육과정평가원의 연구원으로 재직하고 있다.

# I. 생애 및 저작

## 1. 생애

칸트는 1724년 동프로이센의 수도였던 쾨니히스베르크(현재의 칼리닌그라드)에서 태어났으며 살아가면서 그 도시를 벗어난 적이 없었다. 칸트는 윤리학을 포함하여 철학뿐만 아니라 자연지리학과 자연과학, 심지어 우주 팽창 이론을 제시하는 등 학문적 관심의 범위가 넓었으나 그의 삶의 물리적 범위는 고향이었던 쾨니히스베르크에 한정되어 있었던 것이다. 칸트에게도 결혼의 기회가 있었지만 결정을 고민하는 사이에 경쟁자에게 기회를 빼앗기게 되었다. 칸트의 생애는 약간의 사교 생활과 취미 생활이 있었을 뿐, 대부분은 학문 연구에 바쳐진 것이었다고 평가할 수 있다.

칸트는 유년기에 교외 거주자 병원학교(Vorstadter Hopistalschule)를 거쳐 프리드릭스 김나지움(우리나라의 중고등학교에 해당)을 졸업하고 쾨니히스베르크 대학에 진학하였다. 대학에서 다양한 학문에 접하게 되었는데, 특히 뉴턴의 자연과학은 칸트가 학문적 모범으로 삼게 된 대상이 되었다. 칸트는 철학 교수가 되기 위해 노력하였고 기회를 기다리며 긴 세월 동안 개인 교습 강사로 일하였다. 31세(1755)에 쾨니히스베르크 대학에 강사로 돌아온 칸트는 46세(1770)에 드디어 자신이 원하던 쾨니히스베르크 대학의 논리학과 형이상학의 교수로 임용된다. 이전의 철학자들은 대학 교수로서의 수입만으로 살아가기 어려웠던 반면에, 칸트는 직업인으로서의 교수로 생활해 나갈 수 있었던 첫 번째 경우에 해당한다. 이후 10여 년 동안 특별한 연구 성과가 없던 침묵기를 지나 비판철학을 완성하게 되는데,『순수이성비판』을 비롯한 3대 비판서를 차례로 출간하게 된다. 칸트는 10여 년의 침묵기 동안 비판적 초월 철학의 완성을 위해 철저한 준비와 검토의 시간을 가졌다. 사전적 의미에서 비판이란 '사물의 옳고 그름을 가리어 판단하거나 밝힘'을 의미하며, 비판철학이란 이성을 통해 점차 오류와 편견을 제거함으로써 타당한 논리와 사유에 도달하는 철학을 의미한다. 그리고 초월 철학의 입장이란 인간의 인식이나 판단을 가능케 하는 경험 이전의 근거가 인간의 내면에 존재한다는 입장을 의미한다.

칸트의 생애 도중에 프랑스 혁명이 있었으며 칸트는 프랑스 혁명을 지지하였는데, '계몽이란 자신의 이성을 스스로 사용하려는 용기를 가지는 것'이라는 자신의 신념이 실현되는 하나의 계기가 될 것으로 기대했기 때문으로 생각된다.

칸트는 노년에 이성에 바탕을 둔 도덕 신앙의 관점에서 기독교에 대해 비판적인 저작(『순수한 이성의 한계 내에서의 종교』)을 출간하였는데, 이것이 당시 종교의 자유에 대한 관용의 정신이 쇠퇴해 가던 프리드리히 빌헬름 II세 통치하의 검열 당국에 의해 금서로 지정되어 인쇄 허가가 나지 않아 갈등을 빚게 되었다. 결국 칸트는 기독교 비판을 멈추겠다고 하여 당시 정권에 굴복하는 것으로 보였지만, 프리드리히 빌헬름 II세가 죽은 뒤 『순수한 이성의 한계 내에서의 종교』를 발간하려는 칸트의 의지를 막을 수는 없었다.

칸트는 1803년(79세)에 생애 처음으로 중병에 걸렸고, 이듬해인 1804년(80세)에 "그것은 좋다(Es ist gut)."는 말을 남기고 죽었다. '그것'이 의미하는 바가 무엇인지 정확히는 알 수 없으나 자신의 생애 자체를 의미한 것이 아닌가 추정된다. 그의 장례 행렬에 수많은 시민들이 따르며 추모하였다.

## 2. 저작

칸트는 인류가 관심을 기울이는 네 가지 핵심적 가치 — 진(眞), 선(善), 미(美), 성(聖) — 에 대한 물음에 비판적 초월 철학의 관점에서 대답을 제시하고자 하였다. 즉, 칸트가 해명하고자 했던 질문들은 다음과 같은 것들이다.

인간은 무엇을 알 수 있는가? 인간은 무엇을 해야 하는가? 인간은 무엇을 바랄 수 있는가? 이 질문은 학문을 통해 인류가 답해야 할 세 가지 중요한 질문이라고 칸트 자신이 언급한 것이다.

'인간은 무엇을 알 수 있는가?'라는 질문은 인간 이성의 가능성과 한계에 관한 물음이다. 이 질문에 대한 칸트의 대답은 『순수이성비판』이라는 저작이다. 주로 이론 이성의 구조와 이성적 판단의 근거와 한계를 다루고 있다. 다음으로 '인간은 무엇을 해야 하는가?'라는 질문은 인간이 따라야 할 도덕의 본질에 관한 물음이다. 이 질문에 대한 칸트의 대답으로 『윤리 형이상학 정초』, 『실천이성비판』, 『윤리 형이상학』 등의 저작이 있다. 『윤리 형이상학 정초』에서는 인간의 도덕성에 있어서 최상의 궁극적 근거를 탐색하여 정언명령이라는 결실을 거둔다. 『윤리 형이상학』은 일종의 응용 윤리 저술로서 법론과 덕론으로 구성되어 있는데, 『윤리 형이상학 정초』를 바탕 이론으로 삼아 법과 도덕에 관련된 여러 문제에 적용한 윤리학적인 처방 내용이 실려 있다. 『실천이성비판』에서는 실천이성의 도덕적 가능성과 한계, 도덕성의 전제 조건 등을 연구한다. 이 책에서 칸트는 인간의 본성에 뿌리박혀 있는 악(근본악)을 논하고 도덕성 실현을 위한 전제 조건으로 자유, 영혼 불멸, 신의 현존을 요청한다. 마지막으로 '인간은 무엇을 바랄 수 있는가?'라는 질문은 인간이 추구하는 미적 가치, 도덕적 가치 및 종교적 가치의 가능성과 한계에 관한 물음이다. 이 질문에 대한 칸트의 대답은 『판단력 비판』, 『영구평화론』, 『순수한 이성의 한계 내에서의 종교』 등의 저작이다. 『판단력 비판』에서 칸트는 인간이 추구하는 아름다운 것에 대한 인간의 판정 능력의 원리를 논하고자 한다(사카베 메구미 외 편, 2009: 450). 인간의 판단력은 현상계와 예지계를 연결해 주는 인간의 능력이며, 인간의 판단이 보편성과 필연성을 띨 수 있는 것은 인간들이 공유할 수 있는 공통 감정과 이성이 존재하기 때문임을 칸트는 밝히고 있다. 칸트 저작에서 3대 비판서와 함께 언급되어야 할 중요한 저술로 『영구평화론(*Zum ewigen Frieden*)』이 있다. 이 저작에서 칸트는 인간들이 공유하는 공통 감정과 이성의 능력에 의해 역사의 진전에 따라 영구적인 평화가 자연의 목적으로서 실현될 수 있다고 본다. 『영구평화론』은 국가 간 전쟁을 종식시키고 세계 평화를 실현하기 위한 국제정치적 구상이 담겨 있다. 이 구상은 이후 국제연맹과 그것을 발전적으로 계승한 국제연합(UN)의 설립으로 아직은 불완전하지만 실현되어 가고 있다. 『순수한 이성의 한계 내에서의 종교』에서 칸트는 당시 기독교가 내세우는 기독교의 초이성적 위상에 대해 비판하면서 진정한 종교는 이성에 기반을 둔 도덕의 한계를 벗어날 수 없다고 주장한다.

앞에서 언급한 대표 저작 이외에도 칸트는 자연철학, 정치철학, 법철학, 역사철학, 종교철학, 지리학, 천문학 등 다양한 분야에서 학문 발전에 기여한 중요한 연구 성과를 남겼다.

## II. 윤리 형이상학

형이상학이라는 말은 자연학이나 개별 과학의 문제를 초월하여 배후의 근원적인 존재 일반의 성질 내지 구조를 밝히려고 하는 제일철학의 특징을 지닌 학문을 의미한다(철학사전편찬위원회 편, 2012: 1108). 그런데 논리실증주의에 따르면 증명될 수 없는 명제는 무의미한 것으로 간주되어야 한다. 그러므로 논리실증주의에 의하면 형이상학과 같은 분야는 증명될 수 없는 명제로 구성되기에 무의미한 것으로 여겨져야 한다. 그러나 칸트는 비판적 초월 철학의 입장에서 형이상학이 가능하다고 생각하였다. 앞서 설명한 것처럼 비판철학이란 이성을 통해 점차 오류와 편견을 제거함으로써 타당한 논리와 사유에 도달하는 철학을 뜻하고, 초월 철학이란 인간의 인식이나 판단을 가능케 하는 경험 이전의 근거가 인간의 내면에 존재한다는 관점을 견지하는 철학이다. 칸트에 의하면 인간의 인식이나 판단을 가능케 하는 경험 이전의 근거에 대한 지식을 정립하는 것이 형이상학의 과제이다. 예컨대 원인과 결과의 관계로 인과론을 전개하는 경우 '인과론적 사고방식'은 사태 속에 존재하는 것이 아니라 인간의 인식 구조나 판단 구조 속에 선험적으로 들어 있는 것이다. 인간의 인식 구조와 판단 구조 속에 선험적으로 들어 있는 인과율의 가능성과 한계를 밝히고 인과율을 사태 속의 원인과 결과에 적용할 수 있는 방법을 정립하는 것이 예를 들자면 형이상학의 과제이다.

윤리 형이상학은 도덕을 가능케 하는 인간의 인식 및 판단에서의 선험적 구조에 관해 지식을 정립하고자 하는 것이다. 이와 관련하여 칸트가 주목한 것이 '선험적 종합명제'이다. 선험적 명제는 경험적 명제와 대비되는 개념이다. 경험적 명제는 경험에 원천을 두고 근거 지어지는 명제를 의미하는데 비해, 선험적 명제는 경험으로부터 자유롭게 근거 지어지는 명제를 의미한다. 경험적 명제는 경험에 의존하기 때문에 경험이 갖는 한계를 고스란히 이어받게 된다. 그러나 선험적 명제는 경험이 달라져도 타당성 측면에서 변화가 생기지 않는다. 한편 종합명제는 분석명제와 대비되는 개념이다. 분석명제는 주어의 속성을 술어가 표명할 때 나타나는 명제임에 비해, 종합명제는 주어에 포함되지 않은 속성을 술어에서 제시함으로써 인식을 확장해 나가는 명제를 의미한다. 분석명제는 우리의 인식을 넓혀 주지 못하는 데 비해 종합명제는 우리의 인식을 넓히는 데 기여한다. 따라서 선험적 종합명제는 경험으로부터 자유롭게 근거 지어지면서도 주어에 관한 판단을 확장할 수 있는 명제를 의미한다. 칸트는 안전하고 확고한 학문의 길이 선험적 종합명제로써 각 학문 분야의 기반을 닦는 데 있다고 믿었다. 칸트는 윤리학에 있어서도 선험적 종합명제를 통해 윤리학의 확고한 기반이 다져질 수 있다고 보았으며 그 작업이 본격적으로 시도되는 것은 『윤리 형이상학 정초』이다.

나아가 윤리 형이상학은 도덕의 본질과 근거를 밝히고 현실의 다양한 도덕 문제에 대한 철학적 해결책을 제시하고자 한다. 선의지, 경향성, 의무, 준칙, 정언명령, 자율, 목적의 왕국 등의 개념들은 칸트가 윤리 형이상학의 연구 과정에서 정립한 연구 성과에 해당한다. 윤리 형이상학과 관련된 칸트의 저서는 『윤리 형이상학 정초』와 『윤리 형이상학』이다. 『윤리 형이상학 정초』에서는 도덕의 본질과 근거를 밝히는 데 주력했다면, 『윤리 형이상학』에서는 법과 도덕을 가능케 하는 형이상학적 원리를 제시하고 법과 윤리에 관련된 현실의 다양한 실천적 문제에 대해 구체적 해결책을 제시하는 데 주력하였다.

## III. 선의지와 의무

선의지는 무조건적으로 선하다. 지성이나 재치 또는 판단력과 같은 정신 능력, 단호함이나 끈기 같은 타고난 기질, 권력, 부, 존경이나 건강, 무사함이나 자기만족 등 행복의 요소는 조건적으로 선할 뿐이다. 왜냐하면 그것들 중 일부나 전부를 얻게 된다 하더라도 그것을 비도덕적인 목적으로 활용하게 되면 결국 그 가치들은 악한 것이 되고 말 것이기 때문이다. 즉, 정신 능력, 기질, 행복의 요소 등은 도구적인 가치를 지니고 있을 뿐이다. 칸트의 설명에 의하면 정신 능력이나 기질은 그것들을 이끌어 주고 사용하는 의지 자체가 선하지 않다면 극도로 악하거나 해로울 수 있다. 또한 행복의 요소를 바로잡아 주고 보편적이고 합리적인 행위로 이끌어 주는 선한 의지가 함께 작용하지 않는다면, 그것은 인간을 오만하게 만들 수 있다. 반면 선의지는 본래적인 가치를 지니며 행위의 결과와는 상관없이 그 자체로 도덕적인 의지이다.

이 세계에서 또는 도대체가 이 세계 밖에서까지라도 아무런 제한 없이 선하다고 생각될 수 있을 것은 오로지 선의지뿐이다. 지성, 기지, 판단력, 그 밖에 정신의 재능들이라고 일컬을 수 있는 것들, 또는 용기, 결단성, 초지 일관성 같은 기질상의 성질들은 의심할 여지없이 많은 관점에서 선하고 바람직스럽다. 그러나 이런 것들도, 만약 이런 천부의 자질들을 사용하는, 그 때문에 그것의 특유한 성격이라고 일컫는, 의지가 선하지 않다면, 극히 악하고 해가 될 수도 있다. (칸트, GMS Ⅳ393)

선의지는 평범한 인간에게 인간적 제약 — 인간적 나약함 — 으로 말미암아 대개 의무로 인식된다. 인간은 의지가 나약할 수도 있고, 마음이 쉽게 변할 수도 있으며, 결심한 바를 스스로 포기하기도 한다. 이러한 인간적 제약이 있기에 보통의 인간에게 선의지는 선의지 자체로서보다는 의무로서 여겨지기 마련이다. 반면 전지전능한 신(神)이라면 선의지가 의무로 느껴지지 않을 것이다. 왜냐하면 전지전능한 신에게는 인간적 제약이 없을 것이기 때문이다.

(…) 신적인 의지에 대해서는, 그리고 도대체가 신성한 의지에 대해서는 어떠한 명령도 타당하지가 않다. 여기에는 당위가 있을 바른 자리가 없다. 왜냐하면 의욕이 이미 스스로 법칙과 필연적으로 일치해 있으니 말이다. (칸트, GMS Ⅳ414)

칸트의 윤리학은 통상적으로 의무론이라 불린다. 칸트는 도덕의 정언적 성격을 강조했으므로 이는 합당한 것이라 생각할 수 있다. 그런데 의무라는 것이 의무감에 쫓겨 마지못해 해야 하는 것으로만 해석된다면 칸트 윤리학의 전체적 면모가 인식되지 못하고 오해되는 것이다. 의무란 인간적 제약 아래에서 선의지가 대개 인식되는 방식임에 주목해야 한다. '의무론'의 의미를 해석할 때 이러한 관점을 잃지 말아야 한다.

행위의 도덕적 가치는 행위의 결과에 담겨 있지 않으며 행위의 동기에 담긴 선의지에 있다. 행위의 결과는 행위의 동기에 의해 파생된 사태를 의미하지만, 행위의 동기뿐만 아니라 다양한 원인들이 작용하여 생겨난다. 즉,

행위의 동기는 행위의 결과를 결정하는 단일한 변수가 아니다. 따라서 행위자의 행위 동기뿐만 아니라 다양한 원인의 결과물인 행위 결과로 행위의 도덕성을 평가한다는 것은 비합리적이다. 칸트에 따르면 도덕성의 평가 대상은 행위의 동기가 되어야 한다.

선의지가 무엇인가라고 물었을 때 '무조건적으로 선한 의지'라는 대답은 동어반복에 불과하다. 선의지가 무엇인지를 이해하려 할 때, 칸트는 우리에게 의무로 인식되는 것을 생각해 볼 것을 제안한다. 왜냐하면 선의지는 인간적 제약 하에서 대개 의무로 인식되기 때문이다. 칸트가 직접 제시한 의무의 예를 통해 우리는 선의지의 실질적 예를 이해할 수 있다. 즉, 자신의 생명을 긍정함으로써 자살하려는 유혹을 떨쳐 내는 것, 자신의 소질과 재능을 연마하여 자신에게 주어진 가능성을 실현해 나가는 것, 타인을 속이려 하지 않고 자신과 타인의 인격과 인간성을 수단만이 아니라 목적 자체로서 대우하는 것, 타인의 행복 실현을 도모하는 것 등이 그것이다.

의무는 인간적 제약 하에서 행위 주체에게 선의지가 인식되는 일반적인 방식이다. 칸트에 따르면 "인간의 자연 본성은 그렇게나 존경할 만한 이념(도덕성)을 자기의 규정으로 삼을 만큼 충분히 고귀하지만, 그러나 동시에 그것을 준수하기에는 너무나 나약하다"(칸트, GMS IV406). 인간이 도덕성의 이념을 자신의 인도자로 삼고자 하나 인간적 나약성과 제약 때문에 도덕성의 이념은 인간에게 일반적으로 '의무'로 체감된다.

도덕적 행위란 의무로부터 비롯되어 동기가 형성된 행위이다. 의무로부터 비롯되지 않고 자연적 경향성으로부터 비롯된 행위에는 도덕적 가치가 부여되지 않는다. 왜냐하면 자연적 경향성은 어떠한 의식적 노력도 요구하지 않으며 자연적 성향이나 습성에 의해 노력하지 않아도 저절로 그러한 행위를 하게 되기 때문이다.

의무로부터 비롯된 행위와 대비되는 개념이 의무에 맞는 행위이다. 의무에 맞는 행위란 겉으로 보기에 의무로부터 비롯된 행위처럼 보이는 행위를 말한다. 의무에 맞는 행위는 행위의 외부적 양상만 드러난 것이므로 내면의 동기가 도덕적인지 여부는 겉으로 보이는 행위만으로는 알 수 없다. 의무에 맞는 행위는 외적인 측면에서 의무로부터 비롯된 행위와 모순되지 않는 행위이지만, 실제 그 행위의 동기를 분석해 보면 도덕적으로 중립적인 동기가 내면에 자리 잡고 있을 수도 있고, 도덕과 무관하거나 심지어 비도덕적인 동기가 도사리고 있을 수도 있다.

의무에 맞는 행위에 해당하는 것으로 칸트는 상인의 예를 들고 있다. 상인이 모든 사람에게 여러 상품의 가격을 일정하게 책정하여 판매하는 것은 '의무에 맞는' 행위이다. 겉보기에 사람을 차별하지 않고 평등하게 대우하는 행위로 보이기 때문이다. 그런데 겉보기만으로는 과연 상인이 모든 사람에 대한 존중의 마음으로 그러한 행위를 하는 것인지 알 수 없다. 왜냐하면 상인의 그 행위는 정가제를 통해 고객들에게 신뢰를 얻어 이윤 극대화를 추구하려는 동기에서 비롯된 것일 수도 있기 때문이다. 정가제로 이윤을 극대화하려는 동기는 도덕과 무관한 동기이다. 도덕과 무관한 동기에서 비롯되고 '의무에 맞는' 행위가 가능한 것이다. 그러나 그러한 행위는 의무에서 비롯된 행위에 내포된 도덕적 가치를 지니지 못한다.

의무로부터 비롯된 모든 행위는 의무에 맞는 행위에 포함되지만, 의무에 맞는 모든 행위가 의무로부터 비롯된 행위에 포함되는 것은 아니다. 앞서 언급한 것처럼 의무에 맞는 행위 중에는 의무로부터 비롯된 행위도 포함되어 있지만, 도덕적으로 중립적인 동기로부터 비롯된 행위나 도덕과 무관한 동기로부터 비롯된 행위, 비도덕적인 동기로부터 비롯된 행위들이 모두 포함되어 있기 때문이다.

## IV. 도덕법칙과 정언명령

칸트는 『실천이성비판』의 맺는말을 "더 자주 더 오래 숙고하면 숙고할수록 매번 새롭고 매번 커지는 경탄과 경외로 마음을 채우는 두 가지가 있다. 그것은 내 위에 별이 총총한 하늘과 내 안의 도덕법칙이다."(칸트, KpV V 162)라는 구절로 시작한다. 도덕법칙은 이성적 존재자가 인식할 수 있는 보편적이고 완전한 도덕적 규율이다. 칸트는 도덕법칙을 인식할 수 있는 존재를 '인간'으로 한정하지 않고 '이성적 존재자'로 표현한다. 합리적 사유 능력으로서 이성을 지니고 있는 존재라면 도덕법칙을 인식할 수 있다는 것이다. 이때 이성은 도구적 합리성을 의미하는 것이 아니라 도덕적 합목적성으로서 이치에 따라 생각할 수 있는 능력을 의미한다.

도덕법칙은 개인적 삶의 원칙인 준칙과 대비된다. 준칙은 개인의 삶을 지도하는 원리로서, 개인이 스스로 만든 생활의 규칙이다. 예컨대 '나는 매일 아침 7시에 일어나야 한다', '나는 타인에게 받은 만큼 반드시 갚아 주어야 한다'와 같은 개인적 생활 규칙이 준칙에 해당한다. '나는 매일 아침 7시에 일어나야 한다'와 같이 준칙 중에는 도덕과 관련이 별로 없는 것도 있지만, '나는 타인에게 받은 만큼 반드시 갚아 주어야 한다'와 같이 도덕과 관련성이 있는 준칙도 있다. 인간은 이성적 존재여서 즉흥적으로 행동하기보다는 자신의 준칙에 따라 생활하기 마련이라고 칸트는 생각한다. 준칙은 개인적이고 주관적인 규칙인데 비해 도덕법칙은 보편적이고 객관적인 규칙이다. 따라서 준칙이 도덕법칙을 따르거나 최소한 준칙이 도덕법칙에 위배되지 않아야 할 것을 칸트는 권장한다.

칸트는 도덕법칙이 물자체와 마찬가지로 인간에게 직접적으로 인식될 수는 없지만 이성적 추론에 의해 접근될 수 있다고 본다. 칸트는 도덕법칙이 가장 현저하게 인식된 결과가 자신이 정립한 정언명령이라고 여긴다.

객관적 원리나 법칙을 이성적 존재자가 생각하여 떠올릴 때 의지가 생겨날 수 있다. 이성적 존재자에게 의지를 만들어 내는 객관적 원리나 법칙의 표상(表象)을 칸트는 명령이라 부른다. 객관적 원리의 예로 '더 열심히 공부한 학생이 더 좋은 대학에 갈 수 있다'라는 명제를 생각해 보자. 이 원리를 어떤 수험생이 뇌리에 떠올린다면 다음과 같은 명령이 의식될 것이다. '좋은 대학에 합격하려면 열심히 공부하라.' 그런데 이성적 존재자는 이성을 지니고 있고 이성의 지시 명령에 따르기도 하지만 항상 이성의 지시 명령에 따르는 것은 아니다. 즉, 이성적 존재자는 신(神)처럼 완전한 존재는 아니다. 객관적 원리나 법칙의 표상이 '명령'으로 불리는 것은 불완전한 존재인 이성적 존재자의 의지를 강제하는 성격을 지니기 때문이다.

모든 명령은 가언적(假言的)인 것이거나 또는 정언적(定言的)인 것이다. '가언적'이란 어떤 가정이나 조건 아래에서 판단이나 명제, 주장 등이 전개되는 것을 의미하고, '정언적'이란 아무런 가정이나 조건이 전제되지 않고 단적으로 또 무조건적으로 판단이나 명제, 주장 등이 전개되는 것을 의미한다. 가언명령은 조건적 명령, 즉 '~하려면(조건) ~하라(명령)'의 형식으로 표현되는 명령이다. 예컨대 '좋은 대학에 합격하려면 열심히 공부하라'와 같이 어떤 목적을 달성하기 위해서 특정 행위를 요구하는 형식으로 구성된 명령을 가언명령 또는 조건적 명령이라고 한다. 가언명령에서 명령되는 행위는 달성하려는 목적(조건)을 충족시키기 위한 수단으로서 요구된다. 앞의 예에서 '열심히 공부하라'라는 명령은 '좋은 대학에 합격'하기 위한 수단으로 제시된다.

> (…) 모든 명령은 가언적으로나 정언적으로 지시명령한다. 전자는 가능한 행위의 실천적 필연성을 사람들이 의욕하는(또는 의욕하는 것이 가능한) 어떤 다른 것에 도달하기 위한 수단으로 표상하는 것이다. 정언적 명령은 한 행위를 그 자체로서, 어떤 다른 목적과 관계없이, 객관적으로-필연적인 것으로 표상하는 그런 명령이겠다. (…) 행위가 한낱 무엇인가 다른 것을 위해, 즉 수단으로서 선하다면, 그 명령은 가언적인 것이다. [반면에] 행위가 자체로서 선한 것으로 표상되면, 그러니까 자체로서 이성에 알맞은 의지에서 필연적인 것으로, 즉 의지의 원리로 표상되면, 그 명령은 정언적인 것이다. (칸트, GMS Ⅳ414)

칸트에 따르면 도덕적 명령은 다른 목적을 달성하기 위한 수단으로 제시되어서는 안 된다. 도덕적 명령은 다른 목적(조건)을 전제하지 않고 오직 도덕적 명령 그 자체가 목적인 명령이다. 따라서 도덕적 명령은 무조건적(無條件的) 명령이어야 한다. 칸트는 무조건적 명령을 정언명령이라 부른다. 정언명령은 가언명령과는 달리 '~하려면(조건) ~하라(명령)'의 형식으로 표현되지 않고 '~하라(명령)'의 형식으로 표현된다. 즉, 정언명령에는 명령의 목적(조건)이 부가되지 않는다. 칸트는 다음과 같이 주장한다.

> 의지가 단적으로 그리고 아무런 제한 없이 선하다고 일컬어질 수 있기 위해서는, 법칙의 표상이, 그로부터 기대되는 결과를 고려하지 않고서도, 의지를 규정해야만 하는바, 그러나 어떤 종류의 법칙이 실로 그런 것일 수 있는가? 나는 의지로부터 어떤 법칙의 준수에서 의지에서 생길 수도 있는 모든 충동을 빼앗았으므로, 남는 것은 오로지 행위 일반의 보편적 합법칙성뿐으로, 이것만이 의지의 원리로 쓰여야 할 것이다. 다시 말해, 나는 또한 나의 준칙이 보편적인 법칙이 되어야만 할 것을 내가 의욕할 수 있게끔 오로지 그렇게만 처신해야 한다. (칸트, GMS Ⅳ402)

> 무릇 명령은 법칙 외에 단지, 이 법칙에 적합해야 한다는 준칙의 필연성만을 함유하지만, 법칙은 그것이 제한받았던 아무런 조건도 함유하고 있지 않으므로, 남는 것은 오로지, 행위의 준칙이 그에 적합해야 할, 이 법칙 일반의 보편성뿐이며, 이 적합성만이 명령을 본래 필연적인 것으로 표상한다. 그러므로 정언명령은 오로지 유일한즉, 그것은 '그 준칙이 보편적 법칙이 될 것을, 그 준칙을 통해 네가 동시에 의욕할 수 있는, 오직 그런 준칙에 따라서만 행위하라'는 것이다. (칸트, GMS Ⅳ421)

도덕적 명령은 편파적이어서는 안 되며, 그 명령은 누가 보더라도 도덕적으로 타당한 것으로 여길 수 있어야 한다. 즉, 어느 누구의 입장에서 보더라도 그 명령은 도덕적인 성격을 지니고 있어야 한다. 칸트는 이것을 '보편적 입법의 원칙'이라 표현한다. 칸트는 정언명령의 첫 번째 정식으로 '너의 의지의 준칙이 보편적 입법의 원칙에 부합하도록 행위하라'를 제시한다. 이 정식은 일반적으로 '보편화 (가능성) 정식'으로 불린다. 보편화 정식을 좀 더 쉽게 동양의 사자성어를 이용하여 이해할 수 있는데, '역지사지(易地思之)'가 그것이다. 역지사지는 처한 입장을 바꾸어 상황을 생각해 본다는 의미를 지닌다. 하나의 행위가 도덕적이기 위해서는 행위자의 입장에서만 도덕적이라 생각되는 것이어서는 안 되고, 타인의 입장에서도 도덕적인 것으로 여겨질 수 있어야 한다. 즉, 우리는 역지사지의 과정을 거쳤음에도 불구하고 여전히 도덕적인 것으로 여겨지는 준칙만을 따라야 한다.

정언명령은 경향성에 의해 생겨난 준칙을 포함하여 각자의 준칙 모두를 도덕적 차원에서 검토하여 준칙을 수정할 수 있도록 함으로써 경향성에 제한을 가할 수 있다. 칸트는 『실천이성비판』의 제1편(순수 실천이성의 요소론) 제1권(순수 실천이성의 분석론) 제3장(순수 실천이성의 동기들)의 서두에서 도덕법칙이 경향성의 하나인 '자만'과 '자기애'를 제한하며, 도덕법칙에 합치하는 한에서만 제한적으로 자기애를 허용할 수 있다고 본다. 칸트가 직접 논증하지는 않았지만 보편화 정식에 의해 자만과 자기애를 검토해 보도록 하자. 모든 사람이 각자 자만에 빠져 있는 사회를 상상해 본다. 개인의 자만은 타인의 자만과 부딪혀 갈등을 일으킬 것이고, 개인의 자만은 타인 인격의 존엄성을 훼손할 것이다. 따라서 이성은 우리 모두로 하여금 자만을 지녀서는 안 됨을 명령한다. 다음으로 모든 사람이 '지나치게 많은 자기애'를 가진 경우와, 모든 사람이 '지나치게 적은 자기애'를 가진 경우를 상상해 보자. 모두가 지나치게 많은 자기애를 가진 경우 사람들은 이기주의에 경도되어 사리 분별을 제대로 하지 못하고 더 많은 이익을 차지하려고 서로 갈등하는 상황에 빠져들 것이다. 반대로 모두가 지나치게 적은 자기애를 가진 경우 사람들이 저마다 자긍심이나 자존감마저 포기하고 의지력이 약해지는 경우가 생길 것이다. 이러한 결과는 모두 바람직하다고 판단할 수 없으므로 이성은 우리에게 도덕법칙에 합치될 수 있는 한에서만 자기애를 지닐 것(이성적 자기애)을 명령한다.

사물은 시장 가치, 즉 가격을 지니는 데 비해 인격이나 인간성은 가격으로 치환할 수 없는 가치, 즉 존엄을 지닌다. 말하자면 사물은 상대적 가치를 지니는데 비해 인격은 절대적 가치를 지닌다. 우리는 매 순간 타인을 자신의 삶을 유지하고 향상시키기 위한 수단으로 활용하고 있지만 그렇다고 해서 타인의 인격을 사물로 대하거나 수단으로만 간주해서는 안 된다. 인격이나 인간성은 언제나 다양한 목적을 만들어 내는 주체이며, 칸트의 표현을 따르자면 인간은 '자연의 목적'이다. 따라서 인격이나 인간성은 '목적 자체'라 할 수 있다. 칸트는 정언명령의 두 번째 정식으로 '너 자신에게 있어서나 타인에게 있어서나 인격(인간성)을 단순한 수단으로만 대우하지 말고 동시에 목적으로서 대우하라'를 제시한다. 이 정식은 일반적으로 '인간성의 정식'으로 불린다. 인간성의 정식은 인간의 존엄성과 평등을 강조한다.

칸트에 따르면 자연은 생명을 촉진하며 불필요한 것을 산출하지 않는다. 칸트는 자연법칙을 유기적이면서도 합목적적인 것으로 간주했다. 칸트는 자연법칙에 대한 경외심을 가졌다고 전해진다. 도덕적인 명령은 자연법칙을 거스르는 것이어서는 안 된다. 칸트는 세 번째 정언명령의 정식으로 '너의 의지의 준칙이 자연법칙에 위배되지 않도록 행위하라'를 제시한다. 이 정식은 대개 '자연법칙의 정식'으로 불린다. 자연법칙의 정식은 유기적이고 합목적적인 자연의 질서를 개인의 준칙이 위배해서는 안 된다는 것을 말해 준다.

> 그에 따라 결과들이 일어나는 법칙의 보편성이 본래 가장 보편적인 의미에서(즉 형식의 면에서) 자연이라고 일컬어지는 것, 다시 말해, 그것이 보편적 법칙들에 따라 규정되어 있는 한에서, 사물들의 현존이라고 일컬어지는 것을 형성하므로, 의무의 보편적 명령도, "마치 너의 행위의 준칙이 너의 의지에 의해 보편적 자연법칙이 되어야 하는 것처럼, 그렇게 행위하라"

는 것이라고 말할 수 있겠다. (칸트, GMS Ⅳ421)

가언명령의 목적(조건)은 자연적 경향성이나 경험에서 생겨난다. 정언명령은 명령의 목적(조건)을 지니지 않으므로 후험적이지 않고 선험적이다.[1] 즉, 경험에 원천을 둔 인식을 통해 생겨난 명령이 아니다. 그러면서도 행위자에게 행위가 따라야 할 도덕법칙을 알려 주고 있다. 보편적 입법의 원칙에 부합해야 한다는 것, 인간의 존엄성을 존중해야 한다는 것, 자연법칙에 어긋나지 않도록 해야 한다는 것, 행위자 자신을 자율적 입법자이자 목적의 왕국의 구성원으로 간주하여 행위해야 한다는 것을 부가적으로 알려 주고 있으므로 분석적이지 않고 종합적이다.[2] 따라서 정언명령은 선험적 종합판단이라 할 수 있다. 칸트는 선험적 종합판단을 통해 학문의 토대가 굳건하게 세워질 수 있다고 보았으며, 도덕의 경우에도 선험적 종합판단인 정언명령을 통해 확고한 토대가 세워질 수 있다고 보았다.

칸트는 정언명령을 통해 인간이 스스로 자신의 행동의 가능한 도덕적 범위를 구획할 수 있도록 한다. 즉, 정언명령은 인간에게 도덕적으로 허용되는 행위와 허용될 수 없는 행위를 구분해 준다. 칸트는 정언명령이 개인들에게 도덕적 행위와 비도덕적 행위를 구분해 주는 나침반의 역할을 해 준다고 믿었다. 즉, 윤리학자와 같은 전문가의 도움 없이도 정언명령을 통해 자신의 이성적 추론만으로 특정 행위나 준칙의 도덕성 여부를 판단할 수 있다고 칸트는 생각했다.

개인의 행위 준칙이 정언명령에 위배되지 않는다면 준칙의 도덕성을 보

---

1. 칸트는 경험에 원천을 둔 인식을 '후험적' 인식으로, 경험으로부터 자유롭게 근거 지어지는 인식을 '선험적' 인식으로 구분한다. 예컨대 자연과학적 지식은 후험적 인식에, 논리학적 지식은 선험적 인식에 해당한다.
2. 칸트는 명제에서 주어에 이미 포함된 속성을 술어에서 밝힐 때 분석명제라 규정하고, 주어에서 나타나 있지 않은 속성이나 정보가 술어에 부가되어 인식이 확장될 때 종합명제라 규정한다. 예컨대 '백마는 희다'는 분석명제, '직선은 두 점 사이의 최단 거리이다'는 종합명제에 해당한다.

장할 수 있다고 칸트는 간주한 것으로 보인다. 그러나 앞서 준칙에 관한 설명에서 도덕과 무관한 준칙이 있음(예: '나는 매일 아침 7시에 일어나야 한다')을 지적했는데, 도덕과 무관한 준칙은 정언명령에 위배되지 않을 수 있지만 그렇다고 도덕적 가치가 항상 함유되어 있다고 말할 수는 없다. 어떤 준칙이 정언명령에 위배되지 않는다는 사실을 통해 우리가 알 수 있는 것은 그 준칙이 비도덕적인 것은 아니라는 것이다. 비도덕적이지 않은 것에는 도덕적인 것도 포함되지만 도덕과 무관하거나 도덕적으로 중립적인 것도 포함된다. 따라서 어떤 준칙이 비도덕적인 것은 아니라는 판단과 그 준칙이 도덕적인 것이라는 판단은 서로 다르다. 따라서 정언명령에 위배되지 않는 준칙의 수립을 통해서 언제나 도덕성이 보장되는 것은 아니며, 단지 비도덕성이 배제될 뿐이다.

## V. 완전한 의무와 불완전한 의무

칸트가 제시한 도덕적 의무는 크게 자기 자신에 대한 의무와 타인에 대한 의무로 나뉜다. 자기 자신에 대한 의무는 행위자가 자기 자신과의 관계에서 행해야 할 의무를 의미하고, 타인에 대한 의무는 행위자가 타인과의 관계에서 행해야 할 의무를 의미한다. 두 가지 의무는 각각 완전한 의무와 불완전한 의무로 나뉜다. 완전한 의무는 언제든지 반드시 이행해야 할 의무를 의미하며, 불완전한 의무는 상황에 따라 선택적으로 이행 여부를 결정할 수 있는 의무를 의미한다. 칸트의 표현에 따르면 완전한 의무는 엄격하고 엄밀하며 가차 없는 의무로서 경향성의 이익을 위하여 어떤 예외도 허용하지 않는 의무이고, 불완전한 의무는 느슨하고 칭찬할 만한 의무를 의미한다. 어떤 행위가 완전한 의무에 위배될 때, 그 행위는 보편화 불가능하며 도덕법칙 자체와 모순된다. 어떤 행위가 불완전한 의무에 위배될 때, 그 행위는 보편화가 가능하나 그 행위의 준칙이 도덕법칙이 되기를 바랄 수는 없다.

자기 자신에 대한 완전한 의무는 자살을 하지 않는 것이다. 사람은 누구나 삶이 주는 고통에 못 이겨 자살을 생각할 수 있다. 이때 자살하려는 생각은 자신의 삶에서 비롯된 고통을 회피하기 위한 수단으로서만 자신의 인간성(인격)을 이용하려는 것이다. 또한 자살하려는 생각은 생명을 촉진하며 불필요한 존재를 탄생시키는 법이 없는 합목적적 자연법칙을 거스르는 일이기도 하다. 따라서 자살하려는 생각은 정언명령, 특히 인간성의 정식과 자연법칙의 정식에 위배된다.

자기 자신에 대한 불완전한 의무는 타고난 소질과 재능을 연마하는 것이다. 인간은 태어나면서부터 신체적, 정신적, 도덕적 소질을 가지고 태어난다. 칸트에 따르면 인간에게 이성이 주어진 이유는 향락을 위해서가 아니라 다양한 소질을 연마하고 계발하기 위해서이다. 향락이나 행복을 위해서라면 오히려 이성이 없는 편이 더 나았을 것이라고 칸트는 지적한다. 이성이 없이 본능만으로도 향락이나 행복을 위해 충분할 뿐만 아니라 행복 실현에 더 효율적이라는 것이다. 인간은 온갖 종류의 즐거움에 탐닉할 수도 있지만 이는 결코 이성의 목적이라 할 수 없다. 칸트는 『윤리 형이상학』에서 자신의 다양한 소질을 가꾸고 계발하여 '자기 소질의 가능성 실현(자아실현)'을 추구하는 것이 자신에 대한 의무이자 목적, 즉 자기 자신에 대한 덕(德)이라 말한다.

타인에 대한 완전한 의무는 타인에게 거짓말을 하지 않는 것이다. 타인에게 하는 거짓말은 자신의 목적 달성을 위하여 타인을 속이는 것이므로 타인의 인격을 목적으로 대우하지 않고 수단으로만 이용하는 것이기 때문에 비도덕적이다. 또 타인에게 하는 거짓말은 보편화 가능성을 생각할 때 사회적 신뢰를 붕괴시키므로 보편적 입법의 원칙이 될 수 없기에 비도덕적이다. 타인에게 하는 거짓말은 정언명령, 특히 인간성의 정식과 보편화 정식에 위배된다. 타인에 대한 완전한 의무는 언제 어디서든 상대방이 누구이든 간에 진실을 말함으로써 상대방의 인격을 존중해야 한다는 것이다.

타인에 대한 완전한 의무인 거짓말을 하지 않는 것과 관련하여 칸트가 들고 있는 예는 거짓 약속이다. 급하게 돈을 필요로 하는 위기 상황을 모면하기 위해 자신의 능력으로는 갚지 못할 것을 알면서도 돈을 꼭 갚겠다는 거짓 약속을 하는 것은 허용될 수 있는가? 여기에서 행위자가 갖게 되는 준칙은 '경제적 상황이 어렵다면 돈을 빌리기 위해 갚을 능력이 부족한데도 반드시 갚겠다는 거짓 약속을 해서 어려운 상황을 모면해도 된다'라는 문장으로 정리할 수 있다. 그렇다면 이 준칙이 보편화 정식에 위배되지 않는지 보편화 가능성 검사를 할 수 있다. 세상 모든 사람이 경제적 상황이 어려울 때마다 돈을 빌리기 위해 자신의 능력으로는 갚지 못할 것임을 스스로 알고 있는데도 반드시 갚겠다는 거짓 약속을 하려 한다면 이 세상은 어떠한 세상이 될까? 이렇게 되면 세상은 거짓 약속에 의해 신뢰가 무너지게 되고, 결국은 진실한 약속마저 성립하기 어렵게 될 것이다. 또한 이 준칙을 인간성의 정식에 비추어 보면 돈을 더 중요한 목적으로 삼기 위해 인간성(인격)을 수단으로만 대우하고 있음이 드러난다. 즉, 거짓 약속의 준칙은 보편적 입법의 원칙과 모순된다는 측면에서 비도덕적이며, 인간성(인격)에 대한 태도 측면에서도 비도덕적이다.

타인에 대한 불완전한 의무는 어려운 상황에 처한 타인을 돕는 것이다. 동물과 달리 우리 인간은 누구나 태어날 때부터 다른 누군가의 보살핌을 받고 자라며, 성인이 되어서도 타인과 도움을 주고받으면서 삶을 유지해 나간다. 즉, '나'라는 존재의 삶이 가능하기 위해서는 타인의 도움이 전제되지 않으면 안 된다. 그렇다면 마찬가지 논리로 '타인'이라는 존재의 삶이 가능하기 위해서는 나의 도움이 부분적으로 전제되지 않으면 안 된다. 『윤리 형이상학 정초』에서 칸트는 타인에 대한 불완전한 의무로 어려운 상황에 처한 타인을 돕는 것을 제시한다. 이와 관련하여 칸트는 『윤리 형이상학』에서 타인이 행복해질 수 있도록 내가 노력하는 것이 타인에 대한 의무이자 목적, 즉 타인에 대한 덕이라 말한다. 타인으로부터 도움을 받지도 않고, 타인에게 도움을 주지도 않으려는 준칙이 보편화될 수는 있지만, 그 준칙이 도덕법칙이 되기를 바랄 수는 없다. 따라서 그 준칙은 타인에 대한 불완전한 의무에 위배된다.

이상 네 가지 실례를 통하여 칸트가 일관되게 강조하는 것은 네 가지 유형의 의무가 모두 단일한 정언명령, 즉 '너의 의지의 준칙이 보편적 입법의 원칙에 부합하도록 행위하라'라는 명령으로부터 도출된다는 것이다. 즉, 모든 도덕적 의무의 명령에 내포된 일관된 원리는 정언명법이다.

## VI. 자율의 정식과 목적의 왕국

인간은 타인의 의지에 따라 도덕적인 행위를 할 수도 있다. 그러나 이 경우는 진정으로 도덕적 가치를 지닌 행위라 평가할 수 없다. 왜냐하면 자신의 의지가 아니라 타인의 의지에 따라 행위를 했기 때문이다. 칸트에 의하면 도덕성은 타인의 의지가 아닌 자신의 의지에서 비롯된 행위에만 부여될 수 있다. 달리 말하자면 의지의 원인성이 행위 주체의 바깥에 존재할 경우 행위에 대하여 도덕성이 부여될 수 없다. 그렇다면 자신이 스스로 산출한 의지라면 어떤 의지이든 자율적 의지라고 할 수 있을까?

인간의 의지는 다양한 근원으로부터 산출될 수 있다. 예컨대 인간의 욕망은 의지를 산출하는 하나의 근원이 될 수 있다. 뿐만 아니라 신앙심이나 시기심(질투심), 경향성 등 인간의 의지를 산출하는 근원은 다양하다. 그러나 칸트에 의하면 인간은 자신의 이성을 발휘하여 산출한 의지에 따를 때에만 진정으로 자율을 실천하는 것이라 할 수 있다. 이성이 아닌 경향성에 지배되어 산출한 의지는, 비록 스스로 만든 의지이기는 하지만, 진정한 자신의 의지가 아니다. 따라서 경향성에서 비롯된 의지에 따르는 경우 우리는 타율의 상태에 빠져 있다. 달리 말하자면 예지적 자아로부터 비롯된 의지에 따르는 경우에만 우리는 자율을 실천할 수 있으며, 현상적 자아로부터 비롯된 의지에 따르는 경우 우리는 타율의 상태에 빠지게 된다. 왜냐하면 칸트의 사상에서 진정한 자기 자신은 예지적 자아로서 순수한 이성 그 자체이기 때문이다. 원초적 욕구와 같은 경향성의 주체로서 현상적 자아는 진정한 자기 자신이 아니다.

칸트에 따르면 의지란 이성의 목적이다. 이성을 발휘하여 산출한 도덕적 의지는 어떻게 형성되는가? 칸트는 이것을 도덕법칙과 이성의 관계로 설명한다. 이성이 도덕법칙을 인식할 때, 도덕법칙은 이성으로 하여금 도덕법칙을 따르도록 강제한다. 도덕법칙은 대개 정언명령으로서 인식되므로 이성이 정언명령을 인식할 때 정언명령을 따르도록 강제되는데, 정언명령에 의한 이성의 강제가 자율인 것이다.

자율의 정식은 칸트에 의해 제시된 정언명령의 하나로서 다음과 같이 표현된다. '너의 행위의 준칙을 통하여 자신을 보편 법칙의 수립자로서 간주할 수 있도록 행동하라.' 자율의 정식은 모든 인간이 스스로를 자율적 행위 능력의 소유자임과 동시에 보편 법칙의 수립 능력의 소유자로 간주할 것을 요구한다. 현상적(감성적) 존재자로서 인간은 자신의 이성적 결정을 실행에 옮기지 못하는 경우도 있겠지만, 적어도 가능성 측면에서는 욕망과 경향성을 초월하여 보편적 도덕법칙을 수립하고 따를 수 있는 능력을 지니고 있기에 인간은 존엄한 존재인 것이다. 자율의 정식에 의해 내세워진 인간의 존엄성은 목적의 왕국 수립이라는 칸트의 주장으로 이어진다.

목적의 왕국은 현실의 인간 세계가 이상적으로 지향해야 할 세계로서 칸트에 의해 제시된 개념이다. 모든 인간은 다양한 행위 목적을 끊임없이 산출하고 '자연의 목적'이라 규정할 수 있기에 '목적 그 자체'라 규정될 수 있다. 따라서 모든 인간이 단순한 수단으로서 만이 아닌 '목적 그 자체'로 대우되는 모습이 바람직한 세상의 모습이다.

목적의 왕국에서 모든 대상은 가격 또는 존엄을 가진다. 사물 또는 재화는 시장의 상황에 따라 유동적인 가치, 즉 가격을 가진다. 가격은 수요나 공급의 상황 변화에 따라 달라지므로 사물 또는 재화는 상대적 가치를 지닌다. 반면, 인격 또는 인간성은 수요나 공급과는 무관하게 절대적 가치, 즉 존엄을 지닌다. 존엄은 수요나 공급과는 무관하며 사물이나 재화와는 차원이 다른 가치를 가진다. 따라서 인격 또는 인간성은 단순한 사물이나 재화로 취급될 수 없다. 목적의 왕국에서 인간은 인격과 인간성의 담지자로서 목적의 왕국의 구성원이 된다.

## VII. 현상계(감성계)와 예지계(지성계) 그리고 행복론

현상계(감성계)는 인간이 감각을 통해 경험하는 자연적인 세계를 의미한다. 인간의 육체 또한 현상계의 일부를 구성한다. 현상계는 자연법칙의 지배를 받는다. 반면 예지계(지성계)는 이성적 존재자가 자신의 이성을 통해 법칙을 표상할 수 있고, 법칙의 표상에 따라 행동할 수 있는 세계를 의미한다. 예지계는 도덕법칙에 대한 행위자의 참여(도덕법칙의 수립과 복종)를 통해 드러날 수 있는 가상적 세계를 의미한다. 플라톤의 현실과 이데아는 서로 분리되어 있되 이데아가 현실에 관여하는 방식으로 움직인다. 현상계와 예지계의 관계는 플라톤이 말하는 현실과 이데아의 관계와는 다르다. 칸트에 의하면 세계는 하나이되, 하나의 세계를 바라보는 두 가지 관점 — 현상계와 예지계 — 이 있을 뿐이다. 칸트는 이성적 존재만이 현상계와 예지계에 동시에 속한다고 주장한다.

> 인간의 자연 본성은 그렇게나 존경할 만한 이념을 자기의 규정(規程)으로 삼을 만큼 충분히 고귀하지만, 그러나 동시에 그것을 준수하기에는 너무나 나약하며, 그리고 법칙수립에 쓰여야 할 이성을 단지 경향성들의 관심을 돌보게 하는 데에 사용한다. (칸트, GMS IV406)

인간은 이성적 존재자이므로 현상계와 예지계에 동시에 속해 있다. 이성적 존재자로서 인간이 법칙 수립에 참여하고, 법칙을 이해하고 표상하며, 법칙의 표상에 따라 행위하게 될 때 자연적 경향성만을 따르는 상황과는 차별화되는 원인성의 계열을 생성한다. 칸트에 의하면 이 경우에도 자연법칙은 계속하여 지배력을 행사하고 있지만, 행위 주체는 자연법칙으로부터 자유로워짐을 체감하게 된다. 예지계의 성원으로서 도덕법칙에 참여하여 도덕법칙을 위하여 행위를 하는 인간도 역시 자연법칙에 따르고 있다는 것이다. 다만 경향성에만 따라 행동하는 경우와 차별화되는 원인성의 계열을 생성하고 있다는 점에서 그 인간은 진정한 자유를 누리는 존재가 된다. 인간은 현상계에도 속해 있지만, 예지계의 구성원이라는 점에서 존엄성을 가진다.

칸트는 행복을 모든 경향성과 관련된 만족으로 정의한다. 예컨대 경향성에 해당하는 식욕이나 성욕의 충족은 행복을 가져다준다. 따라서 칸트에 있어서 행복 개념은 감성적인 것이다. 모든 사람은 타인이 시키지 않아도 자신의 행복을 추구한다. 즉, 모든 사람은 행복 추구의 경향성을 지닌다. 따라서 자기의 행복 추구는 직접적 의무에 속한다고 할 수 없다. 그런데 인간이 불행하기만 하다면 도덕적 행동을 시작조차 할 수 없을지도 모른다. 그러므로 도덕적 행위의 가능성을 위하여 인간은 자신의 행복을 추구해야 한다. 따라서 자신의 행복을 추구하는 것은 간접적 의무로 규정된다. 즉, 경향성으로서의 행복 추구가 아니라 의무로서의 행복 추구만을 칸트는 도덕적이라 규정한 것이다.

타인의 행복을 추구하는 것은 우리의 의무에 속한다고 칸트는 만년의 저작인 『윤리 형이상학』에서 말한다. 앞서 V절(완전한 의무와 불완전한 의무)에서 진술한 것처럼 타인의 행복이 실현되도록 노력하는 것은 우리의 의무이자 목적, 즉 덕(德)에 해당한다는 것이다.

칸트는 도덕이 행복을 위한 수단이 되어서는 안 된다고 지적한다. 즉, 도덕이 행복이라는 목적 실현을 위한 수단으로 전락해서는 안 된다는 것이다. 오히려 도덕은 진정한 행복의 필요조건이다. 즉, 진정한 행복을 실현하기 위한 전제 조건으로 인간은 도덕성을 견지해야만 한다는 것이다. 다시 말하면 도덕성을 견지하는 사람에게 행복을 누릴 자격이 주어진다. 요컨대 칸트 윤리 사상에서 도덕은 진정한 행복 실현의 전제 조건이지만, 행복은 도덕적 실천에 앞서거나 도덕적 실천을 규제하는 전제 조건이 될 수 없다.

칸트에 따르면 의무의 실천이 고려되어야 할 때 행복을 염두에 두어서는 안 된다. 실천이성이 행하기를 요구하는 행위를 실행에 옮기려 생각할 때 행위의 결과로 행위자에게 얼마나 행복이 주어질 것인지를 고려해서는 안 된다는 것이다. 칸트에게 도덕은 정언적인 것이므로 결과적으로 얼마나 행복이 주어지는지 고려하는 것은 도덕을 가언적으로 만드는 것이다. 행위자 자신의 행복은 도덕의 목적이 아니기 때문이다.

칸트 사상이 금욕주의로만 여겨지기 쉬우나 칸트는 행복의 적극적 가치도 인정한다. 도덕성의 완성과 행복의 실현이 함께 이루어지는 것을 칸트는 최고선(最高善)이라 부른다. 즉, 어떤 인간이 도덕적으로 완성되는 것과 동시에 그에게 모든 행복이 주어지는 상태가 최고선이라는 것이다. 최고선에 미치지 못하지만 차선으로서 최상선(最上善)이라는 개념도 칸트에 의해 제시된다. 칸트가 말하는 최상선이란 행복의 실현이 병행되지는 못하지만 도덕성의 실현에 도달하는 상태를 말한다. 칸트 윤리 사상은 최고선의 실현을 지향하지만, 그것이 불가능할 경우 차선으로 최상선의 실현을 지향한다.

모든 사람에게 그의 도덕성의 수준에 상응한 행복이 주어지는 세상이 정의롭다고 할 수 있을 것이다. 그렇지만 그러한 세상이 실현되기 위해서는 전지전능한 신의 존재가 필요할 것이다. 신이 존재하는지 여부를 우리는 엄밀한 철학적 방법으로 증명할 수 없지만,[3] 도덕성에 상응하는 행복의 보

---

3. 칸트는 토마스 아퀴나스의 신 존재에 관한 이성적 증명을 반박한다. 칸트에 따르면 신의 존재를 증명할 수 없지만, 신의 부재(不在)를 증명할 수도 없다. 칸트는 신의 존재 여부를 증명하는

장을 위해 신의 존재를 요청할 수 있다는 것이 칸트의 생각이다.

## VIII. 비판과 논박

공리주의를 비롯한 결과주의에서는 도덕적 가치가 행위 동기에 담겨 있다는 칸트 사상과 동기주의에 반대하며, 행위의 도덕적 가치에 대한 평가는 행위 동기가 아니라 행위 결과를 대상으로 해야 한다고 주장한다. 행위 결과를 보장할 수 없는 행위 동기를 기초로 행위의 도덕성을 평가하는 것은 실제적 이익이 없다는 것이다. 그런데 이러한 결과주의의 칸트 사상에 대한 비판은 두 가지 측면을 간과하고 있다. 첫째, 행위 결과를 목적으로 삼지 않는 행위 동기는 존재하지 않는다는 것이다. 즉, 모든 행위 동기는 결과를 의도하며, 의도된 행위 결과를 실현하고자 한다. 따라서 행위 동기에 대해 평가하는 것은 행위 결과에 대해서도 간접적으로 일정 부분을 고려하는 것이다. 둘째, 도덕적 평가를 통해 칭찬하거나 비난해야 하는 것은 '인간'의 행위와 관련되어 있지, 인간이 아닌 다른 원인으로 파생된 사태와 관련되어 있지 않다는 것이다. 인간 행위의 핵심은 행위의 동기이다. 행위 결과는 행위의 동기에 의해서만 좌우되는 것이 아니므로 행위의 결과를 가지고 행위의 도덕성을 평가하는 것은 '인간'의 행위의 핵심이 아닌 본질적이지 않은 기준을 가지고 대상을 평가하는 것이라 할 수 있다.

공리주의에 의하면 제도나 정책은 공리의 원리에 따라 만들어지고 집행되어야 한다. 더 많은 사람들에게 더 많은 행복을 줄 수 있기 때문이다. 칸트의 윤리학이 제공하는 정언명령과 도덕적 덕(의무이자 목적)으로는 제도나 정책이 보편화 정식, 인간성의 정식, 자연법칙의 정식에 위배되지 않는

---

것은 인간의 이성의 가능한 범위를 넘어선다고 주장한다.

지 검토할 수 있을 뿐 실질적으로 사람들에게 더 도움을 줄 제도나 정책이 어떤 것인지 가려 줄 수 있는 기준을 제공하지 않는다. 그러나 이러한 비판이 생겨날 수 있었던 것은 칸트 윤리학의 본래적 성격에서 비롯된다. 칸트는 행복을 경향성의 충족 또는 자기 상태에 대한 전적인 평안함과 만족으로 여기며, 도덕의 목적은 행복의 추구로만 단정될 수 없으며 도덕의 본질은 의무에 있음을 논하였다. 칸트에 따르면 자연적 소질의 연마를 통해 자아실현을 추구하고 모든 인간(성)을 수단으로만이 아니라 목적으로 대우하여 타인의 행복을 추구하는 것이 우리의 도덕의 목적인 것이다. 칸트는 행복과 같은 실질(적 가치)에 좌우되지 않도록 확고한 도덕의 토대를 세우고자 했다.

한편 행복이 무엇인지 명확히 규명될 수 있다면 칸트가 제시하는 숙달의 명령법[4]에 따라 행복을 증진시키는 수단과 방법이 밝혀질 것이라는 측면에서 행복을 증진시키는 제도와 정책을 칸트 사상의 견지에서도 정당화할 수 있을 것이다.

막스 셸러를 비롯한 가치윤리학자들은 칸트의 윤리 사상이 형식주의 윤리학으로서 현실에서 우리가 어떻게 행동해야 하는지 구체적 지침을 주는 데 실패한다고 주장한다. 정언명령만 가지고서는 구체적인 행위 지침을 만들어 가는 데 실패할 수밖에 없으므로 칸트 윤리학은 '공허한 형식주의'에 불과하다는 것이다(Scheler, 1998: 22). 칸트의 윤리 사상은 현실의 문제 상황에서 직접적으로 구체적 행위 지침을 제시해 주기는 어렵지만, 우리가 구체적 행위 지침을 만들 때 견지해야 할 도덕적 자세가 어떤 것인지 밝혀 준다. 칸트가 『도덕 형이상학 정초』에서 밝히고 있듯이 정언명령을 통해 밝히고자 한 것은 도덕성의 최상의 원칙이었지,[5] 현실의 구체적 행위 지침을 제

---

4. 규정된 목적을 달성할 수 있는 최선의 수단과 방법을 이성 능력을 발휘하여 찾으라는 명령법이다.
5. "이 정초는 다름 아닌 **도덕성의 최상 원리**의 탐색과 확립이다. 이것만이 그 의도에서 전적인 그리고 다른 모든 윤리적 연구들과 차별화되는 과업을 이룬다"(칸트, GMS Ⅳ392).

공하는 것이 아니었다. 도덕성의 최상의 원칙인 정언명령과 보편화 정식을 통해 구체적 행위 지침을 검토할 수 있다. 구체적 행위 지침에 접근하는 칸트 사상의 방법은 실천적 이성의 추론을 통해 구체적 행위 지침(준칙)을 만들고 이를 정언명령에 의해 검토하며 보완해 나가는 것이다. 도덕적 실천이 요구되는 도덕적 문제 상황에서 이성을 사용하는 방법을 모범적으로 보여 준 것이 칸트의 윤리 사상이라 할 수 있을 것이다. 현실 문제에 대한 구체적인 행위 지침을 직접 제시하는 도덕 이론이 있다면 칸트는 아마 반대할 것이다. 왜냐하면 도덕은 인간의 이성을 통한 자율을 보장해야 하는데, 현실 문제 해결을 위한 구체적 행위 지침을 제시하는 것은 자신의 이성을 통한 해결이 아니므로 일종의 타율로 전락해 버리는 것이기 때문이다.

칸트는 준칙이 도덕성을 함유하기 위해 필요한 조건, 즉 보편화 가능성, 인간 존엄성 존중의 조건, 자연법칙과의 합치 가능성 등을 제시하면서 도덕이 의무로서 정언적 성격을 지녔음을 밝혔다. 그런데 이러한 도덕의 정언적 성격에 대한 강조는 도덕적 갈등 상황이 달라질 때 그에 따른 의무 내용이나 실천 방법의 적절한 변경을 불가능하게 한다. 예컨대 칸트는 타인에 대한 완전한 의무로 '거짓말을 하지 말라'라는 명령을 제시하는데, 이 명령이 절대적이고 무조건적임을 강조한다. 그런데 만약 무법을 일삼는 살인마가 무고하고 선량한 사람을 쫓고 있는 상황에서 살인마가 그 선량한 사람의 행방을 알고 있는 당신에게 그 사람이 어디 있는지 묻는다면 어떻게 해야 할 것인가? 그 경우에도 거짓말을 해서는 안 된다는 명령을 아무런 비판 의식 없이 수행해야 하는가?

칸트는 위의 상황에서 진실을 말하더라도 살인 의도를 무력화시키는 대답을 할 수 있다고 말할 수 있을 것 같다. 쫓기는 사람을 잡지 못하도록 현재 그 사람의 위치가 아닌 이전의 위치에서 그 사람을 보았노라고 알려 주는 것이다. 그런데 이러한 대처는 문제의 본질을 명확히 보고 있는 것으로 생각되지 않는다. 보편적 도덕법칙을 지키고 무법적인 살인마의 인격을 존중하기 위해 거짓말을 하지 않으려는 행위는 궁극적으로 무고하고 선량한 사람의 생명을 위협하게 됨으로써 그의 존엄성을 침해하게 된다는 것이 문제의 본질이다. 살인마가 살인을 위해 사냥감으로 삼는 사람의 행방을 묻는 상황은 일상적이지 않은 매우 이례적인 상황이다. 이러한 도덕적 문제 상황의 변화에는 적절하고 합리적인 대응이 필요할 것이다.

로스(William David Ross)의 조건부 의무가 이러한 문제를 해결하는 데 적절한 방법이 될 수 있다. 조건부 의무란 특정 상황에서 행위자에게 요구되는 여러 의무 중에서 직관적으로 가장 적절한 것으로 드러난 의무이다. '조건부'라는 수식어가 붙은 이유는 해당 문제 상황이라는 조건이 유지될 때에만 실제적 의무가 되기 때문이다. 문제 상황(도덕적 갈등 상황)이 달라지면 우리가 수행해야 할 의무도 달라질 수 있기에 조건부 의무라는 명칭이 붙은 것이다(Ross, 2007: 29).

로스의 조건부 의무 이론은 상황의 변화에 따른 유동적이고 합리적인 대응을 가능하게 한다. 그런데 여기서 생각해 봐야 할 것은 칸트가 '거짓말을 하지 말라'라는 명령을 타인에 대한 완전한 의무로 삼음으로써 '어떠한 예외'도 인정하지 않는다고 여기는데 이것이 칸트의 학설에 합치되는 것인지 여부이다. 칸트에 따르면 완전한 의무란 '경향성의 이익을 위한 아무런 예외도 허용하지 않는 의무'를 의미한다(칸트, 2017: 166). 다시 말하면 완전한 의무는 '어떠한' 예외도 허용하지 않는 것이 아니라, '경향성의 이익을 위한 아무런 예외'도 허용하지 않는다. 따라서 칸트에 따르면 다른 도덕적 목적을 위해서라면 완전한 의무도 유보될 수 있다.

로스는 조건부 의무 이론을 통해 조건부 의무들이 상충할 때 정신적으로 충분히 성숙한 사람의 충분한 주의력에 의해 직관적으로 해당 문제 상황에 가장 적합한 조건부 의무가 실제적 의무가 됨을 역설한다. 이때 '정신적으로 충분히 성숙한 사람의 충분한 주의력'의 판별 기준은 무엇인가? 그리고 그 주의력에 힘입어 '직관적으로 가장 적합한 의무'를 파악할 때 의무의 '적합성 정도'를 판단하는 기준은 무엇인가? 로스는 두 가지 질문 모두에 대해 '직관'이라고 말하겠지만, 이는 엄밀한 기준이 되기 어렵다. 경우에 따라 사람들의 직관은 일치하지 않기 때문이다. 의무의 적합성을 판단하는 기준은 곧 가치판단 기준이며, 가치판단의 가장 엄밀한 기준은 정언명령이다.

## IX. 결론

칸트 이전의 모든 사상적 흐름은 칸트에게로 흘러 들어가고, 칸트 이후의 모든 사상적 흐름은 칸트로부터 흘러나온다. 철학사적인 측면에서 칸트는 '사상의 저수지'로서 위상을 갖는다. 윤리 사상에 대한 이해를 도모하는 사람이라면 누구든 칸트 윤리 사상에 대한 이해를 배제해서는 안 된다.

칸트의 정언명령은 준칙이나 규범을 반성적으로 검토할 수 있는 메타 규범으로서 의미를 지닌다. 정언명령의 여러 정식들은 우리의 개인적 준칙이나 다양한 규범들이 도덕법칙에 어긋나지 않는지 점검할 수 있는 기준을 제공한다. 즉, 정언명령은 규범 위의 규범이므로 메타 규범이라 할 수 있다.

정언명령은 가치관의 왜곡을 바로잡을 수 있는 사상적 검증 도구이다. 우리가 하나의 가치판단을 내릴 때 그것을 검증할 수 있는 사상적 도구가 바로 정언명령이다. 즉, 어떤 가치판단을 내릴 때, 보편적 입법의 원칙에 위배되지는 않는지, 인격을 목적으로서 대우하고 있는지, 자연법칙에 위배되지는 않는지 물음으로써 가치판단의 건전성을 점검할 수 있다. 우리가 저마다 지니고 있는 가치관의 형식적 구조와 내용이 정언명령에 어긋나는 부분이 없는지 검토하고 반성함으로써 가치관의 개선을 도모할 수 있다.

현대사회에서 과학기술의 발전은 경이적인 데 비하여 인간의 일상적 사유의 사상적 깊이는 놀랍도록 얕다. 자신의 행위에 대한 합리화가 횡행하고 타인에 대한 혐오나 차별이 일상화되며 그것을 정당화하는 것이 당연시되는 오늘날의 사회에서 칸트 윤리 사상은 우리 각자가 겸허하게 자신을 성찰할 수 있도록 하고 동시에 타인에게 자비심을 갖도록 우리를 설득한다.

칸트에 따르면 어떤 사람의 견해이든지 간에 총체적 오류를 표명하는 경우는 없다. 즉, 모든 사람은 판단에 있어서 오류의 소지를 다소간 가질 수 있지만 그렇다고 판단 내용 전부가 오류에 해당하는 경우는 없다는 것이다. 따라서 우리는 우리의 견해만이 아니라 타인의 견해를 존중하면서 비판적으로 수용해야 할 의무를 지닌다.

칸트가 강조하는 이성은 개인이 지닌 이성을 말하는 것이 아니라 유(類)로서의 인간이 지닌 이성을 말한다. 칸트는 개인이 지닌 이성은 불완전하기 마련이나 인간이 유로서 지니는 이성의 협동 작업을 통해 완전한 이성을 지향할 수 있다고 생각한다. 칸트는 사람들이 이성을 공유하고 있어 토론과 논의를 통해 각자 자신의 사유(思惟)를 검토하고 수정하며 보완해 나갈 수 있으므로 진보가 가능하다고 믿었다. 칸트는 계몽주의를 대표할 뿐만 아니라 선도한 인물로 평가된다(힌스케, 2004: 41-76).

칸트가 말하는 도덕은 주관적 관념론에서 출발하지만 주관성을 탈피할 수 있는 간주관성, 객관성을 지향한다. 계몽주의적 이성에 대한 신념을 바탕으로 자신의 이성으로만 준칙을 내세우는 것이 아니라 타인의 이성에 의해 비판됨으로써 준칙의 보편성을 확보할 때만이 비도덕성으로부터 벗어날 수 있다는 칸트의 통찰은 현대에도 여전히 유효하다.[6] 칸트가 말하는 도덕성은 개인적 지평에만 갇혀 있지 않고 사회적으로 확장된다는 점은 그의 공통감 이론을 통해서도 확인된다. 칸트에 따르면 공통감은 "주어진 표상에 관하여 느끼는 감정을 개념의 매개 없이 보편적으로 전달할 수 있도록 하는 것을 판정하는 능력"(Kant, 2011[Kritik der Urteilskraft]: B160)이다. 그는 공통감에 대해 계몽성(스스로 사고하기), 개방성(모든 타자의 위치에서 사고하기) 그리고 일관성(항상 자기 자신과 일치하게 사고하기)의 준칙을 제시하고 있

---

6. 다르게 생각하는 자의 견해는 내가 내 자신의 사고의 좁은 시야와 편견을 극복하고 전체적인 그리고 온전한 진리에 다가가기를 원한다면 내가 적극적으로 의지해야 할 그 무엇이다. 만일 내가 반대되는 입장에서조차 진리의 계기를 인식하고 수용할 수 있다면, 나는 보편적 인간 이성의 "보다 큰 재산"에 가까이 다가설 수 있게 된다(힌스케, 2004: 73).

다(정대성, 2014: 206). 스스로 사고하고 모든 타자의 위치에서 사고하며 항상 자기 자신과 일치하게 사고하는 것을 통해 우리는 보편타당한 사고(思考)와 보편타당한 도덕을 지향하게 된다.

칸트의 윤리 사상은 오늘날 극복되어 버린 과거의 사유 형태가 아니라 여전히 현대에도 경쟁력 있는 사상으로서 도덕철학의 이론적 기초를 제공하고 있으며, 도덕의 본질을 가장 명료하게 해명해 주는 이론 가운데 하나로 평가될 수 있다.

# 참고 문헌

강지영(2008), 「칸트의 의무개념에 대한 분석」, 『칸트연구』, 21, 69-93.
김석수(2005), 『칸트와 현대 사회 철학』, 서울: 울력.
김용정(1996), 『칸트 철학: 자연과 자유의 통일』, 서울: 서광사.
김종국(2013), 『논쟁을 통해 본 칸트 실천철학』, 서울: 도서출판 서광사.
노르베르트 힌스케, 이엽·김수배 옮김(2004), 『현대에 도전하는 칸트』, 서울: ㈜이학사.
루이스 포이만·제임스 피저, 류지한 외 옮김(2019), 『윤리학 — 옳고 그름의 발견』, 서울: 도서출판 울력.
박찬구(1999), 「도덕의 기초에 대한 허치슨과 칸트의 이해」, 『칸트연구』, 5, 241-252.
박찬구(2004), 「한국의 도덕 교육에서 칸트 윤리적 접근법이 가지는 의의」, 『칸트연구』, 14, 115-146.
박찬구(2007), 「전(前) 비판기의 칸트 윤리학: 도덕감(das moralisches Gefühl) 개념을 중심으로」, 『칸트연구』, 20, 183-214.
박필배(2017), 『칸트의 인간』, 서울: 현북스.
백종현(2020), 『한국 칸트 사전』, 파주: 아카넷.
사카베 메구미 외 편(2009), 『현대철학사전 Ⅰ 칸트 사전』, 이신철 역, 서울: 도서출판 b.
오트프리트 회페, 이상헌 옮김(1997), 『임마누엘 칸트』, 서울: 문예출판사.
요한네스 힐쉬베르거, 강성위 옮김(1997), 『서양철학사(下)』, 대구: 以文出版社.
임마누엘 칸트, 河岐洛 옮김(1965), 『프로레고메나』, 형설출판사.
임마누엘 칸트, 崔載喜 옮김(2004), 『純粹理性批判』, 서울: 박영사.
임마누엘 칸트, 정명오 옮김(2010), 『순수이성비판/실천이성비판』, 서울: 동서문화사.
임마누엘 칸트, 백종현 옮김(2010), 『실천이성비판』, 서울: 아카넷.
임마누엘 칸트, 이원봉 옮김(2002), 『도덕 형이상학을 위한 기초 놓기』, 서울: 책세상.
임마누엘 칸트, 백종현 옮김(2017), 『윤리형이상학 정초』, 서울: 아카넷.
임마누엘 칸트, 김석수·김종국 옮김(2019), 『도덕형이상학 정초·실천이성비판』(칸트전집 6), 파주: 도서출판 한길사.
임마누엘 칸트, 백종현 옮김(2012), 『윤리형이상학』, 서울: 아카넷.

임마누엘 칸트, 백종현 옮김(2012), 『이성의 한계 안에서의 종교』, 서울: 아카넷.
임마누엘 칸트, 백종현 옮김(2010), 『판단력 비판』, 서울: 아카넷.
임마누엘 칸트, 이한구 옮김(2008), 『영구 평화론: 하나의 철학적 기획』, 파주: 서광사.
정대성(2014), 「셸러의 칸트 윤리학 이해에 대한 비판적 연구」, 서울대학교 박사학위논문.
철학사전편찬위원회 편(2012), 『철학사전』, 서울: 도서출판 중원문화.
카울바흐, 백종현 옮김(2020), 『임마누엘 칸트』, 파주: 아카넷.
크리스틴 M. 코스가드, 김양현·강현정 옮김(2007), 『목적의 왕국: 칸트 윤리학의 새로운 도전』, 서울: 철학과현실사.
페이튼, H.J., 김성호 옮김(1988), 『칸트의 도덕철학』, 서울: 서광사.
한자경(2006), 『칸트 철학에의 초대』, 파주: 서광사.
회슬레(Vittorio Hösle), 박찬구 옮김(1990), 「칸트 실천철학의 위대성과 한계」, 『인문학연구』, 1996, 141-175.

Alpheus, Karl(1981), *Kant und Scheler*, Bonn: Bouvier Verlag Herbert Grundmann.
Chan-Goo Park(2010), "Self-Knowledge and God in the Philosophy of Kant and Wittgenstein" Stephen R. Palmquist(Ed.), *Cultivating personhood : Kant and Asian philosophy*, Berlin: de Gruyter.
David Ross(2007), *THE RIGHT AND THE GOOD*, New York: Oxford University Press.
Fröhlich, Günter(2011), *FORM UND WERT*, Würzburg: Verlag Königshausen & Neu mann.
Kant, Immanuel(2011), *Immanuel Kant Werke*, Wiesbaden: Insel Verlag.
Kant, Immanuel, Mary Gregor 옮김(1996), *The Metaphysics of Morals*, Cambridge: Cambridge University Press.
Max Scheler, 이을상·금교영 옮김(1998), 『윤리학에 있어서 형식주의와 실질적 가치윤리학』, 서울: 서광사.

# 11. 벤담과 밀의 공리주의 윤리 사상*

류지한

서울대학교 사범대학 윤리교육과를 졸업하고 동 대학원에서 「헤어(R. M. Hare)의 합리적 비기술주의 도덕 추리론 연구」로 박사 학위를 취득하였다. 현재 한국교원대학교 윤리교육과 교수로 재직하고 있으며, 주요 관심 분야는 메타 윤리학, 공리주의, 응용 윤리학이다. 저서로는 『미래를 위한 환경철학』, 『거시윤리학』, 『거시응용윤리학』, 『웰빙 시대의 행복론』, 『성윤리』, 『서양 근·현대윤리학』, 등이 있고, 역서로는 『밀의 공리주의』, 『공리주의 입문』, 『윤리학: 옳고 그름의 발견』, 『악의 남용』, 『누가 세계를 약탈하는가』, 『인간복제 무엇이 문제인가』 등이 있다.

* 이 장은 『倫理硏究』 제140호(2023)에 게재된 「J. S. 밀의 공리주의와 자유주의」와 제141호(2023)에 게재된 「벤담의 공리주의와 철학적 급진주의」를 수정·보완한 것이다.

# I. 머리말: 공리주의의 기원과 특징

### 1. 공리주의의 기원과 체계화

'최대 다수의 최대 행복'을 도덕의 기준으로 내세우는 공리주의의 핵심 사상은 '우리가 할 수 있는 한 이 세상을 최선의 곳으로 만들어야 한다'는 것이다. 이것은 우리의 힘이 닿는 한에서 모든 개인이 가능한 한 최고 수준의 행복한 삶을 누리는 세상을 만들어야 한다는 의미이다(드 라자리-라덱·싱어, 2019: 19). 최대 다수의 최대 행복의 요구를 통해서 공리주의는 도덕의 중요성을 아주 단순하고 명백하게 해명한다. 공리주의에 따르면 도덕이 중요한 이유는 그것이 세상의 고통을 줄이고 행복을 증진하기 때문이다. 즉, 도덕은 인간과 모든 유정적 존재(의식적 존재, sentient being)의 행복을 위해서 존재한다. 벤담의 말대로 도덕이 인간을 위해 존재하는 것이지 인간이 도덕을 위해 존재하는 것은 아니라는 것이다(포이만·피저, 2019: 201).

세상의 고통을 줄이고 행복을 증진해야 한다는 공리주의의 핵심 통찰은 지극히 단순하고 상식적이다. 하지만 그것은 고통을 피하고 행복을 바라는 인간의 보편적 동기와 관심에 토대를 두고 있기 때문에 결코 무시할 수 없는 힘과 호소력을 지닌다. 그래서 다양한 시대와 장소에서 공리주의는 명시적으로나 암묵적으로 삶의 궁극적 목적을 제시하고 우리의 행동을 지도하는 유력한 기준으로 여겨져 왔다.

공리주의와 유사한 사상을 주장한 최초의 인물은 전국시대의 중국 철학자인 묵자(墨子)이다. 묵자는 '겸애교리(兼愛校利)', 즉 '보편적 사랑과 상호이익'을 도덕의 기준으로 제시함으로써 공리주의의 선구를 이루었다. 서양에서는 에피쿠로스가 쾌락과 고통이 선과 악의 기준이라고 주장하면서, 고통 없는 평온함(ataraxia)을 삶의 목적으로 제시하였다. 에피쿠로스의 쾌락주의는 중세를 거치면서 기독교에 의해 철저히 배격당하였지만, 가상디(Pierre Gassendi)에 의해 근대에 부활하여 근대 공리주의에 가치론적 토대를 제공하였다.

공리주의적 사고방식은 고대부터 많은 철학자에게서 발견되지만, 공리주의가 철학적 학파로서의 정체성을 분명하게 확립한 것은 18세기 후반에 들어서였다. 일반 행복(general happiness) 또는 일반 선(general good)을 옳은 행위의 기준으로 삼아야 한다는 생각은 18세기 유럽에서 하나의 유행이었다. 그것은 18세기의 도덕철학과 정치철학뿐만 아니라 신학, 정치경제학, 정치적 토론에 널리 퍼져 있었다. 컴벌랜드(Richard Cumberland), 섀프츠베리(Anthony Ashley Cooper, the third Earl of Shaftesbury), 허치슨(Francis Hutcheson), 엘베시우스(Claude Adrian Helvetius), 베카리아(Cesare Beccaria), 프리스틀리(Joseph Priestley), 흄(David Hume), 게이(John Gay), 페일리(William Paley), 고드윈(William Godwin) 등이 이런 생각을 피력하였다.

근대 공리주의의 기원 및 발전과 관련하여 주목할 점은 그것이 처음에 신학적 윤리 이론으로 출발하였다는 것이다. 영국에서 벤담(Jeremy Bentham) 이전의 공리주의는 신학적 공리주의(theological utilitarianism)에 의해 주도되었다. 특히, 공리주의의 기원은 영국 성공회와 밀접히 관련되어 있다. 존 게이, 에드먼드 로(Edmund Law), 윌리엄 페일리 등이 저명한 신학적 공리주의자들이다. 신학적 공리주의는 '기독교' 기반 위에 17세기에 발전된 '프로테스탄트 자연법 이론'과 근대에 부활한 '에피쿠로스주의'를 결합한 윤리 사상이다.

신학적 공리주의는 신의 의지를 강조하는 프로테스탄트 자연법 이론으로부터 옳은 행위에 대한 공리주의적 기준 — 일반 행복의 증진 — 을 받아들인다. 프로테스탄트 자연법은 신의 권위와 신의 의지로부터 인간의 도덕적 의무가 유래함을 강조한다. 이에 따르면 창조주로서 신은 자신의 피조물들의 행복을 바란다. 그러므로 창조주로서 신의 권위에 의해 신의 의지, 즉 모든 피조물의 행복 증진이 인간에게 당위의 법이 되고 도덕적 의무가 된다(류지한, 2022: 137-138). 프로테스탄트 자연법 이론의 틀 안에서 공리주의적인 옳음의 기준 — 일반 행복 증진 — 을 개진한 최초의 인물은 컴벌랜드이다. 그는 홉스(Thomas Hobbes)의 이기주의에 반대하면서 행동의 본성상 인간의 행복에 기여하지 않는 어떤 행동도 도덕적으로 선일 수 없다고 주장하였다(드 라자리-라덱·싱어, 2020: 22).

하지만 컴벌랜드는 쾌락과 행복을 동일시하지는 않았다. 이에 비해 신학적 공리주의는 가상디와 로크(J. Locke)를 비롯한 근대 에피쿠로스주의자들의 쾌락주의를 수용하였기 때문에 도덕의 기준인 '최대 행복'을 '최대 쾌락'과 동일시한다. 근대의 에피쿠로스주의자들도 고대의 에피쿠로스주의와 마찬가지로 쾌락과 행복을 동일시하였고(쾌락-행복 동일시 논제), 쾌락을 선으로 고통을 악으로 간주하였으며(윤리적 쾌락주의), 인간은 전적으로 자기 자신의 쾌락을 얻고 고통을 피하기 위해 동기 유발된다고 보았다(심리적 쾌락주의 및 심리적 이기주의). 여기에 덧붙여 근대의 에피쿠로스주의는 쾌락주의에 기독교의 내세 구원 사상을 결합하여 '기독교 에피쿠로스주의'를 발전시킨다. 이 견해에 따르면 인간의 진정한 행복은 신의 의지 — 피조물의 일반 행복 증진 — 를 따름으로써 내세에서 영원한 행복을 얻고 영원한 고통을 피하는 데 있다. 이처럼 신학적 공리주의는 기독교 에피쿠로스주의를 토대로 개인의 영원한 행복을 궁극적 목적으로 제시한다(Heydt, 2014: 20). 이에 덧붙여 신학적 공리주의는 기독교로부터 도덕은 신과 신의 제재(sanction)를 필요로 한다는 주장을 받아들인다. 이 주장에 따르면 인간의 도덕적 의무는 신의 권위와 의지로부터 생기며, 자기 이익과 도덕의 요구가 갈등할 때, 행위 주체가 도덕의 요구를 따르고자 하는 동기와 이유를 가질 수 있는 것은 신의 제재 때문이다. 그러므로 도덕적 의무에 대한 만족스러운 설명을 위해 신이 필요하고, 사적 행복과 공적 행복 간의 갈등 문제를 해결하기 위해 신의 제재가 필요하다는 것이다(Heydt, 2014: 16).[1]

이렇게 17세기 후반부터 신학적 공리주의에서 유래한 공리주의는 18-19세기에 세속적 공리주의(secular utilitarianism)로 발전하였다. 이와 같은 전환에서 가장 중심적 역할을 한 사람은 벤담이다. 그는 엘베시우스로부터 공리주의라는 아이디어를 받아들여서 이를 체계화했다(Mill, 1838: 86). 18세기에 들어서 많은 사상가가 공리주의를 주창하였지만, 공리주의를 하나의 체계적 윤리 이론이자 사회 개혁 이론으로 만든 사람은 벤담이다. 그리고 공리주의를 칸트의 의무론과 쌍벽을 이루는 체계적인 윤리 이론으로 끌어올린 사람은 J. S. 밀(John Stuart Mill)이다.

## 2. 공리주의의 가족 유사적 특징

공리주의는 단일한 윤리 이론의 이름이 아니라 느슨하게 연결된 여러 이론들에 붙여진 이름이다. 즉, 공리주의는 일련의 특징들을 공유하는 이론들의 집합에 붙여진 가족명(family name)이다. 그리고 이 한 집합의 이론들을 공리주의라고 통칭할 수 있는 것은 다양한 이론적 발전과 분화에도 불구하고 그것들이 공리주의의 핵심적 구성 요소들을 공유하기 때문이다. 다양한 공리주의 이론들이 공유하는 이 핵심적 특징들이 바로 공리주의의 가족 유사성(family resemblance)이자, 공리주의를 다른 윤리 이론들과 구별시켜 주는 종차적 특징들이다. 센(Amartya Sen)은 '결과주의(consequentialism)', '후생주의(welfarism)', '합계 순위(sum-ranking)'를(Sen, 1979: 464), 헤어(R. M. Hare)는 '결과주의', '후생주의', '총합주의(aggregationism)'를 공리주의의 주요 구성 요소로 제시한다(Hare, 1999: 151). 스카레(Geoffrey Scarre)는 헤어의 견해에 '보편주의'와 '극대화'를 추가한다(Scarre, 1996: 4).

---

1. 신학적 공리주의에 대한 자세한 논의는 류지한(2022), 「쾌락 공리주의에서 동기화 문제와 제재: J. 게이의 신학적 공리주의와 J. 벤담의 공리주의를 중심으로」, 『윤리연구』, 139호, pp. 132-142 참조.

윤리 이론 분류상으로 공리주의는 결과주의 윤리 이론의 한 종류이다. 결과주의란 행위의(또는 규칙이나 정책 또는 제도 등의) 도덕적 옳음이 그 결과의 가치에만 의존한다는 견해이다. 이 견해에 따르면 행위의 옳고 그름은 행위의 동기나 행위 그 자체의 성격과 무관하게 결과의 좋고 나쁨에 의해서 결정된다. 즉, 좋은 결과를 낳는 행위가 옳은 행위이고, 나쁜 결과를 낳는 행위가 그른 행위가 된다. 결과주의에 의하면 행위 그 자체는 본래적인 도덕적 가치를 갖지 않고 단지 좋은 결과를 낳기 위한 수단적 가치를 가질 뿐이다. 따라서 결과주의는 목적(결과)이 수단을 정당화한다는 견해를 지지한다.

결과주의 이론에서 행위의 옳고 그름을 결정하기 위해서는 '무엇을 좋은 결과로 볼 것인가'와 '누구에게 좋은 결과를 고려할 것인가'를 정해야 한다. 전자는 좋음에 관한 이론, 즉 가치론과 관계되는 문제이고, 후자는 결과 고려의 범위와 관계되는 문제이다. 그래서 모든 공리주의 이론은 '좋음이 무엇인가'에 관한 이론, 즉 가치론을 전제하고 있다. 그러나 공리주의가 특정한 하나의 가치론을 함의하지는 않는다. 하지만 공리주의의 가치론은 대체로 '후생주의'의 특징을 띤다. 여기서 후생(welfare) 또는 복지(well-being)란 어떤 주체에게 삶을 가치 있게 만드는 것 혹은 그 주체에게 좋은 것을 의미한다. 따라서 후생주의란 가치 평가의 올바른 토대가 후생 또는 복지라고 보는 입장으로서 진정으로 중요한(가치 있는) 것은 인간 또는 유정적 존재의 후생 또는 복지(행복)라는 주장이다.

이 복지 또는 후생을 구체적으로 무엇으로 보느냐에 따라 공리주의의 실제 모습은 매우 다양하게 나타난다. 일반적으로 공리주의의 후생 이론은 쾌락주의(hedonism) 이론, 욕구 충족 이론(desire fulfillment theory), 객관적 목록 이론(objective list theory), 세 가지로 구분된다. 쾌락주의는 본래적 가치를 쾌락이라고 보고, 복지를 쾌락과 동일시한다. 쾌락의 의식적 경험 혹은 심리 상태만이 본래적 가치를 가진다고 보기 때문에 쾌락주의를 달리 경험 이론 또는 심리 상태론(mental-state theory)이라고 부른다. 욕구 충족 이론은 단순히 주관적인 쾌락의 심리 상태가 아니라 욕구의 실현이 본래적 가치를 가진다고 본다. 현대의 선호 공리주의가 여기에 속한다. 객관적 목록 이론은 복지를 주관적인 심리 상태나 주관적 욕구의 실현이 아니라 객관적으로 본래적 가치를 지니는 다양한 것들 — 지식, 진리, 정의, 아름다움, 자유, 애정적 유대 등 — 을 실현하는 것이라고 본다. 무어(G. E. Moore)의 이상 공리주의와 다원주의적 결과주의가 여기에 속한다.[2]

누구의 결과를 고려할 것인가의 문제와 관련해서 결과주의는 자기에게 미치는 결과만을 고려할 수도 있고 관련 당사자 모두에게 미치는 결과를 고려할 수도 있다. 이 문제와 관련하여 공리주의는 윤리의 본질적 특징인 '보편화 가능성(universalizability)' 또는 '공평성(impartiality)'의 원리를 따른다. 그래서 공리주의는 언제나 '관련된 당사자 모두를 공평하게 고려할 것'을 주장한다. '모든 사람은 하나로 계산되어야 하고, 누구도 하나 이상으로 계산되어서는 안 된다(everybody to count for one, nobody for more than one)'는 벤담의 격언과 싱어(P. Singer)의 '이익 평등 고려의 원리' 모두 공리주의의 보편주의적 특징으로서 공평성의 원리를 주장하는 것이다. 이 점에서 공리주의는 자기 자신의 결과만을 고려하는 이기주의와 구별된다.

다음으로 공리주의는 결과를 계산하는 방식에 있어서 총합주의 입장을 취한다. 총합주의에 따르면 세계의 전체적인 가치는 그 안에 있는 부분의 가치의 총합에 의해서 주어진다. 따라서 총합주의에서 결과의 계산은 관련된 당사자들 각자에게 미치는 결과들을 총합함으로써 이루어진다. 공리주의는 결과 계산에서 각자의 공리(효용, 행복, 쾌락)를 합산하여 전체 공리를 계산하고 순위를 매기는 총합산 방식, 즉 합계 순위(sum-ranking) 방식을 택한다.

마지막으로 공리주의는 좋은 결과의 '극대화'를 주장한다. 공리주의에서 옳은 행위란 단순히 좋은 결과를 낳는 행위가 아니라, 좋은 결과를 낳는 행위들 중에서 최선의 결과를 낳는 행위를 의미한다. 즉, 공리주의는 일반적

---

2. 공리주의의 후생주의에 관한 자세한 논의는 카타르지나 드 라자리-라덱·피터 싱어(2020), pp. 82-118을 참조할 것

으로 좋은 결과를 극대화하는 행위 — 합계 순위에서 최고 순위를 차지하는 행위 — 만을 옳은 행위로 본다. 우리가 해야만 하는 행위, 즉 도덕적 의무인 행위는 단순히 좋은 결과를 낳는 행위가 아니라 가장 좋은 결과를 낳는 행위이다.[3]

## II. 벤담의 윤리 사상

### 1. 벤담의 생애와 저작

1) 생애

제러미 벤담(1748-1832)은 1748년에 영국 런던에서 할아버지와 아버지가 모두 변호사인 법률가 집안에서 태어났다. 그는 네 살부터 그리스어와 라틴어 교육을 받기 시작했고, 7세에 웨스트민스터 스쿨(Westminster School)에 입학하였다. 12세(1760)에 벤담은 옥스퍼드의 퀸스 칼리지(Queen's College)에 진학하였는데, 입학 당시에 영국 성공회에 충성 서약을 요구받았으나, 그는 자신의 양심이 허락하지 않는다는 이유로 서약을

---

3. 하지만 최근의 공리주의에서는 '극대화'를 공리주의의 가족 유사적 특징이 아니라 극대화 공리주의만의 특징으로 간주하기도 한다. 좋은 결과들 중에서 옳은 것을 판정하는 방법에 따라 공리주의는 극대화 공리주의(maximization utilitarianism), 만족화 공리주의(satisficing utilitarianism), 정도 공리주의(scalar utilitarianism) 등으로 구분된다. 이 밖에도 결과주의 가운데는 제한적 결과주의(restricted consequentialism)가 있다. 정도 공리주의는 옳고 그름이 정도의 문제라는 견해이다. 이 견해에 따르면 행위가 옳다고 말하는 것은 행위가 좋은 결과를 낳는 경향이 있다는 것을 의미한다. 그리고 이런 옳은 행위는 정도의 문제여서 가장 옳은 행위가 있고 더 옳은 행위가 있을 수 있다. 여기서 가장 옳은 행위란 행위의 대안 중에서 가장 좋은 결과를 낳는 행위를 말한다. 만족화 공리주의는 최선의 결과를 낳는 행위가 아니라고 하더라도 충분히 좋은 결과를 낳는 행위라면 옳은 행위라고 본다. 제한적 결과주의는 옳은 행위는 좋은 결과 중에서 최선의 결과를 낳는 행위가 아니라, 좋은 결과를 낳는 행위 중에서 정의, 권리, 분배(다수)와 같은 또 다른 가치를 만족시키는 행위라고 본다.

거부하여 논란을 빚었다. 벤담은 15세에 학위를 취득하였고, 그해에 링컨 법학협회에 가입해서 1769년 변호사 자격을 얻었다. 그러나 그는 변호사 개업을 하지 않았다. 대신에 그는 법의 기초를 연구하는 일과 당시의 구태의연하고 비합리적인 법률을 개혁하는 방안에 전념하였다.

벤담은 1776년에 그의 최초의 주요 저작이라고 할 수 있는 『정부에 관한 단상(A Fragment on Government)』을 저술하였다. 이를 계기로 그는 정치가인 셸번 백작(Earl of Shelburne)의 후원을 받게 되었는데, 셸번의 소개로 1788년 프랑스인 뒤몽(Étienne Dumont)을 알게 되었다. 벤담의 열렬한 숭배자가 된 뒤몽은 벤담의 저작을 프랑스어로 출판하여 벤담의 이름과 철학을 유럽 대륙에 알리는 데 결정적 역할을 하였다.

벤담이 공리주의의 원리에 대한 정식으로 '최대 다수의 최대 행복'을 처음 사용한 것은 1776년 『정부에 관한 단상』에서였다. 그때부터 벤담은 그 목표를 달성하는 데 헌신했다. 벤담은 자신에게 '최대 다수의 최대 행복'의 원리가 도덕과 법률의 토대가 된다는 신성한 진리를 가르쳐 주었던 최초의 인물로 프리스틀리 혹은 베카리아를 들고 있다. 그러나 이 '최대 다수의 최대 행복'과 유사한 문구 — '최대 다수에게 최대 행복을 낳는 행위가 최선이다.' — 를 처음 사용한 사람은 허치슨이었다. 이 사실을 몰랐던 벤담은 베카리아의 『범죄와 형벌에 관하여(On Crimes and Punishment)』 영역본에 나오는 '최대 다수의 최대 행복'을 자신의 신조로 받아들였다.[4]

이후 벤담은 1780년대 중반까지 그의 주저라고 할 수 있는 『도덕과 입법의 원리에 관한 서론(An Introduction to the Principles of Morals and Legislation)』과 『법률론 일반(On Laws in General)』을 탈고한다. 법률 개혁가로 명성을 높여 가던 벤담은 1792년 프랑스 의회로부터 지상 만민의 행

---

[4] 베카리아는 프랑스어로 번역된 허치슨의 저술을 읽었고, 자신의 저서 『범죄와 형벌에 관하여』에서 "최대 다수에 의해서 나뉜 최대 행복"이라는 표현을 사용했다. 1767년 이 저술의 영어 번역본이 출판되었는데, 여기서 이 표현이 잘못 번역되어 "최대 다수의 최대 행복"이라는 유명한 문구가 탄생했으며, 벤담도 자신의 문구를 이것으로부터 가져왔다(슈니윈드, 2018: 513-514).

복에 기여한 그의 노력을 높이 평가받아 프랑스 시민권을 부여받았다. 또한 뒤몽이 편집하여 출판한 『입법론(Traités de législation civil et pénale)』(1802) 속에 벤담의 『도덕과 입법의 원리에 관한 서론』의 첫 여섯 장의 골자와 형법에 관한 초기의 저술이 수록되었는데, 이를 계기로 벤담의 법률학자로서의 명성은 유럽 대륙에 알려지게 되었으며, 살아 있는 사람으로서는 유일하게 나폴레옹 법전에 인용되는 '명예'를 누리게 되었다.

벤담의 법률 체계 개혁안과 형벌 개혁안 가운데 가장 유명한 실천적 제안은 '원형 감옥(Panopticon)'이다. 원형 감옥은 죄수나 근로자가 자신들이 관찰당하고 있다는 사실을 모르도록 하면서도 그들을 항상 관찰할 수 있는 감옥 또는 공장을 설계한 것이다. 오늘날 원형 감옥은 프라이버시를 체계적으로 침해할 위험성 때문에 부정적 평가를 받고 있다. 하지만 벤담이 원형 감옥을 제안한 주된 이유 가운데 하나는 일반 시민들이 언제든지 죄수뿐만 아니라 간수나 감독관도 관찰할 수 있도록 함으로써 수감된 죄수들을 간수나 감독관의 학대로부터 보호하는 것이었다(드 라자리-라덱·싱어, 2019: 26).

벤담은 1809년 정신적 동지인 제임스 밀(James Mill, J. S. Mill의 아버지)을 만나 각종 법률 개정 운동에 몰두하였다. 그는 말년의 20년 동안 이상적인 법률을 입안하는 데 노력과 열정을 쏟아부었고, 그것들을 실행하고자 노력하였다. 법의 성문화에 관한 그의 저술들은 프랑스어와 스페인어로 번역되었으며, 그의 법률안은 자유주의적인 포르투갈 정부에 의해 채택되었으나, 반혁명 세력의 득세와 더불어 법률 개혁은 좌절되었다. 또한 벤담은 미국, 아르헨티나, 콜롬비아 대통령과 서신을 교환하면서, 그의 노력이 결실을 거두기를 희망하였으나 실패하였다(드 라자리-라덱·피터 싱어, 2019: 26-27).

벤담은 노동자들의 교육을 위해 런던대학의 설립을 주도하였으며, 철학적 급진주의의 원리를 전파하기 위해 『웨스트민스터 리뷰(Westminster Review)』의 창간을 도왔다. 평생 독신이었던 벤담은 노년에 스스로 은둔자를 자처하였다. 하지만 그는 법률 개혁과 정치 개혁 운동에서 지도적 역할을 맡았고, 국내외의 개혁가, 출판인, 지식인, 그리고 제자들과 정기적인 접촉을 유지하였다. 벤담은 1832년 그가 말년에 심혈을 기울였던 선거법 개정안(the Great Reform Act)이 의회를 통과했다는 소식을 들은 지 이틀 후, 친구들이 지켜보는 가운데 사망하였다.

죽은 사람도 '최대 다수의 최대 행복'에 기여해야 한다고 확신하였던 벤담은 자신의 시신을 공개적으로 해부하라는 유언을 남겼다. 이것은 의학 연구를 위한 시신 기증의 유용성을 알리기 위한 것이자 사형이 집행된 범죄자의 시신만을 해부학 교육에 사용하도록 규정된 당시의 법률을 개혁하기 위한 것이었다. 벤담이 죽은 후 그의 유언은 공개적으로 집행되었다. 이를 계기로 의학용 시신 기증과 해부에 대한 찬성 운동이 벌어졌고, 사형수가 아닌 사람의 시신도 해부학 교육용으로 사용되는 것이 법적으로 허용되었다. 죽어서도 인류에 보탬이 되려는 벤담의 소망이 이루어진 셈이다. 벤담은 자신의 시신을 해부한 후에 미라 형태의 '오토 아이콘(auto-icon)'으로 만들어서 그것을 보존하고 전시하라는 유훈을 남겼다. 그래서 오늘날까지도 런던대학 유니버시티 칼리지에서 벤담을 만나 볼 수 있다. 그의 골격에 그의 옷을 입히고 그 위에 밀랍으로 만든 머리를 올려놓은 그의 조상(彫像)은 전면이 유리로 된 나무관 안에 안치된 채로 공개적으로 전시되어 있다.

2) 저작

벤담은 1776년 최초의 저작인 『정부에 관한 단상』을 익명으로 출판하였다. 이 책은 원래 저명한 법학자 블랙스톤(W. Blackstone)의 『영국법 주해(Commentaries on the Laws of England)』에 대한 비평으로 기획된 미완성·미출간 원고의 일부를 출판한 것이다. 『정부에 관한 단상』에서 벤담은 '옳고 그름의 척도는 최대 다수의 최대 행복', 즉 '공리의 원리'이며, '일반 행복에 봉사해야 할 의무는 모든 것을 포함하는 가장 중요한 의무'라는 공리주의의 기본 원리를 천명하였다(Bentham, 1776: 271). 명료하고 간결한 문체로 쓰인 이 책은 철학적 급진주의의 시발점이라고 할 수 있다.

벤담은 자신의 주저인 『도덕과 입법의 원리에 관한 서론』을 1780년에 완성했다. 여기서 그는 공리주의 이론을 가장 명료하게 제시하였다. 그러나 그는 이 『서론』에 이어지는 본편을 완성하지 못했기 때문에 책의 출판을 미루고 있었다. 그러던 중 페일리의 윤리학 저술이 출판된 후, 친구들의 재촉을 받고서 원고를 탈고한 지 9년 뒤인 1789년에 정식으로 책을 출판했다.

이 밖에도 벤담의 주요 저서로는 『법률론 일반』(1792), 『입법론』(1802), 『오류론(The Book of Fallacies)』(1824), 『보상의 정당 근거(The Rationale of Reward)』(1825), 『사법적 증거의 정당 근거(The Rationale of Judicial Evidence)』(1827), 『헌법전(Constitutional Code)』(1830), 『무정부주의적 오류(Anarchical Fallacies)』(1843) 등이 있다.

벤담은 생전에 16권의 책을 출간했고, 유작으로 72,500쪽 — 대략 3,600만 단어 — 에 달하는 미출간 육필 원고를 남겼다. 80권으로 기획된 『제러미 벤담 전집(Collected Works of Jeremy Bentham)』은 2016년까지 33권이 출판되었다(드 라자리-라덱 · 피터 싱어, 2019: 23-26).

### 2. 벤담의 쾌락 공리주의

1) 결과주의와 양적 쾌락주의

벤담의 공리주의는 결과주의, 쾌락주의, 공평성의 원리(보편주의), 총합주의, 그리고 제재 이론이 결합된 윤리 이론이다. 결과주의, 공평성의 원리, 총합주의는 모든 공리주의 이론에 공통되는 특징, 즉 공리주의의 가족 유사적 특징들에 속한다. 이에 비해 쾌락주의는 고전적 공리주의에 특징적인 후생 이론이고, 제재 이론은 18-19세기의 신학적 공리주의와 고전적 공리주의에 특징적인 이론이다.

벤담의 공리주의는 최초의 체계적인 결과주의[5] 윤리 이론이라고 할 수 있

---

5. 결과주의에 해당하는 영어 'consequentialism'이라는 용어는 안스콤(G. E. M. Anscombe)이 공리주의를 비판하기 위하여 처음 만들어 사용한 것이다. 그렇기 때문에 벤담 자신은 결과주의라는

는데, 그에 의하면 행위의 옳고 그름은 행위 그 자체의 성질이나 종류가 아니라, 그 행위가 산출하는 결과의 좋고 나쁨에 의해 결정된다. "어떤 행위의 일반적 경향은 그 결과의 총합에 따라서, 즉 좋은 결과의 총합과 나쁜 결과의 총합의 차이에 따라서 더 유해하거나 덜 유해하다"(IPML, 7.2).[6] 그렇기 때문에 행위 자체는 본래적 가치를 가지지 않으며, 행위의 도덕적 가치는 그 행위의 수행이 산출하는 결과에 달려 있다. 벤담에 의하면 좋은 결과를 산출하는 행위는 옳고, 나쁜 결과를 산출하는 행위는 그르다. 즉, '좋은 결과'가 행위를 도덕적으로 정당화한다.

벤담은 이 '좋은' 결과가 무엇인지를 설명하기 위하여 쾌락주의를 끌어들인다. 벤담의 쾌락주의는 '심리적 쾌락주의', '윤리적 쾌락주의', '양적 쾌락주의'라는 특징을 가진다. 그에 의하면 인간의 모든 행동은 쾌락을 추구하고, 고통을 피하고자 하는 동기에서 비롯된다(심리적 쾌락주의). 그리고 쾌락과 고통은 모든 동기의 원천일 뿐만 아니라, 동시에 선과 악의 원천이기도 하다. 쾌락이 유일한 선이고, 고통이 유일한 악이다(윤리적 쾌락주의).

> 자연은 인류를 쾌락과 고통이라는 최고의 두 주인의 지배하에 두었다. 이것들만이 우리가 무엇을 하고자 하는지를 결정할 뿐만 아니라 우리가 무엇을 해야 하는지를 지시해 준다. 한편으로는 옳음과 그름의 기준이, 다른 한편으로는 원인과 결과의 사슬이 이 둘의 옥좌에 매여 있다. 고통과 쾌락은 우리가 행하고 말하고 생각하는 모든 것을 지배한다. (IPML, 1.1)

따라서 벤담에게 있어서 '좋은' 결과란 '쾌락을 낳는' 결과를, '나쁜' 결

---

용어를 사용한 적이 없다. 하지만 그의 공리주의는 결과의 좋고 나쁨을 옳고 그름의 기준으로 삼는다는 점에서 윤리 이론의 분류상 결과주의 윤리 이론에 속한다. 따라서 벤담의 공리주의는 최초의 체계적인 공리주의 이론일 뿐만 아니라 동시에 최초의 체계적인 결과주의 윤리 이론이기도 하다.

6. 벤담의 *An Introduction to the Principles of Morals and Legislation*의 주석 표시는 서명의 축약형인 *IPML*에, 쪽수 대신에 장과 단락으로 표시하며, 원서의 로마숫자 표시는 편의상 아라비아숫자로 대신한다. 가령 I장 I단락은 (*IPML*, 1.1)로 표기한다.

과란 '고통을 낳는' 결과를 의미한다. 그리고 그에 의하면 이런 쾌락은 질에서는 차이가 없고, 오직 양에서만 차이가 난다(양적 쾌락주의). 따라서 양적으로 많은 쾌락이 더 좋은 것이며, 가장 많은 양의 쾌락을 가져오는 것이 가장 좋은 것이다. 예를 들어 만약 시를 읽고 음악을 듣는 것보다 단순한 압정 놀이가 더 많은 양의 쾌락을 산출한다면 후자가 더 좋은 것이며, 둘 중 하나를 해야 하고 다른 조건이 같다면 후자를 하는 것이 옳은 것이다(Bentham, 1825: 253).

벤담은 양적 쾌락주의의 입장에서 쾌락과 고통의 양을 측정하는 것이 가능하다고 보았다. 그는 쾌락이나 고통을 측정하는 방안으로 쾌락 계산법(felicific calculus)을 고안했는데, 쾌락의 경험과 고통의 경험은 강도, 지속성, 확실성 또는 불확실성, 근접성 또는 원격성, 다산성, 순수성, 파급 범위를 기준으로 그 양을 총합함으로써 기수적으로 점수화된다(*IPML*, 4.2-4.4). 쾌락 계산의 일곱 가지 기준 가운데 강도와 지속성이 가장 기본적인 기준이다. 확실성 또는 불확실성은 쾌락의 '기대 가치'에 영향을 주는 기준이고, 근접성 또는 원격성은 시간 선호를 반영하는 것으로서 '확실성' 또는 '불확실성'에 영향을 주는 기준이다. 이런 점에서 확실성과 근접성은 강도 및 지속성에 비해 부차적 기준이다. 또한 다산성, 순수성, 파급 범위는 다른 쾌락과의 관계에 관한 기준이기 때문에 역시 부차적 기준이다.

벤담에 의하면 이렇게 계산된 쾌락이나 고통은 다른 동일한 양의 쾌락이나 고통과 교환될 수 있다. 즉, 다양한 쾌락은 기수적 측정을 통해 완전히 통약 가능하다. 이 쾌락 계산법에 따라 가능한 행위 대안들 각각이 산출하는 쾌락과 고통의 양을 합산한 다음, 그 점수를 비교함으로써 우리는 어떤 행위를 해야 할지를 결정할 수 있다.

### 2) 공평성의 요구와 총합주의

벤담의 결과주의와 쾌락주의에 따르면 가능한 한 많은 쾌락을 산출하는 결과가 좋은 결과이다. 그러나 '좋은 결과' 또는 '쾌락을 낳는 결과'라는 기준만으로는 어떤 행위가 옳은 행위인지를 명확하게 결정할 수 없다. 그 좋은 결과가 누구에게 좋은지가 불분명할 뿐만 아니라, 결과를 계산하는 방식에 따라 좋은 결과가 달라질 수 있기 때문이다.

먼저, 좋은 결과는 자기 자신에게만 좋은 것일 수도 있고(이기주의), 관련된 당사자 모두의 관점에서 좋은 것일 수도 있다. 어떤 관점에서 결과를 계산하느냐에 따라 결과의 좋음은 달라진다. 이 문제에 대하여 벤담은 '모든 인간은 (쾌락 계산에 있어) 하나로 계산되어야 하며, 누구도 하나 이상으로 계산되어서는 안 된다'라고 주장한다. 도덕은 관련된 당사자 모두를 공평하게 고려할 것을 요구한다는 것이다. '벤담의 격언'으로도 알려진 이 공평성의 요구는 개인의 정체성이 결과의 가치와 무관하다는 견해를 표현한 것이다. 따라서 행복(쾌락)은 그것이 언제, 어디서, 누구에게 발생하든 똑같이 가치 있는 것으로 취급되어야 한다. 인종, 국적, 성별, 시대와 장소, 심지어 종과 무관하게 개인(개체)의 행복은 도덕적 고려에서 똑같이 가치 있는 것 ― 평등한 비중을 가진 것 ― 으로 평가되어야 한다. 그렇기 때문에 "모든 이해 당사자의 최대 행복이 옳고 마땅한 목적, 그것도 유일하게 옳고 마땅하며 보편적으로 바람직한 인간 행동의 목적"(*IPML*, 1.1)이다. 이 점에서 벤담의 공리주의는 이기주의와 선명한 대조를 이룬다.

다음으로, 어떤 결과가 좋은 결과인지는 결과를 계산하는 방식에 따라서도 달라질 수 있다. 전체 결과는 각 개인의 쾌락(편익)을 단순히 합산하는 방식으로 계산될 수도 있고(총합주의), 약자에게 가중치 ― 더 많은 비중 ― 를 주는 방식으로 계산될 수도 있으며(약자 우선주의 prioritarianism), 쾌락의 총합보다 분배의 평등을 고려하여 계산될 수도 있다(평등주의). 이 문제에 관해서 벤담은 결과의 전체적 가치는 부분들이 갖는 가치의 단순한 합이라는 총합주의를 지지한다.

(5) 한편으로 모든 쾌락의 가치를 합산하고, 다른 한편으로 모든 고통의 가치를 합산하라. 저울이 쾌락 쪽으로 기울면, 이것은 그 행위의 좋은 경

향을 말해 주고, 저울이 고통 쪽으로 기울면, 이것은 대체로 그 행위의 나쁜 경향을 말해 준다. (6) 이해 당사자라고 생각되는 사람들의 수를 계산하라. 그리고 그들 각각에 대하여 위의 과정을 반복하라. (*IPML*, 4.5)

벤담이 주장하는 공리주의의 공평성의 관점에서 볼 때, 단순 합산 이외의 방식으로 약자나 불평등한 처지에 있는 사람들에게 가중치를 부여하는 것은 관련 당사자들을 모두 하나로 계산해야 한다는 공평성의 요구를 위반하는 것이다. 그렇기 때문에 벤담에 의하면 단순 합산에 의한 총합주의 방식만이 관련 당사자들을 공평하게 고려하면서 결과를 계산하는 방식이다.

같은 맥락에서 벤담은 공동체의 이익도 개인의 이익의 단순 총합이라고 말한다. 그에 의하면 개인의 이익이 무엇인지 이해하지 못하고 공동체의 이익을 이야기하는 것은 헛수고이다. "공동체는 말하자면 가공의 조직체로서, 그 구성원으로 간주되는 개인들로 이루어진다. 그렇다면 공동체의 이익이란 무엇인가? 그것을 구성하는 여러 구성원들의 이익의 총합이다"(*IPML*, 1.4).

### 3) 공리의 원리와 정당화

이렇게 벤담은 결과주의, 쾌락주의, 공평성의 요구, 총합주의를 결합하여 '공리의 원리' 또는 '최대 행복의 원리'를 도덕의 제일원리로 제시한다.

> 공리의 원리는 이해 당사자의 행복을 증가시키거나 감소시키는 것처럼 보이는, 혹은 달리 말해서 그의 행복을 증진하거나 방해하는 것처럼 보이는 경향에 따라서 각각의 행동을 시인하거나 부인하는 원리를 의미한다. 나는 모든 행동에 대하여 말하는 것이다. 그러므로 한 개인의 모든 행동만이 아니라 정부의 모든 정책에 대하여 말하는 것이다. (*IPML*, 1.2)

공리의 원리는 최대 다수의 최대 행복을 가져오느냐 그렇지 않느냐에 따라 행위를 시인하거나 부인하는 원리로서 도덕의 제일원리, 최고의 도덕원리이다. 이 공리의 원리에 일치하는 행위 — 또는 정책 — 가 마땅히 따라야 하는 행위이자 옳은 행위이며, 그것에 반하는 행위가 해서는 안 되는 행위이자 그른 행위이다.

> 공리의 원리에 일치하는 행동에 대하여 우리는 그것이 항상 마땅히 해야 할 행동이라고 말하거나 적어도 해서는 안 되는 행동은 아니라고 말할 수 있다. 우리는 그 행동을 행하는 것이 옳다고 말하거나 적어도 그른 것은 아니라고 말할 수 있다. 또는 그것은 옳은 행동이라고 말하거나 적어도 그른 행동은 아니라고 말할 수 있다. 이렇게 해석할 경우에만 당위, 옳음, 그름과 이러한 종류의 다른 낱말들에 비로소 의미가 생긴다. (IPML, 1.10)

여기서 "공리란 이해 당사자에게 이익, 이득, 쾌락, 좋음, 행복을 산출하거나 해악, 고통, 악, 불행의 발생을 막는 경향을 가진 어떤 대상의 속성을 의미한다. 이해 당사자가 공동체 전체라면 그 공동체의 행복을, 이해 당사자가 특정 개인이라면 그 개인의 행복을 의미한다"(IPML, 1.3).

그런데 벤담에 따르면 이 공리의 원리 자체를 증명하는 것은 불가능하다. 왜냐하면 "다른 모든 것을 증명하기 위하여 사용되는 원리는 그것 자체로는 증명 불가능한 것이며, 증명의 연쇄는 그 출발점을 다른 곳에서 갖지 않으면 안 되기 때문이다. 그 출발점을 증명하는 것은 불필요할 뿐만 아니라 불가능한 일이기도 하다"(IPML, 1.11). 대신에 벤담은 공리의 원리를 정당화하는 간접적 방법을 제시한다. 그것은 공리의 원리에 대립하는 다른 모든 원리가 받아들이기 어려운 잘못된 원리임을 입증하는 방법이다.

벤담의 논의에 따르면 공리의 원리에 대립하는 원리 가운데 항상 대립하는 원리는 '금욕주의 원리'이고, 때로는 대립하고 때로는 대립하지 않는 원리는 '공감과 반감의 원리'이다(IPML, 2.2). 금욕주의 원리는 행복의 감소를 시인하고 행복의 증대를 부인하는 원리인데, 벤담은 금욕주의 원리가 근원적으로 오용된 공리의 원리일 뿐이며, 공리의 원리를 일관되게 따르는 것은 가능한 데 반해서 금욕주의 원리를 일관되게 따르는 것은 불가능하다고 비판한다(IPML, 2.3-2.10). 공리의 원리에 대립하는 또 다른 원리는 공감과 반감의 원리인데, 이것은 단지 어떤 사람의 느낌 ― 공감이나 반감 ― 에 따라 어떤 행동을 시인하거나 부인하는 원리이다. 벤담은 공감과 반감의 원리는 실재하는 원리가 아니라 이름뿐인 원리에 불과하며, 사실상 모든 원리를 부정하는 일종의 '변덕의 원리'에 불과하다고 비판한다(IPML, 2.11-2.12). 이 밖에 옳고 그름의 기준으로서 신의 의지에 호소하는 '신학적 원리'가 있는데, 벤담에 따르면 이 원리는 별개의 원리가 아니라, 앞서 언급한 세 원리 중 어느 하나가 다른 형태로 드러난 것에 불과하다(IPML, 2.18). 이렇게 벤담은 공리의 원리에 대립하는 다른 원리들이 모두 그른 것이라고 주장한다.

> 어떤 사람이 공리의 원리에 저항할 경우, 자신은 의식하지 못하겠지만 그것은 바로 이 원리 자체에서 도출된 이유 때문이다. 만약 그의 논증이 무엇인가를 증명한다면, 그것이 증명하는 것은 이 원리가 그르다는 사실이 아니라 … 이 원리가 오용되었다는 사실이다. (IPML, 1.13)

### 4) 제재 이론: 네 가지 외적 제재

벤담은 공리의 원리를 도덕의 제일원리로 제시하고, 그것에 비추어 모든 사적인 행동과 정부의 정책을 평가할 것을 주장하였다. 그러나 이러한 벤담의 공리주의 이론 체계에는 쾌락주의와 공리의 원리 간에 내적 균열이 생길 위험이 내포되어 있다. 달리 말해 쾌락 공리주의에는 그것의 구성 요소인 쾌락주의와 공리의 원리가 상반된 행동 경로를 지시할 가능성이 내포되어 있다. 왜냐하면 심리적 쾌락주의가 일반적으로 자기 이익 중심의 이기적 성향을 보이는 데 반해, 공리의 원리는 일반 이익 중심의 보편적 이타주의를 지향하기 때문이다.

일반적인 심리적 쾌락주의에 따르면 인간은 누구나 '자신의' 쾌락을 추구하고 '자신의' 고통을 피하고자 한다. 이것은 심리적 쾌락주의가 일종의 '심리적 이기주의'를 함의함을 의미한다. 하지만 이와는 달리 벤담의 심리적 쾌락주의는 우리가 자신의 쾌락과 고통뿐만 아니라 타인 관련 쾌락과 고통에 의해서도 동기 유발될 수 있다는 점을 인정한다. 예컨대 그는 쾌락의 종류 목록 안에 자비심(benevolence)의 쾌락을 포함시켰는데, 이 자비심의 쾌락은 다른 사람의 쾌락을 봄으로써 생기는 쾌락이다(IPML, 5.10). 그리고 벤담은 이 자비심의 쾌락에 대응하는 동기인 선의(good-will)의 동기가 순수한 '사회적 동기'이자 가장 확실하게 공리의 명령과 일치하는 동기라고 주장하였다. 왜냐하면 "공리의 명령은 가장 광범위하고 계몽된(신중한) 자비심의 명령"(IPML, 10.36)이기 때문이다.[7]

선의와 같은 타인 관련적 동기 또는 사회적 동기를 인정한다는 점에서 벤담의 심리적 쾌락주의는 이기적 동기만을 인정하는 '순수한' 또는 '단순한'

---

[7] 벤담은 쾌락의 종류를 (1) 감각의 쾌락, (2) 부유함의 쾌락, (3) 능숙함의 쾌락, (4) 친목의 쾌락, (5) 명성의 쾌락, (6) 권력의 쾌락, (7) 경건함의 쾌락, (8) 자비심의 쾌락, (9) 악의의 쾌락, (10) 기억의 쾌락, (11) 상상의 쾌락, (12) 기대의 쾌락, (13) 연상에 의한 쾌락, (14) 안심의 쾌락으로 구분하고, 이에 상응해서 고통의 종류를 (1) 결여의 고통(욕망의 고통, 실망의 고통, 후회의 고통), (2) 감각의 고통, (3) 서투름의 고통, (4) 반목의 고통, (5) 악명의 고통, (6) 경건함의 고통, (7) 자비심의 고통, (8) 악의의 고통, (9) 기억의 고통, (10) 상상의 고통, (11) 기대의 고통, (12) 연상에 의한 고통으로 구분한다(IPML, 5.2-5.3). 그리고 쾌락과 고통의 목록에 대응하는 동기의 목록으로 (1) 감각의 쾌락 일반에 대응하는 육체적 욕망, (2) 부유함의 쾌락에 대응하는 금전적 이익, (3) 친목의 쾌락에 대응하는 환심을 사려는 욕망, (4) 명성의 쾌락에 대응하는 평판에 대한 갈망, (5) 권력의 쾌락에 대응하는 권력에 대한 갈망, (6) 종교적 제재에 속하는 동기, (7) 공감 혹은 자비심의 쾌락에 대응하는 선의의 동기, (8) 반감 혹은 악의의 쾌락에 대응하는 악의의 동기, (9) 여러 종류의 고통에 대응하는 자기 보존의 동기, (10) 힘든 작업의 고통에 대응하는 안락함의 동기를 제시한다(IPML, 10.14-10.28). 벤담은 이 동기의 목록을 다시 당사자의 이익과 공동체 내의 다른 구성원들의 이익을 결합시키거나 분열시키는 경향에 따라 사회적 동기, 반사회적 동기, 자기 관계적 동기로 구분한다. 사회적 동기의 집합에는 (1) 선의, (2) 평판에 대한 갈망, (3) 친목의 욕망, (4) 종교 등이 포함되고, 반사회적 동기의 집합에는 불쾌가 속하고, 자기 관련적 동기의 집합에는 (6) 신체적 욕망, (7) 금전적 이익, (8) 권력에 대한 갈망, (9) 감각의 고통에 대한 두려움, 안락함에 대한 사랑, 삶에 대한 애착을 포함하는 자기 보존 등이 포함된다. 이 가운데서 벤담은 특히 사회적 동기를 심층적으로 구분하는데, 그에 따르면 선의의 동기만이 순수하게 사회적 동기이고, 명성에 대한 사랑, 친목에 대한 욕망, 종교의 동기는 준사회적 동기에 해당한다. 이 준사회적 동기는 사회적 동기이면서 동시에 자기 관계적 동기이다(IPML, 10.34-10.35).

심리적 이기주의와 다르다. 하지만 벤담은 선의와 같은 순수한 사회적 동기가 다른 동기와 갈등할 때 일반적으로 선의의 동기 강도는 약하고 자기 관련 동기가 우세하다고 주장하였다. "모든 인간의 마음에서 자기 관련적 이익은 사회적 이익보다 지배적이고, 각 개인의 자기 이익은 모든 다른 사람들의 이익을 합친 것보다 더 지배적이다"(Bentham, 1824: 392-393; Mill, 1833: 14). 이 점에서 벤담은 인간 동기에서 이기성이 지배적임을 인정하였다. 요컨대 벤담은 순수한 심리적 이기주의는 거부하였지만, 이기성의 전반적 우세를 주장하는 지배적 이기주의(predominant egoism)는 인정하였다(Brink, 2013: 7).

심리적 쾌락주의가 기본적으로 자기 이익적 지향을 지니는 데 반해, 도덕의 제일원리인 공리의 원리는 관련된 당사자 모두를 공평하게 고려할 것과 더불어 최대 행복을 위해 필요하다면 자신의 행복을 희생할 것을 요구한다. 그런데 이 둘이 갈등할 때 인간은 기본적으로 지배적 이기주의 성향을 지니기 때문에 자발적으로 공리의 원리를 준수하려고 하지 않을 가능성이 크다. 그러므로 사람들이 공리의 원리에 따라 행위 하도록 만들기 위해서는 자기 이익적 동기를 제어할 수 있는 방법을 찾아야 한다. 벤담은 그 방법을 '제재'에서 발견하였다. 제재란 18, 19세기 윤리학의 전문 용어인데, 벤담은 제재를 "의무를 부과하는 힘 혹은 동기의 원천, 즉 쾌락과 고통의 원천"(IPML, 3.2)이라고 정의하였다. 요컨대 벤담은 공리의 원리를 따르도록 만들기 위해, 즉 공리의 원리를 따르는 것이 결과적으로 행위자 자신에게 더 많은 쾌락이나 적어도 더 적은 고통을 산출하도록 만들기 위해서 동기의 원천에 모종의 제재를 가할 필요가 있음을 주장하였다.

벤담에 따르면 동기의 원천, 쾌락과 고통의 원천은 기본적으로 물리적, 정치적, 도덕적, 종교적 원천, 네 가지이다. 이것들 각각에 속하는 쾌락과 고통이 행위의 어떤 법칙이나 규칙에 구속력을 줄 경우에 그것들은 제재가 된다. 물리적 제재는 자연적인 일상적 과정에서 일어나거나 예상되는 쾌락과 고통을 통해 구속력을 발휘하는 제재이고, 정치적 제재는 법이나 공공

정책에서 나오는 쾌락과 고통을 통해 구속력을 행사하는 제재이다. 도덕적 혹은 대중적 제재는 공동체 내의 다른 사람들의 여론에 좌우되는 쾌락이나 고통을 통해 구속력을 행사하는 제재이고, 종교적 제재는 어떤 초월적이고 눈에 보이지 않는 존재의 직접적 손길로부터 나오는 쾌락이나 고통에 의해 구속력을 행사하는 제재이다(*IPML*, 3.1-3).

공리의 원리를 위반할 경우에 이 네 가지 제재를 가함으로써 자기 이익과 공리를 일치시키거나 그 개연성을 증대하여 심리학적 쾌락주의의 자기 이익적 성향을 극복하고 공리의 원리를 따르도록 만들 수 있다는 것이 벤담의 주장이다. 벤담은 네 가지 제재 가운데 특히 정치적 제재와 도덕적(대중적) 제재를 강조한다. 이것이 자기 행복과 사회의 최대 행복을 일치시킬 수 있는 효과적 방법이라고 보았기 때문이다. 특히, 벤담은 공리주의적 요소(일반 이익)와 이기주의적 요소(자기 이익)를 결합하는 입법 과학을 강조하였다. 그에 의하면 공리주의의 규범적 목표를 달성하는 최상의 방법론은 인간 심리의 사실에 의해 제약되는데, 인간 심리는 이기적이거나 이기적인 면이 지배적이기 때문에 우리는 공리주의적 의무와 개인의 이익을 일치시키는 제도와 정책을 추구할 필요가 있다(Brink, 2013: 15). 이렇게 행위 주체의 이익과 사회 전체의 이익이 일치하는 법, 제도, 정책을 만들고, 이것들의 위반에 대해 정치적 제재나 도덕적 제재를 가함으로써 최대 행복을 실현할 수 있다는 것이다.

### 5) 의무와 권리

최대 행복의 원리를 도덕의 제일원리로 내세우는 벤담은 '윤리'를 "일반적으로 이해 당사자의 편에서 사람들의 행동이 가능한 최대량의 행복을 산출하도록 지도하는 기술"(*IPML*, 17.2)로 정의하였다. 이 윤리는 기본적으로 '자기 자신에 대한 의무를 이행하는 기술'과 '타인에 대한 의무를 이행하는 기술'로 구성된다. 자기 자신에 대한 의무는 자기의 행복을 증진해야 할 '타산(Prudence)의 의무 규칙'이며, 타인에 대한 의무는 다른 사람들의 행복에 관한 의무이다. 이 타인의 행복에 관한 의무는 다른 사람의 행복을 감소시키지 않을 소극적 의무와 그것을 증진해야 할 적극적 의무로 구성되는데, 벤담은 전자를 '성실(Probity)의 규칙'으로, 후자를 '선행(Beneficence)의 규칙'이라고 불렀다(*IPML*, 17.6). 요컨대, 벤담에 의하면 자신의 행복을 증진하고, 타인의 행복을 감소시키지 않으며, 가능한 한 타인의 행복을 증진하는 것이 공리의 원리가 명하는 의무이다.

벤담은 이 세 가지 의무와 관련해서 사적 윤리와 입법 기술(공적 윤리)이 구분될 수 있다고 말하였다. 사적 윤리는 자기 자신의 행복에 가장 도움이 되는 행위를 하도록 지도하는 기술인데 비해, 입법 기술은 사회 전체의 행복에 가장 도움이 되는 행위를 하도록 지도하는 기술이다(*IPML*, 17.20). 벤담에 의하면 사적 윤리와 입법 기술은 모두 행복 자체를 목적으로 삼고 공동체의 모든 구성원의 행복과 행동에 관련한다는 점에서 서로 손을 맞잡고 간다. 양자의 목적과 고려 대상은 동일하다. 둘의 차이는 자신의 행복과 동료의 행복을 위한 행위를 정치적 제재라는 형벌로 강요할 수 있느냐에 있다(*IPML*, 17.8). 벤담은 두 윤리의 경계선이 형벌을 가하는 것이 부적당한 사례에 의해서 그어진다고 주장하였다. 즉, 정치적 제재(형벌)의 대상이 되는 것이 입법 기술의 영역이고, 정치적 제재가 적절하지 않은 것이 사적 윤리의 영역이다(*IPML*, 17.9).

그리고 벤담에 의하면 입법의 도움을 필요로 하는 정도는 의무의 세 가지 부문에서 다르다. 타산의 규칙은 주로 사적 윤리에 속하고 입법의 도움을 가장 적게 필요로 하는 규칙이고, 성실의 규칙은 입법의 도움을 가장 필요로 하는 규칙이다. 이에 비해 선행의 규칙은 대부분 반드시 사적 윤리의 관할에 맡겨야 하지만, 이 규칙에 대한 입법의 관여는 지금까지보다 훨씬 더 멀리 확장되어야 한다. 특히, 벤담은 다른 사람이 위험에 처해 있는 경우에 자기 자신에게 해를 끼치지 않고도 다른 사람을 해악에서 구할 수 있다면 그 사람을 구하는 것은 의무이며, 이런 의무를 이행하지 않는 경우에 형벌을 가하는 것은 정당하다고 주장하였다(*IPML*, 17.19).

한 여자의 머리 장식에 불이 붙었다. 물이 손에 있다. 남자는 불을 끄는 것을 도와주지 않고, 그것을 바라보면서 웃는다. 술 취한 사람이 웅덩이에 얼굴을 처박고 엎어져서 질식사의 위험에 처해 있다. 머리를 조금만 한쪽으로 들어줘도 그를 구할 수 있다. 다른 사람은 이를 보면서도 그가 죽도록 내버려둔다. 상당량의 화약이 방 안에 흩뿌려져 있다. 어떤 사람이 촛불을 들고 들어가려 한다. 다른 사람이 이를 알면서도 아무런 경고도 하지 않고, 그가 들어가도록 내버려둔다. 이런 경우 중 어느 것에서든 형벌이 잘못 적용되었다고 생각할 사람이 어디 있겠는가? (*IPML*, 17.19)

이처럼 벤담은 소위 '선한 사마리아인의 법'을 지지하였다. 그는 결과주의에 입각해서 작위와 부작위 사이의 도덕적 비대칭성 논제 — 작위 행위에 대해서는 도덕적 책임이 있지만, 부작위 행위에 대해서는 도덕적 책임이 없다는 논제 — 를 부정하고, 결과에 근거하여 부작위 행위에 대한 책임을 주장하였다. 요컨대 우리는 작위 행위로 인한 해악에 대해서 뿐만 아니라 부작위 행위로 말미암아 초래된 일부 해악에 대해서도 책임이 있다는 것이다.

권리의 문제에 관해서 벤담은 공리를 근거로 자연권 또는 인권에 반대하고 법적·제도적 권리를 옹호하였다. 벤담에 의하면 자연권과 같은 도덕적 권리는 역사적 허구이자 개념적 난센스이다. 먼저 그는 자연권을 역사적 허구라고 주장하였다. "자연권 같은 것은 존재하지 않는다. 정부 성립 이전에 존재하는 권리와 같은 것은 없다"(Bentham, 1843: 500). 그에 의하면 혹자는 자연권에 기초한 계약에서 정부가 성립한다고 주장하지만, 이것은 역사적 허구이자 거짓이다. "정부로부터 계약이 나오는 것이지, 계약에서 정부가 나오는 것은 아니다"(Bentham, 1843: 502). "계약으로부터 정부가 기인한다는 것은 순수한 허구이자 거짓이다"(Bentham, 1843: 501).

그뿐만 아니라 벤담에 의하면 자연권이 존재한다는 생각은 개념적으로 난센스이다. 그의 분석에 따르면 어떤 일방의 권리는 개념적으로 타방의 상응하는 책무를 함축하는데, 그 책무는 강제적 제재에 의해 집행되는 법에 의해 명령될 때에만 존재한다. 그런데 자연권에는 권리에 따르는 책무를 집행하는 강제적 제재가 없다. 따라서 "자연권은 그저 헛소리에 불과하다. 불가침의 자연권이란 수사학적 난센스요, 과장된 허풍에 불과하다"(Bentham, 1843: 501).

나아가 벤담은 공리의 극대화에 방해된다는 이유에서 자연권을 수용할 수 없는 것으로 보았다. 그에 의하면 자연권의 존재를 인정하는 것은 도덕적으로 부당하다. 왜냐하면 자연권의 내용을 정해 주는 법이 존재하지 않는다면, 자연권은 불확정적인 것이 되고, 이로 말미암아 사람들은 자의적 행동을 정당화하기 위하여 자연권에 호소할 것이기 때문이다. 또한 양도할 수 없는 불가침의 자연권은 무정부 상태를 정당화할 것이기 때문에 정치적으로 위험하다(Bentham, 1843: 522-523, Wellman, 2006: 468).

이처럼 벤담은 공리를 근거로 자연권에 대해 반대하였다. 하지만 그는 같은 공리를 근거로 법적 권리와 다른 제도적 권리들은 인정하였다. 법적 권리와 기타 제도적 권리들은 공리의 원리에 의해 정당화될 수 있기 때문이다. 공리의 증대, 인간의 행복 증진은 그것의 많은 부분을 인간의 삶에 우호적인 조건을 제공하는 사회적 제도와 법에 의존하며, 이러한 제도와 법의 결과로서 제도적 권리와 법적 권리들이 생겨난다. 따라서 법적 권리와 제도적 권리는 공리를 극대화하기 위해 반드시 필요한 것이다(Shaw, 1999: 186). 예컨대, 행동의 자유와 인격의 안전을 보장받을 권리, 재산에 대한 권리 등을 제도화하고 입법화하는 것은 공리의 극대화를 위해 반드시 필요한 것이다.

### 6) 철학적 급진주의와 도덕적 개혁

벤담은 공리의 원리를 바탕으로 사회의 공리를 극대화하지 않는 모든 제도와 관습을 타파하고 근본적으로 개혁할 것을 주장하였다. 벤담의 이런 입장을 철학적 급진주의(philosophical radicalism)라고 한다. 벤담은 이 철학적 급진주의에 입각하여 법률과 도덕의 개혁을 주장하였다. 진보적인 사회 개혁가로서 벤담은 교회와 국가의 분리, 노예제와 사형제의 폐지, 범죄자와 동물을 잔인한 처우로부터 보호하기 위한 법적 규정, 동성애의 비범죄화와 같은 문제를 옹호하였다.

  벤담이 제시한 개혁 방안 가운데 공리주의의 진보적이고 개혁적인 사상적 특징이 잘 드러나는 것이 형벌 제도의 개혁에 관한 주장이다. 그는 '눈에는 눈, 이에는 이'와 같은 '동해 복수법(lex talionis)'에 기초한 형벌 제도를 야만적인 복수심의 발로에 불과하다고 비판하면서 형벌 제도를 '범죄 예방과 범죄자 교화' 중심으로 개혁할 것을 주장하였다. 그에 의하면 "모든 법이 공통으로 가지거나 가져야 하는 일반적인 목적은 공동체의 전체 행복을 증가시키는 것이다. 그러므로 우선 그런 행복을 감소시키는 경향을 가진 모든 것을 가능한 한 제거해야만 한다"(IPML, 13.1). 즉, "모든 법의 일반적 목적은 해악을 방지하는 것이며, 해악을 방지하는 데 다른 수단이 없는 경우에 형벌이 가치가 있다"(IPML, 14.1).

  이런 논의에 따르면 범죄자에게 '보복'의 수단으로 고통을 가하는 형벌은 사회 전체의 '고통을 증가'시키므로 공리주의적 관점에서 정당화될 수 없다. 형벌은 범죄자에게 고통을 주므로 그 자체만 놓고 보면 악이다. 공리주의적 관점에서 범죄자에 대한 형벌이 정당성을 갖는 경우는, 그 형벌이 낳는 악(고통)보다 그것이 방지하는 악이 더 큰 경우뿐이다. 그리고 이런 경우에도 범죄자에 대한 형벌은 가능한 한 필요 최소한이 되어야 한다.

> 형벌의 직접적이고 주된 목적은 행동을 통제하는 것이다. 이런 행동은 범법자의 행동이거나 범법자가 아닌 사람의 행동이다. 형벌은 범법자의 의지에 영향을 미쳐 그의 행동을 통제한다. 이런 경우에 그것은 교정(reformation)으로 작용한다고 말한다. 혹은 범법자의 육체적 힘에 영향을 미쳐 그의 행동을 통제한다. 이런 경우에 그것은 **무력화**(disablement)로 작용한다고 말한다. 범법자가 아닌 사람의 행동과 관련하여, 형벌은 다

름 아닌 그들의 의지에 영향을 미칠 수 있다. 이런 경우에 그것은 **본보기**(example)로 작용한다고 말한다. (…) 본보기가 모든 형벌의 목적 중 가장 중요한 목적이다.

요컨대, 형벌은 범죄 억지를 위한 일종의 필요악이다. 공리주의적 관점에서 형벌은 범죄자에 대한 보복의 수단이 아니라 범죄 예방과 범죄자 교화의 수단이다. 따라서 형벌 제도는 보복이 아니라 교화와 예방 차원으로 변해야 하며, 형벌은 (1) 근거가 없는 경우, (2) 효력이 없는 경우, (3) 유익하지 않은 경우, (4) 불필요한 경우에 가해져서는 안 된다는 것이 벤담의 주장이다.

모든 형벌은 해악이다. 모든 형벌은 그 자체로 악이다. 공리의 원칙에 의거하면 만약 어쨌든 형벌이 허용되어야 한다면 오직 그것이 더 큰 악을 제거하리라고 보장하는 한에서만 허용되어야 한다. (IPML, 13.2)

그러므로 다음과 같은 경우에는 형벌이 가해져서는 안 됨이 명백하다. (1) 형벌이 근거가 없는 경우, 그것이 방지할 해악이 없는 경우로 전체적으로 그 행위가 해롭지 않은 경우이다. (2) 형벌이 효력이 없는 경우, 그것이 해악을 방지하도록 작용할 수 없는 경우이다. (3) 형벌이 유익하지 않거나 너무 과도한 비용이 드는 경우 그것이 산출할 해악이 그것이 방지할 해악보다 더 큰 경우이다. (4) 형벌이 불필요한 경우, 그것이 없이도 즉 더 싼 값으로 해악이 방지될 수 있거나 저절로 멈춰질 수 있는 경우이다. (IPML, 13.3)

벤담의 형벌론과 밀접히 관련된 또 다른 도덕 개혁 방안은 성적 자유와 동성애 처벌 금지에 관한 주장이다. 벤담은 1770년대부터 1820년대까지 그의 생애 전반에 걸쳐서 성적 자유를 옹호하는 수필과 소논문들을 썼다. 벤담은 성의 쾌락은 부자와 가난한 자가 똑같이 즐길 수 있다는 점을 지적하면서, 성적 쾌락이 극대화될 수 있도록 '맹목적 편견'에서 비롯된 제약들을 폐지해야 한다고 역설하였다. 또한 벤담에 의하면 성적 취향에서의 차이는 그것이 해악을 야기한다는 것이 입증되는 경우에만 처벌해야 하며, 그렇지 않을 경우 처벌해서는 안 된다. 그런데 성적 취향의 차이가 해악을 낳는다는 증거는 부족하다. 이런 근거에서 벤담은 동성애를 범죄시하는 전통적 논증들을 제시하고 그것들을 체계적으로 논박하였다(드 라자리-라덱·싱어, 2019: 27).

벤담의 철학적 급진주의가 지향하는 도덕적 개혁 가운데 특히 중요한 것이 공평성의 요구에 근거한 '도덕적 고려의 평등'과 이에 기초한 '도덕 확장주의(moral expansionism)'이다. 벤담의 공리주의는 도덕적 고려에서 관련된 당사자 모두를 공평하게 고려할 것을 요구한다. 그래서 도덕적 고려는 인종, 국적, 성별, 시대와 장소에 관계없이 평등하게 이루어져야 한다. 이와 같은 도덕적 고려의 평등에 근거하여 벤담은 식민지 해방, 노예 해방, 보통·평등 선거, 여성의 재산권 인정 등 시대를 선도하는 다양한 도덕적 개혁 방안을 제시하였다. 그리고 그에 따르면 이와 같은 평등한 도덕적 고려의 요구는 인간에게만 한정되지 않는다. 벤담은 이 평등한 도덕적 고려의 요구를 쾌락과 고통을 느낄 수 있는 모든 유정적 존재로 확대하였다.

> 우리가 동물을 괴롭혀야 하는 이유는 있는가? 나는 아무런 이유를 찾을 수 없다. 우리가 동물을 괴롭히지 말아야 할 이유는 있는가? 그렇다. 여러 가지가 있다. (…) 언젠가는 다리의 수나 피부에 털의 많음이나 엉치뼈의 끝부분이 유정성을 가진 존재를 고문자의 변덕에 내던질 이유로는 충분하지 않음을 인정하게 될 것이다. 넘을 수 없는 경계선을 긋는 다른 무엇이 있는가? 그것은 이성 능력인가 아니면 말하는 능력인가? 그러나 다 자란 말이나 개는 하루나 일주일이나 한 달이 지난 유아보다 훨씬 더 이성적이고 말을 나눌 수 있는 동물이다. 그러나 상황이 다르다고 가정해도 무슨 소용이 있겠는가? 문제는 그것들이 이성적으로 사고할 수 있는가도 아니고 그것들이 말을 할 수 있는가도 아니다. 그것들이 고통을 느낄 수 있는

가이다. (*IPML*, 17.4)

벤담에 의해 공리주의적 윤리 전통에서는 '쾌락과 고통을 느낄 수 있는 능력(쾌고 감수성 혹은 유정성)'이 도덕적 지위의 기준, 즉 어떤 존재의 이익을 윤리적으로 평등하게 고려해야 하는 넘을 수 없는 경계선이 되었다. 달리 말해 벤담 이래로 이성적 추론 능력이나 말을 할 수 있는 능력이 아니라 쾌고 감수성, 즉 유정성 — 의식적 경험 능력 — 을 도덕적 고려 가능성의 기준으로 보는 것이 공리주의 윤리 이론의 고유한 특징으로 자리 잡았다. 이 유정성 기준을 바탕으로 공리주의는 도덕적 고려의 범위를 인간을 넘어서 모든 유정적 존재로 확장하는 도덕 확장주의를 주장한다. 동물에 대한 평등한 도덕적 고려를 주장하는 벤담의 주장은 동물 해방론의 선구를 이루는 것으로서 현대의 공리주의 동물 해방론의 이론적 기초를 제공해 주고 있다.

## 3. 비판적 논의

벤담의 공리주의에 대한 비판적 논의는 크게 쾌락주의 가치론 비판, 인간 이해의 편협함, 제재 이론의 한계, 역직관성 — 상식 도덕과의 불일치 — 을 중심으로 전개된다. 먼저, 벤담의 공리주의는 그의 양적 쾌락주의로 인해서 칼라일(T. Carlyle) 등으로부터 돼지의 쾌락과 인간의 고귀한 쾌락을 구분하지 못하는 '돼지에게나 어울리는 천박한 학설'이라는 조롱을 받았다. 이는, 쾌락은 질에서는 차이가 없고 오직 양에서만 차이가 난다는 견해와 이에 기초한 쾌락의 통약가능성 가정에 대한 비판이다. 쾌락이 오직 양에서만 차이가 나고 통약가능 하다면, 많은 양의 감각적·육체적 쾌락을 누리는 돼지의 삶이 정신적 쾌락을 추구하는 인간의 삶보다 더 나을 수 있다. 왜냐하면 전자의 쾌락은 상대적으로 쉽게 얻을 수 있어서 쉽게 쾌락의 양을 늘릴 수 있는데 반해서, 후자의 쾌락은 상대적으로 얻기 어려워서 그 양을 늘리기 어렵기 때문이다. 따라서 다른 조건이 같다면, 돼지의 쾌락을 추구하는 것이 더 바람직하고 옳다는 결론에 이르게 된다. 그러므로 벤담의 공리주의는 인간에게 어울리는 철학이 아니라, 돼지에게나 어울리는 철학이라는 것이다.

그러나 이러한 비판은 벤담의 쾌락 공리주의에 대해서 그리 치명적인 비판은 아니다. 왜냐하면 이 비판에 대해 벤담은 지성이나 예술 등의 능숙함에서 얻는 정신적 쾌락은 돼지가 추구하는 감각적인 육체적 쾌락보다 지속성, 생산성, 파급 범위 등을 고려할 때 더 많은 양의 쾌락을 산출하는 경향이 있다고 대응할 수 있기 때문이다. 실제로 밀도 벤담 같은 공리주의자들이 항구성, 안전성, 적은 비용 등을 이유로 육체적 쾌락보다 정신적 쾌락에 우위를 부여한다고 주장한 바 있다(Mill, 1861: 2.4).

벤담의 쾌락주의 가치론에 대해 제기되는 보다 치명적인 반론은 노직(R. Nozick)이 제기한 "경험 기계(experience machine)" 반론이다. 벤담은 오직 유쾌한 '의식적 경험' 혹은 유쾌한 '심리 상태'인 쾌락만이 본래적 가치를 가진다고 주장하였다. 그는 이 쾌락의 경험이 어디서 유래하는지, 즉 경험의 원천에 관해서는 문제 삼지 않았다. 어떤 쾌락 경험의 원천이 무엇이건 그 쾌락은 쾌락으로서 가치를 가진다. 그러나 이런 입장은 노직이 제안하는 경험 기계의 사고실험에 취약하다. 노직은 '우리가 원하는 모든 경험을 실제와 똑같이 느끼도록 해 주는 경험 기계가 있다면, 당신은 현실에서의 실제 삶과 경험 대신에 경험 기계 안에서의 가상의 삶과 경험을 선택할 것인가'라고 묻는다. 노직은 이 물음에 대해 우리들 대부분이 부정의 답을 할 것이라고 말한다. 그리고 이렇게 경험 기계를 거부하는 선택은 "우리가 어떤 것을 실제로 하기를 원하고 (…) 특정 방식으로 존재하기를 원한다."(Nozick, 1974: 43)는 것을 보여 주며, 우리가 단순히 내적인 의식적 경험만을 원하는 것이 아님을 보여 준다. 노직에 의하면 이것은 우리가 유쾌한 의식적 경험(쾌락)이 아닌 다른 것에 가치를 부여함을 보여 주며, 따라서 오직 유쾌한 심리 상태로서의 쾌락만이 본래적 가치를 가진다는 쾌락주의가 오류임을 보여 준다(Nozick, 1974: 43). 경험 기계 반론은 쾌락 경험의 원천과 무관하게 오직 쾌락의 의식적 경험만을 강조하는 벤담의 쾌락주의에 대해 치명적인 반론으로 여겨지고 있다.

또한 벤담의 쾌락주의는 쾌락을 정확히 측정하고 계산할 수 없다는 비판에 직면한다. 행위의 결과는 대부분 무한 파급효과를 가지기 때문에 그 결과를 정확히 계산하는 것은 극히 어려운 일이다. 이것은 대부분의 결과주의 윤리 이론이 갖는 일반적 한계이다. 여기에 더해서 벤담의 쾌락주의는 쾌락이라는 주관적 심리 상태를 측정해야 하는 난제를 안고 있다. 벤담이 제시한 쾌락 계산법에도 불구하고 쾌락을 '기수적으로' 측정하는 것은 어렵다. 벤담이 쾌락 계산의 기준으로 제시한 7가지 기준은 불필요하게 복잡해서 실제로 활용하는 데 한계가 있다. 더욱이 주관적 심리 상태인 쾌락을 개인 간에 비교하는 것은 더 어려운 문제이다. 쾌락주의자들의 바람과는 달리 헤도니미터(hedonimeter)와 같은 쾌락 측정기는 아직 존재하지 않는다(드 라자리-라덱·싱어, 2019: 129).

쾌락의 측정 및 결과의 계산과 관련된 또 다른 문제는 어떤 행위의 공리를 계산하는 것 자체가 항상 최선의 결과를 낳는 것은 아니라는 점이다. 공리의 결과를 계산하는 데는 시간이 많이 들고, 때때로 그 계산을 신뢰할 수 없을 뿐만 아니라, 계산 과정이 편향되거나 왜곡될 수 있다. 그렇기 때문에 매 경우마다 공리를 계산하는 것은 그 자체로 비공리적일 수 있다. 벤담도 이 문제를 인식하고 있었다. 그에 의하면 어떤 경우에는 공리의 원리를 적용하는 것이 위험할 수도 있다. 공리의 원리를 적용하는 것 자체가 공리적이지 않기 때문이다(*IPML*, 1.13). 그래서 그는 우리가 모든 도덕 판단이나 입법 혹은 사법 활동을 하기 전에 쾌락 계산의 절차를 엄격히 따르기를 기대할 수 없음을 인정하였다. 그는 단지 우리가 그런 절차를 염두에 두고 그 절차에 접근하기를 기대할 수 있을 뿐이라고 주장하였다(*IPML*, 4.6).

벤담의 공리주의에 대해 제기되는 또 다른 비판은 그의 인간 본성에 대한 이해가 편협하다는 비판이다. 밀에 의하면 "인간 본성에 대한 벤담의 지식은 제한되어 있었다. 그것은 전적으로 경험주의적이었는데, 그의 경험주는 경험이 거의 없는 사람의 경험주의이다. 그는 내적인 경험도 외적인 경험도 없었다"(Mill, 1838: 92). 그래서 벤담은 인간의 감정에 대해 거의 알지 못했고, 그런 감정들을 형성하는 영향력에 대해서는 더욱 몰랐다. 이런 편협한 인간 이해로 말미암아 "벤담은 인간을, 내적 의식과는 다른 원천에서 나오는 선에 대한 희망이나 악에 대한 두려움 없이 영적 완성을 목적으로 추구할 수 있는 존재, 즉 자신의 인격을 자신이 가진 탁월성의 기준에 일치시키는 것을 그 자체로 바랄 수 있는 존재로서 결코 인정하지 않았다"(Mill, 1838: 95).

벤담의 빈약한 인간 이해는 그의 제재 이론에도 그대로 반영되어 있다. 그는 처벌 위주의 외적 제재만을 제시하고 양심이나 의무감과 같은 내적 제재의 필요성을 인식하지 못했다. 벤담은 선의의 쾌락과 동기를 인정하였지만, 그것의 강도를 신뢰할 수 없는 것으로 간주하였다. 벤담의 동기 목록에서 이 선의의 사회적 동기는 자비심이나 공감과 관계된 동기이지 양심이나 의무감 같은 순전한 도덕적 감정이 아니었다. 밀도 벤담이 동기의 목록에서 양심을 누락했음을 지적하고, "벤담의 저술에서 그가 인류애와도 구분되고, 신이나 인간에 대한 사랑과도 구분되며, 이 세상과 다음 세상에서의 자기 이익과도 구분되는 것으로서 양심의 존재를 전혀 인정하지 않고 있는 것보다 더 흥미로운 것은 없다."(Mill, 1838: 95)고 비판하였다.

제재 이론에서의 이 같은 한계는 그의 공적 윤리와 사적 윤리의 구분 및 이것에서 비롯되는 '과잉 도덕화' 문제와 '과잉 제재'의 문제로 이어진다. 앞서 살펴본 바와 같이 벤담은 '입법 기술 영역'과 '사적 윤리 영역'의 구분을 정치적 제재 적용의 적절성 여부로 결정한다. 입법 기술이 적용되는 공적 윤리의 영역은 형벌을 가하는 것이 적절한 영역이고, 사적 윤리의 영역은 형벌을 가하는 것이 부적절한 영역이다(*IPML*, 17.9). 이 같은 공적 윤리와 사적 윤리의 구분은 J. S. 밀의 공적 영역 및 사적 영역의 구분과 대조된다. 밀은 공적 영역을 개인이 사회적으로 책임져야 하는 '타인 관련 영역'으로, 사적 영역을 개인이 사회적으로 책임지지 않아도 되는 '자기 관련 영역'

으로 특징짓는다. 밀에 의하면 타인 관련 영역은 대체로 정치적 제재(법적 형벌)나 여론에 의한 도덕적 제재가 적용되는 데 반해, 자기 관련 영역은 사회적 제재로부터 자유로운 개인의 고유한 자유의 영역으로서 오직 양심에 의한 내적 제재만이 적용될 수 있다(Mill, 1859: 1.9, 1.11). 이에 비해 벤담은 자기 관련 영역에 대해서도 형벌에 의한 정치적 제재의 일부와 그 외의 외적 제재가 적용될 수 있다고 보았다. 그에 의하면 자기 관련 영역의 의무인 '타산적 의무 규칙'은 주로 사적 윤리에 속하는 것이기는 하지만 여기에도 가장 적은 정도이긴 하지만 입법의 도움이 필요하다. 또한 사적 윤리의 영역에는 정치적 제재를 제외한 여타의 외적 제재가 적용된다. 이것은 사적 윤리의 영역에 여론에 의한 도덕적 제재(비난)가 적용됨을 의미하며, 이는 결과적으로 개인의 사적인 삶 전반에 여론에 의한 도덕적 비난이 적용될 수 있음을 의미한다. 이것은 개인의 사적 영역에 대한 과잉 도덕화와 그에 따른 사회적 제재의 과잉을 초래할 수 있다. 결과적으로 그것은 사적인 삶에서 개인의 고유한 자유 영역에 대한 축소와 형해화, 더 나아가서 도덕 자유 지대(morally free zone)의 소멸로 이어질 수 있다. 그리고 이처럼 벤담이 사적 윤리의 영역에 여론에 의한 제재를 적용한 것은 아마도 그가 양심에 의한 내적 제제를 인식하지 못한 결과일 것이다. 또한 그것은 벤담이 도덕적 관점을 인간 행동과 품성을 평가하는 유일한 관점으로 간주하는 데서 비롯된 문제일 것이다. 밀은 벤담의 이러한 측면을 겨냥해서 그가 인간의 행동과 품성 평가에서 도덕적 관점 이외의 타산과 심미의 관점을 보지 못한 것은 벤담의 실수라고 비판하였다(Mill, 1838: 112).

무엇보다도 벤담의 공리주의는 전통적인 상식 도덕의 핵심인 자연권, 인권 같은 개인의 권리를 허튼소리로 치부해 버림으로써 역직관적 도덕이라는 비판을 받았다. 벤담에게 있어서 권리는 다른 도덕적 고려 사항들에 우선하는 "으뜸 패"(Dworkin, 1977: xv)가 아니라, 공리에 종속되는 개념이다. 벤담의 공리주의에서 으뜸 패는 어디까지나 공리이다. 그리고 총합주의와 극대화에 지배되는 공리의 원리는 다수의 복리 증진을 위해 반드시 필요한 경우라면, 한 사람이나 소수의 권리를 완전히 희생시키는 것을 도덕적으로 요구할 수 있다. 따라서 벤담의 공리주의는 공리의 이름으로 개인의 인권을 유린하는 행위나 명백한 부정의를 정당화할 위험을 안고 있다. 이것은 우리의 상식 도덕에 명백히 반하는 역직관적인 결론이다. 이런 특징으로 인해서 벤담의 공리주의는 개인들 간의 차이와 개인의 개별성(separateness of persons)을 신중하게 고려하지 않고(Rawls, 1971: 27), 따라서 권리를 신중하게 고려하지 않는다고 비판받는다(Dworkin, 1977: 184). 벤담 공리주의의 이 같은 한계를 보완하는 것이 벤담의 지적 상속인이었던 밀이 해결해야만 했던 중심 과제였다.

이상의 비판적 논의가 보여 주는 바와 같이 벤담의 윤리 사상이 일부 결함과 미흡한 점을 포함하고 있는 것은 사실이다. 하지만 그가 이룩한 윤리학에서의 성취와 기여에 비추어 본다면 그 결함은 미미한 것이다. 밀의 평가대로 벤담처럼 "인류의 큰 은인에게 그가 왜 더 위대해지지 못했는지 책임지라고 요구하면서, 더 많은 새로운 진리를 발견하고 많은 건전한 실천적 가르침을 준 인물의 실수를 강조하는 것은 은혜를 저버리는 일"(Mill, 1838: 100)일 것이다.

## III. 밀의 윤리 사상

### 1. 밀의 생애와 저작

#### 1) 생애

존 스튜어트 밀(1806-1873)은 1806년 5월 20일 제임스 밀(1773-1836)의 장남으로 런던에서 태어났다. 아버지 제임스 밀은 벤담의 친구이자 제자로서 벤담 사상을 대중에게 전파하고 공리주의적 사회 개혁을 이룩하는 데 헌신하였다. 제임스 밀은 아들을 학교에 보내지 않고 집에서 아주 강도 높은 교육을 실시하였다. 존 스튜어트 밀이 『자서전(Autobiography)』에서 밝힌 바에 따르면 그는 세 살 때부터 그리스어를 배우기 시작하여 일곱 살 때 이미 플라톤의 초기 대화편 여섯 편을 독파했고, 나머지 대화편들도 5년 동안 모두 읽었다. 여덟 살 때부터는 라틴어를 배웠고, 열세 살에는 리카도(David Ricardo)의 『경제학 및 과세의 원리』를 읽었으며, 열네 살 때는 1년 동안 프랑스로 건너가 당시 프랑스에 머물던 공리주의 법학자인 존 오스틴(John Austin)의 지도를 받으며 로마법을 공부하였다.

열다섯 살이 되었을 때, 그는 고전 대부분을 이미 원어로 읽었고, 프랑스어를 익혔으며, 역사서를 널리 읽었고, 수학, 논리학, 과학, 경제학의 중요한 사상들을 터득했다. 밀은 이때 처음 벤담의 저작을 접하게 되었다. 프랑스에서 돌아온 후 밀은 아버지의 권유로 벤담의 『입법론』을 읽었다. 『자서전』에서 밀은 "이 책을 읽은 것은 내 삶에 획기적인 사건이었다. 내 정신사의 전환점 중의 하나였다"(A, 3.2)[8]라고 술회하면서, "기존의 모든 도덕 이론이 대체되고 사상에서 새로운 시대가 시작되었다는 느낌이 나를 엄습했다"(A, 3.3)라고 쓰고 있다.

16세(1822)에 밀은 또래의 젊은이들과 공리주의 연구회(Utilitarian Society)라는 독서 토론회를 만들었다. 이 모임은 격주로 벤담의 집에서 3년간 이어졌다. 17세(1823)에 밀은 대학에 입학하는 대신 아버지 추천으로 동인도 회사(East India Company)[9]에 취업하였고, 1858년 퇴직 때까지 35

---

8. 이하에서 밀의 『자서전(Autobiography)』은 A로, 『공리주의(Utilitarianism)』는 U로, 『자유론(On Liberty)』은 L로 약칭하여 표기하고, 인용 쪽수 대신 장과 단락으로 표기한다. 예를 들어 『자서전』 3장 2단락은 (A, 3.2)로 표기한다.
9. 영국 동인도 회사는 17세기 영국에서 동양 무역 독점과 인도의 식민지 경영을 위해 설립한 회사이다. 밀 부자는 모두 동인도 회사에 근무하면서 생계를 유지하였다. 그런 연유로 밀은 『자유론』에서 식민지 지배를 옹호하는 듯한 주장을 하였다. "인종 자체가 미성년에 해당하는 것으로 생각될 수 있는 후진 상태에 있는 사회에서 (…) 미개인들을 다루는 데는 전제(專制)가 정당한 통치 양식이다. 그 목적이 그들의 개선이고, 그 수단이 실제로 이 목적을 성취함으로써 정당화되는 한에서 말이다"(L, 1.10).

년을 봉직하였다. 다행히 동인도 회사에서의 일은 하루 3~4시간이면 다 끝낼 수 있어서 그가 공부하고 저술하는 데 방해가 되지는 않았다. 1824년 무렵에 밀은 벤담의 요청으로 벤담의 『사법적 증거의 정당성』 5권을 편집하였다.

이때까지 밀은 아버지로부터 철저하게 계획된 교육을 받았다. 그러나 밀이 받은 교육은 주로 지식 위주의 교육이었고, 정서 교육이나 예술 교육을 받은 적은 거의 없었다. 또한 아버지는 밀이 또래 소년들과 교제하는 것을 제한했다. 이와 같은 아버지의 교육 실험으로 인해 밀은 20세에 스스로 '정신사의 위기'로 이름 붙인 극심한 우울증을 겪게 된다. 그는 '분석의 습관'만 기르는 데 집중한 아버지의 교육으로 인하여 자기 안의 모든 정서적 능력이 파괴되었다고 확신하였다. 그 후 밀은 우연히 마르몽텔의 『회상록』을 읽게 되는데, 한 소년이 아버지의 죽음에 비통해 하는 대목에서 눈물을 흘렸고, 이를 계기로 자신의 모든 감정이 사라져 버렸다는 생각에서 벗어날 수 있었다. 『자서전』에서 밀은 이 사건이 자신의 사상과 성격에 두 가지 중요한 영향을 끼쳤다고 밝히고 있다. 하나는 행복에 대한 간접적 추구의 필요성을 깨닫게 된 것이고,[10] 다른 하나는 인간의 행복을 위해서 내면 교육, 즉 감수성과 정서 계발의 중요성을 인식한 것이다(A, 5.6).

이때부터 밀은 아버지나 벤담과는 다른 방향의 지적 여정을 시작하였다. 밀은 시를 읽기 시작했으며, 그중 워즈워스(W. Wordsworth)의 시에 심취하였다. 그리고 칼라일, 콜리지(Samuel Taylor Coleridge), 생시몽(Claude Henrie de Rouvroy Saint-Simon), 콩트(Auguste Comte), 토크빌(Alexis de

---

10. "나는 행복이 행위의 모든 법칙에 관한 표준이며 인생의 목적이라는 것을 확신하고 있었으며, 이에 대해 결코 흔들려 본 적이 없다. 그러나 지금은 이 목적이 직접적인 목적이 되지 않아야만 달성된다고 생각하게 되었다. 자신의 행복보다 어떤 다른 목적에 확고한 신념을 가진 사람만이 행복하다고 나는 생각한다. 다른 사람들의 행복에 대해서, 인류의 진보에 대해서, 심지어 어떤 예술이나 연구에 대해서 그 자체가 수단으로서가 아니라 이상적인 목적이 되어야 한다. 다른 어떤 것을 목표로 하는 동안 행복은 부산물로 얻어지는 것이다. (…) 이 이론은 이제 나의 삶의 철학의 토대가 되었다"(A, 5.6).

Tocqueville), 훔볼트(Wilhelm von Humboldt) 등 여러 사상가에게서 통찰과 영감을 얻었다. 이때부터 밀은 엄격한 철학적 분석에 대한 존중을 문화와 감정에 대한 진지한 관심과 결합하고자 하였다(Crisp, 1997: 3).

24살(1830)에 밀은 그의 사상에 중대한 영향을 미친 해리엇 테일러(Harriet Taylor)를 만났다. 해리엇의 남편이 사망한 뒤, 그들은 1851년에 결혼했다. 해리엇 테일러와의 만남과 결혼은 밀의 사상적 진로에 지대한 영향을 주었다. 밀은 자신이 사회주의를 진지하게 받아들인 것과 페미니즘에 관심을 가진 것은 해리엇의 영향이라고 밝히고 있다. 밀은 자신의 많은 저작이 사실상 해리엇과 공동 저술이라고 말하였다. 그의 말대로『정치경제학의 원리』,『자유론』,『여성의 예속』에서 해리엇의 영향이 두드러지게 나타난다.[11]

밀은 1858년에 35년간 봉직해 온 동인도 회사를 퇴직하였다. 그해 밀은 인생과 사상의 동반자였던 해리엇을 잃었다. 해리엇 사망 후, 밀은 해리엇의 장녀 헬렌 테일러(Helen Taylor)의 보조를 받으며, 의회에 진출하기 전까지 주로 저술 활동을 이어 갔다. 밀은 1865년 웨스트민스터 선거구의 시민들로부터 노동계급을 위해 총선거에 입후보해 달라는 요청을 받고 출마하여 당선되었다. 밀은 의회 의원으로 재임하는 동안에 평화와 사회정의 등을 위하여 여러 개혁을 시도하였으며, 여성 평등을 이룩하기 위해 노력하였다. 그는 투표권을 여성에게로 확대하기 위해 1867년 개혁법에 대한 수정 법안을 제출하였다. 그러나 그것은 압도적으로 부결되었다. 그가 수정 법안에서 주장한 대로 여성이 평등한 투표권을 획득하는 데는 이후 60년이 더 걸렸다. 결혼한 여성이 자기 재산을 소유할 수 있도록 하는 법률 개정 역시 실패하였다. 그러나 이 법률 개정안은 밀이 의원직을 그만둔 2년 후에

---

11. 밀의 문제의식과 사상은 대체로 세 단계를 거쳐서 발전된 것으로 볼 수 있다. 제1기는 유년 및 소년기의 영재교육을 통해 벤담주의에 기반한 공리주의의 사도로 성장한 시기이고, 제2기는 20세 무렵의 정신적 위기를 거쳐 벤담과 아버지의 영향에서 벗어나 반벤담주의적인 자신의 사상을 정립하는 시기이며, 제3기는 해리엇 테일러와의 교제 및 결혼에서 사망할 때까지의 시기로서 다시 벤담주의를 수용하여 자신의 사상과 결합하는 시기라고 할 수 있다.

통과되었다(드 라자리-라덱·싱어, 2019: 34).

1868년 밀은 선거에서 낙선하고 정계를 은퇴하였다. 그 후 밀은 사회주의에 관한 집필을 시작했으나, 완성되기 전 1873년 아비뇽을 여행하던 중 병을 얻어 세상을 떠났다. 벤담과 마찬가지로 밀 역시 전 생애를 공리주의의 대의를 실현하기 위해 헌신했다. 밀이 공리주의자로서 자신의 사명을 다하기 위해서 진력했다는 것은 딸 헬렌에게 남긴 '너는 내가 할 일을 다했다는 걸 알아주겠지'라는 그의 마지막 말에 잘 드러나 있다.

2) 저작

밀의 대표 저술에는 『논리의 체계(System of Logic)』(1843), 『정치경제학의 원리(Principles of Political Economy)』(1848), 『자유론(On Liberty)』(1859), 『공리주의(Utilitarianism)』(1861), 『대의 정부론(Considerations on Representative Governments)』(1861), 『여성의 예속(The Subjection of Women)』(1869), 『자서전(Autobiography)』(1873) 등이 있다.

1843년에 출간한 『논리의 체계』는 밀에게 19세기 대표 철학자라는 명성을 안겨 주었다. 경험주의에 기반한 이 책에서 밀은 모든 인식은 경험에서 발단하고, 모든 도덕적·지적 성질은 관념 연합에서 주로 발생함을 강조하였다. 이런 주장을 바탕으로 밀은 직관주의가 주장하는 필연적 진리 또는 자명한 진리는 단지 경험과 관념 연합의 산물에 불과하다는 것을 보여 줌으로써 직관주의의 토대를 붕괴시키고자 하였다.

유럽 대륙에서 반동적이고 복고적인 빈체제에 저항하는 혁명이 발생한 1848년 밀은 『정치경제학의 원리』를 출간하였다. 이 책에서 밀은 정치적 자유와 경제적 평등을 조화시킬 수 있는 사회규범과 그 구성 원리 및 이를 실현할 제도적 대안에 관해 탐구하였다. 『정치경제학의 원리』에서 밀은 기존의 어떤 정치경제학자보다도 노동계급의 지위에 대해 많은 관심을 보였으며, 개정판을 거듭할수록 밀은 당시의 경제 상황을 비판하면서 사회주의에 공감하는 태도를 보였다(West, 2007: 16).

『자서전』에서 밀이 자신의 저서 중 가장 오랜 생명을 가질 것이라고 밝힌 바 있는 『자유론』은 1859년에 출판되었다. 그는 『자유론』에서 사회가 개인에게 적절하게 간섭할 수 있는 것과 개인의 자유에 맡겨야 할 것 사이에 적절한 경계선을 긋기 위한 시도를 하였다. 그 결론으로 그는 '해악 금지의 원리'와 '자유의 원리'를 결합하여 '타인에게 해악을 입히지 않는 한에서 최대한의 자유'를 허용할 것을 주장하였다.

『대의 정부론』은 1861년에 출판되었는데, 여기서 그는 사람들은 자기의 이익을 가장 잘 판단하는 최고의 판단자이고, 대의 민주주의는 통치자를 정직하게 만들고 통치자가 다수의 이익에 집중하게 하는 최선의 방법이자 피통치자의 이익에 따라 법률을 제정하게 하는 확실한 방식이라고 주장하였다.

밀은 1850년에서 1858년 사이에 도덕의 토대에 관한 글과 정의에 관한 글을 썼는데, 1859년에 이를 하나로 결합하여 "공리주의"라는 제목의 논문으로 정리하였다. 1861년에 이 논문을 3부로 나누어 『프레이저스 매거진(*Fraser's Magazine*)』 10월호(1, 2장), 11월호(3, 4장), 12월호(5장)에 연재하였다. 1863년에는 이 세 편의 기고문을 한 권으로 묶어 『공리주의』로 출판하였다. 밀이 『공리주의』를 저술한 목적은 대략 두 가지이다. 하나는 공리주의에 대한 일반인들의 오해를 바로잡고 공리주의에 대한 반론에 응답하기 위한 것이고, 다른 하나는 일반인들에게 공리주의에 대한 체계적인 해설서를 제공하기 위해서였다. 이렇게 출판된 『공리주의』는 공리주의 윤리를 언급하거나 옹호할 때 가장 폭넓게 인용되고 논의되는 저술이다. 오늘날 밀의 『공리주의』는 서양의 도덕철학에서 아리스토텔레스의 『니코마코스 윤리학』, 칸트의 『윤리 형이상학 정초』와 더불어 가장 중요한 저작으로 꼽힌다.

1869년에 밀은 『여성의 예속』을 출판했다. 여기서 밀은 결혼 후 평등한 남녀 관계와 여성에게 완전한 시민권 및 더 큰 경제적 기회를 부여할 것을 주장했다. 이 문제에 관해서 해리엇 테일러는 밀의 사상에 중대한 영향을 주었다.

## 2. 밀의 공리주의

1) 『공리주의』, 공리주의에 대한 설명과 정당화

벤담의 공식적인 지적 상속인으로서 밀은 벤담의 공리주의를 비판적으로 계승·발전시켰다. 이 과정에서 밀은 공리주의에 대한 일반적 오해를 바로잡고 체계적인 설명을 제공할 목적으로 『공리주의』를 집필하였다. 『공리주의』는 총 5개의 장으로 구성되어 있다. 1장은 "서론"으로 『공리주의』 집필의 목적이 공리주의 이론 또는 행복 이론을 이해 및 평가하는 일과 공리주의에 적합한 증명을 제시하는 데 있음을 밝히고 있다. 2장은 "공리주의란 무엇인가"라는 제목 아래 공리주의적 신조에 대한 간결한 정식을 제공하고, 공리주의에 대한 오해에 기초하고 있는 반론들에 응답하는 내용으로 이루어져 있다. 3장 "공리의 원리의 궁극적 제재에 관하여"에서는 일반 행복에 기초한 도덕을 준수하고자 하는 동기의 원천에 관해서 논의한다. 4장 "공리의 원리에 적합한 증명의 종류에 관하여"에서는 공리의 원리에 대한 넓은 의미의 증명, 즉 증거에 기초한 증명을 시도한다. 5장 "정의와 공리의 관계에 관하여"는 원래 독립된 논문으로 기획된 것인데, 공리주의가 정의를 적절히 다루지 못한다는 반론에 답하는 형식으로 되어 있다. 밀은 여기서 정의에 입각한 반론은 정의 관념과 정의의 감정에 대한 불충분하고 불완전한 분석에서 기인하는 것이라고 주장하였다. 밀에 의하면 정의는 적절하게 이해되기만 한다면 공리(편의)에 반대되는 것이 아니라 공리의 중요한 한 분야로서 공리와 일관될 뿐만 아니라 공리의 원리에 종속되는 것이다.

밀은 『공리주의』에서 좋음과 옳음의 관계를 해명하였고, 결과주의 윤리 이론으로서 공리주의 특징을 명료하게 설명하고 정당화하는 작업을 수행하였다. 이를 위해서 그는 벤담의 쾌락주의를 수정하여 '세련된 심리적 쾌락주의'와 '질적 쾌락주의'로 발전시켰고, 공리의 원리에 대한 간접적 증명을 통하여 공리주의에 대한 이론적 정당화를 강화하였다. 또한 밀은 벤담의 외적 제재 이론을 자신의 '내적 제재' 이론으로 보완하였으며, 벤담의 공리의 원리를 계승하면서도 여기에 '제재 적절성' 기준을 추가하여 공리주의 도덕의 기준을 더 분명하게 제시하였다. 나아가 공리주의에 대해서 제기되는 역직관성 반론[12]에 대응하기 위하여 밀은 이차 원리로서 도덕 규칙의 중요성을 강조하면서 공리주의 체계 안에 '정의와 권리'의 자리를 마련함으로써 상식 도덕과 조화를 이루는 공리주의 이론 체계를 제시한다.

### 2) 쾌락주의와 행복

밀은 천박한 돼지의 철학이라는 비난을 받았던 벤담의 쾌락주의를 수정하여 질적 쾌락주의 이론을 전개하였다. 그는 벤담과 마찬가지로 쾌락과 고통이 모든 동기의 원천이라는 점을 인정하였으며(심리적 쾌락주의), "그 자체로 바람직한 유일한 것은 행복밖에 없으며, 그 밖에 바람직한 것은 모두 행복에 대한 수단이나 그 일부로서 바람직한 것"(U, 4.2)이라고 주장하였다(윤리적 쾌락주의). 그러나 밀은 "다른 모든 것들을 평가할 때는 양뿐만 아니라 질도 고려하면서, 쾌락을 평가할 때는 오직 양에만 의존해야 한다고 가정하는 것은 부조리하다"(U, 2.4)라고 하면서, "어떤 종류의 쾌락이 다른 종류의 쾌락보다 더 바람직하고 더 가치 있다는 사실을 인정하는 것은 공리의 원리와 전적으로 양립가능하다"(U, 2.4)라고 주장하였다. 요컨대, 쾌락에는 양적 차이만이 아니라 질적 차이도 존재한다는 것이다.

---

12. 역직관성(counterintuitiveness) 혹은 반직관성 반론은 공리주의가 우리의 직관과 상식 도덕이 지지하는 결론과 반대되거나 불일치하는 결론을 공리 극대화의 이름으로 지지한다는 점을 비판한다. 예컨대, 우리의 도덕적 직관과 상식 도덕은 '거짓말해서는 안 된다'와 같은 도덕 규칙, 개인의 권리 존중, 정의 등을 매우 중요한 도덕적 의무로 인정하고 우리에게 그것들의 준수를 요구한다. 그러나 공리주의는 때때로 공리의 극대화를 위하여 도덕 규칙의 위반, 권리 침해, 부정의 등이 요구될 경우, 이런 행위들을 도덕적 의무로서 요구한다. 반공리주의자들은 공리주의의 이러한 요구가 대다수 사람이 깊이 확신하고 신봉하는 도덕적 직관 및 상식 도덕에 반하는 것임을 지적하면서, 이처럼 우리의 직관과 상식에 반하는 윤리적 결론을 산출하는 이론은 윤리 이론으로서 결함을 지닌 이론이라고 공리주의를 비판한다. 이것을 역직관성 반론이라고 한다.

만일 쾌락에서 질의 차이가 무엇이냐고 묻는다면, (…) 오직 하나의 답변만이 가능하다. 두 가지 쾌락 모두를 경험한 모든 혹은 대다수 사람이 도덕적 의무에 대한 감정과는 독립적으로 두 가지 쾌락 중에서 어떤 한 종류의 쾌락을 확실하게 더 선호한다면, 그것이 더 바람직한 쾌락이다. 만일 양쪽 모두를 충분히 경험한 사람들이 그 둘 중 하나가 더 많은 양의 불만족을 동반한다는 것을 알면서도 그것을 훨씬 더 높이 평가하고 선호한다면, 그리고 양이 더 많은 다른 종류의 쾌락을 누릴 수 있는데도 불구하고 더 많은 양의 불만족을 동반하는 그 쾌락을 포기하지 않는다면, 우리는 그 선호된 쾌락이 비교에서 양을 사소한 것으로 만들 만큼 양을 능가하는 질적인 우월성을 지닌다고 정당하게 주장할 수 있다. (U, 2.5)

밀에 의하면 지성(眞), 감정과 상상력(美), 도덕 감정(善)과 같이 고등 역량을 발휘하는 데서 얻는 쾌락이 질적으로 더 고급 쾌락이고, 고급 쾌락은 저급 쾌락보다 본래 더 우월하다. 그리고 인간은 동물적 욕망보다 고결한 역량을 가지고 있기 때문에, 일단 그 역량을 자각하게 되면, 그것을 만족시키지 못하는 어떠한 것도 행복이라고 생각하지 않는다. 그래서 고등한 기능을 가진 존재는 행복하기 위해 열등한 존재보다 더 많은 것을 필요로 하고 또 불만족을 느끼기도 쉽지만, 그래도 그는 여전히 고등 기능을 가지지 않은 존재보다 질적으로 더 유복하다. "만족한 돼지보다 불만족한 인간이, 만족한 바보보다 불만족한 소크라테스가 더 낫다"(U, 2.6). 밀의 논의에 따르면, 만약 누군가가 저급 쾌락이 고급 쾌락보다 더 좋다고 생각한다면, 그것은 그가 문제의 한쪽 면밖에 알지 못하기 때문이다. "두 가지 쾌락에 대해 똑같이 잘 알고 그 두 쾌락을 똑같이 감상하고 즐길 수 있는 사람들이 그들의 고등한 능력들을 발휘하는 존재 방식을 가장 뚜렷하게 선호한다는 것은 의문의 여지가 없는 사실이다"(U, 2.6). 그래서 밀은 고급 쾌락과 저급 쾌락의 구별을 최종적으로 '유능한 판단자'의 판결에 호소한다.

나는 유능한 판단자의 이런 판결 외에는 호소할 데가 없다고 생각한다. 두 가지 쾌락 중에서 어느 것이 최상의 가치가 있는지 혹은 두 가지 존재 방식 중에서 어느 것이 가장 쾌적한 느낌을 주는지와 같은 질문에 관해서는 그것의 도덕적 속성 및 그것의 결과와 무관하게 양쪽을 모두 잘 알고 있는 사람들의 판단이, 또는 만약 그들의 판단이 일치하지 않는다면 그들 중 다수의 판단이 최종적인 것으로 인정되어야 한다. 쾌락의 질과 관련해서 이 판단을 받아들이는 데 주저할 필요가 없다. 왜냐하면 쾌락의 양에 관한 문제에서도 호소할 수 있는 다른 재판정이 없기 때문이다. (U, 2.8)

밀에 의하면, 인간이 이렇게 고급 쾌락을 선택하는 것은 일부 인간만이 아니라 모든 인류의 공통된 본성이다. 인간은 단순히 쾌락의 양에 의해 지배되지 않는다. 정상적인 인간이라면 누구나 더 높은 기능을 행사할 수 있는 존재로서 인간의 지위를 버리고 더 저급한 기능만을 갖는 동물이 되기를 원하지 않는데, 그 이유는 인간에게는 저열한 존재로 전락하기 싫어하는 감정인 인격 특유의 '존엄감(sense of dignity)'이 있기 때문이다(U, 2.6). 이처럼 밀은 질적 쾌락주의를 통해 벤담의 공리주의에 대해 제기되었던 천박한 돼지의 철학이라는 비판에 대응하였다.

심리적 쾌락주의 및 지배적 이기주의와 관련해서도 밀은 벤담의 견해를 수정하여 훨씬 복잡하고 '세련된 심리적 쾌락주의' 이론을 발전시켰다. 벤담도 단순한 심리적 쾌락주의와 심리적 이기주의를 거부하였고, 쾌락의 원천과 동기의 목록에 타인 관련 쾌락을 추구하는 자비심의 쾌락과 선의의 사회적 동기를 포함시켰다(IPML, 5.10, 10.36). 그러나 벤담은 자기 이익적 쾌락과 동기가 자비심과 선의보다 더 우세하고 지배적이라고 주장하였다 (Bentham, 1824: 392-393). 벤담과 마찬가지로 밀도 단순한 심리적 쾌락주의와 심리적 이기주의를 거부하였다. 그러나 벤담이 선의의 동기를 인정하였으면서도 그것의 강도가 전반적으로 자기 이익적 동기에 비해 약하다고 보았던 데 반해, 밀은 동기로서 '도덕 감정(양심)'의 역할 및 그것의 자연적 토대로서 '사회적 감정'의 역할을 강조하였다.

밀은 벤담이 동기의 목록에서 양심 또는 의무감을 빠뜨렸다고 비판하였다(Mill, 1838: 95). 벤담에게 있어서 양심이나 의무감은 자비심이나 공감과 뒤섞여 있었다. 그는 양심 또는 의무감을 독립적 동기로 인정하지 않았다. 이에 반해 밀은 양심 또는 의무감의 동기가 독립적인 동기이며, 이런 동기는 이기적 행동을 억제할 수 있을 만큼 강력한 것일 수 있다고 주장하였다. 물론 밀도 양심과 자기 이익적 동기가 갈등하는 경우에 자기 이익적 동기가 더 우세할 수 있음을 인정하였다. 특히, 사회 전반에 공리주의가 충분히 성숙하지 않은 상황에서는 지배적 이기주의가 우세할 가능성이 크다. 그러나 이 문제에 대하여 밀은 낙관적 전망을 피력하였다. 그에 의하면 문명의 발달과 더불어 각 개인이 다른 사람과 일체감을 느끼는 성향이 증가하고, 동료 인간과 하나가 되고자 하는 욕망인 사회적 감정이 강화되는 경향이 있다(U, 3.10). 이런 경향이 강화되면, 교육과 여론의 힘을 통해 함양된 양심 또는 의무의 감정은 다른 어떤 동기 요소보다도 더 강하고 힘 있는 동기가 될 수 있으며, 그것이 성숙하게 되면 자기 이익을 완전히 초월하여 공평무사한 것이 될 수 있다(U, 3.10). 요컨대 밀은 벤담과는 달리 양심의 동기화의 힘을 인정하였고, 그것을 신뢰하였으며, 지배적 이기주의도 확고한 양심의 함양을 통해 극복할 수 있다고 보았다.

### 3) 공리의 원리, 공평성, 결과

밀도 벤담과 마찬가지로 쾌락주의에 기초하여 옳음의 기준으로 공리의 원리, 즉 최대 행복의 원리를 주장하였다. 밀은 『공리주의』에서 공리주의의 '도덕의 기준'에 대한 정식을 제시하였고, 그것이 기초하고 있는 '삶의 이론'이 '윤리적 쾌락주의'임을 분명하게 밝혔다.

도덕의 토대로서 공리 혹은 최대 행복의 원리를 받아들이는 신조는[즉, 공리주의 도덕 이론은] 행위는 행복을 증진하는 경향에 비례해서 옳고, 행복과 반대되는 것을[즉, 불행을] 증진하는 경향에 비례해서 그르다고 주장한다. 여기서 행복은 쾌락의 향유와 고통의 부재를 의미하고, 불행은 쾌락의 결핍과 고통을 의미한다. (…) 이 도덕 이론이 기초하고 있는 삶의 이론(theory of life)은 고통으로부터의 해방과 쾌락이 목적으로서 바람직한 유일한 것들이며, 모든 바람직한 것들은 (다른 여러 이론들과 마찬가지로 공리주의에서 이런 것들은 다수인데) 그것들 자체에 내재하는 쾌락 때문에 바람직하거나 아니면 쾌락의 증진과 고통의 방지에 대한 수단으로서 바람직하다는 삶의 이론이다. (U, 2.2)

이 공리의 원리에 따르면, "행위의 옳음의 기준은 행위자 자신의 행복이 아니라 그 행동에 영향받는 모든 사람의 행복이다. 공리주의는 행위자 자신의 행복과 다른 사람들의 행복 사이에서 공평무사하고 박애심을 지닌 관망자처럼 엄격하게 공평해야 할 것을 요구한다"(U, 2.18). 밀은 '네가 대접받기를 바라는 대로 남을 대접하라'와 '네 이웃을 너 자신처럼 사랑하라'는 나사렛 예수의 황금률에서 공리주의 도덕의 완전한 정신을 읽을 수 있다고 주장하였다(U, 2.18). 공리의 원리는 이처럼 모든 관련 당사자들을 공평하게 고려해서 최대 행복을 추구할 것을 명령한다. 황금률이 공리주의 도덕의 완전한 이상을 나타낸다는 밀의 주장에서 알 수 있듯이, 공리의 원리는 보편적 이타주의 성향, 즉 일반 이익 지향성을 지닌다. 이 점에서 도덕의 기준으로서 공리의 원리는 이기주의 혹은 타산(prudence)의 원리와 대조된다.

공리주의의 이런 특징에 대해서 비판자들은 공리주의의 기준이 인간의 본성을 고려할 때 너무 높다고 비판한다. 즉, 사람들에게 언제나 사회의 일반 이익을 증진하려는 동기에서 행위 하라고 요구하는 것은 지나치게 '과도한 요구'라는 것이다. 이런 비판에 대해서 밀은 그것이 '도덕의 기준'이라는 말의 의미를 오해하고, 행위의 규칙과 행위의 동기를 혼동한 데서 비롯된 것이라고 응수한다. 밀에 의하면, "어떤 윤리 체계도 우리가 하는 모든 행위의 유일한 동기가 의무감이어야 한다고 요구하지는 않는다. 오히려 우리가 하는 행위의 백 분의 구십구는 의무감이 아닌 다른 동기에서 행해진다. 그러나 그 행위가 의무의 규칙들을 위반하지 않는 한, 그 행위는 옳은 것이다"(U, 2.19). 공리주의도 사람들에게 공리의 원리에 의해서 정당화되는 의무의 규칙들을 따르라고 말할 뿐, 언제나 세상이나 사회 전체의 일반 선에 전념하라고 요구하거나 그런 동기에서 행위 하라고 요구하지는 않는다. 공리주의가 언제나 일반 행복의 증진에 전념하라고 요구한다는 생각 혹은 그런 동기에서 행위 해야 한다는 생각은 공리주의에 대한 오해라는 것이 밀의 반박이다. 밀에 의하면 "대부분의 선한 행동은 세상의 이익을 위해서가 아니라 개인의 이익을 위해서 의도된 것이며, 이런 개인의 이익이 모여서 세상의 이익을 형성하는 것이다"(U, 2.19). 그러므로 다수의 행복에 큰 영향을 주는 공적인 업무를 담당하는 아주 소수의 사람만이 일반 행복의 증진이라는 공적 공리(public utility)에 전념할 필요가 있으며, 그 외의 다른 사람들은 대다수 경우에서 사적 공리(private utility), 즉 몇몇 사람들의 이익이나 행복을 추구하면 된다. 따라서 공리주의의 공평성 요구가 지나치게 과도한 요구라는 비판은 공리주의에 대한 오해에 불과하다는 것이 밀의 반론이다(U, 2.19).

이어서 밀은 공리의 원리의 결과주의적 특성에 대해서 자주 제기되는 또 다른 비판에도 대응하였다. 이 비판은 공리주의가 행동의 결과만을 엄격하게 고려하기 때문에 사람들의 도덕 감정을 냉담하게 만들고, 그런 행동을 하게 만든 성품의 자질을 도덕적 평가에서 고려하지 않는다는 것이다(U, 2.20). 이 비판에 대해서 밀은 행위의 도덕성에 대한 평가와 행위자의 도덕성에 대한 평가를 구분할 것을 주장하였다. 밀에 의하면, "이 비판이 의미하는 바가 공리주의자들은 어떤 행위의 옳고 그름에 관한 판단이 그 행위를 한 사람의 성품의 자질에 관한 견해에 영향받는 것을 허용하지 않는 것이라면, 이것은 공리주의에 대한 비판이 아니라 도덕의 기준을 가지는 것 자체에 대한 비판이다"(U, 2.20). 왜냐하면 우리가 아는 어떠한 윤리적 기준도 어떤 행위가 좋은지 나쁜지를 결코 그 행위를 좋은 사람이 했는지 나쁜 사람이 했는지를 근거로 결정하지는 않기 때문이다. 밀에 의하면 동기나 행위자의 덕성 같은 고려 사항들은 행위에 대한 평가가 아니라 사람에 대한 평가와 관련이 있다. 그러나 그것들은 행위의 도덕성 평가의 기준이 될 수 없다(U, 2.20). 밀은 행위자의 도덕성과 행위의 도덕성을 구분함으로써 행위자의 도덕성을 평가하는 요소 — 동기, 성품의 자질 등 — 가 행위의 옳고 그름에 대한 평가에 개입하는 것의 불합리함을 지적하였고, 행위의 도덕성에 대한 평가는 오직 행위의 '결과'와 관계되는 것임을 분명히 하였다.

### 4) 공리의 원리에 대한 증명

밀은 『공리주의』 4장에서 공리의 원리에 대한 정당화를 시도하였다. 벤담이 공리의 원리에 대립하는 다른 원리들의 오류를 지적하는 간접적 방법으로 공리의 원리를 정당화한 데 비해, 밀은 공리의 원리에 적합한 증명의 종류가 '증거에 기초한 귀납적 증명'임을 밝히고 그런 종류의 증명을 제시하였다. 밀은 벤담이 제기한 공리의 원리에 대한 '증명 불가능성 논제'를 받아들이면서도 공리의 원리에 대한 간접적 증명을 통해 공리주의를 정당화할 수 있다고 보았다. 그에 의하면, 궁극적 목적에 관한 문제는 통상적 의미에서 증명 — 연역적 증명 혹은 추론에 의한 증명 — 이 불가능하다(U, 1.5). 추론에 의한 증명이 불가능한 것은 모든 제일원리의 공통된 특징이다. 그러나 공리의 원리에 대한 '넓은 의미의 증명', 즉 '증거에 의한 증명'은 가능하다.

밀의 간접적 증명에 따르면 어떤 대상을 볼 수 있다는 것을 증명하는 유일한 증거는 사람들이 그 대상을 실제로 본다는 점이다. 이와 마찬가지로 어떤 것이 바람직하다는 것의 유일한 증거는 사람들이 실제로 그것을 바란다는 점이다. 그런데 밀에 의하면 각자는 자신의 행복을 바라므로 각자의 행복은 각자에게 선(바람직한 것)이다. 마찬가지로 일반적 행복이 바람직하다는 것의 증거는 각자가 자기의 행복을 바란다는 사실밖에 없으며, 각자의 행복이 각자의 선이듯 일반적 행복은 모든 개인의 집합체에 선이다.

> 어떤 대상이 가시적이라는 것에 대한 유일한 증명은 사람들이 실제로 그것을 본다는 것이다. (…) 마찬가지로 어떤 것이 바람직하다는 것에 대해 제시할 수 있는 유일한 증거는 사람들이 그것을 실제로 바란다는 것이다. (…) 그런데 일반 행복이 바람직하다는 것에 대해 제시할 수 있는 유일한 이유는 각자가 자신의 행복을 달성할 수 있다고 믿는 한에서 자기 자신의 행복을 바란다는 것뿐이다. 그러나 이 하나의 사실만으로도 우리는 행복이 선(좋은 것)이라는 것, 즉 각 개인의 행복은 그 사람에게 하나의 선이며, 따라서 일반 행복은 모든 사람의 집합에 하나의 선이라는 것에 대해서 그것이 허용하는 모든 증명뿐만 아니라 요구 가능한 모든 증명을 가지게 된다. 행복은 행위의 목적들 가운데 하나라는 자격을 확립하게 되고, 결과적으로 도덕의 기준들 중 하나라는 자격을 확립하게 된다. (U, 4.3)

그러나 각자의 행복이 각자에게 선이고, 일반 행복이 개인들의 집합체에 선이라고 해도, 이것만으로는 행복만이 그 자체로 바람직한 유일한 것임을 입증하지 못한다. 공리의 원리를 증명하기 위해서는 사람들이 행복을 바란다는 것뿐만 아니라, 그들이 행복 이외의 그 어떤 것도 그 자체로 바라지 않는다는 것을 보여 줄 필요가 있다. 그런데 공리주의 비판자들은 우리가 행복 외에 다른 것, 예컨대 덕 같은 것을 그 자체로 바랄 수 있다고 공리주의를 비판한다. 이런 반론에 대해 밀은 우리가 실제로 덕을 그 자체로 바랄 수 있다는 것을 인정한다(U, 4.4). 그러나 그는 사람들이 덕을 바랄 수 있을 뿐만 아니라 덕 그 자체를 사심 없이 바랄 수 있다는 사실도 행복의 원리에서 조금도 벗어난 것이 아니라고 주장한다(U, 4.5). 왜냐하면 밀의 논의에 따르면 사람들은 덕을 행복의 한 부분(구성 요소)으로서 바라기 때문이다.

밀은 연상주의를 이용하여 이것을 논증한다. "원래는 다른 것을 위한 수단이었고 그래서 그런 수단이 아닐 때는 무관심의 대상이었던 어떤 것이,

그것이 수단으로 봉사하는 것(목적)과의 연상 작용에 의해 그 자체를 위해서 바라게 되고 그것도 가장 강하게 바라는 것이 될 수 있다"(U, 4.6). 덕도 이와 같은 연상 작용에 의해 그 자체를 위해 바라는 것이 될 수 있다.

> 덕이 쾌락에 도움이 된다는 것, 특히 고통으로부터의 보호에 도움이 된다는 것을 제외하면 덕에 대한 최초의 욕구나 동기는 없었다. 그러나 그렇게 형성된 연상 관계를 통해 덕은 그 자체로 좋은 것으로 느껴지고, 그 자체로 좋은 다른 것들과 마찬가지로 강렬하게 그 자체로 바라게 된다. (U, 4.7)

밀에 의하면 덕 외에도 음악, 건강, 돈, 명예, 권력 등도 '그 자체로 바라는 것'이 될 수 있다. 그것들은 처음에는 행복을 위한 수단이던 것이 그 자체로 개인의 행복 개념의 중요한 구성 요소가 된 것이다. 이런 경우에는 수단이 목적의 한 부분이 되고, 한때는 행복의 달성을 위한 도구로서 바라던 것을 이제는 행복의 부분으로 바라게 된다. 이렇게 해서 행복의 구성 요소들은 수단일 뿐만 아니라 목적의 한 부분이 된다(U, 4.5).

밀에 의하면 행복의 구성 요소들은 매우 다양하다. "행복은 추상적인 관념이 아니라 다양한 구성 요소들로 이루어진 하나의 구체적인 전체이다"(U, 4.6). 이 행복의 구성 요소들 각각은 단지 행복의 총합을 증가시키는 수단으로서만 바람직한 것이 아니라, 그 자체로 바람직하다. 그리고 밀에 의하면 궁극목적인 공리 혹은 행복은 너무 복잡해서 직접적으로 추구될 수 없고, 오직 다양한 이차적 목적들 — 다양한 구성 요소들 — 을 통해서만 추구될 수 있다(Mill, 1838: 110).[13]

---

13. 밀은 "벤담"에서 행복의 간접적 추구, 즉 2차 목적들에 의한 행복의 추구에 관해서 주장하였다. "우리는 공리 혹은 행복이 목적으로서는 너무 복잡하고 구체적이 아니어서 직접적으로 추구될 수 없고, 공리나 행복이라는 1차적 목적은 오직 다양한 2차적 목적들을 통해서만 추구될 수 있다고 생각한다. 그런데 이런 2차적 목적들에 대해서는 도덕의 궁극적 기준이 무엇인가에 대해 의견이 다른 사람들 사이에도 합의가 있을 수 있거나 실제로 종종 합의가 존재한다. 사실 지성인들

이상의 논의로부터 밀은 인간이 행복 외에는 실제로 바라는 바가 없다는 결론을 도출하였다. 궁극적으로 행복을 위한 수단이 아니라 그 자체로 바라게 되는 모든 것들은 행복의 일부분으로 바라게 된다는 것이다(U, 4.8). 이렇게 해서 행복은 인간 행동의 유일한 목적이고, 행복의 증진은 인간의 모든 행위를 판단하는 기준이 된다. 이로부터 필연적으로 행복의 증진이 도덕의 기준이 되어야 한다는 결론이 도출된다. 왜냐하면 도덕의 기준이라는 부분은 모든 인간 행위의 판단 기준이라는 전체 안에 포함되기 때문이다(U, 4.9).

이상의 밀의 증명은 "쾌락(행복)만이 그 자체로 유일하게 바람직하고, 다른 모든 것은 그것의 수단이거나 그것의 일부로서만 바람직하다"(U, 2.2)는 삶의 이론을 증명한다. 이 삶의 이론은 일종의 윤리적 쾌락주의에 관한 주장이다. 그러므로 그의 증명은 사실상 윤리적 쾌락주의에 대한 증명인 셈이다. 그런데 밀에 의하면 이 삶의 이론은 도덕에만 적용되는 것이 아니라 타산, 도덕, 심미를 포괄하는 '삶의 기술' 일반에 적용되는 것이다. 따라서 밀의 증명은 도덕에만 적용되는 공리의 원리에 대한 증명이 아니라, 삶의 기술 일반의 제일원리이자 궁극적 기준인 공리의 원리 — 최대 행복의 원리 — 에 대한 증명이라고 할 수 있다.[14] 엄밀히 말해, 밀의 증명은 도덕만의 기준인 공리의 원리 — 도덕적 공리의 원리 — 를 증명하는 것이 아니라, "도덕의 기준들 가운데 하나"(U, 4.3)인 공리의 원리를 증명하는 것이다. '도덕

---

사이에는 도덕 형이상학의 중요한 질문들에 관한 서로 대립하는 견해의 차이에도 불구하고 훨씬 실질적인 의견의 일치가 존재한다"(Mill, 1938: 110; 밀, 2020: 87).
　행복(1차 목적)의 구성 요소가 다양하고 그 구성 요소들(2차 목적들)은 그 자체로 바람직하다는 주장 및 행복에 대한 간접적 추구를 강조하는 밀의 주장은 쾌락의 질적 차이에 관한 그의 논의와 더불어 그의 복지 이론을 더 이상 '쾌락주의'가 아니라 일종의 '객관적 목록 이론'으로 보아야 한다는 논란을 야기하였다. 밀의 복지 이론을 쾌락주의로 볼 것인지, 객관적 목록 이론으로 볼 것인지, 아니면 이 두 가지가 결합된 일종의 '혼합 이론'으로 볼 것인지는 아직도 논쟁이 진행 중인 쟁점이다.

14. "모든 실천의 규칙들이 따라야 하는 일반 원리, 그리고 그 규칙들을 평가하는 일반 원리는 인류 또는 모든 유정적 존재의 행복에 대한 기여의 원리이다. 달리 말해서 행복의 증진이 바로 목적론의 궁극적 원리이다"(Mill, 1843: 951). 이것에 관한 자세한 논의는 류지한(2020: 26-27) 참조.

의 기준들 가운데 하나'라는 밀의 언급은 도덕의 기준이 하나가 아니라 여럿일 가능성을 시사한다. 그렇다면 밀의 공리주의에서 최대 행복으로서 공리의 원리 이외의 또 다른 도덕의 기준은 무엇인가? 이 물음에 대한 답은 그의 제재 이론과 밀접히 관련되어 있다.

### 5) 제재와 제재의 적절성

밀은 『공리주의』 3장 "공리의 원리의 궁극적 제재에 관하여"에서 우리가 공리의 원리를 따라야 하는 구속력과 동기의 원천이 무엇인지에 대해 논의하였다. 그는 벤담의 외적 제재에 관한 논의를 비판적으로 계승하면서 추가로 내적 제재에 관한 논의를 제시하였다. 밀에 의하면 우리 마음에 그 자체로 의무라는 감정을 불러일으키는 유일한 도덕은 교육과 여론을 통해 신성시되어 온 '관습 도덕'이다. 그래서 우리는 도둑질하거나 살인하거나 배신하거나 속여서는 안 된다고 느낀다. 하지만 공리의 원리와 같은 일반 원리는 그 자체로 의무의 감정을 불러일으키지 못한다. 우리는 자신의 행복과 공리의 원리가 상충할 때, 자연스럽게 '왜 우리가 공리의 원리를 따라야 하는지'에 대해 의문을 가지게 된다(U, 3.1). 밀은 공리의 원리가 우리의 성격에 깊이 뿌리내리고 본성의 일부로서 우리의 의식에 완전히 고착되기 전까지는 이러한 의문에서 비롯되는 어려움이 사라지지 않을 것이라고 말한다(U, 3.2). 요컨대, 밀은 공리의 원리라는 일반 원리가 내적 제재인 양심이나 의무감의 형태로 확고하게 자리 잡기 전까지는 구속력과 동기의 원천으로 작용하는 데는 한계가 있음을 인정한다.

밀에 의하면 이런 어려움을 극복하기 위해 공리주의도 다른 모든 도덕 체계들이 사용하는 모든 외적 제재와 내적 제재를 가지고 있다. 외적 제재는 우리가 동료 인간이나 우주의 지배자로부터 호의를 얻고자 하는 희망과 미움에 대한 두려움이며, 이는 또한 동료 인간에 대해 공감과 애정 혹은 신에 대한 사랑과 외경심이다. 이와 같은 모든 외적 보상과 처벌의 힘은 공리주의 도덕을 강화하는 데 사용될 수 있다(U, 3.3). 이에 비해 의무의 내적 제재는 우리 안에 생기는 하나의 감정인데, 이 감정은 의무를 위반할 경우에 다소 강렬한 고통을 수반한다. 이 감정이 아무 사심 없이 발휘되고 의무의 순수한 관념과 연결될 때, 바로 양심의 본질을 이룬다. 도덕적 의무의 구속력은 바로 이 감정 안에 존재한다(U, 3.4). 밀은 이 인류의 양심적 감정들이 도덕의 궁극적 제재라고 주장하였다. 그런 감정들은 인간 본성에 관한 하나의 사실로서 존재하며, 그런 감정들을 잘 함양한 사람들에게 그 감정들은 강력한 힘을 발휘한다(U, 3.5).

밀은 이런 양심 혹은 도덕적 의무 감정이 후천적으로 습득된 것임을 강조하였다. 하지만 그에 의하면 사람들이 말하고 추론하고 도시를 건설하는 것이 후천적으로 습득된 능력들이지만 자연적인 것이듯, 이 도덕적 감정들 역시 후천적으로 습득된 것이지만 자연적인 것이다. 도덕적 감정들이 분명히 지각될 수 있을 정도로 우리 모두 안에 존재하는 것은 아니다. 이런 의미에서라면, 도덕적 감정들은 우리의 본성의 일부가 아니다. 하지만 그것들은 본성에서 자연적으로 자라 나온 것이다. 그리고 다른 후천적 능력들과 마찬가지로 도덕적 능력도 아주 적은 정도는 저절로 자라날 수 있고, 함양함으로써 높은 수준으로 발전할 수 있다(U, 3.8).

하지만 밀에 의하면 설령 교육에 의해 양심과 공리주의 사이에 강한 연상 관계를 형성한다고 해도, 공리주의 도덕을 위한 감정의 자연적 토대가 없다면, 그와 같은 연상 관계는 분석에 의해 사라질 수도 있다(U, 3.9). 그런데 밀에 따르면 다행히도 이런 강력한 자연적 감정의 토대가 존재하는데, 인류의 사회적 감정이 바로 그것이다. 동료 인간들과 하나가 되고자 하는 욕망인 사회적 감정은 이미 인간 본성 속에서 강력한 원리로 작동하고 있으며, 다행히 인위적으로 가르치지 않아도 문명 발전의 영향으로 인해 점점 강해지는 경향이 있다. 인간 정신이 발전함에 따라 각 개인은 나머지 다른 사람들 모두와 일체감을 느끼는 경향이 있다(U, 3.10). 그래서 이미 사회적 감정을 조금이라도 발달시킨 사람은 동료 인간들을 행복의 수단을 두고 자신과 다투는 경쟁자로 여길 수 없게 된다. 이런 사회적 감정에 기초한 공리주의적 양심이 최대 행복 도덕의 궁극적 제재이다(U, 3.11). 밀은 공리주의적 양심이 사회적 감정이라는 자연적 토대에 기초하고 있는 것이 다른 윤리 이론들이 가지지 못하는 공리주의 이론의 장점이라고 주장하였다.

밀은 도덕교육과 여론의 힘을 통해 양심을 함양함으로써 심리적 쾌락주의의 이기적 성향을 극복하고 공리의 원리를 따르도록 하는 궁극적 제재가 가능하다고 주장하였다(U, 2.18). 이 내적 제재의 이론은 밀의 공리주의 안에 성품과 덕이 중요한 요소로 자리 잡는 근거 중 하나이다. 이처럼 밀의 제재 이론은 내적 제재로서 양심을 도입함으로써, 벤담의 공리주의에 비해, 자기 이익과 공리(일반 이익)가 갈등하는 경우에 공리의 원리를 따를 동기와 이유를 제공하기 훨씬 용이한 입장에 서게 된다. 밀은 벤담과 마찬가지로 각종 외적 제재를 활용하여 행위 주체에게 공리주의 도덕을 따를 자기 이익적인 동기와 이유를 제공할 수 있다. 여기에 더해서 밀은 양심(의무감)에 의한 내적 제재를 활용하여 공리의 원리에 따르고자 하는 동기와 구속력을 제공할 수 있다. 내적 제재로서 공리주의적 양심이 어느 정도 자리 잡은 사람은 공리의 원리가 명하는 "의무를 위반하는 경우에 다소간 강렬한 고통을 수반하기"(U, 3.4) 때문에, 그런 사람에게 공리의 원리를 따르고자 하는 자기 이익적 동기와 이유는 더 강화된다. 공리주의 윤리 체계에서 내적 및 외적 제재가 없다면, 공리의 원리는 구속력과 동기의 원천이 되기 어렵다.

이처럼 밀의 공리주의에서 제재는 쾌락주의의 자기 이익 지향성과 공리의 일반 이익 지향성 간의 긴장과 갈등을 해소하고, 그것들을 일치시켜 주는 이론적·실천적 장치로서 기능한다. 더 나아가 밀의 공리주의에서 제재는 단순히 쾌락주의와 공리의 원리를 이어 주는 가교 이상의 의미를 가진다. 밀은 삶의 기술의 나머지 영역 — 타산과 심미 또는 편의와 가치 있음 — 으로부터 도덕을 구별하는 진정한 구분으로 '처벌적 제재'를 언급하였다(U, 5.15). 여기서 한 걸음 더 나아가서 밀은 제재의 적절성을 도덕적 의무와 관련짓고, 옳음과 그름을 각각 '강요'와 '처벌적 제재(법적 처벌, 사회적 비난, 양심의 가책)'와 관련짓는 논의를 전개하였다. 밀에 의하면, '어떤 행위가 옳다'는 것은 그 행위를 하도록 강요하는 것이 마땅하고, 그 행위를 하지 않는 것에 대해 처벌의 제재를 가하는 것이 마땅하다는 것을 함축한다. 반대로 '어떤 행위가 그르다'는 것은 그 행위를 하지 못하도록 강요하는 것이 마땅하고, 그 행위를 할 경우에는 처벌의 제재를 가하는 것이 마땅하다는 것을 함축한다. 요컨대, 밀에 의하면 도덕은 강요적 제재와 처벌적 제재가 적합한 삶의 기술의 영역을 의미하며, 이런 강요와 처벌의 제재는 의무 개념의 일부를 이룬다.

> 법의 본질인 처벌적 제재라는 관념은 부정의의 관념뿐만 아니라 모든 종류의 그름의 관념에도 들어 있다. 우리가 어떤 것을 그르다고 부를 때, 그것이 함축하여 의미하는 바는 그릇된 것을 행한 사람은 그것 때문에 어떤 식으로든, 즉 만약 법에 의해서가 아니라면 동료 인간들에 의해, 동료 인간들에 의해서가 아니라면 그 자신의 양심의 가책에 의해, 어떤 식으로든 마땅히 처벌받아야 한다는 것이다. 이것이 도덕과 단순한 편의를 구별하는 진정한 구분점으로 보인다. 어떤 사람이 의무를 수행하도록 올바로 강요될 수 있다는 것, 이것이야말로 모든 형태의 의무에 공통되는 의무 개념의 일부이다. (…) 우리는 어떤 사람이 그가 한 행동 때문에 마땅히 처벌받아야 한다고 생각하는 경우 그 행동을 그르다고 부르고, 마땅히 처벌받아서는 안 된다고 생각하는 경우 그 행동을 그르다고 하지 않고 대신에 싫어한다거나 경멸한다고 부른다. 또 우리가 어떤 행동과 관계된 사람에게 특정 방식으로 행동을 하도록 강요하기를 원할 경우 그런 식으로 행동하는 것이 옳다고 말하고, 단지 그를 그런 식으로 행동하도록 설득하거나 권장하기를 원할 경우 그런 식으로 행동하는 것을 그저 바람직하거나 칭찬받을 만하다고 말한다. (U, 5.14)

밀에 의하면 제재 — 강요나 처벌 — 를 가하는 것의 마땅함은 의무 개념의 일부로서 옳고 그름 개념 안에 포함되어 있다. 이렇게 제재의 마땅함 혹은 적절성은 옳고 그름과 밀접한 개념적 관련성을 가진다. 밀에게 있어서 제재의 마땅함은 도덕을 다른 삶의 기술로부터 구별시켜 주는 종차적 특징이자, 어떤 행위가 도덕적 의무임을 밝혀 주는 기준 가운데 하나이다. 따라서 밀의 공리주의에서 도덕적으로 옳은 행위란 공리를 증진하는 경향을 가진 행위들 가운데서 제재 적용이 적절한 행위를 의미한다. 행복을 증진하는 경향을 가진 어떤 행위에 대해 제재를 가하는 것이 공리를 극대화한다면 그 행위는 옳은 행위가 되며, 불행을 증진하는 경향을 가진 어떤 행위에 대해 제재를 가하는 것이 공리를 극대화한다면 그 행위는 그른 행위가 된다. 이처럼 밀의 공리주의는 행위 자체의 공리와 제재의 공리를 '중층적으로' 결합하여 도덕의 기준을 구성한다(류지한, 2020: 30; 2021: 146).[15]

### 6) 공리의 원리와 도덕 규칙

밀의 시대에 공리주의에 대해 가장 많이 제기되는 비판 가운데 하나는 공리주의가 도덕적 의사 결정과 평가에서 도덕 규칙의 역할을 간과하며, 그 결과로 공리주의는 공리를 핑계로 도덕 규칙을 위반한다는 것이다. 이런 비판에 응답하면서 밀은 상식 도덕과 공리주의를 조화시킬 수 있는 방안을 제시하고 이를 통해 벤담 이래로 공리주의에 대해 제기되는 비판인 역직관성 반론을 해소할 수 있다고 생각하였다.

밀은 상식 도덕에서 중시하는 여러 도덕 규칙들의 필요성과 중요성을 인정하면서 그것을 공리주의 도덕 체계 내로 받아들였다. 도덕 규칙들의 필요성과 중요성에 대한 밀의 강조는 공리주의적인 결과의 계산이 어렵다는 비판에 대한 답변으로 제시된 것이다. 밀은 행위를 하기 전에 어떤 행동 노선이 일반 행복에 미치는 영향을 계산할 시간이 없다는 반론에 대해, 도덕 규칙을 활용할 수 있기 때문에 충분한 시간이 있다고 응수하였다. 그의 논의에 따르면 인류는 지금까지 경험을 통해 행동의 경향을 배워 왔고, 어떤 행

---

[15]. 이에 관한 자세한 논의는 류지한(2020), pp. 26-36, 류지한(2021), pp. 142-147 참조.

위들이 자신들의 행복에 어떤 영향을 미치는지에 대한 믿음을 형성해 왔다. 그리고 이렇게 전해 내려온 믿음들이 도덕 규칙들이 된다(U, 2.24). 밀은 이런 도덕 규칙들이 최대 행복이라는 도덕의 궁극적 목적을 향해 가는 길을 안내하는 표지물과 이정표 역할을 한다고 주장하였다. "우리가 무엇을 도덕의 근본 원리로 채택하건, 우리는 그것을 적용하기 위해 하위 원리들을 필요로 한다. 하위 원리 없이 근본 원리를 적용하는 것은 불가능하다"(U, 2.24). 그렇기 때문에 공리주의도 공리의 원리라는 근본원리(일차 원리)를 적용하기 위해서는 일종의 하위 원리(이차 원리)로서 도덕 규칙들을 필요로 한다. 여기서 한 걸음 더 나아가서 밀은 "이차 원리들이 갈등하는 경우에만 제일원리에 호소할 필요가 있다"(U, 2.25)고 주장하였다. 이렇게 도덕 규칙을 이차 원리로 수용함으로써 밀의 공리주의는 매 경우 공리의 원리를 직접 적용하는 대신, 대부분의 경우에서 이차 원리, 즉 도덕 규칙을 중심으로 의사 결정을 하고 도덕적 평가를 하게 된다. 공리의 원리는 단지 도덕 규칙들이 갈등하는 경우에 한해서 제한적으로 직접 적용된다.

그러나 밀은 도덕 규칙의 필요성과 중요성을 인정하면서도, 그런 도덕 규칙은 어디까지나 이차 원리이자 공리의 원리의 하위 원리임을 분명히 하였다. 도덕 규칙은 일상적인 도덕적 의사 결정과 평가에서 매우 중요하지만, "널리 수용되고 있는 윤리의 규칙들은 결코 신성한 권리를 지니지 않는다"(U, 2.24). 예를 들어, 신성한 것으로 여겨지는 진실성의 규칙조차도 예외를 허용한다. 가령, 죽을병에 걸린 사람에게 나쁜 소식을 말하지 않는 것처럼, 어떤 사실을 알리지 않는 것이 누군가를 중대하고 부당한 악으로부터 구할 수 있는 경우에 진실을 말하지 않는 것은 정당하다. 그러나 밀은 도덕 규칙의 약화를 방지하기 위해 그런 예외가 필요 이상으로 확대되지 않도록 하고, 그런 경우들이 예외라는 점을 분명히 함과 아울러 그 한계를 명확하게 설정해야 한다고 경고하였다(U, 2.23).

밀에 의하면 도덕 규칙들은 공리의 원리에 의해 정당화되고 또 공리의 원리에 의해 유보될 수 있는 것이다. 달리 말해, 공리의 원리는 도덕 규칙에 우선한다. 그렇기 때문에 공리를 위해 필요한 경우, 도덕 규칙을 위반하는 것은 정당화된다. 물론 그런 경우는 규칙 위반이 가져올 기대 효과나 신뢰 효과의 붕괴를 감안할 때, 매우 비정상적이고 드물 것이다. 하지만 인간사의 복잡함 때문에 어떤 윤리 이론도 행동 규칙에 예외를 인정하지 않을 수 없고, 의무의 갈등을 포함하지 않을 수 없다. 이런 경우에 공리주의는 공리에 호소해서 그런 의무의 갈등을 해결할 수 있다는 장점이 있다. 이에 비해 다른 윤리 체계에서는 도덕법칙들이 모두 독립적인 권위를 주장하기 때문에, 그런 도덕법칙들 사이의 갈등을 조정해 줄 자격이 있는 공통의 심판이 없다(U, 2.25). 이 점이 공리주의와 이에 반대하는 이론 간의 중요한 차이이다. 공리주의가 공리의 원리를 도덕의 제일원리로 보고 도덕 규칙을 이차 원리로 보는 데 반해, 반대자들은 이차 원리인 도덕 규칙들을 일차 원리라고 주장한다(Mill, 1938: 111).[16] 그렇기 때문에 비공리주의 이론들은 의무의 갈등 혹은 도덕 규칙의 갈등을 합리적으로 해결하는 데 한계가 있다.

정리하자면, 밀의 공리주의 이론 체계에서 도덕 규칙은 도덕적 의사 결정과 평가에서 신속하고 간편한 결과 계산 및 도덕 판단을 이끄는 장치 역할을 한다. 현대 용어로 말하면, 도덕 규칙은 공리주의에서 일종의 도덕적 휴리스틱으로서 기능한다. 구체적으로 도덕 규칙은 대략 1) 시간 절약 및 간편 계산 장치로서 의사 결정을 위한 휴리스틱, 2) 일상적 경우에 도덕적 평가를 하는 도덕의 기준, 3) 도덕적 구속력과 제재를 동반하는 도덕적 제재의 원천, 이 세 가지 역할을 한다. 이에 비해 공리의 원리는 도덕 규칙을 정당화하는 데 사용되고, 그 도덕 규칙들이 갈등하는 경우나 그 도덕 규칙

---

16. "공리의 원리를 기준으로 받아들이는 사람들은 사실 그런 2차적인 원리들을 통하는 방법 외에는 그것을 거의 적용할 수 없다. 공리주의를 기준으로 거부하는 사람들은 일반적으로 그런 2차 원리들을 1차 원리라고 주장하는 것이라고 할 수 있다. 오직 두 개 혹은 그보다 많은 2차 원리들이 충돌할 때에만 1차 원리에 대한 직접적인 호소가 필요하며, 그제야 비로소 공리주의를 둘러싼 논쟁의 실천적 중요성이 문제가 되기 시작하는 것이다. 그렇지만 사실 이런 논쟁은 다른 면에서 보자면 실천에 관계된 문제라기보다는 이런 2차 원리들 사이의 배열과 논리적인 관계에 관련된 이론적 문제로서 과학적 관점에서는 도덕 철학의 체계적인 통일성과 일관성을 위한 것이다"(Mill, 1938: 111; 밀, 2020: 88).

을 위반해야 할 예외적인 경우를 다루는 데 적용된다. 이 점에서 밀은 현대의 '규칙 공리주의(rule utilitarianism)' 혹은 '다수준 공리주의(multi-level utilitarianism)'가 주장하는 핵심 논의를 이미 100여 년 전에 포착하고 있었던 것으로 보인다.

### 7) 공리주의와 상식 도덕의 조화: 정의와 권리

밀은 공리의 원리를 적용하기 위한 이차 원리로서 도덕 규칙을 받아들였을 뿐만 아니라, 그런 도덕 규칙들 가운데 가장 중요한 도덕 규칙이 정의와 권리임을 인정하였고, 그것을 공리주의 체계 내로 수용하였다. 밀은 벤담 이래로 공리주의 이론이 당면한 유일한 실제적인 어려움이 정의(권리)에 근거한 반론이라고 진단하였다(U, 5.1, 5.38). 공리주의가 개인의 권리 침해 및 이와 관련된 부정의를 공리의 이름으로 정당화한다는 널리 퍼져 있는 비판이 공리주의에 대한 유일한 실질적 걸림돌이라는 것이다. 그러나 밀은 우리가 공리와 정의의 관계를 올바로 이해한다면, 정의는 공리주의에 걸림돌이 되지 않을 것이라고 반박하였다. 그에 의하면 정의와 편의(공리)는 흔히 생각하는 것처럼 반대되는 것이 아니며, 장기적으로 볼 때 결코 분리되지 않는다(U, 5.1). 정의는 일반 공리(general utility)의 특정한 종류나 부분에 불과하다(U, 5.2). 밀은 공리에 근거하지 않는 정의의 기준에 반대하면서 공리에 근거한 정의를 내세웠다.

> 정의로운 것은 일반적으로 모든 종류의 편의적인(expedient) 것과는 다른 것으로, 그래서 개념적으로 편의적인 것과 반대되는 것으로 여겨져 왔다. 하지만 정의로운 것은 (흔히 생각하듯이) 실제로는 장기적으로 결코 편의적인 것과 분리되지 않는다. (U, 5.1)

정의의 모든 경우들이 또한 편의의 경우들이라는 것은 언제나 명백하다. 다만 이 둘의 차이는 정의에 수반되는 특별한 감정에 있다. 이 특별한 감정에 의해서 정의는 편의와 대조되어 구별된다. (…) 단순한 분개의 자연적 감정이 사회적 선의 요구와 그 외연이 일치하도록 도덕화된 것이 바로 그 [정의의] 감정이라면, (…) 이 정의라는 관념은 더 이상 공리주의 도덕에 걸림돌로 작용하지 않는다. 정의는 여전히 다른 어떤 종류의 사회적 공리보다 훨씬 더 중요하고 따라서 더욱 절대적이고 명령적인 특정한 사회적 공리들에 대한 적절한 이름이다. (U, 5.38)

이상의 주장을 입증하기 위하여 밀은 정의나 부정의의 공통된 속성이 무엇인지를 확인하는 작업이 필요하며, 이 작업은 정의나 부정의로 분류되는 '보편적으로 널리 받아들여지는 견해'를 살펴보는 데서 시작할 필요가 있다고 보았다. 밀에 의하면 그런 견해에서 정의나 부정의로 분류되는 것은 대략 여섯 가지이다. 첫째, 어떤 사람의 '법적 권리'를 존중하는 것은 정의롭고, 위반하는 것은 부정의하다. 둘째, '도덕적 권리'를 존중하는 것은 정의롭고, 침해하는 것은 부정의하다. 셋째, 각자가 자신의 '응분의 몫(대우)'을 받는 것은 정의롭고, 자신의 응분의 몫(대우)이 아닌 것을 받게 되는 것은 부정의하다. 넷째, 어떤 사람과의 계약이나 약속에서 '신뢰'를 지키는 것은 정의롭고, 신뢰를 깨뜨리는 것은 부정의하다. 다섯째, '공평'한 것은 정의롭고, 편파적인 것은 부정의하다. 여섯째, 사회 전체의 편의(공리)를 산출하는 한에서 '평등'한 것은 정의롭고, 그런 편의를 산출하지 않는 불평등한 것은 부정의하다(U, 5.5-5.10).

밀에 의하면 이처럼 정의라는 용어는 다양하게 적용되기 때문에 이 다양한 적용 방식에 공통되는 정의의 속성을 찾기 위해서는 정의의 어원을 탐색할 필요가 있다. 대부분의 언어에서 정의의 어원은 실정법과 관련된 기원을 지시하며, 정의 관념의 모관념은 원래 '법의 준수'였는데, 이후에 이것은 '마땅히 존재해야만 하는 법'의 준수와 결부되었다(U, 5.12). 그래서 사람들은 법이 적용되지 않는 영역에서도 '존재해야만 하는 이상적 법'의 관념에 의해서 '법의 준수'를 정의라고 하고, 법의 위반을 부정의라고 생각한다. 따라서 법적 제약이라는 관념은 여전히 정의의 개념을 산출하는 관념이다(U, 5.13).

그러나 밀에 의하면 이상의 설명에는 정의의 의무를 도덕적 의무 일반으로부터 구별하는 어떤 기준도 포함하고 있지 않다. 왜냐하면 법의 본질인 처벌적 제재라는 관념은 부정의의 관념뿐만 아니라 모든 종류의 그름의 관념에도 들어 있기 때문이다. 모든 종류의 그름 — 불법으로서 그름이건 비도덕이나 부정의로서 그름이건 — 이 처벌적 제재와 관련되기 때문에 처벌적 제재는 법의 특징일 뿐만 아니라 도덕의 특징이기도 하다. 따라서 법의 준수 및 처벌적 제재만으로는 법과 도덕의 구별은 물론이고 정의만의 고유한 특징을 규정할 수 없다.

밀에 의하면 이 제재의 적절성은 편의와 가치 있음의 나머지 부분들로부터 정의만이 아니라 도덕 일반을 구별시켜 주는 특징적인 차이점이지, 정의를 도덕의 다른 부분으로부터 구별해 주는 특징은 아니다. 밀은 도덕의 나머지 부분으로부터 정의를 구별시켜 주는 종차적 특징을 '도덕적 권리'에서 찾았다. 정의란 용어는 일반적으로 개인적 권리의 개념과 관련된다는 것이다. 그래서 "정의는 행하면 옳고 행하지 않으면 그른 것이면서, 어떤 개인이 우리에게 그의 도덕적 권리로서 요구할 수 있는 것과 관계된다"(U, 5.15). 달리 말해, 도덕적 권리를 존중하는 것이 정의이고, 도덕적 권리를 침해하는 것이 부정의이다. 그리고 밀에 의하면 '어떤 것에 대해 권리를 가진다는 것은 그것을 소유하도록 사회가 보호해 주어야 함'을 의미하며, 사회가 그 권리를 보호해 주어야 하는 이유는 일반 공리 때문이다. 특히, 모든 이익들 중 누구나 가장 중요하다고 느끼는 안전의 이익이 갖는 일반 공리 때문이다(U, 5.25). 달리 말해, 개인의 권리를 보호하는 것이, 특히 안전과 관련된 개인의 권리를 보호하는 것이 사회 전체의 공리 증대에 중요하기 때문에 공리주의는 권리를 인정하고 보호해야 한다는 것이다. 이런 점에서 정의와 권리는 공리와 반대되는 것이 아니라, 공리에 의해 정당화되는 것이다.

이처럼 밀의 공리주의에서 정의는 어디까지나 공리에 의해 정당화되는 공리의 특별한 한 종류일 뿐이다. 그런 점에서 정의는 일반 편의(공리)와도 일치한다. 밀은 공리에 근거하지 않는 정의의 기준을 상상의 기준이라고 하면서 이런 기준을 내세우는 모든 이론에 반대하였다. 하지만 그는 공리에 근거한 정의가 모든 도덕의 가장 중요한 부분이고, 비교할 수 없을 정도로 가장 신성하고 구속력 있는 부분이라는 점을 인정하였다.

> 정의는 삶을 지도하는 다른 어떤 규칙보다도 인간 복지의 본질에 더 밀접히 관련되어 있다. 그래서 정의는 더 절대적인 의무의 성격을 띠는 특정 부류의 도덕 규칙들을 지칭하는 이름이다. 그리고 우리가 정의라는 관념의 본질이라고 생각해온 개념, 즉 개인이 가지고 있는 권리라는 개념이 정의가 더 구속력 있는 의무라는 것을 암시하고 증명한다. (U, 5.32)

그러나 정의 관념에 대한 이 같은 설명에 대해서 정의는 공리와 완전히 독립적이고 그 자체가 독자적 기준이기 때문에 공리의 원리에 의해 설명될 수 있는 것이 아니라는 반론이 제기될 수 있다. 이에 대해 밀은 만약 정의가 그렇게 완전히 독자적인 기준이라면, 왜 정의에 관한 견해들이 그렇게 다양하고 불일치하는지 반문한다. 밀은 사법 정의 및 분배 정의와 관련된 매우 다양한 견해를 언급하면서, 이렇게 다양한 의견의 불일치는 오직 공리의 원리에 의해서만 적절한 해결이 가능하다고 주장하였다(U, 5.26-27).

이제 밀은 개인의 권리를 보호하는 정의의 의무가 구체적으로 무엇인지를 해명한다. 그에 의하면 인간의 복지에 가장 중요한 도덕 규칙들은 인류가 서로에게 해를 가하는 것을 금지하는 도덕 규칙이다. 이 '해악 금지'의 도덕 규칙이 일차적으로 정의의 의무를 구성한다. 이 해악 금지의 도덕 규칙 안에는 직접적인 공격 행위를 금지하는 것(공격 금지 규칙)뿐만 아니라 부당한 힘의 행사를 통해 간섭하는 행위를 금지하는 것(간섭 금지 규칙) 그리고 마땅히 받아야 할 응분의 몫(대우)을 부당하게 받지 못하게 하는 행위들을 금지하는 것(부당한 대우 금지 규칙)이 포함된다. 이런 행위들은 직접적인 고통을 주거나 아니면 좋은 것들을 박탈하는 형태로 적극적인 해를 가하는 것이다(U, 5.33). 이어서 밀은 '각자에게 각자의 응분의 몫(대우)을 주어야 한다'는 원리를 처벌과 관련지으면서, '악에는 악으로 되갚는 것'과 '선에는 선으로 갚는 것'을 정의의 의무로 제시한다(U, 5.34). 마지막으로 밀은 사법적 덕목들 가운데 제일 덕목인 공평성을 정의의 의무로 제시한다. 그런데 그에 의하면 평등과 공평성의 의무는 도덕의 제일원리에서 직접 나온 것이다. 그것은 공리의 의미 또는 최대 행복의 원리 안에 함축되어 있다. 왜냐하면 최대 행복의 원리는 행복의 정도가 똑같다고 가정할 때, 어떤 사람의 행복을 다른 사람의 행복과 정확히 똑같이 계산할 것을 요구하기 때문이다. 만일 그렇지 않다면, 최대 행복의 원리는 아무런 합리적 의미도 없는 단어들의 단순한 나열에 불과하다(U, 5.36).

이런 논의를 통해 밀은 공리와 정의(권리)의 관계 및 공리주의 윤리 체계 내에서 그 위상을 분명히 정립하였다. 이에 따르면 정의 및 권리는 공리와 대립하는 것이 아니라 공리에 의해 정당화되는 가장 우선적인 도덕 규칙이다. 여기서 공리는 일차 원리의 위상을 지니고, 정의와 권리는 가장 중요한 이차 원리로서의 위상을 지닌다. 정의는 "사회적 공리의 척도에서 아주 높은 위치를 차지하고, 따라서 다른 어떤 의무들보다 더 중요한 의무이다"(U, 5.37). 그러나 어떤 특수한 경우들에는 다른 사회적 의무가 너무 중요해서 공리의 이름으로 일반적인 정의의 준칙을 무시해야 하는 경우가 생길 수도 있다. "그래서 목숨을 구하기 위해 필요한 음식이나 약을 훔치거나 강제로 빼앗는 것 또는 병을 치료할 수 있는 단 한 사람의 자격 있는 의료인을 납치해서 강제로라도 환자를 돌보게 하는 것은 허용될 수 있을 뿐 아니라 하나의 의무일 수도 있다"(U, 5.37).

밀은 정의의 종차적 특징으로 도덕적 권리를 도입하고 그 도덕적 권리를 공리의 원리에 의해 정당화함으로써 벤담에 의해 거부되었던 도덕적 권리 개념을 공리주의 체계 내로 포함시켰다. 이렇게 해서 밀은 공리주의에 대한 반대 논변의 핵심을 이루는 정의와 권리를 공리주의 체계 내로 받아들였으며, 그것에 구속력이 가장 강한 도덕 규칙이라는 위상을 부여하였다. 밀에게 있어서 정의와 권리는 공리주의와 대립하는 것이 아니라, 공리의 원리에 의해 정당화되는 것이다. 이렇게 밀은 상식 도덕의 핵심을 구성하는 정의와 권리를 공리주의 체계 내로 수용하였다. 그럼으로써 그는 공리주의와 상식 도덕이 갈등하는 것이 아니라 조화될 수 있음을 주장하였다. 나아가 밀은 상식 도덕을 구성하는 도덕 규칙들이 서로 갈등할 때, 공리의 원리에 의해 그 규칙의 갈등을 해결할 수 있다는 점이 다른 윤리 이론이 지니지 못한 공리주의의 장점임을 강조하였다.

### 8) 『자유론』, 자유와 개성

밀의 『공리주의』에서 중요한 사회적 공리를 가지는 (이차) 도덕원리가 '정의의 원리'라면, 『자유론』에서 정의의 원리에 상응하는 중요한 사회적 공리를 가지는 (이차) 도덕원리는 '자유의 원리(liberty principle)'라고 할 수 있다. 밀은 『자유론』에서 '시민적 자유' 혹은 '사회적 자유'에 관해 논의하면서 공리의 원리에 근거하여 자유의 원리에 대한 정당화를 시도하였다.

밀은 민주주의가 성장하는 것을 보며 민주주의에는 '다수의 압제(tyranny of majority)'의 위험이 내재되어 있다고 경고하였다. 다수가 지배하는 민주주의에는 정부에 의한 강제뿐만 아니라, 다수의 여론과 같은 비공식적 통제를 통해서 다수가 소수를 억압하는 위험이 도사리고 있다는 것이다. 밀은 이 같은 다수에 의한 사회적 압제가 정치적 탄압보다 더 무서운 것이라고 주장하였다. "왜냐하면 사회적 압제는 정치적 탄압처럼 극심한 처벌을 통해 유지되는 것은 아니지만, 그 대신 도피할 여지를 거의 남기지 않고 일상생활의 세세한 영역까지 훨씬 깊숙이 개입하여 인간의 영혼 자체를 노예화하기 때문이다"(L, 1.5). 이런 우려를 담은 『자유론』은 "사회가 개인에 대해 정당하게 행사할 수 있는 권력의 성격과 한계"(L, 1.1)를 주제로 삼고 있다. 『자유론』을 통해 그는 사회가 개인의 자유를 정당하게 제한할 수 있는 조건은 무엇이며, 또 사회가 정당하게 침해할 수 없는 개인의 고유한 자유의 영역은 무엇인지를 밝히고자 하였다. 그 결론으로 그는 '타인에 대한 해악 금지'를 기반으로 '자유의 원리'를 주장하였다. 즉, '타인에게 해악을 입히지 않는 한에서 최대한의 자유'를 개인에게 허용해야 한다는 것이다.

> 이 글의 목적은 아주 간단한 한 가지 원리를 주장하는 것이다. 그 원리는 사회가 강제와 통제의 방법 — 그 수단이 법적 처벌의 형태로 가해지는 물리적 힘이건, 아니면 여론의 도덕적 강제이건 — 으로 개인을 다루는 방식을 절대적으로 제한하는 원리이다. 이 원리란, 인류가 어느 한 개인이 갖는 행위의 자유에 대해 개인적으로나 집단적으로 간섭하는 일을 정당화시켜 줄 수 있는 유일한 목적은 바로 자기 보호밖에 없다는 것이다. 또 문명화된 공동체의 어느 한 구성원에게 그의 의지에 반해서 권력이 정당하게 행사될 수 있는 유일한 경우는 타인들에게 해를 가하는 것을 막기 위한 경우밖에 없다. 어떤 행동을 하는 것이 그에게 더 좋다는 이유로, 그것이 그를 더 행복하게 만들 것이라는 이유로 그가 어떤 행동을 하거나 하지 않도록 강제하는 것은 정당화될 수 없다. (…) 한 사람의 행동 가운데 그가 사회에 책임지는 유일한 부분은 타인들과 관련된 부분이다. (L, 1.9)

이 자유의 원리는 두 가지 구분에 기초하고 있다. 하나는 '타인 관련 영역'과 '자기 관련 영역'의 구분이고, 다른 하나는 '외적인 사회적 제재' — 법적 처벌과 여론에 의한 도덕적 비난 — 와 '내적인 양심의 제재'의 구분이다. 밀은 타인 관련 영역에 대해서는 사회적 제재를 주로 하고 양심의 제재를 부가적으로 적용하는 데 반해, 자기 관련 영역에 대해서는 양심의 제재만을 관련지었다.

밀에 의하면 사회가 개인의 자유에 정당하게 간섭할 수 있는 영역은 오직 타인 관련 영역으로 한정된다. 따라서 사회적 제재, 즉 법적 처벌이나 여론에 의한 도덕적 비난 역시 오직 이 타인 관련 삶의 영역에만 적용될 수 있다. 그리고 이 사회적 제재는 오직 '타인에게 해악을 주는 행위'에 대해서만 정당하게 실행될 수 있다. 따라서 밀은 타인에게 해악을 주지 않는 성인의 행위에 국가의 법이나 사회의 여론이 간섭해서는 안 되며, 그런 간섭은 개인의 자유에 대한 부당한 침해라고 주장하였다.

다른 한편으로, 직접적으로 자기 자신에게만 관련되는 삶의 영역은 사회적 제재가 가해질 수 없는 인간 자유의 고유한 영역이다. 이 영역에서 개인은 양심의 자유, 사상과 감정의 자유, 취향의 자유, 삶의 계획을 설계할 자유, 결사의 자유 등을 누린다(L, 1.12). 밀에 의하면 자신의 행복에 대해서는 각 개인이 가장 잘 판단할 수 있으므로, 다른 사람들에게 해악을 끼치지 않는 한, 각 개인은 자기 행복의 추구에 있어 어떤 사회적 제재도 당해서는 안 된다. 심지어 다른 사람들이 어떤 개인의 행위가 그 자신에게 해가 된다고 판단할 경우에도 마찬가지이다. 한마디로 "개인은 자기 자신에 대하여, 즉 자신의 신체와 정신에 대하여 자유로운 주권자"(L, 1.9)이다.

요컨대, 밀의 '해악의 원리(harm principle)' — 『자유론』에서 '해악의 원리'는 『공리주의』에서 해악 금지의 의무를 명령하는 '정의의 원리'에 상응한다 — 는 타인에게 해악을 주는 행위 영역을 사회적 책임 및 제재의 영역으로 설정하고, 타인에게 해악을 주지 않는 행위 영역을 사회적 책임 및 제재로부터 자유로운 자유의 영역으로 설정한다. 그리고 '자유의 원리'는 이 타인의 해악과 무관한 자기 관련 영역에서 최대한의 자유를 요구한다.

자유롭고 주권적인 개인에 대한 강조는 개성의 중요성에 대한 밀의 강조로 이어진다. 개성 있는 삶은 단순히 사회적 관습을 따르는 삶이 아니라, 자신의 삶을 스스로 관장해 나가는 자율성을 발휘하는 삶을 의미한다. 그리고 이러한 개성을 꽃피우기 위해서는 자유와 다양성이 필수 조건으로 요구된다. 의견의 다양성이 우리의 지성을 진보시켜서 진리에 더 가까이 가게 해 주는 것과 마찬가지로, 삶의 방식이 갖는 다양성 역시 우리가 실천적 진리에 더욱 가까이 다가가도록 해 주기 때문이다. 밀에 의하면 이 개성은 개인 행복의 가장 중요한 구성 요소 중 하나이자, 모두의 복지를 증진하는 사회적 진보의 도구이다(L, 3.1). 그리고 이 개성의 발전을 위한 두 가지 필수

조건이 '자유와 상황의 다양성'이다(L, 3.18).

> 타인과 주로 관계되지 않는 일에 있어서는 개성이 그 권리를 스스로 내세우는 것이 바람직하다. 행위자 자신의 성격이 아니라, 타인들의 전통과 관습이 행위의 규칙으로 자리 잡은 곳에는 인간 행복의 가장 중요한 구성 요소 중 하나가 결여되는 것이요, 개인적·사회적 진보의 중요한 구성 요소가 아주 결여되는 것이다. (L, 3.1)

『자유론』에서 자유와 개성에 대한 이 같은 강조는 밀이 공리보다 개인의 자유와 개성을 더 우선시하는 것이 아닌가 하는 의문을 불러일으켰으며, 이는 밀이 그의 모든 저작에서 일관되게 공리주의자였는지에 대해 논란을 야기하였다. 그러나 이 문제에 관해 밀 자신은 아주 분명하게 공리가 모든 윤리적 문제의 궁극적 기준임을 천명하였다.

> 공리와 독립적인 것으로서의 추상적 권리라는 관념으로부터 나의 논증에 도입될 수 있는 일체의 장점을 나는 포기한다. 나는 공리를 모든 윤리적 문제에 대한 궁극적 기준으로 간주한다. 그러나 이 공리는 진보적 존재인 인간의 항구적 이익에 기반한, 가장 큰 의미에서의 공리여야 한다. 이 항구적 이익을 고려할 때, 나는 오직 각자의 행위 가운데 타인들의 이익과 관련된 행위에 대해서만 개인의 자발성이 외적 통제에 복종하는 것이 정당하다고 주장한다. (L, 1.11)

이러한 주장은 밀이 '자유의 원리'를 공리의 원리에 의해 정당화되는 '이차 원리'로 보고 있음을 보여 준다. 『공리주의』가 제일원리인 공리의 원리에 근거해서 개인의 권리 보호를 위해 '정의의 원리'를 이차 원리로 채택한 것과 마찬가지로, 『자유론』은 공리의 원리에 근거해서 개인의 자유를 보호하기 위해 자유의 원리를 이차 원리로 채택한다. 정의의 원리를 구성하는 핵심 의무가 해악 금지 — 공격 금지, 부당한 간섭 금지, 부당한 대우 금지 — 라는 밀의 주장을 고려할 때, 밀의 공리주의에서 타인에게 해를 주지 않는 한에서 최대한의 자유를 주장하는 자유의 원리는 정의의 원리와 짝을 이루는 이차 원리라고 할 수 있다. 정의의 원리와 자유의 원리는 매우 중요한 도덕원리이지만, 이 원리들은 모두 공리의 원리에 의해 정당화되는 이차 원리들이다. 그것들이 도덕적으로 중요한 이유는 두 원리가 공리, 즉 일반 이익의 증진을 가져오기 때문이다. 공리의 원리는 정의의 원리에 대해서 뿐만 아니라 자유의 원리에 대해서도 제일원리로 기능한다. 따라서 밀의 공리주의에서 공리의 원리는 정의의 원리와 대립하지 않는 것처럼 자유의 원리와도 대립하지 않는다. 밀에게 있어서 자유의 원리의 정당 근거는 어디까지나 공리의 원리이다. 자유의 원리에 따라 시민으로서 개인의 자유가 최대한 보장되어야 하는 이유는 그것이 공리의 극대화를 가져오기 때문이다.

밀의 이러한 주장은 그가 자기 관련 영역을 자유의 영역으로 보고 사회적 제재를 타인 관련 영역에 한정하는 이유를 설명해 준다. 밀에 의하면 사람들로 하여금 개인의 사적인 삶, 자기 관련 영역에 대해 사회적 책임을 지도록 하는 것은 '인류의 선'에 도움이 되지 않는다(L. 4.6). 즉, 자기 관련 영역에 사회적 제재를 가하는 것은 일반 이익의 증진에 도움이 되지 않는다. 밀에 의하면 "자유라고 불릴 만한 유일한 자유는 우리 자신의 이익을 우리 나름의 방식으로 추구할 자유"(L, 1.13)이며, "타인들이 좋다고 생각하는 바대로 삶을 살도록 강요하는 것보다 스스로 좋다고 생각하는 바대로 각자의 삶을 살도록 하는 것에서 인류는 더 큰 이익을 얻을 수 있다"(L, 1.13). 타인에게 해를 주는 행위에 사회적 제재를 가하는 데에도 동일한 이유가 적용된다. 타인에 대한 해악에 사회적 제재를 가하는 것이 정당화되는 이유는 그 제재가 공리(일반 이익)에 부합하기 때문이다. 그러나 밀에 의하면 '타인에 대한 해악'은 자유 제한의 충분조건이 아니라 단지 필요조건일 뿐이다.

타인에게 실제로 피해를 주거나 그럴 가능성이 있다는 점을 근거로 사회의 간섭을 정당화할 수 있다고 해서, 단지 그것만으로 그러한 간섭이 항상 정당화된다고 생각해서는 안 된다. 많은 경우 한 개인은 정당한 목적을 추구하는 과정에서 필연적으로, 따라서 정당한 방식으로 타인의 고통이나 손해를 야기한다. (L, 5.3)

이것은 비록 어떤 행위가 타인에게 해를 준다고 할지라도 그런 행위에 사회적 제재를 가하는 것이 공리(일반 이익)를 증진하지 않는다면 혹은 비공리를 산출한다면, 공리의 원리에 따라 그런 행위는 사회적 제재의 대상이 되지 않는다는 것을 의미한다. 밀에 의하면 그런 행위는 양심에 의한 판단과 그에 따른 제재의 대상이다. 또한 이것은 어떤 행위가 타인에게 해를 주지 않는다고 할지라도, 그 행위가 일반 이익 증진에 필요하다면 강요될 수 있으며, 그 행위에 대하여 개인이 사회적 책임을 져야 함을 의미한다(L, 1.11).[17]

같은 맥락에서 밀은 특히 어리석음으로 인해 또는 저속하거나 타락한 취향으로 인해 저급 쾌락을 추구하는 개인적 잘못에 대해 사회적 제재, 특히 여론에 의한 도덕적 비난을 가하는 것을 허용하지 않았다. 그런 저급 쾌락

---

**17.** "타인들의 편익을 위해 그에게 많은 적극적 행동들을 강제로 수행하게 하는 것이 마땅할 수 있다. 법정에서 증언, 공동 방위나 공동 사업에서 공평한 몫을 하는 것, 동료의 생명을 구해 주거나 무방비의 약자를 학대로부터 보호하기 위해 개입하는 것과 같이 어떤 개인적 선행 — 행해야 하는 것이 명백히 인간의 의무인 일들, 그리하여 행하지 않은 것에 대해 그가 마땅히 사회에 책임져야 할 일들 — 을 수행하는 것 등이 그것이다. 한 개인은 행동에 의해서는 물론 행동하지 않음에 의해서도 타인들에게 해를 끼칠 수 있으며, 어떤 경우든 그는 그 상해에 대해 타인들에게 책임지는 것이 당연하다. (…) 개인의 외적 관계와 관련된 모든 일에서 그는 이해가 걸린 관련 당사자들에게 법적 의무가 있고, 또 필요하다면 그들의 보호자인 사회에도 법적 의무가 있다. 흔히 그에게 책임을 묻지 말아야 할 바람직한 이유들이 있지만, 이러한 이유는 그 경우의 특별한 사정에서 나오는 것이어야 한다. 즉, 그가 사회에 의해 어떤 식으로든 통제될 때보다 자기 재량대로 하도록 내버려둘 때 대체로 더 잘 행동할 것이기 때문이라거나, 통제를 행사하려는 시도가 다른 해악, 이 시도가 막을 수 있는 해악보다 더 큰 다른 해악을 낳을 것이기 때문이라거나 하는 것 말이다. 이와 같은 이유들로 책임을 이행할 수 없을 때에는 행위자 자신의 양심이 이 빈 판사석으로 들어서서 아무 외적 보호도 받지 못하는 타인들의 이익을 보호해야 한다"(L, 1.11).

을 추구하는 개인적 잘못은 타인에 의한 혐오나 경멸의 대상이 되고, 자신에 의한 양심의 가책의 대상일 수는 있어도 사회적 제재인 도덕적 비난의 대상일 수는 없다(L, 4.5). 그런 개인적인 저급 쾌락 추구까지 사회적 제재를 가하는 것은 공리의 관점에서 볼 때 일반 이익에 부합하지 않기 때문이다. 밀은 자기 자신에 대한 의무는 일반 이익을 증진하는 이차적 원리(도덕 규칙)로 구성된 관습 도덕의 영역이 아니라, "자기 교육의 도덕"(Bentham, 1838: 98) 혹은 "자기 존중 또는 자기 발전"(L, 4.6)의 의무에 속한다고 보았다. 그렇기 때문에 순전히 자기 관련적인 비도덕적 행위 — 자기 교육이나 자기 존중의 도덕과 관련된 비도덕적 행위 — 는 사회에 의한 법적 제재나 도덕적 제재의 대상이 아니라, 단지 자신에 의한 양심적 제재의 대상일 뿐이다.

밀은 개인이 사회적으로 책임지는 사회적 제재의 대상을 타인 관련 해악으로 한정하고, 순수한 자기 관련 영역을 개인의 고유한 자유의 영역으로 설정함으로써 다수의 압제로부터 개인의 자유를 보호할 수 있는 최후의 보루를 마련하였다. 그의 공리주의에서 자기 관련 영역은 본질적으로 개인의 고유한 자유의 영역이다. 그렇기 때문에 그것은 양심에 의한 자율적 제재가 작동하는 자기 책임의 영역일 수는 있어도 사회적 책임의 영역은 아니다. 이를 통해 밀은 외적 제재에 의존하는 벤담의 공리주의가 안고 있던 과잉 도덕화의 문제와 과도한 사회적 책임의 문제를 해결하였을 뿐만 아니라, 사회적 책임과 간섭으로부터 개인의 고유한 자유의 영역을 보호하고, 개인이 자기 삶의 주권자임을 분명히 하였다.

## 3. 비판적 논의

밀의 공리주의에 대하여 가장 많이 제기되는 비판은 밀이 쾌락의 질적 차이를 끌어들임으로써 불필요하게 쾌락주의를 복잡하게 만들었거나 아니면 쾌락주의를 포기했다는 것이다. 밀은 고급 쾌락이 저급 쾌락보다 본래적 우월성(intrinsic superiority)을 지니고 더 가치 있는 이유는 상황적 이익 때문이 아니라, 그것의 본질적 성격(intrinsic nature) 때문이라고 주장한다. 그러나 이러한 주장은 '밀의 딜레마'로 알려진 곤란한 딜레마에 직면하는 것처럼 보인다.

만약 밀이 고급 쾌락은 장기적으로 그리고 안정적으로 저급 쾌락에 비해 더 많은 양의 쾌락을 가져오기 때문에 또는 그럴 가능성이 크기 때문에 더 가치 있다고 말한다면, 이것은 고급 쾌락을 더 가치 있게 만드는 본질적 성격이란 것이 궁극적으로 더 많은 양의 쾌락을 가져오는 성질이라고 말하는 것과 사실상 동일하다. 그렇다면 밀의 '고급 쾌락의 질적 우월성 논제'는 불필요하며, 그것은 '고급 쾌락의 양적 우월성 논제'에 포섭될 수 있다. 이렇게 되면 밀은 쾌락의 질적 차이를 끌어들여서 쾌락주의를 다소 복잡하게 만들었을 뿐, 결국에는 양적 쾌락주의로 환원된다는 비판에 직면한다. 반대로 만약 밀이 고급 쾌락의 우월성의 근거로 내세우는 '본질적 성격'이란 것이 더 많은 쾌락을 주는 성질이 아니라 다른 어떤 것, 가령 지성, 도덕 감정, 감정과 상상력을 발휘하는 활동(U, 2.4), 달리 말해서 진·선·미의 가치를 추구하는 활동과 같은 것이라고 한다면, 그는 쾌락 이외의 본래적 가치 — 진, 선, 미 등 — 를 끌어들임으로써 쾌락주의 영역을 넘어 비쾌락주의로 나아간다는 비판에 직면하게 된다. 이 경우에 어떤 쾌락을 고급 쾌락으로 만드는 것은 쾌락 자체의 특징(질)이 아니라 진·선·미와 같은 다른 가치이거나 그런 가치를 추구하는 활동으로 보이기 때문이다.

무어(G. E. Moore)의 논의에 따르면 '쾌락만이 목적으로서 선하다'는 쾌락주의의 원리와 '어떤 쾌락은 다른 쾌락보다 더 나은 질을 가질 수 있다'는 질적 쾌락주의 주장은 서로 모순되는 것이다(Moore, 1959: 81).[18] 시지윅도 밀이 주장하는 질의 차이는 여전히 선호의 근거로서 인정될 수 있지만,

---

18. "당신이 밀이 말하는 것처럼 쾌락의 질을 고려해야 한다면, 당신은 쾌락만이 목적으로서 선이라는 주장을 더 이상 하지 않는 것이다. 왜냐하면 당신은 은연중에 모든 쾌락 안에 존재하지 않는 다른 어떤 것 역시 목적으로서 선한 것임을 인정하는 것이기 때문이다"(Moore, 1959: 80-81).

그것은 어디까지나 질의 차이가 양의 차이로 해결될 수 있는 한에서만 그런 것이라고 주장하면서(Sidgwick, 1907: 136), 쾌락의 질적 차이라는 개념은 쾌락주의와 직관주의의 혼란스러운 혼합이라고 비판하였다.

> 우리가 추구하는 것이 쾌락 그 자체이고 쾌락뿐이라면 우리는 항상 덜 유쾌한 쾌락보다 더 유쾌한 쾌락을 선호해야 한다. 쾌락 이외의 것을 목표로 추구하지 않는 한 다른 선택을 하는 것은 합당하지 않다. 그리고 종종 우리가 한 종류의 쾌락이 다른 것보다 낫다 — 예를 들어 호혜적 애정의 쾌락들이 식욕 충족의 쾌락들보다 더 우월하다 — 고 말할 때, 그것이 의미하는 바는 그 [우월한] 쾌락들이 더 쾌락적이라는 것이다. 물론 우리가 이것으로 다른 것을 의미할 수도 있다. 예를 들어 우리는 그것들이 덜 쾌락적이지만 더 고귀하고 더 고상하다는 것을 의미할 수 있다. 그러나 이때 우리는 명백히 쾌락주의적이지 않은 선호의 근거를 도입하게 된다. 그리고 여기서 채택된 방법은 직관주의와 쾌락주의의 혼란스러운 혼합일 것이다. (Sidgwick, 1907: 115)

요컨대, 밀의 질적 쾌락주의가 딜레마에 빠진다는 비판의 요체는 밀이 '쾌락주의'와 '쾌락의 질적 차이'라는 양립 불가능한 개념을 부정합적으로 결합함으로써 딜레마에 빠졌다는 것이다. 그가 이 딜레마에서 벗어나는 길은 질적 쾌락주의를 포기하고 양적 쾌락주의로 되돌아가서 일관된 쾌락주의로 남아 있든가, 아니면 질적 쾌락주의를 고수하는 대신 쾌락주의를 포기하고 비쾌락주의, 특히 아리스토텔레주의적 완전주의(perfectionism)[19]로 전향할 수밖에 없다는 것이다.

이 딜레마 비판과 관련해서 일부 사람들은 '고급 쾌락의 양적 우월성 논

---

**19.** 완전주의는 인간의 복지에 관한 이론 가운데 하나로서 인간의 복지(행복)는 자아실현에 있으며, 자아실현은 인간 본성을 구성하는 본질적 역량들을 발달시키고 발휘하는 것과 관계된다는 견해이다.

제'가 질적 쾌락주의를 포괄할 수 있으므로 질적 쾌락주의는 불필요하고, 따라서 밀이 양적 쾌락주의로 되돌아가야 한다는 입장을 지지하고, 다른 사람들은 밀이 쾌락주의의 포기를 선언하고 다양한 객관적 가치를 행복의 구성 요소로 보는 완전주의 행복론 혹은 객관적 목록 이론(objective list theory)으로 전환해야 한다고 주장한다. 이에 반해 밀의 입장을 고수하는 사람들은 밀이 딜레마에 빠진 것이 아니라, 쾌락의 원천으로서 활동과 쾌락을 종합적으로 고려하는 아리스토텔레스의 쾌락 개념과 소위 '아리스토텔레스주의적 원리(Aristotelian Principle)'[20]를 비판적으로 수용하여, 쾌락의 질 개념을 발전시켰다고 주장한다. 밀의 복지 이론을 일종의 혼합 이론으로 보는 이 입장에 따르면 밀이 말하는 쾌락의 질이란 '쾌락의 원천과 쾌락에 대한 종합적 평가' 혹은 '쾌락과 그 원천의 유기적 통일체(organic unity)'를 의미한다. 밀에게 있어서 어떤 쾌락이 다른 쾌락보다 고급인 이유는 그것이 '질'이라는 일반적 속성을 지니기 때문이 아니라, 그것이 '인간의 감정에 적합한 존재 방식'에 부합하는 쾌락 또는 '인간의 존엄감'에 부합하는 원천에서 나온 쾌락이기 때문이다. 즉, 그 쾌락이 인간에게 고유한 '고등 역량에서 나오는 쾌락'이기 때문이다. 이런 의미의 쾌락의 질은 양으로 단순하게 환원될 수 없는, 양과는 분명히 다른 평가의 척도이다(류지한, 2017: 19). 밀의 질적 쾌락주의에 대한 해석과 논쟁은 현재도 진행 중이며, 그의 견해의 타당성 여부는 쾌락의 본질과 쾌락을 느끼는 메커니즘에 관한 현대 과학의 연구 성과를 기다려야 하는 실정이다.

밀의 공리주의에 대해서 질적 쾌락주의 비판 못지않게 자주 제기되는 비판은 공리의 원리 증명에 관한 비판이다. 공리의 원리에 대한 밀의 증명은

---

[20] 밀의 질적 쾌락 개념은 쾌락주의를 고수하면서도 롤스(John Rawls)가 '아리스토텔레스주의적 원리'라고 부른 것을 수용한다. 아리스토텔레스주의적 원리란 "다른 조건이 같다면 인간은 자신의 실현된 능력(자신의 선천적 또는 훈련된 능력)을 발휘하는 것을 즐기며, 이런 즐거움은 그 능력이 더 많이 실현되거나 복잡한 것일수록 더 커진다"(Rawls, 1971: 426)는 것을 의미한다. 롤스에 따르면 이것은 관찰에 의해 확증되는 인간 심리에 관한 자연적 사실이다. 롤스가 말하는 '아리스토텔레스주의적 원리'는 밀이 말하는 '질적 쾌락의 우월성 논제'와 사실상 다르지 않다.

철학사에서 가장 빈번하게 공격받는 주제 중 하나이다. 공리의 원리에 대한 증명에서 밀이 범했다고 언급되는 오류는 자연주의적 오류(naturalistic fallacy)와 합성(구성)의 오류(a fallacy of composition) 같은 기본적인 논리적 오류이다. 이런 비판 중에서 가장 유명한 것은 무어의 비판이다. 무어에 의하면 밀은 '이 단계'에서 생각할 수 있는 가장 순진하고도 엉성한 자연주의적 오류를 범한다.

> 밀은 우리에게 '좋다(선)'는 곧 '바람직한'을 의미하며, 무엇이 바람직한 것인지는 오직 실제로 우리가 '바라는' 것이 무엇인지를 발견하기만 하면 된다고 말한다. (…) 이 단계에서 그는 '좋다'가 '욕구되다(desired)'를 의미한다는 것을 증명하려는 것처럼 보인다. 이 단계에서의 오류는 너무나 명백해서 어떻게 밀이 이 오류를 발견하지 못했는지 궁금할 정도이다. '가시적인'이 '보일 수 있는(able to be seen)'을 의미하는 것처럼 '바람직한'이 '욕구될 수 있는(able to be desired)'을 의미하는 것은 아니다. 바람직한 것이란 단지 욕구되어야 할 것(what ought to be desired) 또는 욕구되어 마땅한 것을 의미한다. (Moore, 1959: 66-67)

여기서 무어는 밀이 두 가지 점에서 오류를 범했다고 비판하고 있다. 첫째, 밀은 정의할 수 없는 '좋은(선)'의 개념을 '욕구되다'로 정의하는 자연주의적 오류를 범한다. 둘째, '바란다'는 사실로부터 '바람직하다'는 가치(당위)를 도출하는 자연주의적 오류를 범한다. 밀의 증명이 자연주의적 오류를 범한다는 무어의 비판은 종종 밀의 증명에 대한 치명적인 반론으로 여겨져 왔다. 그러나 최근에는 밀에 대한 무어의 자연주의적 오류 비판이 오히려 밀을 오해했을 가능성이 제기되고 있다.

먼저, 밀이 '선' 또는 '바람직한'을 '욕구되는'이나 '욕구될 수 있는'으로 정의했다는 비판은 순전히 무어의 오해라는 반론이다. 이 반론은 밀이 공리의 원리에 대한 증명에서 정의(definition)의 문제에 관심이 없었을 뿐만 아니라 목적의 문제, 즉 최고선의 문제가 단어의 의미에 의해 해결되는 정의의 문제라고 생각하지도 않았음을 지적한다. 밀은 증명에서 '바람직한'의 용어를 '정의'하고자 하는 것이 아니라 '바람직한'의 '증거', 즉 바랄 만한 가치가 있다고 생각하기 위한 증거가 무엇인지를 묻고 있다는 것이다. 확실히 밀은 사람들이 '바라는' 것이 그 정의에 의해 '바람직한' 것이 된다고 말하지 않았다. 대신 그는 사람들이 바라는 것이 바람직한 것에 대해 제시될 수 있는 유일한 '증거'라고 쓰고 있다. 밀은 분명히 욕구를 선에 대한 '정의'가 아니라 선에 대한 '증거'로 간주하고 있다. 그는 단지 모든 인간은 궁극적으로 자기 자신의 행복을 추구한다는 관찰 증거를 가지고, 자기의 행복은 자기에게 선이라는 논제를 지지할 뿐이다. 여기에는 정의할 수 없는 것을 잘못 정의하는 자연주의적 오류가 없다(류지한, 2016: 170-172).

무어가 주장하는 두 번째 자연주의적 오류는 존재(사실) 언명에서 당위(가치) 결론을 도출하는 오류이다. 즉, 밀이 '바란다'라는 사실 전제로부터 '바람직하다'라는 가치 결론을 도출하거나 혹은 '각자가 자신의 행복을 바란다'는 사실 전제로부터 '각자의 행복은 각자의 선이다'라는 가치 결론을 도출하는 것은 자연주의적 오류를 범한다는 비판이다. 그러나 밀이 이런 종류의 오류를 범했다고 보기는 어렵다. 만약 밀이 두 번째 자연주의적 오류를 범했다면, 그것은 밀이 그토록 부인했던 전제로부터 추론에 의해 결론을 증명하는 일종의 '직접적인' 증명을 한 것이기 때문이다(Crisp, 1997: 74). 무엇보다도 밀 자신이 이런 종류의 오류를『논리의 체계』에서 비판하고 있다. 밀에 의하면 '해야 한다'로 표현되는 명제는 '이다'로 표현되는 명제와 구별된다. 전자의 술어를 사용하는 '실천적 기술의 명제'는 무언가가 존재해야만 한다는 점을 권장하거나 명령하는 데 비해, 후자의 술어를 사용하는 '과학의 명제'는 무엇이 존재한다는 어떤 사실을 주장한다(Mill, 1843: 949).『논리의 체계』에 비추어 볼 때, 밀은 존재에서 당위(가치)를 도출하는 자연주의적 오류를 범했다고 보기가 어렵다. 밀은 단지 '바란다'는 사실이 '바람직하다'는 당위(가치) 결론을 지지하는 강력한 증거라고 주장할 뿐이다. 요컨대, 밀은 이 증명에서 사실로부터 당위를 도출하는 것이 아니라, 최대 행복의 원리에 대해 사실 증거에 기반한 귀납적 증명을 시도하고 있는 것이다(류지한, 2016: 173).

또한 밀은 공리의 원리에 대한 증명에서 각자가 자기 자신의 행복을 바란다는 사실로부터 이를 일반화하여 일반 행복은 모든 사람들의 집합에 바람직한 것(선)이라는 결론으로 나아간다. 이것은 합성(구성)의 오류(fallacy of composition)라고 비판받아 왔다. '합성의 오류'란 한 집합의 구성 요소에 참인 것이 그 집합에도 참이라고 주장하는 오류이다. 예를 들면, 두 개의 원소로 이루어진 집합은 가장 작은 집합임에도 불구하고 '두 명의 거인으로 구성된 집합은 크다'와 같이 집합을 구성하는 원소들이 크면 그 집단도 크다고 생각하는 것이 전형적인 합성의 오류이다. 많은 비판가들이 '각 개인의 행복은 그 사람에게 선이다. 그러므로 일반 행복은 모든 사람들의 집합에 선이다'는 밀의 논증 역시 합성의 오류를 범한다고 비판한다.

그러나 위의 비판은 밀이 '일반 행복은 집합을 구성하는 개인들의 행복의 단순한 합 이상의 것'이라고 주장할 때만 성립할 수 있다. 왜냐하면 합성의 오류는 집합의 속성과 그 구성 요소의 속성이 다름에도 불구하고 구성 요소의 속성을 집합에 적용할 때에만 성립하기 때문이다. 만약 어떤 집합의 속성이 구성 요소들의 속성의 단순한 합에 불과하다면, 집합의 구성 요소에 참인 것은 집합에도 참이 될 수 있다. 그런데 벤담과 밀이 공유하는 사회유명론에 따르면 집합(집단)은 그 자체의 고유한 속성을 갖지 않는다. 집단의 속성은 단지 개인의 속성의 합일 뿐이다. 벤담과 밀의 사회유명론이 옳다면, 그런 사회에서는 개인들의 속성의 합 이외에 집단의 속성을 상정할 수 없다. 따라서 구성 요소의 속성을 집합에 적용한다고 하여 구성의 오류가 성립하지는 않는다(류지한, 2016: 174-175). 밀은 존스(Henry Jones)에게 보낸 편지에서 이 점을 분명히 밝히고 있다.

당신이 나의 『공리주의』에서 인용한 일반 행복이 모든 개인의 집합에 선이라는 문장에 관해서 말씀드리자면, 나는 그것을 통해 모든 인간의 행복이 다른 모든 인간에게 선이라는 점을 의미한 것이 아닙니다. (…) 나는 단지 그 특별한 문장에서 A의 행복이 하나의 선이고, B의 행복도 하나의 선이며, C의 행복도 하나의 선이기 때문에 이 모든 선들의 합도 선임에 틀림이 없다고 주장했을 뿐입니다. (Mill, 1868: 1414)

이 편지에서 밀은 자신이 증명에서 '모든 사람이 실제로 일반 행복을 추구한다'거나 '모든 인간의 행복이 다른 모든 인간에게 선'이라는 것을 의미한 것이 아님을 밝히고 있다. 그는 단지 집합의 구성원 A의 행복도 선이고, B의 행복도 선이고, C의 행복도 선이라면, 그리고 일반 행복이란 단지 집합을 구성하는 개인들의 행복의 합에 불과하다면, A, B, C 행복의 합인 일반 행복은 A, B, C로 구성된 집합에 대해 하나의 선이라고 주장하고 있는 것뿐이다. 이것은 각자의 선에 산술적 합산의 논리를 단순하게 적용한 것이다. 만약 이것이 밀이 주장한 전부라면, 밀의 증명에는 합성의 오류가 없는 것으로 보인다. 그는 단순히 각자의 행복이 각자에게 선이라면 그리고 일반 행복이 개인들의 행복의 합이라면, 산술적 합산의 논리에 따라 일반 행복 역시 그 개인들의 집합에 선이라는 결론을 주장하고 있을 뿐이다.

## IV. 공리주의 윤리 사상의 현대적 의의

### 1. 벤담의 공리주의와 그 의의

벤담의 공리주의는 모든 도덕적 평가 — 행위, 법률, 정책, 제도 등에 관한 도덕적 평가 — 가 공리(좋은 결과) 계산에 의해 결정될 수 있다고 주장한다. 이를 통해 벤담의 공리주의는 도덕에서 직관의 역할을 최소화하면서

'도덕의 과학화'를 추구한다. 그의 공리주의는 공적 도덕과 사적 도덕을 구분함이 없이 '쾌락의 극대화와 고통의 최소화'라는 단 하나의 원리를 가지고 모든 도덕적 문제를 해결하고자 하는 '일원론적 윤리 이론'이다. 이 점에서 그의 공리주의는 과학과 마찬가지로 단순성, 명료성, 높은 설명력의 장점을 가진 윤리 이론이며, 경쟁하는 윤리 이론인 의무론과 덕 윤리에 비해 비교 우위를 가진다.

그뿐만 아니라, 벤담의 공리주의는 도덕의 목적과 중요성을 분명하게 해명한다. 벤담에게 있어서 도덕이 존재하는 이유 그리고 우리가(내가) 도덕적이어야 하는 이유는 도덕이 '행복의 증진과 고통의 완화'라는 실질적 목적에 봉사하기 때문이다. 벤담의 공리주의에서 도덕의 본질과 도덕적이어야 할 이유 및 동기는 분리되지 않는다. 도덕의 본질은 최대 행복에 있으며, 우리가 또는 내가 도덕적이어야 하는 이유와 동기도 최대 행복을 위해서이다. '고통을 완화하고 행복을 증진해서 세상을 가능한 한 최선의 곳으로 만들어야 한다'는 벤담 공리주의의 핵심 통찰은 우리의 상식 도덕에 부합하는 것이자, 실천적 합리성의 요구와 일치하는 것이다. 아울러 그것은 인간의 자연적 동기에 의해서도 지지되는 것이다.

벤담은 결과주의 윤리를 하나의 새로운 윤리 이론으로 출범시켜서 현대의 주요한 윤리 이론으로 자리 잡게 했다. 벤담의 공리주의와 더불어 결과주의는 하나의 독립적인 윤리 이론으로서 틀과 체계를 갖추게 되었다. 결과주의 윤리 이론으로서 벤담의 공리주의는 결과를 도덕의 기준으로 삼고, 결과에 대한 도덕적 책임을 강조한다. 그래서 그것은 행위에 대한 적극적 책임 — 작위 행위에 대한 책임 — 뿐만 아니라 소극적 책임 — 부작위 행위에 대한 책임 — 도 강조하며, 의도하는 결과에 대한 책임뿐 아니라 예견되는 결과에 대한 책임도 강조한다. 벤담은 의도를 직접적 의도 — 의도하고 결과를 바라는 것 — 와 간접적 의도 — 의도하지만 결과를 바라지 않는 것 — 로 구분하고, 직접적 의도뿐만 아니라 간접적 의도에 대해서도 책임이 있다고 주장한다(*IPML*, 8.6). 한마디로 벤담의 공리주의는 전통 도덕에서 가정하는 '작위와 부작위의 도덕적 비대칭성 논제' — 작위 행위에 대해서는 도덕적 책임이 있지만 부작위 행위에 대해서는 도덕적 책임이 없다는 견해 — 나 '의도하는 결과와 예견되는 결과 사이의 도덕적 비대칭성 논제' — 의도하는 결과에 대해서는 도덕적 책임이 있지만 단순히 예견되는 결과에 대해서는 도덕적 책임이 없다는 견해 — 를 인정하지 않는다. 이런 벤담의 전통을 따라서 현대의 결과주의 윤리 이론도 이중 효과론이 가정하는 '작위와 부작위의 구분'이나 '의도하는 결과와 예견되는 결과 사이의 구분'이 책임의 유무를 가르는 기준이 아니라, 책임의 경중을 가르는 기준이라는 입장을 고수한다.

또한 벤담의 공리주의는 도덕적 고려에서 국적, 인종, 젠더, 종, 시대와 무관하게 모든 유정적 존재를 공평하게 고려할 것을 주장하는 보편주의 윤리라는 점에서도 강한 호소력과 중대한 의의를 가진다. 이 공평성의 원리에 기초해서 벤담의 공리주의는 인종차별, 성차별, 종 차별에 반대하는 도덕 개혁주의를 선도하였으며, 인류의 집단적인 도덕적 진보에 크게 기여하였다. 그뿐만 아니라 벤담의 공리주의는 도덕적 고려의 대상과 범위를 시·공간적으로 확장하는 도덕 확장주의의 윤리적 전통을 확립하였다. 이런 벤담의 도덕 개혁주의와 확장주의의 전통은 오늘날 도덕적 고려를 공간적으로 모든 국가의 모든 인류로 확장할 것을 주장하는 세계시민주의와 시간적으로 미래 세대로 확장할 것을 주장하는 장기 미래주의(longtermism)로 이어지고 있으며, 구체적으로 세계적 빈곤 구제, 동물 복지론, 인류 멸절 방지 프로젝트 등으로 이어지고 있다. 이 밖에도 형벌의 정당성 및 형벌 제도의 개혁에 관한 벤담의 논의는 오늘날에도 그의 중요한 업적으로 인정받고 있으며, 그의 법 일반에 관한 논의는 법철학의 과학화에도 크게 공헌한 것으로 평가받고 있다.

## 2. 밀의 공리주의와 그 의의

벤담의 공리주의를 비판적으로 계승한 밀은 고전적 공리주의에 대한 오해와 반론에 응답하면서 공리주의를 체계적으로 정당화하였다. 그는 결과주의 윤리 이론으로서 공리주의의 특징을 명료하게 밝히고, 경쟁 이론인 직관주의의 한계를 비판하였다. 그러면서도 그는 정의와 권리를 비롯한 직관주의 상식 도덕의 핵심 도덕 규칙들을 공리의 원리에 의해 정당화함으로써 그것들을 공리주의 체계 내에 포괄하고 있다. 이렇게 관습 도덕과의 조화를 꾀함으로써 밀은 공리주의에 대한 반감을 완화시키고, 공리주의를 의무론과 쌍벽을 이루는 주요한 윤리 이론으로 자리 잡게 하였다. 밀의 『공리주의』는 이후의 공리주의 발전에 지대한 영향을 끼쳤다. 그것은 시지윅(H. Sidgwick)의 『윤리학의 방법』, 헤어(R. M. Hare)의 『도덕적 사유』와 함께 공리주의에 대한 가장 체계적이고 권위 있는 변호와 정당화를 제공하는 책으로 평가받고 있다.

『공리주의』에서 시도한 '공리주의와 직관주의(상식 도덕)의 조화'는 시지윅의 '철학적 직관주의에 기초한 공리주의의 정당화 논증'으로 이어졌으며, 현대에 들어서는 헤어의 '두 수준 공리주의'에 영향을 주었다(Hare, 1981: 25-28). 특히, 『공리주의』에서 도입한 이차 원리로서 도덕 규칙의 필요성에 대한 강조는, 엄슨(J. O. Urmson)이 밀의 공리주의를 일종의 규칙 공리주의로 독해할 가능성을 제기한 이래로(Urmson, 1953: 37), 밀의 공리주의를 규칙 공리주의로 보아야 하는지, 행위 공리주의로 보아야 하는지, 아니면 다수준 공리주의로 보아야 하는지의 논쟁을 촉발하였다. 아직도 진행 중인 이 논쟁은 규칙 공리주의 및 다수준 공리주의의 발전에 영향을 주었다(Crisp, 1997: 109-111; West, 2004: 90-91).

또한 밀은 『공리주의』에서 쾌락의 질적 차이에 관한 문제(질적 쾌락주의)를 제기함으로써 공리주의 가치론의 지평을 넓히고, 쾌락 및 행복에 대한 새로운 논의를 촉발하는 계기를 마련하였다. 그가 문제 제기한 평가의 속성으로서 질 개념 및 아리스토텔레스주의적 쾌락주의는 '유쾌한 의식적 경험으로서 쾌락'과 그 '경험의 원천'을 종합적으로 평가할 수 있는 길을 열었으며, 쾌락을 단순한 '심리 상태'를 넘어서 현실의 활동이나 존재 방식과 관련지을 수 있는 방안을 마련하였다. 벤담의 쾌락주의가 노직의 경험 기계 반론에 취약한 것과는 달리, 밀의 쾌락주의는 유쾌한 의식적 경험과 그 경험의 원천으로서 활동 또는 존재 방식을 관련지음으로써 노직의 경험 기계 반론에 효과적으로 대응할 수 있는 여지가 있다. 밀의 질적 쾌락주의적 관점에서 볼 때, 경험 기계에서 얻는 쾌락은 그 경험의 원천을 포함하는 종합적 질 평가에서 현실의 실제 경험에서 얻는 쾌락에 비해 저급하다는 평가를 받을 것이기 때문이다.

공리의 원리에 대한 밀의 증명은 공리주의를 정당화하는 새로운 방법을 제시함과 아울러 이후에 다양한 공리주의의 정당화 논증을 촉발하는 계기를 마련하였다. 또한 공리의 원리에 대한 그의 증명은 무어 이래로 자연주의적 오류를 범하는지를 둘러싸고 수많은 논쟁을 야기하였다(드 라자리-라덱·싱어, 2019: 48).

밀의 제재 이론 역시 양심에 의한 내적 제재와 도덕적 성품의 중요성을 강조함으로써 공리주의를 구속력과 실천 가능성을 갖춘 윤리 이론으로 자리 잡도록 하였다. 그뿐만 아니라 『공리주의』 5장에서 밀이 제기한 도덕 영역의 종차적 특징으로서 '제재의 적절성'에 관한 논의는 최근 '제재 공리주의(sanction utilitarianism)' 논쟁으로 이어지고 있다(Brink, 2013: 98-112).

그의 제재 이론과 밀접히 관련되어 있는 자유의 원리는 국가권력과 사회적 통제가 정당하게 발휘될 수 있는 영역과 그 한계의 경계선을 분명히 함으로써 다수의 압제로부터 개인의 고유한 자유의 영역을 보호할 수 있는 보루를 마련하였다. 그는 개인이 사회에 대해 책임지는 영역을 타인 관련 영역으로 한정함으로써 자기 관련 영역을 침범할 수 없는 개인적 자유의 영역, 즉 법적 제재나 여론의 도덕적 비난으로부터 자유로운 영역으로 만들었다. 그럼으로써 그는 자유라는 이름에 걸맞은 진정한 자유란, 타인에게 해악을 주지 않는 한에서 관습 도덕이나 타인의 의견에 구애받지 않고 자기가 좋다고 생각하는 바에 따라 자율적으로 자신의 삶을 영위하는 데 있음을 천명하였다. '법과 여론의 제재와 간섭으로부터의 자유(소극적 자유)'를 강조하는 밀의 자유에 대한 견해는 자유주의적 자유론의 핵심 기반으로 오늘날까지 이어지고 있다. '타인에게 해를 주지 않는 한에서 최대의 자유', 간섭주의적 개입의 금지, 삶에서 개인의 주권, 양심과 사상의 자유, 표현의 자유, 개성과 다양성에 대한 강조 등은 근대 민주주의와 자유주의의 사상적 초석을 제공하였으며, 이후에도 이러한 사상의 발전에 중대한 공헌을 하였다.

또한 밀은 여성 참정권을 촉구하고 성 평등을 옹호하여 여성의 권리 신장에 크게 공헌하였다. 밀이 『여성의 예속』을 쓸 당시에 여성들은 투표를 할 수도 없었고, 결혼한 여성은 남편과 별도로 재산이나 돈을 소유할 수도 없었다. 사실상 여성은 영국 법에서 독립적인 법적 인격체가 아니었다. 밀은 이런 종속적 지위는 그 자체로 옳지 못할 뿐만 아니라 '인간의 발전을 가로막는 주요한 장애물 가운데 하나'라고 비판하고, 그것은 '어느 한쪽에 권력이나 특권을 부여하지도 않고 다른 쪽에 무능력을 부과하지도 않는 완전한 평등의 원리에 의해 대체되어야 한다'고 주장하였다(드 라자리-라덱·싱어, 2019: 33-34).

이처럼 벤담의 철학적 급진주의 전통에서 비롯된 공리주의의 도덕적 개혁의 전통은 밀로 이어져서 인류의 집단적, 도덕적 진보에 큰 기여를 하였다. 벤담과 밀은 시대를 앞선 사회적, 정치적, 도덕적 태도를 지녔다. 이러한 도덕적 개혁 전통은 현대 공리주의로 이어져서 싱어(Peter Singer)와 같은 공리주의자들이 기아와 극빈 구제를 위한 해외 원조, 공장식 축산으로부터 동물 해방 등을 전개하는 계기를 만들어 주었다.

## 참고 문헌

루이스 포이만·제임스 피저, 류지한·조현아·김상돈 역(2019), 『윤리학: 옳고 그름의 발견』, 울력
류지한(2008), 「권리에 기초한 공리주의 비판과 공리주의의 대응」, 『윤리연구』 70.
류지한(2016), 「공리의 원리와 증명의 문제」, 『윤리교육연구』 40집.
류지한(2017), 「J. S. 밀의 행복관」, 『윤리연구』 115.
류지한(2020), 「J. S. 밀의 공리주의에 대한 다수준 제재 행위공리주의적 해석」, 『윤리연구』 131.
류지한(2021), 「J. S. 밀의 『공리주의』에서 제재 적절성과 제재 공리주의」, 『윤리연구』 132.
류지한(2022), 「쾌락 공리주의에서 동기화 문제와 제재 — J. 게이의 신학적 공리주의와 J. 벤담의 공리주의를 중심으로」, 『윤리연구』 139.
제러미 벤담, 강준호 역(2013), 『도덕과 입법의 원칙에 대한 서론』, 서울: 아카넷.
제롬 B. 슈니윈드 저, 김성호 역(2018), 『근대 도덕철학의 역사 2』, 서울: 나남출판.
존 스튜어트 밀, 박상혁 역(2020), 「벤담」, 『존 스튜어트 밀의 윤리학 논고』, 경기 파주: 아카넷.
존 스튜어트 밀, 류지한 역(2021), 『공리주의』, 서울: 울력.
카타르지나 드 라자리-라덱·피터 싱어, 류지한 역(2020), 『공리주의 입문』, 서울: 울력.

Bentham, Jeremy(1776). *A Fragment on Government*, in *The Works of Jeremy Bentham*, vol. Ⅰ, ed. J. Bowring, Edinburgh: William Tait.
Bentham, Jeremy(1789). *The Principles of Morals and Legislation*, in *The Works of Jeremy Bentham*, vol. Ⅰ, ed. J. Bowring, Edinburgh: William Tait.
Bentham, Jeremy(1824), *The Book of Fallacies*, in *The Works of Jeremy Bentham*, vol. Ⅱ, Edinburgh: William Tait.
Bentham, Jeremy(1825), *The Rationale of Reward*, in *The Works of Jeremy Bentham*, vol. Ⅱ, ed. J. Bowring, Edinburgh: William Tait.
Bentham, Jeremy(1843), *Anarchical Fallacies*, in *The Works of Jeremy Bentham*, vol. Ⅱ, ed. J. Bowring, Edinburgh: William Tait.
Bradley, F. H.(1988), *Ethical Studies*, Oxford: Oxford University Press.

Brink, David(2013), *Mill's Progressive Principles*, Oxford, UK: Clarendon Press.
Cooney, William(1998), "Rights Theory," *Encyclopedia of Applied Ethics* vol. 3, Ruth Chadwick, ed., San Diego: Academic Press.
Crisp, Roger(1997), *Mill on Utilitarianism*, London: Routledge.
Dworkin, Ronald(1977), *Taking Rights Seriously*, Cambridge, MA: Harvard University Press.
Hare, R. M.(1981), *Moral Thinking*, Oxford: Clarendon Press.
Hare, R. M.(1999), "A Utilitarian Approach to Ethics", *Objective Prescriptions and Other Essays*, Oxford: Oxford University Press.
Heydt, Colin(2014), "Utilitarianism before Bentham", Eggleston, Ben & Miller, Dale E., eds. *The Cambridge Companion to Utilitarianism*, Cambridge University Press, 15-33.
Mill, John Stuart(1972), *The Collected Works of John Stuart Mill*, eds., John Robson. Toronto University Press. 관례에 따라 이하 CW로 약칭.
Mill, John Stuart(1833), "Remarks on Bentham's Philosophy," CW, X, 5-18.
Mill, John Stuart(1838), "Bentham," CW, X, 75-117.
Mill, John Stuart(1843), A System of Logic, CW, VIII.
Mill, John Stuart(1859), *On Liberty*, CW, XVIII, 213-310.
Mill, John Stuart(1861), *Utilitarianism*, CW, X, 203-259.
Mill, John Stuart(1865), "Auguste Comte and Positivism," CW, X, 260-368.
Mill, John Stuart(1868), "Letter 1257: To Henry Jones", CW, XVI, 1413-1414.
Mill, John Stuart(1873), *Autobiography*, CW, I.
Moore, G. E.(1959), *Principia Ethica*, Cambridge: Cambridge UP.
Mulgan, Tim(2007), *Understanding Utilitarianism*, Stocksfield: Acumen.
Parfit, Derek(1984), *Reasons and Persons*, Oxford: Clarendon Press.
Rawls, John(1971), *A Theory of Justice*, Cambridge MA: Harvard University Press.
Sayer-McCord, Geoffrey(2001), "Mill's Proof of the Principle of Utility: A More than Half-Hearted Defense", *Social Philosophy & Policy* 18.
Scarre, Geoffrey(1996), *Utilitarianism*, London and New York: Routledge.
Sen, A. K.(1979), "Utilitarianism and Welfarism", *The Journal of Philoso-

*phy*, vol. LXXVI, No. 9, September.
Shaw, William H.(1999), *Contemporary Ethics: Taking Account of Utilitarianism*, Malden MA: Blackwell Publishers Inc.
Sidgwick, Henry(1907), *Method of Ethics*, 7th. eds., London: MacMillan.
Urmson, J. O.(1953), "The Interpretation of the Moral Philosophy of J.S. Mill," *Philosophical Quarterly* 3.
Wellman, Carl(2006), "Rights," Donald M. Borchert, ed., *Encyclopedia of Philosophy*, vol. 8, 2nd ed., NY: Thomson Gale.
West, Henry(2004), *An Introduction to Mill's Utilitarian Ethics*, Cambridge: Cambridge University Press.
West, Henry(2014), "Mill and utilitarianism in the mid-nineteenth century", *The Cambridge Companion to Utilitarianism*, Ben Eggleston & Dale E. Miller eds., Cambridge: Cambridge University Press.

# 12. 실존주의 윤리 사상*

김남준

서울대학교 사범대학 윤리교육과를 졸업하고 동 대학원에서 석·박사 과정을 수료한 후 독일 뮌스터대학교 철학과에서 윤리학 전공으로 철학박사 학위를 취득하였다. 현재 충북대학교 윤리교육과 교수로 재직하고 있다. 윤리학 이론 분야에서는 도덕적 행위 동기화 논쟁과 아크라시아에, 응용 윤리 분야에서는 환경 윤리에 학문적 관심을 가지고 있다. 공저로는 『양심』, 『사랑』, 『미래를 위한 환경철학』 등이 있고, 논문으로는 「현대윤리학에서 심리주의와 반심리주의 논쟁」, 「현대윤리학에서 아크라시아 가능성 논쟁」 등이 있다.

* 이 장은 2023년 한국윤리학회 춘계학술대회(2023. 4. 21)에서 발표한 「실존주의」와 『倫理硏究』 제142호(2023)에 게재된 「사르트르의 실존주의와 윤리의 문제」를 수정·보완한 것이다.

# I. 서론

실존주의는 서양의 정신사를 지배했던 본질주의라는 거대한 형이상학 없이는 존재하지 않았을 철학 사조이다. 키르케고르(Søren Kierkegaard, 1813-1855)가 자신의 철학적 입장을 본질주의로서 전통적 형이상학이 그 절정에 이른 헤겔(G.W.F. Hegel, 1770-1831)에 대한 반대라고 이해한 것처럼, 실존주의는 본질주의로서 전통적 형이상학에 대한 반론의 성격을 지닌다(짐머만, 1987: 14). 그렇다면 실존의 의미를 이해하기 위한 실마리는 본질의 의미를 이해하고 '실존 대 본질(existentia-essentia)'이라는 개념 쌍을 구분하는 데서 찾을 수 있을 것이다. 그리고 실존주의가 하나의 철학적 입장으로 성립하기 위해서는 "본질이 존재에 앞선다."라는 기존의 명제를 비판하고 해소하는 작업이 요청된다.

## 1. 본질 대 실존

현실의 존재는 있기도 하고 없기도 하며, 이렇게도 있고 저렇게도 있는 것처럼 불확실하고 우연적인 속성을 지닌다면, 본질은 그렇게 있어야만 하고 다르게 있을 수 없는 필연적이고 보편적인 속성을 지닌다. 그래서 현실의 존재가 '지금 거기에 있음(Dasein)'으로 표현된다면, 본질은 '항상 그렇게 있음(Sosein)'으로 표현된다. 즉, 본질은 현실의 존재와는 달리 영원불변한 실재로, 현실의 존재를 바로 그 존재로 존재할 수 있게 해 주고 인식할 수 있게 해 주는 근거이다. 예를 들어, 현실 세계에는 서로 다른 크기와 모양의 수많은 나무가 있고 각각의 나무는 성장하거나 죽기도 한다. 그런데 어떤 사람이 특정 나무를 가리키면서 "저것은 무엇인가?"라고 묻는다면,

우리는 그 나무가 크건 작건, 푸르건 붉건 상관없이 "저것은 나무이다."라고 답한다. 우리가 이처럼 답할 수 있는 이유는, 개별 나무의 독특한 특성과는 상관없이 나무의 본질이 존재하고, 개별 나무가 그 나무의 본질을 나누어 가지고 있을 뿐만 아니라 우리가 그러한 나무의 본질을 알고 있기 때문이다. 이런 방식으로 나무의 본질과 개별 나무의 관계를 설명한다면, 나무의 본질은 개별 나무에 앞서 존재하고 개별 나무는 나무의 본질에 의존적인 성격을 지닌다고 말할 수 있다. 이와 같이 본질이 현실의 존재에 대해 우월한 지위를 갖는다는 것이 서양철학의 오래된 이해 방식이다.

플라톤(Platon, 기원전 428-348)의 철학은 본질주의의 근본적인 형태를 보여 준다. 플라톤은 주관적인 의견이나 판단(doxa)과 지성에 의한 앎(noēsis)을 구분하고, 전자의 인식에 대응되는 가시적인 것들(ta horata)이나 감각 대상들(ta aisthēta)과 후자의 인식에 대응되는 지성에 의해 알 수 있는 것들(ta noēta)을 구분한다. 본질은 지성에 의해 알 수 있는 것들에 속하는데, 보임새란 의미의 형상(eidos)과 자신을 내보인다는 의미의 이데아(idea)가 플라톤에게 있어서 본질을 지칭하는 말이다. 플라톤은 태양이 보이는 것들에 '보임'의 '힘'을 제공해 줄 뿐만 아니라 그것들에게 생성과 성장 그리고 영양을 제공해 주듯이, 이데아는 인식되는 것들의 '인식됨'을 가능하게 해 주고 그것들을 '존재하게' 해 준다(*Politeia*, 509b). 즉, 이데아는 생성되는 것이 아니면서 다른 존재의 생성과 성장의 원인이 되어 주는 것처럼, 그 지위와 힘에 있어서 존재를 초월해 있으면서 경험 세계에 존재하는 것들의 본(원형)이고 척도가 된다. 그렇다면 모든 국가에 대한 척도로서 국가의 본질이 있고, 모든 인간에 대한 척도로서 인간의 본질이 있다. 어떤 국가가 국가로 불릴 만한 자격이 있는지는 국가의 본질에 비추어 판단되어야만 하고, 어떤 국가가 국가의 본질을 온전히 실현한 상태에 있다면 그 국가는 훌륭한 국가로 불릴 수 있다. 그리고 인간이란 마땅히 무엇이고 무엇이어야만 하는지가 인간의 본질에 의해 이미 확정되어 있기 때문에, 개별 인간의 자아실현이란 인간의 본질을 실현한다는 것과 다르지 않다.

아리스토텔레스(Aristoteles, 기원전 384-322)는 플라톤과 비교할 때, 이데아 세계와 현실 세계 간의 이원론적 분리로부터 벗어나려는 특징을 지닌다. 그러나 아리스토텔레스가 우연적인 것에 대한 어떠한 본래적인 지식도 성립할 수 없다고 주장하는 것처럼(Metaphysics, X, 8, 1065a54), 그는 본질 개념을 포기하지도 않고 제1원인들과 근거들에 대한 형이상학적 탐구를 저버리지도 않는다. 그는 현실의 어떤 존재가 다른 존재가 아닌 바로 그 존재로 존재하고 인식될 수 있기 위해서는 온갖 변화의 소용돌이 속에서도 변화하지 않는 근거로서 본질이 자리 잡고 있어야만 한다고 생각한다. 이러한 본질과 존재의 관계에 대한 아리스토텔레스의 생각은 토마스 아퀴나스(Thomas Aquinas, 1225-1274)로 대표되는 스콜라철학으로 이어진다. 아퀴나스에게 있어서 존재하는 모든 것은 그의 본질을 통해서 존재하기 때문에, 각각의 존재는 존재들의 질서에서 일정한 자리와 지위를 점하고 있다(뮐러, 1988: 25). 따라서 인간은 고정된 질서 체계에 의해 규정된 행위를 실천함으로써 자신의 본질을 실현해야 하는 존재로 간주된다. 올바른 것은 자유 그 자체보다 앞서서 존재하기 때문에, 인간이 행해야 할 바는 처음부터 명확히 규정되어 있는 것이다(뮐러, 1988: 26). 이와 같은 본질주의 철학은 유한한 이성적 존재자인 인간은 누구나 인간이라는 보편개념에 의해 이해될 수 있다고 보는 칸트(Immanuel Kant, 1724-1804)를 지나 사유하는 유한한 존재자인 인간에게는 무한한 존재로 이끌려 올려져야 하는 과제가 주어졌다고 보는 헤겔에 이르게 된다. 이곳에서도 "본질이 존재에 앞선다."라는 생각은 부정되지 않는다.

이와 같이 본질이 존재에 앞선다면, 현실의 존재는 언제나 본질에 의해 구속되어 있기 때문에 결코 창조적일 수 없고 역사적인 순간 앞에서 결단을 내릴 수도 없다. 그러나 "본질이 존재에 앞선다."라는 명제는 어디까지나 현실의 존재가 동물이나 식물, 사물일 때에 적용될 수 있다. 동물이나 식물은 외부 환경에 의해 영향을 받기는 하지만 미리 주어진 본질에 의해 무엇이 될 수 있고 되어야 하는지가 정해져 있다. 동물이나 식물에게 주체적 결단을 통해 자기 스스로를 규정하고 새로운 삶을 창조해 나아갈 것을 기대할 수는 없다. 책상이나 의자와 같은 사물은 더 말할 나위가 없다. 더구나 이런 사물은 제작자의 머리에 떠오른 개념에 따라 특정한 목적을 위해 제작된 것이고, 그 목적을 이룰 수 있는 동일한 종류의 다른 사물로 얼마든지 대체될 수 있다. 그러나 인간이 그러한가? 우리가 "나는 누구인가?"라고 자문하거나 그런 질문을 받을 때, 그 누구도 "나는 이성적 동물이다."라고 답하지는 않는다. 즉, 우리는 인간의 본질이나 정의를 갖고 자기 스스로를 규정하지는 않는다. 이것은 우리 모두가 동의할 수 있는 인간의 본질이나 정의가 존재하는지도 의문스럽지만, 그러한 인간의 본질이나 정의가 존재한다고 해도 그것이 자기 스스로를 규정하는 데 별다른 도움이 되지 않는다는 것을 의미한다. 결국, 인간은 본질에 의해 결정된 존재가 아니라 자유를 선고받은 자이기 때문에 자기 스스로를 규정해야 하는 과제를 떠맡을 수밖에 없다. 또한 인간은 책상이나 의자와 같은 사물과는 달리 제작자의 머리에 떠오른 개념에 따라 만들어진 것도 아니고 다른 인간에 의해 대체될 수도 없다. 즉, 각자는 어느 누구와도 바꿀 수 없는 자신만의 존재 방식을 선택할 수 있다는 점에서 개별성과 주체성을 지닌 존재라고 할 수 있다. 만약 이러한 실제 인간에게서 개별성과 주체성을 제거한다면 인간의 본질이 남을지 모르지만, 그것은 오히려 중성화되거나 평균화된 인간으로의 전락 내지 진정한 존재의 감소라고 평가받을 수 있다.

이처럼 인간은 본질에 의해 미리 규정된 존재가 아니라 먼저 실존하고 그 다음에 자기 스스로를 규정해야 하는 존재이다. 즉, 실존은 인간의 어떤 본질 규정보다도 앞서기 때문에 인간은 주체적 결단을 통해 자기 스스로를 만들어 나아가야 하는 존재인 것이다. 이제 "본질이 존재에 앞선다."라는 기존의 명제는 "실존이 본질에 앞선다."라는 새로운 명제로 뒤바뀐다. "실존이 본질에 앞선다."라는 명제는 물론 본질에 의해 구속되어 있는 동물이나 식물, 사물에는 적용할 수 없다. 실존은 본질에 의해 정해진 것이 없는, 자신의 선택을 통해 자기 스스로를 규정해야 하는 인간에게만 적용될 수 있는 용어이다. 그렇다면 실존은 아무것도 정해진 것 없이 세상에 던져진 인간 현존재의 존재 이행 방식으로 이해될 수 있다. 즉, 인간은 지금 여기에 구체적인 개인으로 실존하기 때문에 그 누구도 피할 수 없는 선택의 상황에서 주체적 결단을 통해 자신의 정체성을 형성해 나아가야 한다는 것이다. 그리고 인간은 고정된 본질을 갖고 있지 않기 때문에 자유로울 수밖에 없으며, 그렇기 때문에 자신의 선택과 자신의 실존에 대해 책임지면서 자신의 삶을 주체적으로 이끌어 나아가야 한다는 것이다.

## 2. 실존주의의 주요 주제들

실존주의는 일반적으로 19세기 중반에 키르케고르에서 시작해서 20세기 초중반에 야스퍼스(Karl Jaspers, 1883-1969), 하이데거(Martin Heidegger, 1889-1976), 사르트르(Jean Paul Sartre, 1905-1980) 등에 의해서 전개된 철학 사조로 규정된다. 이들 이외에도 마르셀(Gabriel-Honoré Marcel, 1889-1973), 카뮈(Albert Camus, 1913-1960) 등과 같이 실존주의자로 분류되는 철학자들은 상당히 많은 편이다. 이들 중 키르케고르는 실존주의의 '창시자'라는 권위를 갖고 있고, 하이데거는 실존주의의 '내적인 완결자'로서 부각된다(짐머만, 1987: 15). 그런데 실존주의의 창시자로 불리는 키르케고르는 실존주의라는 용어를 알지 못했고, 하이데거, 마르셀, 카뮈 등은 자신의 철학적 입장을 실존주의로 규정하는 것에 대해 강하게 반발했다(박찬국, 2013a: 174). 예를 들어, 하이데거는 하이네만이 『철학의 새로운 길(*Neue Wege der Philosophie*)』(1929)에서 자신의 철학을 실존주의로 분류한 것에 대해 거부 의사를 표명하면서, 자신은 실존주의자가 아닌 존재론자로 규정되어야 한다고 주장하였다(한전숙, 1992: 1-2). 그럼에도 불구하고 이들을 실존주의자로 분류할 수밖에 없는 이유가 있다면, 그 이유가 바로 그들 사이에 존재하는 공통점일 뿐만 아니라 실존주의에서 탐구되어야 할 주요 주제들일 것이다.

우선, 실존주의자로 분류되는 철학자들 사이의 가장 중요한 공통점은, 그들이 인간의 존재 성격을 본질에 대비되는 실존으로 규정한다는 것이다. 그들은 인간의 실존적 성격을 자유, 결단, 선택, 책임 등과 같은 용어로 특징지으면서 "실존이 본질에 앞선다."라는 명제를 공유하는 것으로 보인다.[1] 이런 의미에서, 우리는 앞선 '본질 대 실존'에서 본질과 비교하여 실존의 성격을 살펴보았고, 앞으로 개별 실존주의자에 대한 논의를 통해서도 탐구하게 될 것이다.

다음으로, 실존주의자들은 인간 존재의 유한성, 즉 실존은 본질적으로 유한하다는 사실에 주목한다. 유한성은 우리가 어떻게 해도 변화시킬 수 없는 한계 상황에서 잘 드러난다. 고통, 투쟁, 죽음 등이 이러한 한계 상황에 속하는데, 그중에서 죽음이 가장 극단적인 한계 상황일 것이다. 그래서 유한성은 가장 극단적인 한계 상황인 죽음에서 적나라하게 드러난다. 그러나 이러한 한계 상황에 직면해서도 자신의 유한성을 인정하려는 사람은 많지 않다. 우리는 자신이 언젠가는 죽을 수밖에 없다는 사실을 외면하고 싶어 하거나 그 누구도 회피할 수 없는 죽음마저도 통제할 수 있다고 생각하는 듯하다. 그 이유는 다른 사람들은 죽었지만 나는 아직 죽지 않았으며, 다른 사람의 죽음은 객관화할 수 있지만 나의 죽음을 객관화할 수는 없기 때문일 것이다. 이것은 우리가 죽음에 대한 불안을 안고 살아간다는 것을 방증해 준다. 이처럼 우리는 죽음에 대한 불안을 갖고 있지만 자신의 죽음을 회피할 수도 통제할 수도 없다. 나는 죽음에 이르는 존재로서 유한하게 실존하고 있는 것이다. 여기서 죽음의 의미는 의학적인 사망의 개념과 동일시될 수 없고, '죽음에 이른다'는 의미가 단순히 시간적 종착점을 가리키는 것도 아니다. 죽음은 현존재가 부단히 맞이하는 선택과 결단의 의미가 집중되었다가 반사되어 나오는 초점이다(조가경, 2010: 142). 따라서 죽음에

---

1. 하이네만에 따르면, 키르케고르는 "실존이 본질에 앞선다."라는 명제에서 약간 비껴 서 있다. 즉, 그에게 있어서 실존은 특정한 시간과 공간 속에서의 현존재라는 전통적 의미와는 다르다. 그에게 있어서 실존은 인간의 실존과 관계되지만 유한과 무한, 시간적인 것과 영원한 것의 종합으로서의 인간과 관계된다(하이네만, 2009: 48).

이르는 존재로서 자신을 받아들인다면 본래적으로 실존할 수 있지만, 죽음에 이르는 존재로서 자신을 거부한다면 본래적으로 실존할 수 없다. 죽음은 실존주의에서 탐구되어야만 하는 주요 주제들 중 하나임에 틀림없다.

끝으로, 실존주의자들은 불안의 감정을 매개로 인간 존재의 참모습을 이해할 수 있다고 본다. 우리는 흔히 불안과 공포를 동의어처럼 사용하거나 두 용어를 하나의 쌍으로 묶어서 사용하기도 한다. 그러나 불안과 공포는 서로 엄격히 구분될 수 있는 용어이다. 공포가 세계 안에 존재하는 특정 대상에 대한 두려움이라고 한다면, 불안은 구체적인 대상에 대한 두려움이 아니다. 예를 들어, 우리는 뱀에 대해서는 공포를 느끼는 반면, 죽음, 자유 등과 같은 비가시적인 대상에 대해서는 불안을 느낀다. 이러한 불안의 감정이 우리를 엄습할 때, 인간 존재와 삶에 대한 의식적인 반성을 통해서도 깨닫기 어려웠던, 현존재가 아무런 이유도 없이 세상에 던져진 존재이고 한계 상황에 처해 있다는 사실을 깨닫게 된다. 그리고 이때 우리는 지금까지 열정적으로 추구해 왔던 부와 명예, 사회적 지위 등이 얼마나 허망한 것인지를 깨닫게 될 뿐만 아니라, 우리가 그동안 신뢰하고 의지해 왔던 사회적 가치와 규범들이 그 의미를 상실할 수 있다는 것을 깨닫게 된다. 우리는 여기서 "나는 누구인가?" 혹은 "나는 어떤 사람이 되고자 하는가?"라는 물음을 제기하게 된다. 이러한 실존주의의 근본적인 물음이 불안의 감정을 매개로 제기된다는 점에서, 불안의 감정은 자기 실존의 이해를 위한 출발점이며 실존주의의 탐구를 위한 기점이라고 생각된다.

실존주의는 철학자에 따라서 조금씩 다른 의미로 이해될 수 있지만, 인간의 존재 성격을 실존으로 규정하면서 죽음, 불안, 자유, 결단, 선택, 책임 등에 관심을 갖는 철학자의 사상을 실존주의로 분류하는 데 대해 특별한 반론이 제기되지는 않을 것이다. 이런 의미에서 대표적인 실존주의자로는 실존 개념을 종교적 범주로 도입한 키르케고르, 종교적 개념으로서 실존을 철학적 개념으로 변화시키고 세속화한 야스퍼스와 하이데거, 20세기 중반 실존주의의 부흥을 이끈 사르트르를 들 수 있다. 실존주의는 물론 한두 명의 철학자에 의해 주도된 철학 사조라기보다는 수많은 철학자에 의해 합주되기도 하고 변주되기도 한 철학 사조이다. 그로 인해 실존주의를 대표할 수 있는 철학자를 선별하는 것은 항상 어려운 작업이라고 일컬어진다. 그렇다고 해서 우리가 여기서 모든 실존주의자를 다룰 수는 없기 때문에 대표적인 실존주의자로 거명되는 키르케고르, 하이데거, 사르트르를 중심으로 실존주의의 특징과 윤리적 의미를 고찰하고자 한다. 이들의 철학적 사유가 실존주의를 모두 포괄하는 것은 아니지만 적어도 실존주의를 개괄하고 이해하는 데 도움이 될 것으로 기대된다. 이처럼 대표적인 실존주의자를 선별하는 어려움 이외에도 개별 실존주의자의 입장을 설명하는 데에도 적지 않은 어려움이 있다. 한 실존주의자가 관심을 갖는 주제들은 흔히 여러 저서에 분산되어 있기 때문에 그의 전체 철학 체계를 파악하는 것이 쉽지 않고, 한 실존주의자의 입장이 시간의 흐름에 따라 달라지기 때문에 그의 주요 입장을 파악하는 것도 쉽지 않다. 그렇다고 우리가 여기서 한 실존주의자의 모든 저서와 주제를 서술할 수는 없기 때문에 일반적으로 그의 실존주의 입장을 잘 보여 줄 수 있는 주제와 내용에 집중하고자 한다.

## II. 키르케고르

### 1. 생애와 저작

키르케고르의 생애를 이해하지 않고서는 그의 저작과 사유를 파악하기가 쉽지 않다.[2] 특히, 키르케고르의 전 생애에 걸쳐 결정적인 영향을 준 그

---

[2] 키르케고르의 생애와 저작을 소개하는 문헌은 적지 않은 편이다. 그중 표재명(2012: 17-49)과 가디너(2001: 15-35)는 키르케고르의 생애와 저작에 대해 비교적 상세히 설명하고 있다. 두 문

의 아버지 미카엘 페데르센 키르케고르(Michael Pedersen Kierkegaard), 그리고 키르케고르가 평생 동안 유일하게 사랑했던 레기네 올센(Regine Olsen)을 아는 것은 키르케고르의 저작과 사유를 이해하는 데 필수적이라고 생각된다.

키르케고르는 1813년 덴마크의 수도 코펜하겐에서 7남매의 막내로 태어났다. 그의 아버지는 부유하고 덕망 있는 기독교 신자이지만 사실은 심한 종교적 죄의식과 양심의 가책에 사로잡힌 비극적인 인물이기도 하였다. 그는 새딩 교회의 영지에 살고 있던 가난한 농노의 아홉 자녀 중 하나로 태어나 어려서부터 험한 일을 하였고 양을 치며 자랐다. 그는 이러한 가혹한 운명에 절망한 나머지 신을 저주한 적이 있었고, 코펜하겐에 나와서도 얼마 동안 일이 뜻대로 되지 않자 신에게 반항하며 방탕한 생활을 하기도 했다. 그리고 그는 첫 번째 부인과 결혼한 지 2년 만에 사별하고 자기 집 하녀와 폭력적인 육체적 교섭을 가진 후 그녀와 재혼했다. 이 사람이 키르케고르의 어머니이다. 키르케고르의 아버지는 자신이 신을 저주하였고 씻을 수 없는 죄를 범했기 때문에 여러 자녀가 요절한 것을 비롯하여 자신의 가족이 신의 저주로 고통 받게 되었다고 믿었다. 그래서인지 그는 잘돼 가던 사업을 마흔한 살의 나이에 그만두고 종교 생활에 몰두하면서 자녀들의 종교교육에 전념하였다. 그는 특히 막내아들인 키르케고르에게 매우 엄격했고 광기에 가까운 종교교육을 강제했는데, 그것은 키르케고르가 "나는 한 노인으로부터 끔찍하도록 엄하게 그리스도교로 교육되었다."라고 회상할 정도였다. 이와 같이 키르케고르는 아버지의 광기 어린 종교교육으로 인해 음울한 신앙과 불안의 감정을 가질 수밖에 없었고, 자신의 가족이 아버지의 폭력에 의한 죄로 이루어졌기에 일종의 원죄 의식을 떨쳐 버릴 수가 없었다. 키르케고르가 "나는 한 번도 어린이였던 적이 없었다. 나는 늙은 어린이였다."라고 고백하듯이, 그는 어린 시절부터 삶에 대해 고뇌할 수밖에 없었다.

---

헌은 키르케고르의 '생애와 저작'을 작성하는 데 많은 도움이 되었다.

키르케고르는 1830년 열일곱 살에 사랑하는 막내를 신에게 바치려는 아버지의 뜻에 따라 코펜하겐대학 신학부에 입학했다. 처음 한두 해 동안은 모든 것이 순조롭게 진행되었다. 그러나 1832년에서 1834년 사이에 키르케고르의 집안에는 가족들이 연이어 사망하는 불행이 닥쳤고, 1834년에 어머니의 죽음은 키르케고르의 마음 한편에 자리 잡고 있었던 불안의 감정을 자극하였다. 그 후 키르케고르는 신학사 과정을 이수하는 것에 흥미를 잃어버리고 문학, 음악, 연극에 관심을 가지며 향락적인 삶에 빠져 들었다. 그러다가 키르케고르는 덴마크 북쪽 길레라이어로의 여행과 스승의 도움에 힘입어 한동안 엄격하고 보편적인 도덕원리에 따라 살았다. 키르케고르가 스물다섯 살이 되던 해인 1838년, 그의 아버지는 사랑하는 막내가 참된 그리스도교로 돌아오기를 바라는 마음에서 자신이 과거에 범한 죄, 신의 저주를 받은 가족의 비밀, 엄격한 종교교육의 의미 등 자신의 모든 것을 고백했고 그 후 얼마 지나지 않아 세상을 떠났다. 키르케고르는 아버지의 고백과 죽음을 계기로 아버지의 깊은 사랑을 깨닫고 참회자의 길을 걷기로 결심했다. 이러한 키르케고르의 삶의 과정은 심미적, 윤리적, 종교적 단계로 이루어진 실존의 3단계를 닮아 있다. 키르케고르는 이러한 삶의 과정을 자신의 저작과 사유에 담아내면서, 자기 자신을 실존으로 이해하는 것과 참된 그리스도교가 되는 것을 자신의 삶과 학문의 과제로 삼았다.

키르케고르는 아버지의 소원을 이루는 것이 자신의 의무라고 생각하고 신학 국가시험을 준비했다. 그 결과 2년이 채 지나지 않은 1840년 7월에 신학사 학위를 취득했다. 그 무렵 키르케고르는 3년 이상 만남을 가져온 레기네 올센에게 청혼하고 약혼했다. 그런데 키르케고르는 그 다음 해 10월 약혼을 파기하고 마치 자신이 부도덕한 유혹자였던 것처럼 다시 혼자가 되었다. 그녀를 더없이 사랑하지만 참회자의 삶을 사는 것이 더 중요했기 때문에 헤어진 것인지, 그의 깊은 시름이 그녀마저 불행하게 만들 수 있다는 염려 때문에 헤어진 것인지, 그 정확한 이유를 알 수는 없다. 그러나 그가 그녀와 헤어진 이후 저술한 작품들을 "나의 오직 한 사람의 독자, 레기네"에게 바친 것이나 그의 모든 유산을 레기네에게 상속한다는 유언을 남긴 것 등으로 볼 때, 그가 그녀를 죽을 때까지 사랑했고 그녀와의 헤어짐이 그의 인생에 결정적인 전환을 가져왔다는 것만큼은 분명하다. 그는 레기네와 결별한 후 셸링(Friedrich Wilhelm Joseph von Schelling, 1775-1854)의 강의를 듣기 위해 1년 반 정도의 여정으로 베를린을 방문했다. 그는 헤겔이 본질과 실존의 핵심적인 차이를 놓쳐 버렸다는 셸링의 주장에 공감했지만 사변적인 철학과 형이상학적 이론의 무기력함에 빠진 셸링에게 몹시 실망하여 반년도 안 되어 귀국했다. 키르케고르는 귀국 후 "글을 쓰는 것이 내 삶이었다."라고 고백할 정도로 저작 활동에만 전념하여 『이것이냐 저것이냐』(1843), 『공포와 전율』(1843), 『반복』(1843), 『철학적 단편』(1848), 『불안의 개념』(1844), 『인생길의 여러 단계』(1845), 『철학적 단편에 대한 종결적 비학문적 후서』(1846) 등과 같은 주요 작품을 잇따라 발표했다.

키르케고르는 '종결적'이라는 용어가 말해 주듯이 『철학적 단편에 대한 종결적 비학문적 후서』를 마지막으로 저작 활동을 끝내고 어느 지방 교구의 목사가 되어 참회자에게 어울리는 삶을 살고자 했다. 그러나 풍자 주간지 『코르사르』가 그를 악의적으로 물어뜯었고, 그는 그러한 악의적인 비평에 응전할 수밖에 없었기 때문에 목회자의 길을 걷겠다는 소망을 이룰 수는 없었다. 그리고 그는 참된 그리스도교가 되는 것을 사명으로 삼았기 때문에 참된 그리스도인의 생활을 왜곡하는 교회의 기만과 타락에 맞서 싸울 수밖에 없었다. 이 무렵 키르케고르는 그리스도교계의 부패와 위선을 비판하거나 종교적 죄의 문제를 다루는 작품으로 『사랑의 역사』(1847), 『죽음에 이르는 병』(1849), 『그리스도교의 훈련』(1850) 등을 저술하였다. 키르케고르는 풍자 주간지 『코르사르』와의 싸움과 공식적인 교회와의 충돌에서 표면상 승리한 듯이 보였지만, 그는 마음의 상처를 깊게 입었고 기력도 눈에 띄게 쇠해졌다. 그 때문인지 키르케고르는 1855년 가을, 거리에서 쓰러진 후 몇 주 지나지 않아 영면에 들었다.

키르케고르가 자기 자신을 "문장에 영향을 주지 못하는 감탄사" 또는

"줄 사이에 거꾸로 인쇄된 활자"로 표현하듯이(한전숙, 1992: 6), 그는 당대의 지배적인 학문적 풍조를 비판하며 평생을 고독한 철학자로 살았다. 그 당시 덴마크에서는 모두가 헤겔 철학에 도취되어 있었고 객관성에 대한 환상에 빠져 있었다. 그러나 키르케고르는 개별자의 존재 의미를 평가절하하는 헤겔 철학을 비판하면서 자신의 구체적인 삶과 관계없이 진리를 추상적으로 인식하는 것은 무의미하다고 지적한다. 즉, 우리가 아무리 논리적으로 완벽한 철학의 체계를 세웠다거나 객관적인 진리를 찾아냈다고 하더라도 내가 그 속에 살고 있지 않다면, 그것은 나에게 아무런 소용이 없다는 것이다. 키르케고르는 다른 어떤 것을 배우기 전에 자기 자신을 아는 법을 배움으로써 인간의 실존을 이해하고, 자신의 삶을 올바르게 이끌어 갈 수 있는 진리를 발견하며, 종국적으로는 참된 그리스도교가 되는 것을 철학의 과제로 삼고 있다.

키르케고르는 이러한 철학의 과제를 수행하는 과정에서 직접 전달의 길(실명의 저작)만이 아니라 많은 경우 간접 전달의 길(가명의 저작)을 택하기도 한다. 그런데 그 당시 철학 저작을 전제에서 결론으로 이어지는 추론이나 논증의 방식이 아닌 (때로는) 소설이나 수필에 가까운 문체로, 그것도 실명이 아닌 가명으로 쓰는 경우가 일반적이지는 않았다. 키르케고르가 간접 전달의 길을 택한 결정적인 이유를 알 수는 없지만, 그는 교의(敎義)를 직접 전달하려고 하지 않고 진리의 실존적 실현을 상기시키고자 간접 전달의 길을 택했던 것으로 보인다(하이네만, 2009: 35).[3] 그리고 키르케고르는 가명으로 쓴 저작에는 자신의 말은 한 마디도 없다고 주장하지만, 사실은 실명으로 쓴 저작이건 가명으로 쓴 저작이건 모두 그의 철학적 사유를 글로 옮긴 것임에 틀림없다. 또한 그의 철학적 사유는 하나의 단계에서 다른 단계로 변화했다기보다는 그 출발과 끝이 서로 다르지 않기 때문에, 그의 철학

---

[3] 키르케고르가 평생의 연인인 레기네와의 사건을 반영하는 부분일수록 여러 명의 가명의 저자가 등장하는 복잡한 구성을 취한 것으로 볼 때, 레기네에게 직접 전할 수 없는 자신의 괴로운 마음과 미안함을 표현하기 위해 간접 전달의 길을 택한 것일 수도 있다(표재명, 2012: 33).

적 사유는 그의 연대기적 저작들에 일관되게 반영되어 있다. 예를 들어, 『이것이냐 저것이냐』는 심미적 단계와 윤리적 단계 간의 대비를 중심으로 실존의 3단계를 다루고 있다면, 『공포와 전율』은 윤리적 단계로부터 종교적 단계로 이행하는 과정에서 등장하는 모순에 찬 상황을 생생하게 그리고 있으며, 『인생길의 여러 단계』는 『이것이냐 저것이냐』를 반복하면서도 제3부 「허물이 있는가?」를 추가함으로써 종교적 단계를 부각시키고 있다. 또한, 그의 박사 학위 논문의 주제였던 '주체성이 진리'라는 사유는 『철학적 단편에 대한 종결적 비학문적 후서』에서 여전히 중요하게 다루어졌고, 개인의 자유와 결단의 문제는 『이것이냐 저것이냐』, 『불안의 개념』, 『죽음에 이르는 병』 등과 같은 여러 저작들에 등장하고 있다.

## 2. 실존의 3단계

실존의 3단계설은 키르케고르의 전기 저작, 특히 가명의 저작 전체를 꿰뚫고 있는 사상의 구조로, 일찍이 회프딩(H. Höffding, 1843-1931)에 의해 연구·소개된 후로 여러 연구가들 사이에 키르케고르 사상의 뼈대를 이루는 것으로 받아들여지고 있다(표재명, 2012: 135). 키르케고르는 실존의 3단계를 정적으로 나란히 연결된 세 개의 층이 아니라 실존의 어떤 동적인 운동을 나타내는 것으로 이해하면서(표재명, 2012: 138), 실존의 양상을 심미적 단계, 윤리적 단계, 종교적 단계로 구분한다.[4] 이러한 실존의 단계는 개별자의 결단을 기준으로 구분될 수 있다. 즉, 심미적 실존과 윤리적 실존은 결단의 유무에 따라 구분될 수 있고, 윤리적 실존과 종교적 실존은 결단의 강약에 따라 구분될 수 있다(임규정, 2007: 21). 이처럼 심미적 실존에서 윤리적 실존으로, 윤리적 실존에서 종교적 실존으로의 이행은 점진적이고 연속적으로 이루어지는 과정이 아니라 개별자의 결단에 의해 이루어지는 비

---

4. 키르케고르는 자신의 저작에서 '단계'라는 용어만이 아니라 '영역', '인생관', '입장', '범주'와 같은 용어를 사용하기도 한다.

약이라고 말할 수 있다. 실존의 3단계에서 종교적 실존을 제외한 모든 실존은 절망에 의해 지배되고 있다는 점에서, 심미적 실존과 윤리적 실존을 실존의 궁극적인 지향점으로 삼을 수는 없다. 키르케고르에게 있어서 '실존한다는 것'은 궁극적으로 '종교적으로 실존하는 것'을 의미한다.

키르케고르는 『이것이냐 저것이냐』에서 서로 대비되는 심미적 실존과 윤리적 실존을 제시한다. 심미적 단계의 사람은 "나날을 즐겨라(carpe diem)" 또는 "인간은 인생을 마땅히 즐겨야만 한다"를 삶의 준칙으로 삼으면서 자신의 감각을 즐겁게 해 주는 아름다운 것이나 재미있는 것을 찾아서 끊임없이 변화하고 동요하는 삶을 살아간다. 즉, 그는 자신에게 닥칠 수 있는 최악의 사태인 권태를 피하기 위해 쉴 새 없이 새로운 쾌락을 모색한다.[5] 키르케고르에 따르면, 인간에게 심미적인 것은 그가 그것을 통해 직접적으로 지금 있는 그대로 존재하게끔 하는 것을 말한다(키르케고르, 1982, 제2부/하: 39). 이처럼 심미적 단계의 사람은 "밖에서 모든 것을 기대하기" 때문에, 즉 자신에게 직접적으로 쾌락을 가져다줄 것으로 기대되는 외적인 우연한 것에 종속되어 있기 때문에,[6] 그는 오직 순간의 쾌락을 추구할 뿐 자기 자신을 규정할 수 있는 결단을 내리지도 않고 자기 자신을 선택하지 않음으로써 책임을 회피한다. 예를 들어, 심미적 실존을 대표하는 돈 후안(Don Juan)은 수많은 여성을 유혹하고 버리고를 반복했듯이 결코 한곳에 머물러 있지 못하고 순간의 쾌락에 종속된 삶, 외부의 조건에 따라 시시때때로 변

---

5. 심미적 단계의 사람이 매 순간 쾌락을 추구한다고 해서 그를 육체적 욕구나 동물적 욕망만을 충족하려는 사람으로 오해해서는 안 된다. 그는 아름다움에 대한 명상에서 쾌락을 느낄 수도 있고, 예술 작품을 감상하면서 쾌락을 느낄 수도 있다. 따라서 그는 감각적인 것에서부터 예술적인 것에 이르기까지, 그에게 쾌락을 가져다줄 수 있는 것이라면 무엇이든 추구한다. 또한 그는 모든 악의 뿌리로 여겨지는 권태를 피하기 위해 '윤작(crop rotation)'이라는 처세술을 활용하기도 한다. 농부가 윤작을 통해 지력을 보충하듯이, 그는 어떤 것이 지루해질 때쯤 그것에 대한 자신의 관점을 변경함으로써 — 예를 들어, 대화 상대의 이야기가 따분해질 때쯤 그 사람의 콧잔등에 흘러내리는 땀방울에 집중함으로써 — 권태를 피해 간다.
6. 심미적 단계의 사람이 자신의 수학적 재능, 문학적 재능, 예술적 재능 등을 발달시키는 일에서 쾌락을 느낄 수도 있다. 그런데 이러한 재능은 개인 자신에게 있지만 개인 자신에 의해 존재하거나 조정될 수 있는 것이 아니다(키르케고르, 1982, 제2부/하: 47).

화하는 변덕스러운 삶을 살아간다. 이와 같이 심미적 단계의 사람은 쾌락의 순간만이 이어지는 삶을 살고자 하기 때문에 인격의 완성이나 참된 실존을 기대하기가 어렵다.

심미적 단계의 사람은 자신이 사회적 규범에 얽매이지 않고 아름다운 것이나 재미있는 것을 자유롭게 추구하기 때문에 당연히 행복하다고 믿을 것이다. 그러나 키르케고르는 "심미적 인생관은 그 자체가 절망이다."(키르케고르, 1982, 제2부/하: 64)라고 주장한다. 즉, 심미적 단계의 사람은 자신이 의식하든 의식하지 못하든 절망하고 있고, 심미적 단계의 삶은 결국 절망으로 끝날 수밖에 없다는 것이다. 여기서 절망은 침울한 상태나 낙담한 상태를 의미하지 않는다. 절망하는 사람은 현재의 삶보다 더 나은 무언가를 전혀 바라지 않고 더 높은 정신적 자아를 성취할 가능성을 깨닫지 못하는 사람이다(케니, 2013: 326-327). 심미적 단계의 사람은 순간을 넘어서 존재하는 것에 어떠한 관심도 두지 않은 채, 자신의 삶을 순간의 쾌락에 몰입시킨다. 그런데 순간의 쾌락은 지금은 있지만, 바로 그 다음 순간에는 물거품처럼 사라지고 마는 것이다. 인간은 아무래도 순간의 쾌락만으로는 충족될 수 없는 그 무엇을 자기 안에 가지고 있기 때문에, 심미적 단계의 사람은 순간의 쾌락에 몰입하지만 결국 절망할 수밖에 없는 것이다. 다시 말해, 자기 이외의 것, 자기로서는 어떻게 할 수 없는 것을 추구하는 삶은 절망으로 끝날 수밖에 없다는 것이다(표재명, 2012: 152). 심미적 단계의 사람은 순간의 쾌락을 추구하면 할수록 쾌락의 노예로 전락하게 되고 자기 자신을 상실하는 모순에 빠지게 된다. 이러한 모순에 직면할 때, 우리는 심미적 실존에서 벗어나 윤리적 실존으로 비약해야겠다는 마음을 갖게 된다.

우리는 이제 심미적 단계에서 절망하는 자기 자신을 포기해 버릴 것인지, 아니면 자기 자신을 윤리적 단계로 넘겨서 상승의 길을 갈 것인지 선택의 갈림길에 서게 된다(케니, 2013: 327). 심미적 단계의 기본적 특성은 결단의 결여이다. 심미적 단계의 사람은 아무것도 선택하지 않기 때문에 신뢰할 수 있고 변하지 않는 자기의 영속성을 형성하지 못하고, 그의 삶은 순간 속으로 흩어져 사라지게 된다. 반면, 윤리적 단계의 기본적 특성은 결단이다.[7] 윤리적 단계의 사람은 영원히 보편적으로 타당한 것으로서 자기 자신을 선택함으로써 자기의식적이고 책임 있는 자기로 현존하게 된다. 그는 자기 자신을 절대적으로 선택했기 때문에 선택 이후의 '자기'는 선택 이전의 '자기'와는 완전히 다른 존재이다(키르케고르, 1982, 제2부/하: 99). 『이것이냐 저것이냐』에서 윤리적 실존을 대표하는 빌헬름 판사는 심미적 인생관과 윤리적 인생관의 현격한 차이를 다음과 같이 기술한다.

> 우리는 모든 심미적 인생관이 절망이라고 말했다. 이렇게 말한 이유는 심미적 인생관이 존재할 수도 있고 존재하지 않을 수도 있는 것을 기반으로 세워졌기 때문이다. 그러나 윤리적 인생관은 그렇지 않다. 왜냐하면 윤리적 인생관은 존재에 속하는 것을 그 인생관의 본질적 속성으로 삼아 인생을 설립하기 때문이다. 심미적인 것은 어떤 사람이 그것을 통해 직접적으로 지금 있는 그대로 존재하게끔 하는 반면, 윤리적인 것은 어떤 사람이 그것을 통해 앞으로 되어야 하는 존재로 되게끔 한다. (키르케고르, 1982, 제2부/하: 115)

윤리적 실존의 과제는 보편적인 인간이 되는 것이다. 윤리적인 것이 언제나 보편적 명령의 형식으로 표현되는 이유가 여기에 있다. 그러나 보편은 개별자를 떠나서는 있을 수 없다(표재명, 2012: 159). 윤리적 단계에서 자기는 심미적 단계에서와 같이 자신의 구체적 현실성에 끌려 다니지 않지만, 그렇다고 자신의 구체적 현실성을 외면하지도 않는다. 윤리적 실존이 된다는 것은 자신의 구체적 현실성에 보편성을 침투시키는 것이다.

---

7. 심미적 단계의 사람은 자신이 선택하지 않는 것을 선택한다는 것을 제외하고는, 도대체가 어떠한 선택도 하려고 하지 않는다. 즉, 그의 단 하나의 선택은 자신은 아무것도 선택하지 않겠다는 것이다. 이런 맥락에서, 심미적 단계와 윤리적 단계는 결단코 선택하지 않는 것을 선택하는 것과 선택하는 삶으로 대비될 수 있다(카푸토, 2008: 66-67).

개인 자신이 보편적인 것일 때라야 비로소 윤리적인 것이 실현될 수 있다. 이것은 양심의 비밀이다. 말하자면 개인의 삶이 동시에 보편적인 것이기도 하다는 사실, 비록 직접적으로 그렇다고는 하지 않더라도 가능성이란 점에서 그렇다고 하는 것이 개인의 삶이 공유하는 비밀이다. 인생을 윤리적으로 보는 사람은 보편적인 것을 보고, 윤리적으로 사는 사람은 자신의 삶 속에서 보편적인 것을 표현한다. 그는 자기 자신을 보편적인 인간으로 만들지만, 자신의 구체성을 벗어던짐으로써 그렇게 만드는 것이 아니라(왜냐하면 그것을 벗어버리면 그는 무화하기 때문이다), 자신의 구체성을 옷 입듯이 입고 그것에 보편성을 침투시킴으로써 자신을 보편적인 인간으로 만든다. (키르케고르, 1982, 제2부/하: 165)

윤리적 단계의 사람은 의무를 수용함으로써 자신의 삶 속에서 보편적인 것을 표현하고 자기 자신을 보편적인 인간으로 만든다.[8] 이때의 의무는 외부에서 부과된 것이 아니라 내면에서 스스로 깨달은 것이기에, 윤리적 실존에게 의무는 그의 가장 내면적인 본질의 표현이라고 말할 수 있다(케니, 2013: 328; 표재명, 2012: 159-160). 그는 심미적 단계에서와는 달리 혼인 관계를 유지하고 직업 생활을 하는 것 등을 의무로 수용한다. 예를 들어, 윤리적 실존을 대표하는 빌헬름 판사는 결혼하고 배우자와 신의를 지키는 사랑의 의무를 윤리적 보편성의 전형적인 사례로 제시한다. 심미적 단계의 사람은 순간의 쾌락을 구하기 때문에 배우자에게 충실해야 하는 사랑의 의무에는 전혀 관심을 두지 않는 반면, 윤리적 단계의 사람은 사랑의 감성적인 면을 알고 있지만 사랑은 보편적 의무가 되어야 한다고 생각한다(임규정, 2007: 30). 그는 이러한 사랑의 의무를 이행함으로써 쾌락의 노예가 아니라 쾌락의 지배자가 되며, 순간에 매몰되지 않고 영원성을 바라보게 된다. 또

---

8. 키르케고르는 윤리적 단계의 모범 사례로 소크라테스를 제시한다. 왜냐하면 소크라테스의 삶은 윤리적 단계가 개인에게 엄격한 요구를 할 수 있고, 영웅적인 자기희생을 요청할 수 있다는 사실을 예증하기 때문이다(케니, 2013: 329).

한, 그는 결혼, 직업 등으로 맺어진 사회적 관계 속에서 더 이상 수동적이고 고립된 자기가 아니라 능동적이고 책임 있는 사회 구성원으로서의 자기가 된다.

윤리적 단계의 사람은 자기 자신을 절대적으로 선택하고 자신의 의무를 성실히 이행함으로써 내면적 인격으로서의 자기를 구현하고자 한다. 그런데 그는 윤리적 단계의 요구 사항을 성실히 수행하고자 노력하면 노력할수록 자신의 나약함과 부족함을 절실히 깨닫게 된다. 여기서 윤리적 실존의 한계가 드러난다. 키르케고르는 "내가 나 자신을 죄가 있는 자로서 선택할 때에만 나 자신을 절대적으로 선택하는 것이기 때문에"(키르케고르, 1982, 제2부/하: 101), 이 절대적 선택은 뉘우침이 될 수밖에 없다고 주장한다. 그리고 그는 "죄가 나타나자마자 윤리학은 다름 아닌 뉘우침에서 좌절한다. 왜냐하면 뉘우침은 최고의 윤리적 표현이지만, 그런 이유로 동시에 가장 심오한 윤리적 자기모순이기 때문이다."(키르케고르, 2007a: 181)라고 지적한다. 만약 이러한 상태에서 벗어나고자 한다면, 윤리적 단계에서 종교적 단계로 도약해야만 한다.

윤리적 단계에서 종교적 단계로 도약하는 과정은 아들 이삭을 번제(燔祭)의 제물로 바치라는 신의 명령을 받은 아브라함의 이야기를 주제로 한 『공포와 전율』에서 생생하게 묘사되고 있다. 아브라함은 그의 아들을 제물로 바치라는 신의 명령을 신에 대한 흔들리지 않는 믿음을 갖고 따르고자 한다. 키르케고르는 이러한 아브라함의 이야기를 다음과 같이 기술한다.

> 아브라함이 한 일은 윤리적으로 표현하면 그가 이삭을 죽이려고 한 것이고, 종교적으로 표현하면 그가 이삭을 바치려고 한 것이다. 그런데 바로 이 모순 속에 사람들이 잠을 이루지 못하게 할 수 있는 불안이 있다. 그리고 이 불안이 없다면 저 아브라함이 아닐 것이다. (키르케고르, 2007a: 53-54)

자신의 아들을 번제의 제물로 바치려고 한 아브라함의 행동은 윤리적으로 도저히 이해할 수가 없다. 그는 윤리적으로 보면 자신의 아들을 살해하려고 한 범죄자일 뿐이다. 그런 아브라함이 신앙의 기사로 칭송받는 이유는, 이 모순 속 불안 가운데서 윤리적 의무를 무한히 체념하고 신과의 절대적 관계 속으로 들어갔기 때문이다. 아브라함은 신 앞에 선 단독자로서 윤리적 의무를 넘어선 결단을 내린 것이다. 아브라함은 "신앙이란, 개별자가 보편적인 것보다 높다고 하는 역설"(키르케고르, 2007a: 101)을 보여 준다.[9]

> 신앙이란 개별자가 개별자로서 보편적인 것보다 더 상위에 있고, 보편적인 것에 거슬릴 권리가 부여되어 있으며, 그 밑에 종속하는 것이 아니라 그 상위에 놓인다는 데 그 역설이 있다. 그러나 유의해야 할 점은, 개별자가 개별자로서 보편적인 것 밑에 종속되었다가 그 후에 이제는 보편적인 것을 통하여 개별자로서 보편적인 것의 상위에 있는 개별자가 된다고 하는 역설, 즉 개별자가 개별자로서 절대자와의 절대적인 관계에 서게 된다는 역설이다. 이 입장은 매개를 필요로 하지 않는다. 왜냐하면 모든 매개는 바로 보편적인 것의 힘에 의해서 일어나는 것이기 때문이다. 이 입장은 영원히 역설로 남을 것이고, 사고로는 접근할 수가 없다. 신앙은 바로 이 역설인 것이다. (키르케고르, 2007a: 103)

아브라함의 이야기가 자신의 사랑하는 자녀를 희생자로 바치는 아버지를 그린 유일한 사례는 아니다. 아가멤논은 자신의 조국을 구하기 위해 자신의 딸 이피게니아를 희생시켰고, 입다는 무모한 서약을 이행하려다가 자신의 딸을 제물로 바치게 되었으며, 브루투스는 반란에 가담한 두 아들에게 사형을 선고하였다(키르케고르, 2007a: 105-108). 그런데 이러한 사례들

---

9. 키르케고르는 "[개별자의] 윤리적 과제는 자기 자신을 끊임없이 보편적인 것 안에 표현하고 자기의 개별성을 지양하여 보편적인 것이 되는 것이다. 이 개별자가 보편적인 것에 대해서 자기의 개별성을 주장하려는 그 순간, 개별자는 죄를 범하게 된다. 그리고 그는 자기의 죄를 승인함으로써만 다시 보편적인 것과 화해할 수 있는 것이다."(키르케고르, 2007a: 100)라는 기술을 통해 종교적 실존에 대비되는 윤리적 실존의 모습을 보여 준다.

은 아브라함의 이야기와 유사하다기보다는 오히려 대비를 이룬다. 이러한 사례의 주인공이 자신의 자녀를 죽여야 하는 딜레마에 처해 있다는 것은 아브라함과 같지만, 그들은 그 끔찍한 행위를 수행하면서도 여전히 윤리적 보편성의 내부에 '머물러 있다'는 점에서는 아브라함과 다르다(가디너, 2001: 98). 그들은 공동체의 더 큰 선의 실현을 위해 자신의 자녀를 희생자로 바친 것이다. 즉, 그들의 행위는 윤리적 목적(telos)에 의해 정당화되고 있다. 이와 달리 아브라함의 행위는 윤리적 목적에 의해 정당화될 수 없고 오히려 비난 받을 만하다. 아브라함을 이해하기 위해서는 윤리적인 것을 뛰어넘는 '신앙'이라는 새로운 범주를 필요로 한다. 아브라함은 윤리적인 것보다 더 높은 목적을 위해 행동한 것이다. 이런 맥락에서, 아브라함의 이야기는 '윤리적인 것의 목적론적 정지'를 내포한다고 말할 수 있다(키르케고르, 2007a: 104). 우리는 여기서 윤리적인 것을 뛰어넘는 결단을 내리는 '신 앞에 선 단독자'를 만날 수 있고, "주체성이 진리이다."라는 실존주의 명제가 성립한다는 것을 확인할 수 있다.

### 3. 주체성이 진리이다

키르케고르는 객관성(objectivity)이라는 환상으로부터 사람들을 해방시키고자 한다. 객관성은 흔히 인간의 사유나 문명이 진보한 정도를 측정하는 지표일 뿐만 아니라 어떤 주장이나 견해의 진위를 판단하는 기준으로 받아들여진다. 어떤 명제가 객관적 법칙이나 근거에 의해 참이라고 밝혀질 때 그 명제가 비로소 학문적 진리로 간주될 수 있다는 점에서, 사람들은 객관성을 진리의 토대로 혹은 진리 그 자체라고까지 여긴다. 그러나 이 세상의 모든 일들과 인간의 삶마저도 어떤 객관적 법칙에 의해 인과적으로 결정된다거나 설명된다는 주장은 객관성을 표방한 신화에 가깝다. 이러한 객관성의 신화는 개인이 각자의 삶의 외부에 서 있는 객관적 관찰자가 되도록 부추김으로써 자기 삶의 자발성과 진정성을 상실하게 만든다. 이처럼 개별자가 보편이라는 규격화된 틀로 재단된다면, 개개의 인간은 환상적으로 인류라는 종으로 그저 보편화될 뿐이다(키르케고르, 2007b: 169). 키르케고르는 인간의 삶에서 결정적인 것이 문제될 때에는 객관적 진리와 같은 것은 없으며 설사 있다 하더라도 아무 도움이 되지 않는다고 주장한다(표재명, 2012: 18). 어떤 사람이 자신이 속한 집단이나 종파의 표준적인 생각을 따른다고 해서 그가 직면한 실존의 문제를 해결할 수는 없다. 개별 실존에게 중요한 것은, 객관적인 진리를 찾는 것이 아니라 나에게 진리인 진리를 찾는 것, 내가 그것을 위해 기꺼이 살고 또 죽기를 진심으로 바랄 수 있는 그런 이념을 찾는 것이다(Kierkegaard, 2015: 32). 키르케고르에게 진리의 기준은 자기가 진리라고 여기는 것을 굳게 잡을 때의 정직함과 성실함의 정도에 달려 있다(표재명, 2012: 18).

'나에게 진리인 진리'는 독단이나 변덕, 혹은 자신이 원하는 것이면 아무것이나 믿는 것을 의미하지 않는다. 그것은 내면의 결단을 뜻하는 것으로, 한 개인으로서의 나의 삶을 변화시키는 진리를 의미한다(카푸토, 2008: 25). 여기서 진리는, 우리가 그 안에 살고 있고 우리 자신이 그것과의 관계에서 규정되는 진리이다. 그렇지만 우리는 객관적 지식이나 논리적 명제만이 진리가 될 수 있다고 생각하기 때문에, '나에게 진리인 진리'나 '주체성이 진리'라는 말의 의미를 이해하기 어렵다. 그러나 참된 친구, 참된 인간 등과 같은 표현에서 알 수 있듯이, '참'이란 본래 진실하다, 성실하다 등을 의미하기도 한다. 이런 의미에서의 참은 명제의 특성이 아니라 인격의 특성을 나타낸다(한전숙, 1992: 8; 하이네만, 2009: 51). 이와 같이 진리가 나 자신에 대해 진실하고 성실하다는 의미를 지닌다면, 인간의 실존적 과제는 참된 자기 자신이 되는 것이다. 그런데 우리가 수학이나 자연과학과 같은 객관적 지식을 갖는다고 해서 자기 스스로를 변화시킬 수 있는 것은 아니다. 왜냐하면 우리는 객관적 지식 속에 살고 있지 않을 뿐만 아니라 객관적 지식과의 관계에서는 오직 그 대상만을 생각할 뿐 자기 자신에 대해 반성할 기회를 가질 수 없기 때문이다. 객관적 지식은 실존적 의미에서는 오히려 진리가 될 수 없다. 어떤 것이 진리가 되려면, 그것이 나에 대해서 진리여야 한다. 개별자가 진리와 맺고 있는 관계 속에서 자기 스스로를 변화시킬 수 있는 진리 또는 참되게 실존하는 것을 가능하게 해 주는 진리여야 한다는 것이다. 이런 의미에서, 진리는 주체성이고 내면성이며 정열이라고 말할 수 있다.

키르케고르는 『철학적 단편에 대한 종결적 비학문적 후서』에서 진리에 대한 물음이 제기될 수 있는 두 가지 방식을 논의한다. 그것은 바로 믿음의 '무엇'과 믿음의 '어떻게'와 관계된 것들이다(가디너, 2001: 156).

> 진리에 대한 물음이 객관적인 방식으로 제기될 때, 진리는 인식 주체가 이어져 있는 대상으로서 객관적으로 반성된다. 반성되는 것은 관계가 아니라 그가 이어져 있는 대상이 진리라는 것, 참된 것이라는 사실이다. 만약 그가 이어져 있는 것이 진리, 참된 것이기만 하다면, 주체는 진리 안에 있는 것이다. 진리에 대한 물음이 주체적인 방식으로 제기될 때, 개인의 관계는 주체적으로 반성된다. 만약 이 관계의 어떻게가 진리 안에 있기만 하다면, 설령 그가 비진리와 이어져 있다고 하더라도 그는 진리 안에 있다.
>
> (Kierkegaard, 1992: 199)

진리에 대한 물음이 객관적으로 제기될 때에는 주체가 관계하는 대상이 '무엇'인가가 강조되는 반면, 진리에 대한 물음이 주체적으로 제기될 때에는 주체가 그 대상과의 관계 속으로 '어떻게' 들어가는가가 강조된다. 키르케고르에 따르면, 실존적 의미의 진리는 후자의 방식과 관계된다. 그는 신에 대한 참된 관념을 가지고 그리스도교의 한가운데 살면서도 비진리 안에서 기도하는 사람과 우상을 숭배하는 이교도의 땅에 살면서도, 비록 우상을 형상화한 상을 바라보더라도, 무한성의 모든 정열로써 기도하는 사람을 비교한다. 그는 전자가 참된 신에게 비진리 안에서 그릇된 정신으로 기도하는 반면, 후자는 비록 우상을 숭배하고 있지만 신에게 진리 안에서 기도하기 때문에, 전자가 아닌 후자에게 진리가 놓여 있다고 주장한다 (Kierkegaard, 1992: 201). 이러한 진리는 객관적으로는 불확실한 것일 수 있지만, 어떤 사람이 가장 정열적인 내면성을 갖고 자기 것으로 획득하고 지켜 낸다면 이 진리는 그에게는 최고의 진리가 될 수 있다. 왜냐하면 주체적으로는 자신의 실존 전부를 걸고 자신의 것으로 만들고 동화시키는 것이 참되기 때문이다(하이네만, 2009: 50). 실존적 의미의 진리는 신 앞에 선 단독자로서 참되게 실존하는 주체에게만 존재하는 것이다.

### 4. 불안과 절망

불안은 실존적 상황에 처한 인간의 특성을 잘 보여 주는 개념이다. 그리고 키르케고르의 『불안의 개념』은 자유에 대한 논고로 이해해도 무방하다는 평가에서 알 수 있듯이, 불안은 키르케고르의 실존주의에서 자유를 이해하는 데 필수적인 개념이기도 하다.

> 불안은 일정한 무엇을 가리키는 공포나 공포와 유사한 개념들과는 전혀 다르다는 것을 지적하지 않을 수 없다. 이런 것들과는 달리, 불안은 가능성의 가능성으로서의 자유의 현실성이다. 이런 이유 때문에, 불안은 동물에게서는 찾아볼 수 없다. 왜냐하면 동물은 본래 정신으로 규정되어 있지 않기 때문이다. 불안에 대한 변증법적 규정들을 고찰할 때, 우리는 바로 이 규정들이 심리학적 양의성을 지니고 있다는 것을 알게 된다. 불안은 공감적 반감이며 반감적 공감이다. (키르케고르, 2002: 160)

불안은 공포와 달리 특정한 구체적 대상과 관계되지 않는다. 특정한 구체적 대상이 없기 때문에 오히려 불안한 것이다. 우리는 이미 결정되어 있거나 실현된 것에 대해서는 불안을 느끼지 않는 반면, 아직 결정되어 있지 않거나 실현되지 않은 자유의 가능성으로 인해 불안을 느낀다. 그래서 키르케고르는 "무(無)가 불안을 낳는다."(키르케고르, 2002: 159)라고 주장한다. 다시 말해, 불안은 자유의 가능성일 뿐 아직은 현실성이 없다고 하는 무(無)의 심연 앞에서의 자유의 현기증이라고 할 수 있다(표재명, 2012: 36). 개별자는 이러한 불안 속에서 자신의 자유의 가능성을 발견하게 되고, 자기 스스로 선택하고 결단을 내릴 것을 요구받게 된다(그뢴, 2016: 47, 147). 이러한 자유의 가능성이 개별자에게 결단을 내릴 것을 압박하는 것이다. 그렇지만 개별자는 자유의 가능성으로 인해 불안하다고 해서 자유의 가능성을 포기할 수도 불안을 떨쳐 버릴 수도 없으며 또 그렇게 하기를 원하지도 않는다. 왜냐하면 그는 두려워하면서도 자신이 두려워하는 것을 갈망하는 공감적 반감 내지 반감적 공감의 감정을 갖고 있기 때문이다(키르케고르, 2002: 161). 개별자는 자유의 가능성으로서의 불안 속에서 신에 대한 믿음을 토대로 결단을 내림으로써 실존의 비약을 경험하게 된다.

키르케고르는 『죽음에 이르는 병』에서 불안으로부터 한 걸음 더 나아가 인간의 실존적 특성으로서 절망에 대해 논의한다. 그는 절망을 '죽음에 이르는 병'이라고 규정한다. 이 병은 물론 육체적 죽음을 결과하는 질병을 의미하는 것도 아니고 심리학적 우울증을 의미하는 것도 아니다. 심미적 단계의 사람이나 윤리적 단계의 사람은 결국 절망하게 되지만, 그들은 자신이 당연히 행복하다고 믿거나 별다른 문제없이 잘 살고 있다고 믿는다. 그렇다면 이 병은 영혼의 건강을 위협하는 정신의 불균형 내지 내면의 심각한 붕괴를 의미하는 것으로 보인다. 그것은 자기 자신이 되는 과정에서 이탈하는 것으로, 자기 자신이 되지 못하는 것이다(카푸토, 2008: 170-172; 그뢴, 2016: 191).

절망에 빠져 있는 개인은 그 무엇인가에 절망한다. 그것은 당분간 그렇게 보이지만 오직 잠시만 그럴 뿐이다. 똑같은 순간에 진짜 절망 내지 그 본래 형태의 절망이 모습을 드러낸다. 그 무엇인가에 절망할 때, 그는 사실 자신에게 절망한 것인데, 그런즉 이제 그는 자신으로부터 벗어나고 싶어

한다. 예컨대 "제왕이 아닐 바에는 차라리 무(無)"라는 슬로건을 내건, 저 야망을 품은 사내가 어떻게든 제왕이 되지 못하게 될 때, 그는 그 사실에 절망한다. 그렇지만 이것은 동시에 어떤 다른 것을 의미하기도 한다. 정확히 그는 어떻게든 제왕이 되지 못하였기 때문에, 그는 이제 자기 자신이라는 사실을 참을 수 없는 것이다. 결국 그는 자신이 어떻게든 제왕이 되지 못하였기 때문에 절망하는 것이 아니라 제왕이 되지 못하였기 때문에 자기 자신에게 절망하는 것이다. (…) 더욱 심오한 의미에서 참을 수 없는 것은 제왕이 되지 못한 그의 실패가 아니며, 참을 수 없는 것은 제왕이 되지 못한 이러한 자기이다. 혹은 훨씬 더 정확하게 이야기하자면, 그에게 견딜 수 없는 일은 그가 자기 자신에게서 벗어날 수 없다는 사실이다. (키르케고르, 2007b: 66)

키르케고르는 절망에는 두 가지 형태가 있다고 지적한다. 그중 하나는 절망한 채로 자기 자신이 되고자 하지 않는 것이고, 다른 하나는 절망한 채로 자기 자신이 되고자 하는 것이다. 전자는 연약함이라고 불리고, 후자는 반항이라고 불린다. 그런데 반항의 형태는 연약함의 형태와 본질적으로 다르지 않기 때문에 연약함의 형태로 환원될 수 있다.

만일 인간의 자기가 자기 자신 스스로를 정립하였다면, 그렇다면 오직 한 가지 형태, 즉 자기 자신이기를 원하지 않는, 자기 자신을 없애고 싶어하는 형태만 가능할 것이며, 절망하여 자기 자신이기를 원하는 형태는 있을 수 없을 것이다. (…) 자기 자신에게 절망하는 것, 절망에 빠져서 자기 자신으로부터 벗어나고 싶어하는 것 — 이것은 모든 절망에 대한 공식이다. 그렇기 때문에 절망의 다른 형태, 즉 절망에 빠져서 자기 자신이고 싶어하는 것은 첫 번째 형태, 즉 절망에 빠져서 자기 자신이고 싶어하지 않는 것으로 소급될 수 있는바, 이는 우리가 앞에서 절망에 빠져서 자기 자신이고 싶어하지 않는 형태를 절망에 빠져서 자기 자신이고 싶어하는 형태로 환

원한 것과 같다. (키르케고르, 2007b: 56-57, 68)

그렇다면 심미적 단계의 사람과 윤리적 단계의 사람은 어떤 절망에 빠져 있는가? 우선, 심미적 단계의 사람은 자신의 가능성을 모르거나 자신의 가능성을 현실화하고자 하는 결단을 회피하기 때문에 절망의 첫 번째 형태에 빠져 있다. 다음으로, 윤리적 단계의 사람은 결단할 줄은 알지만, 자신이 신에게 의존적이라는 사실을 인정하지 않는다. 그래서 그는 신으로부터 독립적으로 자신을 구성하고자 하거나 자기 자신이 되기를 원한다. 그러나 만일 그가 독자적으로 절망에서 벗어나려고 시도한다면, 그는 더 깊은 절망에 빠질 뿐이다. 왜냐하면 그것은 신에게 의존적인 자기가 신 앞에서 제대로 자기 자신을 관계시키는 데 실패한 것으로, 언제 무너질지 모르는 사상누각을 세우는 것에 불과하기 때문이다. 이와 같이 윤리적 단계의 사람은 절망 속에서 자기 자신이 되기를 원함으로써 절망의 두 번째 형태에 빠져 있다. 타자에 의해 구성된 관점에서 보면, 절망 속에서 자기 자신이 되기를 원하는 것은 진정한 의미에서 자기 자신이 되기를 원하지 않는 것과 같다(임규정, 2007: 36-37; 카푸토, 2008: 173). 우리는 여기서 절망에 대한 확실한 대항 수단 내지 치유책이 믿음(신앙)이라는 사실을 깨닫게 된다. 이는 곧 신에게 의지하면서 자기 자신이 되기를 원해야 한다는 것이고, 신 앞에 선 단독자로서 결단을 내려야 한다는 것을 의미한다.

## III. 하이데거

### 1. 생애와 저작

하이데거는 난해하기 그지없는 사상가로 생각되는 것이 보통이다. 그의 주저인 『존재와 시간』도 난해하기로 악명이 높은 책이다.[10] 그런데 하이데거가 없었더라면 20세기의 정신계는 전혀 다른 지형도를 갖게 되었을 것이라는 평가에서 알 수 있듯이, 그는 20세기 정신계에 가장 큰 영향을 끼친 사상가 중 한 명이라고 할 수 있다. 20세기의 거의 모든 철학적 조류, 최근의 포스트모더니즘과 후기구조주의뿐만 아니라 마르쿠제(Herbert Marcuse, 1898-1979)와 하버마스(Jürgen Habermas, 1929-)의 비판 이론, 아렌트(Hannah Arendt, 1906-1975)의 정치철학, 가다머(Hans-Georg Gadamer, 1900-2002)의 철학적 해석학 등에서 우리는 하이데거의 흔적을 쉽게 발견할 수 있다(박찬국, 2013c: 13). 그렇다면 하이데거 사상과 저서의 '난해함' 속에 숨겨진 '위대함'은 어디에 있는 것일까?

하이데거는 각 시대의 존재 이해, 즉 존재자 전체의 본질과 근거에 대한 이해가 그 시대의 모든 활동을 규정한다고 본다. 예를 들어, 서양 중세에서 존재자 전체는 '신의 피조물'로 이해되었다. 신이야말로 모든 존재자들의 존재 근거이기에 인간은 자신의 존재를 확고하게 하기 위해서 신에 귀의하지 않으면 안 된다고 생각했다. 따라서 서양 중세에서는 학문과 예술 그리고 일상생활은 신에 대한 숭배를 중심으로 이루어졌다. 신학은 최고의 학문이었으며, 도시를 건설하더라도 교회를 시내 중심에 가장 먼저 지어야 했다. 이와 달리, 현대 기술 문명에서 존재자 전체는 '계산 가능한 에너지들의 공급원'으로 이해되며, 인간마저도 계산 가능한 노동력과 욕구의 담지자로 간주된다(박찬국, 2013c: 23-24). 이러한 현대 기술 문명의 시대에 우리는 인위적이고 복잡한 기술을 통해 삶의 편의를 좇고 있지만 역설적이게도 기술에 종속됨으로써 자신의 존재를 망각한 채 살아가고 있다. 그래서 현대 기술 문명의 시대는 인간 존재가 자신의 존재를 망각하였기에 인류 역사상 가장 궁핍한 시대로 규정될 수 있다. 이와 같은 위기의 시대에 철학의 사명은 현대 기술 문명 사회에서의 존재 이해와는 다른 새로운 존재 이해를 요

---

10. 서울대에서 선정한 『대학생을 위한 고전명저 100선』에도 『존재와 시간』은 너무 어렵다는 이유로 포함될 수 없었다고 한다(박찬국, 2013b: 5).

청함으로써 망각된 존재를 회복하는 것이다. 하이데거는 바로 현대 기술 문명으로 인해 발생한 존재 위기를 극복하기 위해 철학적인 근본 물음인 존재 물음(Seinsfrage)을 제기하였다. 그리고 그는 이 물음에 답하기 위해 불안의 기분을 인수하고 죽음에로 선구하는 실존의 운동을 이끌어 나갔다는 점에서 20세기 정신계에 획을 그은 인물로 평가되고 있다.

우리는 흔히 철학자의 생애에서 특기할 만한 사건들이 소개되면, 그의 사상을 보다 수월하게 이해할 수 있을 것으로 기대한다. 그러나 하이데거의 경우에 이런 기대를 갖지 않는 편이 낫다. 왜냐하면 칸트의 삶이 외면적으로는 매우 단조롭고 획일적이어서 그의 생애에 관하여 호기심을 갖던 사람들이 적잖은 실망에 빠지곤 하듯이, 하이데거에 관해서도 그와 같은 실망이 일어날 가능성이 높기 때문이다(비멜, 1997: 9-12). 그래서 여기서는 하이데거의 생애를 그의 주요 학문적 관심사와 그 변화를 중심으로 살펴보고자 한다.[11]

하이데거는 1889년 9월 26일 독일 남서부에 위치한 작은 시골 마을인 메스키르히에서 태어났다. 그 마을은 거의 전 주민이 독실한 가톨릭 신자일 정도로 가톨릭적 분위기가 지배하는 시골이었다. 하이데거의 생가는 마을의 중심에 위치한 성 마르틴 성당의 바로 옆에 있었고, 하이데거의 아버지는 그 성당의 성당지기이기도 했다. 이러한 가톨릭적 분위기에서 성장한 그는 부모님의 바람과 가톨릭교회의 재정 지원에 힘입어 성직자가 되기 위한 준비를 한다. 하이데거는 예수회 신부가 되기 위해 예수회에 들어간다. 그러나 그는 심장 질환 때문에 예수회 신부가 되기에는 부적합한 것으로 판정받게 된다. 이에 따라 하이데거는 일반 신부가 되기 위해 1909년 겨울 학기에 프라이부르크 대학 신학부에 입학한다. 하지만 그의 심장 질환은 이번에도 신부가 되는 길에 난관으로 작용하였다. 하이데거는 고향 마을에서 요양 중이던 1911년 여름, 철학을 하기로 일생일대의 결심을 한다.

---

11. 하이데거의 생애에 대해서는 비멜(1997), 박찬국(2013c) 등을 참고하였다.

하이데거는 1911년 겨울 학기부터 프라이부르크 대학 철학부에 등록한다. 그 당시 프라이부르크 대학 철학부는 신칸트학파의 거장 리케르트(Heinrich Rickert, 1863-1936)의 영향 아래 있었기 때문에, 하이데거 역시 박사 학위와 교수 자격을 취득할 때까지만 해도 신칸트학파와 가톨릭 철학과 같은 전통적인 철학의 입장에 서 있었다. 하이데거는 물론 프라이부르크 대학 신학생 시절부터 후설(Edmund Husserl, 1859-1938)의 저작을 탐독하였고, 특히 후설의 『논리연구』에 매료되어 있었다. 그런 하이데거에게 후설과 인연을 맺을 수 있는 기회가 온다. 후설이 1916년에 리케르트의 후임으로 프라이부르크 대학에 부임한 것이다. 하이데거는 후설의 부임을 계기로 '사태 자체로(Zu den Sachen selbst)'를 전면에 내세우는 현상학을 자신의 철학적 방법론으로 수용하기 시작한다.[12] 다른 한편, 하이데거는 키르케고르의 실존 사상이나 딜타이 등의 생철학에서 실존적이고 직관적인 통찰들을 수용한다. 이처럼 하이데거는 현상학과 실존주의, 생철학을 수용함으로써 현존재의 실존론적 존재론을 가지고 일반 존재론을 위한 기초로 삼았고, 전 철학사를 통해 거장 철학자들의 사상을 현상학적으로 해체하고 그들의 존재론을 실존적으로 새롭게 정초할 수 있었던 것으로 보인다(소광희, 2004: 18).

하이데거는 마르부르크 대학의 사강사(Privatdozent) 시절인 1923-1928년을 "가장 크나큰 흥분의 도가니 속에서 모든 정신을 집중했던 시기"(비멜, 1997: 42)라고 술회한다. 이 시기는 하이데거가 자신의 제자였던 한나 아

---

12. 하이데거는 1919년부터 약 5년 동안 후설의 조교로 일하였다. 이 당시 후설은 "현상학, 그것은 하이데거와 나다."라고까지 말할 정도로 하이데거에 대한 깊은 신뢰와 큰 기대를 갖고 있었다. 그러나 후설이 배척한 생철학을 하이데거가 수용하면서 두 사람 간의 관계는 점차 소원해져 갔고, 1933년 나치가 정권을 잡게 되면서 유태인으로서 불이익을 받게 되었던 후설은 하이데거가 나치에 가담한 데 대해 극도로 실망한다. 후설과 하이데거의 관계에 대해서는, 하이데거가 후설에 대한 존경의 마음을 끝까지 갖고 있었다는 해석도 있는 반면, 하이데거는 후설의 제자였고 그의 후임자였음에도 불구하고 후설의 장례식에 참석하지 않았을 정도로 그들의 관계가 소원해졌다는 해석도 있다. 후설과 하이데거의 관계에 대한 상반된 해석에 대해서는 박찬국(2013c: 52-54) 참고 요망.

렌트와 사랑에 빠진 시기이기도 했고,[13] 토트나우베르크 산장 서재에서 연구 생활을 하였던 시기이기도 했다. 하이데거는 1927년까지 별다른 저서를 발표하지 않았지만 치열하게 사색하고 강의하면서 자신의 사상을 키워 나갔다. 그 결과 1927년에 하이데거를 세계적인 철학자의 반열에 오르게 한 『존재와 시간』이 간행된다. 이 저서는 미완성의 저작이었음에도 불구하고 현대의 고전으로 자리매김되는 데 부족함이 없었고, 1928년 하이데거가 후설의 후임으로 프라이부르크 대학 교수가 되는 데 결정적인 역할을 하였다.

1933년 5월 1일에 하이데거는 프라이부르크 대학의 총장이 된다. 이 당시 독일에서는 나치가 정권을 확고하게 굳힌 상태였고 하이데거는 총장 취임 직후 나치스에 입당한다. 하이데거는 국가와 정치는 철학에 의해 지도되어야 한다는 생각으로, 총장 취임 후 몇 개월 동안 나치 운동에 열정적으로 참여한다. 하이데거가 나치 운동에 참여하게 된 동기를 그 당시 독일의 어지러운 정치·경제적 상황과 연결 지어 변론할 수도 있겠지만, 그의 나치 참여 행적은 끊임없이 비판의 대상이 되었다. 하이데거는 당과의 갈등으로 1934년 2월 총장에 취임한 지 1년도 안 되어 총장직을 사임한다. 그는 총장직을 사임한 이후 히틀러와 나치즘에 대한 환멸을 느끼고 자신의 나치 참여에 대한 철학적인 반성 작업을 진행한다. 그러나 그는 나치 참여 행적으로 인해 독일 패전 이후 프랑스 군정에 의해 교수직을 무기한 박탈당했고 강의도 금지된다.

하이데거의 철학에는 1930년대에 '전회(die Kehre)'라는 계기가 있다. 하

---

13. 한나 아렌트는 하이데거의 명성을 듣고 그에게서 철학을 배우기 위해 마르부르크 대학에 입학한다. 하이데거와 아렌트의 나이 차는 열일곱 살이었지만, 그 둘의 사랑은 1924년부터 1928년까지 4년 동안 지속된다. 아렌트는 엘프리데 페트리와 결혼하여 두 아이를 가진 하이데거와 사랑의 결실을 맺을 수 없다는 것을 잘 알았기 때문에 1929년에 마음에도 없는 결혼을 하면서 하이데거와의 관계를 끝맺게 된다. 특히, 유태인이자 철저한 반나치주의자였던 아렌트는 나치에 가담한 하이데거에게 크게 실망하여 그와의 관계를 단절한다. 그러나 아렌트는 일생을 걸쳐서 하이데거의 철학이 갖는 위대함과 심오함에 대해서는 의심을 품지 않았고 독일 패전 후 그의 철학을 변호하는 데 열정을 쏟았다. 하이데거와 아렌트의 재회는 1950년에 이르러서야 이루어진다.

하이데거는 현상학자로서 존재가 자신을 드러내는 그대로를 분석하려고 했다. 그러나 이러한 존재는 가시적인 존재자와는 달리 자신을 은폐하는 성격을 갖는다. 그래서 하이데거는 현존재의 실존론적 분석을 통해 존재 일반의 의미를 획득하고자 했던 길에서 돌아선다. 그 후 그는 개인의 실존을 철학적 물음의 중심으로 삼았던 전기의 입장과는 달리 칸트와 헤겔, 횔덜린과 릴케와 같이 역사적 시대를 개시하는 위대한 사상가와 시인에 대한 현상학적 탐구에 집중한다. 그리고 하이데거가 현대 기술 문명과의 사상적 대결을 본격적으로 펼친 것도 전회 이후의 중요한 특성이다. 하이데거는 현대 기술 문명에서 인간을 비롯한 모든 존재자들의 고유한 존재와 존엄성을 박탈하는 전체주의의 모습을 본다. 1930년대 유럽에는 전체주의의 그림자가 짙게 드리워졌기 때문에, 하이데거는 현대 기술 문명의 극복이 쉽지 않으리라는 것을 직감할 수 있었다. 따라서 그는 현대 기술 문명의 기원과 본질을 파악하고 그것의 극복 방안을 찾는 데 주력한다.

독일 패전 후 좌절과 시련의 시기를 보내던 하이데거는 1951년 9월 바덴주 교육 당국으로부터 공식적인 복권 승인을 받게 된다. 그러나 그는 이미 퇴임할 나이에 이르렀기 때문에 명예교수로 대학에 복직하게 된다. 그는 명예교수로서 대학에서 가끔 강의와 세미나를 했고, 남은 생을 저술과 강연으로 보냈다. 1950년대와 1960년대에 그의 명성은 독일뿐 아니라 유럽과 세계 전역으로 퍼져 나갔지만, 하이데거 자신은 대부분의 시간을 토트나우베르크의 산장에서 보냈다. 그는 1956년 5월 26일 심장마비로 사망하여 평소 희망하던 대로 고향 메스키르히에 묻혔다.

하이데거의 철학은 20세기 지성계에 지대한 영향을 끼쳤기 때문인지, 오늘날까지도 우리의 학문적 관심을 끄는 그의 저서들은 적지 않다. 그런데 발터 슐츠(Walter Schulz)가 "『존재와 시간』은 철학을 1927년 이전과 이후로 갈라놓았다."라고 평하고 있듯이(박찬국, 2013c: 58), 『존재와 시간』은 하이데거의 수많은 저서들 중에서도 20세기 지성계에 가장 큰 영향을 끼친 저서로 보인다. 또한 『존재와 시간』은 하이데거의 전기 사상을 대표하는 저서로서 그의 실존주의 입장을 파악할 수 있는 주요한 통로이기도 하다. 이 책은 '영원한 상 아래에서' 사유하는 기존의 존재론과는 달리 현존재의 실존론적 분석으로부터 출발해서 존재 일반의 의미를 구명하는 것을 목표로 삼고 있다(소광희, 2004: 21-22). 이를 위해 하이데거는 제I편 '현존재의 예비적 기초 분석'에서 현존재의 근본 틀인 '세계-내-존재(In-der-Welt-Sein)'를 그 평균적 일상성에서 실존론적-존재론적으로 분석한다. 여기서는 현존재의 비본래적 존재 양식을 중심으로 현존재의 존재인 마음씀(Sorge), 인간의 근본 기분인 '불안' 등이 주제화된다. 제II편 '현존재와 시간성'에서 하이데거는 현존재를 그 전체성과 본래성에서 성찰하는 것을 과제로 삼는다. 그래서 여기서는 현존재의 전체성을 확보하기 위한 죽음의 현상에 대한 분석, 현존재의 본래성을 보증받기 위한 양심에 대한 분석 등이 이루어진다.

## 2. 현존재

하이데거는 존재 물음을 고대 그리스 시대부터 오늘에 이르기까지 가장 핵심적이고 기본적인 물음이라고 본다. 그럼에도 불구하고 '존재'는 가장 보편적인 개념이어서 오히려 가장 불명료한 개념으로 남아 있고, '존재' 개념은 최고의 유(類) 개념이므로 정의할 수 없는 것으로 여겨진다. 이처럼 '존재'가 철학의 가장 핵심적이고 기본적인 탐구 주제이면서도 그 의미에 대한 명시적 인식은 어디에도 없다면, 우리는 존재의 의미를 새삼 물을 수밖에 없다. 하이데거는 이러한 존재 물음을 성찰하기 위해 개인의 구체적 삶(실존)을 사유의 중심에 놓고, 거기로부터 존재의 의미를 구명하는 실존론적 존재론으로부터 출발한다(소광희, 2004: 17). 이러한 실존론적 존재론은 기존의 존재론에서 존재 일반에 대해 직접 묻는 것과는 달리 '나'를 물음 속에 넣어서 나를 통해 존재를 구명하려는 것이다. 왜냐하면 인간만이 수많은 존재자들 중 존재 이해를 가지고 있으면서 스스로 자기 자신의 존재를 가장 큰 문제로 삼고 있는 존재자이기 때문이다.[14] 하이데거는 존재의 의미를 묻는 자이면서 동시에 그 물음에 걸리는 존재자인 인간을 현존재(Dasein)라고 부른다. 이것은 현존재 분석을 통해 존재의 의미를 구명하겠다는 하이데거의 의도를 보여 준다. 즉, 존재의 의미를 구명하는 것은 오직 현존재의 존재의 구명을 통해 가능하다는 것이다(소광희, 2004: 31). 이런 의미에서, 하이데거의 기초 존재론은 현존재 분석론으로서, 현존재가 살고 있는 구체적 삶의 현실로부터, 즉 세계로부터 자기 존재를 이해하는 데서 출발한다(소광희, 2004: 37).

현존재의 가장 주요한 특징은 자신의 존재에 대해 의문을 품을 수 있고 자신의 존재를 문제 삼을 수 있다는 사실이다. 이로 인해 현존재는 책상, 나무, 사자 등과 같은 다른 모든 존재자들과 구별된다. 나무가 살아 있는 생명체로서 자신의 존재를 재확인하는 것도 아니고 의문시하는 것도 아니다. 그저 나무는 나무인 것으로 존재할 따름이다. 사자는 배고플 때 그것을 문제로 느끼고 사냥에 나설 수 있다. 그러나 사자는 자신의 삶의 일정한 국면만을 문제 삼고 있을 뿐이지, 자신의 존재 전체를 문제 삼지는 않는다. 오직 인간만이 자신의 존재 전체를 문제 삼으면서 어떻게 살아야 할지를 묻는다. 하이데거는 자신의 존재를 문제 삼는 인간 특유의 존재 방식을 실존이라고 부르면서, "현존재의 본질은 그의 실존에 있다."(하이데거, 1995: 64)라고 말한다.

> 현존재의 본질은 그의 실존에 있다. 따라서 이 존재자에게서 명백해질 수 있는 성격들은 이러저러하게 나타나 보이는 전재적 존재자[필자 첨가: 현존재가 단순한 관찰의 대상으로 대하는 존재자]의 전재적 특성들이 아니라, 그때마다 그에게 가능한 존재 방식들이고 또 그것뿐이다. 이 존재자가 어떻게

---

14. 인간은 세상의 모든 존재자와 그 존재를 일상적으로 막연하게 이해하고 있고, 그 이해 속에서 살고 있다. 인간은 자기의 존재에 대해서도 전적으로 무지하지 않지만, 그렇다고 분명히 알고 있는 것도 아니다. 현존재가 이 막연하고 평균적인 존재 이해를 본질적으로 가지고 있는 것을 하이데거는 현존재의 사실성, 즉 '현사실성(Faktizität)'이라고 부른다. 이러한 평균적인 존재 이해를 명시적으로 밝혀내는 것이 현존재 분석론의 과제이다(소광희, 2004: 33).

있든 일차적으로는 존재한다. 그러므로 우리가 이 존재자를 지칭하는 현존재라는 명칭은 책상, 집, 나무처럼 그 존재자의 본질을 표현하는 것이 아니라 존재를 표현한다. (…) 자기의 존재에 있어서 이 존재 자체에 관여하는 그런 존재자는, 자기의 존재에 대해 그것이 자기에게는 가장 고유한 가능성이라는 태도를 취하고 있다. 현존재의 존재는 그때마다 자신의 가능성으로 존재하기 때문에, 이 존재자는 자기의 존재에 있어서 자기 자신을 선택할 수도 획득할 수도 상실할 수도 있으며, 또는 결코 획득하지 못하거나 단지 외견상으로만 획득할 수도 있다. (하이데거, 1995: 64-65)

"현존재의 본질은 그의 실존에 있다"라는 명제는 전통적인 일반 존재론으로는 이해하기 어려운 명제이다. 왜냐하면 종래 인간이라는 존재의 본질은 '이성적'이라고 일컬어져 왔기 때문이다. 이 명제의 참뜻은 현존재가 이성적이든 아니든 그 이전에 어쨌든 본질적으로 자기 자신에 관심을 기울이면서 이 세상에 살고 있는 존재자라는 것이다(소광희, 2004: 49). 이처럼 현존재가 실존의 방식으로 자신의 존재를 문제 삼는다면, 현존재의 존재에 대한 규정은 인간 일반이 갖는 속성에 의해 이루어질 수는 없고, 현존재가 각자적인 존재로 존재하는 방식에 대한 규정이어야 한다(박찬국, 2013b: 24). 그리고 현존재가 자신의 존재를 문제 삼는다는 것은 자신을 대상화하면서 객관적으로 파악하려고 한다는 것이 아니라 자신의 존재에 대해서 마음씀(Sorge)의 방식으로 관계한다는 것을 의미한다. 그것은 현존재가 '자신의 본래적이고 고유한 존재 가능성'이 무엇인지에 대해서 고뇌하며 그것을 구현하려고 한다는 것을 뜻한다(박찬국, 2013c: 72). 현존재는 책상, 나무, 사자 등과 같은 여타의 존재자들과는 달리 현실성보다는 가능성에서 우위에 있다. 현존재의 본질은 실존에 있기 때문에, 그는 죽을 때까지 자기를 가능성을 향해 기투할 수밖에 없으며 자신이 어떻게 살 것인지를 문제 삼을 수밖에 없다.

이처럼 현존재가 자신의 존재를 문제 삼고 자신의 고유한 가능성을 발견하려고 고군분투할 때 진정한 실존이 된다. 하이데거는 이러한 실존 방식을 본래적인 실존이라고 부른다(박찬국, 2013c: 72). 이러한 본래적인 현존재는 자신의 각자성 또는 홀로 자신의 고유한 존재에 대해 결단을 내리고 자신의 존재에 대한 책임을 떠맡고자 한다. 이와 달리 비본래적인 현존재는 자기 자신에 대한 책임을 회피하기 때문에 다른 사람들이 마땅히 그래야 한다고 생각하는 삶의 방식을 좇아서 산다(래톨, 2008: 28-29). 그는 자신의 고유한 존재에 대해 결단을 스스로 내리지 않는다. 이것은 자신이 어떻게 존재해야 하는지를 결단할 수 있는 권한을 다른 사람에게 양도하는 것과 별반 다르지 않다.

### 3. 세계-내-존재와 세상 사람

현존재는 본질적으로 세계-내-존재(In-der-Welt-Sein)이다. 즉, 현존재의 존재 이해는 세계와 세계 내부의 존재자들의 존재에 대한 이해를 포함하고 있다(박찬국, 2013b: 27). 왜냐하면 우리는 세계 안에 단순히 있는 것이 아니라 우리를 둘러싸고 있는 존재자들과 밀접하게 관계하면서 살아가기 때문이다.[15] 이처럼 현존재는 근본적으로 타인들과 함께 살면서 존재자들과 관계하는 세계-내-존재이기 때문에 일상적인 삶을 사는 현존재가 어떠한 존재인지를 밝히기 위해서는 다른 사람들과 관계하면서 존재하는 자로서의 현존재를 고찰해야만 한다. 세계 없는 주체도 존재하지 않으며 다른 사람 없이 고립된 채로 사는 자아도 존재하지 않기 때문에, 일상성에서의 현존재가 누구인지를 제대로 파악하기 위해서는 일상적인 공동 존재(Mitsein)의 존재 양식을 밝히고 그것을 사태에 부합하게 해석해야 한다(박찬국, 2013b: 53).

---

15. 세계-내-존재는 세계 내부적 존재자와 구분된다. 세계 내부적 존재자란 세계 내부에 있는 존재자, 예컨대 나무, 돌, 짐승 등 비현존재적 존재자를 가리킨다. 그것은 세계-내-존재가 아니다. 세계-내-존재는 오직 인간 현존재의 실존론적 규정이고, 그 아 프리오리한 형식적 통일적 표현이다(소광희, 2004: 61). 세계-내-존재라는 단어의 하이픈은 우리와 세계가 분리된 것이 아니라 긴밀하게 연관되어 있다는 사실을 시사한다(박찬국, 2013c: 83).

그렇다면 세계-내-존재는 어떻게 존재하는가? 이 질문에 대해 하이데거는 현존재가 본래적으로 존재할 수도 있고 비본래적으로 존재할 수도 있다는 사실을 지적한다. 그런데 하이데거는 현대 대중사회의 사람들의 삶은 대개 비본래적 실존으로 나타난다고 본다. 여기서 비본래적이라는 말은 내가 나 자신의 고유한 삶을 살지 않고 세상이 시키는 대로 살고 있다는 것을 의미한다. 이 경우 나의 삶의 주체는 내 자신이 아니라 사실은 익명의 세상 사람(세인, das Man)이다(박찬국, 2013b: 126). 나는 세상 사람이 생각하는 대로 생각하고 세상 사람이 사는 대로 산다.

> 현존재는 일상적 상호 존재로서 타자들에게 예속되어 있다. 현존재는 자기로서 있지 못하고, 타자들로부터 존재를 탈취당하고 있다. 타자들의 의향이 현존재의 일상적 존재 가능성을 좌우한다. 이때 타자들이란 특정한 타자들이 아니다. 반대로 모든 타자들이 그들을 대표할 수 있다. 결정적인 것은, 눈에 띄지 않는 타자들의 지배를 공동 존재로서의 현존재가 이미 부지불식간에 받아들이고 있다는 것이다. 사람들 자신이 타자들에게 귀속되어, 그 타자들의 힘을 강화하고 있다. (…) 이 상호 존재는 자기의 현존재를 완전히 타자라는 존재 양식 속으로 용해하여, 더욱이 차이지고 두드러지는 타자란 더욱 더 소멸되고 만다. 이렇게 눈에 띄지 않고 확인할 수 없는 가운데에서 세상 사람은 자기의 본래적 독재권을 발휘한다. 우리는 세상 사람이 즐기듯이 즐기고 만족스러워 하며, 세상 사람이 보고 비평하듯이 문학과 예술에 관해 읽고 보고 비평한다. 세상 사람이 몸을 도사리듯이 우리도 군중으로부터 몸을 도사리고, 세상 사람이 격분하듯이 우리도 격분한다. 세상 사람은 특정한 사람이 아니며, 총계라는 의미에서가 아닌 모든 사람이다. 이 세상 사람이 일상성의 존재 양식을 지령하는 것이다. (하이데거, 1995: 185-186)

세상 사람은 현존재의 중성적 실존 방식이다. 세상 사람이란 평균적 일상성 속에서 우선 대개 살고 있는 사람 일반, 모든 사람이면서 동시에 아무도 아닌 사람들을 가리킨다. 그들은 일상적으로는 환경 세계에 몰입해서 부지불식간에 남들에 의해 지배되어 자기를 망각한 채 살아간다. 이것이 일상성의 평균화라는 현상이다(소광희, 2004: 87). 이처럼 세상 사람은 어느 누구에 의해서도 대체될 수 없고 다른 누구와도 비교할 수 없는 고유한 현존재로 나타나는 것이 아니라, 다른 사람들에 의해 얼마든지 수행될 수 있는 특정한 사회적 기능의 수행자나 어떤 세간적인 가치를 기준으로 다른 사람들과 항상 비교되면서 등급이 매겨지는 존재로 나타난다(박찬국, 2013a: 181). 이런 맥락에서, 하이데거는 세상 사람들이 서로에 대해 갖는 관계의 성격인 '격차성'에 주목한다. 세상 사람은 자신이 다른 사람들보다 떨어져 있다고 생각하면 그 격차를 줄이려고 하고, 다른 사람들과 격차가 없다고 생각하면 그 격차를 늘이려고 한다. 다시 말해, 이들은 자기 자신이 주체적으로 선택한 가치가 아니라 익명의 세상 사람들이 정해 놓은 가치를 기준으로 서로를 비교하는 삶을 살아간다. 세상 사람은 자신이 주체적으로 사유하고 행동한다고 말하지만, 그것은 사실과 다르다. 세상 사람은 결단을 요구받을 때는 언제나 그 자리를 회피한다. 그는 하나의 세상 사람으로 사유하고 행동할 뿐이다. 그래서 하이데거는 "세상 사람은 모든 판단과 결단을 미리 주기 때문에, 그때그때의 현존재에게 책임을 면제해 준다."(하이데거, 1995: 187)라고 말한다.

하이데거는 현존재가 세상 사람 속에 몰입해 있는 비본래적 존재 양식을 퇴락이라고 부른다. 퇴락이라는 존재 양식에서 현존재는 세상 사람의 공공성 속에서 자신을 상실하고 있다. 다시 말해, 현존재는 퇴락이라는 존재 양식에서 자신이 어떠한 가치와 의미를 추구해야 하는지를 스스로 문제 삼지 않고, 세상 사람이 제시한 가치와 의미를 자명한 것으로 받아들일 뿐이다(박찬국, 2013b: 91). 세상 사람의 세계 속에 퇴락한 삶은 빈말, 호기심, 애매성으로 가득 차 있다. 반대로 말하면, 빈말, 호기심, 애매성으로 구성된 퇴락은 일상성 속의 현존재를 세상 사람으로서 개시한다.

빈말은 현존재에게 그의 세계에 대해, 타자에 대해, 그리고 자기 자신에 대해 이해하는 존재임을 개시하지만, 이 '…에 대한 존재'는 지반 없이 떠돌아다니는 양상을 가지고 있다. 호기심은 온갖 것을 다 개시하지만 그렇게 해서 내-존재를 '도처에 있으면서 아무 데도 없는 것'이라고 개시한다. 애매성은 현존재의 이해에 아무것도 숨기는 바는 없으나, 그것은 세계-내-존재를 뿌리 뽑힌 '도처에 있으면서 그러나 어디에도 없다' 속으로 밀어 넣기 위해서일 뿐이다. (하이데거, 1995: 256)

빈말, 호기심, 애매성은 평균적 일상성 속에 있는 세상 사람의 존재 양식이다. 그것은 세상 사람 자신이 세계로부터 해석되고 있다는 데서 성립하는 비본래적인 모습, 즉 퇴락의 양상이다. 이 현상들은 세상 사람을 더욱 유혹하고, 세속적인 일에 의해 위안을 받도록 하며, 자기 자신으로부터도 소외되고 자승자박이 되게 한다(소광희, 2004: 120). 이제 세상 사람은 퇴락한 삶으로부터 벗어나 자기 스스로 결단하고 책임지는 삶을 살아가고자 하지 않는다. 퇴락은 현대사회 속에서 개성 없고, 만사에 대해 책임지지 않으며, 본래적인 실존을 상실한 대중의 삶의 모습과 다르지 않다. 현존재는 퇴락한 삶 속에서 평균적 일상성 속에 던져지고 공공적 해석의 세계에 몰입하게 된다. 이제 현존재는 본래적 실존이 드러나지 않기 때문에 은폐된 채로 남아 있게 된다.

## 4. 불안

우리는 어떤 존재자에 대해서 어떤 이유 때문에 공포를 느끼는지를 구체적으로 설명할 수 있다. 왜냐하면 공포의 대상은 특정한 세계 내부적 존재자이기 때문이다. 이와 달리 우리는 불안이라는 기분을 느끼지만 무엇에 대해 그리고 왜 그런 기분을 느끼는지를 구체적으로 설명할 수 없다. 하이데거는 "불안의 대상은 완전히 무규정적이다."(하이데거, 1995: 271)라고 말한다. 여기서 '무규정적'이라는 말은, 나에게 불안의 기분을 엄습하게 만드는 세계 내부적 존재자를 규정할 수 없다는 뜻이 아니다. 우리가 불안을 느끼는 이유는, 어떤 일상적인 세계 내부적 존재자 때문이 아니라 모든 일상적인 세계 내부적 존재자들이 무의미한 것으로 드러나기 때문이다. 우리가 가치와 의미를 부여하고 중요하게 생각했던 세계 내부적 존재자들이 아무것도 아닌 것으로 여겨질 때 불안을 느끼게 된다는 것이다. 불안에서 세계는 우리가 집착했던 모든 것의 무의미성을 드러내는 무(無)로서 우리를 압박해 오면서 자신을 드러낸다(박찬국, 2013b: 103). 이런 맥락에서, 불안의 대상은 아무것도 아니고 아무 데도 없다는 것이 분명해진다. 이것은 불안의 대상이 현상적으로는 세계 자체임을 의미한다(하이데거, 1995: 271-272).

세계는 세계-내-존재의 한 구성 계기이기 때문에, 하이데거는 "불안이 스스로 불안해하는 그 불안의 대상은 세계-내-존재 자체임을 의미한다."(하이데거, 1995: 272)라고 말한다. 불안에서는 세계-내-존재로서의 현존재 자신이 문제가 된다는 것이다. 불안 속에서 세계가 현존재에게 무의미한 것으로 다가올 때, 그는 더 이상 의지할 어떤 것도 찾을 수 없기 때문에 세상 사람의 퇴락한 삶을 살던 자기를 상실하고 단독적으로 자기의 실존을 결정할 수밖에 없게 된다. 이것이 불안의 이유이다.

> 불안은 현존재가 그것 때문에 불안해하는 그것, 즉 현존재의 '본래적 세계-내-존재-가능'을 향해 현존재를 되돌려놓는다. 불안으로 인해 현존재는 자기의 가장 독자적 세계-내-존재로 단독화되지만, 이 세계-내-존재는 이해하는 세계-내-존재로서 본질상 제 가능성을 향해서 자기를 기투한다. 그러므로 불안해하는 그 이유를 가지고, 불안은 현존재를 가능 존재로서, 더욱이 단독화 속에서 단독화된 자로서, 오직 자기 자신에 의해 존재할 수 있는 자로서 개시한다. (하이데거, 1995: 273)

하이데거는 "불안은 현존재로 하여금 그의 '…를 향해 열려 있음'에, 즉 언제나 이미 그 자신으로 있는 가능성으로서의 자기 존재의 본래성에 직면하게 한다."(하이데거, 1995: 273)라고 밝힌다. 이 말은 다음과 같은 두 가지 함의를 지닌다. 첫째, 현존재는 불안 속에서 스스로 자신의 존재 양식을 선택할 자유를 가지고 있다는 것이다. 둘째, 불안은 세계 및 공공적 피해석성에 의존하여 비본래적으로 자기를 이해할 가능성을 현존재로부터 박탈함으로써 본래성과 비본래성이라는 두 가지 가능성 사이에서 현존재를 본래적 가능 존재를 향해 기투하게 한다는 것이다. 한마디로, 불안은 본래적인 자기를 회복하는 계기이다. 하이데거는 불안에 관한 이상의 논의를 "①불안해하는 것은 정상성으로서 세계-내-존재의 한 방식이다. ②불안이 직면하는 것[불안의 대상]은 피투적 세계-내-존재이다. ③그것 때문에 불안해하는 불안의 이유는 세계-내-존재-가능이다."(하이데거, 1995: 277)라고 정리한다.

이와 같이 현존재는 불안으로 인해 본래적 가능 존재를 향해 기투함으로써 세상 사람의 퇴락한 삶에서 벗어나 본래적인 실존을 회복할 수 있다. 이러한 현상이 가장 극명하게 드러나는 것은 바로 죽음에 대한 불안에서이다. 왜냐하면 죽음에 대한 불안은 현존재가 자신의 가장 독자적이고 무연관적이며 능가할 수 없으며 가장 확실하고 무규정적인 존재 가능성에 대해서 느끼는 불안이기 때문이다. 죽음에 대한 불안은 현존재의 생명을 위협하는 것이 아니라 현존재의 삶 전체를 위협한다. 그 이유는 현존재가 죽음에 대한 불안을 계기로 그동안 자신이 세상 사람의 퇴락한 삶을 살면서 집착했던 모든 것들이 무의미한 것으로 전락한다는 것을 깨닫기 때문이다. 이와 함께 현존재는 스스로 자신의 존재 양식을 결단하고 책임져야 하는 가장 독자적인 존재에 직면하게 된다.

## 5. 죽음과 양심

현존재의 존재를 근원적으로 파악하려면, 첫째, 현존재가 그 전체성에서 포착되어야 하고, 둘째, 그 현존재의 본래성이 증거 되어야 한다. 즉, 현존재의 '본래적 전체 존재 가능'이 제시되어야 한다. 현존재의 전체성은 현존재의 끝인 '죽음(Tod)'이 보증하고, 본래성은 '양심(Gewissen)'이 증거한다(소광희, 2004: 149).

> 현존재가 존재하는 한, 그 현존재에게는 그가 있을 수 있고 또 있게 될 어떤 것이 그때마다 남아 있다. 이 미제(未濟, 아직 채워지지 않은 부분)에는 그러나 종말 자체가 속한다. 세계-내-존재의 종말은 죽음이다. 존재 가능, 즉 실존에 속하는 이 종말이 현존재의 그때그때의 가능한 전체성을 한계 짓고 규정한다. (…) 본래적 실존이라는 것이 현존재에게 존재적으로 억지로 떠맡겨지는 것도 아니고 존재론적으로 날조되는 것도 아니라면, 현존재 자신이 자신의 존재 속에서 자기의 본래적 실존의 가능성과 방식을 제시해야 함은 말할 것도 없다. 그런데 본래적 존재 가능을 증거하는 것은 양심이다. (하이데거, 1995: 336-337)

현존재의 전체성은 죽음을 통해 확보된다. 그러나 죽으면 이미 현존재가 아니기 때문에, 죽음에 대한 담론은 형식상으로는 불가능하다. 그렇다고 타자의 죽음을 대리 주제로 해서 현존재의 전체성을 획득하려는 시도가 가능한 것도 아니다. 왜냐하면 죽음은 궁극적으로는 각자 자기의 죽음이기 때문이다. 그래서 하이데거는 죽음에 이르기까지 아직 남아 있는 존재 가능인 미제에 주목한다. 현존재는 '종말에 와 있는 존재(Zu-Ende-Sein)'가 아니라 '종말에 이르는 존재(Sein zum Ende)', 즉 '죽음에 이르는 존재(Sein zum Tode)'인 것이다.

이와 같이 현존재는 죽음에 이르는 존재이지만, 세상 사람은 당장은 자기 자신에게는 해당되지 않는다고 자위하면서 죽음으로부터 부단히 도피하려고 한다. 현존재의 종말로서 죽음은 현존재의 가장 독자적이고, 몰교섭적이고, 확실하고, 그 자체로서 무규정적이고, 건너뛸 수 없는 가능성이지만(하이데거, 1995: 370), 세상 사람은 죽음으로부터 도피함으로써 각자의 현존재의 전체성을 확보하는 데 실패하고 만다. 현존재가 그 전체성을 포착하려면, 가장 독자적이고 몰교섭적인 가능성으로서의 죽음 앞에서 도피하거나 은폐하지 않고, 그 가능성을 다름 아닌 자기 자신의 '죽음의 이해'로서 구성해야 한다. 이를 위해 하이데거는 죽음에 이르는 존재로서 가능성을 향한 존재에게 죽음에로의 선구, 즉 죽음으로 자각적으로 앞서 달려갈 것을 요청한다.

하이데거는 "[죽음에로의] 선구란, 가장 독자적이고 가장 극단적인 존재 가능을 이해할 가능성으로서, 다시 말하면 본래적 실존의 가능성으로서 입증된다."(하이데거, 1995: 376)라고 말한다. 현존재는 죽음에로의 선구를 계기로 자신이 그동안 집착했던 세상 사람의 퇴락한 삶의 가능성을 무의미한 것으로 자각하는 동시에 어떻게 살아야 할지를 진지하게 고민하게 된다. 즉, 현존재가 죽음을 항상 언제든지 가능한 것으로 생각하면서 살 때, 죽음은 일상적이고 비본래적인 삶을 죽음 앞에서 무화되는 허망하고 무상한 것이라는 사실을 보여 주면서 현존재가 본래적으로 존재하는 것을 가능하게 한다(박찬국, 2013b: 162). 우리의 삶은 죽음에 눈을 감고 삶에 몰두함으로써 충실해지는 것이 아니라, 매 순간마다 죽음으로 선구하면서 자신의 삶이 죽음 앞에서도 그 의미를 상실하지 않는 무조건적이고 진중한 의미를 갖는 삶이 되도록 항상 깨어 있음으로 인해 충실한 것이 된다(박찬국, 2013c: 113). 요컨대, 불안이 우리를 본래적인 실존의 문턱으로 이끄는 기분이라면, 불안이란 기분에서 도피하지 않고 그것을 적극적으로 인수하면서 죽음으로 선구하는 것은 본래적인 실존에로 비약하는 것을 의미한다(박찬국, 2013c: 101).

현존재가 이렇게 죽음으로 선구하면서 본래적으로 실존하기 위해서는, 현존재 자신에 의해서 본래적인 존재 가능성이 증언되고 제시되어야 한다. 하이데거는 이렇게 현존재가 세상 사람으로 살면서 망각한 자신의 본래적인 존재 가능성을 증언하는 것을 양심이라고 본다(박찬국, 2013b: 164). 양심은 우리가 세상 사람으로서 살아온 삶의 기만성을 냉철하게 꿰뚫어 보도록 촉구하면서 그동안 은폐되어 있던 본래적인 자기를 되찾을 것을 요청한다. 양심의 소리는 우리가 세상 사람의 삶에 빠져서 자신의 본래적인 존재를 구현하지 못하고 있음을 질책하는 소리이며, 나의 본래적인 존재에 대해 책임을 질 것을 촉구하는 소리이다(박찬국, 2013c: 110).

> 양심은 어떤 것을 알아차리게 한다. 즉 양심은 개시한다. (…) 양심을 더 파고 들어가서 분석하면 양심은 곧 부름(Ruf)이라는 것이 드러난다. 부름은 말의 한 현상이다. 양심의 부름은 현존재를 그의 가장 독자적 존재 가능으로 불러낸다(Anruf)는 성격을 가지고 있으며, 불러낸다는 것은 현존재를 그가 독자적으로 책임있다는 데로 불러일으킨다(Aufruf)는 방식을 취한다. (하이데거, 1995: 386)

양심은 현존재를 세상 사람 속으로의 퇴락으로부터 불러내어 자신의 고유한 존재 가능성을 향해 나아가도록 지시한다. 현존재는 불안이란 기분 속에서 세상 사람으로서 자신이 그동안 추구했던 가능성들이 붕괴하는 것을 경험하면서 자신의 고유한 존재 가능성을 향해 기투하도록 내던져지는 것이다. 다시 말해, 양심의 부름은 우리가 우리 자신의 고유한 존재 가능성에 책임이 있다는 사실을 개시한다(박찬국, 2013b: 173-174). 이제 현존재는 양심의 부름을 이해하면서 자기의 가장 독자적 실존 가능성에 청종(聽從)한다. 현존재는 본래적 자기를 선택한 것이다(하이데거, 1995: 412). 이렇게 본래적 자기를 선택함으로써, 현존재는 그동안 은폐되어 있던 자신의 고유한 책임 있음을 인수한다. 이런 맥락에서, 하이데거는 현존재가 양심을 가지려는 의지에 주목하면서 "자신의 양심에 의해 현존재 속에 증거된 본래적이고 두드러진 개시성을 — 가장 독자적으로 책임 있음을 향해 말없이 불안에 대비하는 기투를 — 결의성(Entschloßenheit)"(하이데거, 1995: 425)이라고 부른다. 이 결의성에서 현존재의 본래적 존재 가능이 확보되는 것이다.

# IV. 사르트르

## 1. 생애와 저작

사르트르는 20세기 프랑스를 대표하며 세계적인 명성을 얻었던 지식인이다. 그의 친구이자 시인인 오디베르티(J. Audiberti)가 그를 "위대한 일꾼, 지성의 전방위에 서 있는 밤의 감시자"라고 부른 것처럼(변광배, 2005: 7), 그는 철학, 문학, 예술, 정치, 사회 등 거의 모든 영역에서 탁월한 지성의 힘을 보여 주었다. 특히, 그는 1964년 노벨문학상 수상자로 선정되었지만 그 상이 서구 작가에게 치우쳐 있다는 이유로 수상을 거부한 작가로 알려져 있다. 그리고 그는 『존재와 무』, 『실존주의는 휴머니즘이다』 등과 같은 저작을 남긴 실존주의 철학자로도 유명하다. 한 사람이 세계적인 명성을 얻은 작가이자 철학자가 된다는 것은 불가능에 가까운 일이지만, 사르트르는 그 일을 해낸 인물이다. 그래서인지 "20세기는 그의 것이었다."라는 사르트르에 대한 평가는 어색하게 느껴지지 않는다.

그렇다면 사르트르 자신은 문학과 철학 가운데 어느 것을 더 사랑했을까? 사르트르는 '글을 쓰는 것'이 자신의 삶의 유일한 목표였다고 종종 말하기도 하였고, 그의 평생의 반려자인 보부아르(Simone de Beauvoir, 1908-1986)와 가진 대담에서 사람들이 후일 자신의 철학보다는 문학을 더 좋아하기를 바란다고 밝힌 바 있다. 사르트르는 물론 『존재와 무』와 같은 본격적인 철학책을 쓸 때 철학 그 자체에 열광하기도 했지만, 그에게 철학은 문학 창작을 위한 통로로서의 의미가 컸던 것으로 보인다. 즉, 그는 "문학은 세계에 대해서 말해야 한다."라는 신념을 갖고 있었는데, 이런 문학 창작을 위해서는 세계에 대한 진리를 밝히는 철학이 필요했던 것이다(변광배, 2005: 74-79). 이처럼 사르트르는 철학자보다는 위대한 작가로 기억되기를 바랐지만, 오늘날 그는 많은 사람들에게 작가뿐만 아니라 철학자의 이미지로 각인되어 있다. 그렇다고 그에게서 연구실이나 강의실에 갇힌 강단 철학자의 이미지를 찾기는 어렵다. 그는 카페에 앉아 두툼한 철학책을 집필하거나 동료들과 토론하는 철학자의 이미지 혹은 정치·사회적인 이슈에 적극적으로 참여하는 지식인의 이미지를 갖고 있다.[16] 이와 같은 사르트르의 다양한 모습 중 우리는 철학자로서의 사르트르에 집중할 것이다.

사르트르의 가족 관계에서 가장 주목할 만한 사건은 아버지가 일찍 세상을 떠났다는 것이다.[17] 사르트르의 아버지는 해군 장교로 베트남에 파병되었을 때 열병에 걸려 1906년 32세를 일기로 세상을 떠났는데, 사르트르가 태어난 지 불과 15개월 되던 때이다. 사르트르는 후일 아버지가 부재했던 자신의 어린 시절을 서글픈 어조로 회상하기도 하지만 아버지의 때 이른 죽음으로 인해 자신이 '권력이라고 하는 암(癌)'에 걸리지 않고 정신적 자유를 얻을 수 있었다고 담담하게 서술하기도 한다. 사르트르는 자신이 비난했던 권위적이고 억압적인 아버지가 되기를 원하지 않았기 때문인지 결혼을 하지 않았고 자식을 두지도 않았다. 사르트르는 아버지의 부재로 인해 어머니와 특별한 애정을 쌓을 수 있었지만, 1916년 어머니의 재혼으로 인해 이러한 애정은 급격하게 식게 된다. 사르트르는 어머니의 재혼 이후 파리를 떠나 라 로셸이라는 도시로 이주하게 되어 보낸 3~4년을 그의 생애에서 가장 불행했던 시기로 회상한다. 이와 같이 사르트르는 아버지의 때 이른 죽음과 그와 어머니 사이에 생겨난 뜻하지 않은 '단절'로 인해 "인간은 무(無)에서 자신을 창조한다."라는 실존주의적 사유를 어린 시절에 이미 갖게 되었는지도 모른다.

---

16. 사르트르는 제2차 세계대전 당시 독일군 포로에서 풀려난 후 나치 독일로부터 자유와 인간성을 지키기 위해 레지스탕스 운동에 참여했으며, 프랑스 보호령인 알제리의 독립 전쟁을 지지하는 투쟁에 가담하기도 했다. 특히, 드골(Ch. de Gaulle) 대통령이 정부의 알제리 정책에 반대하는 사르트르를 경찰이 체포하려고 할 때 "볼테르를 체포해서는 안 된다."라고 말했다는 것은 널리 알려진 사실이다(변광배, 2005: 45). 이와 같이 사르트르는 종종 볼테르와 비교되는 참여 지식인이다.
17. 사르트르의 생애를 상세히 소개한 국내 문헌으로는 변광배(2005: 29-99)가 있다. 이 문헌은 사르트르의 '생애와 저작'을 작성하는 데 많은 도움이 되었다.

사르트르의 성장 과정에서 가장 중요한 영향을 준 사람은 그의 외조부인 샤를 슈바이처(Charles Schweitzer)일 것이다. 샤를 슈바이처는 뛰어난 독일어 교사였고, 알베르트 슈바이처(Albert Schweitzer, 1875-1965)의 큰아버지이기도 했다. 그는 엄청난 독서가이고 도서 수집가이기도 했기 때문에, 사르트르는 어린 시절부터 자연스럽게 책을 가까이하는 습관을 들일 수 있었고 글을 읽고 쓰는 데 익숙하게 되었다. 사르트르가 수많은 문학작품과 철학 저서를 쓸 수 있었던 것은 어쩌면 이런 외조부 덕분이었는지도 모른다. 그런데 외조부는 그의 손자가 문학 작가의 길로 들어가지 않도록 하기 위해 교직을 선택하면 경제적 안정과 시간적 여유가 생겨서 문학에 관심을 기울일 수 있을 것이라고 충고했다. 사르트르는 문학을 해서는 안 된다는 외조부의 진의를 오해하여 문학이 자기의 운명이라고 생각하게 되었다. 사르트르는 후일 외조부의 충고대로 파리고등사범학교에서 철학 교수 자격을 취득하여 교직에 몸담고 소설을 쓰게 된다.

사르트르는 파리고등사범학교에서 니장(Paul Nizan, 1905-1940, 파리고등사범학교 이전부터 친구, 작가), 아롱(Raymond Aron, 1905-1983, 파리대학 사회학 교수), 메를로퐁티(Maurice Merleau-Ponty, 1908-1961, 20세기 대표적인 프랑스 철학자), 보부아르 등과 같은 훌륭한 지적 파트너와 교제하면서 정치·사회적인 입장을 정립하고 학문적 성장을 이룰 수 있었다. 특히, 사르트르의 『존재와 무』와 메를로퐁티의 『지각의 현상학』에서 알 수 있듯이, 사르트르와 메를로퐁티는 현상학을 기반으로 그들의 철학적 사유 체계를 정립하려는 공통점을 지닌다. 그리고 사르트르의 생애를 설명할 때 그의 영원한 반려자인 보부아르와의 관계를 빼놓을 수는 없다. 사르트르와 보부아르의 관계는 그들의 사랑과 각자의 자유를 지키기 위해 계약 결혼을 유지한 것으로 특징지어지기도 하지만, 그들은 서로가 서로에게 가장 엄격한 검열자였다는 것도 그들의 관계를 설명할 때 언급하지 않을 수 없는 내용이다. 사르트르가 보부아르를 '완벽한 대화 상대자', '인쇄 허가자' 등으로 부를 정도로, 보부아르는 사르트르의 철학적 사유가 성장하고 저서로 출간되는

데 있어서 매우 중요한 역할을 수행하였다. 그들의 관계는 1929년 처음 만남에서부터 사르트르가 세상을 떠난 1980년까지 약 50여 년 이상 계속되었고, 그들은 죽어서도 파리 몽파르나스 공동묘지에 함께 묻혀 있다.

사르트르는 일필휘지로 훌륭한 글을 쓸 수 있는 능력을 소유하였기에 수많은 저서를 남겼다. 그러나 그 많은 저서 모두를 살펴보는 것은 이 글의 목적을 넘어선다고 생각된다. 여기에서는 사르트르의 실존주의를 이해하기 위해 『존재와 무』(1943)와 『실존주의는 휴머니즘이다』(1946)라는 두 저서에 집중하고자 한다. 『존재와 무』는 제2차 세계대전을 중심으로 전후기로 나뉘는 사르트르의 사유 체계에서 전기 사상을 대표하는 저서이다(변광배, 2005: 8). 이 저서는 제2차 세계대전 이후 유럽과 북미를 휩쓸었던 실존주의 운동의 중심에 놓여 있었음에도 불구하고 지독하리 만큼 이해하기가 어렵다(워버턴, 2005: 257). 이 저서를 이해하기 위해서는 이 저서가 쓰인 학문적 기반과 시대적 배경, 그리고 사르트르의 의도를 파악할 필요가 있다. 『존재와 무』의 부제인 「현상학적 존재론에 관한 시론」을 통해 짐작할 수 있듯이, 이 저서는 현상학적 존재론과 밀접한 관계가 있다. 사르트르는 파리고등사범학교 동창인 아롱을 통해 후설의 현상학에 관심을 갖게 되었고 그의 권유로 베를린의 프랑스연구소에 가서 현상학을 집중적으로 연구하였다. 사르트르는 현상학(의 비판적 변형)이 실재론과 관념론의 대립을 극복하고 우리에게 주어진 대로의 세계의 현전을 확인할 수 있는 기제가 되어 줄 것이라는 믿음으로 독일에서 돌아온 이후에도 수년 동안 현상학 관련 저서를 읽고 쓰는 일에 몰두하였다. 그러는 중에 사르트르는 하이데거를 자연스럽게 접하게 되었고 제2차 세계대전 중에 독일군 포로수용소에서 하이데거의 『존재와 시간』을 본격적으로 연구하였다. 사르트르는 독일군 포로에서 석방되어 파리로 돌아온 1941년 3월 말부터 약 2년여에 걸쳐 『존재와 무』를 집필하였다. 사르트르가 700쪽이 넘는 저서를 상당히 짧은 기간에 (다른 극작품과 소설의 집필을 병행하면서도) 완성할 수 있었던 이유는, 후설과 하이데거에 대한 연구가 『존재와 무』를 집필하는 데 자양분이 되었기 때문이라고 짐작된다. 그렇다면 사르트르가 현상학적 존재론을 기반으로 『존재와 무』를 집필한 이유는 무엇일까? 이 저서는 두 차례의 세계대전으로 인해 이성에 대한 불신, 실존적 불안, 신의 존재에 대한 회의 등이 팽배해진 시대에 쓰였다. 사르트르는 이런 상황에서 인간성 회복을 위해서는 보편적인 인간이 아니라 구체적인 개인들 각자의 실존에 대한 성찰이 필요하다고 생각했던 것으로 보인다. 그래서 사르트르는 본질주의를 비판하면서 현상학적 존재론을 기반으로 구체적인 인간의 존재 방식을 탐구했던 것이다. 이런 맥락에서, 사르트르의 『존재와 무』는 인간성이 황폐화된 시대에 인간 존재의 존엄성을 고양시키려는 의도로 집필되었다고 평가된다.

『실존주의는 휴머니즘이다』는 1945년 10월 28일에 있은 동일한 제목의 강연을 옮긴 저서이다. 이 강연을 듣기 위해 너무나 많은 사람이 몰려들어서 강연장의 의자가 부서지고 몇몇 사람은 실신까지 했다고 한다. 사르트르가 강연장의 출입문으로부터 연단까지 올라가는 데 15분이 걸렸다고 하니 강연장의 분위기가 어떠했는지 짐작할 수 있다. 그렇다면 이토록 많은 사람이 사르트르의 '실존주의는 휴머니즘이다'라는 강연에 관심을 가진 이유는 무엇일까? 사르트르의 개인적인 명성은 강연이 성공적으로 이루어지는 데 일조했을 것이다. 그런데 이 강연이 전례 없는 성공을 거둔 이유는 그 당시 시대적 상황이나 요청과 무관하지 않다. 이 강연이 있던 1945년 가을은 미증유의 엄청난 전쟁에서 벗어난 지 얼마 되지 않은 때였다. 그 당시 유럽인들에게는 제2차 세계대전이 남긴 깊은 정신적 상흔을 씻어 내는 일이 절실했다. 그래서 그들은 제2차 세계대전으로 인해 상실된 인간의 가치와 의미에 대해, 인간의 존엄성에 대해 성찰해야 하는 과제를 떠맡게 되었다. 사르트르의 강연은 이러한 시대적 요청에 대한 철학적 응답이었을 것이다. 다시 말해, 그의 강연은 인간 존재에 대한 희망을 품을 수 있는 휴머니즘의 부활을 알리는 신호탄이었을 것이다. 그렇다고 사르트르가 이 강연을 통해 고전적 휴머니즘의 부활을 기도했던 것은 결코 아니다. 고전적 휴머니즘의 핵심인 인간 이성에 대한 신뢰가 여지없이 무너진 상황에서 고전적 휴머니즘으로 회귀함으로써 인간의 존엄성을 지켜 낼 수는 없었기 때문이다. 사르트르는 이 강연에서 실존의 의미, 실존이 본질에 앞서는 이유 등을 분명히 밝힘으로써 새로운 의미의 휴머니즘, 즉 실존주의적 휴머니즘의 가능성을 보여 준다.

## 2. 존재와 무

사르트르의 『존재와 무』는 존재론에 대한 저서로 700쪽이 넘는 방대한 분량만이 아니라 난이도 때문에도 화제가 되었다. 사르트르는 이 저서에서 주로 현실의 구체적 존재인 인간을 연구 대상으로 삼지만 그 내용은 매우 추상적이어서 이해하기가 쉽지 않다. 심지어, 사르트르가 독자의 이해를 돕기 위해 제시한 사례조차도 그와 관련된 배경 지식을 갖고 있지 않다면 난해하기는 마찬가지이다. 이 장은 사르트르의 실존주의를 이해하기 위한 것이기 때문에, 700쪽이 넘는 『존재와 무』의 난해한 내용 모두를 목차 순서대로 살펴보아야만 하는 필연적인 이유는 없다고 생각된다. 『존재와 무』는 서론, 무의 문제, 대자 존재, 대타 존재, 가짐·함·있음, 결론의 순서로 되어 있지만, 이 장은 사르트르의 실존주의에 대한 이해를 위해 필요한 부분을 재구조화하여 설명하고자 한다.

사르트르는 의식의 유무를 기준으로 세계에 있는 존재를 두 부류로 구분한다. 그중 하나는 의식을 가진 존재인 대자 존재(being for-itself)이고, 다른 하나는 의식을 가지고 있지 않은 존재인 즉자 존재(being in-itself)이다. 즉자 존재는 의식을 갖고 있지 않기 때문에 사물 존재와 같이 현재 있는 그대로 존재하며 자기 밖의 다른 존재와 어떠한 관계도 맺을 수 없다.[18] 그리고 즉자 존재는 잉크병이나 돌멩이처럼 본질을 갖고 있기 때문에 완전히 결정되어 단단히 굳어진 존재이다. 이처럼 즉자 존재는 자기를 그 자체 안

---

18. 엄격히 말하면, 사르트르에게 사물 존재와 즉자 존재, 의식을 가진 인간 존재와 대자 존재는 동의어는 아닌 것으로 보인다. 사물 존재의 존재 양태가 즉자이고, 의식을 가진 인간 존재의 존재 양태 또는 의식 자체의 존재 양태가 대자인 것이다(변광배, 2005: 150).

에 담고 있기 때문에, 즉 그 자체로 하나의 단단한 덩어리이고 충만한 존재이기 때문에 무(無)가 비집고 들어갈 수 있는 어떠한 공간도 허용하지 않는다(변광배, 2005: 151-152). 이에 따라 즉자 존재는 필연성, 사실성, 객관성 등과 같은 용어로 특징지어질 수 있다. 이러한 즉자 존재와는 달리, 대자 존재는 의식을 갖고 있기 때문에 자기 자신과 자기 밖의 다른 존재에 대해 질문을 제기하고 그 질문에 대해 긍정적이거나 부정적으로 답을 할 수 있는 존재이다. 이는 대자 존재가 자기 자신 안에 고립된 존재가 아니라 자기 밖의 다른 존재와 관계를 맺을 수 있는 '세계-내-존재'라는 사실을 의미한다. 이는 또한 대자 존재가 '현재 있는 그대로의 존재'인 즉자 존재와는 달리 '현재 있는 것으로 아니 있게' 되고 또 '현재 아니 있는 것으로 있게' 된다는 것을 의미한다(변광배, 2005: 154). 즉, 대자 존재는 현재 있는 그대로의 자기 자신을 부정하면서 선택과 결단을 통해 현재와는 다른 자기 자신으로 존재할 수 있게 된다는 것이다. 그래서 대자의 방식으로 존재하는 인간은 어떠한 본질도 갖고 있지 않고 자기 안에 무를 포함하고 있기 때문에, 이 무를 토대로 한 무화 작용(nihilation)을 통해 계속 자기 자신으로부터 벗어나 새로운 자기 자신을 만드는 자유를 누릴 수 있다. 이에 따라 대자 존재는 부정, 선택, 가능성, 자유 등과 같은 용어로 특징지어질 수 있다.

『존재와 무』라는 제목이 말해 주는 것처럼, 무는 사르트르의 존재론, 특히 대자의 방식으로 존재하는 인간 존재를 설명하는 데 있어서 주요한 역할을 수행한다. 사르트르는 무의 구체적인 모습이 우리가 기대했던 어떤 것이 없다는 것을 인식할 때 드러난다는 사실을 보여 주기 위해 다음과 같은 사례를 제시한다(Sartre, 1978: 6-12). 당신은 피에르와 4시에 만나기로 약속을 했다. 당신은 15분 늦게 약속 장소에 도착한다. 당신은 카페를 휙 둘러보고 손님들을 살펴본 후 "피에르는 여기에 없다."라고 말한다. 피에르가 그 자리에 없음이 여기서의 무이다. 카페는 물론 손님들, 탁자와 의자, 거울, 조명, 말소리, 발자국 소리 등으로 가득 차 있다. 그런데 이 모든 것은 피에르를 찾고 있는 당신에게는 하나의 배경을 이룬다. 이처럼 카페의 모든 것을 하나의 배경으로 만드는 것, 이것이 첫 번째 무화이다. 당신은 카페를 배경으로 손님들의 얼굴을 찬찬히 살펴본다. 손님들의 얼굴 하나하나는 한순간 '저 사람이 피에르 아닌가?'라고 주의를 끌지만, 그 얼굴은 피에르의 얼굴이 아니기 때문에 즉시 없어져 버린다. 피에르는 카페의 무화된 배경 속에서 무로서 깜빡인다. 이런 방식으로 직관에 제시되는 것은 배경의 무와 무의 깜빡임이다. 이처럼 무는 이중의 무화를 통해 드러난다. 그렇다면 무는 오직 존재의 기반 위에서만 자기를 무화할 수 있다. 무는 존재의 밖이 아니라 존재의 핵심에서 발견된다(Sartre, 1978: 21). 그리고 의식은 무화의 의식이다. 다시 말해, 의식은 자신의 존재 내에 자신의 존재에 대한 무의 의식을 갖는 그런 존재자이다. 따라서 의식으로서의 인간 존재는 무화된 존재로 규정될 수 있기 때문에, 인간 존재는 즉자가 아닌 대자로 존재하는 것이다(짐머만, 1987: 134).

의식이 즉자 존재와 대자 존재를 구분하는 기준이 된다는 것에서 알 수 있듯이, 의식은 사르트르의 존재론을 이해하는 데 있어서 필수적이다. 그렇다면 의식이란 무엇인가? 『존재와 무』라는 제목이 암시하듯이, 의식은 존재가 아니고 무이다. 의식의 내부는 아무것도 없이 텅 비어 있어서, 의식은 지향적 작용을 통해 자신의 실재성을 확보해 나간다.[19] 이 과정에서 의식은 자기 밖의 대상(사물, 즉자)을 지향하거나 자기 자신을 지향한다. 전자가 '대상에 관한 의식'으로 표현된다면, 후자는 '자기에 (관한) 의식'으로 표현된다. 사르트르가 여기서 '대상에 관한 의식'과는 달리 '자기에 (관한) 의식'에 괄호를 친 이유는, 의식이 자기 자신을 지향하는 방식과 자기 밖의 대상을

---

**19.** '꽉 차 있음(solidity)'은 '텅 비어 있음(emptiness)'보다 좋다고 생각된다. 또한 모든 생명체는 텅 비어 있는 것을 채우려는 본능을 갖고 있다. 그래서 사르트르는 "내가 전력을 다해 거부하긴 하지만 내 존재에 항상 붙어 다니는 가치로서 나를 괴롭히는 이상적 존재(ideal being)가 있다. 그것은 바로 근거지어지지 않는 즉자 존재가 대자 존재보다 우선성을 갖는다는 이상적 존재이다. 나는 이것을 반-가치(anti-value)라고 부르겠다."(Sartre, 1978: 611)라고 기술한다. 즉, 사르트르는 대자 존재에 대한 즉자 존재의 존재론적 우위가 성립할 수 있지만, 대자 존재가 즉자 존재로 응고되지 않도록 경계해야 한다고 주장한다.

지향하는 방식이 같을 수는 없기 때문이다. 만약 의식이 자기 밖의 대상과 같은 방식으로 자기 자신을 지향한다면, 의식은 자기 자신을 자기 밖의 대상과 같은 사물 존재로 간주하게 된다. 이런 경우, 의식은 자기 자신을 사물화해서 응고시켜 버리게 될 것이다. 이것은 대자 존재에 대한 즉자 존재의 완전한 승리, 곧 죽음을 의미한다. 이런 의미에서, 대자 존재는 즉자화되고 사물화 된 자기 자신을 결여한 존재이다. 그런데 대자 존재는 이러한 존재의 결여를 메울 것을 욕구한다. 그렇다고 대자 존재가 즉자 존재로 응고되어 버리기를 원하는 것은 아니다. 대자 존재는 자신의 특성을 유지하면서 자기 자신의 즉자화 된 모습을 확보하고자 한다. 이와 같은 즉자-대자의 결합은 인간이 '나'라는 존재의 총체성을 확보하려는 것인 동시에 신(神)의 존재 방식을 동경하는 것이기도 하다. 그러나 인간은 죽음에 이르는 순간에 즉자와 대자 사이의 거리를 좁힐 수 있겠지만, 죽음은 인간이 대자 존재로서의 특성을 상실하는 것을 의미한다. 따라서 인간이 즉자-대자의 결합을 실현하는 것 내지 신의 존재 방식으로 살아가는 것은 불가능하다. 즉자-대자의 결합은 자기 모순적인 개념이고, 인간이 이러한 즉자-대자의 결합을 원하는 것은, 그것이 실현될 가능성이 없다는 의미에서, '헛된 정열'일 뿐이다.[20]

---

20. 사르트르는 유신론이 인간 실존의 문제에 대한 해결책이 될 수 없다는 것을 존재론적으로 증명한다. 사르트르에 의하면, 신은 즉자와 대자, 존재와 무의 관념적 종합이다. 전통적으로 자기 원인으로 정의되는 신은 모든 인간 실존의 상상력을 최극단에까지 표상한 것이다. 인간은 신의 존재 방식을 동경한다. 그러나 이것은 신이란 용어가 존재론적으로 모순 개념이라는 이유로만 보더라도 불합리한 기투(project)에 지나지 않는다. 현상학적인 유한한·시간적 존재의 차원에서는 자유와 필연성은 완전히 대립의 관계에 있다. 대자와 즉자는 상호 배타적이다. 즉, 그들은 모순 없이 서로 관계할 수 없다. 결과적으로 신은 인간의 상상력에 의한 모순적 기투일 뿐이다. 그래서 사르트르는 신의 존재를 믿는 것은 '잘못된 믿음(bad faith)'이고 인간의 가장 정교한 착각을 믿는 것으로 본다. 인간 실존의 문제에 대한 해결책을 존재하지 않는 신에게 돌리는 것은 실존에 대한 자신의 책임을 회피하는 것일 뿐만 아니라, 그것은 우리 자신을 부인하는 것이기도 하다(커니, 1995: 83).

### 3. 실존은 본질에 앞선다

사르트르는 실존주의라는 말이 일반 대중에게 유행처럼 번져서 그 말이 정확히 무엇을 의미하는지를 알기 어려울 정도가 되었다고 지적한다. 그리고 사르트르는 두 종류의 실존주의자들이 존재한다는 사실로 인해 실존주의를 정의하는 일이 쉽지 않게 되었다고 지적한다(Sartre, 2007: 20). 그중 하나는 야스퍼스와 마르셀이 포함된 유신론적 실존주의이고, 다른 하나는 하이데거와 사르트르를 비롯한 프랑스 실존주의자들이 포함된 무신론적 실존주의이다. 이 양자의 공통점은 이들 모두가 "실존은 본질에 앞선다."라고 평가한다는 사실, 또는 이들 모두가 주체성으로부터 출발해야 한다고 평가한다는 사실이다(Sartre, 2007: 20). 그렇다면 "실존은 본질에 앞선다."라는 말은 정확히 무엇을 의미하는가?

> 만약 우리가 한 권의 책이나 종이 자르는 칼과 같은 제작된 어떤 한 대상을 고려해본다면, 그 대상은 어떤 한 개념을 통해서 영감을 받은 장인(匠人)에 의해 제작된 것임을 알 수 있다. 즉, 장인은 종이 자르는 칼이라는 개념을 참고하여, 또 그 자체가 개념의 일부분을 이루며, 그 자체가 제작법에 해당하는, 대상에 앞서는 생산 기술을 참고하여 종이 자르는 칼을 제작한 것이다. 이처럼 종이 자르는 칼은 일정한 방식으로 제작된 대상이며, 한정된 목적을 위해 쓰이는 대상이기도 하다. 우리는 종이 자르는 칼이 무엇을 위해 쓰일지 알지 못한 채 종이 자르는 칼을 생산하는 사람을 생각할 수는 없다. 따라서 우리는 종이 자르는 칼에 있어서는 본질 — 즉, 종이 자르는 칼을 생산할 수 있게 해주고 정의할 수 있게 해주는 제작법과 성질의 전부 — 이 존재에 앞선다고 말할 수 있다. 지금 내 눈 앞에 있는 종이 자르는 칼이나 책의 현존은 결정된 것이다. (Sartre, 2007: 20-21)

사르트르에 따르면, 사물 존재의 경우에는 본질이 존재에 앞선다. 즉, 어떤 대상의 본질이 존재에 선행하지 않는다면, 그 대상은 제작될 수 없고 존재할 수도 없다. 그래서 사물 존재는 그 본질에 의해 이미 결정되어 있다고 말할 수 있다. 사르트르는 이러한 기술적 세계관을 사물 존재를 넘어 인간 존재에게까지 확장하는 것의 문제를 지적한다(Sartre, 2007: 21-22). 이러한 관점에 따르면, 장인이 종이 자르는 칼의 정의와 기술을 따라서 종이 자르는 칼을 제작하는 것과 마찬가지로, 신이 어떤 개념과 기술에 따라 인간을 생산한다는 것이다. 여기서 신은 탁월한 장인에, 인간에 대한 개념은 종이 자르는 칼에 대한 개념에 비유된다. 그렇다면 개별적인 인간은 신적인 오성 속에 있는 그 어떤 개념을 실현하는 것이 된다. 18세기에 이르러 철학자들의 무신론 속에서 신의 개념이 부정되었지만 본질이 실존에 앞선다는 생각까지 부정된 것은 아니다. 본질이 실존에 앞선다는 생각은 디드로(Denis Diderot, 1713-1784), 볼테르(Voltaire, 1694-1778), 칸트에게서도 확인할 수 있다. 즉, 각각의 사람은 모든 사람에게서 발견되는 인간 본성(human nature)을 소유한 자이기 때문에, 인간이라는 보편적인 개념의 특수한 한 사례라고 할 수 있다.

사르트르는 이와 같이 본질에 특권을 부여함으로써 본질이 실존에 앞선다는 주장을 정당화하려는 서양 철학의 전통을 전복하고자 한다. 그래서 그는 자신이 대표하는 무신론적 실존주의의 단언을 제시한다.

> 만약 신이 없다면, 실존이 본질에 앞서는 적어도 어떤 한 존재, 그 어떤 개념으로 정의될 수 있기 이전에 실존하는 적어도 어떤 한 존재가 반드시 있어야 한다. 그 존재는 인간, 또는 하이데거가 말하는 인간 실체일 것이다. 그렇다면 여기서 "실존이 본질에 앞선다."라는 말은 무엇을 의미하는가? 그것은 바로 인간이 먼저 있어 세상에 존재하고 세상에 나타난다는 것을 의미하며, 그는 그 다음에 정의된다는 것을 의미한다. 만약 실존주의자가 생각하는 인간이 정의될 수 없다면, 그것은 그 인간이 처음에는 아무것도 아니기 때문이다. 그는 나중에서야 비로소 무엇이 되며, 그래서 그는 스스

로가 만들어내는 그 무엇이 될 것이다. 따라서 인간 본성이란 있을 수가 없다. 왜냐하면 인간 본성을 구상하기 위한 신이 존재하지 않기 때문이다. 인간은 그가 스스로를 구상하는 그대로일 뿐만 아니라, 그가 원하는 그대로이다. 그리고 인간은 실존한 이후에 스스로가 구상하는 무엇이기 때문에, 또한 인간은 실존을 향한 이 같은 도약 이후에 인간 스스로가 원하는 무엇이기 때문에, 결국 인간은 그 스스로가 만들어가는 것과 다른 무엇이 아니다. 이것이 실존주의의 제1원칙이다. 이것은 또한 사람들이 '주체성'이라고 부르는 것이기도 하다. (Sartre, 2007: 22-23)

사르트르는 이러한 주체성으로 인해 인간이 돌이나 탁자와는 달리 존엄성(dignity)을 갖게 된다고 주장한다. 왜냐하면 이 주체성이라는 말로 우리는 인간이 먼저 실존한다는 사실을, 즉 인간은 우선 미래를 향해 스스로를 기투하는 일을 의식하는 존재라는 사실을 말하고자 하기 때문이다. 즉, 인간은 주체적으로 자신의 삶을 살아가는 하나의 기투인 것이다(Sartre, 2007: 23). 사르트르가 "실존은 본질에 앞선다."라는 말로 의도한 바는, 인간은 우선 본질에 의해 정의될 수 없는 미래적 존재라는 사실이다. 사르트르는 "실존은 본질에 앞선다."라고 말하면서 결국 "현존재(Dasein)의 본질은 실존이다."라는 하이데거의 주장을 다시 쓰고 있다. 또한 그는 그렇게 함으로써 "인간은 자유다."라고 주장한다(베르나스코니, 2008: 99).

## 4. 실존의 조건

사르트르는 『존재와 무』에서 "인간은 먼저 존재하고 그 다음에 자유로운 것이 아니다. 인간의 존재와 인간이 자유인 것 사이에는 차이가 없다." (Sartre, 1978: 25)라고 선언한다. 자유는 인간 실존 그 자체를 말하는 것으로서, 대자의 존재 방식을 구성하는 것이다.

대자는 그것이 있는 바의 것으로 있어야 한다는 표현, 대자는 그것이 있는 것으로 아니 있으므로 그것이 아니 있는 것으로 있다는 표현, 대자의 경우에는 실존이 본질에 앞서고, 본질을 조건짓는다는 표현, 또는 역으로 헤겔의 정의를 따라 대자를 위하여 "본질이란 있었던 것이다."라고 하는 표현, 이것들은 모두 하나의 동일한 사항을 말하려 한 표현이다. 즉, 인간은 자유라는 사실을 인식하라는 것이다. (…) 나는 영구히 내 본질 저쪽에, 내 행위의 동인들이나 동기들 저쪽에 존재하도록 선고받았다. 즉, 나는 자유롭도록 선고받았다. 이것은 나의 자유에 관해서, 우리는 자유 그 자체밖에는 별다른 한계를 발견하지 못하리라는 말이다. 또는 다음과 같은 말로 표현해도 좋을 것이다. 우리는 자유인 것을 중단할 자유는 없다. (Sartre, 1978: 439)

이와 같이 사르트르는 인간 존재가 직면한 조건을 "인간은 자유롭도록 선고받았다.", "인간은 자유로울 것을 중단할 자유는 없다." 등으로 기술한다.[21] 사르트르의 자유에 대한 이러한 기술은 "인간은 자유 속에 내던져졌다.", "인간은 자유에 내맡겨졌다." 등과 같은 하이데거의 표현과 다르지 않다. 사르트르는 『실존주의는 휴머니즘이다』에서도 이와 같은 인간의 자유에 대해 기술한다.

---

[21] 사르트르가 주장하듯이, 인간은 자유로울 것을 중단할 자유가 없다는 사실을 제외하고 인간의 자유에는 제한이 없다면, 인간은 언제나 자유로울 수 있을까? 이와 관련하여 사르트르는 "독일군이 점령했던 때보다 우리가 더 자유로웠을 때는 없었다."라고 답한다. 그의 존재론적 자유와 정치적 자유 사이의 복잡한 상호작용을 이 선언보다 더 잘 드러내는 것은 없다. 존재론적으로 보면 자유의 정도는 존재하지 않는다. 우리는 항상 완전히 자유다. 물론 정치적으로 보면 자유에는 정도의 차이가 있다. 나치 치하에서 프랑스인은 저항운동을 생각하게 되었고, 또한 고문을 당할 경우 어느 정도까지 견딜 수 있는가를 생각하게 되었다. 그리고 이런 생각을 통해 자유는 현실적인 것이 되었다. 결국 점령 시기를 통해 프랑스에서 자유의 문제는 이것보다 다른 것을 선택할 수 있다는 단순한 가능성의 분출로서가 아니라 죽음 앞에서의 행동 속에 표현되는 사회적 책임의 분출로서 제기되었던 것이다. 우리를 일종의 내적 자유의 영역으로 물러나도록 할 수 있는 정치적 상황은 또한 우리의 행동을 촉발시킬 수도 있는 것이다(베르나스코니, 2008: 87-88).

도스토예프스키(Fyodor M. Dostoevsky, 1821-1881)는 "만약 신이 없다면, 모든 것이 허용될 것이다."라고 썼다. 이것이 실존주의의 출발점이다. 실제로 신이 없다면 모든 것이 허용되고, 그 결과로서 인간은 홀로 남겨지게 될 것이다. 왜냐하면 이 경우 인간은 자기 안에서도 자기 밖에서도 그가 의지할 만한 그 어떤 가능성도 찾을 수 없기 때문이다. 우선, 그는 핑계거리를 찾을 수가 없다. 만약 정말로 실존이 본질에 앞선다면, 인간은 결코 응고된 채 주어진 그 어떤 인간 본성에 의존하여 설명을 할 수가 없게 될 것이다. 달리 말해서, 결정론이란 있을 수가 없다. 인간은 자유로우며, 자유인 것이다. 한편 신이 없다면, 우리는 우리의 행위를 정당화시켜줄 수 있는 가치나 질서를 우리의 앞에서 찾을 수가 없다. 이와 같이 우리는 변명 또는 핑계를 우리의 앞에서도, 우리의 뒤에서도, 가치의 밝은 영역 속에서도 갖고 있지 않다. 우리는 그 어떤 핑계도 배제된 채 홀로 있는 것이다. 바로 이것이 내가 인간은 자유롭도록 선고받았다고 표현하는 것이다. 인간은 선고받았다. 왜냐하면 그 자신이 스스로를 창조한 것이 아니기 때문이다. 하지만 다른 한편으로 인간은 자유롭다. 왜냐하면 그 자신이 세계 속에 던져진 이상, 인간은 자신이 하는 모든 것에 대해 책임이 있기 때문이다. (Sartre, 2007: 28-29)

사르트르는 여기서 인간 존재가 자신을 창조해 나가기 위해 하는 모든 행동의 "제1조건은 자유이다."라고 선언한다(변광배, 2005: 239). 그런데 사르트르가 여기서 논의하는 자유는, 인간 존재의 의식 차원에서 발견되는 자유가 아니라 일상생활에서 구체성을 띤 자유이다. 그것은 각자 자신의 것으로서 오직 구체적인 상황 속에서 구현되는 자유이다. 즉, 자유는 주어진 것이 아니고, 각자가 스스로를 기투하는 속에서 존재한다. 사르트르가 『실존주의는 휴머니즘이다』에서 제시한 양자택일의 상황에 처한 청년(사르트르의 제자)의 딜레마는 이러한 실존주의의 자유를 잘 보여 준다.

그의 아버지와 어머니는 사이가 좋지 않았다. 더구나 그의 아버지는 독일에 협조하는 쪽으로 기울어지고 있었다. 그의 형은 1940년 독일의 침공 때 죽음을 당했다. 그리고 이 청년은 약간은 원초적인, 하지만 갸륵한 감정으로 형의 원수를 갚는 일을 원하고 있었다. 그의 어머니는 그와 함께 외로이 살고 있었다. 아버지의 변심과 형의 죽음으로 인해서 큰 슬픔에 젖어 있던 어머니는 오로지 그에게서만 위안을 얻고 있었다. 그 당시 이 청년은 영국으로 떠나 자유 프랑스군에 가담 — 즉 어머니를 포기 — 하느냐 또는 어머니 곁에 머무르면서 어머니의 생활을 돕느냐를 놓고 선택을 해야 했다. (…) 결국 그는 다음과 같은, 서로 완전히 다른 두 유형의 행동에 맞닥뜨리게 되었다. 첫 번째 유형의 행동[어머니 곁에 머무름: 필자]은 구체적이고 직접적이다. 하지만 그것은 오직 한 개인만을 위한 행동이다. 반면, 두 번째 유형의 행동[자유 프랑스군에 가담: 필자]은 무한하게 확장된 집단, 즉 국가를 위한 행동이다. 하지만 그것은 바로 그렇기 때문에 애매한 행동이요, 도중에 중단될 수도 있는 행동이다. 또한 이와 동시에 그는 두 유형의 도덕 사이에서 망설이고 있었다. 즉, 한편으로 공감의 도덕, 개인적인 헌신의 도덕이 있었고, 다른 한편으로 보다 넓은 도덕이기는 하지만 그 효과가 많이 의심스러운 도덕이 있었다. (Sartre, 2007: 30-31)

그렇다면 이 청년은 어떻게 해야 할까? 기독교의 교의가 이 청년에게 도움을 줄 것 같지는 않다. 기독교의 교의는 사랑을 강조하지만, 이 경우 전우와 어머니 중에서 과연 누구를 형제처럼 사랑해야 하는지를 알려 주지는 않는다. 칸트의 도덕은 다른 사람을 단지 수단이 아닌 목적으로 대할 것을 강조하지만, 이 청년에게 도움을 줄 것 같지는 않다. 이 청년이 어머니 곁에 머문다면, 어머니를 목적으로 대하지만 바로 그 때문에 자신의 주위에서 투쟁하는 다른 사람들을 수단으로 대할 위험이 있다. 이와 반대로 이 청년이 자유 프랑스군에 가담한다면, 자신의 동지들을 목적으로 대할 수 있지만 바로 그 때문에 어머니를 수단으로 대할 위험이 있다(Sartre, 2007: 31). 그렇다면 이 청년이 주변 사람에게 충고를 구하는 것은 어떨까? 이 청년은 어쩌면 어떤 사제에게 충고를 구할 수도 있을 것이다. 그런데 이런 경우 이 청년은 자신에게 충고를 해 줄 사제를 선택한 것이기 때문에, 그 사제가 자신에게 충고하려는 것을 이미 어느 정도는 알고 있을 것이다. 다시 말해, 충고를 해 줄 사람을 선택하는 일은 자신이 받게 될 충고의 종류를 이미 결정한 것이기에 자기 스스로 자기 자신에게 앙가제 한 것이라고 말할 수 있다(Sartre, 2007: 33). 만약 이 청년이 당신에게 충고를 구하러 온다면, 사실 그는 이미 답변을 선택한 것이다. 당신은 물론 그 청년에게 아주 훌륭하게 충고를 할 수도 있을 것이다. 하지만 그는 자유를 찾고 있었고, 따라서 당신은 그가 결정을 하도록 그대로 두어야 한다(Sartre, 2007: 72). 그래서 사르트르는 충고를 구하기 위해 자신을 찾아온 청년에게 "자네는 자유롭네. 그러니 선택하게. 즉 창조하게."라고 대답한다(Sartre, 2007: 33).

그 어떤 윤리학의 일반적인 규정도 당신이 해야만 하는 바를 알려 줄 수 없다(Sartre, 2007: 33). 즉, 당신이 위의 사례의 청년처럼 칸트의 도덕이나 다른 어떤 종류의 도덕에 호소해 보아도 당신이 처한 구체적인 상황에 적용할 수 있는 지시 사항을 찾을 수는 없다. 칸트는 도덕을 구성하기에 형식과 보편성만으로도 충분하다고 생각하지만, 지나치게 추상적인 원칙은 구체적인 상황에서 어떤 행위를 해야 하는지를 결정하는 데 도움이 되지 않을 것이다(Sartre, 2007: 49). 왜냐하면 도덕 원칙은 보편적이고 추상적이지만, 우리가 처한 상황은 특수하고 구체적이기 때문이다. 이런 상황에서 중요한 것은, 우리가 자유를 기반으로 자신의 도덕을 선택하고 창조하는지의 여부이다. 인간은 스스로 만들어 가는 존재이지, 이미 다 만들어진 존재가 아니다. 인간은 자신의 도덕을 선택하면서 스스로 만들어 간다(Sartre, 2007: 46). 실존주의적 도덕은 예술과 마찬가지로 창조를 지향한다. 한마디로, 실존주의적 도덕은 자유의 도덕이다.

인간이 자유롭다는 것은, 그가 원하는 것을 모두 얻는다는 것을 의미하는 것이 아니라, 그가 원하는 것에 대한 책임이 있다는 것을 의미한다. 사르트르에게서 자유는 한 개인의 성공적인 기투를 의미하는 것이 아니라, 오직 이 개인이 자신의 기투를 선택할 수 있다는 것을 의미한다(베르나스코니, 2008: 81). 한 개인이 자신의 기투를 선택할 수 있었다면, 그는 자신의 선택에 대한 책임을 져야 한다.

> 만약 실존이 정말로 본질에 앞선다면, 인간은 지금의 자기 자신에 대해서 책임이 있다. 그렇기 때문에 실존주의의 첫 걸음은 모든 인간으로 하여금 자신이 지금 어떤 것인가에 대해 주인이 되도록 하는 것, 그리하여 모든 인간으로 하여금 자신의 실존에 대해 전적인 책임을 지도록 하는 것이다. 그리고 우리가 인간은 자기 자신에 대해서 책임이 있다고 말할 때, 이 말은 인간이 자신의 엄격한 개별성에 대해서만 책임이 있다는 것을 뜻하지 않는다. 이 말은 인간이 모든 인간에 대해서 책임이 있다는 것을 뜻한다. (…) 우리가 인간은 스스로를 선택한다고 말할 때, 이 말은 우선 우리 각자가 스스로를 선택한다는 것을 뜻한다. 하지만 이 말은 또한 우리 각자가 이처럼 스스로를 선택함으로써 모든 인간을 선택한다는 것을 뜻하기도 한다. (…) 이와 같이 우리의 책임은 우리가 상상할 수 있는 것보다 훨씬 더 크다. 왜냐하면 우리의 책임은 인류 전체에 앙가제하기 때문이다. (Sartre, 2007: 23-24)[22]

---

22. 앙가주망(engagement)은 구체적인 상황에 처한 개별자가 자신의 책임을 의식하고 그 상황을 변경하거나 유지하기 위해 행동할 것을 결심하는 태도를 말한다. 앙가주망은 인간이 구체적인 상황에서 선택해야만 하는 세계-내-존재이기 때문에 필연적으로 비롯되는 것이다. 그래서 이 앙가주망은 개인적 차원에만 머무르지 않고 인류 전체의 차원으로 확장될 수 있다. 예를 들어, 사르트르는 "만약 내가 결혼을 해서 자식을 갖기 원한다면, 비록 이 결혼이 단지 나의 상황이나 나의 열정 또는 나의 욕구에 달려 있다고 할지라도, 바로 이 결혼을 통해서 나는 나 자신에게 앙가제할 뿐만 아니라, 일부일처제의 길 위에서 인류 전체에게도 앙가제하게 된다. 이처럼 나는 나 자신에 대해서, 그리고 모든 이에 대해서 책임이 있는 것이다. 또한 나는 내가 선택하는 인간의 그 어떤 이미지를 창조해 나간다. 즉, 스스로를 선택함으로써 나는 인간을 선택하는 것이다."(Sartre, 2007: 24)라고 기술한다.

이처럼 사르트르는 대자 존재로서의 인간의 자유로운 행위에 대한 책임을 강조한다. 인간의 행위 하나하나에는 예외 없이 이 세계의 모든 존재자들에 대한 선택이 포함되기 때문에, 인간은 자기와 이 세계에 대해 전적인 책임을 지고 있다. 다시 말해, 이 세계에는 인간과 관련이 되지 않았다는 의미에서의 인간과 무관한 상황은 존재하지 않는다. 모든 상황은 이 상황을 있게끔 한 인간의 책임 하에 있는 것이다(변광배, 2005: 244).

이처럼 인간이 자유로운 존재로서 자기 자신만이 아니라 이 세계에 대한 책임도 져야 한다면, 그는 불안을 느낄 수밖에 없다. 사르트르에 따르면, 자기 자신이 그 자신을 선택함과 동시에 인류 전체를 선택한 입법자이기도 하다는 사실을 인식하는 인간은 자신의 전적이고 깊은 책임감으로부터 벗어날 수가 없다(Sartre, 2007: 25). 그래서 그는 비록 은폐되어 있을지라도 엄청난 불안을 느낄 수밖에 없다. 실존주의자들이 '인간은 곧 불안'이라고 즐겨 선언하듯이, 자유와 불안이 한 쌍을 이루는 이유도 이 때문이다. 그래서 사르트르는 "불안 속에서 인간은 자유의 의식을 갖는다. 또는 이 말이 좋다면, 불안은 존재의 의식으로서의 자유의 존재 방식이다."(Sartre, 1978: 29)라고 기술한다. 불안은 인간이 그 어떤 것에도 의지함 없이 자유롭게 선택하는 자기 자신, 그리고 그 선택에 전적으로 책임을 져야 하는 자기 자신을 의식할 때 필연적으로 갖게 되는 감정인 것이다.[23] 이와 같이 불안은 인

---

23. 사르트르는 『실존주의는 휴머니즘이다』에서 불안과 함께 홀로 남겨짐과 절망에 대해서도 설명한다(Sartre, 2007: 34-35). 인간은 신에 의해 창조되지 않았고, 그의 존재에 앞서는 고정된 본질이나 절대적 가치에 따라 만들어진 것도 아니다. 인간은 그 어디에도 의지할 곳 없이 세상 속에 홀로 던져진 존재이다. 그는 자유를 선고받은 자로서 홀로 선택하고 자신의 행위에 전적으로 책임져야 하는 존재이다. 그래서 홀로 남겨짐은 불안을 동반하게 된다. 또한 홀로 남겨짐은 인간 실존으로부터 비롯된 구조적인 상태인 절망과도 연결된다. 절망이란 인간에게는 그가 의지할 수 있는 그 어떤 본질이나 가치도 주어져 있지 않기 때문에, 그는 자신의 의지에 의해 좌우되는 것에만 기대할 수 있다는 것, 자신의 행위를 가능케 하는 그런 개연성의 모임에만 기대할 수 있다는 것을 의미한다. 사람이 무언가를 원할 때, 거기에는 언제나 개연적인 요소가 존재하는 법이다. 그런데 이런 개연적인 요소는 나의 의지에 의해 엄격하게 통제될 수 있는 것이 아니기에 절망은 인간 실존에 구조적으로 연관될 수밖에 없다.

간 실존의 조건으로부터 비롯된 또는 인간 실존에 고유한 구조적인 감정이기 때문에 이 세계 속에 있는 무언가를 대상으로 한 두려움의 감정인 공포와는 달리 이 세계 속에 대상 자체를 갖고 있지 않다. 인간은 미래를 향해 자신을 기투하는 과정에서, 자신의 자유 앞에서, 자신의 가능성 앞에서, 아직 오지 않은 미래 앞에서, 결국 무 앞에서 불안을 느낄 수밖에 없다(변광배, 2005: 168). 예를 들어, 사르트르에게 충고를 구하기 위해 찾아온 청년은 양자택일의 상황에서 엄청난 불안을 느낄 것이다. 사르트르는 『실존주의는 휴머니즘이다』에서 다음과 같은 사례를 통해 불안을 설명한다.

> 이 불안은 정적주의와 무위로 이끌어가는 그런 불안이 아니다. 그것은 책임감을 느껴본 모든 사람이 아는 순수하고 단순한 불안이다. 예를 들어, 어떤 군 지휘관이 공격의 책임을 맡고서 몇 명의 병사를 사지로 보낼 때, 그는 홀로 그렇게 할 것을 선택한다. 물론 상부로부터 오는 명령이 있다. 그러나 그 명령은 너무나 광범위해서 어떤 해석이 요구된다. 즉, 군 지휘관 자신의 해석이 요구된다. 그리고 이 해석에 따라서 열 명 또는 열네 명 또는 스무 명의 목숨이 좌우된다. 이때 군 지휘관은 그가 내린 결정에 대해서 어떤 불안을 갖지 않을 수가 없다. 모든 지휘관은 이런 불안을 경험한다. 그런데 이처럼 불안하다는 것이 그들의 행동을 방해하지는 않는다. 오히려 그것은 그들의 행동의 조건이다. 왜냐하면 그들이 불안하다는 것은 곧 그들이 다수의 가능성을 검토하고 있다는 사실을 전제하기 때문이다. 그들이 다수의 가능성 중에서 하나의 가능성을 선택할 때, 그들은 그 선택된 가능성이 오로지 선택되었기에 가치를 갖는다는 사실을 알기 때문이다. 우리는 실존주의가 기술하는 이런 종류의 불안이 다른 사람들에 대한 직접적인 책임에 앙가제한다는 사실, 그리고 다름 아닌 바로 이 책임에 의해서 이 불안이 설명된다는 사실을 보게 될 것이다. 이 불안은 우리를 행동으로부터 분리시키는 장막이 아니다. 그것은 오히려 행동 자체의 일부이다. (Sartre, 2007: 27)

우리는 흔히 자신의 자유와 선택, 책임을 감당하기 어렵다고 생각할 때 실존의 불안에서 벗어나려는 유혹을 느낀다. 이런 사람은 "나는 아주 좋은 책을 쓰지는 못했지만, 그것은 그런 책을 쓸 만한 여가가 없었기 때문이야."라고 핑계를 대는 사람과 다르지 않다. 그는 이런 방식으로 자신의 자유와 선택, 책임을 회피하고 현재의 자기 자신을 정당화하고자 한다. 그러나 그는 "결정론적 변명을 통해서 자신의 완전한 자유를 자신에게 숨기려고 하는 비겁한 자"(Sartre, 2007: 49)로서 자기기만(bad faith)에 빠져 있을 뿐이다.24 이처럼 인간이 실존적 불안을 회피하고 자신의 완전한 자유를 자신에게 감추기 위해 의존하는 방식이 자기기만이다. 자기기만은 흔히 자기 자신을 즉자 존재와 동일시하려는 경향으로 나타난다. 사르트르는 이러한 자기기만의 개념을 설명하기 위해 첫 데이트에서 손을 잡힌 정숙한 여자, 자신의 역할에 충실한 카페의 웨이터 등을 사례로 제시한다(Sartre, 1978: 55-66).

먼저, 성적인 의도를 가진 어떤 남자와 첫 데이트를 하는 여자에 대한 이야기를 살펴보자. 그녀는 그의 관심이 무엇인지 잘 알고 있지만, 스스로에게는 이 사실을 부인한다. 그래서 그녀는 남자가 건넨 "당신은 참 매력적이네요."라는 말의 의미에 대해 스스로를 속이면서, 이 말을 성과 무관한 찬

---

24. 자기기만은 프랑스어 'mauvaise foi'의 번역어이다. 여기서 'mauvaise'는 나쁜, 악의 있는, 불완전한, 부적당한, 불길한 등의 의미를 가지고 있고, 'foi'는 믿음, 신뢰, 신앙, 성실성 등의 의미를 담고 있다. 그래서 'mauvaise foi'는 (맥락을 고려하여) '잘못된 믿음', '나쁜 믿음', '불성실' 등으로 번역되기도 한다. 그런데 이 'mauvaise foi'를 자기기만으로 번역하는 것은 이 개념 속에는 인간이 자기 자신을 속인다는 의미가 들어 있기 때문이다(변광배, 2005: 172). 자기기만은 속임수이되, 자기 자신을 속이는 특이한 형식을 가진 속임수이다. 속임수에서 핵심이 되는 사항은 내가 남을 속이건 남이 나를 속이건 속는 사람은 자기가 속는다는 사실과 속임수의 내용(진실)을 몰라야 한다는 점이다. 왜냐하면 그래야만 속임수가 성공할 수 있기 때문이다. 그런데 자기기만도 속임수이기 때문에 이것이 성공적으로 이루어지려면 속이는 자는 속이는 내용(진실)을 알고 있어야만 한다. 또한 속는 자는 이 속임수의 내용(진실)을 몰라야 한다. 그래야만 이 속임수, 곧 자기기만은 성공할 수 있다. 하지만 자기기만은 모순된 개념이다. 왜냐하면 속이는 자와 속는 자가 동일하기 때문이다(변광배, 2005: 173).

사로 간주한다. 그녀는 대화 내내 자기기만을 가까스로 유지한다. 그러나 그때 그 남자가 그녀의 손을 잡는다. 그녀의 손을 그의 손에 그대로 놓아두면 그와의 관계에 빠져들게 될 것이고, 그의 손을 뿌리치면 그와의 매혹적인 시간은 끝날 것이다. 그녀는 결단의 순간이 온 것을 알았지만, 오히려 지적인 대화에 열중하면서 마치 그가 어떤 물건을 잡고 있다는 듯이 잡힌 손을 모른 체하며 그대로 놔둔다. 그녀는 자신의 손을 사물과 같은 즉자 존재로 여기면서 그 남자의 의도에 대해서 스스로를 속이고 있는 것이다. 그녀는 자기기만의 상태에 있는 것이다. 그런데 자기기만은 의식이 스스로 대자임을 부정하고 또 이 부정하는 사실을 알면서 스스로를 즉자로 바꾸어 보려는 시도이기 때문에, 자기기만은 역설적이게도 대자가 자유라는 사실을 간접적으로 증명한다(변광배, 2005: 175).

다음으로, 자신의 역할에 충실한 카페의 웨이터에 대한 이야기를 살펴보자. 이 웨이터는 웨이터로서의 자신의 역할에 의해 스스로를 한정 지은 듯이 보인다. 그는 마치 웨이터의 연기를 하고 있는 것과도 같다. 그의 모든 동작과 제스처는 약간 과장되어 있다. 그의 행동은 본질적으로 의례적이다. 그는 손님에게 허리를 굽혀 인사하고 균형 있게 쟁반을 나른다. 그런 것들은 모두 공들여 기획한 춤과도 같은 일종의 행사치레이다. 사르트르는 그 웨이터가 아무리 열심히 자신의 배역과 같아지려 해도 웨이터일 수는 없다고 지적한다. 잉크병이 잉크병으로 '있다'는 의미에서, 컵이 컵으로 '있다'는 의미에서, 그 웨이터는 웨이터로 있을 수는 없다. 대자는 의지의 힘을 발휘함으로써 즉자로 변모할 수는 없다. 카페의 손님들은 그 웨이터를 자유로운 행위자로서가 아니라 오직 그의 직업이 요구하는 인물로서 있기를 바라겠지만, 그 웨이터는 자신의 역할로 한정될 수는 없다. 사르트르는 그 웨이터를 자신의 자유를 부정하려고 노력하는 사람으로 진단한다. 그는 마치 자신이 아침 5시에 일어나기보다는 잠자리에 남아 있는 쪽을, 비록 이것이 파면당함을 의미할지라도, 선택할 수 없는 사람처럼 행동한다. 그의 기계적 움직임은 그가 될 수 없는 것이 되려는, 즉 즉자가 되려는 욕구를 드러내고 있다. 따라서 그 웨이터는 자기기만의 상태에 있다. 그는 자신의 자유의 상한선에 대해서 스스로를 속이고 있기 때문이다(워버턴, 2005: 263-264; 베르나스코니, 2008: 60-72).

### 5. 실존주의는 휴머니즘이다

실존은 대자의 방식으로 존재하는 인간 존재를 가리킨다. 그래서 실존주의는 주체적으로 살아가는 인간 존재, 즉 현재 있는 그대로의 자기 자신을 넘어서 미래의 가능한 것을 향해 스스로를 던지는 인간 존재의 의미를 강조한다. 이러한 실존주의에 대해서는 몇 가지 비판이 제기되었다.

첫째, 실존주의에서는 모든 해결책이 닫혀 있고 이 세계 속에서의 모든 행위가 완전히 불가능한 것으로 고려되기 때문에, 실존주의는 적극적인 행위를 포기하고 절망에 잠기는 정적주의(quietism)에 빠져들게 한다. 그래서 실존주의는 궁극적으로 명상 철학에 도달하게 된다. 공산주의자들은 명상이 사치에 불과하다는 점에서 실존주의가 우리를 부르주아 철학으로 몰고 간다고 비판한다(Sartre, 2007: 17). 이에 대해 사르트르는 실존주의가 "인간이 자신의 기투와 다른 것이 아니고, 인간은 자기 스스로를 실현하는 한에서만 실존하기 때문에, 인간은 자신의 행위 전체와 자신의 삶과 다른 것이 아니다."(Sartre, 2007: 36-37)라고 선언할 뿐만 아니라 "실존주의는 인간을 행동을 통해 정의하기 때문에"(Sartre, 2007: 39-40) 결코 정적주의로 간주될 수는 없다고 답변한다.

둘째, 실존주의는 인간성의 긍정적인 면을 도외시하고 부정적인 면만을 부각함으로써 비관주의에 빠져들게 한다(Sartre, 2007: 17). 이에 대해 사르트르는 "실존주의는 인간에 대한 비관적인 묘사로도 간주될 수 없다. 왜냐하면 실존주의는 인간의 운명이 인간 자신에게 달려 있다고 본다. 이것보다 더 낙관적인 이론은 있을 수가 없다."(Sartre, 2007: 40)라고 답변한다. 즉, 실존주의가 개별자의 자유로운 선택과 전적인 책임 하에 각자 주체적인 삶을 살아갈 것을 강조한다면, 실존주의는 그 어떤 이론보다도 인간을 낙관적인 관점에서 바라본다는 것이다.

셋째, 실존주의는 공산주의자들이 지적하듯이, 순수 주관(pure subjectivity)으로부터, 즉 데카르트(René Descartes, 1596-1650)가 말한 '나는 생각한다'로부터 출발하기 때문에 인간을 연대 의식을 결여한 고립된 존재로 간주한다(Sartre, 2007: 17-18). 이에 대해 사르트르는 실존주의가 개인의 주체성에서 출발하는 것은 맞지만, 인간을 그의 개별적인 주체성 속에 가두어 버리지는 않는다고 대답한다. 그는 물론 실존주의가 진리 위에 기초해야 하기 때문에, "나는 생각한다. 그러므로 나는 존재한다."라는 데카르트의 명제를 수용한다고 밝힌다. 그러나 그는 코기토(cogito) 속에서 자기 자신만이 아니라 타인들 또한 발견하기 때문에 실존주의는 타인과 마주한 우리 자신에 도달하게 된다고 본다. 즉, 코기토를 통해서 직접적으로 자기 자신에 도달하는 인간은 모든 타인 또한 발견하며, 또 이 모든 타인을 자기의 실존의 조건으로서 발견하게 된다는 것이다. 우리는 여기서 상호 주체성이라고 부르는 세계를 만나게 된다(Sartre, 2007: 40-42).

넷째, 기독교 신자들은 실존주의가 신의 명령과 영원성 속에 새겨진 모든 가치를 부정하기 때문에 오로지 엄격한 의미의 무상함(가치 없음)만이 남게 될 것이라고 비판한다. 만약 모든 것이 무상하다면, 각자는 자기가 원하는 대로 무엇이나 할 수 있게 될 것이고, 자신의 관점에서 다른 사람의 관점이나 행위의 문제를 지적할 수 없게 될 것이다(Sartre, 2007: 18). 이에 대해 사르트르는 "실존주의는 인간의 행위 의욕을 가라앉히는 시도로도 간주되어서는 안 된다. 왜냐하면 실존주의는 오로지 인간 자신의 행위 속에만 희망이 있다고 말하며, 또 인간으로 하여금 살아가도록 하는 유일한 것은 행위라고 말하기 때문이다."(Sartre, 2007: 40)라고 대답한다. 한마디로, 실존주의는 행위의 도덕이고 앙가주망의 도덕이라는 것이다.

사르트르는 이러한 몇 가지 비판에 대해 결론적으로 "실존주의는 휴머니즘이다."라고 대답한다. 그런데 사르트르는 『구토』에서 휴머니스트들이 옳지 않다고 통렬히 비판한 적이 있기 때문에, "실존주의는 휴머니즘이다."라는 그의 주장은 그 당시 사람들에게 의아하게 들렸을 것이다. 첫 장편소설인 『구토』가 발표된 1938년과 '실존주의는 휴머니즘이다'라는 강연이 행해진 1945년 사이에 도대체 어떤 사건이 있었기에 안티휴머니스트의 입장을 보이던 사르트르가 공개적으로 휴머니즘을 지지하게 된 것일까? 앞서 사르트르의 '생애와 저작' 부분에서 기술한 바와 같이, 사르트르는 그 당시 다른 사상가들과 마찬가지로 제2차 세계대전으로 인해 상실된 인간의 가치와 의미를 회복해야 하는 과제를 떠맡게 되었다. 또한 제2차 세계대전 기간 동안 독일군 포로수용소에서 동료 포로들과 동지애를 느낀 경험은 개인이 공동체 속에서 타인과 더불어 사는 존재라는 사실을 깨닫는 계기가 되었다. 사르트르는 이제 휴머니즘의 길을 걸을 준비가 된 것이다. 그렇다고 사르트르가 고전적 휴머니즘으로의 회귀를 기획한 것은 결코 아니다. 고전적 휴머니즘은 인간 본성에 뿌리를 둔 본질주의의 모습을 띤다는 점에서, "실존은 본질에 앞선다."라고 선언하는 사르트르의 실존주의와 양립할 수 없다. 사르트르가 『구토』에서 비난한 휴머니즘은 바로 이 고전적 휴머니즘일 것이다. 사르트르는 인간의 가치와 의미를 새롭게 조명하기 위해 고전적 휴머니즘과는 다른 실존주의적 휴머니즘을 제안한다.

> 인간은 계속해서 인간 자신의 밖에 있다. 자기 자신 밖으로 스스로를 기투하고 자기 자신 밖으로 스스로를 잃어버림으로써 인간은 실존한다. 한편, 인간은 초월적인 목표를 추구함으로써 실존할 수 있다. (…) 인간을 구성하는 것으로서의 (신이 초월적이라는 의미의 초월성이 아니라 무언가를 넘어선다는 의미의) 초월성과 (인간은 자신 속에 갇혀 있는 것이 아니라 언제나 인간적 우주 속에 현존한다는 의미에서의) 주체성을 맺어주는 연결이 우리가 '실존주의적 휴머니즘'이라고 부르는 바로 그 휴머니즘이다. 우리가 말하는 것이 휴머니즘인 이유는 다음과 같다. 우선 이것을 통해서 우리가 사람들에게, 인간 그 자신 이외에는 다른 입법자가 없다는 사실, 인간은 자기 홀로 남겨

진 상태에서 스스로에 대해 결정한다는 사실을 상기시켜주기 때문이다. 또한, 이것을 통해서 우리가 사람들에게, 인간이 스스로를 실현하는 일은 인간 자신에게로 되돌아감으로써 이루어지는 것이 아니라, 언제나 인간 자신 밖에 있으면서 이런저런 자유이자 특수한 실현인 어떤 목표를 찾음으로써 이루어진다는 것을 보여주기 때문이다. (Sartre, 2007: 52-53)

사르트르는 "실존주의자는 결코 인간을 목적으로 여기지 않는다. 왜냐하면 인간은 계속해서 만들어지는 중에 있기 때문이다"(Sartre, 2007: 52)라고 주장한다. 이와 같이 사르트르는 고전적 휴머니즘과는 달리 인간 본성을 목적으로 간주하지 않는 휴머니즘을 지향한다. 즉, 그는 인간을 고정된 본질 속에 응고된 존재가 아니라 자유로운 선택과 전적인 책임 하에 계속해서 스스로를 만들어 가야 할 존재로 보는 실존주의적 휴머니즘을 지향한다. 이러한 실존주의적 휴머니즘에서 인간은 다른 존재와는 완전히 다른 특별한 존엄성을 부여받게 된다.

## V. 결론

볼노프(O. F. Bollnow)가 『실존철학(*Existenzphilosophie*)』의 서문에서 "[초판이 발행된 1942년 당시] 실존철학은 이미 끝난 그리고 거의 잊힌 문제이며, 그저 그 업적을 끌어모아 될 수 있는 대로 보전할 필요가 있는 문제인 것처럼 보였다."(볼노프, 1989: 19)라고 기술한 것에서 알 수 있듯이, 그리고 하이네만(Fritz Heinemann)이 1951년에 저술한 『실존철학: 살았는가 죽었는가?(*Existenzphilosophie: Lebendig oder Tot?*)』라는 도서명이 알려 주듯이, 실존주의는 20세기 중반에 전성기를 지나 쇠퇴의 길로 접어든 것처럼 보였다. 그렇다면 실존주의는 이제는 역사 속으로 사라진 철학적 사조에 불과한 것일까, 아니면 오늘날에도 인간 존재와 그의 삶에 유의미한 영향을 줄 수 있는 철학이 될 수 있을까?

만약 실존주의가 실존을 사유의 절대적인 출발점으로 삼는다면, 인식의 진리성을 보장할 수 있는 객관적 기반을 상실할 가능성이 있다(조가경, 2010: 366). 예를 들어, "주체성이 진리이다."라는 키르케고르의 명제는 개별자가 참된 자기 자신이 되는 데 도움이 될 수 있겠지만, 개별자에게 있어서 진실됨이나 성실성이 과연 진리의 객관적 인식을 대체할 수 있는지에 대한 의문을 낳을 수 있다. 주체성은 개별자에게 있어서 진리일 수 있을지라도 모든 종류의 진리를 대변하는 것은 아닐 수 있다. 더 나아가, 실존주의는 보편적인 원리가 아니라 각 개인이 처한 구체적인 상황에서의 주체적 결단을 강조하기 때문에 상대주의나 주관주의 경향을 지닐 뿐만 아니라 경우에 따라서는 반도덕적이거나 탈도덕적인 성향을 지닌 것처럼 여겨지기도 한다. 예를 들어, 사르트르는 "그 어떤 윤리학의 일반적인 규정도 당신이 해야만 하는 바를 알려줄 수 없다."(Sartre, 2007: 33)라고 말한다. 이 말은 물론 도덕적 문제 상황에서 주체적 선택과 책임의 중요성을 강조하는 것이지만, 그와 동시에 실존주의가 보편적인 윤리를 거부한다거나 도덕원리와 추론에 의한 도덕 판단의 가능성을 부정하는 것으로 여겨지기도 한다. 이런 맥락에서, 실존주의는 윤리학의 영역에서 별다른 역할을 수행하지 못하거나 심지어 불필요한 혼란을 야기할 수 있다는 우려를 낳기도 한다.

이러한 실존주의에 대한 비판은 객관적인 인식만이 진리를 보장할 수 있다거나 보편적인 윤리 없이는 어떠한 윤리도 가능하지 않다는 믿음과 무관하지 않을 것이다. 그런데 이러한 믿음은 우리에게 객관적인 진리와 보편적인 윤리를 통해 자신의 존재와 삶의 절대적인 토대를 확보하고 있다는 안이한 확신을 부여함으로써 우리가 현재 직면한 비본래적인 실존의 문제를 직시하지 못하게 만들 수 있다. 그렇다면 우리가 보편적인 도덕원리에 따라 판단하고 실천한다고 해서 진정으로 윤리적인 존재가 될 수 있는지, 현대 사회에서 중성화되고 평균화된 자기 자신을 구제할 수 있는지는 의문시될 수 있다. 이제 우리는 실존주의가 오늘날에도 어떤 의미를 지닐 수 있는지, 그리고 실존주의가 윤리학에 기여하는 바가 있는지를 탐구할 때이다.

만약 우리가 인생을 살아가면서 "나는 누구인가?" 또는 "나는 어떤 사람이 되고자 하는가?"라는 질문을 던져 본 적이 있다면, 우리는 자신의 실존에 대해 관심을 갖고 있다고 말할 수 있다. 자기 자신을 대상으로 하는 이와 같은 질문이 제기되지 않았던 시대는 아마도 없었을 것이다. 그렇다면 실존에 대한 관심은 아주 오래전부터 우리의 삶 속에 들어와 있었다고 말할 수 있다. 그런데 인간의 실존에 대한 관심이 철학적으로 정립되기 시작한 시기는 19세기 키르케고르부터이고, 실존주의의 전성기는 야스퍼스, 하이데거, 사르트르 등이 활동하던 20세기 초중반이었다고 이야기된다. 이처럼 인간의 실존에 대한 관심은 아주 오래되었지만, 실존주의가 20세기 초중반에 번창한 이유는 무엇일까?

그 이유는 첫째, 산업혁명 이후 기계화와 물질만능주의에 따른 인간 소외와 비인간화 현상이 심화되었기 때문이다. 근대의 서구인들은 이성을 바탕으로 과학기술을 발전시키고 산업화를 이루면서 이전과 비교할 수 없는 물질적 풍요를 가져왔다. 그러나 산업화는 경제적 이익과 물질적 풍요를 위해 기계가 아닌 인간마저도 상품의 대량생산을 위한 도구로 여기게 만들었다. 이제 인간은 거대한 기계의 작은 부품과 다를 바 없는 위치에 놓이게 되었다. 즉, 인간은 기능적으로 조직된 집단의 한 부분으로서만 존재 가치를 가질 수 있게 되었고, 어느 누구라도 상관없고 다른 누구와도 언제든지 대체 가능한 그런 존재에 불과하게 되었다. 실존주의는 이처럼 인간이 중성화되고 평균화되는 위기 상황에서 인간의 개별성과 주체성, 그리고 존엄성을 지켜 내려는 철학적 노력의 일환으로 부각되었다. 둘째, 20세기 초중반에 발발한 두 차례의 세계대전은 인류의 존속 자체를 위협하면서 그 당시 사람들에게 심각한 불안을 유발하였기 때문이다. 근대의 계몽주의와 그 뒤를 이은 독일의 관념론은 이성에 대한 신뢰를 바탕으로 사회의 무한한 진보를 기대하게 만들었다. 그리고 도구적 이성의 성과로서 과학기술의 발전은 이러한 기대를 현실로 만들어 줄 것이라는 믿음을 갖게 하였다. 그러나 두 차례의 세계대전은 이러한 기대와 믿음을 무참히 깨뜨렸을 뿐만 아니라 이성에 대한 근본적인 회의를 불러일으켰다. 실존주의는 이처럼 이성에 대한 회의와 죽음에 대한 불안이 고조되는 상황에서 주체적 결단을 통해 삶의 의미를 회복하려는 철학적 노력의 일환으로 부각되었다.

만약 오늘날에도 인간이 중성화되고 평균화되는 인간성 상실의 문제, 인류의 존속 자체가 위협받는 상황 등이 완전히 해소되지 않았다면, 실존주의는 우리에게 여전히 존재와 삶의 방향성을 제시하는 철학으로서 의미를 지닐 수 있을 것이다. 그런데 오늘날 우리는 자본의 힘 앞에서 무기력하게 무너지는 인간의 모습을 어렵지 않게 찾아볼 수 있다. 또한 새로운 과학기술의 등장으로 인해 인간의 존재 의미에 대한 근본적인 성찰을 요구받기도 하고, 기후 변화는 인류의 존속 자체에 대한 어두운 전망을 드리우면서 우리에게 자기 자신에 대한 반성을 요청하고 있다. 그렇다면 구체적인 상황 속의 혹은 세계-내-존재로서의 인간 존재와 그의 삶의 문제를 전면에 내세우는 실존주의는 오늘날에도 여전히 유효한 철학적 의미를 지닐 수 있다고 생각된다. 또한, 윤리학의 근본적인 관심사가 인간이 어떻게 살아야 할 것인가에 대한 답을 구하는 것이라면, 실존주의는 그 자체가 윤리학이라고 할 수 있다(박찬국, 2013a: 178). 실존주의는 근대의 규범윤리학과 같이 보편적인 도덕원리나 행위규범을 제공하지는 않지만, 인간에게 잠재해 있는 주체적인 삶의 가능성과 인간의 존엄성에 대한 새로운 성찰의 기회를 제공한다는 점에서 오늘날에도 윤리학적 의미를 지닌다고 말할 수 있다. 더 나아가, 선한 행위가 존재자들의 성장을 돕는 행위이고 악한 행위가 존재자들의 성장을 왜곡하거나 파괴하는 행위라고 한다면(박찬국, 2013a: 179), 실존주의는 인간 존재뿐만 아니라 인간 이외의 존재의 존속 자체가 문제되는 위기 상황에서 우리가 무엇을 해야 하고 무엇을 하지 말아야 하는지를 알려 주는 행위 지침으로 기능할 수 있을 것이다.

# 참고 문헌

가디너, P. (2001), 『키에르케고르』, 임규정 옮김, 서울: 시공사.
그뢴, A. (2016), 『불안과 함께 살아가기』, 하선규 옮김, 서울: 도서출판b.
래톨, M. (2008), 『하이데거』, 권순홍 옮김, 서울: 웅진지식하우스.
뮐러, M. (1988), 『실존철학과 형이상학의 위기』, 박찬국 옮김, 서울: 서광사.
박찬국(2013a), 「키르케고르, 야스퍼스, 하이데거와 초월의 윤리학」, 서울대학교 철학사상연구소 엮음, 『처음 읽는 윤리학』, 파주: 동녘.
박찬국(2013b), 『하이데거의『존재와 시간』 읽기』, 서울: 세창미디어.
박찬국(2013c), 『들길의 사상가, 하이데거』, 서울: 그린비.
베르나스코니, R. (2008), 『사르트르』, 변광배 옮김, 서울: 웅진지식하우스.
변광배(2005), 『존재와 무: 자유를 향한 실존적 탐색』, 서울: 살림출판사.
볼노프, O. F. (1989), 『실존철학』, 최동희 옮김, 서울: 이성과현실.
비멜, W. (1997), 『하이데거』, 신상희 옮김, 서울: 한길사.
소광희(2004), 『하이데거「존재와 시간」강의』, 서울: 문예출판사.
워버턴, N. (2005), 『스무 권의 철학』, 최희봉 옮김, 서울: 지와 사랑.
임규정(2007), 「실존과 절망에 관하여」, S. 키르케고르, 『죽음에 이르는 병』, 임규정 옮김, 파주: 한길사.
조가경(2010), 『실존철학』, 서울: 박영사.
짐머만, F. (1987), 『실존철학』, 이기상 옮김, 서울: 서광사.
카푸토, J. (2008), 『키르케고르』, 임규정 옮김, 서울: 웅진지식하우스.
커니, R. (1995), 『현대 유럽철학의 흐름』, 임헌규·곽영아·임찬순 옮김, 서울: 한울.
케니, A. (2013), 『현대철학』, 이재훈 옮김, 파주: 서광사.
키르케고르, S. (1982), 『이것이냐 저것이냐』, 임춘갑 옮김, 서울: 종로서적.
키르케고르, S. (2002), 『불안의 개념』, 임규정 옮김, 서울: 한길사.
키르케고르, S. (2007a), 『공포와 전율/반복』, 임춘갑 옮김, 서울: 다산글방.
키르케고르, S. (2007b), 『죽음에 이르는 병』, 임규정 옮김, 파주: 한길사.
표재명(2012), 『사랑과 영혼의 철학자, 키에르케고어를 만나다』, 서울: 도서출판 치우.
하이네만, F. (2009), 『실존철학: 살았는가 죽었는가?』, 서울: 문예출판사.
하이데거, M. (1995), 『존재와 시간』, 소광희 옮김, 서울: 경문사.
한전숙(1992), 「실존주의」, 한전숙·차인석, 『현대의 철학 I: 실존주의·현상학·

비판이론』, 서울: 서울대학교출판부.

Kierkegaard, S. (1992), *Concluding Unscientific Postscript to Philosophical Fragments*, Vol. I , H. V. Hong & E. H. Hong(trans.), Princeton: Princeton Univ. Press.

Kierkegaard, S. (2015), *Papers and Journals*, Alastair Hannay(trans.), London/New York: Penguin Books.

Sartre, J. P. (1978), *Being and Nothingness: A Phenomenological Essay on Ontology*, H. E. Barnes(trans.), New York: Pocket Books.

Sartre, J. P. (2007), *Existenalism is a Humanism*, C. Macomber (trans.), New Haven & London: Yale Univ. Press.